# Il giapponese
Collana Senza Sforzo

di
Catherine Garnier e
Mori Toshiko

Adattamento italiano di
Isabella Guarino

Illustrazioni di Nico

10034 Chivasso (TO) - ITALIA
+390119131965 - info@assimil.it
www.assimil.it

© Assimil Italia 2019
ISBN 978-88-85695-11-5

Il metodo intuitivo

I nostri metodi

possono essere completati con l'audio in lingua di tutti i dialoghi.

Inquadra il codice QR o vai su **assimil.it** per acquistare l'audio di questo corso:

Senza Sforzo
Arabo, Cinese, Ebraico, Francese, Giapponese, Greco moderno, Greco antico, Hindi, Inglese, Inglese americano, Latino, Neerlandese, Persiano, Polacco, Portoghese, Portoghese brasiliano, Romeno, Russo, Spagnolo, Svedese, Tedesco, Turco, Ungherese

Perfezionamenti
Francese - Inglese - Russo - Spagnolo - Tedesco

Affari
Inglese

E-Metodi
Francese
Greco moderno
Inglese americano
Inglese britannico
Perfezionamento dell'inglese
Russo
Spagnolo
Perfezionamento dello spagnolo
Tedesco
Perfezionamento del tedesco

Titolo dell'edizione originale francese:

Le japonais – Collection Sans Peine © *Assimil France 2014*

Sommario

Introduzione VII
Le parole del giapponese VII
Pronuncia e scrittura IX
Come utilizzare il metodo Assimil? XVI

Lezioni da 1 a 98

1	Per iniziare	1
2	ピカソ展 La mostra di Picasso	5
3	朝食 La colazione	9
4	税関 La dogana	13
5	買物 Compere	17
6	東京 スカイ ツリー Tōkyō Sky Tree	23
7	まとめ *Riepilogo*	29
8	映画 Il cinema	35
9	中華 料理 Al ristorante cinese	41
10	テレビ La televisione	47
11	朝 Il mattino	51
12	喫茶店 Al bar	57
13	約束 L'appuntamento	63
14	まとめ *Riepilogo*	67
15	紹介 Presentazioni	73
16	日曜日 Domenica	77
17	のみ の 市 Il mercato delle pulci	85
18	本屋 La libreria	91
19	コンサート Il concerto	97
20	禁煙 Smettere di fumare	103
21	まとめ *Riepilogo*	109
22	郵便局 L'ufficio postale	117
23	仕事 Il lavoro	123
24	アパート L'appartamento	129

• III

25	小説 Il romanzo	135
26	中国 へ 行く Viaggio in Cina	141
27	飛行場 に 着く Arrivo in aeroporto	147
28	まとめ *Riepilogo*	155
29	誕生日 Il compleanno	163
30	夏 休み Le vacanze estive	171
31	バーゲン I saldi	179
32	高速道路 L'autostrada	187
33	ハチ公 Hachiko	195
34	不動産屋 さん Dall'agente immobiliare	201
35	まとめ *Riepilogo*	209
36	苗字 Cognomi	215
37	ハチ公（続き）Hachiko (seguito)	223
38	書類 Il modulo	231
39	両親 へ の 手紙 Lettera ai genitori	237
40	工場 見学 Visita a una fabbrica	245
41	変わった 人 Una persona originale	253
42	まとめ *Riepilogo*	259
43	S. F. Fantascienza	267
44	ホテル L'albergo	273
45	銀行 La banca	279
46	医者 Dal medico	287
47	音楽 La musica	295
48	秋 の 日 の… Giorni d'autunno	303
49	まとめ *Riepilogo*	309
50	美術館 Il museo di belle arti	317
51	道 を 探す Cercare la strada	323
52	スポーツ Gli sport	331
53	見舞 La visita	339
54	海岸 で In spiaggia	345
55	日本 へ 行く Andare in Giappone	353
56	まとめ *Riepilogo*	361

57	歴史 の 道 La via della storia	367
58	選挙 Le elezioni	375
59	故障 Il guasto	383
60	新幹線 Lo Shinkansen	391
61	返事 La risposta	399
62	銭湯 I bagni pubblici	407
63	まとめ *Riepilogo*	415
64	雑誌 La rivista	423
65	カメラ を 選ぶ Scegliere la macchina fotografica	431
66	家 を 建てる Costruire una casa	439
67	富士山 Il Monte Fuji	447
68	皇室 La famiglia imperiale	457
69	お 見合い 1 Il matrimonio combinato 1	467
70	まとめ *Riepilogo*	475
71	お 見合い 2 Il matrimonio combinato 2	483
72	スキー Lo sci	491
73	静か な 晩 Una serata tranquilla	501
74	思い出 Ricordi	511
75	キャンプ Il campeggio	521
76	お 金 が あれば Se avessi i soldi…	531
77	まとめ *Riepilogo*	541
78	お 正月 の 挨拶 Gli auguri di Capodanno	549
79	新宿駅 La stazione di Shinjuku	557
80	学生 の 部屋 Una camera da studente	567
81	風邪 Il raffreddore	577
82	ペット Animali domestici	583
83	文学 La letteratura	593
84	まとめ *Riepilogo*	603
85	金閣寺 Il Kinkakuji	611
86	上京 1 Visita alla capitale 1	621
87	上京 2 Visita alla capitale 2	629
88	貨幣 1 Il denaro 1	639

89	貨幣 2 Il denaro 2	649
90	花見 La contemplazione dei fiori	663
91	まとめ *Riepilogo*	673
92	学校 La scuola	681
93	遠足 La gita	689
94	日常会話 Una conversazione ordinaria	699
95	友情 L'amicizia	707
96	ピアノ を 買う Acquistare un pianoforte	717
97	職業 I mestieri	727
98	まとめ *Riepilogo*	737

Indice grammaticale 750
Trascrizione delle soluzioni agli esercizi 2 755
Espressioni frequenti 758
Lessico giapponese-italiano 760
Lessico italiano-giapponese 799

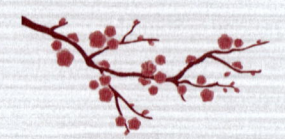

Introduzione

Benvenuti al nostro manuale *Il Giapponese, Collana Senza Sforzo*. Per iniziare al meglio il vostro studio, vi consigliamo di ritagliarvi un po' di tempo per leggere e rileggere questa introduzione, che vi porterà subito nel vivo della lingua giapponese illustrando le sue caratteristiche e spiegando ciò che è veramente facile e ciò che potrà crearvi qualche difficoltà. Ma soprattutto vi farà scoprire questo affascinante universo linguistico, grazie al metodo Assimil.

Le parole del giapponese

Un aspetto incoraggiante per lo studio della lingua giapponese è rappresentato dalle parole che la compongono.

I nomi

Prendiamo i nomi, ad esempio: essi non hanno né genere, né numero, né articolo. Non è quindi necessario ricordarsi ogni volta se sono maschili, femminili o plurali, né preoccuparsi della concordanza con i participi: たまご **tamago** *[tamago]* indica *l'uovo, le uova, un uovo, delle uova,* e anche *il mio uovo, le tue uova* ecc.; じどうしゃ **jidōsha** *[gidoosha]* può essere *l'auto, le auto, un'auto, la nostra auto* ecc.

I verbi

In giapponese non troverete nulla di simile alle nostre complicate coniugazioni. Certamente i verbi hanno forme diverse, ma essi non cambiano a seconda della persona: たべます **tabemasu** *[tabemas']* significa infatti *io mangio, tu mangi, lui/lei mangia, noi mangiamo, voi mangiate, loro mangiano,* e qualche volta anche *io mangerò…, loro mangeranno*. Nelle prime 15 lezioni avrete già incontrato le forme verbali più comuni. E i verbi irregolari? Per fortuna ne esistono solo tre e lo sono solo parzialmente. Incontreremo, invece, forme verbali differenti a seconda che chi parla si stia riferendo a sé o ad altri, e forme verbali a cui si aggiungono suffissi in luogo dei nostri ausiliari; di questo però ci occuperemo al momento opportuno.

Gli aggettivi

Soffermiamoci un momento sugli aggettivi, il cui funzionamento potrebbe sembrarvi un po' insolito. In effetti, le parole che corrispondono ai nostri aggettivi si comportano nello stesso modo dei verbi: cambiano forma a seconda del tempo (presente o passato), del tipo di frase (affermativa o negativa), e non variano desinenza in funzione della persona. ちいさい **chiisai** *[ciisai]*, *essere piccolo* significa infatti *io sono piccolo/a, tu sei piccolo/a, lui/lei è piccolo/a, ... loro sono piccoli/e*; allo stesso modo, ちいさくない **chiisakunai** *[ciisakunai]*, *non essere piccolo*, significa *io non sono piccolo/a, tu non sei piccolo/a, voi non siete piccoli/e* ecc. Non preoccupatevi se ora vi sembra complicato, affronteremo tutto questo insieme, poco per volta, lezione dopo lezione.

L'ordine delle parole

Il punto su cui dovrete fare un po' di allenamento mentale riguarda l'ordine delle parole nella frase, che è esattamente il contrario del nostro. Il verbo (o l'aggettivo) si trova sempre alla fine della frase, mentre tutti i complementi, così come il soggetto, lo precedono. La frase *Ci sono del pane e del caffè sul tavolo della cucina* diventerà "cucina / di / tavolo / su / pane / e / caffè / ci sono".

Si tratta solamente di un'abitudine da assimilare e presto vi accorgerete che è molto logica, di certo non così complicata come vi può sembrare ora. Forse vi starete domandando come si fa a distinguere il soggetto dai complementi e i vari complementi fra di loro. Bene, la lingua giapponese per questo aspetto possiede un sistema piuttosto ingegnoso: dopo ogni parola segue una particella, composta da una o due sillabe, il cui ruolo è proprio quello di indicare la funzione della parola che la precede.

Analizziamo ad esempio la frase パン を たべます **pan o tabemasu** *[pan o tabemas']*: **pan** *[pan]* significa *pane*, **tabemasu** *[tabemas']* significa *mangiare*, la **o** tra le due parole indica che **pan** è il complemento oggetto di **tabemasu**. La frase quindi significa *Io (oppure tu, lui/lei, noi ecc.) mangio del pane*.

Prendiamo un altro esempio, バス で いきます **basu de ikimasu** *[basu de ikimas']*: **basu** *[basu]* significa *autobus*, **ikimasu** *[ikimas']* significa *andare*, la particella **de** *[de]*, compresa tra le due parole, indica che **basu** è il complemento di mezzo di **ikimasu**. La frase vuol dire *Io (tu ecc.) vado con l'autobus / in autobus*.

Queste particelle, che vengono chiamate posposizioni, non trovano sempre un corrispettivo nelle preposizioni italiane, per questo motivo nella traduzione parola per parola indicheremo tra parentesi quadre la loro funzione:

ペン を たべます
pan o tabemasu
[pan o tabemas']
mangio del pane
(pane [oggetto] mangiare)

バス で 行きます
basu de ikimasu
[basu de ikimas']
vado in autobus
(autobus [mezzo] andare)

Non preoccupatevi, le posposizioni giapponesi non sono molte e le più usate sono solo dieci; inoltre, dal momento che sono molto frequenti, vi meraviglierete di averle già assimilate perfettamente in una ventina di lezioni. Naturalmente esistono altri tipi di particelle, utili a comporre frasi e costruzioni più complesse e a esprimere diverse sfumature di significato, ma abbiamo ben 98 lezioni per occuparcene.

Pronuncia e scrittura

1 La pronuncia

Un altro aspetto positivo per lo studio della lingua giapponese è la pronuncia, che per noi italiani non presenta particolari difficoltà. Quasi tutti i suoni giapponesi esistono anche nella nostra lingua e attraverso le spiegazioni, o con l'ascolto delle registrazioni, sarà semplice capirli e riprodurli. Dalla lezione 7 in poi non ci penserete più! Inoltre, nelle prime 35 lezioni, insieme alla trascrizione ufficiale chiamata **romaji** (o romanizzazione, vale a dire la traslitterazione in alfabeto latino), useremo anche una trascrizione fonetica facilitata indicata tra parentesi. Rimangono solo alcuni punti su cui è importante porre l'attenzione fin da subito.

- 1.1 Le consonanti

Per le consonanti il discorso è molto semplice:
– La **h** è sempre aspirata: **ha**, **hi**, **he**, **ho**, **hyo** ecc.
– In giapponese non esiste né *r* né *l*, ma un suono intermedio tra i due. La trascrizione ufficiale riporta questo suono con una **r**, che è anche la pronuncia più vicina a quella italiana.

– La **g** si pronuncia sempre dura come nelle parole *ghiro*, *gatto,* ma nella particella *ga,* come sentirete, ha un suono nasalizzato.
– La **s** si pronuncia sempre sorda come nelle parole *sole*, *signora.*
– La **z** è sempre sonora e si pronuncia come la *s* nella parola *rosa.*
Facciamo ancora qualche osservazione riguardo la trascrizione ufficiale in romaji e la nostra trascrizione fonetica facilitata.
– Le due semiconsonanti **y** e **w** si pronunciano rispettivamente come nelle parole *yeti* e *kiwi* e verranno indicate con *[i]* e *[u]* nella trascrizione facilitata.
– **tsu** corrisponde al suono di una *z* sorda, come in *ozio,* seguita da *u*;
– **gi** e **ge**, come abbiamo detto, si pronunciano *[ghi]* e *[ghe].*
– La **j** corrisponde alla *g* dolce italiana: nella trascrizione facilitata sarà *[gia]*, *[gi]*, *[giu]*, *[ge]*, *[gio].*
– **cha**, **chi**, **chu**, **che**, **cho** corrispondono ai suoni italiani *[cia]*, *[ci]*, *[ciu]*, *[ce]*, *[cio].*
– **sha**, **shi**, **shu**, **she**, **sho** si pronunciano *scia*, *sci*, *sciu*, *sce*, *scio,* ma nella trascrizione facilitata li indicheremo come in romaji.
– Nella trascrizione ufficiale si trovano spesso due consonanti consecutive, che vanno pronunciate con intensità, come in italiano. Nella trascrizione facilitata metteremo un apostrofo fra le due consonanti, ad esempio **shitte** *[shit'te]*, **ikka** *[ik'ka]*, **rokka** *[rok'ka].*

- 1.2 Le vocali

Per le vocali la situazione non è certo più complicata perché si pronunciano tutte come in italiano con alcune piccole eccezioni.
– Esistono vocali lunghe che vanno pronunciate prolungandone l'emissione sonora. Nella trascrizione ufficiale vengono indicate con un tratto lungo sovrastante chiamato *macron* (ad esempio: ū), mentre nella trascrizione facilitata le ripeteremo: **sō** *[soo]*, **ikimashō** *[ikimashoo].* È molto importante la corretta pronuncia di queste vocali, per evitare che una parola venga confusa con un'altra.
– La pronuncia della **u** può sembrare un po' complicata all'inizio, ma ben presto vi abituerete. In genere si pronuncia sempre come in italiano, sebbene sia leggermente più chiusa e più breve della nostra; sparisce invece nel mezzo di alcune parole o in fine di parola come nelle forme verbali **desu** *[des']* e **masu** *[mas'].* Anche **i** in alcune parole non si pronuncia, ad esempio nella sillaba quando questa si trova all'interno di una parola: **shita** *[sh'ta]*,

deshita *[desh'ta]*. Per aiutarvi a familiarizzare con questa particolarità, nella trascrizione fonetica facilitata troverete un apostrofo al posto della vocale "sparita".

Ecco, è tutto quello che vi serve sapere sulla pronuncia. Con queste spiegazioni, la trascrizione fonetica facilitata, qualche esercizio, un po' di attenzione e l'ascolto delle registrazioni, sarete pronti per pronunciare qualsiasi parola giapponese.

Non vi annoieremo con lunghe spiegazioni su intonazione e accenti perché in questo momento non sono indispensabili per imparare a parlare. Per le prime lezioni andrà più che bene un'intonazione del tutto neutra, fatta eccezione per le domande nelle quali, come in italiano, il tono sale verso la fine della frase. In seguito, ascoltando le registrazioni ed esercitandovi a ripetere, riuscirete spontaneamente a modificare l'intonazione e ad acquisire senza troppe difficoltà una corretta pronuncia giapponese. Una sola raccomandazione da tenere bene a mente: fate attenzione alla pronuncia delle vocali lunghe.

2 La scrittura

Ciò che conferisce all'apprendimento di una lingua tutto il suo sapore è qualche difficoltà che, per il giapponese, è rappresentata dal sistema di scrittura. Inutile nasconderlo: è difficile. Tuttavia, se abbiamo scelto di insegnarvela in questo manuale è perché essa è un aspetto irrinunciabile dello studio ed è indispensabile per padroneggiare efficacemente il giapponese. Non scoraggiatevi e ricordate che più di cento milioni di persone vivono e lavorano utilizzando questa lingua, perché non dovreste farcela anche voi? La vera difficoltà deriva dall'impiego contestuale di due diversi sistemi di scrittura.

Se avete già visto un testo giapponese e siete dei buoni osservatori, avrete forse individuato i due sistemi, altrimenti provate a guardare il testo che segue cercando di distinguere gli elementi di ciascuno di essi (trovate la soluzione alla pagina successiva):

明治の中ごろは、アメリカおよびイギリス、フランス、ドイツ、ロシアなど、ヨーロッパ諸国ともさかんに貿易をしました。さらに学問、文学、美術、音楽などの面でもいろいろな影響を受けました。

I sistema
(1) の ご ろ は お よ び な ど と も さ か ん に を し ま た ら で い け
(2) ア メ リ カ イ ギ リ ス フ ラ ン ド ツ ロ シ

II sistema
明 治 中 諸 国 貿 易 学 問 文 美 術 音 楽 面 影 響 受

Come potete osservare chiaramente nella soluzione qui sopra, da un lato abbiamo dei segni semplici, composti da uno, due o tre tratti; dall'altro invece dei segni molto complessi, che sembrano isole nel mare. Notate la differenza? Bravi, siete già in grado di distinguere i due differenti sistemi.

- 2.1 I kana

Il primo, composto dai segni più semplici, è un sistema sillabico, dove ogni carattere corrisponde a una sillaba chiamata **kana**. Se guardiamo la risposta al nostro esercizio, notiamo che questi corrispondono ai segni dei paragrafi 1 e 2. Osserviamoli di nuovo:

の = **no**, ご = **go**, ろ = **ro**, ア = **a**, メ = **me**,
リ = **ri**, カ = **ka**, お = **o**, よ = **yo**, び = **bi**

Forse l'avete già notato, ma esistono due tipi di **kana**: gli **hiragana** e i **katakana**, che vi saranno presentati nelle tabelle poste alla fine dei due rispettivi paragrafi. Naturalmente questo non significa che dovete memorizzarli tutti subito! Abbiamo pianificato ogni cosa e il loro apprendimento arriverà al momento opportuno. Per ora, queste tabelle vi serviranno solo come riferimento.

Entrambi i tipi di **kana** sono composti da un numero limitato di caratteri, 46 segni, corrispondenti alla combinazione delle cinque vocali esistenti (le stesse dell'italiano) con nove consonanti, più una consonante "solitaria", la **n**.

• Hiragana

Servono per scrivere parole di origine giapponese e hanno un aspetto piuttosto tondeggiante, come potete vedere dagli esempi del punto (1) della risposta. Alcuni **hiragana** si incontrano spesso, soprattutto quelli impiegati per le terminazioni verbali e le posposizioni (quelle particelle, di cui abbiamo parlato in precedenza, che servono a indicare la funzione delle parole nella frase).
In poco tempo sarete in grado di identificarli.

Il sillabario hiragana

wa わ	ra ら	ya や	ma ま	ha は / ba ば / pa ぱ	na な	ta た / da だ	sa さ / za ざ	ka か / ga が	a あ
	ri り		mi み	hi ひ / bi び / pi ぴ	ni に	chi ち	shi し / ji じ	ki き / gi ぎ	i い
	ru る	yu ゆ	mu む	fu ふ / bu ぶ / pu ぷ	nu ぬ	tsu つ	su す / zu ず	ku く / gu ぐ	u う
	re れ		me め	he へ / be べ / pe ぺ	ne ね	te て / de で	se せ / ze ぜ	ke け / ge げ	e え
n ん	o を	ro ろ	yo よ	mo も	ho ほ / bo ぼ / po ぽ	no の	to と / do ど	so そ / zo ぞ	ko こ / go ご	o お

• Katakana

Servono per scrivere le parole di origine straniera: nomi propri di persona o di luoghi, ma anche molti vocaboli presi in prestito dalle altre lingue. Come potete notare dagli esempi al punto (2) della risposta, questi segni hanno una forma più spigolosa e semplice, molto diversa da quella degli **hiragana**.

Il sillabario katakana

	wa	ra	ya	ma	ha	na	ta	sa	ka	a
	ワ	ラ	ヤ	マ	ハ	ナ	タ	サ	カ	ア
					ba		da	za	ga	
					バ		ダ	ザ	ガ	
					pa					
					パ					
		ri		mi	hi	ni	chi	shi	ki	i
		リ		ミ	ヒ	ニ	チ	シ	キ	イ
					bi			ji	gi	
					ビ			ジ	ギ	
					pi					
					ピ					
		ru	yu	mu	fu	nu	tsu	su	ku	u
		ル	ユ	ム	フ	ヌ	ツ	ス	ク	ウ
					bu			zu	gu	
					ブ			ズ	グ	
					pu					
					プ					
		re		me	he	ne	te	se	ke	e
		レ		メ	ヘ	ネ	テ	セ	ケ	エ
					be		de	ze	ge	
					ベ		デ	ゼ	ゲ	
					pe					
					ペ					
n	(o)	ro	yo	mo	ho	no	to	so	ko	o
ン	(ヲ)	ロ	ヨ	モ	ホ	ノ	ト	ソ	コ	オ
					bo		do	zo	go	
					ボ		ド	ゾ	ゴ	
					po					
					ポ					

2.2 I kanji

Per affrontare il secondo sistema, quello dei caratteri più complessi, vero scoglio per chi intraprende lo studio del giapponese, basta sapere, e fare propria, la massima che dice "la pazienza e la perseveranza sono più utili della disperazione!"

Questo secondo sistema di scrittura è composto dai **kanji** 漢字, i *caratteri* (字) *cinesi* (漢) che, come indica il nome, vennero importati in Giappone dalla Cina. Si tratta di ideogrammi, ciascuno dei quali corrisponde a un significato. Prendiamo ad esempio il carattere 人: esso significa *essere umano*, ma sarà pronunciato in modo diverso se a parlare è un cinese, un giapponese o un coreano. Se volessimo divertirci a scrivere l'italiano con gli ideogrammi, potremmo utilizzare in un testo questo carattere e pronunciarlo *uomo*. Esiste una differenza fondamentale tra il sistema dei kana e quello dei kanji. Prendiamo la parola *fuoco*, che in giapponese si dice **hi** (con **h** aspirata). Possiamo scriverla utilizzando lo hiragana ひ, che però viene usato anche per tutte le parole in cui compare la sillaba **hi**, un po' come la lettera *e* italiana, che da sola è una congiunzione, ma può essere impiegata per formare moltissime altre parole. Se invece vogliamo servirci di un kanji, sceglieremo 火, che si pronuncia allo stesso modo **hi**, ma sarà associato sempre e solo a un unico significato: 火 = *il fuoco*.

Eccoci arrivati al punto cruciale. Abbiamo detto che un ideogramma corrisponde a un significato. Prendiamo ad esempio 煙, che vuol dire *fumo*: poiché il fumo è collegato al fuoco, vediamo comparire anche qui, leggermente schiacciato a sinistra, l'ideogramma 火 di *fuoco*. Naturalmente i giapponesi, prima di scrivere la loro lingua con i caratteri cinesi, avevano una parola per dire *fumo* ed era **kemuri**. Cosa accadde quando acquisirono il sistema di scrittura cinese? Trovarono l'ideogramma 煙 e, poiché significava *fumo*, lo usarono per scrivere **kemuri**; da allora in poi quel carattere si sarebbe sempre letto **kemuri**. Fin qui il principio è semplice.

Ma, sfortunatamente per noi, i giapponesi ebbero l'idea di adottare, insieme alla scrittura, anche la pronuncia cinese. In cinese quell'ideogramma si pronunciava all'incirca **en** e così in giapponese si mantenne questa pronuncia nelle parole composte, cioè quelle in cui l'ideogramma compare unito ad altri. Per esempio la parola composta 煙害, che significa *danni da inquinamento*, si legge **engai**, pronuncia che non ha più nulla a che vedere con **kemuri**.

In conclusione, notiamo che ogni **kanji** possiede almeno due pronunce: una corrisponde alla parola originale giapponese, l'altra è un adattamento dell'antica pronuncia cinese. Inoltre, per alcuni ideogrammi esistono più letture sia nell'ambito della pronuncia giapponese che in quello della pronuncia cinese.

Vediamo alcuni esempi tratti dal nostro testo:

– 国 *paese, nazione*

giapponese: **kuni**; cinese antico (adattato in giapponese): **koku**.

– 音 *suono, rumore*

giapponese: **oto** oppure **ne**; cinese antico: **on** oppure **in**.

– 中 *interno*

giapponese: **naka**; cinese antico: **chū** *[ciuu]* o **jū** *[giuu]*.

Non vi spaventate, non sarà necessario affannarsi per imparare tutto subito. Noi useremo i caratteri cinesi solo laddove devono essere impiegati, come in un qualsiasi normale testo giapponese. All'inizio, durante la fase di apprendimento passivo, sarà sufficiente che impariate a osservare gli ideogrammi, cercando di riconoscere un po' alla volta quelli più comuni. Vi abbiamo voluto anticipare subito a quali sottigliezze andrete incontro solo per evitarvi la sorpresa di trovarvi di fronte allo stesso carattere con pronunce diverse. Ora che lo sapete, non vi resta che mettervi al lavoro e affrontare la prima lezione.

Come utilizzare il metodo Assimil?

La fase passiva

La prima trappa del vostro studio è la cosiddetta fase passiva. Fino alla lezione 49, ascolterete il dialogo, leggerete il testo, farete gli esercizi e proverete a identificare gli ideogrammi e i **kana**, e se vorrete stupire i vostri amici, potrete impararne qualcuno grazie alle tabelle delle pagine precedenti, ricordando però che non è assolutamente obbligatorio in questa fase. Si tratta innanzitutto di comprendere e assorbire bene la lingua.

La fase attiva

A partire dalla lezione 50 entrerete nella seconda fase del vostro apprendimento, quella attiva, dove oltre alla lezione quotidiana riprenderete una lezione già vista, traducendola però dall'italiano al giapponese. Così, dopo esservi esercitati nella fase passiva con la lezione 50, nello stesso giorno riprenderete la lezione 1 nella fase attiva; quando avrete finito di studiare la lezione 51 nella fase passiva, ritornerete sulla lezione 2 nella fase attiva, e così via. Poiché avrete già imparato molto e le vostre orecchie avranno già preso dimestichezza con il giapponese, riuscirete a parlare in modo naturale, senza particolari sforzi, proprio come comincia a parlare un bambino dopo aver a lungo ascoltato e assimilato la lingua degli adulti. Sarà in questa fase (a partire dalla lezione 57) che inizieremo anche gli esercizi di scrittura.

Organizzazione del vostro apprendimento

Ogni sei lezioni verrà proposta una lezione di riepilogo, che vi servirà per fare un piccolo bilancio di ciò che avete appreso nelle lezioni precedenti, aiutandovi a fare ordine fra le nozioni. Rimarrete stupiti ogni volta dei vostri progressi.
La chiave per il successo è nella regolarità del vostro studio. Vi consigliamo di procedere a frequenti brevi sessioni di lavoro, anziché a lunghe ore di studio di tanto in tanto. Bisogna sapere che le prime tre settimane sono le più difficili, perché si deve ancora prendere un ritmo, ma come per la marcia o la corsa, se si va troppo veloci si rimane senza fiato, se si avanza in maniera irregolare ci si affatica inutilmente. Impegnatevi quindi fin da subito a trovare il vostro passo e, una volta avviato, riuscirete ad assimilare la lingua giapponese con piacere e senza grossa fatica.

Le registrazioni audio

Le registrazioni vi propongono, per ciascuna lezione, il dialogo e le frasi del primo esercizio. I testi delle prime dodici lezioni sono registrati due volte: la prima volta ogni frase è pronunciata molto lentamente per farvi distinguere bene tutte le sillabe; la seconda volta il testo viene pronunciato più rapidamente. Come vi abbiamo già spiegato, la pronuncia del giapponese non pone problemi.

がんばってください
ganbatte kudasai
Forza!

Prima di iniziare vi consigliamo di leggere l'introduzione, anche se non siete principianti assoluti. Le parentesi quadre evidenziano le parole

1

第 一 課
だい いっ か
dai ik ka
[dai ik'ka]

1 – 早く 1 2。
  は や く
  ha ya ku
  [haiaku]

2 行きましょう 3。
  い
  i ki ma shō
  [ikimashoo]

3 – わかりました。
  wa ka ri ma shi ta
  [uakarimash'ta]

4 どこ へ。
  do ko   e
  [doko e]

5 – あそこ へ。
  a so ko   e
  [asoko e]

6 暑い です ね 4。
  あつ
  a tsu i   de su   ne
  [atsui des' ne]

7 そう です ね。
  sō   de su   ne
  [soo des' ne]

Note

1 Ricordate che la **h** è sempre aspirata, tranne in へ **he**, come alla frase 4, che si pronuncia semplicemente *[e]*.

1 • **ichi**

necessarie in italiano che non compaiono in giapponese, mentre tra parentesi tonde, in corsivo, è presentata la traduzione parola per parola.

Prima lezione
(...° uno lezione)

Per iniziare

1 – Presto!
2   Andiamo!
3 – Va bene. *(avere-capito)*
4   Dove? *(dove [destinazione])*
5 – Laggiù. *(laggiù [destinazione])*
6   Che caldo! *(essere-caldo [accordo])*
7 – Davvero! *(così essere [accordo])*

2   Guardate bene l'ideogramma di questa frase: è sormontato da piccoli hiragana. Questo è il modo con cui abitualmente i giapponesi indicano la pronuncia degli ideogrammi. Nelle prime lezioni vi daremo la pronuncia di ogni carattere cinese tre volte: la prima mettendo dei piccoli hiragana sopra l'ideogramma (qui はや), la seconda con la trascrizione ufficiale in romaji (**haya**), la terza con la pronuncia figurata facilitata *[haia]*, che in alcuni casi coincide con quella ufficiale.

3   I caratteri utilizzati in Cina corrispondevano tutti a parole invariabili. In giapponese, invece, i verbi sono parole variabili: **ikimashō** *[ikimashoo]* è solo una delle forme di un verbo che ne possiede altre (**iku** *[iku]*, **ikanai** *[ikanai]* ecc.). Per i verbi, si scrive in ideogramma la parte invariabile, in questo caso **i** 行, mentre il resto della parola si scrive in hiragana, – きましょう **-kimashō**. Ecco dunque il nostro 行きましょう **ikimashō**, *andiamo*.

4   ね: è una particella finale che, come altre che incontreremo più avanti, i giapponesi usano molto spesso in fine di frase per dare una particolare sfumatura di significato al loro enunciato. In questo caso, ね **ne** *[ne]* indica che chi parla sta cercando comprensione e accordo da parte di chi ascolta: 暑い です ね **atsui desu ne** *[atsui des' ne]*, *Fa caldo, vero?* ("io credo che Lei la pensi come me"); そう です ね **sō desu ne** *[soo des' ne]* (frase 7), *Sì* ("la penso esattamente come Lei"). Nella traduzione letterale indicheremo questa sfumatura di significato con *[accordo]*.

1 / 第一課

<small>れんしゅう いち やく</small>
▶ 練習　1 – 訳 し なさい
ren shū　i chi ya ku　shi　na sa i
[renshuu ichi iaku shi nasai]

Esercizio 1 – Traducete
(esercizio 1 - traduzione fare)

❶ <small>はや</small>
  早く。
  hayaku
  [haiaku]

❷ <small>い</small>
  行きましょう。
  ikimashō
  [ikimashoo]

❸ <small>はや　　い</small>
  早く 行きましょう。
  hayaku ikimashō
  [haiaku ikimashoo]

***

<small>れんしゅう　に　　ことば　　　い</small>
練習　　2 –　言葉　を　入れ　なさい
ren shū　　ni　　ko to ba　o　　i　re　　na sa i
[renshuu ni kotoba o ire nasai]

Esercizio 2 – Completate
(esercizio 2 - parola [oggetto] mettere)

❶ Dove? Laggiù.
  doko e? . . . . . e

❷ Che caldo!
  atsui desu . .

❹ わかりました。
wakarimashita
[uakarimash'ta]

Soluzioni dell'esercizio 1
❶ Presto! ❷ Andiamo! ❸ Andiamo in fretta! ❹ Va bene.

***

❸ Andiamo!
   iki . . . . .

Soluzioni dell'esercizio 2
❶ – asoko – ❷ – ne ❸ – mashō

2

<ruby>第<rt>だい</rt></ruby> <ruby>二<rt>に</rt></ruby> <ruby>課<rt>か</rt></ruby>
da i ni ka
[dai ni ka]

ピカソ <ruby>展<rt>てん</rt></ruby>
pi ka so ten
[pikaso ten]

1 — <ruby>見<rt>み</rt></ruby>ましたか**1**。
mi ma shi ta ka
[mimash'ta ka]

2 — <ruby>何<rt>なに</rt></ruby>を。
na ni o
[nani o]

3 — ピカソ <ruby>展<rt>てん</rt></ruby>**2**。
pi ka so te n
[pikaso ten]

4 — まだ です。
ma da de su
[mada des']

5 — いい です よ**3**。
i i de su yo
[ii des' io]

6 — そう**4** です か。
sō de su ka
[soo des' ka]

7   あした <ruby>行<rt>い</rt></ruby>きます。
a shi ta i ki ma su
[ash'ta ikimas']

5 • **go**

Seconda lezione
(...° due lezione)

La mostra di Picasso (Picasso mostra)

1 – [L']ha vista? *(avere-visto [domanda])*
2 – Che cosa? *(cosa [oggetto])*
3 – La mostra di Picasso. *(Picasso-mostra)*
4 – Non ancora. *(non-ancora essere)*
5 – È veramene bella! *(essere-buono [opinione])*
6 – Ah, davvero? *(così essere [domanda])*
7 [Ci] andrò domani. *(domani andare)*

Note

1 La particella か ka, che incontreremo spesso, non è traducibile in italiano e si colloca sempre alla fine della frase per indicare che si tratta di una domanda.

2 L'ultimo hiragana di questa frase, ん, è la sola eccezione del sillabario giapponese: esso non trascrive infatti una sillaba, ma soltanto il suono **n**.

3 よ **yo** è un'altra particella finale. Nella prima lezione abbiamo incontrato **ne** *[ne]*. Qui よ **yo** ha il significato contrario, cioè che quello che si esprime è la personale opinione di chi parla: いい です よ **ii desu yo** *[ii des' io]*, lo penso che sia bella! Indicheremo questa sfumatura di significato con *[opinione]*.

4 Abbiamo parlato, nell'introduzione, delle vocali lunghe, e qui ne vediamo un esempio: **sō** *[soo]*, scritto そう. Si tratta di una delle poche convenzioni ortografiche da ricordare. I due hiragana che compongono questa parola sono そ **so** e う **u**. Quando è da solo, questo う si pronuncia **u**, ma in questo caso serve a indicare che la **o** di そ **so** è lunga. L'insieme di そ+う si pronuncia dunque *[soo]*.

第二課

れんしゅう いち やく
練習　1 –　訳　し　なさい
ren shū　i chi ya ku　shi　na sa i
[renshuu ichi iaku shi nasai]

Esercizio 1 – Traducete

❶ 見ました　か。
   mimashita　　ka
   [mimash'ta ka]

❷ まだ　見ません。
   mada　　mimasen
   [mada mimasen]

❸ 見ました　か。
   mimashita　　ka
   [mimash'ta ka]

***

れんしゅう　に　　ことば　　　　　い
練習　2 –　言葉　を　入れ　なさい
ren shū　ni　ko to ba　o　i re　na sa i
[ren'shuu ni kotoba o ire nasai]

Esercizio 2 – Completate

❶ L'ha vista?
   mimashita . .

❷ L'ho vista.
   mimashi . .

❸ È bella
   ii desu . .

❹ È veramente bella!
   ii desu . .

Seconda lezione / 2

❹ 見ました 。
mimashita
[mimash'ta]

❺ そう です か。
sō desu ka
[soo des' ka]

Soluzioni dell'esercizio 1
❶ L'ha vista? ❷ Non ancora. ❸ L'ha vista? ❹ Sì. ❺ Ah, davvero?

***

Soluzioni dell'esercizio 2
❶ – ka ❷ – ta ❸ – ka ❹ – yo

La caratteristica principale dei giapponesi consiste nella loro curiosità verso tutto ciò che proviene dall'estero. Si è manifestata con più intensità dalla fine del XIX secolo (ma è stata una presenza costante in tutta la loro storia), e in tutti i campi: scienza e tecnologia, diritto, tecnica militare, medicina, e in particolare cultura e arti. Il mondo intero sfila nelle sale da esposizione, nei musei privati, nelle sale da concerto, nei centri culturali, e perfino sugli scaffali delle librerie. Perché? Perché gli artisti contemporanei (pittori, scultori, musicisti, registi ecc.) non solo sanno che troveranno un pubblico sempre pronto a fare nuove scoperte, spesso con entusiasmo, ma anche che questo pubblico nutre una uguale passione per le opere del passato, in particolare per quelle del passato del mondo occidentale.

3

第三課
だい さん か
da i sa n ka
[dai san ka]

朝食
ちょう しょく
chō sho ku
[chooshoku]

1 — おはよう **1**　　ございます **2**。
  o ha yō　　go za i ma su
  [ohaioo gozaimas']

2 — おはよう　　ございます。
  o ha yō　　go za i ma su
  [ohaioo gozaimas']

3 — パン　を　食べます　か。
  pa n　o　ta be ma su　ka
  [pan o tabemas' ka]

4 — 食べます。
  ta be ma su
  [tabemas']

5 — コーヒー **3**　を　飲みます　か。
  kō hī　o　no mi ma su　ka
  [koohii o nomimas' ka]

6 — 飲みます。
  no mi ma su
  [nomimas']

7 — ビール　を　飲みます　か。
  bī ru　o　no mi ma su　ka
  [biiru o nomimas' ka]

9 • **kyū**

Terza lezione
(...° tre lezione)

La colazione *(colazione)*

1 – Buongiorno!
2 – Buongiorno!
3 – Gradisce del pane? *(pane [oggetto] mangiare [domanda])*
4 – Sì, grazie. *(mangiare)*
5 – Beve un caffè? *(caffè [oggetto] bere [domanda])*
6 – Sì, grazie? *(bere)*
7 – Desidera una birra? *(birra [oggetto] bere [domanda])*

Note

1 よう (v. lezione 2, nota 4): よ = **yo** + う = **u** *[u]* uniti diventano よう, parola che si legge **yō** *[ioo]*, con **o** lunga.

2 お はよう ございます **o hayō gozaimasu**: ci sono molti modi per dire *buongiorno* in giapponese. Questa formula è usata quando si incontra qualcuno per la prima volta nella giornata, al mattino.

3 Quanto detto alla nota 1 è valido solo per lo hiragana. Nel caso del katakana, invece, l'allungamento delle vocali lunghe viene segnato con un trattino: コ = **ko**, コー = **kō** *[koo]*, ヒ = **hi**, ヒー = **hī** *[hii]*, ビ = **bi**, ビー = **bī** *[bii]* (v. frase 7).

jū • 10

第三課

8 — 飲みません。
   no mi ma se n
   [nomimasen]

9 — りんご を 食べます か。
   ri n go   o   ta be ma su   ka
   [ringo o tabemas' ka]

10 — 食べません。
   ta be ma se n
   [tabemasen]

11 — それでは 卵 を 食べます か。
   so re de wa   ta ma go   o   ta be ma su   ka
   [soredeua tamago o tabemas' ka]

12 — 食べます。
   ta be ma su
   [tabemas']

***

練習 1 – 訳 し なさい

❶ コーヒー を 飲みます か。
   kōhī o nomimasu ka
   [koohii o nomimas' ka]

❷ 飲みます。
   nominasu
   [nomimas']

❸ コーヒー を 飲みます
   kōhī o nomimasu
   [koohii o nomimas']

Terza lezione / 3

8 – **No, grazie.** *(non-bere)*
9 – **Gradisce una mela?** *(mela [oggetto] mangiare [domanda])*
10 – **No, grazie.** *(non-mangiare)*
11 – **Allora, gradisce delle uova?** *(allora uovo [oggetto] mangiare [domanda])*
12 – **Sì, grazie.** *(mangiare)*

***

❹ ビール を 飲みます か。
bīru o nomimasu ka
[biiru o nomimas' ka]

❺ 飲みません。
nomimasen
[nomimasen]

Soluzioni dell'esercizio 1
❶ Beve un caffè? ❷ Sì, grazie. ❸ Bevo un caffè. ❹ Beve una birra?
❺ No, grazie.

jū ni

練習 2 – 言葉 を 入れ なさい

❶ Mangio delle uova.
tamago . tabemasu

❷ Gradisce del pane?
pan o tabemasu . .

❸ Sì, grazie.
tabe . . . .

❹ Beve un caffè?
kōhī o nomi . . . . ka

❺ No, grazie.
nomi . . . . .

第四課
dai yo n ka
[dai yon ka]

税関
ze i ka n
[zeikan]

1 – カメラ を 持って **1** いますか。
  ka me ra   o   mo t te   i ma su   ka
  [kamera o mot'te imas' ka]

2 – はい、持って います。
  ha i   mo t te   i ma su
  [hai mot'te imas']

Soluzioni dell'esercizio 2

❶ – o – ❷ – ka ❸ – masu ❹ – masu – ❺ – masen

*Il regime alimentare giapponese, che per molto tempo è stato a base di riso e pesce (anche a colazione), si è considerevolmente trasformato a partire dalla seconda metà del XX secolo divenendo sempre più simile al nostro. La maggior parte dei giapponesi mangia quotidianamente pane e beve il caffè al mattino, e anche i prodotti caseari hanno fatto la loro comparsa in Giappone. La cucina casalinga comprende ormai anche i nostri piatti classici: bistecca, pizza, spaghetti. Nei **ryokan** (alberghi tradizionali), ormai sono quasi solo i turisti stranieri a ordinare la colazione tipica giapponese che consiste in una ciotola di riso con sopra un uovo crudo, alcuni pesci essiccati, tè verde. I turisti giapponesi, invece, molto spesso ordinano caffè o tè inglese e delle tartine!*

Quarta lezione
(…° quattro lezione)

La dogana *(dogana)*

1 – Ha una macchina fotografica? *(macchina-fotografica [oggetto] portare [domanda])*
2 – Sì. *(sì portare)*

Note

1 Osservate bene la parola 持って **motte** *[mot'te]*. Incontriamo per la prima volta due consonanti consecutive (**tt**) (v. Introduzione). Nella scrittura, il raddoppiamento è segnalato dal piccolo segno っ, lo stesso che ritroviamo per indicare il raddoppiamento della **k** nel titolo della lezione 1: だいいっか **dai ikka** *[dai ik'ka]*. Osservate anche けっこう **kekkō** *[kek'koo]* alla frase 11.

3 − どこ に あります か。
doko ni arimasu ka
[doko ni arimas' ka]

4 − トランク の 中(なか) に あります。
toranku no naka ni arimasu
[toranku no naka ni arimas']

5 − トランク の 中(なか) に 何(なに) が あります か。
toranku no naka ni nani ga arimasu ka
[toranku no naka ni nani ga arimas' ka]

6 − 服(ふく) と 本(ほん) が あります。
fuku to hon ga arimasu
[fuku to hon ga arimas']

7 − それ だけ です か。
sore dake desu ka
[sore dake des' ka]

8 − はい、そう です。
hai sō desu
[hai soo des']

9 − お 酒(さけ)?
o sake
[o sake]

10 − ありません。
arimasen
[arimasen]

11 − はい、けっこう です。
hai kekkō desu
[hai kek'koo des']

□

15 • jū go

Quarta lezione / 4

3 – **Dove si trova?** *(dove [luogo] esserci [domanda])*
4 – **Nella valigia.** *(valigia [relazione] dentro [luogo] esserci)*
5 – **Cosa c'è nella valigia?** *(valigia [relazione] dentro [luogo] cosa [soggetto] esserci [domanda])*
6 – **Vestiti e libri.** *(vestito e libro [soggetto] esserci)*
7 – **Solo questo?** *(codesto soltanto essere [domanda])*
8 – **Sì.** *(sì così essere)*
9 – **Alcolici?** *([familiarità]-bevanda-alcolica)*
10 – **No.** *(non-esserci)*
11 – **Bene, può andare.** *(sì sufficiente essere)*

Ricordate: non sforzatevi di memorizzare ora le sillabe (kana) o gli ideogrammi (kanji), bensì osservate solo come funzionano e provate a identificarli. Abituandovi a vederli spesso, riuscirete a ricordarli e questo accadrà prima di quanto possiate immaginare.

5 / 第五課

練習 1 – 訳 し なさい

❶ 服を持っていますか。
fuku o motte imasu ka
[fuku o mot'te imas' ka]

❷ はい、持っています。
hai motte imasu
[hai mot'te imas']

***

練習 2 – 言葉を入れなさい

❶ Ha dei libri?
hon o motte imasu . .

❷ Ho una valigia.
toranku . motte imasu

❸ Dov'è?
. . . . ni arimasu ka

第五課
dai go ka
[dai go ka]

買物
ka i mo no
[kaimono]

1 – どこ へ 行きます か。
do ko   e   i ki ma su   ka
[doko e ikimas' ka]

❸ どこ に あります か。
doko ni arimasu ka
[doko ni arimas' ka]

❹ あそこ に あります。
asoko ni arimasu
[asoko ni arimas']

Soluzioni dell'esercizio 1
❶ Ha dei vestiti? ❷ Sì. ❸ Dove sono? ❹ Sono là.

***

❹ È là.
   asoko ni ari . . . .

❺ Ha una macchina fotografica? – No.
   kamera . motte imasu ka – motte ima . . .

Soluzioni dell'esercizio 2
❶ – ka ❷ – o – ❸ doko – ❹ – masu ❺ – o – sen

Quinta lezione
(...° cinque lezione)

Compere *(spesa)*

1 – Dove va? *(dove [destinazione] andare [domanda])*

5 / 第五課

2 — デパート **1** へ 行きます。
　　de pā to　　　　e　　i ki ma su
　　[depaato e ikimas']

3 — 一緒 **2 3** に 行きます。
　　　いっしょ
　　is sho　　　　ni　i ki ma su
　　[is'sho ni ikimas']

4 　何 を 買います か。
　　なに　　　か
　　na ni　o　ka i ma su　ka
　　[nani o kaimas' ka]

5 — 靴下 を 買います。
　　くつした　　か
　　ku tsu shi ta　o　ka i ma su
　　[kutsush'ta o kaimas']

6 — 着 きました。
　　つ
　　tsu ki ma shi ta
　　[tsukimash'ta]

7 　入りましょう **4**。
　　はい
　　ha i ri ma　shō
　　[hairimashoo]

Note

1 パー **pā** [paa]. Ricordate, vero (v. lezione 3, nota 3)? Il trattino indica la vocale allungata nel katakana.

2 Ecco di nuovo il piccolo っ. Questa volta non indica più **tt** o **kk**, ma **shsh**: いっしょ **issho** *[is'sho]*.

3 Osservate bene l'ultimo hiragana della parola いっしょ **issho** *[is'sho]*: anche lui è scritto più piccolo, ょ. L'abbiamo già incontrato nella lezione 2, ma nelle sue dimensioni normali: よ **yo**. Fra le 46 sillabe del sistema dei kana, non esistono dei segni per scrivere le sillabe con il suono **sh** *[sh]*, ad eccezione di **shi** *[shi]*: し. È stata così adottata una convenzione ortografica che consiste nello scrivere **shi** *[shi]* (し) + un piccolo ょ **yo** *[io]*; ed ecco che otteniamo しょ: **sho** *[sho]*.

Quinta lezione / 5

2 – Vado ai grandi magazzini. *(grandi-magazzini [destinazione] andare)*
3 – Vengo con Lei. *(insieme [avverbiale] andare)*
4 Cosa [va a] comprare? *(cosa [oggetto] comprare [domanda])*
5 – Delle calze. *(calze [oggetto] comprare)*
6 – Eccoci arrivati. *(essere-arrivato)*
7 Entriamo!

4 入りましょう hairimashō *[hairimashoo]*: vi ricorda qualcosa? Ma certo! Il verbo 行きましょう ikimashō *[ikimashoo]* della lezione 1. Osservate la parte finale di queste parole, しょう, composta da uno shi *[shi]* (し), un piccolo yo (ょ) e una u (う). Dalla nota 3 sappiamo che しょ sho *[sho]* è composto da shi *[shi]* + un piccolo yo; se aggiungiamo う u, otteniamo l'allungamento del suono ō di shō *[shoo]*: しょう = shō *[shoo]*.

ni jū • 20

5 / 第五課

8 – ここ に 靴下(くつした) が あります。
ko ko　ni　ku tsu shi ta　　ga　　a ri ma su
[koko ni kutsush'ta ga arimas']

9 – でも 高(たか)い です ね。
de mo　ta ka i　　de su　　ne
[demo takai des' ne]

10 – そう です ね。
sō　　de su　　ne
[soo des' ne]

11 やめます。
ya me ma su
[yamemas']

***

練習 1 – 訳 し なさい

❶ あそこ に 靴下(くつした) が あります。
asoko ni kutsushita ga arimasu
[asoko ni kutsush'ta ga arimas']

❷ ここ に トランク が あります。
koko ni toranku ga arimasu
[oko ni toranku ga arimas']

❸ どこ へ 行(い)きます か。
doko e ikimasu ka
[doko e ikimas' ka]

21 • **ni jū ichi**

Quinta lezione / 5

8 – **Qui ci sono le calze.** *(qui [luogo] calze [soggetto] esserci)*
9 – **Ma come sono care!** *(ma essere-caro [accordo])*
10 – **Veramente!** *(così essere [accordo])*
11 **Ci rinuncio!** *(smettere)*

Esercitatevi sempre leggendo il giapponese a voce alta. Solo in questo modo imparerete a parlare, non dimenticatelo.

***

❹ 服を買います。
fuku o kaimasu
[fuku o kaimas']

❺ どこ に あります か。
doko ni arimasu ka
[doko ni arimas' ka]

Soluzioni dell'esercizio 1
❶ Laggiù ci sono le calze. ❷ Qui ci sono le valigie. ❸ Dove va?
❹ Compro dei vestiti. ❺ Dove si trova/trovano?

6 / 第六課

練習 2 – 言葉 を 入れ なさい

❶ Che cosa compra?
nani . kaimasu ka

❷ Che cosa mangia
. . . . o tabemasu ka

❸ Dove va?
doko . ikimasu . .

第六課
<ruby>だい ろっ か</ruby>
da i ro k ka
[dai rok'ka]

▶
　　　　　　　東京　スカイ　ツリー
<ruby>とう きょう</ruby>
tō kyō　su ka i　tsu rī
[tookioo s'kai tsurii]

1 –　東京　スカイ　ツリー　を
　　　tō kyō　su ka i　tsu rī　o
　　　知って　います　か。
　　　shi t te　i ma su　ka
[tookyoo s'kai tsurii o shit'te imas'ka]

2 –　はい、知って　います。
　　　ha i　shi t te　i ma su
[hai shit'te imas']

3 –　ここ　から　どう　行きます　か。
　　　ko ko　ka ra　dō　i ki ma su　ka
[koko kara doo ikimas' ka]

23 • **ni jū san**

❹ Vado là.
  . . . . . . ikimasu

❺ Che caro!
  takai desu . .

Soluzioni dell'esercizio 2
❶ – o – ❷ nani – ❸ – e – ka ❹ asoko e – ❺ – ne

Sesta lezione
(...° sei lezione)

Tōkyō Sky Tree

1 – Conosce la Tokyo Sky Tree? *(Tokyo Sky Tree [oggetto] conoscere [domanda])*
2 – Sì, la conosco. *(sì conoscere)*
3 – Come si raggiunge da qui? *(qui da come andare [domanda])*

第六課

4 — まず 船橋 駅 まで バス で 行きます。
ma zu　fu na ba shi　e ki　ma de　ba su　de　i ki ma su
[mazu funabashi eki made basu de ikimas']

5　近い です。
chi ka i　de su
[cikai des']

6　そこ から 押上 駅 まで 電車 で 行きます。
so ko　ka ra　o shi a ge　e ki　ma de　de n sha　de　i ki ma su
[soko kara oshiaghe eki made densha de ikimas']

7　それから 押上 駅 から スカイ ツリー まで 歩きます。
so re ka ra　o shi a ge　e ki　ka ra　su ka i　tsu rī　ma de　a ru ki ma su
[sorekara oshiaghe eki kara s'kai tsurii made arukimas']

8　スカイ ツリー に 水族館 が あります。
su ka i　tsu rī　ni　su i zo ku ka n　ga　a ri ma su
[s'kai tsurii ni suizokukan ga arimas']

9　おもしろい です。
o mo shi ro i　de su
[omoshiroi des']

10　おみやげ の 店 も たくさん あります。
o mi ya ge　no　mi se　mo　ta ku sa n　a ri ma su
[omiiaghe no mise mo takusan arimas']

Sesta lezione / 6

4 – **Innanzitutto, vada in autobus fino alla stazione di Funabashi.** *(innanzitutto Funabashi stazione fino-a autobus [mezzo] andare)*
5 **È vicino.** *(essere-vicino)*
6 **Da lì vada con il treno fino alla stazione di Oshiage.** *(là da Oshiage stazione fino-a treno [mezzo] andare)*
7 **Poi, dalla stazione di Oshiage, la Sky Tree si raggiunge a piedi.** *(allora Oshiage stazione da Sky Tree fino-a camminare)*
8 **Nella Sky Tree c'è un acquario.** *(Sky Tree [luogo] acquario [soggetto] esserci)*
9 **È interessante.** *(essere-interessante)*
10 **Ci sono anche molti negozi di souvenir.** *(souvenir [relazione] negozio anche numeroso esserci)*

Note

1 電車 densha *[densha]*. Abbiamo già visto come si scrive **sho** *[sho]* (v. lezione 5, nota 3); **sha** *[sha]* si scrive seguendo lo stesso principio: **shi** *[shi]* + un piccolo **ya**: しゃ = **sha** *[sha]*.

6 / 第六課

▶ 練習 1 – 訳 し なさい

❶ デパート へ 行きます。
depāto e ikimasu
[depaato e ikimas']

❷ 着きました。
tsukimashita
[tsukimash'ta]

❸ 入りました。
hairimashita
[hairimash'ta]

***

練習 2 – 言葉 を 入れ なさい

❶ Vado a Funabashi.
funabashi . ikimasu

❷ Sono andato a Funabashi.
funabashi e iki . . . .

❸ Sono andato da Funabashi fino a Oshiage.
funabashi . . . . oshiage . . . . iki . . . .

*Tokyo è una conurbazione con più di 35 milioni di abitanti, che comprende ventitré quartieri e una trentina di città senza soluzione di continuità nel tessuto urbano. Il quartiere più grande (**Setagaya-ku**) ha la dimensione del centro di Parigi... Pensate che differenza di scala! Se si vuole vedere un bel panorama di Tokyo, la Tokyo Sky Tree (letteralmente "albero del cielo") è il posto giusto. Dai suoi 634 m di altezza (al momento dell'inaugurazione, maggio 2012, era la torre televisiva più alta del mondo), essa domina un mare di edifici di tutte le dimensioni, dai piccoli immobili ai grattacieli. Dalla cima, quando l'aria non è troppo inquinata, si può vedere il mare che purtroppo arretra sempre di più a causa del progressivo riempimento della baia*

Sesta lezione / 6

❹ 駅 まで 歩きました。
えき　　　ある
eki made arukimashita
[eki made arukimash'ta]

❺ あそこ に 店 が たくさん あります。
　　　　　みせ
asoko ni mise ga takusan arimasu
[asoko ni mise ga takusan arimas']

Soluzioni dell'esercizio 1
❶ Vado ai grandi magazzini. ❷ Sono arrivato. ❸ Sono entrato. ❹ Sono andato a piedi fino alla stazione. ❺ Là ci sono molti negozi.

***

❹ Vado con l'autobus.
 basu . . ikimasu

❺ Andiamo con l'autobus!
 basu de iki . . . . .

Soluzioni dell'esercizio 2
❶ – e – ❷ – mashita ❸ – kara – made – mashita ❹ – de – ❺ – mashō

di Tokyo. Inoltre, tempo permettendo, si può vedere il famoso Monte Fuji con il suo cappello di neve. La costruzione di questa torre, che trovandosi in un quartiere tradizionale non ha incontrato il favore unanime degli abitanti, è stata resa necessaria dal continuo innalzamento degli edifici della città. In precedenza, la diffusione delle trasmissioni radiotelevisive veniva effettuata da una torre alta 332 m, la Tokyo Tower, che è stata surclassata dall'altezza delle costruzioni recenti. Distrutta due volte quasi completamente, prima nel 1923 da un grande terremoto e poi dai bombardamenti della Seconda guerra mondiale, Tokyo è una città moderna dove è consentita ogni sorta di audacia architettonica.

ni jū hachi

7

だい なな か
第 七 課
da i na na ka
[dai nana ka]

まとめ – Riepilogo

ma to me
[matome]

Fermiamoci un attimo dopo queste prime sei lezioni per riepilogare tutto quello che abbiamo già imparato. Rimarrete senza parole!

1 Le forme di base dei verbi

1.1 Le forme in ます masu e ません masen

• **La forma affermativa**
Avrete sicuramente notato delle somiglianze tra le forme verbali che abbiamo incontrato:
– 行きます **ikimasu** *[ikimas']* (lezioni 2, 5, 6), *io vado (tu vai... loro vanno)*;
– 食べます **tabemasu** *[tabemas']* (lezione 3), *io mangio (tu mangi... loro mangiano)*;
– 飲みます **nomimasu** *[nomimas']* (lezione 3), *io bevo (tu bevi... loro bevono)*;
– あります **arimasu** *[arimas']* (lezioni 4, 5, 6), *(un oggetto) si trova*;
– 買います **kaimasu** *[kaimas']* (lezione 5), *io compro (tu compri... loro comprano)*;
– 歩きます aruki**masu** *[arukimas']* (lezione 6), *io cammino (tu cammini... loro camminano)*.

La forma che termina con ます **masu** *[mas']* è la più comune, equivale a tutte le persone del nostro presente, e molto spesso anche a quelle del futuro (lezione 2, frase 7).

Settima lezione
(...° sette lezione)

• **La forma negativa**

Abbiamo già incontrato, in alcuni casi, anche la forma negativa equivalente: basta sostituire il suffisso ます **masu** *[mas']* della forma affermativa con ません **masen** *[masen]*:

– たべます **tabemasu** *[tabemas']*, *io mangio (tu mangi... loro mangiano)* → たべません **tabemasen** *[tabemasen]*, *io non mangio (tu non mangi... loro non mangiano)*.

– のみます **nomimasu** *[nomimas']*, *io bevo (tu bevi... loro bevono)* → のみません **nomimasen** *[nomimasen]*, *io non bevo (tu non bevi... loro non bevono)*.

– かいます **kaimasu** *[kaimas']*, *io compro (tu compri... loro comprano)* → かいません **kaimasen** *[kaimasen]*, *io non compro (tu non compri... loro non comprano)*.

1.2 La forma in ました **mashita**

Oltre a queste due desinenze, avrete sicuramente notato un'altra serie di somiglianze:

– わかりました **wakarimashita** *[uakarimash'ta]* (lezione 1, frase 3) *io ho, tu hai... loro hanno capito* (letteralmente "[questo fatto] è stato capito");

– 見ました **mimashita** *[mimash'ta]* (lezione 2, frase 1), *io ho, tu hai... loro hanno visto*;

– 着きました **tsukimashita** *[tsukimash'ta]* (lezione 5, frase 6), *io sono, tu sei... loro sono arrivato/i*.

In questi casi, per indicare il passato, si sostituisce ます **masu** *[mas']* con ました **mashita** *[mash'ta]*.

san jū • 30

1.3 La forma in ましょう mashō

Infine, avrete sicuramente notato un altro punto comune:
– 行きましょう **ikimashō** *[ikimashoo]*, *andiamo!* (lezione 1, frase 2);
– 入りましょう **hairimashō** *[hairimashoo]*, *entriamo!* (lezione 5, frase 7).

Questa forma serve per esprimere un'esortazione che si fa a se stessi ed eventualmente a chi ci accompagna. Si forma sostituendo ます **masu** *[mas']* con ましょう **mashō** *[mashoo]*.

2 Il verbo あります arimasu *[arimas']*

Un'attenzione speciale merita あります **arimasu** *[arimas']* (lezioni 5 e 6). Letteralmente equivale al nostro "c'è/ci sono", ma in realtà significa *trovarsi, esistere (in un dato luogo)* ed è usato solo per gli oggetti e per le cose inanimate (per le cose animate si usa un altro verbo). Memorizzate bene la sua costruzione: 店 が あります **mise ga arimasu** *[mise ga arimas']*, dove 店 **mise** *[mise]* è il soggetto di あります **arimasu** *[arimas']*: *Ci sono dei negozi (in questo luogo)*.

3 Il soggetto

Avete notato che, ad eccezione che con il verbo あります **arimasu** *[arimas']*, in nessuna frase viene espresso il soggetto? Come in italiano, anche in giapponese non è necessario esplicitare il soggetto che compie l'azione, a meno che non sia indispensabile per la comprensione. Così, se qualcuno guardandovi vi domanda: ビール を 飲みます か **bīru o nomimasu ka** *[biiru o nomimas' ka]* (letteralmente "birra [oggetto] bere [domanda]"), senza fornire altre informazioni, è ovvio che intenda rivolgere a voi la domanda, che quindi si può tradurre con *Vuole/Beve una birra?* Se il vostro interlocutore intendesse invece indirizzare la domanda a qualcun altro, allora userebbe il nome proprio di questa persona come soggetto. Per la risposta vale la stessa regola: se state rispondendo per voi sarà sufficiente dire 飲みます **nomimasu** *[nomimas']* (letteralmente "bere/io bevo"), *Sì*.

4 Rispondere a una domanda

Per rispondere in modo affermativo a una domanda è raro che i giapponesi usino semplicemente una parola che significa *sì* (e la stessa cosa vale per il *no*): in generale, si ripete il verbo nella sua forma affermativa oppure nella sua forma negativa a seconda di quale sia la risposta.

Settima lezione / 7

Per dare più forza alla risposta, si può iniziare la frase con la parola はい **hai** *[hai]*, che significa *sì*: はい、持って います **hai motte imasu** *[hai mot'te imas']*, *sì, ne ho una* (lezione 4, frase 2); はい、知って います **hai shitte imasu** *[hai shit'te imas']*, *Sì, la conosco* (lezione 6, frase 2). Ricordate in ogni caso che はい **hai** non è obbligatorio.

5 Le posposizioni

Nell'introduzione abbiamo parlato di dieci posposizioni, ossia le particelle grammaticali che nella frase indicano la funzione della parola che le precede. Ebbene, senza accorgervene ne avete già incontrate sette:
– を **o** (lezioni 2, 3, 4, 5, 6) per il complemento oggetto;
– が **ga** (lezioni 4, 5, 6) per il soggetto;
– に **ni** (lezioni 4, 5, 6) per il complemento di stato in luogo: *in*;
– へ **e** (lezioni 1, 5) per il complemento di moto a luogo: *a, verso*;
– で **de** (lezione 6) per il complemento di mezzo: *con, per mezzo di*;
– から **kara** (lezione 6) che esprime il complemento di moto da luogo, il punto di partenza: *da, a partire da*;
– まで **made** (lezione 6), che si contrappone a **kara**, esprime il punto d'arrivo, *fino a*.

6 La scrittura

Nel corso di queste prime sei lezioni abbiamo già affrontato alcuni aspetti delicati dell'ortografia che incontreremo ancora molte volte. Rivediamoli:
– Il segno hiragana ん che si trascrive con una **n** alla fine della parola (lezione 2, nota 2).
– La う **u** *[u]* che in hiragana serve a indicare che la **o** della sillaba che la precede è lunga (lezione 2, nota 4): そう **sō** *[soo]*.
– Il trattino ー che in katakana serve a indicare che la vocale che lo precede è lunga (lezione 3, nota 3).
– Il piccolo っ che serve a raddoppiare la consonante della sillaba successiva: いっか **ikka** *[ik'ka]*, もって **motte** *[mot'te]*, いっしょ **issho** *[is'sho]* (lezione 4, nota 1; lezione 5, nota 2).
– Il modo di scrivere il suono **sh** [sh] davanti a una vocale diversa da **i**: し **shi** *[shi]* + un piccolo **yo** o un piccolo **ya**: しょ **sho** *[sho]*, しゃ **sha** *[sha]* (lezione 5, nota 3; lezione 6, nota 1).

san jū ni • 32

第七課

▶ 復習　会話 – Dialogo di ripasso *(ripasso dialogo)*
fuku shū kai wa
[fukushuu kaiua]

1. どこ　へ　行きました　か。
   doko e ikimashita ka
   [doko e ikimash'ta ka]

2. デパート　へ　行きました。
   depāto e ikimashita
   [depaato e ikimash'ta]

3. カメラ　を　買います　か。
   kamera o kaimasu ka
   [kamera o kaimas' ka]

4. 高い　です　よ。買いません。
   takai desu yo kaimasen
   [takai des' io kaimasen]

5. 東京　スカイ　ツリー　の　中　に　店　が　あります　か。
   tōkyō sukai tsurī no naka ni mise ga arimasu ka
   [tookioo s'kai tsurii no naka ni mise ga arimas' ka]

6. はい、たくさん　あります。
   hai takusan arimasu
   [hai takusan arimas']

7. あした　何　を　見ます　か。
   ashita nani o mimasu ka
   [ash'ta nani o mimas' ka]

Settima lezione / 7

8 わかりません。
wakarimasen
[uakarimasen]

9 船橋 駅 まで 歩きます か。
funabashi eki made arukimasu ka
[funabashi eki made arukimas' ka]

10 歩きません。電車 で 行きます。
arukimasen densha de ikimasu
[arukimasen densha de ikimas']

Traduzione
1 Dov'è andato? **2** Ai grandi magazzini. **3** Compra una macchina fotografica? **4** È cara, non la compro. **5** Ci sono dei negozi nella Tokyo Sky Tree? **6** Sì, ce ne sono tanti. **7** Che cosa guarda domani? **8** Non lo so. **9** Va a piedi fino alla stazione di Funabashi? **10** No, ci vado con il treno.

Finora abbiamo parlato molto di scrittura, sia nelle note sia nella lezione di riepilogo, ma potete stare tranquilli: sarà meno complicato di quanto possiate immaginare. In queste prime sette lezioni abbiamo già incontrato la maggior parte delle irregolarità nell'uso dei kana, e per ora non è necessario impararle a memoria, ma solo capirle per poter leggere senza sforzo le lezioni seguenti. Vedrete che quando arriverete alla prossima lezione di ripasso, questo modo di scrivere vi sembrerà ovvio e alla successiva non ci penserete nemmeno più. E ricordate di fare attenzione alla pronuncia delle vocali lunghe.

8

第八課 da i hak ka *[dai hak'kaa]*
だいはっか

映画
ei ga
[eiga]

1 — 昨日　何　を　しました　か。
    kinō　nani　o　shi ma shi ta　ka
    [kinoo nani o shimash'ta ka]

2 — 友達　が　来ました。
    tomo dachi　ga　ki ma shi ta
    [tomodaci ga kimash'ta]

3 — 一緒　に**1**　映画　に **2** 行きました。
    is sho　ni　ei ga　ni　i ki ma shi ta
    [is'sho ni eiga ni ikimash'ta]

4 — 何 **3** の　映画　を　見ました　か。
    nan　no　ei ga　o mi ma shi ta　ka
    [nan no eiga o mimash'ta ka]

5 — アメリカ　の　映画 **4**　を　見ました。
    a me ri ka　no　ei ga　o　mi ma shi ta
    [amerika no eiga o mimash'ta]

Note

1 Tra tutte le posposizioni (v. lezione 7, § 5), に **ni** è quella che potrebbe procurarvi le maggiori difficoltà perché ha molti significati differenti. Qui, insieme alla parola 一緒 **issho** *[is'sho]*, serve a costruire una locuzione che funziona esattamente come un avverbio italiano: 一緒 に **issho ni** *[is'sho ni]*, *insieme*. Ci ritorneremo.

Ottava lezione
(...° otto lezione)

Il cinema

1 – Che cosa ha fatto ieri? *(ieri cosa [oggetto] avere-fatto [domanda])*
2 – È venuto un amico. *(amico [oggetto] essere-venuto)*
3 Siamo andati insieme al cinema. *(insieme [avverbiale] cinema [luogo] essere-andato)*
4 – Che film avete visto? *(cosa [relazione] film [oggetto] avere-guardato [domanda])*
5 – Abbiamo visto un film americano. *(America [relazione] film [oggetto] avere-guardato)*

2 Ecco di nuovo に **ni**: questa volta segue una parola che indica un'attività, えいが 映画 **eiga** *[eiga]*, *il cinema*, e precede un verbo che indica movimento, 行きました **ikimashita** *[ikimash'ta]*, *essere andato*. In questo caso, に **ni** serve a indicare il complemento di moto a luogo.

3 La parola 何, *cosa*, ha due pronunce diverse: なに **nani** (frase 1) *[nani]* oppure なん **nan** *[nan]*, come in questo caso, se si trova davanti a の **no**.

4 映画 **eiga** *[eiga]*: una sola parola giapponese al posto di due parole italiane, comodo, vero? Significa *film*, ma anche *cinema* in generale, inteso come attività.

san jū roku • 36

6 チャップリン の 「モダン タイムズ」 [5]
   cha p pu ri n   no   mo da n ta i mu zu
   を 見ました。
   o mi ma shi ta
   [ciap'p'rin no modan taim'z' o mimash'ta]

7 – おもしろかった です か。
   o mo shi ro ka t ta   de su ka
   [omoshirokat'ta des' ka]

8 – わかりません。
   wa ka ri ma se n
   [uakarimasen]

9 眼鏡 を 忘れました。
   me gane o   wasu re ma shi ta
   [megane o uasuremash'ta]

10 よく 見えません でした [6]。
   yo ku   mi e ma se n   de shi ta
   [ioku miemasen desh'ta]

Note

5 Queste piccole parentesi quadre 「 」 servono, allo stesso modo delle virgolette italiane, per citare il titolo di un libro, di un film, di una rivista, la marca di un prodotto ecc.

6 Ecco una nuova forma verbale. Si tratta dell'equivalente negativo di ました **mashita** *[mash'ta]*: よく 見えました **yoku miemashita** *[ioku miemash'ta]*, *Sono riuscito a vedere bene*, よく 見えません でした **yoku miemasen deshita** *[ioku miemasen desh'ta]*, *Non sono riuscito a vedere bene*.

6 "Tempi moderni" di Chaplin. *(Chaplin [relazione] moderno tempi [oggetto] avere-guardato)*
7 – Le è piaciuto? *(essere-stato-interessante [domanda])*
8 – Non lo so.
9 Avevo dimenticato gli occhiali. *(occhiali [oggetto] avere-dimenticato)*
10 Non sono riuscito a vedere bene. *(bene non-essere-stato-possibile-vedere)*

In Giappone il cinema è nato nell'ultimo decennio del XIX secolo. Dopo il lungo periodo di chiusura del paese, durato dall'inizio del XVII alla fine del XIX secolo, il Giappone si mostrò avido di conoscere tutto ciò che veniva dall'Occidente e presto iniziò ad eccellere nelle tecniche che via via scopriva. Il cinema fu una di queste. Nacquero grandi compagnie e negli anni '20 del XX secolo il Giappone era uno dei maggiori paesi produttori di film (ad esempio 700 nell'anno 1928). Questo periodo è considerato come la prima età dell'oro del cinema giapponese e vide formarsi un gran numero di registi che hanno lasciato un segno nella prima metà del XX secolo. Negli anni '30 si passò al cinema sonoro. Gli anni '50 rappresentarono una seconda età dell'oro, ma l'arrivo della televisione diede un duro colpo al cinema giapponese, che ancora oggi fatica a ritrovare il suo antico splendore.

8 / 第八課

▶ 練習 1 – 訳 し なさい

❶ 友達 と 一緒 に 買物 に 行きました。
tomodachi to issho ni kaimono ni ikimashita
[tomodaci to is'sho ni kaimono ni ikimash'ta]

❷ 何 を 買いました か。
nani o kaimashita ka
[nani o kaimash'ta ka]

❸ 映画 の 本 を 買いました。
eiga no hon o kaimashita
[eiga no hon o kaimash'ta]

練習 2 – 言葉 を 入れ なさい

❶ Ha visto un film di Chaplin?
chappurin .. .... o mimashita ka

❷ È riuscito a vedere bene?
.... mie .... ka

❸ Che libro ha comprato?
..... hon o kaimashita ka

❹ È venuto un amico
tomodachi .... mashita

❺ Non ci sono andato.
iki ....

Ottava lezione / 8

❹ 眼鏡(めがね) を 買(か)いました か。
megane o kaimashita ka
[megane o kaimash'ta ka]

❺ 買(か)いません でした。
kaimasen deshita
[kaimasen desh'ta]

Soluzioni dell'esercizio 1
❶ Sono andato a fare spese con un amico. ❷ Che cosa ha comprato?
❸ Ho comprato un libro di cinema. ❹ Ha comprato degli occhiali?
❺ No, non li ho comprati.

Soluzioni dell'esercizio 2
❶ – no eiga – ❷ yoku – mashita – ❸ nan no – ❹ – ga ki –
❺ – masen deshita

9

だいきゅうか
第 九 課 **dai kyū ka** *[dai kiuu ka]*

ちゅうか　りょうり
中華 **1** 料理 **2**
chū ka　ryō ri
[ciuuka rioori]

こんばん　　ちゅうか　　りょうり
1 − 今晩　　中華　　料理 **3**　を
　　kon ban　chū ka　ryō ri　　o
　　た
　　食べましょう　　か。
　　ta be ma shō　　ka
　　[konban ciuuka rioori o tabemashoo ka]

2 − ああ、　いい　です　ね。
　　a a　　i i　　de su　ne
　　[aa ii des' ne]

　　　ちゅうか　　りょうり　　　　　　だいす
3　　中華　　料理　　が　大好き　です。
　　chū ka　ryō ri　ga　dai su ki　de su
　　[ciuuka rioori ga daisuki des']

　　わたくし
4 − 私　　も。
　　watakushi　mo
　　[uatakushi mo]

Note

1 Per **chū** *[ciuu]*, si pone il problema di scrivere **ch** *[c]* davanti a una vocale diversa da **i**. È lo stesso problema che abbiamo incontrato con **sh** *[sh]* (v. lezione 5, note 3 e 4) e c'è la medesima soluzione: un **chi** *[ci]* ち seguito da un piccolo **yu** ゅ, **yo** ょ **ya** ゃ → **chu** *[ciu]* ちゅ, **cho** *[cio]* ちょ, **cha** *[cia]* ちゃ. E se **u** oppure **o** fossero lunghe abbiamo **chū** ちゅう e **chō** ちょう. Da notare che non troveremo mai una **a** lunga nelle parole di origine giapponese.

Nona lezione
(...° nove lezione)

Al ristorante cinese *(Cina cucina)*

1 – Andiamo al ristorante cinese stasera? *(questa-sera Cina cucina [oggetto] mangiare-[esortativo] [domanda])*
2 – Ah, buona idea! *(ah essere-buono [accordo])*
3   Io adoro la cucina cinese! *(Cina cucina [soggetto] molto-amato-essere)*
4 – Anch'io! *(io anche)*

2 Eccoci all'ultima particolarità ortografica della lingua giapponese. Esistono molte sillabe che contengono una semivocale rappresentata dalla **y** di **kyū** e **ryō**, che si legge come la *i* delle parole *iena* o *chiaro* in italiano. In giapponese, possiamo scrivere **yu** o **yo** con i kana del sistema sillabico **yu** ゆ e **yo** よ, ma è impossibile scrivere soltanto **k** o **r**! I giapponesi hanno dunque inventato una convenzione giocando sulla dimensione dei caratteri: si prende il kana di **ki**, oppure **ri**, き o り, e lo si fa seguire da **yu** ゆ o **yo** よ, scritti più piccoli, ottenendo **kyu** きゅ, **kyo** きょ, **ryu** りゅ, **ryo** りょ. E poiché in questo caso le vocali **u** e **o** sono lunghe (**kyū**, **ryō**), si scriveranno con l'aggiunta di una う (**u**) (v. lezione 2, nota 4): **kyū** きゅう, **ryō** りょう.

3 料理 **ryōri** *[rioori]*, la cucina, nel senso di *modo di preparare gli alimenti*. In giapponese si usa anche per dire *ristorante*: 華 料理 **chūka ryōri** *[ciuuka rioori]*, *cucina cinese* o *ristorante cinese*, 日本 料理 **nihon ryōri** *[nihon rioori]* (con **h** aspirata), *cucina giapponese* o *ristorante giapponese*.

9 / 第九課

5 スープ **4** と 肉 と 魚 を
   sū pu   to niku to sakana o
   とりましょう。
   to ri ma shō
   [suupu to niku to sakana o torimashoo]

6 — そう です ね。
     sō   de su ne
     [soo des' ne]

7 — お 箸**5** で 食べます か。
     o hashi de ta be ma su ka
     [o hashi de tabemas' ka]

8 — いいえ、フォーク で 食べます。
     i i e   fō ku de ta be ma su
     [iie fooku de tabemas']

9 — おねがい します。
     o ne ga i shi ma su

     フォーク を 下さい。
     fō ku   o kuda sa i
     [onegai shimas' fooku o kudasai]

10 — はい、 どうぞ。
      ha i   dō zo
      [hai doozo]

11 — ありがとう。
      a ri ga tō
      [arigatoo]

12   おいしい です か。
     o i shi i de su ka
     [oishii des' ka]

13 — とても おいしい です。
      to te mo o i shi i de su
      [totemo oishii des']

14 — また 来ましょう。
      ma ta ki ma shō
      [mata kimashoo]

Nona lezione / 9

5 **Prendiamo una zuppa, della carne e del pesce.** *(zuppa e carne e pesce [oggetto] prendere-[esortativo])*

6 – **D'accordo.** *(così essere [accordo])*

7 – **Mangia con le bacchette?** *([familiarità] bacchette [mezzo] mangiare [domanda])*

8 – **No, mangio con la forchetta.** *(no forchetta [mezzo] mangiare)*

9 – **Per cortesia.** *(richiesta fare)*
   Una forchetta. *(forchetta [oggetto] dare-a-me)*

10 – **Ecco a Lei.** *(sì prego)*

11 – **Grazie.**

12 – **Le piace?** *(essere-buono [domanda])*

13 – **Moltissimo!** *(molto essere-buono)*

14 – **Ci torneremo.** *(ancora venire-[esortativo])*

Note

4 Ricordate? Questo piccolo tratto indica che nella parola di origine straniera, scritta in katakana, la vocale è lunga.

5 箸 **hashi** *[hashi]*, significa *bacchette*. Perché お 箸 **o hashi**? Molto spesso, in giapponese, le parole che indicano oggetti molto comuni sono precedute da お **o**, come una sorta di segno di *[familiarità]*.

Non lasciatevi spaventare dal gran numero di note di queste lezioni. Il fatto è che ci sono ancora alcuni aspetti legati alla scrittura da chiarire e, nello stesso tempo, stiamo iniziando ad affrontare frasi sempre più complesse. Vi promettiamo però che la prossima lezione di ripasso sarà l'ultima in cui parleremo nel dettaglio di questioni ortografiche. Ma non temete, vi aiuteremo ancora per un po' con delle note di rimando.

9/ 第九課

▶ 練習 1 – 訳 し なさい

❶ テレビ が 大好き です。
terebi ga daisuki desu
[terebi ga daisuki des']

❷ とても 暑い です ね。
totemo atsui desu ne
[totemo atsui des' ne]

❸ 昨日 スープ と 魚 を 食べました。
kinō sūpu to sakana o tabemashita
[kinoo suupu to sakana o tabemash'ta]

練習 2 – 言葉 を 入れ なさい

❶ Mi piace molto la carne.
 niku . . daisuki desu

❷ Mangio il pesce con la forchetta.
 sakana . fōku . . tabe . . . .

❸ È molto buono.
 . . . . . . oishii desu

❹ Del pane, per favore.
 pan o . . . .

❺ Domani vado al ristorante cinese. – Bell'idea!
 ashita chūka ryōri . . . . – . . desu . .

45 • **yon jū go**

Nona lezione / 9

❹ フォーク で 食べません。
fōku de tabemasen
[fooku de tabemasen]

❺ お箸を下さい。
o hashi o kudasai
[o hashi o kudasai]

Soluzioni dell'esercizio 1
❶ Adoro la televisione. ❷ Fa molto caldo! ❸ Ieri ho mangiato una zuppa e del pesce. ❹ Non mangio con la forchetta. ❺ Le bacchette, per cortesia.

Soluzioni dell'esercizio 2
❶ – ga – ❷ – o – de – masu ❸ totemo – ❹ – kudasai ❺ – ni ikimasu –ii – ne

yon jū roku • 46

第十課 dai juk ka [dai giuk'ka]
だいじゅっか

テレビ
te re bi
[terebi]

1 — お 相撲₁ を 見ました か。
　　o　su mō　　o　mi ma shi ta　　ka
[o sumoo o mimash'ta ka]

2 — はい、 テレビ で 見ました。
　　ha i　te re bi　de　mi ma shi ta
[hai terebi de mimash'ta]

3 — また お 相撲 の シーズン です ね。
　　ma ta　o　su mō　no　shī zu n　de su　ne
[mata o sumoo no shiizun des' ne]

4 — そう です ね。
　　sō　de su　ne
[soo des' ne]

5 — よく テレビ を 見ます か。
　　yo ku　　te re bi　o　mi ma su　　ka
[ioku terebi o mimas' ka]

6 — 時々 ₂ 見ます。
　　toki doki　　mi ma su
[tokidoki mimas']

7 — テレビ で 何 を 見ます か。
　　te re bi　de　nani　o　mi ma su　ka
[terebi de nani o mimas' ka]

Decima lezione
(...° dieci lezione)

La televisione

1 – Ha visto il sumo? *([familiarità] sumo [oggetto] avere-guardato [domanda])*
2 – Sì, l'ho visto in televisione. *(sì televisione [mezzo] avere-guardato)*
3 – È di nuovo stagione di sumo. *(nuovamente [familiarità] sumo [relazione] stagione essere [accordo])*
4 – È vero! *(così essere [accordo])*
5 – Guarda spesso la televisione? *(spesso televisione [oggetto] guardare [domanda])*
6 – Ogni tanto. *(talvolta guardare)*
7 – Cosa guarda in televisione? *(televisione [mezzo] cosa [oggetto] guardare [domanda])*

Note

1 お 相撲 o sumō, ritroviamo il nostro お o *[familiarità]* (v. lezione 9, nota 5).
2 Il segno 々 serve per evitare di ripetere lo stesso kanji (carattere cinese). Qui è come se scrivessimo 時時 tokidoki. In questi casi la **t** del secondo **toki** diventa **d** (equivalente sonora di **t**).

10 / 第十課

8 – ニュース と ドラマ を 見ます。
 nyū su to do ra ma o mi ma su
 [niuusu to dorama o mimas']

9 – どちら **3** が 好き です か。
 do chi ra ga su ki de su ka
 [docira ga suki des' ka]

10 – どちらも 好き です。
 do chi ra mo su ki de su
 [dociramo suki des']

Note

3 どちら **dochira** *[docira]*, *quale dei due*. Questa parola viene usata insieme a un aggettivo per porre delle domande che implicano il confronto tra due oggetti. Come potete vedere, non è necessario usare una parola che significhi *di più*, come in italiano *quale dei due ti piace di più?*

***

練習 1 – 訳 し なさい

❶ どちら が 高い です か。
dochira ga takai desu ka
[docira ga takai des' ka]

❷ よく テレビ を 見ます。
yoku terebi o mimasu
[ioku terebi o mimas']

❸ テレビ で 映画 を 見ました。
terebi de eiga o mimashita
[terebi de eiga o mimash'ta]

Decima lezione / 10

8 – **Guardo il telegiornale e le serie tv.** *(notizie e serie-televisiva [oggetto] guardare)*
9 – **Cosa Le piace di più?** *(quale-dei-due [soggetto] piacere essere [domanda])*
10 – **Mi piacciono entrambi.** *(entrambi piacere essere)*

***

❹ テレビ が 大好き です。
terebi ga daisuki desu
[terebi ga daisuki des']

❺ テレビ の ニュース が 好き です。
terebi no nyūsu ga suki desu
[terebi no niuusu ga suki des']

Soluzioni dell'esercizio 1
❶ Quale dei due è più caro? ❷ Guardo spesso la televisione. ❸ Ho visto un film in televisione. ❹ Adoro la televisione. ❺ Mi piace il telegiornale.

11 / 第十一課

練習 2 - 言葉 を 入れ なさい

❶ Guarda spesso il sumo?
   o sumō . . . . ka

❷ Guardo i notiziari e i film.
   . . . . eiga o mimasu

❸ Quale dei due è più vicino?
   . . . . chikai desu ka

***

La Tv in Giappone è una profusione di canali privati e molta pubblicità. Merita tuttavia una menzione speciale la **NHK (Nippon Hōsō Kyōkai**, *Ente radiotelevisivo giapponese – notate l'antica pronuncia* **nippon** *per il nome del paese), potente società pubblica con programmi di qualità. Vi è un canale, chiamato "educativo", che trasmette corsi di tutti i tipi: scienze, arte, vita pratica. Se poi finiscono per stancarvi, perché non vi avventurate nella visione di uno dei tanti* **dorama**, *le serie televisive "made in Japan"? Storie d'amo-*

11

だい じゅう いっ か
第 十 一 課 **dai jū ik ka** *[dai giuu ik'ka]*

あさ
朝
asa
[asa]

あさ　なん　じ　　　　　お
1 - 朝　何　時　に₁　起 き ま す　　か。
   asa　nan　ji　ni　o ki ma su　ka
   [asa nan gi ni okimas' ka]

51 • **go jū ichi**

❹ L'ho guardato in televisione.
   . . . . mimashita

❺ Davvero?
   . . . desu ka

Soluzioni dell'esercizio 2
❶ – o yoku mimasu – ❷ nyūsu to – ❸ dochira ga – ❹ terebi de – ❺ a sō –

***

re, drammi familiari, adattamenti di manga, horror, fantasy. E poi c'è il sumo, lo sport nazionale giapponese. La sua origine è molto antica, ma la sua forma attuale risale all'epoca Edo (1603-1868). È una forma di lotta corpo a corpo in cui due lottatori (**rikishi**) *si affrontano su un* ring (**dohyō**) *cercando di atterrare o far uscire fuori dal cerchio l'avversario. In un anno si svolgono 6 tornei di sumo della durata di 15 giorni ciascuno. Chi totalizza più vittorie vince il torneo.*

Undicesima lezione
(...° dieci-uno lezione)

Il mattino

1 – A che ora si sveglia al mattino? *(mattino quale ora [tempo] svegliarsi [domanda])*

Note

1 Ecco di nuovo に ni! Questa volta è impiegata con una parola di *[tempo]* e serve a indicare in quale momento avviene un'azione: 何 時 に **nan ji ni** *[nan gi ni]*, *a che ora?*, 十 一 時 に **jū ichi ji ni** *[giuu ici gi ni]*, *alle undici*, 三 時 に **san ji ni** *[san gi ni]*, *alle tre*.

go jū ni

11 / 第十一課

2 — 十一時に 起きます。
jū ichi ji ni o ki ma su
[giuu ici gi ni okimas']

3 — 遅いですね。
oso i de su ne
[osoi des' ne]

4 夜 何時に 寝ますか。
yoru nan ji ni ne ma su ka
[ioru nan gi ni nemas' ka]

5 — 夜中の 三時に 寝ます。
yo naka no san ji ni ne ma su
[ionaka no san gi ni nemas']

6 でも 今日は 十時に 起きました。
de mo kyō wa jū ji ni o ki ma shi ta
[demo kioo ua giuu gi ni okimash'ta]

7 — それでも 遅いですね。
so re de mo oso i de su ne
[soredemo osoi des' ne]

8 — 午後から 夜中まで バーで **3**
go go ka ra yo naka ma de bā de

働いて います **4**。
hatara i te i ma su
[gogo kara ionaka made baa de hataraite imas']

9 — それなら わかります。
so re na ra wa ka ri ma su
[sorenara uakarimas']

10 大変ですね。
tai hen de su ne
[taihen des' ne]

□

53 • **go jū san**

Undicesima lezione / 11

2 – **Alle 11.** *(dieci-uno ora [tempo] svegliarsi)*
3 – **Che tardi!** *(essere-tardi [accordo])*
4 **Alla sera, a che ora va a dormire?** *(notte quale ora [tempo] coricarsi [domanda])*
5 – **Alle tre di mattina.** *(piena-notte [relazione] tre ora [tempo] coricarsi)*
6 **Oggi però mi sono alzata alle 10.** *(però oggi [enfasi] dieci ora [tempo] essersi-svegliato)*
7 – **È comunque tardi!** *(in-ogni-caso essere-tardi [accordo])*
8 – **Io lavoro in un bar dal pomeriggio a notte fonda.** *(pomeriggio da piena-notte fino-a bar [luogo] lavorare-[progressivo] stare)*
9 – **Allora capisco.** *(in-questo-caso essere-comprensibile)*
10 **Deve essere dura!** *(essere-terribile [accordo])*

Note

2 じゅう **jū** *[giuu]*. Come nel caso di **shu** *[shu]* e **chu** *[ciu]*, abbiamo じ, un piccolo ゅ e poi う **u**, perché la vocale è lunga. La trascrizione figurata di じ è *[gi]* ma la **g** è appena pronunciata.

3 Avete già incontrato la posposizione で **de** *[de]*, impiegata per indicare il mezzo (v. lezione 6, frase 4); ecco qui un altro uso: で **de** *[de]* per indicare il luogo in cui si svolge un'azione.

4 働いて います **hataraite imasu** *[hataraite imas']*: questa frase vi offre un esempio di un'altra grande serie di forme verbali. Non è una variazione del modello ます **masu** *[mas']*, (v. lezione 7, § 1), ma si tratta di una nuova costruzione: て います **te imasu** *[te imas']* con le sue varianti. Indica che l'azione descritta dal verbo è in svolgimento oppure che si tratta di un'azione abituale: (バー で) 働いて います **(bā de) hataraite imasu** *[baa de hataraite imas']*, *lavoro (in un bar)*, nel senso di *attualmente sono impiegato in un bar*. È molto simile alla forma progressiva inglese "-ing".

11 / 第十一課

練習 1 – 訳 し なさい

① 夜 早く 寝ます。
　よる はやく ねます
　yoru hayakku nemasu
　[ioru haiaku nemas']

② 昨日 早く 起きません でした。
　きのう はやく おきません でした
　kinō hayaku okimasen deshita
　[kinoo haiaku okimasen desh'ta]

③ 八 時 に 起きます。
　はち じ に おきます
　hachi ji ni okimasu
　[haci gi ni okimas']

練習 2 – 言葉 を 入れ なさい

① Lavoro in un negozio.
   mise .. hataraite imasu

② A che ora si sveglia?
   . . . . okimasu ka

③ Va a dormire presto?
   . . . . . . nemasu ka

④ Il mio amico arriva all'una.
   tomodachi ga . . . . kimasu

⑤ Cosa fa di sera?
   . . . . shimasu ka

55 • **go jū go**

Undicesima lezione / 11

❹ どこ で 働いて います か。
doko de hataraite imasu ka
[doko de hataraite imas' ka]

❺ 何 時 に 買物 に 行きます か。
nan ji ni kaimono ni ikimasu ka
[nan gi ni kaimono ni ikimas' ka]

Soluzioni dell'esercizio 1
❶ La sera vado a dormire presto. ❷ Ieri non mi sono svegliato presto.
❸ Mi alzo alle 8. ❹ Dove lavora? ❺ A che ora va a fare la spesa?

Soluzioni dell'esercizio 2
❶ – de – ❷ nan ji ni – ❸ hayaku – ❹ – ichi ji ni – ❺ yoru nani o –

12

第十二課 dai jū ni ka *[dai giuu ni ka]*
<small>だいじゅう に か</small>

喫茶店
kis sa ten
[kis'saten]

1 — こんにちは **1**。
　　ko n ni chi wa
　　[kon'nici ua]

2 — こんにちは。
　　ko n ni chi wa
　　[kon'nici ua]

3 — あそこ の 喫茶店 へ 行きましょう。
　　a so ko no kis sa ten e i ki ma shō
　　[asoko no kis'saten e ikimashoo]

4 — いらっしゃいませ **2**。
　　i ra s sha i ma se
　　[iras'shaimase]

5 — 山田 さん **3** は 何 に **4** します か。
　　yama da sa n wa nani ni shi ma su ka
　　[iamada san ua nani ni shimas' ka]

6 — 私 **5** は コーヒー。
　　watashi wa kō hī
　　[uatashi ua koohii]

Dodicesima lezione
(...° dieci-due lezione)

Al bar

1 – Buongiorno!
2 – Buongiorno!
3 – Andiamo in quel bar laggiù. *(laggiù [relazione] bar [destinazione] andare-[esortativo])*
4 – Buongiorno!
5 – Cosa prende, signora Yamada? *(Yamada-signora [tema] cosa [fine] fare [domanda])*
6 – Un caffè. *(io [tema] caffè)*

Note

1 Ecco un'altra formula per salutarsi. Conoscete già おはよう ございます **ohayō gozaimasu** *[ohaioo gozaimas']* (v. lezione 3, nota 1) che si usa al mattino presto, こんにちは **konnichi wa** *[kon'nici ua]*, invece, si usa per tutta la giornata una volta passate le prime ore del mattino.

2 いらっしゃいませ **irasshaimase**: è il saluto con il quale camerieri e commessi di negozio accolgono i clienti. Significa "entrate pure".

3 さん **san** *[san]* deve sempre seguire il nome proprio della persona a cui vi rivolgete o di cui state parlando. Per parlare di sé è sufficiente citare solo il proprio nome. In generale, al di fuori della famiglia, non si usa il termine equivalente a *tu*, ma ci si rivolge agli altri citando il loro nome.

4 Incontriamo ancora una volta に **ni**. Consideriamo qui l'espressione intera: に します **ni shimasu** *[ni shimas']*, *decidersi per (qualcosa)*, *scegliere (qualcosa)*.

5 私, *io*, *me*, che abbiamo già incontrato con la pronuncia **watakushi** *[uatakushi]* (v. lezione 9, frase 4), qui si pronuncia **watashi** *[uatashi]*. Questa pronuncia, meno formale, è usata soprattutto dalle donne.

12 / 第十二課

7 – じゃあ、コーヒー と ビール を 下さい。
ja a　　　kō hī　　to　　bī ru　　o kuda sa i
[giaa koohii to biiru o kudasai]

8 お 菓子 を 食べましょう か。
o　　ka shi　　o　　ta be ma shō　　　　ka
[o kashi o tabemashoo ka]

9 – いいえ、けっこう です **6**。
i i e　　ke k kō　　　de su
[iie kek'koo des']

10 – 本当 です か。
hon tō　　de su　　ka
[hontoo des' ka]

11 – ええ、本当 に けっこう です。
e e　　hon tō　　　ni　　ke k kō　　　de su
今 ダイエット を して います **7**。
ima　　da i e t to　　o　　shi te　　i ma su
[ee hontoo ni kek'koo des' ima daietto o sh'te imas']

12 – ああ、そう です か。いつ から?
a a　　　sō　　de su　　ka　　i tsu　　ka ra
[aa soo des' ka itsu kara]

13 – 昨日 から。
kinō　　ka ra
[kinoo kara]

□

Note

6 けっこう です **kekkō desu** *[kek'koo des']* significa propriamente "È perfetto così, non ho bisogno di nient'altro". È la formula più comune per rifiutare qualcosa.

Dodicesima lezione / 12

7 – Dunque, un caffè e una birra, per cortesia. *(allora caffè e birra [oggetto] dare-a-me)*

8 Prendiamo dei dolci? *([familiarità] dolce [oggetto] mangiare-[esortativo] [domanda])*

9 – No, sono a posto così, grazie. *(no perfetto essere)*

10 – Veramente? *(vero essere [domanda])*

11 – Sì, davvero, per me va bene così. *(sì vero [avverbiale] perfetto essere)*
Sono a dieta. *(ora dieta [oggetto] fare)*

12 – Ah, sì? *(ah così essere [domanda])*
Da quando? *(quando da)*

13 – Da ieri. *(ieri da)*

7 して います shite imasu *[shite imas']* (v. lezione 11, nota 4), *sto facendo (attualmente, nel momento in cui parlo)*.

12 / 第十二課

▶ 練習 1 – 訳 し なさい

❶ お 菓子 も 食べます。
o kashi mo tabemasu
[o kashi mo tabemas']

❷ コーヒー が 好き です か。- 大好き です。
kōhī ga suki desu ka daisuki desu
[koohii ga suki des' ka daisuki des']

❸ あそこ の 店 で カメラ を 買いました。
asoko no mise de kamera o kaimashita
[asoko no mise de kamera o kaimash'ta]

***

練習 2 – 言葉 を 入れ なさい

❶ Buongiorno!
. . . .

❷ Compriamo anche delle mele?
ringo .. kai . . . . . ka

❸ Vado in quel negozio là.
. . . . mise e ikimasu

❹ Fino a quando farà la dieta?
. . . . made daietto o shimasu ka

❺ Quando è arrivato?
. . . . ki . . . . ka

❻ Le piace il cinema?
eiga . . . . ka

❹ いつ から 働いて います か。- わかりません。
itsu kara hataraite imasu ka wakarimasen
[itsu kara hataraite imas' ka uakarimasen]

❺ テレビ を 見ません か。
terebi o mimasen ka
[terebi o mimasen ka]

Soluzioni dell'esercizio 1
❶ Prendo *(mangio)* anche dei dolci. ❷ Le piace il caffè? – Lo adoro. ❸ Ho comprato una macchina fotografica in quel negozio là. ❹ Da quanto [tempo] lavora? – Non so. ❺ Non guarda la televisione?

***

Soluzioni dell'esercizio 2
❶ konnichi wa ❷ – mo – mashō – ❸ asoko no – ❹ itsu – ❺ itsu – mashita – ❻ – ga suki desu –

Cosa si beve in un caffè giapponese? Una volta entrati in un caffè, aspettatevi di bere... del caffè! E il più delle volte con una grande varietà di scelta: caffè da tutto il mondo preparati con grande cura, spesso tostati proprio davanti a voi. Nella maggior parte dei casi non si servono bevande alcoliche, ma potete trovare tè (all'inglese), succhi di frutta, e anche consumare dei pasti leggeri, come dei panini o delle insalate. Anche se il caffè è conosciuto dalla fine del XIX secolo e il primo esercizio fu aperto nel 1888, la proliferazione di questi locali è relativamente recente e circoscritta alle città. Non aspettatevi di trovarne uno nelle campagne giapponesi.

13

第十三課 dai jū san ka *[dai giuu san ka]*
だい じゅう さん か

約束
yaku soku
[iakusoku]
やくそく

1 — 今朝　　フランス　人 の**1**　友達
　　kesa　　fu ra n su　jin　no　tomo dachi
けさ　　　　　　　じん　　　　ともだち

　　を デパート　の 前　で**2** 一　時間
　　o de pā to　 no mae　de ichi ji kan
　　　　　　　　　まえ　　　いち じかん

　　待ちました。
　　ma chi ma shi ta
　ま

　[kesa furansugin no tomodaci o depaato no mae de ici gikan macimash'ta]

2 — 随分　　待ちました　ね。
　　zui bun　ma chi ma shi ta　ne
　　ずいぶん　ま

　[zuibun macimash'ta ne]

3 — はい。
　　ha i
　[hai]

4 — 来ました　　か。
　　ki ma shi ta　ka
　き

　[kimash'ta ka]

5 — いいえ、　来ません　　でした **3**。
　　i i e　　ki ma se n　de shi ta
　　　　　　き

　[iie kimasen desh'ta]

Tredicesima lezione
(...° dieci-tre lezione)

L'appuntamento

1 – Stamattina ho aspettato un amico francese per un'ora davanti ai grandi magazzini. *(stamattina Francia-persona [relazione] amico [oggetto] grandi-magazzini [relazione] davanti [luogo] uno ora avere-aspettato)*
2 – Eh, ha aspettato parecchio! *(parecchio aspettare [accordo])*
3 – Sì.
4 – È venuto? *(essere-venuto [domanda])*
5 – No, non è venuto. *(no non-essere-venuto)*

Note

1 Dopo に **ni**, senza dubbio è の **no** la particella più usata con una moltitudine di funzioni diverse. In questa frase ha un valore appositivo: フランス人 の 友達 **furansujin no tomodachi** *[furansugin no tomodaci]*, *amico (che è una persona) francese*.

2 Ricordate: usiamo で **de** *[de]* per indicare il luogo in cui avviene un'azione (v. lezione 11, nota 3).

3 Ecco di nuovo l'equivalente negativo passato di ました **mashita** *[mash'ta]*: 来きません **kimasen** *[kimasen]*, *non viene*; 来きません でした **kimasen deshita**, *non è venuto* (v. lezione 8, nota 6).

13 / 第十三課

6 — どう した の でしょう。
dō shi ta no de shō
[doo sh'ta no deshoo]

7 — わかりません。
wa ka ri ma se n
[uakarimasen]

8 — こまりました ね。
ko ma ri ma shi ta ne
[komarimash'ta ne]

9 — ええ、買物(かいもの) が できません でした。
e e kai mono ga de ki ma se n de shi ta
[ee kaimono ga dekimasen desh'ta]

10 今晩(こんばん) 友達(ともだち)**4** に **5** 電話(でんわ) を します。
kon ban tomo dachi ni den wa o shi ma su
[konban tomodaci ni denua o shimas']

***

▶ 練習 1 – 訳 し なさい

❶ 買物(かいもの) が できました か。
kaimono ga dekimashita ka
[kaimono ga dekimash'ta ka]

❷ アメリカ人(じん) の 友達(ともだち) が 来(き)ました。
amerikajin no tomodachi ga kimashita
[amerikagin no tomodaci ga kimash'ta]

❸ デパート の 中(なか) で 待(ま)ちました。
depāto no naka de machimashita
[depaato no naka de macimash'ta]

Tredicesima lezione / 13

6 – **Come mai?** *(come essere-fatto cosa essere-[futuro])*
7 – **Non lo so.** *(non-capire)*
8 – **Chissà che seccatura!** *(essere-stato-in-difficoltà [accordo])*
9 – **Eh sì, non ho potuto fare le mie commissioni.** *(sì spesa [soggetto] non-avere-potuto)*
10 **Gli telefonerò questa sera.** *(stasera amico [termine] telefono [oggetto] fare)*

Note

4 In italiano abbiamo una serie di pronomi personali per non ripetere più volte di seguito lo stesso nome. In giapponese non ci si complica tanto la vita: semplicemente, si ripete il nome! Laddove in italiano si direbbe *Gli telefono*, in giapponese si riprende il sostantivo: *Telefono al mio amico*.

5 Notiamo un altro impiego di に **ni**: in queso caso indica il destinatario dell'azione.

***

❹ 何 時間 待ちました か。- わかりません。
nan jikan machimashita ka wakarimasen
[nan gikan macimash'ta ka uakarimasen]

❺ デパート に 行きません でした。
depāto ni ikimasen deshita
[depaato ni ikimasen desh'ta]

Soluzioni dell'esercizio 1
❶ È riuscito a fare le [Sue] commissioni? ❷ È venuto il mio amico americano. ❸ Ho aspettato dentro i grandi magazzini. ❹ Quante ore ha aspettato? – Non lo so. ❺ Non sono andato ai grandi magazzini.

練習 2 – 言葉 を 入れ なさい

1. Ho aspettato due ore davanti al negozio.
   mise . . . . ni . . . . . machimashita

2. Sa cucinare piatti cinesi?
   chūka ryōri . . . . ka

3. È arrivato il Suo amico americano?
   amerika . . . . . tomodachi ga kimashita ka

4. Stasera vado al cinema con l'autobus.
   . . . . . . basu . . eiga . . ikimasu

5. Non ho aspettato.
   machi . . . .

14

<ruby>だい<rt></rt>じゅう<rt></rt>よん<rt></rt>か<rt></rt></ruby>
第 十 四 課 **dai jū yon ka** *[dai giuu yon ka]*

まとめ – Riepilogo

1 Ortografia degli hiragana e katakana

1.1 Le sillabe complesse

Per prima cosa completiamo le spiegazioni relative all'ortografia. Nelle precedenti lezioni abbiamo incontrato alcune sillabe un po' più complesse, come **kyō**, **ryō**, **kyū**, **chū**, **jū**.
Queste sillabe non appartengono al giapponese originario, ma testimoniano piuttosto l'adattamento linguistico avvenuto in giapponese al momento di adottare la scrittura cinese (v. Introduzione, Pronuncia e scrittura, § 2).

Soluzioni dell'esercizio 2
❶ – no mae de – jikan – ❷ – ga dekimasu – ❸ – jin no – ❹ konban – de – ni – ❺ – masen deshita

Quattordicesima lezione
(...° dieci-quattro lezione)

Incontriamo due casi:
– **sh** *[sh]* + **a**, **o**, **u** e **ch** *[c]* + **a**, **o**, **u**.
Tra i kana, esistono **shi** し e **chi** ち, ma non **sha**, **sho**, **shu** e nemmeno **cha**, **cho**, **chu**. Si utilizzano così **shi** し e **chi** ち, seguiti da un piccolo **ya** ゃ, **yo** ょ, **yu** ゅ: **sha** しゃ, **sho** しょ, **shu** しゅ, **cha** ちゃ, **cho** ちょ, **chu** ちゅ.
Inoltre, se la **o** e la **u** sono lunghe avremo: **shō** しょう, **shū** しゅう, **chō** ちょう, **chū** ちゅう.
– **kyō**, **kyū**, **ryō**, **ryū** ecc., sillabe composte cioè da una consonante + **y** + **o** oppure **u** (più raramente **a**).
In questo caso, si utilizza il kana che serve a scrivere la sillaba formata da questa consonante + **i** (**ki**, **ri** き, り) e si aggiungono un piccolo **yo** ょ o un piccolo **yu** ゅ: **kyo** きょ, **kyu** きゅ, **ryo** りょ, **ryu** りゅ.
Inoltre, se la **o** e la **u** sono lunghe avremo: **kyō** きょう, **kyū** きゅう, **ryō** りょう, **ryū** りゅう.

Questo fenomeno si presenta nello stesso modo con tutte le consonanti: **hyō** ひょう, **nyū** にゅう ecc.

1.2 Le corrispondenze tra consonanti sorde e consonanti sonore

Riprendiamo la frase 9 della lezione 10: どちら が 好き です か **dochira ga suki desu ka** *[docira ga suki des' ka]*.
Guardate i due hiragana in rosso. Il primo è **ga**, il secondo è **ka**. La loro forma è identica, か, ma si distinguono per due piccole virgolette che trasformano **ka** in ga. Queste due piccole virgolette le troviamo anche negli hiragana ど **do** e で **de**. E se guardate le altre frasi, troverete questi segni un po' ovunque.

Questo è uno dei modi che i giapponesi hanno sviluppato per utilizzare maggiormente gli hiragana e i katakana (v. capitolo Pronuncia e scrittura in Introduzione). Si prende il kana che serve per scrivere una sillaba con consonante sorda, ad esempio **ka**, **ta**, **shi**, **ho**, か、た、し、ほ in hiragana, e カ、タ、シ、ホ in katakana, a questo si aggiungono due piccole virgolette che indicano che la sillaba comincia con la consonante sonora corrispondente. Avremo quindi: が ガ **ga**, だ ダ **da**, じ ジ **ji**, ぼ ボ **bo** (lezione 8, frase 6, il titolo del film di Chaplin, "Tempi moderni": モダン・タイムズ **modan-taimuzu**).

Per indicare che le sillabe cominciano con una **p**, si utilizzano i kana che servono per scrivere le sillabe che cominciano con **h** e si aggiunge un piccolo cerchio. Gli stessi kana servono quindi tre volte: **ha** は ハ, **ba** ば バ, **pa** ぱ パ, **hi** ひ ヒ, **bi** び ビ, **pi** ぴ ピ ecc. Davvero economico!

2 Le posposizioni: で *de* e に *ni*

Ritorniamo adesso alle posposizioni, il cuore della sintassi del giapponese, per ricapitolare gli impieghi che abbiamo già incontrato di で **de** e に **ni**.

2.1 で *de*

で **de** ha due impieghi:
– indicare il mezzo (lezione 6, frase 4): バス で 行きます **basu de**

ikimasu *[basu de ikimas']*, *vado* ("per mezzo di") *in autobus*;
– indicare il luogo in cui si svolge un'azione (lezione 13, frase 1): デパート の 前 で 待ちました **depāto no mae de machimashita** *[depaato no mae de macimash'ta]*, *Ho aspettato davanti ai grandi magazzini*. L'azione è aspettare, il luogo è davanti ai grandi magazzini.

2.2 に *ni*

に **ni** conta almeno cinque usi:
– indicare il luogo dove si trova qualcosa (lezione 6, frase 8);
– formare un avverbio: 一緒 に **issho ni**, *insieme*;
– indicare il moto a luogo (lezione 8, frase 3): 映画 に 行きました **eiga ni ikimashita** *[eiga ni ikimash'ta]*, *siamo andati al cinema*, dove cinema non significa una sala cinematografica, ma il cinema come attività;
– indicare il destinatario di un'azione (lezione 13, frase 10): 友達 に 電話 を します **tomodachi ni denwa o shimasu** *[tomodaci ni denua o shimas']*, *telefono al mio amico*;
– indicare l'ora (lezione 11).

3 L'espressione そう です か *sō desu ka*

C'è una frase che senza dubbio avrete già memorizzato, perché compare molto spesso:
そう です か **sō desu ka** *[soo des' ka]*. Nella traduzione letterale avete già visto il significato di そう, *così*, です, *essere*, か, *[domanda]*. In realtà, è una frase fatta che i giapponesi usano per far capire all'interlocutore che stanno ascoltando quello che dice, come il nostro *Ah, sì?, Davvero?*
Talvolta varia un po':
– そう です ね **sō desu ne** *[soo des' ne]*: questa espressione è più forte e serve a mostrare un accordo con l'interlocutore (lezione 1, nota 4);
– in contesti amichevoli e familiari si abbrevia in:
そう か、そう ね **sō ka, sō ne** *[soo ka, soo ne]*, ma fate attenzione a non usarle con persone che non conoscete bene, le quali potrebbero trovarle offensive.

Per questa espressione, vi daremo ancora solo una traduzione generale, con la sfumatura di significato corrispondente alla situazione.

14 / 第十四課

▶ **復習 会話** – **Dialogo di ripasso**
<small>ふくしゅう かいわ</small>

1. 昨日 の 朝 八 時 に 起きました。
   kinō no asa hachi ji ni okimashita
   [kinoo no asa haci gi ni okimash'ta]

2. 夜 何 時 から 何 時 まで テレビ を 見ます か。
   yoru nan ji kara nan ji made terebi o mimasu ka
   [ioru nan gi kara nan gi made terebi o mimas' ka]

3. デパート で 働いて います。
   depāto de hataraite imasu
   [depaato de hataraite imas']

4. アメリカ人 の 友達 も デパート で 働いて います。
   amerikajin no tomodachi mo depāto de hataraite imasu
   [amerikagin no tomodaci mo depaato de hataraite imas']

5. バス で 来ません でした。
   basu de kimasen deshita
   [basu de kimasen desh'ta]

6. 電話 が できません でした。
   denwa ga dekimasen deshita
   [denua ga dekimasen desh'ta]

7. 押上 駅 の 前 で 二 時間 待ちました。
   oshiage eki no mae de ni jikan machimashita
   [oshiaghe eki no mae de ni gikan macimash'ta]

8. 私 は コーヒー と お 菓子 に します。
   watashi wa kōhī to o kashi ni shimasu
   [uatashi ua koohii to okashi ni shimas']

Quattordicesima lezione / 14

9 お箸で食べません。フォーク を下さい。
o hashi de tabemasen fōku o kudasai
[o hashi de tabemasen fooku o kudasai]

10 今日 の 午後 買物 に 行きましょう。
kyō no gogo kaimono ni ikimashō
[kioo no gogo kaimono ni ikimashoo]

Traduzione

1 Ieri mattina mi sono svegliato alle otto. **2** La sera, da che ora a che ora guarda la televisione? **3** Lavoro in un grande magazzino. **4** Anche il mio amico americano lavora in un grande magazzino. **5** Non sono venuto in autobus. **6** Non sono riuscito a telefonare. **7** Ho aspettato due ore davanti alla stazione di Oshiage. **8** Per me, un caffè e dei dolci. **9** Non mangio con le bacchette. Mi dia una forchetta, per favore. **10** Oggi pomeriggio andiamo a fare compere!

State per affrontare il terzo gruppo di lezioni e avete ormai numerosi punti di riferimento. Non preoccupatevi di memorizzare, quanto piuttosto di capire; osservate bene come sono costruite le frasi e cercate di individuare ogni parola con l'aiuto della traduzione letterale tra parentesi. La cosa più importante, per adesso, è capire come funziona la sintassi. Le frasi sono strutturate al contrario delle nostre, il che le può rendere un po' complicate da seguire, ma ben presto assimilerete anche questa logica. Ricordate che quasi sempre le parole sono seguite da una particella che ne indica la funzione. Quanto alla scrittura, per il momento non preoccupatevene affatto; continuate a leggere e a memorizzare i kana e le corrispondenti sillabe, abituandovi gradualmente ai caratteri nuovi. Se avete delle esitazioni, fate riferimento alle tabelle in Introduzione. Osservate, annotate e capite: è in questo modo che potrete assimilare il giapponese quasi senza rendervene conto.

第十五課 dai jū go ka *[ai giuu go ka]*
だいじゅうごか

紹介
shō kai
[shookai]

1 — 小林　道子　と　申します。
   ko bayashi michi ko to mō shi ma su
   [kobaiashi miciko to mooshimas']

2 　東京　に　住んで　います。
   tō kyō ni su n de i ma su
   [tookioo ni sunde imas']

3 　三　年　前　に　結婚　しました。
   san nen mae ni kek kon shi ma shi ta
   [san nen mae ni kek'kon shimash'ta]

4 　子供　が　二人　います。
   ko domo ga futari i ma su
   [kodomo ga f'tari imas']

5 　女　の　子　と　男　の　子　です。
   onna no ko to otoko no ko de su
   [on'na no ko to otoko no ko des']

6 — お嬢さん 1　は　いくつ　です　か。
   o jō sa n wa i ku tsu de su ka
   [ogiooosan ua ikutsu des' ka]

7 — 今　十　五　歳　です。
   ima jū go sai de su
   [ima giuu go sai des']

73 • nana jū san

Quindicesima lezione

Presentazioni

1 – Mi chiamo Kobayashi Michiko. *(Kobayashi Michiko [contenuto] chiamarsi)*
2 Abito a Tokyo. *(Tokyo [luogo] abitare)*
3 Mi sono sposata tre anni fa. *(tre anno prima [tempo] matrimonio avere-fatto)*
4 Ho due figli. *(bambino [soggetto] due-persone esistere)*
5 Una femmina e un maschio. *(femmina e maschio essere)*
6 – Quanti anni ha Sua figlia? *(sua-figlia [tema] quanto essere [domanda])*
7 – Ha quindici anni. *(ora dieci-cinque età essere)*

Note

1 お嬢さん **ojōsan** *[ogioosan]*: questa parola non si usa mai per parlare della propria figlia. Si può usare per indicare la figlia di qualcun altro e in generale per designare le ragazze fino a vent'anni di età.

nana jū yon • 74

15 / 第十五課

8 – え?
　　e
　　[e]

9 – はい。実は三年前に再婚
　　ha i　jitsu wa　san nen mae ni　sai kon
　　しました。
　　shi ma shi ta
　　[hai gitsu ua san nen mae ni saikon shimash'ta]

10 – お坊ちゃん **2** は いくつ です か。
　　o bot cha n　　wa　i ku tsu　de su　ka
　　[oboc'cian ua ikutsu des' ka]

11 – まだ 一歳 です。
　　ma da　is sai　de su
　　[mada is'sai des']

***

練習 1 – 訳 し なさい

❶ 女の子 が います。
onna no ko ga imasu
[on'na no ko ga imas']

❷ いくつ です か。
ikutsu desu ka
[ikutsu des' ka]

❸ 六歳 です。
roku sai desu
[roku sai des']

Quindicesima lezione / 15

8 – Eh?
9 – Sì. In realtà mi sono risposata tre anni fa. *(sì verità [enfasi] tre anno prima [tempo] di-nuovo-matrimonio avere-fatto)*
10 – E quanti anni ha Suo figlio? *(suo-figlio [tema] quanto essere [domanda])*
11 – Ha solo un anno. *(ancora uno anno essere)*

Note
2 お坊ちゃん **obotchan** *[oboc'cian]*: come nel caso della parola alla nota precedente, questo termine può indicare solo il figlio di un'altra persona e si usa solo per ragazzini di 13 o 14 anni.

***

❹ 今 どこ に 住んで います か。
ima doko ni sunde imasu ka
[ima doko ni sunde imas' ka]

❺ 二 年 前 に この カメラ を 買いました。
ni nen mae ni kono kamera o kaimashita
[ni nen mae ni kono kamera o kaimash'ta]

Soluzioni dell'esercizio 1
❶ Ho una bambina. ❷ Quanti anni ha? ❸ Sei anni. ❹ Dove abita?
❺ Ho comprato questa macchina fotografica due anni fa.

練習 2 - 言葉 を 入れ なさい

❶ Quanti anni ha Suo figlio?
obotchan wa . . . . ka

❷ Quindici anni.
jū go . . . .

❸ Abito a Tokyo.
tōkyō . . . . imasu

❹ Ho due figlie.
onna no ko . . . . imasu

❺ Ho comprato questi occhiali cinque anni fa.
kono megane . . . . kaimashita

第十六課 dai jū rok ka [dai giuu rok'ka]
<ruby>だい<rt></rt></ruby> <ruby>じゅう<rt></rt></ruby> <ruby>ろっか<rt></rt></ruby>

日曜日
nichi yō bi
[nici ioobi]

1 - 今日 は 日曜日 です。
 kyō wa nichi yō bi de su
 [kioo ua nici ioobi des']

2 お 天気 が いい です ね。
 o ten ki ga i i de su ne
 [o tenki ga ii des' ne]

Soluzioni dell'esercizio 2
❶ – ikutsu desu – ❷ – sai desu ❸ – ni sunde – ❹ – ga futari –
❺ – o go nen mae ni –

In Italia, se si eccettuano alcune rare occasioni formali, solitamente diciamo prima il nome e poi il cognome. In Giappone invece è il contrario: si cita sempre prima il cognome e poi il nome, ed è così che ci si presenta in pubblico. Per esempio, il nome dell'ultimo premio Nobel giapponese per la letteratura è Ōe Kenzaburō e non il contrario. Dire "Kenzaburō Ōe" sarebbe come per noi parlare di "Manzoni Alessandro" o di "Colombo Cristoforo".

Sedicesima lezione

Domenica

1 – **Oggi è domenica.** *(oggi [tema] domenica essere)*
2   **Il tempo è bello.** *([familiarità] tempo [soggetto] essere-bello [accordo])*

3 ピクニック　　に　　行きましょう　か。
pi ku ni k ku　　ni　　i ki ma shō　ka
[pikunik'ku ni ikimashoo ka]

4 – いい　です　ね。
i i　de su　ne
[ii des' ne]

5 田中　さん **1**　と　　山本　さん　を
ta naka　san　　　to　　yama moto　sa n　　o
誘いましょう。
saso i ma shō
[tanaka san to iamamoto san o sasoimashoo]

6 – ああ　それ　は　いい　考え　です　ね。
a a　so re　wa　i i　kanga e　de su　ne
[aa sore ua ii kangae des' ne]

7 – どこ　へ **2**　行きましょう　か。
do ko　e　　i ki ma shō　ka
[doko e ikimashoo ka]

8 – 江ノ島　は　いかが　です　か。
e no shima　wa　i ka ga　de su　ka
[enoshima ua ikaga des' ka]

9 何　を　持って　行きましょう　か。
nani　o　mo t te　i ki ma shō　ka
[nani o mot'te ikimashoo ka]

Note

1 La parola さん **san** *[san]* deve sempre seguire il nome della persona di cui si sta parlando, senza distinzione di età o genere. Non si può mai usare per parlare di sé stessi.

Sedicesima lezione / 16

3 **E se facessimo un picnic?** *(picnic [fine] andare-[esortativo] [domanda])*
4 – **Oh, sì, che bello!** *(essere-buono [accordo])*
5 **Potremmo invitare il signor Tanaka e la signora Yamamoto.** *(Tanaka-signore e Yamamoto-signora [oggetto] invitare-[esortativo])*
6 – **Ah, questa è una buona idea!** *(ah codesto [tema] essere-buono pensiero essere [accordo])*
7 – **Dove potremmo andare?** *(dove [destinazione] andare-[esortativo] [domanda])*
8 – **Che ne dici di Enoshima?** *(Enoshima [tema] come essere [domanda])*
9 **Cosa portiamo?** *(cosa [oggetto] portare-[progressivo] andare-[esortativo] [domanda])*

2 Osservate la particolare grafia di questa particella che indica la direzione di uno spostamento. Si pronuncia **e** *[e]*, ma viene trascritta con lo hiragana ヘ che in tutti gli altri casi si pronuncia *[he]* (con **h** aspirata).

hachi jū • 80

10 − サンドイッチ に**3** お寿司**4** に みかん に お菓子。
[sandoic'ci ni o sushi ni mikan ni o kashi]

11 子供 の ため に ジュース も 持って 行きましょう。
[kodomo no tame ni giuusu mo mot'te ikimashoo]

12 − 田中 さん と 山本 さん に すぐ 電話 を かけましょう。
[tanaka san to iamamoto san ni sugu denua o kakemashoo]

13 − はい。 おねがい します**5**。
[hai onegai shimas']

Il Giappone è un arcipelago composto da quattro isole maggiori. La più grande, quella che conferisce al Giappone la sua caratteristica forma ad arco, è Honshu. L'isola più a nord è Hokkaido, quella più a sud è Kyushu, e l'ultima, Shikoku, si trova a sud di Honshu, dalla quale è separata dal cosiddetto Setonaikai, il mare Interno, famoso per i suoi magnifici paesaggi. Infine, a sud di Kyushu, si estende l'arcipelago delle isole Ryukyu, delle quali Okinawa è la principale. Oltre a queste isole maggiori, il Giappone conta più di 4000 isole di

Sedicesima lezione / 16

10 – **Dei panini, del sushi, dei mandarini e dei dolci.**
(panino [elenco] [familiarità]-sushi [elenco] mandarino [elenco] [familiarità]-dolce)

11 **Portiamo anche del succo di frutta per i bambini.**
(bambini [relazione] per [avverbiale] succo-di-frutta anche portare-[progressivo] andare-[esortativo])

12 – **Chiamo subito il signor Tanaka e la signora Yamamoto.** *(Tanaka-signore e Yamamoto-signora [termine] subito telefono [oggetto] fare-funzionare-[esortativo])*

13 – **Sì, grazie.**

Note

3 Questo に **ni** non finisce di sorprenderci. Lo incontriamo nuovamente con un'altra funzione: qui serve per elencare gli elementi di una lista senza che ci sia il verbo alla fine; si usa ad esempio per ordinare al ristorante.

4 お 寿司 **o sushi** *[o sushi]*, お 菓子 **o kashi** *[o kashi]* (frase 10): notate la お **o** di familiarità.

5 おねがい します **onegai shimasu**, *per favore*: è l'espressione più comune per qualsiasi richiesta.

---

oltre 100 m², e tanti piccoli isolotti rocciosi. Le isole giapponesi non sono tutte abitate e alcune, tra cui Enoshima, attirano numerosi turisti. Con un perimetro di quattro chilometri, Enoshima, situata nella baia di Sagami a sud di Tokyo, vicino a Kamakura, è uno dei luoghi di villeggiatura preferiti dagli abitanti della capitale. È apprezzata per il suo fascino, per la freschezza dei suoi frutti di mare e per i suoi gatti, che vivono numerosi in libertà, nutriti e curati dalla comunità.

第十六課

▶ 練習 1 – 訳 し なさい

❶ 今日 は お 天気 が いい です ね。
kyō wa o tenki ga ii desu ne
[kioo ua o tenki ga ii des' ne]

❷ サンドイッチ を 持って 行きましょう。
sandoitchi o motte ikimashō
[sandoic'ci o mot'te ikimashoo]

❸ 山本 さん の 友達 を 誘いましょう。
yamamoto san no tomodachi o sasoimashō
[iamamoto san no tomodaci o sasoimashoo]

***

練習 2 – 言葉 を 入れ なさい

❶ Ho telefonato al signor Yamada.
yamada . . . . kakemashita

❷ Oggi è domenica.
kyō . . . . desu

❸ Porto dei libri per il mio amico.
tomodachi . . . . hon o . . . . . ikimasu

❹ Telefono subito.
. . . . denwa o . . . .

❺ Sì, per favore.
hai . . . .

Sedicesima lezione / 16

❹ 小林 さん の ために 買いました。
kobayashi san no tame ni kaimashita
[kobaiashi san no tame ni kaimash'ta]

❺ すぐ 行きましょう。
sugu ikimashō
[sugu ikimashoo]

Soluzioni dell'esercizio 1
❶ Oggi il tempo è bello. ❷ Portiamo dei panini. ❸ Invitiamo l'amico del signor Yamamoto. ❹ L'ho comprato per la signora Kobayashi. ❺ Andiamo subito.

***

Soluzioni dell'esercizio 2
❶ – san ni denwa o – ❷ – wa nichiyōbi – ❸ – no tame ni – motte – ❹ sugu – kakemasu ❺ – onegai shimasu

17

だい じゅう なな か
第 十 七 課 dai jū nana ka [dai giuu nana ka]

のみ の 市(いち)
no mi no ichi
[nomi no ici]

1 — その 箱(はこ) の 右(みぎ) の 茶碗(ちゃわん) は いくら
so no　hako　no　migi　no　cha wan　wa　i ku ra

です か。
de su　ka
[sono hako no mighi no ciauan ua ikura des' ka]

2 — これ です か。
ko re　de su　ka
[kore des' ka]

3 — いいえ、その 左(ひだり) の 茶碗(ちゃわん) です。
i i e　so no　hidari　no　cha wan　de su
[iie sono hidari no ciauan des']

4 — ええと… これ は 三(さん) 万(まん) 円(えん) です。
e e to　ko re　wa　san　man　en　de su
[ee to kore ua san man en des']

5 — 三(さん) 万(まん) 円(えん) です か。 高(たか)い です ね。
san　man　en　de su　ka　taka i　de su　ne
[san man en des' ka takai des' ne]

6 — あ、 ごめん なさい。 三(さん) 千(ぜん) 円(えん)
a　go me n　na sa i　san　zen　en

です。
de su
[a gomen nasai san zen en des']

85 • hachi jū go

Diciassettesima lezione

Il mercato delle pulci
(pulce [relazione] mercato)

1 – Quanto costa la tazza a destra di quella scatola? *(codesta scatola [relazione] destra [relazione] tazza [tema] quanto essere [domanda])*
2 – Questa qui? *(questo essere [domanda])*
3 – No, la tazza a sinistra. *(no codesta sinistra [relazione] tazza essere)*
4 – Dunque… Questa costa 30.000 yen. *(dunque questa [tema] tre-diecimila yen essere)*
5 – 30.000 yen? Che cara! *(tre-diecimila yen essere [domanda] essere-caro [accordo])*
6 – Oh, mi scusi! Costa 3.000 yen. *(oh scusare-me tre-mille yen essere)*

Note

1 Il 万 **man** *[man]* è un'unità con quattro zeri, 1.0000 (= 10.000), che i giapponesi usano comunemente per indicare i prezzi.

17 / 第十七課

7 — ちょっと 見せて ください。
cho t to mi se te ku da sa i
[ciot'to misete kudasai]

8 — はい、 どうぞ。
ha i dō zo
[hai doozo]

9 — 古い もの です か。
furu i mo no de su ka
[furui mono des' ka]

10 — そう です よ₂。 江戸 時代 の
sō de su yo e do ji dai no

もの です。
mo no de su
[soo des' io edo gidai no mono des']

11 — では これ を 下さい ₃。 はい
de wa ko re o kuda sa i ha i

三 千 円。
san zen en
[deua kore o kudasai hai san zen en]

12 — どうも ありがとう ございます。
dō mo a ri ga tō go za i ma su
[doomo arigatoo gozaimas']

13 — あれ。 茶碗 の 裏 に
a re cha wan no ura ni

「Made in Hong-Kong」 と 書いて ある。
made in hong-kong to ka i te a ru

やられた ₄。
ya ra re ta
[are ciauan no ura ni "made in hong-kong" to kaite aru iarareta]

Diciassettesima lezione / 17

7 – Me la mostri un momento. *(un-po' mostrare-[imperativo gentile])*
8 – Sì. Prego, ecco a Lei.
9 – È un oggetto antico? *(essere-antico oggetto [domanda])*
10 – Oh, sì! È un oggetto dell'epoca Edo. *(così essere [opinione] Edo periodo [relazione] oggetto essere)*
11 – Allora la prendo. Ecco 3.000 yen. *(allora questo [oggetto] dare-a-me sì tre-mille yen)*
12 – Grazie mille.
13 – *(tra sé)* Eh! Sul retro della tazza c'è scritto "Made in Hong-Kong"! *(tazza [relazione] rovescio [luogo] Made in Hong-Kong [contenuto] scrivere-[progressivo] stare)*
Mi sono fatto imbrogliare! *(essere-stato-fatto)*

Note

2 そう です よ sō desu yo *[soo des' yo]*: osservate la particella finale よ yo, che indica un'opinione personale dichiarata in modo piuttosto assertivo: *sì, è così (sono piuttosto sicuro!)* (v. lezione 14, § 3).

3 Nelle frasi 7 e 11, la stessa identica parola giapponese è tradotta in due modi differenti. L'avete individuata? Si tratta di kudasai *[kudasai]*, un verbo un po' speciale di cui riparleremo. Nella frase 11, viene usato nel suo senso pieno *dare-a-me, dare-a-noi* (これ を 下さい kore o kudasai *[kore o kudasai]*) e si scrive come un verbo "normale": un kanji e degli hiragana. Invece, nella frase 7 esso segue un altro verbo (見せて ください misete kudasai *[misete kudasai]*) e rappresenta solo un elemento che permette di formulare una domanda. In questo caso, viene scritto esclusivamente in hiragana.

4 Finora abbiamo visto le forme verbali terminanti in ます masu e i suoi derivati. In questa frase, ある aru *[aru]* è un equivalente esatto di あります arimasu *[arimas']*. Allo stesso modo, la forma seguente やられた yarareta *[yarareta]* è esattamente equivalente alla forma やられました yararemashita *[yararemash'ta]*, che ci è più familiare. Perché questa differenza? Pazientate, ne riparleremo nella lezione di riepilogo!

17 / 第十七課

▶ 練習 1 – 訳 し なさい

❶ この 魚(さかな) は 高(たか)い です ね。
kono sakana wa takai desu ne
[kono sakana ua takai des' ne]

❷ ちょっと 待(ま)って ください。
chotto matte kudasai
[ciot'to mat'te kudasai]

❸ 喫茶店(きっさてん) は すぐ 左(ひだり) に あります。
kissaten wa sugu hidari ni arimasu
[kis'saten ua sugu hidari ni arimas']

***

練習 2 – 言葉 を 入れ なさい

❶ Quanto costa?
. . . .

❷ Costa 20.000 yen.
. . . . . en desu

In Giappone il tempo storico si suddivide in grandi periodi che portano il nome dei luoghi che sono stati sedi di potere. Inizialmente, si trattava dei luoghi di residenza degli imperatori: Asuka (metà VI secolo – metà VII secolo), Nara (metà VII secolo – fine VIII secolo), Heian (IX secolo – fine XII secolo). Tutte e tre queste località si trovano nella regione di Kyoto, nella parte ovest del paese. In seguito, nel periodo di Kamakura (fine XII secolo – fine XIV secolo), il potere passò nelle mani dei militari e la sede si spostò a est, nella regione dell'attuale Tokyo. Poi, per due secoli (XV e XVI), ritornò a Kyoto nelle mani di un'altra famiglia di guerrieri. Dopo anni turbolenti di lotte intestine, si aprì il periodo di Edo, sotto il dominio della famiglia Tokugawa che mantenne il potere dall'inizio del secolo XVII alla fine del secolo XIX, e si installò nuovamente in una piccola città dell'est: Edo (che diventerà in seguito Tokyo). È l'ultimo periodo a portare un nome, perché da qui in poi inizierà l'epoca moderna.

❹ 右の本を見せてください。

migi no hon o misete kudasai

[mighi no hon o misete kudasai]

❺ 寿司屋はデパートの裏にあります。

sushiya wa depāto no ura ni arimasu

[sushi ia ua depaato no ura ni arimas']

Soluzioni dell'esercizio 1

❶ Che caro questo pesce! ❷ Aspetti un momento, per favore. ❸ Il caffè si trova subito a sinistra. ❹ Mi faccia vedere il libro a destra, per cortesia. ❺ Il ristorante di sushi si trova dietro i grandi magazzini.

***

❸ Si trova a destra.

. . . . ni arimasu

❹ Si trova a sinistra.

. . . . arimasu

❺ Mi dia la tazza di destra, per cortesia.

. . . . . . chawan . . . .

Soluzioni dell'esercizio 2

❶ ikura desu ka ❷ ni man – ❸ migi – ❹ hidari ni – ❺ migi no – o kudasai

A volte certe espressioni vi sembreranno complicate, ma non preoccupatevi, poiché saranno riprese e spiegate più avanti. La cosa fondamentale per il momento è capire. Come dice un proverbio giapponese: "Non si fanno spuntare le piante tirandole da sopra". Abbiate fiducia e pazienza.

18

<ruby>第十八課<rt>だいじゅうはっか</rt></ruby> **dai jū hak ka** *[dai giuu hak'ka]*

<ruby>本屋<rt>ほんや</rt></ruby>
hon ya
[hon ia]

1 — いらっしゃいませ **1**。
　　 i ra s sha i ma se
[iras'shaimase]

2 — トルストイ　の　「<ruby>戦争<rt>せんそう</rt></ruby>　と　<ruby>平和<rt>へいわ</rt></ruby>」
　　 to ru su to i　no　sen sō　to　hei wa

　　 は　あります　か。
　　 wa　 a ri ma su　ka
[torusutoi no sensoo to heiua ua arimas' ka]

3 — 「<ruby>戦争<rt>せんそう</rt></ruby>　と　<ruby>平和<rt>へいわ</rt></ruby>」　です　か。
　　 sen sō　to　hei wa　de su　ka
[sensoo to heiua des' ka]

4 はい、　あります。
　 ha i　 a ri ma su
[hai arimas']

5 しょうしょう　お　<ruby>待ち<rt>ま</rt></ruby>　ください。
　 shō　shō　 o　ma chi　ku da sa i
[shooshoo o maci kudasai]

6 — それから　<ruby>料理<rt>りょうり</rt></ruby>　の　<ruby>本<rt>ほん</rt></ruby>　を　<ruby>見せて<rt>み</rt></ruby>
　　 so re ka ra　ryō ri　no　hon　o　mi se te

　　 ください。
　　 ku da sa i
[sorekara rioori no hon o misete kudasai]

Diciottesima lezione

La libreria

1 – Buongiorno! *(entrare-[imperativo])*
2 – Avete "Guerra e Pace" di Tolstoj? *(Tolstoj [relazione] guerra e pace [tema] esistere [domanda])*
3 – "Guerra e Pace"? *(guerra e pace essere [domanda])*
4 Sì, ce l'abbiamo. *(sì esistere)*
5 Attenda un momento, per cortesia. *(un-poco [onorifico] attendere-[imperativo gentile])*
6 – E poi mi faccia vedere un libro di cucina. *(dopo cucina [relazione] libro [oggetto] mostrare-[imperativo gentile])*

Note

1 いらっしゃいませ: ricordate questo saluto (v. lezione 12, nota 2)? È la formula che tutti i negozianti usano per darvi il benvenuto nel loro negozio.

18 / 第十八課

7 — 日本　料理　です　か、フランス
    ni hon　ryō ri　de su　ka　fu ra n su
    料理　です　か、中華　料理 **2**
    ryō ri　de su　ka　chū ka　ryō ri
    です　か **3**。
    de su　ka
    [nihon rioori des' ka furansu rioori des' ka ciuuka rioori des' ka]

8 — 実　は　今　家内 **4**　が　留守　です。
    jitsu　wa　ima　ka nai　ga　ru su　de su
    [gitsu ua ima kanai ga rusu des']

9　 自分　で　料理　を　しなければ
    ji bun　de　ryō ri　o　shi na ke re ba
    なりません。
    na ri ma se n
    [gibun de rioori o shinakereba narimasen]

10 — それでは　この　本　を　お　すすめ
     so re de wa　ko no　hon　o　o　su su me
     します。
     shi ma su
     [soredeua kono hon o o susume shimas']

11　 実　は　私　も　これ　で　作ります。
     jitsu　wa　watakushi　mo　ko re　de　tsu ku ri ma su
     [gitsu ua uatakushi mo kore de tsukurimas']

12　 簡単　に　できます。
     kan tan　ni　de ki ma su
     [kantan ni dekimas']

93 • kyū jū san

Diciottesima lezione / 18

7 – **Di cucina giapponese, francese o cinese?** *(Giappone cucina essere [domanda] Francia cucina essere [domanda] cucina-cinese essere [domanda])*
8 – **La verità è che in questo periodo mia moglie è via.** *(realmente [enfasi] adesso mia-moglie [soggetto] assenza essere)*
9 **Devo cucinare da solo.** *(se-stesso [mezzo] cucina [oggetto] dovere-fare)*
10 – **In tal caso, Le consiglio questo libro.** *(allora questo libro [oggetto] [onorifico] consiglio fare)*
11 **Anche io cucino con questo.** *(realmente [enfasi] io anche questo [mezzo] fabbricare)*
12 **È facile.** *(facile [avverbiale] riuscire)*

Note

2 Nel caso di 日本 料理 **nihon ryōri** *[nihon rioori]* e フランス 料理 **furansu ryōri** *[furansu rioori]*, 日本 **nihon** e フランス **furansu** sono nomi che designano rispettivamente il Giappone e la Francia. Invece, in 中華料理 **chūkaryōri** *[ciuukarioori]*, *cucina cinese,* 中華 **chūka** *[ciuuka]* non può essere usato separatamente. Per parlare della *Cina* si userà un'altra parola: 中国 **chūgoku** *[ciuugoku]*.

3 In italiano possiamo dire *È questo oppure quello? È come questo o come quello?* In giapponese ripeteremo la frase completa aggiungendo ogni volta です か **desu ka** *[des' ka]*.

4 家内 **kanai** *[kanai]*, *mia moglie*. Questo termine non si può usare per indicare la moglie di qualcun altro. È la stessa situazione già incontrata nella lezione 15 (note 1 e 2).

13 – それでは　これ　に　します。
　　　so re de wa　ko re　ni　shi ma su
　　　[soredeua kore ni shimas']

14 – 毎度　ありがとう　ございます**5**。
　　　mai do　a ri ga tō　go za i ma su
　　　[maido arigatoo gozaimas']

Note

5 ありがとう　ございます **arigatō gozaimasu** *[arigatoo gozaimas']* è una formula che tutti possono usare per dire *grazie*, invece 毎度　ありがとう　ございます **maido arigatō gozaimasu** *[maido arigatoo gozaimas']* (letteralmente "Grazie per ogni volta che viene qua"), è una formula che solo i commercianti possono usare. Quindi non fa per voi, a meno che non abbiate l'occasione di lavorare in un negozio in Giappone.

***

練習 1 – 訳 し なさい

❶ 家内 です。
　　kanai desu
　　[kanai des']

❷ 今 山田 さん は 留守 です。
　　ima yamada san wa rusu desu
　　[ima iamada san ua rusu des']

❸ これ は 魚 ですか、肉 ですか。
　　kore wa sakana desu ka niku desu ka
　　[kore ua sakana des' ka niku des' ka]

Diciottesima lezione / 18

13 – **Allora lo prendo.** *(allora questo [fine] fare)*
14 – **Molte grazie.** *(ogni-volta grazie)*

***

❹ お菓子を自分で作ります。
o kashi o jibun de tsukurimasu
[o kashi o gibun de tsukurimas']

❺ 映画の本を見せてください。
eiga no hon o misete kudasai
[eiga no hon o misete kudasai]

Soluzioni dell'esercizio 1
❶ Ecco mia moglie. ❷ In questo momento il signor Yamada è assente. ❸ Questo è pesce o carne? ❹ I dolci li preparo da solo. ❺ Mi faccia vedere un libro di cinema, per favore.

19 / 第十九課

練習 2 - 言葉 を 入れ なさい

❶ È un bambino o una bambina?
otoko no ko . . . . . . , onna no ko . . . . . .

❷ Prendo questo libro.
. . . . hon . . . .

❸ Anche mia moglie è via.
watakushi . . . . ga rusu desu

第十九課 dai jū kyū ka *[dai giuu kiuu ka]*
だい じゅう きゅう か

コンサート
ko n sā to
[konsaato]

1 — この うつくしい 人 は だれ です か。
ko no u tsu ku shi i hito wa da re de su ka
[kono utsukushii hito ua dare des' ka]

2 — この 写真 の 人 です か。
ko no sha shin no hito de su ka
[kono shashin no hito des' ka]

3 — はい、そう です。
ha i sō de su
[hai soo des']

4 — 山口 文子**1** です。
yama guchi fumi ko de su
[iamaguci fumiko des']

④ Avete "Guerra e Pace"?
   sensō to heiwa . . . . ka

⑤ È "Guerra e Pace"?
   sensō to heiwa . . . . ka

Soluzioni dell'esercizio 2
❶ – desu ka – desu ka ❷ kono – ni shimasu ❸ – mo kanai – ❹ – wa arimasu – ❺ – desu –

Diciannovesima lezione ⑲

Il concerto

1 – Chi è questa persona incantevole? *(questo essere-splendido persona [tema] chi essere [domanda])*
2 – La persona di questa foto? *(questo fotografia [relazione] persona essere [domanda])*
3 – Esatto.
4 – È Yamaguchi Fumiko. *(Yamaguchi Fumiko essere)*

Note

1 Il nome proprio di una persona non è seguito da さん **san** *[san]* solo nel caso di una persona famosa: così come in italiano non diremmo *il signor Dante Alighieri*, ma semplicemente *Dante Alighieri*. Ricordatevi anche che, nell'uso giapponese, il cognome precede sempre il nome.

第十九課

5 – <ruby>女優<rt>じょゆう</rt></ruby> です か。
   jo yū de su ka
   [gioiuu des' ka]

6 – いいえ、<ruby>女優<rt>じょゆう</rt></ruby> で は ありません 2。
   i i e   jo yū de wa a ri ma se n
   <ruby>歌手<rt>かしゅ</rt></ruby> です。
   ka shu de su
   [iie gioiuu deua arimasen kashu des']

7 – どんな <ruby>歌<rt>うた</rt></ruby> を <ruby>歌います<rt>うた</rt></ruby> か。
   do n na uta o uta i ma su ka
   [don'na uta o utaimas' ka]

8 – ジャズ です。
   ja zu de su
   [giazu des']

9 こんど の <ruby>土曜日<rt>どようび</rt></ruby> に サンプラザ
   ko n do no do yō bi ni sa n pu ra za
   で コンサート が あります。
   de ko n sā to ga a ri ma su
   [kondo no doioobi ni sanp'raza de konsaato ga arimas']

10 <ruby>一緒<rt>いっしょ</rt></ruby> に いかが です か。
    is sho ni i ka ga de su ka
    [is'shoni ikaga des' ka]

11 – とても ざんねん です が、<ruby>都合<rt>つごう</rt></ruby>
    to te mo za n ne n de su ga tsu gō
    が わるい です。
    ga wa ru i de su
    [totemo zannen des' ga tsugoo ga uarui des']

12 – ざんねん です ね。
    za n ne n de su ne
    [zannen des' ne]

Diciannovesima lezione / 19

5 – È un'attrice? *(attrice essere [domanda])*
6 – No, non è un'attrice. *(no attrice non-essere)*
 È una cantante. *(cantante essere)*
7 – Che genere fa? *(quale-tipo canzone [oggetto] cantare [domanda])*
8 – Jazz. *(jazz essere)*
9 Sabato prossimo terrà un concerto al Sun Plaza.
 (prossima-volta [relazione] sabato [tempo] Sun Plaza [luogo] concerto [soggetto] esserci)
10 Vuole venire con me? *(insieme [avverbiale] come essere [domanda])*
11 – È davvero un peccato, ma non posso. *(molto rammarico essere ma circostanza [soggetto] essere-cattiva)*
12 – Che peccato! *(rammarico essere [accordo])*

Note

2 で は ありません **de wa arimasen** *[de ua arimasen]*: questa parola un po' più lunga del solito non è altro che il negativo di です **desu** *[des']*, *essere*; で は ありません **de wa arimasen**, *non essere*.

19 / 第十九課

13 　　写真 より もっと うつくしい
　　sha shin yo ri　　mo t to　　u tsu ku shi i
　　人 です よ。
　　hito de su yo
　　[shashin iori mot'to utsukushii hito des' io]

14 – ほんとう?
　　ho n tō
　　[hontoo]

15 　　約束 を やめよう**3** か な。
　　yaku soku o　ya me yō　　ka na
　　[iakusoku o iameioo ka na]

16 　でも それ は むり だ**4** なあ**5**。
　　de mo　so re　wa　mu ri　da　　na a
　　[demo sore ua muri da naa]

17 – それでは また この 次 の 機会
　　so re de wa　ma ta　ko no　tsugi　no　ki kai
　　に お 誘い しましょう。
　　ni　o　saso i　shi ma shō
　　[soredeua mata kono tsughi no kikai ni o sasoi shimashoo]

18 – ぜひ おねがい します。
　　ze hi　o ne ga i　shi ma su
　　[zehi onegai shimas']

***

▶ 練習 1 – 訳 し なさい
❶ ビール は いかが です か。
　bīru wa ikaga desu ka
　[biiru ua ikaga des' ka]

101 • **hyaku ichi**

Diciannovesima lezione / 19

13 È molto più bella che in fotografia. *(fotografia più-di molto-più essere-splendido persona essere [opinione])*

14 – Veramente?

15 *(tra sé)* E se disdicessi il mio impegno? *(promessa [oggetto] abbandonare [domanda] [riflessione])*

16 Ma no, è impossibile. *(ma codesto [tema] difficile essere [riflessione])*

17 – Allora, alla prossima occasione, La inviterò di nuovo. *(allora di-nuovo questo successivo [relazione] occasione [tempo] [onorifico] invito fare).*

18 – Oh, sì, La prego! *(assolutamente richiesta fare)*

Note

3 やめよう **yameyō** *[iameioo]*: tutti i verbi che abbiamo tradotto fino ad ora con *andiamo*, *mangiamo* ecc. terminavano in ましょう **mashō** *[mashoo]*. Qui abbiamo un'altra forma per dire la stessa cosa.

4 Il verbo だ **da** è un'altra forma di です **desu**. Troverete la spiegazione di queste forme nella prossima lezione di riepilogo.

5 Tra le particelle finali che danno una certa sfumatura al significato della frase, conoscete già ね **ne** *[ne]* (v. lezione 1, nota 4) e よ **yo** (v. lezione 2, nota 3). Ora eccovi な **na** (o なあ **naa**) che si usa spesso quando la frase è rivolta a sé stessi, quando si sta riflettendo a voce alta. Nella traduzione parola per parola la indicheremo come *[riflessione]*.

***

❷ 今度 の 日曜日 に どこ へ 行きます か。
kondo no nichiyōbi ni doko e ikimasu ka
[kondo no niciioobi ni doko e ikimas' ka]

20 / 第二十課

❸ どんな 映画 が 好き ですか。
えいが　　　　す
donna eiga ga suki desu ka
[don'na eiga ga suki des' ka]

❹ 私 は 都合 が いい です。
わたくし　　つごう
watakushi wa tsugō ga ii desu
[uatakushi ua tsugoo ga ii des']

***

練習 2 – 言葉 を 入れ なさい

❶ Oggi è sabato o domenica?
... wa ..... desu ka, ... desu ka

❷ Che tipo di persona è?
.... desu ka

❸ Chi è questa persona?
kono .... wa .... desu ka

第二十課 dai ni juk ka *[dai ni giukka]*
だい に じゅっ か

禁煙
きん えん
kin'en
[kin-en]

1 – この 辺 に タバコ屋 が あります か。
　　　　へん　　　　　　や
ko no hen ni ta ba ko ya ga a ri ma su ka
[kono hen ni tabakoia ga arimas' ka]

2 – あります。
a ri ma su
[arimas']

103 • hyaku san

❺ 昨日 より 暑い です ね。
きのう　　　あつ
kinō yori atsui desu ne
[kinoo iori atsui des' ne]

Soluzioni dell'esercizio 1
❶ Le va una birra? ❷ Dove va domenica prossima? ❸ Che genere di film Le piace? ❹ Per me va bene. ❺ Fa più caldo di ieri.

***

❹ Non è un caffè, è una libreria.
kissaten . . . . , hon'ya . . . .

❺ Le serie tv sono più divertenti del telegiornale.
dorama wa nyūsu . . . . desu

Soluzioni dell'esercizio 2
❶ kyō – doyōbi – nichiyōbi – ❷ donna hito – ❸ – hito – dare – ❹ – de wa arimasen, – desu ❺ – yori omoshiroi –

Ventesima lezione
(...° due-dieci lezione)

Smettere di fumare

1 – C'è una tabaccheria nei paraggi? *(questo zona [luogo] tabaccheria [soggetto] esserci [domanda])*
2 – Sì.

3 － 遠い です か。
  tooi desu ka
  [tooi des' ka]

4 － いいえ、 そんな に 遠く ありません**1**。
  iie sonna ni tooku arimasen
  [iie son'na ni tooku arimasen]

5 － どこ です か。
  doko desu ka
  [doko des' ka]

6 － 本屋 の 隣 です。
  hon'ya no tonari desu
  [hon-ia no tonari des']

7　まず この 道 を **2** まっすぐ
  mazu kono michi o massugu
  行きます。
  ikimasu
  [mazu kono mici o mas'sugu ikimas']

8　それから 左 に まがります。
  sorekara hidari ni magarimasu
  [sorekara hidari ni magarimas']

9　右側 に 大きい 本屋 が あります。
  migigawa ni ookii hon'ya ga arimasu
  [mighigaua ni ooki hon-ia ga arimas']

10　その 隣 です。
  sono tonari desu
  [sono tonari des']

11 － ありがとう ございます。
  arigatō gozaimasu

  たすかりました。
  tasukarimashita
  [arigatoo gozaimas' tasukarimash'ta]

Ventesima lezione / 20

3 – **È lontana?** *(essere-lontano [domanda])*
4 – **No, non è così lontana.** *(no così [avverbiale] non- essere-lontano)*
5 – **Dove si trova?** *(dove essere [domanda])*
6 – **Vicino alla libreria.** *(libreria [relazione] accanto essere)*
7 **Innanzitutto vada diritto per questa strada.** *(prima questo strada [oggetto] sempre-diritto andare)*
8 **Poi giri a sinistra.** *(poi sinistra [luogo] svoltare)*
9 **Sulla destra c'è una grande libreria.** *(lato-destro [luogo] grande libreria [soggetto] esserci)*
10 **È proprio lì accanto.** *(codesto accanto essere)*
11 – **Grazie. Sono salvo!** *(essere-stato-salvato)*

Note

1 遠い **tooi** *[tooi]*, *essere lontano*, 遠く ありません **tooku arimasen** *[tooku arimasen]*, *non essere lontano*: per costruire la forma negativa di un aggettivo si sostituisce la **i** finale con **ku** e si aggiunge **arimasen**. Provate con 古い **furui** *[furui]*, *essere vecchio, antico*: *non essere vecchio* diventa... 古く ありません **furuku arimasen** *[furuku arimasen]*.

2 Vi sembrerà strano trovare un complemento oggetto dopo un verbo di moto (in questo caso *andare*), ma in giapponese è così: lo spazio che si percorre viene considerato un complemento oggetto, come se intendessimo *percorrere la strada*.

hyaku roku • 106

20 / 第二十課

12 　三日　　前　　から　　禁煙　　して
　　　mik ka　mae　ka ra　kin'en　shi te

　　いました　　が、
　　i ma shi ta　　ga

[mik'ka mae kara kin-en shite imash'ta ga]

13 　　続きません　でした。
　　　tsuzu ki ma se n　de shi ta

[tsuzukimasen desh'ta]

14 – つらい　　です　　ね。
　　　tsu ra i　de su　ne

[tsurai des' ne]

15 　僕 **3** も　　禁煙　　して　います　が、
　　　boku　mo　kin'en　shi te　i ma su　ga

[boku mo kin-en imas' ga]

16 　タバコ **4**　が　　すいたい　　な。
　　　ta ba ko　ga　su i ta i　na

[tabako ga suitai na]

17 – それでは　　一緒　に　　タバコ屋
　　　so re de wa　is sho ni　ta ba ko ya

　　へ　　行きましょう。
　　e　i ki ma shō

[soredeua is'sho ni tabakoia e ikimashoo]

Note

3 In giapponese, anche se non molto utilizzati, abbiamo diversi pronomi che significano *io/me*. Abbiamo già visto 私 **watakushi** *[uatakushi]*, usato indifferentemente da uomini e donne. Qui 僕 **boku** *[boku]* può essere usato solo da uomini.

4 タバコ **tabako** fa subito venire in mente la nostra parola *tabacco*. Attenzione però, タバコ **tabako** significa esclusivamente *sigaretta/e*.

12 Ho smesso di fumare tre giorni fa, ma *(tre-giorni prima da smettere-fumo fare-[progressivo] essere-stato ma)*
13 non sono riuscito a continuare. *(non-avere-proseguito)*
14 – È dura, eh! *(essere-difficile [accordo])*
15 Anche io sto smettendo di fumare, ma *(io anche smettere-fumo fare-[progressivo] stare ma)*
16 avrei proprio voglia di una sigaretta! *(sigaretta [soggetto] volere-fumare [riflessione])*
17 – Allora andiamoci insieme in tabaccheria! *(allora insieme [avverbiale] tabaccheria [destinazione] andare-[esortativo])*

***

練習 1 - 訳 し なさい

❶ 今 何 を して います か。
ima nani o shite imasu ka
[ima nani o shite imas' ka]

❷ 二十年前 から 東京 に 住んで います。
ni jū nen mae kara tōkyō ni sunde imasu
[ni giuu nen mae kara tookioo ni sunde imas']

❸ 田中 さん を 待って います が、来ません。
tanaka san o matte imasu ga kimasen
[tanaka san o mat'te imas' ga kimasen]

❹ 本屋 は 喫茶店 の 隣 に あります。
hon'ya wa kissaten no tonari ni arimasu
[hon-ia ua kis'saten no tonari ni arimas']

❺ この トランク は そんな に 高く ありません。
kono toranku wa sonna ni takaku arimasen
[kono toranku ua son'na ni takaku arimasen]

Soluzioni dell'esercizio 1
❶ Cosa sta facendo in questo momento? **❷** Abito a Tokyo da vent'anni. **❸** Sto aspettando il signor Tanaka, ma non arriva. **❹** La libreria è accanto al caffè. **❺** Questa valigia non è così cara.

21 / 第二十一課

練習 2 – 言葉 を 入れ なさい

❶ Non è interessante.
omoshiro . . . .

❷ Sto facendo colazione.
chōshoku o tabe . . . . . .

❸ È una grande stazione.
. . . .

❹ Lavoro in questo negozio da otto anni.
. . . . kono mise de hataraite imasu

❺ È la strada di destra o di sinistra?
. . . . no michi desu ka, ... desu ka

21

<ruby>第<rt>だい</rt></ruby> <ruby>二<rt>に</rt></ruby> <ruby>十<rt>じゅう</rt></ruby> <ruby>一<rt>いっ</rt></ruby> <ruby>課<rt>か</rt></ruby>
第二十一課 **dai ni jū ik ka** *[dai ni giuu ik' ka]*

まとめ – Riepilogo

Come si sa, la cosa più difficile non è iniziare, ma proseguire e per farlo bene è importante avere delle basi solide. Questa lezione di riepilogo (come tutte le altre) serve proprio a questo. Leggetela attentamente, prendetevi un po' di tempo per riflettere, tornate indietro alle pagine citate ed eventualmente anche alle note menzionate. In questo modo sarete davvero sicuri di progredire bene.

1 I kanji o "caratteri cinesi"

A questo punto vi dovrebbe essere diventato abbastanza familiare il sistema di scrittura sillabico, almeno per quanto riguarda lo hiragana.
Cominceremo allora a occuparci dei caratteri cinesi, che in giapponese si chiamano kanji, ossia 漢 **kan** = *cinesi (gli Han)* e 字 **ji** = *scrittura*.
Vi abbiamo messi in guardia: il discorso è un po' complesso.

Soluzioni dell'esercizio 2
❶ – ku arimasen ❷ – te imasu ❸ ookii eki desu ❹ hachi nen mae kara – ❺ migi – , hidari no michi –

Ventunesima lezione
(...° due-dieci-uno lezione)

Per i sostantivi non è troppo complicato perché a ciascun sostantivo corrisponde un kanji diverso (spesso più di uno).
Riprendiamo i primi sostantivi che compaiono nella lezione 17:
– *scatola* si dice **hako** e si scrive 箱; procedendo all'inverso, il kanji 箱 significa *scatola* e in giapponese si legge **hako**;
– *destra* si dice **migi** [mighi] e si scrive 右; all'inverso, 右 significa *destra* e in giapponese si legge **migi**.
Ora guardiamo i sostantivi della lezione 18, dove troviamo molte parole composte da più kanji. Il principio è lo stesso:
– *guerra* si dice **sensō** [sensoo] e si scrive 戦争; il primo carattere si legge **sen** [sen], il secondo **sō** [soo].
– *pace* si dice **heiwa** e si scrive 平和; il primo carattere si legge **hei** [hei], il secondo **wa** [ua].
All'inverso, 戦争 significa *guerra* e si legge **sensō**, 平和 significa *pace* e si legge **heiwa**.
Gli esempi sono innumerevoli ed eccone altri presi dalla lezione 18: **hon'ya** *[hon-ia]* 本屋 (titolo), **ryōri** *[rioori]* 料理 (frase 6), **kanai** [kanai] 家内 (frase 8), **rusu** [rusu] 留守 (frase 8), **jibun** *[gibun]* 自分 (frase 9).

hyaku jū • 110

Sono composti tutti allo stesso modo e la combinazione di due caratteri per parola è la più frequente.
Bisogna anche dire che alcune parole si scrivono con più di due kanji: ne abbiamo già incontrata una, **kissaten** [kis'saten] 喫茶店, composta da tre kanji. Il primo, 喫, significa *bere*, il secondo, 茶, *tè* e il terzo, 店, *negozio*. In definitiva si tratta di un negozio dove si può bere una tazza di tè, vale a dire *un caffè*, *un bar*.

Prestate però attenzione all'ultimo carattere: 店. Qui, in una parola composta, si pronuncia **ten** [ten].

Torniamo indietro alla lezione 6, frase 10, dove questo stesso carattere si pronuncia **mise** [mise]. Ricordatevi quello che abbiamo detto nell'Introduzione: la maggior parte dei caratteri possiede più di una lettura e, in generale, la pronuncia cambia a seconda che si trovino da soli o in una parola composta da più kanji. Il carattere 店 si pronuncia **ten** [ten] nella parola composta **kissaten**, ma si pronuncia **mise** [mise] quando è da solo.

2 Gli aggettivi

2.1 Forma negativa

Ora che cominciate a incontrare frasi un po' più lunghe, vi imbatterete spesso in quelle parole che assomigliano ai nostri aggettivi. Li traduciamo sempre con *essere + aggettivo*, (いい **ii**, *essere buono*, 大きい **ookii**, *essere grande*), perché in effetti si comportano come dei verbi e cambiano forma. Hanno, ad esempio, la forma negativa (lezione 20, nota 1) che potete ottenere facilmente sostituendo la **i** finale con く ありません **ku arimasen**. L'unica eccezione a cui bisogna prestare un po' di attenzione è l'aggettivo いい **ii**, *essere buono*: esso possiede un'altra forma che è よい **yoi** [yoi], che significa la stessa cosa, e dalla quale si ottiene la forma negativa: *non essere buono* sarà よく ありません **yoku arimasen** [yoku arimasen].

2.2 Posizione degli aggettivi

In italiano gli aggettivi a volte precedono il nome, ad esempio *una grande libreria*, e a volte lo seguono, ad esempio *un oggetto antico*.

In giapponese, invece, c'è solo una possibilità. L'aggettivo precede sempre il nome:

– *un oggetto antico*: 古い もの **furui mono** *[furui mono]* (**furui**, *essere antico*, **mono**, *oggetto*, lezione 17, frase 9),
– *una grande libreria*: 大きい 本屋 **ookii hon'ya** *[ookii hon-ia]* (**ookii**, *essere grande*, **hon'ya**, *libreria*),
– *una donna incantevole*: うつくしい 人 **utsukushii hito** *[utsukushii hito]* (**utsukushii**, *essere bello*, **hito**, *persona*, lezione 19, frase 1).

3 Le posposizioni: より *yori [yori]* e は *wa [ua]*

Nelle ultime sei lezioni avete incontrato due nuove posposizioni: より **yori** *[yori]* e は **wa** *[ua]*. Coraggio, sono le ultime due! Rivediamole.

3.1 より *yori*

より **yori** si usa per fare una comparazione e significa *più... di* (v. lezione 19, frase 13): 写真 より うつくしい **shashin yori utsukushii**, *più bella che in fotografia*.

3.2 は *wa*

È già un po' che incontriamo spesso la particella は **wa** *[ua]*, una parola chiave del discorso giapponese. Notate prima di tutto una particolarità nella grafia: si pronuncia *[ua]* anche se viene scritta con lo hiragana は, che in tutti gli altri casi si pronuncia **ha** (con **h** aspirata).

Questa posposizione ha due impieghi principali.

– Dopo un nome o un pronome, all'inizio della frase, serve a introdurre e annunciare la persona o la cosa di cui si sta parlando. Ciò che i giapponesi esprimono con は **wa**, è esattamente quello che noi facciamo in italiano quando diciamo: "La tua automobile, quando l'hai comprata?", invece di dire "Quando hai comprato la tua automobile?", oppure: "Questo libro, te lo consiglio" al posto di "Ti consiglio questo libro". Frasi di questo tipo ne produciamo continuamente senza accorgercene. Il は **wa** riproduce esattamente lo stesso meccanismo, con la sola differenza che in italiano questa costruzione appartiene soprattutto al linguaggio orale, mentre

in giapponese è uno dei pilastri della lingua, scritta e parlata. Abbiamo indicato questa funzione con *[tema]*.
– Dopo un avverbio o un gruppo nome (o pronome) + un'altra particella, questa posposizione serve a rafforzare il significato di questo avverbio o di questo gruppo. Abbiamo indicato questa funzione con *[enfasi]*.

4 I verbi: il sistema a tre gradi

Torniamo un momento ai verbi usati nella lezione 17, frase 13 (書いて ある **kaite aru**, やられた **yarareta**) e nella lezione 19, frase 15 (やめよう **yameyō**). Sono diversi da quelli che abbiamo incontrato finora e che terminavano tutti con ます **masu**, o ません **masen**, o ました **mashita**, o ましょう **mashō** (lezione 7, § 1). Come abbiamo detto all'inizio, i verbi giapponesi non si declinano a seconda della persona, come i verbi italiani, bensì cambiano di forma in funzione del ruolo di chi parla in relazione a chi ascolta. In particolare si hanno tre registri o gradi diversi di linguaggio: superiore, medio, inferiore.

4.1 Il grado superiore

Ne parleremo nelle prossime lezioni. Ciò che bisogna tenere a mente per il momento è che questo grado si usa nei casi in cui si voglia esprimere forte rispetto, o addirittura deferenza, verso l'interlocutore.

4.2 Il grado medio

Questo grado è quello che abbiamo studiato finora ed è il più comune. Si usa durante una conversazione con qualcuno che conoscete abbastanza bene, ma con il quale non avete particolare confidenza, o con qualcuno che incontrate per la prima volta, ma che potete considerare al vostro stesso livello. Questo grado è caratterizzato, ad esempio, dall'uso di です **desu** per dire *essere* e dalle forme verbali in ます **masu**, ません **masen**, ました **mashita**, ましょう **mashō**.

4.3 Il grado inferiore

Il grado inferiore (lezione 17, frase 13 e lezione 19, frase 15) è quello che si utilizza quando ci si rivolge a qualcuno di veramente intimo: membri della propria famiglia, vecchi amici ecc., e ovviamente quando si parla a se stessi. In questo caso, al posto di です **desu**, useremo だ **da** per dire *essere*, al posto della forma in ます **masu** si impiegherà la forma più neutra del verbo, quella che si trova nei dizionari, cioè invece di あります **arimasu**, che conosciamo bene, ci sarà ある **aru**; invece di usare il suffisso ました **mashita**, per il passato, useremo た **ta**, e nei casi in cui si impiega ましょう **mashō** si troverà una forma semplice in **ō**.

Esempi:
– grado medio: やられました **yararemashita**; grado inferiore: やられた **yarareta**, esattamente con lo stesso significato di *sono stato imbrogliato*;
– grado medio: 書いて あります **kaite arimasu**; grado inferiore: 書いて ある **kaite aru**, con lo stesso significato di *c'è scritto*;
– grado medio: やめましょう **yamemashō**; grado inferiore: やめよう **yameyō**, con lo stesso significato di *lasciamo perdere*, *rinunciamo*.

第二十一課

▶ 復習 会話

1. 二年前に家内とフランスへ行きました。
   ni nen mae ni kanai to furansu e ikimashita
   [ni nen mae ni kanai to furansu e ikimash'ta]

2. お坊ちゃんも一緒に行きましたか。
   obotchan mo issho ni ikimashita ka
   [oboc'cian mo is'sho ni ikimash'ta ka]

3. いいえ、行きませんでした。
   iie ikimasen deshita
   [iie ikimasen desh'ta]

4. 駅は遠くありません。近いです。
   eki wa tooku arimasen chikai desu
   [eki ua tooku arimasen cikai des']

5. 右の道ではありません。左の道です。
   migi no michi de wa arimasen hidari no michi desu
   [mighi no mici de ua arimasen hidari no mici des']

6. この写真の人は隣の人のお嬢さんです。
   kono shashin no hito wa tonari no hito no ojōsan desu
   [kono shashin no hito ua tonari no hito no ogiooosan des']

7. うつくしい人よりおもしろい人がいいです。
   utsukushii hito yori omoshiroi hito ga ii desu
   [utsukushii hito yori omoshiroi hito ga ii des']

Ventunesima lezione / 21

8 土曜日 です か、日曜日 です か。
doyōbi desu ka nichiyōbi desu ka
[doioobi des' ka nici-ioobi des' ka]

9 この 映画 は おもしろく ありません。
kono eiga wa omoshiroku arimasen
[kono eiga ua omoshiroku arimaseɲ]

10 この 古い 本 を 一 万 円 で 買いました。
高い 本 でした。
kono furui hon o ichi man en de kaimashita takai hon deshita
[kono furui hon o ici man en de kaimash'ta takai hon desh'ta]

Traduzione

1 Due anni fa sono andato in Francia con mia moglie. **2** È venuto anche vostro figlio con voi? **3** No, non è venuto. **4** La stazione non è lontana. È vicina. **5** Non è la strada di destra. È la strada di sinistra. **6** La persona in questa foto è la figlia del vicino. **7** È meglio una persona interessante di una bella. **8** È sabato o domenica? **9** Questo film non è interessante. **10** Ho comprato questo libro antico per 10.000 yen. Era un libro costoso

hyaku jū roku • 116

第二十二課 dai ni jū ni ka *[dai ni giuu ni ka]*

郵便局
yū bin kyoku
[iuubinkioku]

1 – 郵便局 は どこ に あります か。
yū bin kyoku wa do ko ni a ri ma su ka
[iuubinkioku ua doko ni arimas' ka]

2 – すぐ 後ろ に あります。
su gu ushi ro ni a ri ma su
[sugu ushiro ni arimas']

3 – あ。 これ は、 どうも ありがとう。
a ko re wa dō mo a ri ga tō
[a kore ua doomo arigatoo]

4 ギリシャ へ の 航空 郵便 葉書 [1]
gi ri sha e no kō kū yū bin ha gaki
の 料金 は いくら です か。
no ryō kin wa i ku ra de su ka
[ghirisha e no kookuu iuubin hagaki no riookin ua ikura des' ka]

5 – イギリス まで です か。
i gi ri su ma de de su ka
[ighirisu made des' ka]

6 – いいえ。 イギリス まで で は
i i e i gi ri su ma de de wa

ありません [2]。
a ri ma se n
[iie ighirisu made de ua arimasen]

Ventiduesima lezione

L'ufficio postale

1 – Dove si trova l'ufficio postale? *(ufficio postale [tema] dove [luogo] esserci [domanda])*
2 – Proprio qui dietro. *(subito dietro [luogo] esserci)*
3 – Ah! Molte grazie. *(questo [tema] molto grazie)*
4 Qual è la tariffa di una cartolina postale via aerea per la Grecia? *(Grecia [destinazione] [relazione] via-aerea postale-cartolina [relazione] tariffa [tema] quanto essere [domanda])*
5 – Per l'Inghilterra? *(Inghilterra fino-a essere [domanda])*
6 – No, non per l'Inghilterra. *(Inghilterra fino-a non-essere)*

Note

1 郵便 葉書 yūbin hagaki *[iuubin hagaki]*, a differenza della cartolina illustrata (con una fotografia da un lato e lo spazio per l'indirizzo, il messaggio e il francobollo dall'altro) è la cartolina postale bianca che si può acquistare alla Posta o nei negozietti chiamati **konbini**.

2 Da ricordare: で は ありません **de wa arimasen** *[de ua arimasen]*, è la forma negativa di です **desu** *[des']* al grado medio. Significa quindi non essere (v. lezione 19, nota 2).

22 / 第二十二課

7　ギリシャ　まで　です。
　　gi ri sha　ma de　de su
　　[ghirisha made des']

8 -　ああ、　ギリシャ　です　か。ちょっと
　　a a　　gi ri sha　de su　ka　cho t to
　　お　待ち　ください。
　　o　ma chi　ku da sa i
　　[aa ghirisha des' ka ciot'to o maci kudasai]

9　今　調べます　から 3。
　　ima　shira be ma su　　ka ra
　　[ima shirabemas' kara]

10　はい、　ありました。　ギリシャ
　　ha i　　a ri ma shi ta　　gi ri sha
　　まで　は、　葉書　一　枚 4、百
　　ma de　wa　　ha gaki　ichi　mai　hyaku
　　十　円　です。
　　jū　en　de su
　　[hai arimash'ta ghirisha made ua hagaki ici mai hiaku giuu en des']

11　十　枚　で　千　百　円　に　なります。
　　jū　mai　de　sen hyaku　en　ni na ri ma su
　　[giuu mai de sen hiaku en ni narimas']

12 -　はい。　千　百　円　です。
　　ha i　　sen hyaku　en　de su
　　[hai sen hiaku en des']

13 -　ありがとう　ございます。
　　a ri ga tō　　go za i ma su
　　[arigatoo gozaimas']

　　□

Ventiduesima lezione / 22

7 **Per la Grecia.** *(Grecia fino-a essere)*

8 – **Ah, per la Grecia?** *(ah Grecia essere [domanda])*
Aspetti un momento, per cortesia. *(un-poco [onorifico] aspettare-[imperativo gentile])*

9 **Ora controllo.** *(adesso cercare poiché)*

10 **Ah, ecco. Una cartolina postale per la Grecia costa 110 yen.** *(sì esserci-stato Grecia fino-a [enfasi] cartolina-postale uno oggetto-piatto cento dieci yen essere)*

11 **Per dieci, fanno 1.100 yen.** *(dieci oggetto-piatto [mezzo] mille cento yen [fine] diventare)*

12 – **Sì, ecco a Lei 1.100 yen.** *(sì mille cento yen essere)*

13 – **Molte grazie.**

Note

3 Generalmente から **kara** *[kara]* si usa fra due proposizioni per indicare la causa. Molto spesso il periodo si interrompe alla prima proposizione, quella contenente から. Qui, dopo la frase *Poiché ora controllo*, ci si aspetterebbe una frase come *Attenda un momento*.

4 Come avete già visto, in giapponese non c'è differenza tra singolare e plurale. Talvolta è però necessario sapere di quanti oggetti si sta parlando, così si adoperano i numeri aggiungendo una parola che chiarisce la categoria a cui appartengono gli oggetti che si stanno contando. In questa frase, まい 枚 **mai** *[mai]* indica che stiamo parlando di oggetti sottili (ad esempio un foglio di carta). Per contare altre categorie di oggetti (oggetti tondi, libri ecc.) si useranno altre parole.

hyaku ni jū • 120

練習 1 – 訳 し なさい

❶ いいえ。郵便局 で は ありません。
iie yūbinkyoku de wa arimasen
[iie iuubinkioku de ua arimasen]

❷ 船橋 駅の 隣の デパート の 後ろ に 住んで います。
funabashi eki no tonari no depāto no ushiro ni sunde imasu
[funabashi eki no tonari no depaato no ushiro ni sunde imas']

❸ 葉書 を 二 十 枚 買いました。
hagaki o ni jū mai kaimashita
[hagaki o ni giuu mai kaimash'ta]

***

練習 2 – 言葉 を 入れ なさい

❶ Qual è il prezzo di una cartolina postale per gli Stati Uniti?
amerika made . . hagaki . . ryōkin wa . . . .

❷ Dove si trova la libreria?
hon'ya wa doko . . . .

❸ Mi dia cinque cartoline postali, per cortesia.
hagaki . . . .

❹ Fanno 1.000 yen.
. . . . . . ni . . . .

❺ Si trova subito sulla destra.
. . . .

Ventiduesima lezione / 22

❹ ギリシャ 料理 は 駅 の 後ろ の タバコ屋 の 左 に あります。
girisha ryōri wa eki no ushiro no tabakoya no hidari ni arimasu
[ghirisha rioori ua eki no ushiro no tabakoia no hidari ni arimas']

❺ ちょっと 見せて ください。
chotto misete kudasai
[ciot'to misete kudasai]

Soluzioni dell'esercizio 1
❶ No, non è l'ufficio postale. ❷ Abito dietro i grandi magazzini accanto alla stazione di Funabashi. ❸ Ho comprato 20 cartoline postali. ❹ Il ristorante greco si trova alla sinistra del tabaccaio dietro la stazione. ❺ Me lo mostri un po', per favore.

***

Soluzioni dell'esercizio 2
❶ – no – no – ikura desu ka ❷ – ni arimasu ka ❸ – o go mai kudasai ❹ sen en – narimasu ❺ sugu migi ni arimasu

23

第二十三課 (だいにじゅうさんか) dai ni jū san ka *[dai ni giuu san ka]*

仕事 (しごと)
shi goto
[shigoto]

1 — 上 の 息子 さん **1** は お 元気 です か。
　　ue no musu ko sa n wa o gen ki de su ka
　　[ue no musuko san ua o ghenki des' ka]

2 — 今年 大学 を 卒業 しました。
　　ko toshi dai gaku o sotsu gyō shi ma shi ta
　　[kotoshi daigaku o sotsughioo shimash'ta]

3 — 東大 **2** でした **3** ね。
　　tō dai de shi ta ne
　　[toodai desh'ta ne]

4 — はい、 そう です。
　　ha i sō de su
　　[hai soo des']

5 — それ は おめでとう ございます **4**。
　　so re wa o me de tō go za i ma su
　　[sore ua omedetoo gozaimas']

Ventitreesima lezione

Il lavoro

1 – **Come sta il Suo figlio maggiore?** *(sopra [relazione] figlio [tema] [onorifico] buona-salute essere [domanda])*

2 – **Si è laureato quest'anno.** *(questo-anno università [oggetto] congedo avere-fatto)*

3 – **Era all'Università di Tokyo, vero?** *(Tokyo-università essere-stato [accordo])*

4 – **Sì, esatto.**

5 – **Allora, congratulazioni!** *(questo [tema] congratulazioni)*

Note

1 息子 さん musuko san *[musuko san]* si usa solo per indicare *il figlio di un'altra persona* (v. lezione 15, note 1 e 2); お 元気 o genki *[o ghenki]* si usa solo per riferirsi a qualcun altro. Per sé stessi (o per qualcuno della propria famiglia), si dirà 元気 genki *[ghenki]*. Lo stesso discorso vale per la parola お 勤め o tsutome *[o tsutome]* nella frase 6: 勤め *[tsutome]* significa *impiego* e la お **o** precisa che questo termine è riferito a una persona che non siamo noi né un membro della nostra famiglia.

2 東大 tōdai *[toodai]* è l'abbreviazione di **tōkyō daigaku** (東京 大学) *[tookioo daigaku]*. È molto comune, in giapponese, vedere parole abbreviate a pochi ideogrammi (kanji) anche quando la parola ne richiederebbe di più.

3 でした deshita *[desh'ta]* è la forma al passato di です desu *[des']* e significa *era*.

4 おめでとう ございます omedetō gozaimasu, *Tutti i miei auguri!* È la formula augurale tradizionale usata in occasione di avvenimenti felici. Viene impiegata anche per augurare buon anno.

hyaku ni jū yon

6 どこ に お 勤め です か。
   do ko ni o tsuto me de su ka
   [doko ni o tsutome des' ka]

7 − 四月 から 自動車 関係 の
   shi gatsu ka ra　ji dō sha　kan kei　no
   会社 に 勤めて います。
   kai sha ni tsuto me te i ma su
   [shigatsu kara gidoosha kankei no kaisha ni tsutomete imas']

8 − それ は よろしい **5** です ね。
   so re wa yo ro shi i de su ne
   [sore ua ioroshii des' ne]

9 − でも 今 入院 して います。
   de mo ima nyū in shi te i ma su
   [demo ima niuu in shite imas']

10 五月 に 交通 事故 に あいました。
    go gatsu ni kō tsū ji ko ni a i ma shi ta
    [gogatsu ni kootsuu giko ni aimash'ta]

11 − それ は お気の毒 に **6**。
    so re wa o ki no doku ni
    [sore ua o kinodoku ni]

12 その後 いかが です か。
    so no go i ka ga de su ka
    [sonogo ikaga des' ka]

13 − おかげさま で **7**、よく なりました。
    o ka ge sa ma de yo ku na ri ma shi ta
    来週 退院 します。
    rai shū tai'in shi ma su
    [okaghesama de ioku narimash'ta raishuu tai-in shimas']

125 • **hyaku ni jū go**

Ventitreesima lezione / 23

6 Dove lavora? *(dove [luogo] [onorifico] impiego essere [domanda])*

7 – **Da aprile lavora in un'azienda automobilistica.** *(aprile da automobile legame [relazione] azienda [luogo] essere-stato-impiegato)*

8 – **Ottimo!** *(codesto [tema] essere-buono [accordo])*

9 – **Però al momento è ricoverato in ospedale.** *(ma attualmente ricovero-in-ospedale-fare-[progressivo] stare)*

10 **A maggio ha avuto un incidente stradale.** *(maggio [tempo] traffico incidente [fine] avere-incontrato)*

11 – **Oh, mi dispiace!**

12 **E ora come sta?** *(in-seguito come essere [domanda])*

13 – **Grazie al cielo si è rimesso bene.** *(grazie-alla-fortuna [mezzo] bene essere-diventato)*
   Uscirà la prossima settimana. *(prossima-settimana dimissione-da-ospedale fare)*

Note

5 よろしい **yoroshii** *[yoroshii]*: il contesto formale del dialogo (si svolge a un discreto livello di cortesia) non consente di utilizzare l'aggettivo いい **ii** *[ii]*, come abbiamo visto finora, che sarà quindi sostituito da よろしい **yoroshii**. Potremmo dire che いい です **ii desu** *[ii des']* è il grado medio, mentre よろしい です **yoroshii desu** *[yoroshii des']* è il grado superiore.

6 お気の毒 に **okinodoku ni** letteralmente significa "È da compatire".

7 おかげさま で **okagesama de** *[okaghesama de]*: è la formula abituale utilizzata per ringraziare qualcuno che chiede notizie di noi o dei nostri familiari.

hyaku ni jū roku • 126

14 – 安心 しました。
あんしん
an shin   shi ma shi ta
[anshin shimash'ta]

*In Giappone esistono centinaia di università, pubbliche e private, fondate a partire dalla fine del XIX secolo. Vi si accede per concorso, dopo uno o due anni di classi preparatorie private, e il ciclo di studi dura 4 anni (esistono anche cicli più corti di 2 anni). Alcune sono università prestigiose che formano l'élite della società giapponese: i due più grandi atenei pubblici sono l'Università di Tokyo (**Tōkyō daigaku**, abbreviato in **Tōdai**) e l'Università di Kyoto (**Kyōto daigaku**, abbreviato in **Kyōdai**). Tra quelli privati, i più importanti sono l'Università **Keiō** e la **Waseda**, entrambe a Tokyo. È utile precisare che tutte queste istituzioni, pubbliche o private che siano, richiedono ingenti tasse scolastiche, cosicché mettere da parte del denaro fin dalla nascita dei figli per pagare le tasse universitarie diventa il dovere di ogni genitore responsabile.*

***

練習 1 – 訳 し なさい

❶ 昨日 の 朝 でした。
きのう あさ
kinō no asa deshita
[kinoo no asa desh'ta]

❷ 来週 から 禁煙 します。
らいしゅう きんえん
raishū kara kin'en shimasu
[raishuu kara kin-en shimas']

❸ 自動車 は 四月 に 買いました。
じどうしゃ しがつ か
jidōsha wa shigatsu ni kaimashita
[gidoosha ua shigatsu ni kaimash'ta]

❹ いつ 大学 を 卒業 しました か。
だいがく そつぎょう
itsu daigaku o sotsugyō shimashita ka
[itsu daigaku o sotsughioo shimash'ta ka]

Ventitreesima lezione / 23

14 – Ah, che sollievo! *(tranquillità fare-passato)*

***

❺ お坊ちゃん は お 元気 です か。
　- おかげさま で、元気 です。

obotchan wa o genki desu ka okagesama de genki desu
[oboc'cian ua o ghenki des' ka okaghesama de ghenki des']

Soluzioni dell'esercizio 1
❶ Era ieri mattina. ❷ Dalla prossima settimana smetto di fumare.
❸ Ad aprile ho comprato l'automobile. ❹ Quando si è laureato?
❺ Come sta il Suo bambino? – Molto bene, grazie.

練習 2 - 言葉 を 入れ なさい

1. Dove lavora il Suo figlio maggiore?
   ue no musuko . . . . . doko ni o tsutome desu ka

2. Abito a Tokyo da quest'anno.
   . . . . tōkyō ni sunde . . . . .

3. Era un'azienda automobilistica.
   . . . . kankei no kaisha deshita

4. Andrò ad aprile o a maggio.
   shi . . . . . ka . . . . ni ikimasu

5. Aspetterò fino a domenica prossima.
   raishū . . . . machimasu

第二十四課 dai ni jū yon ka *[dai ni giuu yon ka]*

アパート
a pā to
[apaato]

1 - やっと　　　いい　アパート　　が
   ya t to　　　 i i　　a pā to　　　ga

   みつかりました。
   mi tsu ka ri ma shi ta
   [iat'to ii apaato ga mitsukarimash'ta]

2　とても　狭い　です。
   to te mo　sema i　de su
   [totemo semai des']

Soluzioni dell'esercizio 2

❶ – san wa – ❷ kotoshi kara – imasu ❸ jidōsha – ❹ – gatsu – gogatsu –
❺ – no nichiyōbi made –

Avvertite i progressi che avete già compiuto? Poco per volta prenderete sempre più confidenza con la lettura del giapponese. È per questo motivo che cominceremo a mostrarvi dei periodi un po' più lunghi, talvolta formati da più proposizioni. In questi casi, troverete un nuovo segno nella traduzione letterale: una barra obliqua che indica la separazione tra le due proposizioni. Non demordete, presto rimarrete stupiti dal livello che avrete acquisito. Buon proseguimento.

Ventiquattresima lezione

L'appartamento

1 – Finalmente ho trovato un buon appartamento. *(infine essere-buono appartamento [soggetto] essersi-trovato)*
2 È molto piccolo. *(molto essere-stretto)*

3 けれども 駅から 歩いて 五分です。
ke re do mo eki ka ra aru i te go fun de su
[keredomo eki kara aruite go fun des']

4 — それは 便利ですね。
so re wa ben ri de su ne
[sore ua benri des' ne]

5 でも うるさく ありませんか。
de mo u ru sa ku a ri ma se n ka
[demo urusaku arimasen' ka]

6 — 電車の 音は 全然 聞こえませんが、
den sha no oto wa zen zen ki ko e ma se n ga
[densha no oto ua zenzen kikoemasen ga]

7 隣の 幼稚園の 子供が うるさいです。
tonari no yō chi en no ko do mo ga u ru sa i de su
[tonari no ioocien no kodomo ga urusai des']

8 — 何階ですか。
nan kai de su ka
[nan kai des' ka]

9 — 四階です。
yon kai de su
[ion kai des']

10 — 眺めは いかがですか。
naga me wa i ka ga de su ka
[nagame ua ikaga des' ka]

Ventiquattresima lezione / 24

3 Però è a cinque minuti a piedi dalla stazione. *(però stazione da camminare-[progressivo] cinque minuto essere)*

4 – Comodo! *(codesto [tema] pratico essere [accordo])*

5 Ma non è rumoroso? *(ma non-essere-rumoroso [domanda])*

6 – Il rumore dei treni non si sente affatto, però *(treno [relazione] rumore [tema] assolutamente non-essere-udibile ma)*

7 i bambini dell'asilo accanto sono insopportabili. *(vicino [relazione] scuola-materna [relazione] bambino [soggetto] essere-rumoroso)*

8 – A che piano è? *(quale piano essere [domanda])*

9 – Al terzo. *(quattro piano essere)*

10 – Com'è la vista? *(vista [tema] come essere [domanda])*

Note

1 No, non si tratta di un errore: 四 **yon** vuol proprio dire *quattro*, come nel numero della lezione. Ciononostante, 四 階 **yon kai** *[yon kai]* viene tradotto con *terzo piano*. Si tratta semplicemente di una differenza del metodo di numerazione. I giapponesi chiamano 一 階 **ik kai** *[ik'kai]* (letteralmente "uno-piano"), quello che noi chiamiamo *piano terra*. 二 階 **ni kai** *[ni kai]* (letteralmente "due-piano") significherà dunque *primo piano* ecc. Bisogna sempre scalare di una unità. Osservate anche la frase 11 e... contate bene.

hyaku san jū ni • 132

24 / 第二十四課

11 – それ が… ちょうど 向かい に 二十階 の ビル が 立って います から、何も 見えません。
so re ga chō do mu ka i ni ni juk kai no bi ru ga ta tte i ma su ka ra nani mo mi e ma se n
[sore ga… cioodo mukai ni ni giuk'kai no biru ga tat'te imas' kara nanimo miemasen]

12 家賃 だけ が 気 に 入って います。
ya chin da ke ga ki ni i t te i ma su
[iacin dake ga ki ni it'te imas']

13 それほど 高く ありません。
so re ho do taka ku a ri ma se n
[sorehodo takaku arimasen]

***

▶ 練習 1 – 訳 し なさい

❶ 私 の アパート は 十二 階 に あります。
watakushi no apāto wa jū ni kai ni arimasu
[uatakushi no apaato ua giuu ni kai ni arimas']

❷ 電車 の 音 は 聞こえません が、自動車 の 音 は 聞こえます。
densha no oto wa kikoemasen ga jidōsha no oto wa kikoemasu
[densha no oto ua kikoemasen ga gidoosha no oto ua kikoemas']

11 – Mah... poiché proprio di fronte c'è un edificio di diciannove piani, non si vede nulla. *(codesto [soggetto] proprio di-fronte [luogo] due dieci piano [relazione] edificio [soggetto] ergersi poiché / niente non-essere-visibile)*

12 Solo l'affitto mi piace. *(canone-di-locazione solamente [soggetto] spirito [luogo] entrare)*

13 Non è così caro! *(a-codesto-punto non-essere-caro)*

***

❸ 眼鏡 を 忘れました から、何も 見えません。
megane o wasuremashita kara nanimo miemasen
[megane o uasuremash'ta kara nanimo miemasen]

❹ デパート まで バス で 七分 です から、便利 です。
depāto made basu de nana fun desu kara benri desu
[depaato made basu de nanafun des' kara benri des']

❺ うるさく ありません か。 - 全然 うるさく ありません。
urusaku arimasen ka zenzen urusaku arimasen
[urusaku arimasen ka] [zenzen urusaku arimasen]

Soluzioni dell'esercizio 1

❶ Il mio appartamento si trova all'undicesimo piano. ❷ Il rumore dei treni non si sente, però si sente quello delle automobili. ❸ Siccome ho dimenticato gli occhiali, non vedo nulla. ❹ È comodo perché è a sette minuti d'autobus dai grandi magazzini. ❺ Non è rumoroso? – Per niente.

25 / 第二十五課

練習 2 - 言葉 を 入れ なさい

❶ Non compro nulla.
. . . .

❷ Si sentono i rumori dell'asilo.
yōchien . . . .

❸ Vado in autobus perché è lontano.
tooi desu . . . . , ...

第二十五課 dai ni jū go ka *[dai ni giuu go ka]*

小説
shō setsu
[shoosetsu]

1 – 今　小説　を　書いて　います。
    ima　shō setsu　o　ka i te　i ma su
    [ima shoosetsu o kaite imas']

2 – へえ、どんな　小説　です　か。
    he e　do n na　shō setsu　de su　ka
    [hee don'na shoosetsu des' ka]

3 – 推理　小説　です。
    sui ri　shō setsu　de su
    [suiri shoosetsu des']

4 – 出版　する　つもり　です　か。
    shup pan　su ru　tsu mo ri　de su　ka
    [shup'pan suru tsumori des' ka]

5 – まだ　わかりません。
    ma da　wa ka ri ma se n
    [mada uakarimasen]

❹ Non è poi così lontano.
. . . .

❺ Si vede solo l'edificio di destra.
. . . . ga miemasu

Soluzioni dell'esercizio 2
❶ nanimo kaimasen ❷ – no oto ga kikoemasu ❸ – kara, basu de ikimasu ❹ sorehodo tooku arimasen ❺ migi no biru dake –

Venticinquesima lezione

Il romanzo

1 – Sto scrivendo un romanzo. *(attualmente romanzo [oggetto] scrivere-[progressivo] stare)*
2 – Oh, che tipo di romanzo? *(oh quale-tipo romanzo essere [domanda])*
3 – Un romanzo poliziesco. *(poliziesco romanzo essere)*
4 – Ha intenzione di pubblicarlo? *(pubblicazione fare intenzione essere [domanda])*
5 – Ancora non so. *(ancora non-conoscere)*

第二十五課

6 — どんな 話 です か。
do n na hanashi de su ka
[don'na hanashi des' ka]

7 — 主人公 は ファッション モデル です。
shu jin kō wa fa s sho n mo de ru de su
[shuginkoo ua fas'shon moderu des']

8 知らないで スパイ と
shi ra na i de su pa i to
結婚 します。
kek kon shi ma su
[shiranaide s'pai to kek'kon shimas']

9 — おもしろそう1 です ね。
o mo shi ro sō de su ne
[omoshirosoo des' ne]

10 何 ページ ぐらい に なります か。
nan pē ji gu ra i ni na ri ma su ka
[nan peegi gurai ni narimas' ka]

11 — 五 百 ページ ぐらい に なる と
go hyaku pē ji gu ra i ni na ru to
思います。
omo i ma su
[go hiaku peegi gurai ni naru to omoimas']

12 — へえ。 長い です ね。
he e naga i de su ne
[hee nagai des' ne]

13 もう どのぐらい 書きました か。
mō do no gu ra i ka ki ma shi ta ka
[moo donogurai kakimash'ta ka]

14 — まだ 五 ページ です。
ma da go pē ji de su
[mada go peegi des']

□

Venticinquesima lezione / 25

6 – **Di cosa parla?** *(quale-tipo racconto essere [domanda])*
7 – **La protagonista è una modella.** *(protagonista [tema] moda-modello essere)*
8   **Senza saperlo sposa una spia.** *(non-sapere-[progressivo] spia [compagnia] matrimonio fare)*
9 – **Sembra interessante!** *(sembrare-interessante essere [accordo])*
10   **Di quante pagine sarà, all'incirca?** *(cosa pagina circa [fine] diventare [domanda])*
11 – **Penso che più o meno sarà di cinquecento pagine.** *(cinque cento pagina circa [fine] diventare [citazione] pensare)*
12 – **Eh, che lungo!** *(eh essere-lungo[accordo])*
13 – **Quanto ha già scritto?** *(già quanto-circa avere-scritto [domanda])*
14 – **Solo cinque pagine.** *(ancora cinque pagina essere)*

Note

1 Conoscete già l'aggettivo おもしろい **omoshiroi** *[omoshiroi]* che significa *essere interessante*. Se sostituiamo la い **i** con そう **sō** *[soo]*, otteniamo おもしろそう **omoshirosō**, che significa *sembrare interessante*.

25 / 第二十五課

▶ 練習 1 – 訳 し なさい

❶ 駅 まで どのぐらい です か。
eki made donogurai desu ka
[eki made donogurai des' ka]

❷ この お 菓子 は おいしそう です ね。
kono o kashi wa oishisō desu ne
[kono o kashi ua oishisoo des' ne]

❸ どんな 本 を 買いました か。
donna hon o kaimashita ka
[don'na hon o kaimash'ta ka]

❹ 再婚 する つもり です。
saikon suru tsumori desu
[saikon suru tsumori des']

***

練習 2 – 言葉 を 入れ なさい

❶ Penso di pubblicarlo.
shuppan . . . . . . omoimasu

❷ Ho intenzione di diventare un cantante.
kashu . . . . . . tsumori desu

❸ Che tipo di persona è?
. . . .

❹ Sto scrivendo una cartolina.
hagaki o . . . .

❺ Queste forchette hanno l'aria costosa.
kono fōku wa . . . . desu

Venticinquesima lezione / 25

❺ 来週 退院 する と 思います。
らいしゅう たいいん   おも
raishū tai'in suru to omoimasu
[raishuu tai-in suru to omoimas']

Soluzioni dell'esercizio 1
❶ Quanto ci vuole fino alla stazione? ❷ Questo dolce ha un aspetto delizioso. ❸ Che genere di libro ha comprato? ❹ Ho intenzione di riposarmi. ❺ Penso che verrà dimesso dall'ospedale la prossima settimana.

***

Soluzioni dell'esercizio 2
❶ – suru to – ❷ – ni naru – ❸ donna hito desu ka ❹ – kaite imasu
❺ – takasō –

hyaku yon jū • 140

第二十六課 dai ni jū rok ka *[dai ni giuu rok'ka]*

中国 へ 行く
chū goku e i ku
[ciuugoku e iku]

1 — 来年 の 春 に 中国 へ 行く つもり でした。
rai nen no haru ni chū goku e i ku tsu mo ri de shi ta
[rainen no haru ni ciuugoku e iku tsumori desh'ta]

2 — 中国語 **1** が できます か。
chū goku go ga de ki ma su ka
[ciuugokugo ga dekimas' ka]

3 — 私 は できません。
watakushi wa de ki ma se n
[uatakushi ua dekimasen']

4 けれども 息子 **2** は よく できます から、つれて 行く **3** つもり でした。
ke re do mo musu ko wa yo ku de ki ma su ka ra tsu re te i ku tsu mo ri de shi ta
[keredomo musuko ua ioku dekimas' kara tsurete iku tsumori desh'ta]

5 しかし 息子 は 都合 が 悪く なりました。
shi ka shi musu ko wa tsu gō ga waru ku na ri ma shi ta
[shikashi musuko ua tsugoo ga uaruku narimash'ta]

Ventiseiesima lezione

Viaggio in Cina *(Cina [destinazione] andare)*

1 – Avevo intenzione di andare in Cina la prossima primavera. *(prossimo-anno [relazione] primavera [tempo] Cina [destinazione] andare intenzione essere-stato)*
2 – Lei parla cinese? *(Cina-lingua [tema] riuscire [domanda])*
3 – Io, no. *(io [tema] non-riuscire)*
4 Ma dato che mio figlio lo parla molto bene, avevo intenzione di portarlo con me. *(tuttavia figlio-mio [tema] bene riuscire poiché / accompagnare-[progressivo] andare intenzione essere-stato)*
5 Però adesso lui non può più venire. *(ma figlio-mio [tema] circostanza [soggetto] cattivo essere-diventato)*

Note

1 Il nome di una nazione seguito dalla parola 語 go ne indica la lingua: 中国 chūgoku *[ciuugoku]*, *la Cina* → 中国語 chūgokugo *[ciuugokugo]*, *la lingua cinese*; 日本 nihon *[nihon]*, *il Giappone* → 日本語 nihongo *[nihongo]*, *la lingua giapponese*. Eccezione: 英語 eigo, *la lingua inglese* → イギリス igirisu, *l'Inghilterra*.

2 息子 musuko *[musuko]* (v. lezione 23, frase 1): questo signore utilizza questo termine perché parla del proprio figlio.

3 つれて 行く tsurete iku *[tsurete iku]*: per il momento, notiamo solamente che quando due verbi si susseguono, il primo assume la forma in て te *[te]*.

第二十六課

6 — 中国 へ 何 を し に 行きますか。
chū goku e nani o shi ni i ki ma su ka
[ciuugoku e nani o shi ni ikimas' ka]

7 — 仕事 と 観光 です。
shi goto to kan kō de su
[shigoto to kankoo des']

8 — 私 は 中国語 が 少し
watakushi wa chū goku go ga suko shi

できます から、お 供 しましょう か。
de ki ma su ka ra o tomo shi ma shō ka
[uatakushi ua ciuugokugo ga sukoshi dekimas' kara o tomo shimashoo ka]

9 それに 来年 の 春 は 暇 です。
so re ni rai nen no haru wa hima de su
[soreni rainen no haru ua hima des']

10 — それ は たすかります。
so re wa ta su ka ri ma su

ぜひ おねがい します。
ze hi o ne ga i shi ma su
[sore ua tasukarimas' zehi onegai shimas']

11 今度 の 月曜日 の 晩 一緒 に
kon do no getsu yō bi no ban is sho ni

食事 を しましょう。
shoku ji o shi ma shō
[kondo no ghetsuioobi no ban is'sho ni shokugi o shimashoo]

12 — はい、そう しましょう。
ha i sō shi ma shō
[hai soo shimashoo]

6 – **Cosa va a fare in Cina?** *(Cina [destinazione] cosa [oggetto] fare [fine] andare [domanda])*

7 – **Ci vado per lavoro e per turismo.** *(lavoro e turismo essere)*

8 – **Io conosco un po' di cinese... e se La accompagnassi?** *(io [tema] cinese [soggetto] un-po' riuscire poiché / [onorifico]-compagnia fare-[esortativo] [domanda])*

9 **Inoltre, la primavera prossima sarò libero.** *(inoltre prossimo-anno [relazione] primavera [tema] tempo-libero essere)*

10 – **Ah, Lei mi salva!** *(codesto [tema] salvare)*
Allora, La prego di venire assolutamente! *(assolutamente preghiera fare)*

11 **Il prossimo lunedì sera potremmo cenare insieme.** *(prossima-volta [relazione] lunedì [relazione] sera insieme [avverbiale] pasto [oggetto] fare-[esortativo])*

12 – **Sì, d'accordo.** *(sì così fare-[esortativo])*

26 / 第二十六課

▶ 練習 1 – 訳 し なさい

❶ イギリス人 の 友達 を ピクニック に 誘う つもり です。
igirisujin no tomodachi o pikunikku ni sasou tsumori desu
[ighirisugin no tomodaci o pikunik'ku ni sasou tsumori des']

❷ 息子 さん は フランス語 が できます か。
musuko san wa furansugo ga dekimasu ka
[musuko san ua furansugo ga dekimas' ka]

❸ 本屋 へ 何 を 買い に 行きます か。
hon'ya e nani o kai ni ikimasu ka
[hon-ia e nani o kai ni ikimas' ka]

***

練習 2 – 言葉 を 入れ なさい

❶ Il prossimo anno comprerò un'automobile.
. . . . kaimasu

❷ Parlo un po' di giapponese.
. . . .

❸ Ci andrò il prossimo sabato.
. . . .

❹ Di pane, ne mangio solo un po'.
pan . . . . dake tabemasu

❺ Si è verificato un contrattempo.
tsugō ga . . . . mashita

Ventiseiesima lezione / 26

❹ 暇ですから、映画を見に行きましょう。
hima desu kara eiga o mi ni ikimashō
[hima des' kara eiga o mi ni ikimashoo]

❺ 郵便局へ行きます。子供をつれて行きます。
yūbinkyoku e ikimasu kodomo o tsurete ikimasu
[yuubinkioku e ikimas' kodomo o tsurete ikimas']

Soluzioni dell'esercizio 1
❶ Ho intenzione di invitare i miei amici inglesi a un picnic. ❷ Suo figlio parla il francese? ❸ Cosa va a comprare in libreria? ❹ Visto che abbiamo tempo libero, andiamo al cinema! ❺ Vado all'ufficio postale. Porto con me i bambini.

***

Soluzioni dell'esercizio 2
❶ rainen jidōsha o – ❷ nihongo ga sukoshi dekimasu ❸ kondo no doyōbi ni ikimasu ❹ – wa sukoshi – ❺ – waruku nari –

27

第二十七課 dai ni jū nana ka *[dai ni giuu nana ka]*
<small>だい に じゅう なな か</small>

飛行場 に 着く
hi kō jō ni tsu ku
[hikoogioo ni tsuku]

1 — もしもし。 正子 です。
mo shi mo shi　masa ko　de su
[moshimoshi masako des']

2 — 飛行機 は 決まりました か。
hi kō ki　wa　ki ma ri ma shi ta　ka

いつ 着きます か。
i tsu　tsu ki ma su　ka
[hikooki ua kimarimash'ta ka itsu tsukimas' ka]

3 — JAL **1** の 四 百 五 十 三 便 で、
jā ru　no yon hyaku go　jū　san bin de

しあさって の 午前 七 時 十 五
shi a sa t te　no　go zen shichi ji　jū go

分 に 成田 空港 に 着きます。
fun　ni　nari ta　kū kō　ni　tsu ki ma su
[giaaru no ion hiaku go giuu san bin de shiasat'te no gozen shici gi giuu go fun ni narita kuukoo ni tsukimas']

4 — 飛行場 まで 迎え に 行きます
hi kō jō　ma de　muka e　ni　i ki ma su

から ね。
ka ra　ne
[hikoogioo made mukae ni ikimas' kara ne]

Ventisettesima lezione

Arrivo in aeroporto *(aeroporto [fine] arrivare)*

1 – Pronto! Sono Masako. *(Masako essere)*
2 – Hai fissato il volo? *(aereo [tema] essere-stato-deciso [domanda])*
Quando arrivi? *(quando arrivare [domanda])*
3 – Arriverò all'aeroporto di Narita fra tre giorni, alle 7.15 del mattino, con il volo 453 della JAL. *(Japan-Airlines [relazione] quattro cento cinque dieci tre volo [mezzo] fra-tre-giorni [relazione] mattino sette ora dieci cinque minuto [tempo] Narita aeroporto [fine] arrivare)*
4 – Vengo a prenderti all'aeroporto. *(aeroporto fino-a accogliere [fine] andare poiché [accordo])*

Note

1 *JAL* è la sigla in inglese della compagnia aerea *Japan Airlines*. Il nome giapponese è 日本航空 **nihon kōkū** *[nihon kookuu]* (letteralmente "Giappone linee aeree"), spesso abbreviato in 日航 **nikkō** *[nikkoo]* (v. lezione 23, nota 2), ma ormai anche in Giappone si utilizza la versione inglese.

5 — 朝　早い　から、箱崎　の　エアターミナル　まで　リムジン　バス　で　行きます。そこ　で　会いましょう。
   asa　haya i　ka ra　hako zaki　no　e a　tā mi na ru　ma de　ri mu ji n　ba su　de　i ki ma su　so ko　de　a i ma shō
   [asa haiai kara hakozaki no ea taaminaru made rimugin basu de ikimas' soko de aimashoo]

6 — 大丈夫　です₂よ。早く　会いたい　から　飛行場　まで　行きます。
   dai jō bu　desu yo　haya ku　a i ta i　ka ra　hi kō jō　ma de　i ki ma su
   [daigioobu des' io. haiaku aitai kara hikoogioo made ikimas']

7 　必ず　行きます　から、待って　て　ください。
   kanara zu　i ki ma su　ka ra　ma t te　te　ku da sa i
   [kanarazu ikimas' kara mat'tete kudasai]

8 — そう　です　か。悪い₃　わ₄　ね。
   sō　de su　ka　waru i　wa　ne
   [soo des' ka uarui ua ne]

9 　荷物　は　たくさん　あります　か。
   ni motsu　wa　ta ku sa n　a ri ma su　ka
   [nimotsu ua takusan arimas' ka]

10 — 小さい　バッグ　二つ　だけ　です。
   chii sa i　ba g gu　futa tsu　da ke　de su
   [ciisai bag'gu f'tatsu dake des']

5 – Visto che arrivo al mattino presto, prendo l'autobus fino al terminal di Hakozaki. *(mattino essere-presto poiché / Hakozaki [relazione] terminal fino-a autobus-di-lusso [mezzo] andare)*
Incontriamoci là. *(là [luogo] incontrarsi-[esortativo])*
6 – Non c'è nessun problema. *(tutto-bene essere [opinione])*
Verrò fino all'aeroporto perché non vedo l'ora di incontrarti. *(presto volere-incontrare poiché / aeroporto fino-a andare)*
7 Verrò sicuramente, quindi aspettami. *(certamente andare poiché / aspettare-[progressivo] [imperativo gentile])*
8 – Davvero? Mi dispiace. *(essere-cattivo [addolcimento] [accordo])*
9 – Hai molti bagagli? *(bagagli [tema] molto esserci [domanda])*
10 – Solo due piccole borse. *(essere-piccolo borsa due soltanto essere)*

Note

2 L'espressione 大丈夫 です **daijōbu desu** *[daigiooobu des']* è l'equivalente del nostro *nessun problema!* Significa che non ci sono ostacoli per compiere un'azione e si usa molto spesso.

3 悪い **warui** *[uarui]*: avete già incontrato 悪い です **warui desu** (v. lezione 19, frase 11). Nella traduzione letterale, notiamo che 悪い *[uarui]* da solo significa *essere cattivo* e che manca la parola です **desu**, che serve per marcare il grado medio degli aggettivi. Come per i verbi (v. lezione 21, § 4), infatti, anche gli aggettivi hanno tre gradi: 悪い です **warui desu** è il grado medio, 悪い **warui** è il grado inferiore. Il significato non cambia. In questo tipo di conversazione informale, capita spesso che vengano mescolati liberamente livello medio e livello inferiore.

4 Dopo ね **ne** *[ne]* e よ **yo**, incontrate un'altra particella finale, わ **wa** *[ua]*. Attenzione però, è usata esclusivamente dalle donne in contesti intimi e familiari. È un modo per addolcire il tono e si usa spesso dopo un verbo o un aggettivo al grado inferiore.

11 – えっ。それ だけ? おみやげ は?
e sore dake omiyage wa
[e sore dake omiiaghe ua]

12 – 心配 しないで。いい 物 を 買って 来ました。
shinpai shinaide ii mono o katte kimashita
[shinpai shinaide ii mono o kat'te kimash'ta]

13 – じゃ。兄 と 一緒 に 税関 を 出た 所 で 待って います。
ja ani to issho ni zeikan o deta tokoro de matte imasu
[gia ani to is'sho ni zeikan o deta tokoro de mat'te imas']

14 – それでは、よろしく おねがい します。
soredewa yoroshiku onegai shimasu
[soredeua ioroshiku onegai shimas']

Ventisettesima lezione / 27

11 – Come! Tutto qui? E i regali? *(codesto soltanto regalo [tema])*
12 – Non preoccuparti. *(preoccupazione non-fare)*
Ho comprato delle belle cose. *(essere-buono cosa [oggetto] comprare-[progressivo] essere-venuto)*
13 – Allora, ti aspetterò con mio fratello all'uscita della dogana. *(dunque fratello-maggiore [accompagnamento] insieme [avverbiale] dogana [oggetto] essere-uscito posto [luogo] aspettare-[progressivo] stare)*
14 – Bene, allora grazie. *(in-questo-caso bene preghiera fare)*

Due grandi aeroporti internazionali collegano il Giappone con il resto del mondo: quello di Narita (vicino a Tokyo) e quello di Osaka. Il Giappone possiede poche pianure, il che rende difficile la costruzione degli aeroporti. Il primo aeroporto internazionale di Tokyo, Haneda, fu costruito negli anni '60 su un terreno sottratto artificialmente al mare. Destinato in seguito al traffico interno, fu rimpiazzato negli anni '70 da un nuovo aeroporto, costruito nella pianura di Narita, a nord-est di Tokyo. La costruzione di questo aeroporto e il suo successivo sviluppo hanno suscitato la collera, mai placata, dei contadini locali privati dei propri terreni agricoli: si sono susseguite manifestazioni violente e scontri con le forze di polizia e sono ancora sistematici severi controlli di polizia per l'accesso all'aeroporto.

hyaku go jū ni • 152

27 / 第二十七課

▶ 練習 1 – 訳 し なさい

❶ 写真 が たくさん あります。
shashin ga takusan arimasu
[shashin ga takusan arimas']

❷ 飛行機 が 見えました か。
hikōki ga miemashita ka
[hikooki ga miemash'ta ka]

❸ この アパート は 小さい から 買いません。
kono apāto wa chiisai kara kaimasen
[kono apaato ua ciisai kara kaimasen']

❹ 今日 行く 会社 は ここ から 近い です。
kyō iku kaisha wa koko kara chikai desu
[kioo iku kaisha ua koko kara cikai des']

***

練習 2 – 言葉 を 入れ なさい

❶ Ci sono andato in aereo.
. . . .

❷ Sono arrivato ieri mattina alle 6 e 12 minuti.
kinō . . . . ni tsukimashita

❸ Quando andrà in Cina?
. . . .

Ventisettesima lezione / 27

⑤ 明日 の 午前 八 時 三十 五 分 に
着く と 思います。

ashita no gozen hachi ji san jū go fun ni tsuku to omoimasu

[ash'ta no gozen haci gi san giuu go fun ni tsuku to omoimas']

Soluzioni dell'esercizio 1

❶ Ho molte fotografie. ❷ Si vedevano gli aerei? ❸ Non compro questo appartamento perché è piccolo. ❹ L'azienda dove andrò oggi è qui vicino. ❺ Penso che arriveranno alle 8 e 35 di domani mattina.

***

❹ Ho due valigie grandi.
   ookii toranku ga . . . . arimasu

❺ Ha realizzato proprio un bell'oggetto.
   ii . . . . o tsukurimashita ne

Soluzioni dell'esercizio 2

❶ hikōki de ikimashita ❷ – no gozen roku ji jū ni fun – ❸ itsu chūgoku e ikimasu ka ❹ – futatsu – ❺ – mono –

hyaku go jū yon • 154

第二十八課 dai ni jū hak ka *[dai ni giuu hak'ka]*

まとめ – Riepilogo

State avanzando a grandi passi. Ecco perché è giunto il momento di fare il punto della situazione sulle nozioni che avete acquisito e soprattutto, ripetiamolo, di prendersi del tempo per comprendere bene. Ora che cominciate a incontrare frasi più lunghe è importante individuare bene ogni parola con l'aiuto della trascrizione e della traduzione letterale; poi a poco a poco vi abituerete all'ordine delle parole nella frase e, se non è già successo, ben presto tutto vi sembrerà naturale.

1 Nomi e aggettivi di nazionalità, nomi delle lingue

1.1 Nomi che indicano gli abitanti di un paese

Si formano aggiungendo la parola 人 **jin** *[gin]*, che significa *essere umano*, al nome del paese:
– アメリカ **amerika** *[amerika]*, *l'America* → アメリカ人 **amerikajin** *[amerikagin]*, *un americano*, ma anche *un'americana*, *degli americani*, *delle americane*;
– イギリス **igirisu** *[ighirisu]*, *l'Inghilterra* → イギリス人 **igirisujin** *[ighirisugin]*, *un (degli, gli) inglese(i)*, *una (delle, le) inglese(i)*;
– イタリア **itaria** *[itaria]*, *l'Italia* → イタリア人 **itariajin** *[itariagin]*, *un (degli, gli) italiano(i)*, *una (delle, le) italiana(e)*;
– 中国 **chūgoku** *[ciuugoku]*, *la Cina* → 中国人 **chūgokujin** *[ciuugokugin]*, *un (dei, i) cinese(i)*, *una (delle, le) cinese(i)*;
– 日本 **nihon** *[nihon]*, *il Giappone* → 日本人 **nihonjin** *[nihongin]*, *un (dei, i) giapponese(i)*, *una (delle, le) giapponese(i)*.

1.2 Nomi che indicano la lingua di un paese

Per formarli basterà semplicemente aggiungere la parola 語 **go**, che significa *lingua*, al nome che designa il paese:

Ventottesima lezione

– イタリア語 **itariago** *[itariago]*, *l'italiano*;
– 中国語 **chūgokugo** *[ciuugokugo]*, *il cinese*;
– 日本語 **nihongo** *[nihongo]*, *il giapponese*.
Fa eccezione *l'inglese* che si dice 英語 **eigo** *[eigo]*.

1.3 Aggettivi di nazionalità

Si formano facendo seguire al nome della nazione la parola の **no** *[relazione]* che, a sua volta, sarà seguita dal sostantivo che deve specificare:
– 日本 の 映画 **nihon no eiga** *[nihon no eiga]*, *il cinema giapponese*;
– イタリア の 映画 **itaria no eiga** *[itaria no eiga]*, *il cinema italiano*;
– アメリカ の 映画 **amerika no eiga** *[amerika no eiga]*, *il cinema americano*.

2 Le parole interrogative

Siete ora in grado di fare delle domande più articolate: avete a vostra disposizione quasi tutte le parole interrogative. Facciamo un piccolo riassunto:
– 何 **nan** o **nani** *[nan, nani]*: *cosa?* (lezioni 2, 5, 8);
– だれ **dare** *[dare]*: *chi?* (lezione 19);
– いつ **itsu** *[itsu]*: *quando?* (lezione 27);
– どう **dō** *[doo]*: *come? in quale modo?* (lezioni 6, 13);
– どこ **doko** *[doko]*: *dove?* (lezioni 1, 4, 5);
– いかが **ikaga** *[ikaga]*: *come?* (lezioni 16, 19, 24);
– いくら **ikura** *[ikura]*: *quanto?* (lezioni 17, 22);
– いくつ **ikutsu** *[ikutsu]*: *quanti?* (per contare) (lezione 15);
– どのぐらい **donogurai** *[donogurai]*: *quanto circa?* (lezione 25);
– どちら **dochira** *[docira]*: *quale dei due?* (lezione 10);
– どんな **donna** *[don'na]*, seguito da un nome: *di che tipo?* (lezioni 19, 25).

La lista non è ancora del tutto completa, ma ritorneremo molto presto su questo argomento.

hyaku go jū roku

3 Aggiungere una precisazione a un nome

Sapere fare domande non basta, bisogna anche sapere rispondere in modo preciso.

Come l'italiano, anche il giapponese ha più di un modo per precisare un nome. Bisogna tuttavia rispettare due principi generali: per prima cosa, tutte le precisazioni apportate a un nome (aggettivi, un altro nome, un verbo, una proposizione) si mettono sempre davanti a esso; secondo, gli aggettivi e i verbi che apportano tali precisazioni si usano sempre al grado inferiore.

• **Precisare un nome con uno o più nomi**

In italiano, si può specificare un nome attraverso un altro nome posizionato dopo e collegato ad esso con una preposizione: *una statua di marmo*, *una statua di bronzo*. In giapponese, in questo caso, il nome (o i nomi) che specifica è posizionato davanti ed è collegato al nome principale mediante la particella di relazione の **no**. A volte si incontrano vere e proprie concatenazioni di nomi: 隣 の 幼稚園 の 子供 **tonari no yōchien no kodomo**, *i bambini della scuola materna qui accanto*.

• **Precisare un nome con un aggettivo**

In italiano possiamo dire: *una bella statua*, *una statua monumentale*. In giapponese, come già sapete, l'aggettivo sarà sempre posizionato davanti al nome. In caso di dubbio ritornate alla lezione 21, § 2.

• **Precisare un nome con un verbo o una proposizione**

– Con un verbo: 出版 する つもり **shuppan suru tsumori**, *l'intenzione di pubblicare*;

– con una proposizione: 中国 へ 行く つもり **chūgoku e iku tsumori**, *l'intenzione di andare in Cina*.

Anche in questo caso, il verbo o la proposizione saranno posizionati prima del nome.

È importante capire bene questa costruzione, che è l'unica possibile in giapponese, perché in italiano, in questi casi, possiamo usare le proposizioni relative (*La statua di cui ti ho parlato ieri. La statua a cui mancano entrambe le braccia*). Incontreremo ancora questa struttura e avremo modo di riparlarne.

4 Il grado inferiore dei verbi e degli aggettivi

Prima di passare alle lezioni successive, ritorniamo un momento sulla questione dei gradi di cortesia nel linguaggio. Nella lezione 21, § 4, l'abbiamo affrontata parlando dei verbi. Di fatto riguarda tutte le parole che possono cambiare forma: non solo i verbi, quindi, ma anche gli aggettivi (e anche i nomi, benché essi siano invariabili). Ecco qualche esempio:

Verbi	Grado medio	Grado inferiore
fare	**shimasu** します	**suru** する
diventare	**narimasu** なります	**naru** なる
andare	**ikimasu** いきます	**iku** いく
uscire da	**demashita** でました	**deta** でた
Aggettivi		
essere cattivo	**warui desu** わるい です	**warui** わるい

5 Quale grado impiegare secondo le circostanze

Ecco la questione principale: quando usare il grado medio e quando il grado inferiore? Vediamo alcuni semplici principi.

5.1 Alla fine di una frase o di un periodo

Se in fine di frase si trova un verbo, o un aggettivo, il grado dipende dal contesto.

– Quando la conversazione si svolge tra persone che non si conoscono particolarmente bene (tra un cliente e un commesso, ad esempio), sarà d'obbligo il grado medio (lezione 22).
– Quando la conversazione si svolge tra persone che si conoscono ma vogliono mantenere una certa distanza, al grado medio si aggiungeranno alcune espressioni del grado superiore (lezione 23).
– Infine, quando la conversazione si svolge tra amici, al grado medio si mescoleranno delle forme di grado inferiore (lezione 27).

hyaku go jū hachi • 158

Naturalmente si possono trovare conversazioni molto formali che si svolgono interamente al grado superiore, oppure conversazioni molto informali in cui si usa esclusivamente il grado inferiore (ad esempio tra compagni di scuola), ma i confini tra i gradi di cortesia non sono sempre così netti.

Gli stessi principi si applicano anche ai verbi o agli aggettivi che si trovano alla fine di certe proposizioni: quelle che terminano con が **ga**, *ma*, o から **kara**, *poiché*.

5.2 All'interno di una frase o di un periodo

In tutti gli altri casi, quando un aggettivo o un verbo si trova all'interno di una frase o di un periodo sarà al grado inferiore. Noi abbiamo incontrato i casi più frequenti: un aggettivo o un verbo che servono a precisare un nome.

Per gli aggettivi, guardate questi esempi:

– 大きい 本屋 **ookii hon'ya** *[ookii hon-ia]* (lezione 21, § 2.2);
– いい アパート **ii apāto** *[ii apaato]* (lezione 24, frase 1);
– 小さい バッグ **chiisai baggu** *[ciisai baggu]* (lezione 27, frase 10).

Per i verbi:
– 出版 する つもり です か **shuppan suru tsumori desu ka** *[shup'pan suru tsumori des' ka]*, *Ha intenzione di pubblicarlo?* (lezione 25, frase 4);
– 来年 の 春 に 中国 へ 行く つもり でした。 **rainen no haru ni chūgoku e iku tsumori deshita** *[rainen no haru ni ciuugoku e iku tsumori desh'ta]*, *Avevo intenzione di andare in Cina la prossima primavera* (lezione 26, frase 1);
– 税関 を 出た 所 **zeikan o deta tokoro** *[zeikan o deta tokoro]*, *nel punto in cui si esce dalla dogana* (lezione 27, frase 13).

In questi casi, qualunque sia il contesto, l'unica scelta possibile è il grado inferiore.

Ventottesima lezione / 28

Prima di と 思います **to omoimasu**, *io penso che...* (letteralmente "... che pensare"), non ci sono altre opzioni, si utilizza sempre il grado inferiore: 五百 ページ ぐらい に なる と 思います。 **go hyaku pēji gurai ni naru to omoimasu** *[go hiaku peegi gurai ni naru to omoimas']*, Penso che *sarà di circa cinquecento pagine* (lezione 25, frase 11).

A prima vista, il sistema dei gradi di cortesia sembra molto complicato ma, come già sapete, per ora non dovete tenere a mente tutti i concetti, verrà il momento anche per questo. Adesso avete solo bisogno di capire, osservare le differenze e comprendere a cosa corrispondono. Poiché, d'ora in poi, useremo sempre costruzioni che richiedono obbligatoriamente il grado inferiore, è bene che sappiate di cosa si tratta. L'unica cosa che vi chiediamo è di prestare attenzione alle lezioni che seguono senza preoccuparvi. Ne riparleremo presto.
Inoltre, dovete cominciare ad abituarvi alla pronuncia che, come vi abbiamo già detto, non è per niente difficile. Vi proponiamo quindi di staccarvi dalla pronuncia figurata: nelle sei lezioni seguenti, l'abbiamo mantenuta solo per i dialoghi, ma l'abbiamo eliminata negli esercizi e nelle note. Vedrete che non ne sentirete la mancanza!

第二十八課

▶ 復習 会話

1. いつ 大学 の 後ろ の 郵便局 へ 行きます か。
   itsu daigaku no ushiro no yūbinkyoku e ikimasu ka
   [itsu daigaku no ushiro no yuubinkioku e ikimas' ka]

2. 来週 の 月曜日 に 自動車 で 行く と 思います。
   raishū no getsuyōbi ni jidōsha de iku to omoimasu
   [raishuu no ghetsuioobi ni gidoosha de iku to omoimas']

3. 駅 の 前 に ある 店 だけ で 買物 を します。
   eki no mae ni aru mise dake de kaimono o shimasu
   [eki no mae ni aru mise dake de kaimono o shimas']

4. あそこ の 小さい バッグ を 見せて ください。
   asoko no chiisai baggu o misete kudasai
   [asoko no ciisai bag'gu o misete kudasai]

5. 明日 の 午前 中国人 の 友達 を 迎え に 行く つもり です。
   ashita no gozen chūgokujin no tomodachi o mukae ni iku tsumori desu
   [ash'ta no gozen ciuugokugin no tomodaci o mukae ni iku tsumori des']

ま さん じゅう ご

6 どのぐらい 待ちました か。- 三 十 五 分 ぐらい 待ちました。

donogurai machimashita ka san jū go fun gurai machimashita

[donogurai macimash'ta ka] [san giuu go fun gurai macimash'ta]

7 ビル の 十 六 階 に 住んで います から、道 の 音 が 全然 聞こえません。

biru no jū rokkai ni sunde imasu kara michi no oto ga zenzen kikoemasen

[biru no giuu rok'kai ni sunde imas' kara mici no oto ga zenzen kikoemasen]

8 この おいしい 魚 を 食べましょう。

kono oishii sakana o tabemashō

[kono oishii sakana o tabemashoo]

9 葉書 は 三 十 枚 いくら です か。

hagaki wa san jū mai ikura desu ka

[hagaki ua san giuu mai ikura des' ka]

10 電車 と バス と は どちら が 高いです か。

densha to basu to wa dochira ga takai desu ka

[densha to basu to ua docira ga takai des' ka]

Traduzione

1 Quando va all'ufficio postale dietro l'Università? **2** Penso di andarci lunedì prossimo in macchina. **3** Faccio i miei acquisti solamente nel negozio che si trova davanti alla stazione. **4** Mi mostri quella piccola borsa laggiù, per cortesia. **5** Ho intenzione di andare a prendere il mio amico cinese domani mattina. **6** Quanto tempo ha aspettato? – Ho aspettato circa trentacinque minuti. **7** Poiché abito al sedicesimo piano del palazzo, non sento assolutamente il rumore della strada. **8** Mangiamo questo delizioso pesce. **9** Quanto costano trenta cartoline postali? **10** Qual è più caro: il treno o l'autobus?

第二十九課 dai ni jū kyū ka [dai ni giuu kiuu ka]

誕生日
tan jō bi
[tangioobi]

1 — 今度 の 火曜日 は、あなた の
kon do no ka yō bi wa a na ta no
誕生日 だ**1** から、どこか で お
tan jō bi da ka ra do ko ka de o
食事 しましょう。
shoku ji shi ma shō
[kondo no kaioobi ua anata no tangioobi da kara dokoka de o shokugi shimashoo]

2 それから お 芝居 か 音楽会
so re ka ra o shiba i ka on gak kai
に 行かない **2**?
ni i ka na i
[sorekara o shibai ka ongak'kai ni ikanai]

3 — てんぷら **3** が 食べたい な **4**。
te n pu ra ga ta be ta i na
[tenpura ga tabetai na]

163 • hyaku roku jū san

Ventinovesima lezione

Il compleanno

1 – Martedì prossimo è il tuo compleanno, andiamo a mangiare da qualche parte. *(questa-volta [relazione] martedì [tema] tu [relazione] compleanno essere poiché / qualche-parte [luogo] [familiarità] pasto fare-[esortativo])*
2 Dopo perché non andiamo a teatro o a un concerto? *(dopo [familiarità] teatro oppure concerto [fine] non-andare)*
3 – Vorrei tanto mangiare del tempura! *(tempura [soggetto] volere-mangiare [riflessione])*

Note

1 La conversazione si svolge tra una donna e suo marito, ecco perché vengono usate principalmente forme di grado inferiore anche dove si potrebbe scegliere tra grado inferiore e grado medio (in fine di frase oppure davanti a が **ga** e から **kara**). Per cominciare, notiamo che だ **da** è il grado inferiore di です **desu**, *essere*.

2 行かない **ikanai**, grado inferiore di 行きません **ikimasen**, *non andare*. Quando il tono della conversazione è molto familiare non si usa nemmeno か **ka** finale per indicare che si fa una domanda, ma semplicemente avremo un'intonazione a salire verso le ultime sillabe (come in italiano). Solo in questo caso, nella lingua scritta, termineremo la frase con un punto interrogativo.

3 てんぷら **tenpura**, il *tempura*, ormai conosciuto e apprezzato anche da noi, è una raffinata e leggera frittura di pesce o verdura in pastella.

4 な **na**, si usa spesso questa particella (*[riflessione]* nella traduzione letterale) quando si parla a sé stessi (v. lezione 19, nota 5).

29 / 第二十九課

4 - じゃ それなら 上原さん が
ja sorenara uehara san ga

教えて くれた**5** お 店**6** に
oshiete kureta o mise ni

行きましょう。
ikimashō.

[gia sorenara uehara san ga oshiete kureta o mise ni ikimashoo]

5 - ぴあ**7** は どこ?
pia wa doko

[pia ua doko]

6 - そこ の ピアノ の 上 に ある**8**
soko no piano no ue ni aru

から 取って。
kara totte.

[soko no piano no ue ni aru kara tot'te]

7 お 芝居 は 何 ページ に 出て
o shibai wa nan pēji ni dete

いる**9**? 音楽会 は?
iru on gakkai wa

[o shibai ua nan peegi ni dete iru ongak'kai ua]

8 音楽会 なら 今 サモロビッチ
ongakkai nara ima samorobitchi

が 日本 に 来て いる**10** から、
ga nihon ni kite iru kara,

聞き に 行きましょう。
kiki ni ikimashō.

[ongak'kai nara ima samorobic'ci ga nihon ni kite iru kara kiki ni ikimashoo]

165 • hyaku roku jū go

Ventinovesima lezione / 29

4 – In questo caso, potremmo andare nel locale che mi ha indicato la signora Uehara. *(allora in-codesto-caso Uehara signora [soggetto] insegnare avere-fatto-per-me [familiarità] negozio [fine] andare-[esortativo])*

5 – Dov'è il Pia? *(Pia [tema] dove)*

6 – Là sul pianoforte, prendilo. *(là [relazione] pianoforte [relazione] sopra [luogo] esserci poiché / prendere)*

7 A che pagina sono gli spettacoli teatrali? *([familiarità] teatro [tema] quale pagina [luogo] uscire)*
E i concerti? *(concerto [tema])*

8 Per quanto riguarda i concerti, in questi giorni in Giappone c'è Samorovich. Potremmo andare a sentirlo! *(concerto se ora Samorovich [soggetto] Giappone [fine] venire-[progressivo] stare poiché / ascoltare [fine] andare-[progressivo])*

Note

5 くれた **kureta**, è il grado inferiore di くれました **kuremashita**, *avere fatto per me*.

6 店 **mise**, termine generico indicante qualsiasi tipo di negozio o locale pubblico, inclusi i ristoranti.

7 ぴあ **pia**, settimanale che pubblica tutti gli spettacoli di Tokyo.

8 ある **aru**, è il grado inferiore di あります **arimasu**, *esserci*.

9 出ている **dete iru**, è il grado inferiore di 出ています **dete imasu**, *uscire, apparire*.

10 来ている **kite iru**, è il grado inferiore di 来ています **kite imasu**, *trovarsi* (letteralmente "essere venuto e quindi trovarsi ora in un certo posto").

9   それとも 歌舞伎 なら 今
    soretomo kabuki nara ima
    五三郎 が 「四谷 怪談」 を
    gosaburō ga yotsuya kaidan o

    やって いる **11** わ **12** よ。
    yatte iru wa yo
    [soretomo kabuki nara ima gosaburoo ga iotsuia kaidan o yat'te iru ua io]

10 あなた は サモロビッチ と
    anata wa samorobitchi to
    五三郎 と どっち **13** が いい の **14**。
    gosaburō to dotchi ga ii no
    [anata ua samorobic'ci to gosaburoo to doc'ci ga ii no]

11 あ、 ちょっと 待って。
    a chotto matte
    [a ciot'to mat'te]

12 火曜日 は サモロビッチ の
    kayōbi wa samorobitchi no
    演奏 は ない **15** わ。 歌舞伎 に
    ensō wa nai wa kabuki ni

    しましょう。
    shimashō
    [kaioobi ua samorobic'ci no ensoo ua nai ua kabuki ni shimashoo]

13 あたし **16** が 切符 を 買って
    atashi ga kippu o katte

    おく **17** わ。
    oku wa
    [atashi ga kip'pu o kat'te oku ua]

Ventinovesima lezione / 29

9 Oppure, se preferisci il kabuki, c'è Gosaburo con "I fantasmi di Yotsuya". *(altrimenti kabuki se ora Gosaburo [soggetto] Yotsuya storia-di-fantasmi [oggetto] fare-[progressivo] stare [addolcimento] [opinione])*

10 Chi preferisci tra Samorovich e Gosaburo? *(tu [tema] Samorovich e Gosaburo e quale-dei-due [soggetto] essere-buono [domanda])*

11 Ah, aspetta un momento... *(ah un-po' aspettare)*

12 Martedì non c'è il concerto di Samorovich. *(martedì [enfasi] Samorovich [relazione] esecuzione [tema] non-esserci [addolcimento])*

Vada per il kabuki. *(kabuki [fine] fare-[esortativo])*

13 Compro io i biglietti. *(io [soggetto] biglietto [oggetto] comprare-[progressivo] fare-in-anticipo [addolcimento])*

Note

11 やって いる **yatte iru**, grado inferiore di やって います **yatte imasu**, *stare facendo*. È un equivalente piuttosto informale di して います **shite imasu**, e ha lo stesso significato. Abbiamo già visto la forma て います **te imasu** (grado medio), て いる **te iru** (grado inferiore) nella lezione 11, nota 4.

12 わ **wa**: vi ricordate di questa piccola parola in fine di frase (v. lezione 27, nota 4)? È utilizzata esclusivamente dalle donne, come una sorta di "addolcimento", dopo un verbo o un aggettivo al grado inferiore.

13 どっち **docchi** è l'equivalente informale di どちら **dochira**, con lo stesso significato, *quale dei due* (v. lezione 10, frase 9).

14 の **no** è usato spesso, ma solo dalle donne, in un registro piuttosto familiare al posto di か **ka**, per concludere una domanda.

15 ない **nai** è il grado inferiore di ありません **arimasen**, *non esserci*.

16 あたし: la forma **atashi** per dire *io* è specificatamente femminile.

17 おく **oku**, grado inferiore di おきます **okimasu**. Quando segue direttamente un altro verbo, vuol dire *fare in anticipo*.

14 – じゃ たのむ**18** よ。
　　　　ja　ta no mu　　yo
　　　[gia tanomu io]

15 – あ、 これ 先週 の ぴあ よ。
　　　　a　ko re　sen shū　no　pi a　yo
　　　[a kore senshuu no pia io]

Note

18 たのむ **tanomu**, grado inferiore di たのみます **tanomimasu**, *domandare*. In una conversazione familiare corrisponde a おねがい します **onegai shimasu**, formula che abbiamo incontrato spesso.

***

練習 1 – 訳 し なさい

❶ 一緒 に 買物 に 行かない？
issho ni kaimono ni ikanai

❷ 火曜日 に テレビ で 見た 映画 は 中国 の 映画 でした。
kayōbi ni terebi de mita eiga wa chūgoku no eiga deshita

❸ 今 日本 に 来て いる フランス の 歌手 が 歌って いる 歌 を 聞きました か。
ima nihon ni kite iru furansu no kashu ga utatte iru uta o kikimashita ka

14 – D'accordo. *(bene domandare [opinione])*
15 – Oh, ma questo è il Pia della settimana scorsa! *(oh questo scorsa-settimana [relazione] Pia [opinione])*

***

❹ <ruby>音楽会<rt>おんがっかい</rt></ruby> は <ruby>百 七<rt>ひゃく なな</rt></ruby> ページ に <ruby>出<rt>で</rt></ruby>て います。
ongakkai wa hyaku nana pēji ni dete imasu

❺ <ruby>先週<rt>せんしゅう</rt></ruby> から やって いる 「<ruby>四谷<rt>よつ や</rt></ruby> <ruby>怪談<rt>かいだん</rt></ruby>」 が ぜひ <ruby>見<rt>み</rt></ruby>たい です。
senshū kara yatte iru yotsuya kaidan ga zehi mitai desu

Soluzioni dell'esercizio 1

❶ Perché non andiamo a fare spese insieme? ❷ Il film che ho visto martedì in televisione era cinese. ❸ Hai già sentito le canzoni di quel cantante francese che è ora in Giappone? ❹ I concerti sono a pagina 107. ❺ Voglio assolutamente vedere "Fantasmi a Yotsuya" che stanno facendo [a teatro] dalla settimana scorsa.

練習 2 - 言葉 を 入れ なさい

❶ Penso che sia martedì.
　. . . . .

❷ Voglio mangiare delle mele.
　ringo . . tabe . . . desu

❸ È sopra il televisore.
　. . . . .

*In Giappone esistono tre grandi tipi di teatro tradizionale. Innanzitutto il **kabuki**, un teatro popolare molto spettacolare, con scenari e costumi colorati e numerosi dispositivi scenici. Gli spettacoli che vengono rappresentati sono drammi storici o borghesi, gli attori hanno dei trucchi splendidi e sono noti per la loro arte di assumere le cosiddette "pose", in cui fanno valere la loro abilità. Poi c'è il teatro **nō**, di tutt'altro tipo, che rappresenta la relazione con il tormentato mondo spirituale e si caratterizza per le maschere indossate dagli attori e l'estrema lentezza dei gesti e degli spostamenti. Il **bunraku**, infine, è un teatro di marionette, manovrate da uno, due e perfino tre persone vestite di nero e presenti sulla scena. Il suo repertorio è in parte comune con quello del kabuki. In tutti e tre i casi, la musica gioca un ruolo molto importante. Il teatro "moderno", invece, fa molta fatica a trovare un suo pubblico.*

30

第 三 十 課 **dai san juk ka** *[dai san giuk'ka]*
だい さん じゅっ か

夏 休 み
なつ やす
natsu yasu mi
[natsu iasumi]

1 - お 久しぶり です ね。
　　　ひさ
　　o　hisa shi bu ri　de su　ne
　　[o hisashiburi des' ne]

❹ Cosa preferisci fra il teatro e il kabuki?
shibai . . kabuki . . . . no

❺ Penso che non ci siano notiziari a quest'ora.
ima no jikan wa nyūsu wa . . . .

Soluzioni dell'esercizio 2
❶ kayōbi da to omoimasu ❷ – ga – tai – ❸ terebi no ue ni arimasu
❹ – to – to docchi ga ii – ❺ – nai to omoimasu

Ecco, abbiamo finito! È stato un po' faticoso, ma dovevamo affrontare questo argomento. Nelle note di questa lezione, vi abbiamo segnalato fedelmente tutte le forme dei verbi al grado inferiore. Tuttavia, non lo faremo più… sarebbe troppo monotono! Inoltre, per i verbi, c'è un "trucco" molto semplice per riconoscere il grado inferiore: si tratta semplicemente di tutte quelle forme che non terminano con ます *masu;* ません *masen;* ました *mashita;* ません でした *masen deshita;* ましょう *mashō (v. lezione 7, § 1). Siete ormai in grado di riconoscerle da soli.*

Trentesima lezione

Le vacanze estive *(estate vacanza)*

1 – Da quanto tempo non ci vediamo! *([onorifico] lungo-tempo-senza-incontrarsi essere [accordo])*

2　きれいに ₁ 小麦色に焼けましたね。
ki re i　ni　ko mugi iro ni ya ke ma shi ta　ne
[kirei ni komughi iro ni iakemash'ta ne]

3　夏休みはどこへ行ったのです ₂ か。
natsu yasu mi wa do ko e i t ta no de su ka
[natsu iasumi ua doko e it'ta no des' ka]

4 —　大島へ行ってきました。
oo shima e i t te ki ma shi ta
[ooshima e it'te kimash'ta]

5　瀬戸内海の西にある島です。
se to nai kai no nishi ni a ru shima de su
[setonaikai no nishi ni aru shima des']

6　そこの名物はみかんです。
so ko no mei butsu wa mi ka n de su
[soko no meibutsu ua mikan des']

7　そこは太陽の光が強いです。
so ko wa tai'yō no hikari ga tsuyo i de su
[soko ua tai-ioo no hikari ga tsuioi des']

8　ですから、一日中泳ぐか昼寝しか ₃ できません。
de su ka ra ichi nichi jū oyo gu ka hiru ne shi ka de ki ma se n
[des'kara icinicigiuu oiogu ka hirune shika dekimasen]

Trentesima lezione / 30

2 **Che bella abbronzatura dorata!** *(bello [avverbiale] grano colore [avverbiale] essere-grigliato [accordo])*

3 **Dove è andato in vacanza?** *(estate vacanza [tema] dove [destinazione] essere-andato fatto essere [domanda])*

4 – **Sono andato a Oshima.** *(Oshima [destinazione] andare-[progressivo] essere-venuto)*

5 **È un'isola che si trova a ovest del Mare Interno.** *(Mare-Interno [relazione] ovest [luogo] esserci isola essere)*

6 **Il prodotto tipico sono i mandarini.** *(là [relazione] prodotto-tipico [tema] mandarino essere)*

7 **Là il sole è molto forte.** *(là [tema] sole [relazione] luce [soggetto] essere-forte)*

8 **Perciò, durante il giorno, non si può fare altro che nuotare o riposare.** *(perciò tutta-la-giornata nuotare oppure pisolino soltanto non-essere-possibile)*

Note

1 きれい に **kirei ni** *[kirei ni]* (letteralmente "deliziosamente"): uno degli impieghi di に **ni** è quello di permettere la costruzione di avverbi e locuzioni avverbiali (v. lezione 14, § 2.2). Abbiamo incontrato spesso questo esempio nella parola 一緒 に **issho ni**, *insieme*.

2 Incontriamo spesso il costrutto の です **no desu**, posto generalmente alla fine di una frase alla quale aggiunge una leggera sfumatura di spiegazione: 行きました **ikimashita**, *sono andato*; 行った の です **itta no desu**, *è che sono andato*. Da notare che prima di の です **no desu** è obbligatorio il grado inferiore.

3 Ecco una costruzione grammaticale da conoscere bene: しか **shika** + verbo al negativo, che significa *non … che*, *nient'altro che*, *soltanto*.

9 毎朝、六時半に起きました。
mai asa　roku ji han　ni　o ki ma shi ta
[maiasa roku gi han ni okimash'ta]

10 そして海へ泳ぎに行きました。
so shi te　umi e　oyo gi　ni　i ki ma shi ta
[soshite umi e oioghi ni ikimash'ta]

11 その時間は海岸にだれもいません。
so no　ji kan　wa　kai gan　ni　da re mo　i ma se n
[sono gikan ua kaigan ni daremo imasen]

12 朝日が水平線から出てくる眺めはすばらしいです。
asa hi ga　sui hei sen　ka ra　de te　ku ru
naga me　wa　su ba ra shi i　de su
[asahi ga suiheisen kara dete kuru nagame ua subarashii des']

13 日中はとても暑いです。
nit chū　wa　to te mo　atsu i　de su
[nic'ciuu ua totemo atsui des']

14 村の人は働いていますが、私は昼寝をしていました **4**。
mura no　hito wa hatara i te　i ma su　ga,
watakushi　wa　hiru ne　o　shi te　i ma shi ta
[mura no hito ua hataraite imas' ga uatakushi ua hirune o shite imash'ta]

15 島で食べた魚や貝類はとてもおいしかったです **5**。
shima de　ta be ta　sakana　ya　kai rui　wa
to te mo　o i shi ka t ta　de su
[shima de tabeta sakana ia kairui ua totemo oishikat'ta des']

Trentesima lezione / 30

9 Tutte le mattine mi svegliavo alle 6:30. *(ogni-mattino sei ora mezzo [tempo] essersi-alzato)*

10 Poi andavo al mare a nuotare. *(poi mare [destinazione] nuotare [fine] essere-andato)*

11 A quell'ora sulla spiaggia non c'è nessuno. *(quella ora [enfasi] riva [luogo] persona non-esserci)*

12 La vista del sole che sorge dall'orizzonte è meravigliosa. *(alba [soggetto] orizzonte-marino da uscire-[progressivo] venire vista [tema] essere-magnifico)*

13 In pieno giorno fa molto caldo. *(giorno-pieno [tema] molto essere-caldo)*

14 Gli abitanti del villaggio lavoravano, ma io schiacciavo un pisolino. *(villaggio [relazione] persona [tema] lavorare-[progressivo] stare ma / io [tema] pisolino [oggetto] avere-fatto)*

15 I pesci e i molluschi che ho mangiato sull'isola erano deliziosi. *(isola [luogo] avere-mangiato pesce e mollusco [tema] molto essere-stato-buono)*

Note

4 して いました **shite imashita**, *io stavo (tu stavi, lui/lei stava...) facendo, io facevo*. Certamente avrete già indovinato che è semplicemente l'equivalente al passato di して います **shite imasu**, *io sto (tu stai, lui/lei sta...) facendo*.

5 おいしかった です **oishikatta desu**: おいしかった **oishikatta** è il passato di おいしい **oishii**, *essere buono (di gusto)*. Notate che おいしい **oishii** da solo significa *essere buono* (grado inferiore) e おいしかった **oishikatta** da solo significa *essere stato buono* (grado inferiore). Il です **desu** che segue indica che l'aggettivo è usato al grado medio (v. lezione 27, nota 3).

16 その 日 に 釣れた 魚 です
so no hi ni tsu re ta sakana de su

から、 とても 新鮮 です。
ka ra to te mo shinsen de su

[sono hi ni tsureta sakana des' kara totemo shinsen des']

17 また 来年 の 夏 も 行く
ma ta rai nen no natsu mo i ku

つもり です。
tsu mo ri de su

[mata rainen no natsu mo iku tsumori des']

18 – うらやましい です ね。
u ra ya ma shi i de su ne

[uraiamashii des' ne]

***

▶ 練習 1 – 訳 し なさい

❶ 兄 は 起きて いました が、私 は 寝て いました。
ani wa okite imashita ga watakushi wa nete imashita

❷ フランス の 西 に ある 村 に 行った の です。
furansu no nishi ni aru mura ni itta no desu

❸ その 島 で 食べた みかん は とても おいしかった です が、ビール は とても 高かった です。
sono shima de tabeta mikan wa totemo oishikatta desu ga bīru wa totemo takakatta desu

Trentesima lezione / 30

16 Il pesce viene pescato il giorno stesso, per questo è molto fresco. *(quello giorno [tempo] essere-stato-pescato pesce essere poiché / molto fresco essere)*

17 Ho intenzione di ritornarci anche la prossima estate. *(ancora prossimo-anno [relazione] estate anche andare intenzione essere)*

18 – Che invidia! *(essere-invidioso [accordo])*

***

❹ すぐ 行きました が、だれも いません でした。
sugu ikimashita ga daremo imasen deshita

❺ ここ から は 海 しか 見えません。
koko kara wa umi shika miemasen

Soluzioni dell'esercizio 1

❶ Mio fratello si era alzato, ma io dormivo ancora. ❷ Sono andata in un paese della Francia dell'ovest. ❸ I mandarini che ho mangiato su quell'isola erano deliziosi, ma la birra era molto cara. ❹ Sono andata subito, ma non c'era nessuno. ❺ Da qui non si vede altro che il mare.

31 / 第三十一課

練習 2 – 言葉 を 入れ なさい

① Fino alle otto del mattino non c'è nessuno.
   gozen . . . . made . . . .

② Penso di andare alle undici e mezza.
   . . . . omoimasu

③ Mio figlio non beve altro che succhi di frutta.
   . . . . jūsu . . . . . nomi . . . . .

第三十一課 dai san jū ik ka *[dai san giuu ik'ka]*

バーゲン 1
bā ge n
[baaghen]

1 – 旅行 に 出る 前 に、小さい
    ryo kō ni de ru mae ni chii sa i
    手提鞄 2 と タオル を 三 枚
    te sage kaban to ta o ru o san mai
    と 香水 が 買いたい です。
    to kō sui ga ka i ta i de su

[riokoo ni deru mae ni chiisai tesaghekaban to taoru o san mai to koosui ga kaitai des']

2 – 今 三越 デパート が バーゲン を
    ima mitsukoshi de pā to ga bā ge n o
    して います から、そこ で
    shi te i ma su ka ra so ko de
    買いましょう。
    ka i ma shō

[ima mitsukoshi depaato ga baaghen o shite imas' kara soko de kaimashoo]

179 • hyaku nana jū kyū

❹ Non ci sono che libri di giapponese o di cinese.
. . . . no hon . . . .

❺ È una strada che percorro spesso a piedi.
. . . . aruku . . . .

Soluzioni dell'esercizio 2

❶ – hachi ji – daremo imasen ❷ jū ichi ji han ni iku to – ❸ musuko wa – shika – masen ❹ nihongo ka chūgokugo – shika arimasen ❺ yoku – michi desu

Trentunesima lezione

I saldi

1 – Prima di partire per il viaggio, vorrei comprare una piccola borsa, tre asciugamani e un profumo. *(viaggio [fine] partire prima [tempo] / essere-piccolo sporta e asciugamano [oggetto] tre oggetto-piatto e profumo [soggetto] volere-essere-comprare)*

2 – Ora ci sono i saldi da Mitsukoshi, andiamo lì a fare compere! *(ora Mitsukoshi grandi-magazzini [soggetto] saldi [oggetto] fare-[progressivo] stare poiché / là [luogo] comprare-[esortativo])*

Note

1 Al posto di バーゲン **bāgen** *[baaghen]* dall'inglese *bargain*, spesso si utilizza anche la parola セール **sēru** *[seeru]*, da un'altra parola inglese, *sale*.

2 手提鞄 **tesagekaban**, *sporta*: borsa con due manici molto usata in Giappone per fare spese. Se ne vendono ovunque e di qualsiasi materiale: cuoio, tela, plastica, carta robusta ecc.

hyaku hachi jū • 180

31 / 第三十一課

3 散歩 がてら 東京 駅 から 歩いて 行きましょう。
sanpo gatera tōkyō eki kara aruite ikimashō
[sanpo gatera tookioo eki kara aruite ikimashoo]

4 − それ は いい 考え です ね。
sore wa ii kangae desu ne
[sore ua ii kangae des' ne]

5 − あ、雨 が 降って きました から3、地下鉄 に 乗りましょう。
a ame ga futte kimashita kara chikatetsu ni norimashō
[a ame ga fut'te kimash'ta kara cikatetsu ni norimashoo]

6 タオル は どんな 色 が いい です か。
taoru wa donna iro ga ii desu ka
[taoru ua don'na iro ga ii des' ka]

7 − あそこ に かかって いる 赤い タオル と 青い タオル を ペア で 買いましょう。
asoko ni kakatte iru akai taoru to aoi taoru o pea de kaimashō
[asoko ni kakat'te iru akai taoru to aoi taoru o pea de kaimashoo]

8 − それ と 三枚目 に は その 横 に ある 白い タオル は いかが。
sore to sanmaime ni wa sono yoko ni aru shiroi taoru wa ikaga
[sore to san mai me ni ua sono yoko ni aru shiroi taoru ua ikaga]

Trentunesima lezione / 31

3 Potremmo andarci a piedi dalla stazione di Tokyo, così facciamo una passeggiata. *(passeggiata con-l'occasione-di Tokyo stazione da camminare-[progressivo] andare-[esortativo])*

4 – Questa è una buona idea! *(codesta [tema] essere-buono idea essere [accordo])*

5 – Oh! Si è messo a piovere! Prendiamo la metropolitana. *(oh pioggia [soggetto] cadere-[progressivo] essere-venuto poiché / metropolitana [fine] salire-[esortativo])*

6 Di che colore [li] vuole gli asciugamani? *(asciugamano [tema] quale-tipo colore [soggetto] essere-buono [domanda])*

7 – Compro un paio di quegli asciugamani appesi là, uno rosso e uno blu. *(laggiù [luogo] essere-appeso essere-rosso asciugamano e essere-blu asciugamano [oggetto] paio [modo] comprare-[esortativo])*

8 – E per il terzo, che ne dice dell'asciugamano bianco là di fianco? *(codesto [accompagnamento] tre oggetto-piatto-[numero cardinale] [fine] [enfasi] quello fianco [luogo] esserci essere-bianco asciugamano [tema] come)*

Note

3 In moltissimi casi non traduciamo から **kara**, *poiché*. Essendo molto più utilizzato in giapponese che in italiano, per unire le due frasi spesso ci limiteremo a utilizzare una virgola.

9 – あ、この 傘 は 安い です ね。
a kono kasa wa yasui desu ne
[a kono kasa ua yasui des' ne]

10 主人 が この 間 姉 から もらった
shujin ga kono aida ane kara moratta
傘 を 電車 に 忘れた の です よ。
kasa o densha ni wasureta no desu yo
[shugin ga kono aida ane kara morat'ta kasa o densha ni wasureta no des' io]

11 あら、この 水色 の 縁 が
ara kono mizuiro no fuchi ga
付いた ガウン も 安い です ね。
tsuita gaun mo yasui desu ne
[ara kono mizuiro no fuci ga tsuita gaun mo yasui des' ne]

12 （一 時間 後）
ichi jikan go
[ici gikan go]

13 – さあ 帰りましょう。
sā kaerimashō
[saa kaerimashoo]

14 帰り に 銀行 に 寄って も いい
kaeri ni ginkō ni yotte mo ii
です か**4**。
desu ka
[kaeri ni ghinkoo ni yot'te mo ii des' ka]

15 お 金 を 全部 使って
o kane o zenbu tsukatte
しまいました ので…
shimaimashita node
[o kane o zenbu tsukat'te shimaimash'ta node]

Trentunesima lezione / 31

9 – Ah, questo ombrello è davvero a buon prezzo! *(ah questo ombrello [tema] essere-economico [accordo])*

10 L'altro giorno, mio marito ha dimenticato sul treno l'ombrello che gli aveva regalato sua sorella. *(mio-marito [soggetto] questo intervallo-di-tempo sorella-maggiore da avere-ricevuto ombrello [oggetto] treno [luogo] avere-dimenticato fatto essere [opinione])*

11 Oh, anche questa vestaglia con il bordo celeste costa poco! *(oh questo acqua-colore [relazione] bordo [soggetto] essere-attaccato vestaglia anche essere-economico [accordo])*

12 (Un'ora dopo)

13 – Beh, torniamo a casa!

14 Le dispiace se al ritorno passo dalla banca? *(ritorno [tempo] banca [fine] passare-[progressivo] anche essere-buono [domanda])*

15 Perché ho speso tutti i soldi... *([familiarità] denaro [oggetto] tutto usare-[progressivo] avere-fatto-fino-alla-fine poiché)*

Note

4 Osservate la costruzione て + も いい です か: è il modo più usuale per chiedere il permesso di fare qualcosa, 銀行 に 寄って も いい です か **ginkō ni yotte mo ii desu ka**, *Posso passare dalla banca* (letteralmente "Anche se passo dalla banca, va bene")?

Tokyo brulica di stazioni perché i trasporti urbani vengono effettuati per la maggior parte su rotaia. Molto vicina al quartiere di Ginza, **Tōkyō-eki**, *la stazione di Tokyo, è una stazione storica, una delle prime costruite in città (1908), e ancora oggi è uno dei principali punti di partenza dei treni a lunga percorrenza.*

第三十一課

練習 1 – 訳 し なさい

1. 観光 がてら 仕事 を する つもり です。
   kankō gatera shigoto o suru tsumori desu
2. 誕生日 に 兄 から 鞄 を もらいました。
   tanjōbi ni ani kara kaban o moraimashita
3. 毎朝 雨 が 降ります。
   maiasa ame ga furimasu
4. ジャズ の コンサート が 聞きたい な。
   jazu no konsāto ga kikitai na
5. 夜 寝る 前 に コーヒー は 飲みません。
   yoru neru mae ni kōhī wa nomimasen

練習 2 – 言葉 を 入れ なさい

1. Poiché questa tazza costa poco, la compro.
   kono chawan wa . . . ., kaimasu
2. Posso guardare la televisione?
   terebi o mite . . . .
3. Prima di prendere l'autobus, passiamo dalla posta.
   . . . . . . noru . . . . . yūbinkyoku . . yorimashō
4. Di che colore è l'auto che ha comprato il nostro vicino?
   tonari no hito ga katta jidōsha wa . . . .
5. È rossa, blu o bianca?
   akai desu ka, ..., ...

Soluzioni dell'esercizio 1

❶ Con la scusa di fare del turismo, ho intenzione di lavorare. ❷ Per il mio compleanno ho ricevuto una borsa da mio fratello. ❸ Piove tutte le mattine. ❹ Vorrei sentire un concerto jazz. ❺ La sera, prima di andare a letto, non bevo caffè.

Soluzioni dell'esercizio 2

❶ – yasui desu kara, – ❷ – mo ii desu ka ❸ basu ni – mae ni – ni – ❹ – donna iro desu ka ❺ – aoi desu ka, shiroi desu ka

All'interno dei grandi magazzini Mitsukoshi, i più antichi del Giappone, costruiti nel 1904, si fa un viaggio nel tempo; già solo la decorazione, originale, vale la visita. Si trovano nell'elegante quartiere di Ginza (nella parte sud-est della città), nel quale si concentrano appunto i grandi magazzini, oltre alle sedi delle grandi marche e gli uffici; questo quartiere è anche il paradiso per i progetti visionari degli architetti che hanno lasciato l'impronta della loro personalità sui palazzi dei viali principali. Così, se durante la settimana Ginza è il regno dei colletti bianchi, la domenica è invaso dalle famiglie.

32

第三十二課 dai san jū ni ka *[dai san giuu ni ka]*
(だい さんじゅう に か)

高速道路
kō soku dō ro
[koosokudooro]

1 – 伯父 が 自動車 を 貸して くれた ので、
   oji ga ji dō sha o ka shi te ku re ta no de
   [ogi ga gidoosha o kashite kureta node]

2 先週 の 週末、会社 の 同僚 と 関西 旅行 を する つもり で 出発 しました。
   sen shū no shū matsu kai sha no dō ryō to kan sai ryo kō o su ru tsu mo ri de shup patsu shi ma shi ta
   [senshuu no shuumatsu kaisha no doorioo to kansai riokoo o suru tsumori de shup'patsu shimash'ta]

3 – いかが でした か。
   i ka ga de shi ta ka
   [ikaga desh'ta ka]

4 – 最初 は 国道 を 走りました が、混んで いました ので、
   sai sho wa koku dō o hashi ri ma shi ta ga ko n de i ma shi ta no de
   [saisho ua kokudoo o hashirimash'ta ga konde imash'ta node]

Trentaduesima lezione

L'autostrada

1 – Visto che mio zio mi ha prestato la sua macchina, *(mio-zio [soggetto] auto [oggetto] prestare-[progressivo] avere-fatto-per-me poiché)*
2 lo scorso fine settimana sono partito, con un collega d'ufficio, con l'intenzione di fare una gita nel **Kansai.** *(scorso-settimana [relazione] fine-settimana ditta [relazione] collega [compagnia] Kansai viaggio [oggetto] fare intenzione [mezzo] partenza avere-fatto)*
3 – Com'è andata? *(come essere-stato [domanda])*
4 – Inizialmente abbiamo preso la statale, ma siccome c'era traffico, *(inizio [enfasi] strada-statale [oggetto] avere-corso ma / essere-affollato-[progressivo] essere-stato poiché)*

32 / 第三十二課

5. <ruby>高速道路<rt>こうそくどうろ</rt></ruby> で <ruby>行く<rt>い</rt></ruby> ことに しました。
   kōsokudōro de iku koto ni shimashita
   [koosokudooro de iku koto ni shimash'ta]

6. <ruby>高速道路<rt>こうそくどうろ</rt></ruby> では スピード <ruby>制限<rt>せいげん</rt></ruby> が <ruby>八十<rt>はちじゅっ</rt></ruby> キロ なので、はやく <ruby>進み<rt>すす</rt></ruby>ません でした。
   kōsokudōro de wa supīdo seigen ga hachijukkiro na node hayaku susumimasen deshita
   [koosokudooro de ua s'piido seighen ga haci giuk'kiro na node haiaku susumimasen desh'ta]

7. それに トラック が たくさん <ruby>走って<rt>はし</rt></ruby> いました。
   soreni torakku ga takusan hashitte imashita
   [soreni torak'ku ga takusan hashit'te imash'ta]

8. トラック を <ruby>追い越す<rt>おこ</rt></ruby> こと は むずかしい です。
   torakku o oikosu koto wa muzukashii desu
   [torak'ku o oikosu koto ua muzukashii des']

9. すぐ スピード <ruby>違反<rt>いはん</rt></ruby> に なります。
   sugu supīdo ihan ni narimasu
   [sugu s'piido ihan ni narimas']

10. ですから <ruby>日本<rt>にほん</rt></ruby> で の <ruby>自動車<rt>じどうしゃ</rt></ruby> <ruby>旅行<rt>りょこう</rt></ruby> は <ruby>時間<rt>じかん</rt></ruby> が かかります。
    desukara nihon de no jidōsha ryokō wa jikan ga kakarimasu
    [des' kara nihon de no gidoosha riokoo ua gikan ga kakarimas']

Trentaduesima lezione / 32

5 abbiamo deciso di prendere l'autostrada. *(autostrada [mezzo] andare fatto [fine] avere-fatto)*

6 **Sulle autostrade il limite di velocità è di 80 km/h, così non andavamo avanti molto velocemente.** *(autostrada [luogo] [enfasi] velocità limite [soggetto] otto-dieci-chilometro essere poiché / velocemente non-essere-avanzato)*

7 **Inoltre c'erano molti camion.** *(inoltre camion [soggetto] molto correre-[progressivo] essere-stato)*

8 **È difficile sorpassarli.** *(camion [oggetto] sorpassare fatto [tema] essere-difficile)*

9 **È un attimo che superi subito il limite di velocità.** *(subito velocità infrazione [fine] diventare)*

10 **Ecco perché in Giappone per viaggiare in auto ci vuole molto tempo.** *(perciò Giappone [luogo] [relazione] auto viaggio [tema] tempo [soggetto] richiedere)*

Note

1 て いました **te imashita**, *io stavo (tu stavi, lui/lei…) facendo*: come ormai sapete (v. lezione 30, nota 4), si tratta semplicemente dell'equivalente passato di て います **te imasu**, *io sto (tu stavi, lui/lei…) facendo*.

32 / 第三十二課

11 急いで いる 時 は 汽車 **2** か 飛行機
iso i de　　i ru toki　wa　ki sha　　ka　hi kō ki
で 旅行 した 方 が 速い です。
de ryo kō　shi ta　hō　ga　haya i　de su
[isoide iru toki ua kisha ka hikooki de riokoo shita hoo ga haiai des']

12 それに 高速道路 は いつも
so re ni　kō soku dō ro　wa　i tsu mo
有料 です から 高く つきます。
yū ryō　de su　ka ra　taka ku　tsukima su
[soreni koosokudooro ua itsumo iuurioo des' kara takaku tsukimas']

13 − 関西 は いかが でした か。
kan sai　wa　i ka ga　de shi ta　ka
[kansai ua ikaga desh'ta ka]

14 − それ が… 静岡 辺り で スピード
so re　ga　shizu oka　ata ri　de　su pī do
違反 で パトカー **3** に 捉まって
i han　de　pa to kā　ni　tsuka ma t te
しまいました。
shi ma i ma shi ta
[sore ga… shizuoka atari de s'piido ihan de pato kaa ni tsukamat'te shimaimash'ta]

15 すごい 罰金 を 払う こと に
su go i　bak kin　o　hara u　ko to　ni
なりました。
na ri ma shi ta
[sugoi bak'kin o harau koto ni narimash'ta]

16 それで 予算 が 足りなく
so re de　yo san　ga　ta ri na ku
なった ので、
na t ta　no de
[sorede iosan ga tarinaku nat'ta node]

191 • **hyaku kyū jū ichi**

Trentaduesima lezione / 32

11 Quando si ha fretta è più veloce viaggiare col treno oppure in aereo. *(essere-di-fretta-[progressivo] stare quando [enfasi] / treno oppure aereo [mezzo] viaggio avere-fatto lato [soggetto] essere-veloce)*

12 Inoltre le autostrade sono sempre a pagamento e quindi [viaggiare] diventa caro. *(inoltre autostrada [tema] sempre pagamento essere poiché / costosamente arrivare)*

13 – E com'era il Kansai? *(Kansai [tema] come essere-stato [domanda])*

14 – Beh... nei dintorni di Shizuoka siamo stati fermati da una macchina della polizia per eccesso di velocità. *(codesto [soggetto] Shizuoka dintorni [luogo] velocità infrazione [mezzo] auto-della-polizia [agente] essere-acchiappato-[progressivo] avere-finito-per)*

15 Ho dovuto pagare una multa spaventosa! *(essere-spaventoso multa [oggetto] pagare fatto [fine] essere-diventato)*

16 Così, visto che ormai i soldi non ci bastavano più, *(allora budget [soggetto] non-essere-stato-sufficiente poiché)*

Note

2 La parola 汽車 **kisha**, *treno*, è un sinonimo di 電車 **densha**.

3 Le parole katakana che abbiamo incontrato finora sono prestiti dall'inglese americano e sono state trascritte integralmente. Spesso, però, i giapponesi abbreviano le parole che acquisiscono dalle lingue straniere: ad esempio ビル **biru** (v. lezione 24, frase 11) è l'abbreviazione di ビルディンぐ **birudingu** (*building*), qui パトカー **pato kā** è l'abbreviazione di パトロル カー **patororu kā** (*patrol car*, "auto di pattuglia"). Il risultato di queste abbreviazioni è talvolta leggermente oscuro, quando non addirittura ambiguo, vedasi ad esempio la parola キロ **kiro** che è l'abbreviazione di *chilometro*, ma anche di *chilogrammo*.

17 そのまま 東京(とうきょう)に 戻(もど)りました。
so no ma ma tō kyō ni modo ri ma shi ta

[sonomama tookioo ni modorimash'ta]

Le due regioni più popolate del Giappone sono il Kanto e il Kansai. Il Kanto (letteralmente "a est della barriera") indica la regione di Tokyo, la capitale attuale. Il Kansai (letteralmente "a ovest della barriera") indica la regione di Kyoto, l'antica capitale, e di Osaka (che si pronuncia [oosaka] con la s sorda e non *[oozaka]), fiorente città commerciale già a partire dall'epoca di Edo. La barriera si ri-

***

練習 1 - 訳 し なさい

❶ 姉(あね)は いい 店(みせ)を 教(おし)えて くれました。
ane wa ii mise o oshiete kuremashita

❷ 汽車(きしゃ)で 行(い)った 方(ほう)が 便利(べんり)です。
kisha de itta hō ga benri desu

❸ 雨(あめ)が 降(ふ)って いました から、地下鉄(ちかてつ)で 行(い)く こと に しました。
ame ga futte imashita kara chikatetsu de iku koto ni shimashita

❹ 今日(きょう)は 日曜日(にちようび)なので、銀行(ぎんこう)は お休(やす)みです。
kyō wa nichiyōbi na node ginkō wa o yasumi desu

❺ 家賃(やちん)が 高(たか)く なった の です。
yachin ga takaku natta no desu

17 siamo tornati direttamente a Tokyo. *(proprio-così Tokyo [fine] essere-ritornato)*

ferisce a un antico sistema di separazione doganale tra le regioni e si situa a poca distanza dal Monte Fuji, sul percorso che collega le due città, proprio vicino a Shizuoka. Esiste una certa rivalità fra le due regioni (il Kansai mal sopporta il dominio del Kanto) e ogni regione cerca di affermare le proprie peculiarità: usi dialettali, modi di mangiare, abitudini ecc.

***

Soluzioni dell'esercizio 1
❶ Mia sorella mi ha indicato un bel negozio. ❷ È più comodo andare in treno. ❸ Siccome pioveva ho deciso di andare in metropolitana. ❹ Dato che è domenica le banche sono chiuse. ❺ (È che) l'affitto è diventato caro.

練習 2 - 言葉 を 入れ なさい

❶ Visto che il tempo è bello, aspetterò davanti alla banca.
ii tenki . . node . . . . matte imasu

❷ Con la strada statale ci vuole [molto] tempo!
kokudō wa . . . .

❸ Stavo scrivendo una cartolina.
hagaki o kai . . . .

第三十三課 dai san jū san ka *[dai san giuu san ka]*

ハチ公
ha chi kō
[hacikoo]

1 — 渋谷 駅 の 前 に ある 犬 の
shibu ya eki no mae ni a ru inu no
銅像 は 何 です か。
dō zō wa nan de su ka
[shibuia eki no mae ni aru inu no doozoo ua nan des' ka]

2 — これ は ハチ公 と いう 犬 の
ko re wa ha chi kō to i u inu no
銅像 です。
dō zō de su
[kore ua hacikoo to iu inu no doozoo des']

3 — なぜ 犬 の 銅像 など を 作った
na ze inu no dō zō na do o tsuku t ta
の です か。
no de su ka
[naze inu no doozoo nado o tsuku'ta no des' ka]

❹ Ho deciso di alzarmi presto.
   hayaku okiru . . . .
❺ È difficile smettere di fumare.
   kin'en suru . . . . desu

Soluzioni dell'esercizio 2
❶ – na – ginkō no mae de – ❷ – jikan ga kakarimasu ❸ – te imashita ❹ – koto ni shimashita ❺ – koto wa muzukashii –

Trentatreesima lezione

33

Hachiko

1 – Cos'è quella statua di bronzo raffigurante un cane che si trova davanti alla stazione di Shibuya? *(Shibuya stazione [relazione] davanti [luogo] esserci cane [relazione] statua-di-bronzo [tema] cosa essere [domanda])*
2 – È la statua di un cane che si chiamava Hachiko. *(questo [tema] Hachiko [citazione] dire cane [relazione] statua-di-bronzo essere)*
3 – E perché hanno costruito proprio la statua di un cane? *(perché cane [relazione] statua-di-bronzo questo-tipo [oggetto] avere-costruito ciò essere [domanda])*

随分昔のことです。

33 / 第三十三課

4 — これ は 話<ruby>はな</ruby>す と 長<ruby>なが</ruby>く なります が…
ko re wa hana su to naga ku na ri ma su ga
[kore ua hanasu to nagaku narimas' ga]

5 ハチ公<ruby>こう</ruby> と いう 犬<ruby>いぬ</ruby> は とても
ha chi kō   to   i u   inu   wa   to te mo
感心<ruby>かんしん</ruby> な 犬<ruby>いぬ</ruby> でした。
kan shin na   inu   de shi ta
[hacikoo to iu inu ua totemo kanshin na inu desh'ta]

6 随分<ruby>ずいぶん</ruby> 昔<ruby>むかし</ruby> の こと です。
zui bun   mukashi   no   ko to   de su
[zuibun mukashi no koto des']

7 上野<ruby>うえの</ruby> 英三郎<ruby>えいさぶろう</ruby> さん と いう 大学<ruby>だいがく</ruby>
ue no   ei sabu rō   sa n   to   i u   dai gaku
の 先生<ruby>せんせい</ruby> が いました。
no   sen sei   ga   i ma shi ta
[ueno eisaburoo san to iu daigaku no sensei ga imash'ta]

8 ハチ公<ruby>こう</ruby> と いう 犬<ruby>いぬ</ruby> を 飼<ruby>か</ruby>って
ha chi kō   to   i u   inu   o   ka t te
いました。
i ma shi ta
[hacikoo to iu inu o kat'te imash'ta]

9 毎朝<ruby>まいあさ</ruby> 上野<ruby>うえの</ruby> さん が 大学<ruby>だいがく</ruby> へ 行<ruby>い</ruby>く 時<ruby>とき</ruby>、
mai asa   ue no   sa n   ga   dai gaku e   i ku   toki
[maiasa ueno san ga daigaku e iku toki]

10 ハチ公<ruby>こう</ruby> は いつも 駅<ruby>えき</ruby> まで 送<ruby>おく</ruby>って
ha chi kō   wa   i tsu mo   eki ma de   oku t te
いきました。
i ki ma shi ta
[hacikoo ua itsumo eki made okut'te ikimash'ta]

197 • hyaku kyū jū shichi (nana)

Trentatreesima lezione / 33

4 – È una lunga storia... *(questo [tema] parlare quando / lungamente diventare ma)*

5 Il cane di nome Hachiko era davvero un cane ammirevole. *(Hachiko [citazione] dire cane [tema] molto ammirevole cane essere-stato)*

6 È un fatto accaduto parecchi anni fa. *(parecchio antico [relazione] fatto essere)*

7 C'era un professore universitario che si chiamava Ueno Eisaburo. *(Ueno Eisaburo signore [citazione] dire università [relazione] professore [soggetto] esserci-stato)*

8 Aveva un cane di nome Hachiko. *(Hachiko [citazione] dire cane [oggetto] avere-allevato)*

9 Ogni mattina, quando il signor Ueno andava all'università, *(ogni-mattina Ueno signore [soggetto] università [destinazione] andare quando)*

10 Hachiko lo accompagnava sempre fino alla stazione. *(Hachiko [tema] sempre stazione fino-a accompagnare-[progressivo] essere-andato)*

Note

1 感心 な 犬 **kanshin na inu**: questo な **na** è un'altra forma di grado inferiore di です **desu**, *essere*, che si usa unicamente nella posizione che abbiamo chiamato "all'interno di una frase o di un periodo". Ricordiamo che in fine di frase, si usa l'altra forma di grado inferiore, だ **da** (v. lezione 21, § 4.3). Il な **na** lo troviamo solitamente quando bisogna dire *essere* davanti a ので **node**, *poiché* (v. lezione 32, frase 4). Questo sarebbe l'uso corretto, ma sempre più spesso troviamo です **desu** come davanti a が **ga** o a から **kara**.

11 夕方　上野　さん　が　大学　から
　　　yū gata　ue no　sa n　ga　dai gaku　ka ra
帰って　くる　時、
kae t te　ku ru　toki
[iuugata ueno san ga daigaku kara kaet'te kuru toki]

12 ハチ公　は　かならず　迎え　に
　　　ha chi kō　wa　ka na ra zu　muka e　ni
行きました。
i ki ma shi ta
[hacikoo ua kanarazu mukae ni ikimash'ta]

13 － かわいい　犬　です　ね。
　　　ka wa i i　inu　de su　ne
[kauaii inu des' ne]

14 （続く）
tsuzu ku
[tsuzuku]

La storia di Hachikō è una storia vera, la statua esiste davvero ed è un punto di ritrovo molto noto a Shibuya. La prima statua fu scolpita da Andō Teru e collocata nel 1934. Durante la Seconda guerra mondiale venne fusa e sostituita da una copia realizzata dal figlio dello scultore, Andō Takeshi. Hachikō era un cane di razza Akita (dal nome di una provincia nordorientale del Giappone), un tipo di cane da slitta. Il padrone di Hachikō, Ueno Eisaburō (1872-1925), era un professore universitario specializzato in agricoltura. Malgrado il ruolo non trascurabile che egli ebbe nel miglioramento delle tecniche agricole sul volgere del XX secolo, bisogna dire che è rimasto famoso soprattutto grazie al suo cane.

Trentatreesima lezione / 33

11 E la sera, quando il signor Ueno tornava a casa dall'università, *(sera Ueno signore [soggetto] università da ritornare-a-casa-[progressivo] venire quando)*

12 Hachiko puntualmente gli andava incontro. *(Hachiko [tema] immancabilmente accoglienza [fine] essere-andato)*

13 – Che cane adorabile! *(essere-carino cane essere [accordo])*

14 *(continua)*

***

練習 1 - 訳 し なさい

❶ 遅く なりました から、帰りましょう。
osoku narimashita kara kaerimashō

❷ 小林 正子 と いう 人 を 知って いますか。
kobayashi masako to iu hito o shitte imasu ka

❸ 毎朝 子供 を 幼稚園 に おくって いきます。
maiasa kodomo o yōchien ni okutte ikimasu

❹ タオル は 一枚 しか 買いません でした。
taoru wa ichi mai shika kaimasen deshita

❺ 夕方 会社 から 帰る 時、いつも 隣 の 本屋 さん の 犬 に 会います。
yūgata kaisha kara kaeru toki itsumo tonari no hon'ya san no inu ni aimasu

Soluzioni dell'esercizio 1

❶ Si è fatto tardi, torniamo a casa. ❷ Conosci una persona di nome Kobayashi Masako? ❸ Tutte le mattine accompagno i bambini all'asilo. ❹ Ho comprato solo un asciugamano. ❺ La sera, quando torno a casa dall'ufficio, incontro sempre il cane del libraio vicino

練習 2 - 言葉 を 入れ なさい

❶ È un fatto [accaduto] 200 anni fa.
. . . .

❷ È una persona ammirevole.
. . . .

❸ Perché non ci va in autostrada?
. . . . kōsokudōro de . . . .

❹ È una persona di nome Uehara Michiko.
uehara michiko . . . .

第三十四課 dai san jū yon ka *[dai san giuu yon ka]*

不動産屋　さん
fu dō san ya　　sa n
[fudoosan ia san]

1 - 青山　辺り に　家 を 捜して　いる の です が、
ao yama ata ri ni　　ie　o saga shi te　i ru no de su ga
[aoiama atari ni ie o sagashite iru no des' ga]

2　何か ありません か。
nani ka　a ri ma se n　ka
[nanika arimasen ka]

3 - アパート です か、一軒家 です か。
a pā to de su ka　ik ken ya de su ka
[apaato des' ka ik'ken ia des' ka]

Trentaquattresima lezione / 34

❺ Quando parto per un viaggio porto sempre l'ombrello.
...., ... motte ikimasu

Soluzioni dell'esercizio 2

❶ ni hyaku nen mae no koto desu ❷ kanshin na hito desu ❸ naze – ikanai no desu ka ❹ – to iu hito desu ❺ ryokō ni deru toki, itsumo kasa o –

Trentaquattresima lezione 34

Dall'agente immobiliare
(agente-immobiliare-negozio-signore)

1 – Cerco una casa nei dintorni di Aoyama, *(Aoyama dintorni [luogo] casa [oggetto] cercare-[progressivo] stare fatto essere ma)*
2 avete qualcosa? *(qualcosa non esserci [domanda])*
3 – Cerca un appartamento o una casa indipendente? *(appartamento essere [domanda] casa-indipendente essere [domanda])*

Note

1 Se si aggiunge か **ka** a una parola con valore interrogativo, questa si trasforma in un pronome indefinito: 何 **nan**, *cosa?*, interrogativo, 何か **nanika**, *qualcosa*, indefinito.

ni hyaku ni • 202

34 / 第三十四課

4 — 庭つき の 一軒家 に 住みたい です。
niwa tsuki no ik ken ya ni su mi ta i de su
[niua tsuki no ik'ken ia ni sumitai des']

5   庭 は 大きい 方 が いい です 2。
niwa wa oo ki i hō ga i i de su
[niua ua ookii hoo ga ii des']

6   ダイニング と リビング は
da i ni n gu to ri bi n gu wa
別れて いる 方 が いい です。
waka re te i ru hō ga i i de su
[dainingu to ribingu ua uakarete iru hoo ga ii des']

7   妻 が お 茶 と 生け花 を します から、
tsuma ga o cha to i ke bana o shi ma su ka ra
[tsuma ga o cia to ikebana o shimas' kara]

8   八 畳 ぐらい の 和室 も ほしい です。
hachi jō gu ra i no wa shitsu mo ho shi i de su
[haci gioo gurai no uashitsu mo hoshii des']

9   車 が 二 台3 入る ガレージ も 必要 です。
kuruma ga ni dai hairu ga rē ji mo hitsu yō de su
[kuruma ga nidai hairu gareegi mo hitsuioo des']

10 — 台所 は どう します か。
dai dokoro wa dō shi ma su ka
[daidokoro ua doo shimas' ka]

Trentaquattresima lezione / 34

4 – Vorrei abitare in una casa indipendente con giardino. *(giardino annesso [relazione] casa-indipendente [luogo] volere-abitare)*

5 Preferirei un giardino grande. *(giardino [tema] essere-grande lato [soggetto] essere-buono)*

6 Sarebbe meglio se la sala da pranzo e il soggiorno fossero separati. *(sala-da-pranzo e soggiorno [tema] essere-separato lato [soggetto] essere-buono)*

7 E visto che mia moglie si dedica alla cerimonia del tè e all'ikebana, *(mia-moglie [soggetto] [familiarità] tè e sistemazione-dei-fiori [oggetto] fare poiché)*

8 vorrei anche una stanza in stile tradizionale di circa otto tatami. *(otto-tatami circa [relazione] stanza-alla-giapponese anche essere-desiderato)*

9 Mi occorre anche un garage per due auto. *(automobile [soggetto] due-veicolo entrare garage anche necessità essere)*

10 – E la cucina, come la desidera? *(cucina [tema] come fare [domanda])*

Note

2 方 が…です **...hō ga ...desu**: è la costruzione abituale per esprimere una preferenza o per fare dei paragoni. Letteralmente significa "dal lato di... è...". In questa frase abbiamo: 庭 は 大きい 方 が いい です **niwa wa ookii hō ga ii desu** (letteralmente "Per il giardino, dal lato di essere grande è bene"), *Preferirei che il giardino fosse grande*.

3 **hachijō**, *otto tatami*, 二 台 ni **dai**, *due veicoli*: **jō** si aggiunge a un numero per contare i tatami, mentre **dai** serve per contare oggetti come veicoli e macchinari (v. anche lezione 22, nota 3).

ni hyaku yon • 204

34 / 第三十四課

11 — お 客 が 多い ので
o kyaku ga ooi node
[o kiaku ga ooi node]

12 便利 に **4** 使える 台所 が
ben ri ni tsuka e ru dai dokoro ga

いい です。
i i de su
[benri ni tsukaeru daidokoro ga ii des']

13 家賃 は どの ぐらい に
ya chin wa do no gu ra i ni

なります か。
na ri ma su ka
[iacin ua donogurai ni narimas' ka]

14 — 一ヶ月 **5** 百 万 円 です。
ik ka getsu hyaku man en de su
[ik'kagetsu hiaku man en des']

15 それに 敷金 と 礼金 は 二ヶ月
so re ni shiki kin to rei kin wa ni ka getsu

分 です。
bun de su
[soreni shikikin to reikin ua nikagetsu bun des']

16 だから 入居 する 時 全部
da ka ra nyū kyo su ru toki zen bu

で 五 百 万 円 に なります。
de go hyaku man en ni na ri ma su
[dakara niuukio suru toki zenbu de go hiaku man en ni narimas']

Trentaquattresima lezione / 34

11 – Dato che abbiamo sempre molti ospiti, *([onorifico] invitato [soggetto] essere-numeroso poiché)*
12 dovrebbe essere una cucina da poter utilizzare comodamente. *(pratico [avverbiale] potere-utilizzare cucina [soggetto] essere-buono)*
13 Quanto verrebbe a costare più o meno l'affitto? *(affitto [tema] quanto-circa [fine] diventare [domanda])*
14 – Circa 1 milione di yen al mese. *(un-mese cento diecimila yen essere)*
15 Inoltre, la cauzione e l'onorario equivalgono a due mensilità. *(inoltre cauzione e onorario [tema] due-mese parte essere)*
16 Quindi, al momento di entrare in casa farebbe in totale 5 milioni di yen. *(quindi ingresso-in-casa fare quando / tutto [mezzo] cinque cento diecimila yen [fine] diventare)*

庭 は 大きい 方 が いい です。

Note

4 便利 に **benri ni** (letteralmente "comodamente"): sapete già (v. lezione 30, nota 1) che uno degli usi di に **ni** è quello di permettere la costruzione di espressioni che funzionano come avverbi.

5 一ヶ月 **ikkagetsu**, *una durata di un mese*: la grafia di questa parola è un po' speciale. Tra i due kanji è inserito questo piccolo carattere ヶ (**ke** in katakana), che in questo caso si pronuncia eccezionalmente *[ka]*. 二ヶ月 **nikagetsu**, *una durata di due mesi*; 三ヶ月 **sankagetsu**, *una durata di tre mesi* ecc. Questa è la corretta grafia tradizionale, ma ora si scrive più semplicemente con lo hiragana か **ka**.

17 － そんな に 高い の です か。
so n na　　ni　taka i　　no　de su　ka
[son'na ni takai no des' ka]

18　私 に は 払う こと が
watakushi　ni　wa　hara u　ko to　ga

できません。 あきらめます。
de ki ma se n　　a ki ra me ma su

[uatakushi ni ua harau koto ga dekimasen akiramemas']

***

練習 1 － 訳 し なさい

❶ 何か 見えました か。
nanika miemashita ka

❷ 早く 出発 した 方 が いい です。
hayaku shuppatsu shita hō ga ii desu

❸ 子供 が 多い ので、大きい 車 が 必要 です。
kodomo ga ooi node ookii kuruma ga hitsuyō desu

***

練習 2 － 言葉 を 入れ なさい

❶ Le automobili in totale sono dieci.
 . . . . . . wa . . . . ni narimasu

❷ Fa 7 milioni di yen.
 . . . . desu

❸ È più semplice andarci in metropolitana.
 . . . . kantan desu

❹ Vorrei anche delle scarpe italiane.
 . . . . mo . . . .

17 – Così tanto? *(questo-modo [avverbiale] essere-costoso fatto essere [domanda])*
18 Non posso permettermelo. *(io [attribuzione] [enfasi] pagare fatto [soggetto] non-essere-possibile)*
   Ci rinuncio! *(rinunciare)*

***

❹ 今朝 家 を 出た 時、伯父 に 会いました。
kesa ie o deta toki oji ni aimashita

❺ また どこか に 忘れました。
mata dokoka ni wasuremashita

Soluzioni dell'esercizio 1
❶ Si vedeva qualcosa? ❷ È meglio partire presto. ❸ Ho molti bambini, quindi è necessaria una macchina grande. ❹ Stamattina, quando sono uscita di casa, ho incontrato mio zio. ❺ L'ho di nuovo dimenticato da qualche parte.

***

❺ Ho cercato, ma non ho trovato niente.
. . . .
. . . .

Soluzioni dell'esercizio 2
❶ kuruma – zembu de jū dai – ❷ nana hyaku man en – ❸ chikatetsu de itta hō ga – ❹ itaria no kutsu – hoshii desu ❺ sagashimashita ga nanimo mitsukarimasen deshita

La città di Tokyo è immensa, ma i suoi quartieri sono ben delimitati e ognuno ha il proprio carattere. Ed è qui che sta il suo fascino. Spesso questi quartieri si distinguono per l'età di chi li frequenta; alcuni sono frequentati soprattutto da studenti universitari, altri da liceali, altri ancora attirano soprattutto giovani impiegati o persone anziane. Ad esempio, Shibuya è il quartiere privilegiato da studenti e studentesse del liceo. Le sue viuzze nascondono numerosi luoghi di svago, talvolta

35

だい さんじゅうご か
第三十五課 **dai san jū go ka** *[dai san giuu go ka]*

まとめ – Riepilogo

Ora che avete preso il ritmo, di certo aspettate il nostro consueto appuntamento con la pausa della settima lezione! Ed è proprio quello che vi serve per fissare certe nozioni grammaticali!

1 Le posposizioni

Cominciamo con le posposizioni, l'ossatura della frase giapponese.

1.1 に *ni*

Vi avevamo già avvertiti (lezione 14, § 2.2): に **ni** è grammaticalmente piuttosto duttile e non si finisce di trovarne altri usi. Il primo di questi nuovi impieghi, come avete già sperimentato, è di permettere la costruzione di certe espressioni avverbiali: きれい に **kirei ni**, *deliziosamente* (lezione 30, frase 2). Il secondo è completamente nuovo: に **ni** serve a indicare l'agente di un'azione e corrisponde in questo caso al nostro *da*. パトカー に 捉まって しまいました **patokā ni tsukamatte shimaimashita**, *Sono stato fermato da una volante della polizia* (lezione 32, frase 14).

1.2 は *wa*

Rivediamo anche la particella は **wa** (lezione 21, § 3.2). Abbiamo già parlato del suo impiego come *[enfasi]* quando segue un avverbio (soprattutto di tempo). Lo stesso uso si trova anche quando は **wa** segue un'altra particella: 高速道路 で は **kōsokudōro de wa** (lezione 32, frase 6).

un po' equivoci. Situata nei pressi di una delle molteplici uscite della stazione, la statua di Hachiko, di cui vi abbiamo parlato nella lezione precedente, è difficile da vedere. Luogo imprescindibile di quasi tutti gli appuntamenti, è sempre circondata da una densa folla di persone che aspettano un amico o un parente. Al contrario, l'attiguo quartiere di Aoyama è soprattutto una zona residenziale, elegante e tranquilla, con negozi di lusso, grandi viali e abitanti piuttosto benestanti.

Trentacinquesima lezione

2 Gli aggettivi

2.1 Forme fondamentali

Facciamo ora una piccola rassegna degli aggettivi (lezione 21, § 2). La loro peculiarità è quella di avere diverse forme come i verbi, ma per fortuna ne esistono poche e le abbiamo già viste quasi tutte. Facciamo un piccolo riassunto:

– おいしい **oishii**, *è buono* (grado inferiore);
– おいしい です **oishii desu**, *è buono* (grado medio);
– おいしかった **oishikatta**, *era buono* (grado inferiore);
– おいしかった です **oishikatta desu**, *era buono* (grado medio);
– おいしくない **oishikunai** oppure おいしく は ない **oishiku wa nai**, *non è buono* (grado inferiore);
– おいしく ありません **oishiku arimasen** oppure おいしく は ありません **oishiku wa arimasen**, *non è buono* (grado medio).

Esiste anche un'altra costruzione in cui い **i** è sostituito da く **ku**. Si usa solo con i verbi, in particolare con なる **naru**, *diventare*:
– 悪く なりました **waruku narimashita**, *essere diventato cattivo* (悪い **warui**, *essere cattivo*) (lezione 26, frase 5);
– 長く なります **nagaku narimasu**, *diventare lungo* (長い **nagai**, *essere lungo*) (lezione 33, frase 4).

Troviamo questa forma anche con il verbo つく **tsuku**, *raggiungere*:
– 高く つきます **takaku tsukimasu**, *venire a costare caro* (高い **takai**, *essere caro*) (lezione 32, frase 12).

Questa forma serve anche a trasformare un aggettivo in un avverbio: はやい **hayai**, *essere presto o essere veloce*; はやく **hayaku**, *presto o velocemente* (lezione 32, frase 6).

2.2 L'aggettivo いい *ii*

E ora attenzione perché c'è un aggettivo, solamente uno, un po' più complicato e parecchio utilizzato: l'aggettivo いい **ii**, *essere buono, andare bene*. Come sapete (lezione 21, § 2.1), ha un sinonimo, よい **yoi**, che ha esattamente lo stesso significato e serve per costruire le altre forme:
いい **ii**, *va bene (grado inferiore)*,
いい です **ii desu**, *va bene (grado medio)*.
Ma: よかった **yokatta**, *andava bene* (grado inferiore); よかった です **yokatta desu**, *andava bene* (grado medio).
E anche: よくない **yokunai**, *non va bene* (grado inferiore); よく ありません **yoku arimasen**, *non va bene* (grado medio).
Infine: よく なりました **yoku narimashita**, *è migliorato*.

3 I verbi: forme di grado medio e di grado inferiore

Guardate il cammino che abbiamo già percorso dalla lezione 7, dove ricapitolavamo la maggior parte delle forme verbali al grado medio. Ora possiamo affiancarle alle forme corrispondenti di grado inferiore:

– *io mangio (tu mangi, lui/lei mangia...)* → 食べます **tabemasu**, grado medio, 食べる **taberu**, grado inferiore;
– *io non mangio (tu non mangi, lui/lei non mangia...)* → 食べません **tabemasen**, grado medio, 食べない **tabenai**, grado inferiore;
– *io ho (tu hai, lui/lei ha...) mangiato* → 食べました **tabemashita**, grado medio, 食べた **tabeta**, grado inferiore;
– *mangiamo!* → 食べましょう **tabemashō**, grado medio, 食べよう **tabeyō**, grado inferiore.
Inoltre, conosciamo un'altra serie di forme che servono a indicare che si sta compiendo un'azione:
– *io sto (tu stai, lui/lei sta...) mangiando* → 食べて います **tabete imasu**, grado medio, 食べて いる **tabete iru**, grado inferiore;
– *io non sto (tu non stai, lui/lei non sta...) mangiando* → 食べて

いません **tabete imasen**, grado medio, 食べて いない **tabete inai**, grado inferiore;
– *io stavo (tu stavi, lui/lei stava...) mangiando* → 食べて いました **tabete imashita**, grado medio, 食べて いた **tabete ita**, grado inferiore.
Attenzione: non dimenticate che la forma ない **nai** corrisponde al grado inferiore di ありません **arimasen**, *non esserci, non trovarsi* (lezione 29, nota 15).

4 Qualche osservazione su alcuni verbi

4.1 ある/あります *aru / arimasu* e いる/います *iru / imasu*

Fate attenzione a non confondere ある/あります **aru / arimasu** con いる/います **iru / imasu**. Significano entrambi *esserci / trovarsi* e sono spesso tradotti con *c'è / ci sono*.
Tuttavia, esiste una sostanziale differenza tra i due verbi:
– ある **aru** si usa quando si parla di cose inanimate,
– いる **iru** si usa quando si parla di esseri animati (umani, animali).
Avete già incontrato molte volte ある **aru**, mentre per いる **iru** andate a rivedere la lezione 15 (frase 4) e la lezione 30 (frase 11).

4.2 帰る *kaeru* e 戻る *modoru*

Ecco un'altra coppia da osservare bene! 帰る **kaeru** e 戻る **modoru** si traducono entrambi con *ritornare*.
Esiste tuttavia un'importante differenza tra i due:
– 帰る **kaeru** significa *ritornare a casa*, intesa sia come abitazione, sia come paese: 大学 から 帰ります **daigaku kara kaerimasu**, *Lui ritorna a casa dall'università* (lezione 33, frase 11).
– 戻る **modoru** vuol dire *ritornare indietro*: 東京 に 戻りました **tōkyō ni modorimashita**, *Siamo ritornati a Tokyo (da dove eravamo partiti)* (lezione 32, frase 17).

5 から *kara*, ので *node*

Abbiamo già utilizzato molte volte queste due parole che si trovano alla fine di una proposizione, traducendole entrambe allo stesso modo, *poiché*; entrambe servono infatti per esprimere una causa.

Tuttavia, in realtà, una piccola differenza esiste:
– si può dire che ので **node** sia più oggettivo, significa letteralmente "le cose sono così ed ecco le conseguenze" e si può dunque tradurlo con *dato che, nella misura in cui*: 今日 は 日曜日 なので、銀行 は お 休み です。 **kyō wa nichiyōbi na node ginkō wa o yasumi desu**, *Poiché (dato che) oggi è domenica, le banche sono chiuse* (lezione 32, esercizio 1, frase 4).
– から **kara** è invece più soggettivo e corrisponde a *"ecco la mia spiegazione"*, *"ecco la motivazione che io do"*: 早く 会いたい から、飛行場 まで 行きます。 **hayaku aitai kara hikōjō made ikimasu**, *Poiché non vedo l'ora di incontrarti, verrò fino all'aeroporto* (lezione 27, frase 6).

6 Pronuncia

Ora che vi siete abituati, la trascrizione ufficiale in romaji e la trascrizione figurata rischiano di essere un doppione. Come avrete sicuramente notato, ci sono molti punti in cui non c'è alcuna differenza tra le due. Pertanto, dalla prossima lezione vi proporremo solo la trascrizione ufficiale, mantenendo una trascrizione figurata solo per quelle parole che potrebbero dare dei problemi. Non allarmatevi, andrà tutto bene, perché ormai avete tutti gli strumenti per affrontare con successo questa nuova tappa.

Affinché il nuovo passaggio non vi sembri troppo difficile, ci soffermiamo un po' per ricordare alcuni punti importanti:
– la **h** è sempre aspirata;
– lo **sh** della trascrizione si pronuncia sempre come in *shampoo*, mentre il **ch** della trascrizione si pronuncia sempre come in *ciao*;
– la **e** della trascrizione si pronuncia chiusa quando si trova alla fine di una sillaba e aperta quando è seguita, all'interno della sillaba, dalle consonanti **n** oppure **s**: in ありません **arimasen** *[arimasen]* e です **desu** *[des']* è aperta; in 店 **mise** *[mise]* e で **de** *[de]* è chiusa;
– la **s** della trascrizione, fra due vocali, si pronuncia sempre sorda;
– la **r** della trascrizione si pronuncia con un suono a metà tra la nostra *r* e la nostra *l*;

Trentacinquesima lezione / 35

– la **i** non si pronuncia quando è preceduta dal suono **sh** e seguita dal suono **t**, come in して **shite**, ました **mashita**, した **shita**;
– la **u** finale non si pronuncia in です **desu** e nei verbi terminanti in ます **masu** (grado medio).

復習 会話

1 六時半 に 海 へ 泳ぎ に 行きました が、朝 早かった ので、まだ だれも いません でした。
rokujihan ni umi e oyogi ni ikimashita ga asa hayakatta node mada daremo imasen deshita

2 海 で 泳いで いた 時、太陽 が 水平線 から 出て くる こと を 見る こと が できました。すばらしかった です よ。
umi o oyoide ita toki taiyō ga suiheisen kara dete kuru koto o miru koto ga dekimashita subarashikatta desu yo

3 夏 に なりました。暑く なりました。一日中 寝て います。
natsu ni narimashita atsuku narimashita ichinichijū nete imasu

4 出発 する 前 に、銀行 に よって いきましょう。
shuppatsu suru mae ni ginkō ni yotte ikimashō

5 先週 旅行 に 行った 時、伯父 が 大きい トランク を 貸して くれました。
senshū ryokō ni itta toki oji ga ookii toranku o kashite kuremashita

ni hyaku jū yon • 214

6 お金が ないので、何も 買いません。
o kane ga nai node nanimo kaimasen

7 この 間 中国 旅行 に 出た 友達 から とても いい おみやげ を もらいました。
kono aida chūgoku ryokō ni deta tomodachi kara totemo ii omiyage o moraimashita

8 ぜひ 歌舞伎を見に 行きたい と 思います から、自分 で 切符 を 買って おく こと に しました。
zehi kabuki o mi ni ikitai to omoimasu kara jibun de kippu o katte oku koto ni shimashita

9 トラック も 自動車 も 全然 進みません。 道 が とても 混んで いる の です。
torakku mo jidōsha mo zenzen susumimasen michi ga totemo konde iru no desu

36

第三十六課 dai san jū rok ka

苗字
myō ji

1 – 日本人 の 苗字 は 自然 の 物 を 表す 名前 が 多い です ね。
ni hon jin no myō ji wa shi zen no mono o arawa su na mae ga oo i de su ne

10 テレビ を 見て も いい です か。
terebi o mite mo ii desu ka

Traduzione

1 Sono andato a nuotare in mare alle sei e trenta ed essendo mattino presto non c'era nessuno. **2** Mentre nuotavo nel mare, ho potuto vedere il sole che spuntava all'orizzonte. È stato meraviglioso. **3** È estate. Si è messo a fare caldo. Dormo tutto il giorno. **4** Prima di partire, passiamo in banca. **5** Quando la settimana scorsa sono partito per un viaggio, mio zio mi ha prestato una grossa valigia. **6** Dato che non ho soldi, non compro niente. **7** Ho ricevuto tanti bei regali da parte di un mio amico che ha fatto un viaggio in Cina. **8** Visto che mi piacerebbe tanto vedere uno spettacolo di kabuki, ho deciso di comprarmi un biglietto da solo. **9** Sia i camion sia le macchine non vanno assolutamente avanti. C'è troppo traffico per strada. **10** Posso guardare la televisione?

Trentaseiesima lezione   36

Cognomi

1 – Molti dei cognomi giapponesi rappresentano elementi della natura, vero? *(giapponese-persona [relazione] cognome [tema] natura [relazione] cosa [oggetto] rappresentare nome [soggetto] essere-numeroso [accordo])*

36 / 第三十六課

2 — そう です ね。それに 同じ 苗字 を 持って いる **1** 人 が たくさん います。
   sō desu ne. sore ni onaji myōji o motte iru hito ga takusan imasu.

3 電話帳 に は 同じ 苗字 が 何ページ も 続く こと が あります。
   denwachō ni wa onaji myōji ga nan pēji mo tsuzuku koto ga arimasu.

4 たとえば、山田 とか 田中 とか 鈴木 など **2** と いう 名前 です。
   tatoeba, yamada toka tanaka toka suzuki nado to iu namae desu.

5 — どうして そんなに 同じ 名前 の 人 が いる の です **3** か。皆 親戚 の 人 ですか。
   dōshite sonna ni onaji namae no hito ga iru no desu ka. minna shinseki no hito desu ka.

6 — いいえ。必ずしも そう いう わけ で は ありません。
   iie. kanarazushimo sō iu wake de wa arimasen.

Note

1 Ricordate che la forma て います *te imasu* esprime il concetto di un'azione in fase di svolgimento (v. lezione 35, § 3).

Trentaseiesima lezione / 36

2 – **Esatto, e ci sono molte persone che hanno lo stesso cognome.** *(così essere [accordo] inoltre identico cognome [oggetto] portare persona [soggetto] molto esserci)*

3 **Nell'elenco telefonico i cognomi uguali continuano per pagine e pagine.** *(elenco-telefonico [luogo] [enfasi] identico cognome [soggetto] quante-pagine anche proseguire fatto [soggetto] esserci)*

4 **Ad esempio, nomi come Yamada, Tanaka o Suzuki.** *(ad-esempio Yamada oppure Tanaka oppure Suzuki eccetera [citazione] dire nome essere)*

5 – **Perché ci sono così tante persone con lo stesso nome?** *(perché questo-modo [avverbiale] identico nome [relazione] persona [soggetto] esserci cosa essere [domanda])* **Sono tutti parenti?** *(tutti parente [relazione] persona essere [domanda])*

6 – **No, non necessariamente.** *(no necessariamente così dire motivo non essere)*

2 など **nado**: questa parola si usa dopo un nome, o dopo un elenco di nomi, e significa "cose del genere, e così via, eccetera". In questo caso, など **nado** è preceduto da una serie di cognomi tra i più diffusi, citati per fare un esempio.

3 の です **no desu**, sempre situato alla fine di una frase, aggiunge al significato una sfumatura di spiegazione (v. lezione 30, nota 2).

36 / 第三十六課

7   昔 は 公家 と 武家 の 人 しか [4]
    mukashi wa kuge to buke no hito shika
    苗字 が ありません でした。
    myōji ga arimasen deshita

8   段々 [5] 平民 も 苗字 を 持つ
    dandan heimin mo myōji o motsu
    こと に なりました。
    koto ni narimashita

9   平民 は 田舎 に 住んで いる 人
    heimin wa inaka ni sunde iru hito
    が ほとんど でした。
    ga hotondo deshita

10 どう いう 苗字 を 付けよう か と
    dō iu myōji o tsukeyō ka to
    思った [6] 時、自然 に 関係 が
    omotta toki shizen ni kankei ga
    ある 苗字 を 作りました。
    aru myōji o tsukurimashita

11 たとえば、山 に 田 を 持って
    tatoeba yama ni ta o motte
    いた 人 は「山田」と いう 苗字
    ita hito wa yamada to iu myōji
    に なりました。
    ni narimashita

Note

[4] しか … ありません でした shika ... arimasen deshita: vi ricordate della struttura しか shika + verbo in forma negativa, *nient'altro che* (v. lezione 30, nota 3)?

[5] 段々 dandan: il segno 々 indica che il kanji che lo precede deve essere ripetuto (v. lezione 10, nota 2).

Trentaseiesima lezione / 36

7 **In passato solamente i nobili e i guerrieri avevano un cognome.** *(passato [enfasi] nobile e guerriero [relazione] persona solo cognome [soggetto] non-esserci-stato)*

8 **Piano piano anche la gente comune cominciò ad avere un cognome.** *(progressivamente gente-del-popolo anche cognome [oggetto] portare fatto [fine] essere-diventato)*

9 **La maggior parte della gente comune abitava quasi tutta nelle campagne.** *(gente-del-popolo [tema] campagna [luogo] abitare persona [soggetto] quasi-tutto essere-stato)*

10 **Quando si pensò al cognome da attribuire loro, si costruirono cognomi che avessero relazione con la natura.** *(come dire cognome [oggetto] attaccare-[esortativo] [domanda] [citazione] avere-pensato quando / natura [fine] relazione [soggetto] esserci cognome [oggetto] avere-costruito)*

11 **Per esempio, chi possedeva delle risaie in montagna prendeva il cognome Yamada.** *(ad-esempio montagna [luogo] risaia [oggetto] possedere-[progressivo] essere-stato persona [tema] Yamada [citazione] dire cognome [fine] essere-diventato)*

Pronuncia
8 … heimin …

6 Abbiamo già visto diverse volte il verbo 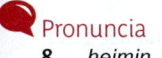 **omou**, *pensare*. Qui è al passato, grado inferiore: 思った **omotta**, *avere pensato*. Quello che viene pensato si trova prima del verbo al quale è collegato tramite la particella と **to**, che introduce l'interrogativa indiretta. Tuttavia, in giapponese la frase subordinata (cioè il pensiero) rimane identica alla interrogativa diretta: troviamo quindi l'intera domanda, compreso il か **ka** finale, prima di と **to**, (ossia, *Si è pensato: "Che nome gli daremo?"*).

第三十六課

12　「渡辺」 と いう 名前 は 川 を 渡る 所 に 住んで いた 人 に 付けた 名前 です。
watanabe to iu namae wa kawa o wataru tokoro ni sunde ita hito ni tsuketa namae desu

13　「山中」 と いう 名前 は 山 の 中 に 住んで いる と いう 意味 です。
yamanaka to iu namae wa yama no naka ni sunde iru to iu imi desu

14　だから 日本人 の 苗字 を 覚える こと は むずかしく ありません。
dakara nihonjin no myōji o oboeru koto wa muzukashiku arimasen

***

▶ 練習 1 – 訳 し なさい

❶ スミス と いう 名前 は アメリカ人 か イギリス人 の 名前 です。
sumisu to iu namae wa amerikajin ka igirisujin no namae desu

❷ 日本人 の 苗字 は 自然 の 物 を 表す 名前 が ほとんど です。
nihonjin no myōji wa shizen no mono o arawasu namae ga hotondo desu

❸ 女 の 人 は 皆 香水 が 好き です。
onna no hito wa minna kōsui ga suki desu

Trentaseiesima lezione / 36

12 Il nome Watanabe veniva dato alle persone che vivevano in un luogo dove si attraversava un fiume. *(Watanabe [citazione] dire nome [tema] fiume [oggetto] attraversare luogo [luogo] abitare-[progressivo] essere-stato persona [fine] essere-attaccato nome essere)*

13 Il nome Yamanaka significa "che vive nelle montagne". *(Yamanaka [citazione] dire nome [tema] montagna [relazione] dentro [luogo] abitare-[progressivo] stare [citazione] dire significato essere)*

14 Ecco perché i cognomi giapponesi non sono difficili da ricordare. *(perciò giapponese-persona [relazione] cognome [oggetto] ricordare fatto [tema] non-essere-difficile)*

***

❹ 来年 から 東京 に 住む こと に なります。
rainen kara tōkyō ni sumu koto ni narimasu

❺ 渡辺 さん で は ない か と 思いました。
watanabe san de wa nai ka to omoimashita

Soluzioni dell'esercizio 1

❶ Smith è un nome americano o inglese. ❷ La maggior parte dei cognomi giapponesi rappresentano elementi della natura. ❸ A tutte le donne piacciono i profumi. ❹ Dal prossimo anno abiterò a Tokyo. ❺ Mi sono chiesto se non fosse la signora Watanabe.

練習 2 - 言葉 を 入れ なさい

1. Tutti gli oggetti che ci sono qui sono antichi.
   koko ni aru mono .. . .

2. Ogni tanto prendo l'autobus.
   tokidoki . . . . . noru . . . .

3. Lavoriamo nello stesso edificio.
   . . . .

4. Nei dintorni della stazione ci sono molti locali come librerie, bar ecc.
   . . . . . atari .. hon'ya toka kissaten . . . . ga takusan arimasu

5. Sono venuti solo parenti.
   shinseki no hito . . . . . ki . . . .

37

第三十七課 dai san jū nana ka

ハチ公 (続き)
ha chi kō (tsuzu ki)

1 - ハチ公 は 秋田犬 です から、
   ha chi kō wa aki ta ken de su ka ra
   飼い主 **1** に よく 仕えます。
   ka i nushi ni yo ku tsuka e ma su

Pronuncia
1 … *kainushi* … *tsukaemas'*

Soluzioni dell'esercizio 2

❶ – wa minna furui desu ❷ – basu ni – koto ga arimasu ❸ onaji bīru de hataraite imasu ❹ eki no – ni – nado – ❺ – shika – masen deshita

La nostra abitudine di invertire nomi e cognomi giapponesi (lezione 15) fa spesso sorgere dei fraintendimenti. In particolare per i nomi antichi, poiché il secondo elemento non era un cognome, ma un "nome personale" che distingueva un individuo all'interno di una famiglia e con questo nome egli era conosciuto. Così è stato per i grandi maestri delle stampe giapponesi: Hokusai, Utamaro ecc. I nomi con cui li conosciamo non sono i loro cognomi, bensì i loro nomi personali. I nomi completi sarebbero: **Katsushika** *(cognome)* **Hokusai** *(nome personale) o* **Kitagawa** *(cognome)* **Utamaro** *(nome personale). Ancora oggi, nei migliori musei del mondo o negli articoli di eminenti studiosi, li vediamo citati solo con il nome personale, ma adesso voi potrete leggerli con occhio consapevole.*

Trentasettesima lezione

Hachiko (seguito)

1 – Essendo un cane di razza Akita, Hachiko era molto fedele al suo padrone. *(Hachiko [tema] Akita-cane essere poiché / padrone [attribuzione] bene servire)*

Note

1 飼い主 **kainushi**, *padrone*, è usato unicamente per indicare il padrone di un animale. Il cane Akita, una razza giapponese, fedele e robusto, assomiglia un po' a un husky. Del resto è stato anche utilizzato come cane da slitta in alcune spedizioni polari.

ni hyaku ni jū yon • 224

2 でも そのうちに 上野さんは亡くなりました。
   de mo so no u chi ni ue no sa n wa na ku na ri ma shi ta

3 それでも ハチ公は 毎日 上野さんを 迎えに 行きました。
   so re de mo ha chi kō wa mai nichi ue no sa n o muka e ni i ki ma shi ta

4 毎日 何時間も 待ちましたが、上野さんは 帰って きませんでした。
   mai nichi nan ji kan mo ma chi ma shi ta ga, ue no sa n wa kae t te ki ma se n de shi ta

5 何年間もの間、ハチ公は 毎日 上野さんを 迎えに 行きました。
   nan nen kan mo no aida ha chi kō wa mai nichi ue no sa n o muka e ni i ki ma shi ta

6 ある日、ハチ公も 死にました。
   a ru hi ha chi kō mo shi ni ma shi ta

7 渋谷の 人々2は ハチ公に 感心したので、駅の前に ハチ公の 銅像を 建てることにしました。
   shibu ya no hito bito wa ha chi kō ni kan shin shi ta no de, eki no mae ni ha chi kō no dō zō o ta te ru ko to ni shi ma shi ta

Trentasettesima lezione / 37

2 Ma un giorno il signor Ueno morì. *(ma breve-tempo [avverbiale] Ueno signore [tema] essere-morto)*

3 Ciò nonostante, tutti i giorni, Hachiko andava ad aspettarlo. *(malgrado-ciò Hachiko [tema] ogni-giorno Ueno signore [oggetto] incontro [fine] essere-andato)*

4 Ogni giorno lo aspettava per ore, ma il signor Ueno non ritornava. *(ogni-giorno quanto ora anche avere-aspettato ma / Ueno signore [tema] ritornare-[progressivo] non-essere-venuto)*

5 Per anni Hachiko andò tutti i giorni ad aspettare il signor Ueno. *(quanto anno-durata anche [relazione] spazio-di-tempo Hachiko [tema] ogni-giorno Ueno signore [oggetto] incontro [fine] essere-andato)*

6 Un giorno, anche Hachiko morì. *(un-certo giorno Hachiko anche essere-morto)*

7 Siccome le persone di Shibuya ammiravano Hachiko, decisero di erigergli una statua bronzea davanti alla stazione. *(Shibuya [relazione] persone [tema] Hachiko [attribuzione] ammirazione avere-fatto poiché / stazione [relazione] davanti [luogo] Hachiko [relazione] statua-di-bronzo [oggetto] costruire fatto [fine] avere-fatto)*

2 … sono uci … naku narimash'ta **3** … mainici … **6** aru hi …

Note

2 人々 = 人 *hito* e un'altra volta 人 *hito* (v. lezione 36, nota 5). Tuttavia la **h** iniziale della seconda parola diventa **b**, cioè 人々 **hitobito**. Questo raddoppiamento è un modo semplice per esprimere un plurale, ma è usato solo per un numero limitato di parole.

37 / 第三十七課

8　今では ハチ公の 銅像は 有名です。日本中の 人が 皆 その 話を 知っています。
ima de wa hachikō no dōzō wa yūmei desu. nihonjū no hito ga minna sono hanashi o shitte imasu

9　渋谷駅の 前で 人と会う 約束を する時、人々は 必ず「ハチ公の 銅像の 前で 会いましょう」と **3** 言います。
shibuya eki no mae de hito to au yakusoku o suru toki, hitobito wa kanarazu "hachikō no dōzō no mae de aimashō" to iimasu

10 — 今晩 渋谷の 辺りで、一杯 **4** いかがですか。
konban shibuya no atari de, ippai ikaga desu ka

11 — じゃ、ハチ公の 前で 会いましょう。
ja, hachikō no mae de aimashō

:Note

3 Con il verbo 言う **iu**, *dire*, ciò che precede と **to** riproduce le parole stesse del discorso citato (v. lezione 36, nota 6).

4 杯 **hai** (v. lezione 22, nota 3): questa parola si usa per contare il numero di bicchieri pieni (一杯 **ippai**, letteralmente "un bicchiere"). In questa frase non si stanno contando i bicchieri, è solo un modo per invitare qualcuno a uscire per bere qualcosa!

Trentasettesima lezione / 37

8 Ora la statua di Hachiko è famosa. *(ora [tempo] [enfasi] Hachiko [relazione] statua-di-bronzo [tema] famoso essere)* In tutto il Giappone le persone conoscono questa storia. *(Giappone-attraverso [relazione] persona [soggetto] tutti codesto racconto [oggetto] sapere-[progressivo] stare)*

9 Quando si dà appuntamento a qualcuno per incontrarsi davanti alla stazione di Shibuya si dice sempre: "Incontriamoci davanti alla statua di Hachiko". *(Shibuya stazione [relazione] davanti [luogo] persona [compagnia] incontrare promessa [oggetto] fare quando / persone [tema] immancabilmente Hachiko [relazione] statua-di-bronzo [relazione] davanti [luogo] incontrarsi-[esortativo] [citazione] dire)*

10 – Che ne dice di bere qualcosa insieme stasera dalle parti di Shibuya? *(stasera Shibuya [relazione] dintorni [luogo] un-bicchiere come essere [domanda])*

11 – Allora incontriamoci davanti alla statua di Hachiko! *(beh Hachiko [relazione] davanti [luogo] incontrarsi-[esortativo])*

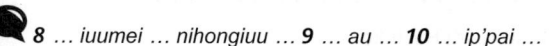
8 ... *iuumei* ... *nihongiuu* ... 9 ... *au* ... 10 ... *ip'pai* ...

第三十七課

▶ 練習 1 – 訳 し なさい

❶ 三越 デパート で 働いて いた 時、渋谷 に 住んで いました。
mitsukoshi depāto de hataraite ita toki shibuya ni sunde imashita

❷ 田中 さん を 迎え に 行く こと に しました。
tanaka san o mukae ni iku koto ni shimashita

❸ 伯父 は 六 年間 ぐらい 中国 に いました。
oji wa roku nenkan gurai chūgoku ni imashita

❹ 兄 は 車 を 二 台 持って います。
ani wa kuruma o ni dai motte imasu

***

練習 2 – 言葉 を 入れ なさい

❶ Mi alzo ogni giorno alle otto e mezza.
. . . .

❷ Conosce la storia di Hachiko?
hachikō . . . .

❸ Anche la macchina del signor Suzuki è rossa.
. . . . kuruma . . . .

❹ Ho lavorato in questo aeroporto per dieci anni.
kono hikōjō de . . . . hataraite imashita

❺ Tutti i camion nella mia azienda sono blu.
. . . . kaisha . . . . wa . . . . .
. . . . .

Trentasettesima lezione / 37

❺ 朝　早く　人　と　会う　時、「お　はよう　ございます」と　言います。
asa hayaku hito to au toki o hayō gozaimasu to iimasu

Soluzioni dell'esercizio 1
❶ Quando lavoravo ai grandi magazzini Mitsukoshi, abitavo a Shibuya. ❷ Ho deciso di andare a prendere il signor Tanaka. ❸ Mio zio è stato in Cina per circa sei anni. ❹ Il mio fratello maggiore ha due automobili. ❺ Quando si incontra qualcuno al mattino presto, si dice "ohayō gozaimasu".

***

Soluzioni dell'esercizio 2
❶ mainichi hachi ji han ni okimasu ❷ – no hanashi o shitte imasu ka ❸ suzuki san no – mo akai desu ❹ – jū nen kan – ❺ watakushi no – no torakku – minna aoi desu

Per i giapponesi gli esseri umani non sono considerati superiori al resto della naura, ma esiste un solo mondo di esseri viventi dove tutti sono solidali. Questo è uno dei fondamenti del pensiero buddista. Senza arrivare a considerare gli animali come sacri, i giapponesi però li considerano come loro eguali. Così non è raro che, quando muore, un animale da compagnia abbia diritto a una cerimonia religiosa e che l'urna contenente le sue ceneri sia deposta nella tomba di famiglia. Il nome dell'animale sarà iscritto come quello di un membro della famiglia: ad esempio, **Yamasaki Mike** *per un gatto, è come se noi scrivessimo "Titti Rossi", oppure* **Saitō Tarō** *per un cane, è come se scrivessimo "Fido Bianchi".*

第三十八課 dai san jū hak ka
(だい さんじゅうはっか)

書類 (しょるい)
sho rui

1 – この　書類（しょるい）は　わからない
ko no　sho rui　wa　wa ka ra na i
ところ　が　たくさん　あります
to ko ro　ga　ta ku sa n　a ri ma su
から、説明（せつめい）して　ください。
ka ra　setsu mei　shi te　ku da sa i

2 「名前（なまえ）」と「苗字（みょうじ）」の意味（いみ）は
na mae　to　myō ji　no　i mi　wa
わかります が、「国籍（こくせき）」とは 何（なん）ですか。
wa ka ri ma su　ga　koku seki　to wa　nan de su ka

3 – 「国籍（こくせき）」と いう の**1** は あなた は
koku seki　to　i u　no　wa　a na ta　wa
どこ の 国（くに）の 人（ひと）です か と **2**
do ko no　kuni　no hito　de su　ka　to
いう こと です。
i u　ko to de su

4 必（かなら）ずしも 生（う）まれた 国（くに）で は
kanara zu shi mo　u ma re ta　kuni　de　wa
ありません。
a ri ma se n

Note

1 国籍 と いう の は kokuseki to iu no wa: conoscete già il の no di *[relazione]* che si trova tra due nomi. In questo caso の no si trova fra un verbo e una particella e serve a sostituire sia un nome già citato in

Trentottesima lezione

Il modulo

1 – Questo modulo ha molti punti che non capisco, me li spiega, per cortesia? *(questo modulo [tema] non-capire luogo [soggetto] molto esserci poiché / spiegazione fare- [imperativo gentile])*

2 Capisco il significato di "namae" e di "myōji", ma cos'è "kokuseki"? *(nome e cognome [relazione] significato [tema] capire ma / cittadinanza [citazione] [tema] cosa essere [domanda])*

3 – Con "kokuseki" si intende il paese da cui provieni. *(cittadinanza [citazione] dire [sostituzione] [tema] tu [tema] dove [relazione] paese [relazione] persona essere [domanda] [citazione] dire fatto essere)*

4 Non è necessariamente il paese in cui sei nato. *(necessariamente essere-nato paese non-essere)*

Pronuncia
1 … shorui … uakaranai … setsumei … *2* … kokuseki … *3* … kuni … *4* … umareta …

precedenza, sia un nome reso evidente dal contesto. In questo caso si tratta della parola 言葉 **kotoba**, *parola* (osservate l'intestazione dell'esercizio 2 di ogni lezione), il *no* letteralmente significa "ciò" (ossia la parola che si dice **kokuseki**). Nella traduzione parola per parola indicheremo questa funzione di の **no** con *[sostituzione]*.

2 Abbiamo già visto nella lezione precedente che con il verbo 言う **iu**, *dire*, quello che precede と **to** riproduce esattamente le parole del discorso; qui letteralmente sarebbe "È una cosa che significa: sei una persona di che paese"?

5　たとえば 由美(ゆみ)さん は
　　ta to e ba　yu mi　sa n　wa

　　オーストラリア　で　生(う)まれました
　　ō su to ra ri a　de　u ma re ma shi ta

　　が　国籍(こくせき)　は　「日本(にほん)」　です。
　　ga　koku seki　wa　ni hon　de su

6　あなた　の　国籍(こくせき)　は　「スペイン」
　　a na ta　no　koku seki　wa　su pe i n

　　です。
　　de su

7 －「住所(じゅうしょ)」　は　わかります。　住(す)んで
　　jū sho　wa　wa ka ri ma su　su n de

　　いる　所(ところ)　です　ね。
　　i ru　tokoro　de su　ne

8　「職業(しょくぎょう)」　と は どう いう　意味(いみ)　です か。
　　shoku gyō　to wa　dō　i u　i mi de su ka

9 －あなた　が　して　いる　仕事(しごと)
　　a na ta　ga　shi te　i ru　shi goto

　　の　こと　です。
　　no　ko to　de su

10　この　書類(しょるい)　は　何(なん)　の　ため　の
　　ko no　sho rui　wa　nan　no　ta me　no

　　物(もの)　です　か。
　　mono　de su　ka

11　滞在(たいざい)　許可証(きょかしょう)　の　ため　です　か。
　　tai zai　kyo ka shō　no　tame　de su ka

Trentottesima lezione / 38

5 Per esempio, Yumi è nata in Australia, ma la sua cittadinanza è giapponese. *(ad-esempio Yumi signora [tema] Australia [luogo] essere-nato ma / cittadinanza [tema] Giappone essere)*

6 La tua cittadinanza è spagnola. *(tu [relazione] cittadinanza [tema] Spagna essere)*

7 – Capisco "jūsho". *(indirizzo [tema] capire)*
È il posto dove si abita! *(abitare luogo essere [accordo])*

8 Cosa significa "shokugyō"? *(professione [citazione] [tema] come dire significato essere [domanda])*

9 – È il lavoro che fai. *(tu [soggetto] fare-[progressivo] stare lavoro [relazione] cosa essere)*

10 Per cosa ti serve questo modulo? *(questo documento [tema] cosa [relazione] scopo [relazione] oggetto essere [domanda])*

11 Per il permesso di soggiorno? *(soggiorno permesso [relazione] scopo essere [domanda])*

5 ... iumi ... oos'toraria ... 6 ... s'pein' ... 7 giuusho ...
8 shokughioo ... 11 taizai ...

職業 と は どう いう 意味 です か。

38 / 第三十八課

12 大学 に 入学 する ため です か。
dai gaku ni nyū gaku su ru ta me de su ka

13 − いいえ。 テニス クラブ に
i i e te ni su ku ra bu ni
はい 入る ため です。
hai ru ta me de su □

***

練習 1 − 訳 し なさい

❶ 意味 が わからない 言葉 が たくさん あります。
imi ga wakaranai kotoba ga takusan arimasu

❷ 住所 と は 住んで いる ところ です。
jūsho to wa sunde iru tokoro desu

❸ 「書類」 と は どう いう 意味 です か。
shorui to wa dō iu imi desu ka

***

練習 2 − 言葉 を 入れ なさい

❶ Cosa significa "kippu *(biglietto)*"?
kippu . . . . dō . . . .

❷ È per il mio viaggio della prossima settimana.
. . . .

❸ Capisco "kuni *(paese)*", ma non capisco "kokuseki *(cittadinanza)*".
kuni . . . . kokuseki . . . .

Trentottesima lezione / 38

12 O per entrare all'università? *(università [fine] ingresso-in-una-scuola fare scopo essere [domanda])*

13 – No. È per iscrivermi al tennis club. *(tennis club [fine] entrare scopo essere)*

***

❹ 仕事 の ため です。
shigoto no tame desu

❺ この 道 は 犬 を 散歩 させる ため の 道 です。
kono michi wa inu o sanpo saseru tame no michi desu

Soluzioni dell'esercizio 1
❶ Ci sono molte parole di cui non capisco il significato. ❷ L'indirizzo è il posto in cui si abita. ❸ Cosa significa "shorui"? ❹ È per il mio lavoro. ❺ Questa strada serve per fare passeggiare i cani.

***

❹ Da quale paese viene?
. . . .

❺ Sono nato in Cina, ma sono di cittadinanza giapponese.
watakushi wa . . . . ,
. . . .

Soluzioni dell'esercizio 2
❶ – to wa – iu imi desu ka ❷ raishū no ryokō no tame desu ❸ – wa wakarimasu ga – wa wakarimasen ❹ doko no kuni no hito desu ka ❺ – chūgoku de umaremashita ga, kokuseki wa nihon desu

第三十九課 dai san jū kyū ka

両親 へ の 手紙
ryō shin e no te gami

1. おととい の 木曜日 は お祖父さん[1] と お祖母 さん と 上野 の 動物園 へ 行って きました。
   o to to i no moku yō bi wa o jii sa n to o baa sa n to ue no no dōbutsu en e i t te ki ma shi ta

2. 私達 は 初めて 動物園 へ 行った ので、大喜び でした。
   watashi tachi wa haji me te dō butsu en e i t ta no de oo yoroko bi de shi ta

3. 一 時間 以上 並びました。
   ichi ji kan i jō nara bi ma shi ta

4. 「どうして こんな に 皆 並ぶ の です か」と お祖父さん に 聞きました。
   dō shi te ko n na ni minna nara bu no de su ka to o jii sa n ni ki ki ma shi ta

237 • ni hyaku san jū shichi (nana)

Trentanovesima lezione

Lettera ai genitori
(genitori [destinazione] [relazione] lettera)

1 L'altro ieri, giovedì, siamo andati allo zoo di Ueno con il nonno e la nonna. *(altro-ieri [relazione] giovedì [enfasi] nonno e nonna [compagnia] Ueno [relazione] zoo [destinazione] andare-[progressivo] essere-venuto)*
2 Poiché era la prima volta che andavamo allo zoo, eravamo contentissimi. *(noi [tema] prima-volta zoo [destinazione] essere-andato poiché / grande-gioia essere-stato)*
3 Abbiamo aspettato in coda per più di un'ora. *(uno ora più-di avere-aspettato-in-fila)*
4 Ho chiesto al nonno: "Perché aspettiamo tutti in fila così?" *(perché questo-modo [avverbiale] tutti aspettare-in-fila cosa essere [domanda] [citazione] nonno [termine] avere-domandato)*

Pronuncia
1 ototoi … mokuioobi … doobutsuen … 4 … narabu …

Note
1 Qui è un bambino che parla: usare さん **san** dopo il nome che designa un membro della propria famiglia fa parte del linguaggio infantile. Un adulto, invece, quando parla della propria famiglia, non deve mai usare さん **san** (v. lezione 26, nota 2) dopo il nome di parentela, perché questo termine va usato solamente quando si parla dei membri della famiglia di altre persone (v. lezione 15).

5 「春は子供が生まれる季節なので₂、皆見に来るのです」とお祖父さんが答えました。

6 先ず首が長いきりんを見ました。

7 それからしわだらけの三頭₃の象を見ました。

8 一頭は耳が小さいアフリカ象でした。

9 もう二頭は耳が大きいインド象でした。

10 愛嬌がいい熊はピーナッツをむしゃむしゃ₄食べていました。

Trentanovesima lezione / 39

5 "La primavera è la stagione in cui nascono i cuccioli, perciò tutti vengono a vederli" ha risposto il nonno.
(primavera [tema] bambino [soggetto] nascere stagione essere poiché / tutti guardare [fine] venire cosa essere [citazione] / nonno [soggetto] avere-risposto)

6 Prima abbiamo visto la giraffa dal collo lungo. *(innanzitutto collo [soggetto] essere-lungo giraffa [oggetto] avere-visto)*

7 Poi tre elefanti pieni di rughe. *(poi ruga coperto-di [relazione] tre grosso-animale [relazione] elefante [oggetto] avere-visto)*

8 Uno era l'elefante africano con le orecchie piccole. *(uno grosso-animale [tema] orecchio [soggetto] essere-piccolo Africa elefante essere-stato)*

9 Gli altri due erano elefanti indiani con le orecchie grandi. *(ancora due grosso-animale [tema] orecchio [soggetto] essere-grande India elefante essere-stato)*

10 Un buffo orso mangiava avidamente delle arachidi. *(stramberia [soggetto] essere-buono orso [tema] arachide [oggetto] con-ingordigia mangiare-[progressivo] essere-stato)*

5 … kisetsu … 6 mazu kubi … nagai … 10 aikioo … kuma … mushamusha …

Note

2 な ので **na node**, *è perché*: voi conoscete già questa struttura, che però tende a scomparire a vantaggio di **desu node**, です ので (v. lezione 33, nota 1).

3 頭 **tō** (letteralmente "testa") si usa quando si devono contare animali… voluminosi!

4 むしゃむしゃ **mushamusha** fa parte di un genere di parole giapponesi buffe e divertenti (ma quasi intraducibili), che rappresentano rumori, impressioni prodotte da un gesto, dalla luce ecc. Questa parola indica il modo di masticare, la descrizione fonetica di come si mastica.

ni hyaku yon jū • 240

第三十九課

11. 川崎　先生　に　よく　似た　猿　が　木　の　枝　から　枝　へ　飛び移って　いました。

12. 眠そう **5**　な　目　を　した　らくだ　が　ゆっくり　歩いて　いました。

13. ライオン　が　檻　の　中　で　吠えた　時　には、

14. 妹　の　かおる　ちゃん **6**　が　驚いて　泣きました。

15. きっと　こわかった　の　でしょう。

16. パンダ　の　檻　の　前　は　たくさん　の　人　が　並んで　いた　ので、

17. 見る　こと　が　できません　でした。

Trentanovesima lezione / 39

11 Una scimmia, che assomigliava tanto al maestro Kawasaki, saltava da un ramo all'altro. *(Kawasaki insegnante [termine] molto essere-stato-simile scimmia [soggetto] albero [relazione] ramo da ramo [destinazione] saltare-[progressivo] essere-stato)*

12 Un cammello dagli occhi sonnacchiosi camminava lentamente. *(dall'aria-assonnata occhio [oggetto] avere-fatto cammello [soggetto] lentamente camminare-[progressivo] essere-stato)*

13 Quando il leone ha ruggito nella sua gabbia, *(leone [soggetto] gabbia [relazione] dentro [luogo] avere-ruggito quando [tempo] [enfasi])*

14 la mia sorellina Kaoru, presa alla sprovvista, si è messa a piangere. *(sorella-minore [apposizione] Kaoru [soggetto] essere-sorpreso-[progressivo] avere-pianto)*

15 Sicuramente ha avuto paura. *(sicuramente avere-avuto-paura cosa essere-[supposizione])*

16 Davanti alla gabbia del panda c'erano tante persone in fila, *(panda [relazione] gabbia [relazione] davanti [tema] molto [relazione] persona [soggetto] essere-in-coda-[progressivo] essere-stato poiché)*

17 e così noi non siamo riusciti a vederlo. *(guardare fatto [soggetto] non-essere-stato-possibile)*

11 … sensei (sensee) … saru … utsut'te … 12 nemusoo … rakuda … yuk'kuri … 14 … kaoru … odoroite …

Note

5 眠そう **nemusō**, *che ha l'aria assonnata*: **sō**, come sapete, in questo contesto significa *che ha l'aria, che sembra* (v. lezione 25, nota 1).

6 かおる ちゃん **kaoru chan**: ちゃん **chan**, deformazione di さん **san**, si impiega spesso per i bambini, soprattutto se si tratta di una bambina piccola.

39 / 第三十九課

18 その 代わり、お祖父さん が パンダ の 絵葉書 を 一枚 ずつ 買って くれました。
so no ka wa ri　o jii sa n　ga　pa n da　no　e ha gaki　o　ichi mai　zutsu　ka tte　ku re ma shi ta

19 とても 楽しい 一日 でした。
to te mo　tano shi i　ichi nichi　de shi ta

飼い主 に 似た 犬 です。

▶ 練習 1 – 訳 し なさい

❶ 先週 の 木曜日 初めて インド 料理 を 食べました。
senshū no mokuyōbi hajimete indo ryōri o tabemashita

❷ 東京 から 静岡 まで は 百 五 十 キロ 以上 あります。
tōkyō kara shizuoka made wa hyaku go juk kiro ijō arimasu

❸ 「なぜ 泣く の」と 妹 に 聞きました。
naze naku no to imōto ni kikimashita

Trentanovesima lezione / 39

18 In compenso, il nonno ci ha comprato una cartolina del panda per ciascuno. *(codesto sostituto nonno [soggetto] panda [relazione] cartolina-illustrata [oggetto] uno oggetto-piatto per-ciascuno comprare-[progressivo] avere-fatto-per-me)*

19 È stata una giornata bellissima. *(molto essere-piacevole giornata essere-stato)*

Ueno è un quartiere della parte nord di Tokyo. Nei bar eleganti dei suoi grandi alberghi, ma anche in quelli meno raffinati delle sue viuzze, esso attira una clientela di giovani impiegati celibi che vivono con i genitori e che, non avendo ancora una famiglia a carico, hanno a disposizione del denaro per pagarsi qualche divertimento. Il grande parco di Ueno vanta invece diverse attrazioni. Innanzitutto, i suoi numerosi ciliegi, puramente decorativi (non producono frutti), che in primavera attirano folle di visitatori. Inoltre, raggruppa parecchi templi e importanti musei, come il Museo nazionale di Tokyo e il Museo nazionale di Arte occidentale. Infine vi si trova lo zoo, famoso per aver accolto in Giappone il primo panda gigante, che fu per tanto tempo una star nazionale. Oggi questo parco è diventato anche luogo di rifugio dei senza fissa dimora della capitale.

❹ 飼い主 に 似た 犬 です。
kainushi ni nita inu desu

❺ 向こう の 店 に おいしそう な お菓子 が あります。
mukō no mise ni oishisō na o kashi ga arimasu

Soluzioni dell'esercizio 1

❶ Giovedì scorso ho mangiato per la prima volta cibo indiano. ❷ Da Tokyo a Shizuoka ci sono più di 150 chilometri. ❸ Ho chiesto alla mia sorellina perché piangesse. ❹ È un cane che assomiglia al suo padrone. ❺ Nel negozio di fronte ci sono dei dolci dall'aria deliziosa.

ni hyaku yon jū yon • 244

練習 2 – 言葉 を 入れ なさい

① Sono andata a fare compere con Yumi e Kaoru.
. . . . kaimono ni ikimashita

② Siccome era domenica la banca era chiusa.
. . . . datta node, ... yasumi . . . .

③ Mio figlio mi rispose che aveva visto delle giraffe, degli elefanti e dei leoni.
. . . .

第四十課 dai yon juk ka

工場 見学
kō jō ken gaku

1 – よう こそ いらっしゃいました**1**。
  yō ko so i ra s sha i ma shi ta

2 これから 私共**2** の 工場 を ご案内 **3** しましょう。
  ko re ka ra watakushi domo no kō jō o go an nai shi ma shō

3 ここ で は 電気 製品 を 主 に 作って います。
  ko ko de wa den ki sei hin o omo ni tsuku t te i ma su

Pronuncia
1 ... irasshaimash'ta 2 ... annai ... 3 ... seihin ...

④ Abbiamo aspettato davanti alla gabbia dell'orso.
. . . .

⑤ Mandarini e mele per favore, due per tipo.
. . . . futatsu . . . .

Soluzioni dell'esercizio 2
① yumi san to kaoru san to – ② nichiyōbi – , ginkō wa – deshita
③ kirin to zō to raion o mimashita to musuko ga kotaemashita
④ kuma no ori no mae de machimashita ⑤ mikan to ringo o – zutsu kudasai

Quarantesima lezione

Visita a una fabbrica
(fabbrica visita)

1 – Benvenuti!
2 Ora vi farò visitare la nostra fabbrica. *(da-ora noi [relazione] fabbrica [oggetto] [onorifico] guida fare-[esortativo])*
3 Qui fabbrichiamo principalmente materiale elettrico. *(qui [luogo] [enfasi] elettricità-manufatto [oggetto] principale [avverbiale] fabbricare-[progressivo] stare)*

Note

1 È la formula di benvenuto in giapponese e letteralmente significa "molto bene / essere venuto".

2 私共 **watakushidomo**, *noi*, di uso molto formale. In questo contesto, "noi" rappresenta l'azienda.

3 ご 案内 **go annai**: 案内 **annai** da solo indica l'azione di *guidare* qualcuno. L'aggiunta del prefisso ご **go** indica che la parola è usata con accezione più formale, rispettosa. Ha lo stesso ruolo del prefisso お **o** (v. lezione 34, frase 11).

ni hyaku yon jū roku • 246

4 どうぞ、こちらへ。足元⁴に
dō zo　ko chi ra　e　ashi moto ni
気を　つけて　ください。
ki　o　tsu ke te　ku da sa i

5 ここは　できあがった　電気
ko ko　wa　de ki a ga t ta　den ki
製品　の　倉庫　です。
sei hin　no　sōko　de su

6 できた　年代　ごと　に　置いて
de ki ta　nen dai　go to　ni　o i te
あります。
a ri ma su

7 右　の　建物　は　事務所　です。
migi　no　tate mono　wa　ji mu sho　de su

8 左　の　建物　は　製造　工場　です。
hidari　no　tate mono wa　sei zō　kō jō　de su

9 – すみません　が、　ちょっと　質問
su mi ma se n　ga　cho t to　shitsu mon
が　ある　の　です　けれども…
ga　a ru　no　de su　ke re do mo

10 – どうぞ。　何　です　か。
dō zo　nan　de su　ka

11 – 工員　が　全然　見えません　が、
kō in　ga　zen zen　mi e ma se n　ga
どこ　に　いる　の　です　か。
do ko　ni　i ru　no　de su　ka

Quarantesima lezione / 40

4 Prego, da questa parte. *(prego questa-parte [destinazione])* **Fate attenzione a dove mettete i piedi!** *(piede-base [fine] attenzione [oggetto] mettere-[imperativo gentile])*

5 **Qui c'è il magazzino dei manufatti elettrici finiti.** *(qui [tema] essere-finito elettricità-manufatto [relazione] magazzino essere)*

6 **Vengono catalogati in ordine cronologico di fabbricazione.** *(essere-fatto periodo ogni [avverbiale] essere-posto-[progressivo] stare)*

7 **L'edificio sulla destra è dedicato agli uffici.** *(destra [relazione] edificio [tema] ufficio essere)*

8 **L'edificio sulla sinistra è la fabbrica di produzione.** *(sinistra [relazione] edificio [tema] produzione fabbrica essere)*

9 – **Scusi, avrei una domanda.** *(mi-scusi ma / un-poco domanda [soggetto] esserci cosa essere però)*

10 – **Prego. Cosa vuole sapere?** *(cosa essere [domanda])*

11 – **Non si vedono operai. Dove sono?** *(operaio [soggetto] assolutamente non-essere-visibile ma / dove [luogo] esserci cosa essere [domanda])*

6 ... nendai ... 8 ... seizoo ... 9 ... shitsumon ...

Note

4 足元 **ashimoto**, letteralmente "la base dei vostri piedi": notiamo brevemente che 足 **ashi** è un termine che indica il *piede*, ma anche la *gamba* e le *zampe* degli animali. In giapponese non si fa distinzione di vocaboli tra gli animali e gli umani.

12 — 前 は 工員 が して いた 仕事 を 今 は ロボット が 全部 して います。
mae wa kōin ga shite ita shigoto o ima wa robotto ga zenbu shite imasu

13 コンピュータ が ロボット を 動かして います。
konpyūta ga robotto o ugokashite imasu

14 — 失業者 は 出 な かった の です か。
shitsugyōsha wa denakatta no desu ka

15 — 工員 は 私達 が 持って いる ロボット を 作る 工場 と コンピュータ を 組み立てる 工場 で 働いて います。
kōin wa watakushitachi ga motte iru robotto o tsukuru kōjō to konpyūta o kumitateru kōjō de hataraite imasu

🗨 *13 konpiuuta ... ugokashite ... 14 shitsughioosha ... 15 ... kumitateru ...*

Quarantesima lezione / 40

12 – Ora sono i robot a fare tutto il lavoro che prima facevano gli operai. *(prima [enfasi] operaio [soggetto] fare-[progressivo] essere-stato lavoro [oggetto] ora [enfasi] robot [soggetto] tutto fare-[progressivo] stare)*

13 E dei computer manovrano i robot. *(computer [soggetto] robot [oggetto] fare-muovere-[progressivo] stare)*

14 – Non ci sono stati disoccupati? *(disoccupato [tema] non-essere-uscito-fuori cosa essere [domanda])*

15 Gli operai lavorano nella fabbrica di nostra proprietà che assembla i computer e in quella che costruisce i robot. *(operaio [tema] noi [soggetto] possedere-[progressivo] stare robot [oggetto] costruire fabbrica e computer [oggetto] assemblare fabbrica [luogo] lavorare-[progressivo] stare)*

Note

5 出なかった **denakatta**, grado inferiore, corrisponde a 出ません でした **demasen deshita**, *non essere comparso* (*o uscito*).

練習 1 – 訳 し なさい

❶ すみません、郵便局 は どこ に ありますか。
sumimasen yūbinkyoku wa doko ni arimasu ka

❷ この 駅 から は 主 に 西 の 方 へ 行く 汽車 が 出発 します。
kono eki kara wa omo ni nishi no hō e iku kisha ga shuppatsu shimasu

❸ 私共 は 自動車 を 組み立てる 工場 と 電話 を 作る 工場 を 持って います。
watakushidomo wa jidōsha o kumitateru kōjō to denwa o tsukuru kōjō o motte imasu

***

練習 2 – 言葉 を 入れ なさい

❶ Faccia attenzione alle macchine.
   jidōsha . . . .

❷ La società dove lavoravo produceva materiale elettrico.
   watashi ga . . . . wa . . . . .
   . . . .

❸ I robot fanno tutto il lavoro, ma non ci sono stati disoccupati.
   . . . .
   . . . . demasen . . . .

❹ Non capisco nulla.
   . . . .

❺ In questo momento stiamo costruendo gli uffici.
   . . . . tatete . . . . .

Quarantesima lezione / 40

❹ 皆入院 した ので、家 に だれも いません。
minna nyū'in shita node ie ni daremo imasen

❺ 鞄 を 作る ロボット を 動かす コンピュータ を 作る 工場 です。
kaban o tsukuru robotto o ugokasu konpyūta o tsukuru kōjō desu

Soluzioni dell'esercizio 1
❶ Scusi, dov'è l'ufficio postale? ❷ Da questa stazione partono principalmente i treni che vanno in direzione ovest. ❸ La nostra società possiede una fabbrica di assemblaggio di automobili e una fabbrica di costruzione di telefoni. ❹ Poiché sono tutti ricoverati all'ospedale, a casa non c'è nessuno. ❺ È una fabbrica dove si costruiscono computer che controllano robot che fabbricano delle borse.

***

Soluzioni dell'esercizio 2
❶ – ni ki o tsukete kudasai ❷ – hataraite ita kaisha – denki seihin o tsukutte imashita ❸ robotto ga shigoto o zenbu shite imasu ga shitsugyōsha wa – deshita ❹ zenzen wakarimasen ❺ ima jimusho o – imasu

41

第四十一課 dai yon jū ik ka
変わった人
ka wa t ta hito

1 — 私の友達のマノリータに
watashi no tomo dachi no ma no lī ta ni
会ったことがありますか。
a t ta ko to ga a ri ma su ka

2 — 会ったことがありません。
a t ta ko to ga a ri ma se n

3 — とてもおもしろい
to te mo o mo shi ro i
アルゼンチン人1です。
a ru ze n chi n jin de su

4 — 職業は?
shoku gyō wa

5 — 作曲家です。
sak kyoku ka de su

6 — 女の作曲家ですか。めずらしい
onna no sak kyoku ka de su ka me zu ra shi i
ですね。
de su ne

7 — そうですね。でもマノリータ
sō de su ne de mo ma no lī ta
は変わった人です。
wa ka wa t ta hito de su

Quarantunesima lezione

Una persona originale
(essere-cambiato persona)

1 – Hai già conosciuto la mia amica Manolita? *(io [relazione] amica [relazione] Manolita [fine] avere-incontrato fatto [soggetto] esserci [domanda])*
2 – No. *(avere-incontrato fatto [soggetto] non-esserci)*
3 – È una ragazza argentina molto simpatica. *(molto essere-divertente argentino-persona essere)*
4 – Di professione? *(professione [tema])*
5 – Compositrice musicale. *(compositore-musicale essere)*
6 – Una donna compositrice? *(donna [apposizione] compositore essere [domanda])*
È raro! *(essere-raro [accordo])*
7 – Sì, è vero, però Manolita è una persona originale! *(ma Manolita [tema] essere-cambiato persona essere)*

Pronuncia
5 sak'kiokuka … **6** … mezurashii …

: Note
1 アルゼンチン人 **aruzenchinjin**: 人 *jin*, che significa *persona*, si aggiunge al nome di un paese per indicare i suoi abitanti.

41 / 第四十一課

8 今　オペラ　を　作曲　して　いる
ima　o pe ra　o　sakkyoku　shi te　i ru
そう　です。
sō　de su

9 とても　いそがしい　と　言って
to te mo　i so ga shi i　to　i t te
います。
i ma su

10 他　の　約束　は　断る　のに、
hoka no　yaku soku　wa　kotowaru　no ni

11 マージャン　に　誘うと　必ず　来ます。
mā ja n　ni　saso u　to　kanara zu　ki ma su

12 この　間　も、アルゼンチン　料理　を
ko no　aida　mo　a ru ze n chi n　ryō ri　o
ごちそう　して　くれる　と　言った　ので、
go chi sō　shi te　ku re ru　to　i t ta　no de

13 楽しみ　に　して　いました。
tano shi mi　ni　shi te　i ma shi ta

14 三　時間　前　に　電話　が　かかって
san　ji kan　mae　ni　den wa　ga　ka ka t te
きました。
ki ma shi ta

15 前　の　日　から　病気　だった₂　そう
mae no　hi　ka ra　byō ki　da t ta　sō
です。
de su

16 ですから　お　料理　は　作れなく
de su ka ra　o　ryō ri　wa　tsuku re na ku
なった　そう　です。
na t ta　sō　de su

Quarantunesima lezione / 41

8 Sembra che in questo periodo stia componendo un'opera. *(ora opera [oggetto] composizione fare-[progressivo] stare sembra essere)*

9 Dice di essere molto impegnata. *(molto essere-occupato [citazione] dire-[progressivo] stare)*

10 Sebbene rifiuti tutti gli altri inviti, *(altro [relazione] appuntamento [tema] rifiutare sebbene)*

11 quando la si invita a giocare a mah jong, viene sicuramente. *(mah jong [fine] invitare se / senz'altro venire)*

12 L'altro giorno, mi aveva detto che mi avrebbe preparato un gustoso pranzo argentino, *(questo intervallo-di-tempo anche Argentina cucina [oggetto] gustoso-preparare fare-[progressivo] fare-per-me [citazione] avere-detto poiché)*

13 e io aspettavo con impazienza. *(contentezza [fine] fare-[progressivo] essere-stato)*

14 Tre ore fa è suonato il telefono. *(tre ora prima [tempo] telefono [soggetto] funzionare-[progressivo] essere-venuto)*

15 Pare che fosse malata dal giorno prima. *(prima [relazione] giorno da malattia essere-stato sembrare essere)*

16 E per questo non aveva potuto cucinare. *(perciò [familiarità] cucina [tema] non-avere-potuto-preparare sembrare essere)*

10 … kotouaru … 11 … sasou … 16 … tsukurenaku …

: Note

2 だった **datta**, grado inferiore, corrisponde a でした **deshita**, *essere stato*.

41 / 第四十一課

17   でも　　食後 に する　マージャン
  de mo　shoku go　ni su ru　mā ja n
  は　大丈夫　　だ と　言う の です。
  wa　dai jō bu　　da to　i u　no de su

18   マノリータ　は　　いつも　　この
  ma no lī ta　wa　　i tsu mo　ko no
  　　調子　です　が、
  　　chō shi　de su　ga

19   とても　　温かい　　人　　　なので、
  to te mo　atata ka i　hito　　na no de

20   　友達　が　たくさん　　います。
  　tomo dachi　ga　ta ku sa n　　i ma su

21   今度　　　紹介　　します。
  kon do　　shō kai　shi ma su

***

▶ 練習 1 – 訳 し なさい

❶ 二 階 だて の イギリス の バス に
乗った こと が あります か。
ni kai date no igirisu no basu ni notta koto ga arimasu ka

❷ この 建物 だけ 倉庫 です。他 の 建物
は 皆 事務所 です。
kono tatemono dake sōko desu hoka no tatemono wa minna jimusho desu

Quarantunesima lezione / 41

17 Però diceva che le andava comunque bene giocare a mah jong dopo pranzo. *(però pranzo-dopo [tempo] fare mah jong [tempo] tutto-bene essere [citazione] dire cosa essere)*

18 Con Manolita è sempre così, ma *(Manolita [tema] sempre questo situazione essere ma)*

19 è una persona molto espansiva, *(molto essere-caldo persona essere poiché)*

20 quindi ha tanti amici. *(amico [soggetto] molto esserci)*

21 La prossima volta te la presento. *(prossima-volta presentazione fare)*

17 … shokugo … 19 … atatakai … 21 … shookai …

***

❸ 仕事 が いそがしい のに 山 へ 行く の です か。

shigoto ga isogashii noni yama e iku no desu ka

❹ 簡単 な ので すぐ できました。

kantan na node sugu dekimashita

❺ 雨 が 降って いる そう です。

ame ga futte iru sō desu

Soluzioni dell'esercizio 1

❶ È mai salito su un autobus inglese a due piani? ❷ Solo questo edificio è un magazzino, tutti gli altri sono uffici. ❸ Andrà in montagna anche se è impegnato con il lavoro? ❹ Ci sono riuscito subito perché era facile. ❺ Sembra che piova.

練習 2 – 言葉 を 入れ なさい

❶ Ha già mangiato cibo giapponese?
. . . .

❷ Ieri ho incontrato il tuo amico americano.
kinō anata no . . . .
aimashita

❸ Hanno due bambini.
. . . . . . ga . . . .

❹ Sembra che in queste montagne ci siano degli orsi.
kono . . . .

❺ Siccome mi piaceva tanto, l'ho comprato tutto.
. . . . , ...

42

だいよんじゅうに か
第四十二課 **dai yon jū ni ka**

まとめ – **Riepilogo**

1 Scrittura dei kanji: un caso particolare

Ritorniamo ora a parlare di scrittura, a proposito di un aspetto un po' particolare che riguarda i kanji. Avete già visto che ogni kanji corrisponde a una, a due, talvolta a tre sillabe, e che quando si trova in una parola composta si può dire con precisione quale(i) sillaba(e) corrisponde(ono) a quale kanji.

Per esempio in 建物 **tatemono**, *edificio*, 建 corrisponde a **tate** (たて) (*costruire*) e 物 a **mono** (もの) (*cosa*).

Tuttavia, in alcuni casi, si hanno due kanji ai quali corrispondono una o più sillabe, senza che si possa dire a quale kanji corrisponda ognuna. Prendiamo ad esempio tre parole molto usate:

Soluzioni dell'esercizio 2

❶ nihon ryōri o tabeta koto ga arimasu ka ❷ – amerikajin no tomodachi ni – ❸ kodomo – futari imasu ❹ – yama ni kuma ga iru sō desu ❺ daisuki na node, zenbu kaimashita

---

Il mah jong è un domino di origine cinese, anche se la provenienza esatta è un po' oscura. Si sa che la sua versione attuale può essere datata al 1870. Si gioca in quattro giocatori a coppie e lo scopo è quello di realizzare le più belle combinazioni possibili. Estremamente popolare in Cina, si è diffuso in tutta l'Asia subendo numerose variazioni, così il mah jong che si gioca adesso in Giappone è molto diverso da quello d'origine. In Giappone esistono migliaia di piccoli club di tutti i tipi dove persone di tutte le età si riuniscono per giocare. Dalle sale dove si va a giocare in modo legale tra pensionati, uomini o donne, ai club dove gli impiegati vanno a rilassarsi dopo il lavoro, fino alle bische frequentate soprattutto da giocatori professionisti che puntano grosse somme di denaro, ai limiti della legalità.

Quarantaduesima lezione

– *oggi* (lezione 11, frase 6) 今日, è l'esempio di due kanji che si pronunciano **kyō**;
– in *ieri* (lezione 8 frase 1) 昨日, i due kanji si pronunciano **kinō** senza che si possano separare.
– Lo stesso vale per *domani* (lezione 2, frase 7) 明日, in cui i due kanji si pronunciano **ashita**, senza alcuna possibile separazione.
Il fenomeno si ritrova in molti termini che designano i membri della famiglia: 伯父 **oji**, *mio zio* (lezione 32, frase 1); お祖父さん **ojiisan**, *nonno* e お祖母さん **obaasan**, *nonna* (lezione 39, frase 1).

2 L'uso della parola こと *koto*

In tutte le lingue esistono parole chiave. In giapponese una di queste è こと **koto**, il cui significato, difficile da definire precisamente, si avvicina a quello di *cosa, avvenimento, fatto, elemento*.
In tutti i casi, la parola **koto** serve per delle espressioni di uso molto comune e si usa in questa costruzione: verbo + こと **koto** + una

particella + un altro verbo. Abbiamo già visto gli usi più importanti, facciamo ora un piccolo ripasso:
– こと に します（する）**koto ni shimasu (suru)** (letteralmente "il fatto di fare"), *decidere di* (lezione 37, frase 7).
– こと に なります（なる）**koto ni narimasu (naru)** (letteralmente "il fatto di diventare"), *verificarsi* (lezione 36, frase 8).
– こと が できます（できる）**koto ga dekimasu (dekiru)** (letteralmente "il fatto di riuscire"), *potere* e la sua forma negativa corrispondente (lezione 39, frase 17).
– verbo di grado inferiore in **u** + こと が あります（ある）**koto ga arimasu (aru)** (letteralmente "il fatto di esserci"), *accade, capita che* e il suo corrispondente negativo (lezione 36, frase 3).
Da non confondere con la costruzione che ha il verbo al grado inferiore terminante in **ta** + こと が あります（ある）**koto ga arimasu (aru)**, *avere già avuto l'occasione di* (lezione 41, frasi 1 e 2).
– Un'altra costruzione è こと は **koto wa** + aggettivo, *è... il fatto di...* (lezione 36, frase 14).
– E infine, le espressioni と いう こと です **to iu koto desu** (lezione 38, frase 3) oppure の こと です **no koto desu** (lezione 38, frase 9), sono utilizzate per rafforzare una spiegazione.

3 Le parole interrogative – Gli indefiniti

Ecco di nuovo le parole interrogative; non ne parliamo dalla lezione 28 (§ 2). È dunque il momento di fare il punto della situazione!

3.1 L'interrogativo 何 *nan* o *nani*

È il vocabolo che incontriamo più spesso. Esso ha due impieghi:
– da solo, significa *cosa?, che?*
– seguito da un nome, corrisponde:
→ sia al nostro aggettivo interrogativo *quale? quali? che?:* 何 時 (に) **nan ji (ni)**, *(a) che ora?* (lezione 11, frase 1), 何 階 **nan kai**, *quale piano?* (lezione 24, frase 8), 何 ページ （に）**nan pēji (ni)**, *(a) che pagina?* (lezione 29, frase 7);
→ sia all'espressione *quanto/a/i/e?:* 何 時間 **nan jikan**, *quante ore?* (lezione 13, esercizio 1, frase 4), 何 ページ **nan pēji**, *quante pagine?* (lezione 25, frase 10).
In entrambi i casi ci si aspetta un numero come risposta.

Quarantaduesima lezione / 42

3.2 Altre due parole interrogative

Altre due parole interrogative sono da aggiungere al vostro elenco:
– なぜ **naze**, *perché?, per quale motivo?* (lezione 33, frase 3), a cui si risponde con から **kara**;
– どうして **dōshite**, *perché?, com'è il fatto che?* (lezione 36, frase 5; lezione 39, frase 4), a cui si risponde soprattutto con ので **node**.

3.3 Le parole indefinite in -か *ka*

Con l'aggiunta del suffisso -か **ka** ad alcune parole interrogative si può formare una serie di parole indefinite:
– どこか **dokoka**, *da qualche parte*, si ottiene partendo da どこ **doko**, *dove?* (lezione 29, frase 1);
– 何か **nanika**, *qualcosa*, si ottiene partendo da 何 **nani**, *cosa?* (lezione 34, frase 2);
– si possono anche formare だれか **dareka**, *qualcuno*, a partire da だれ **dare**, *chi?* e いつか **itsuka**, *un giorno o l'altro*, a partire da いつ **itsu**, *quando?*

3.4 Le parole indefinite in -も *mo*

Un'altra serie di parole o espressioni indefinite si forma aggiungendo -も **mo** a parole o espressioni interrogative. Bisogna distinguere due casi.
– Il caso generale, in cui rientrano espressioni formate grazie a 何 **nan** o **nani** + un nome (v. sopra) + **mo**. Il significato è *non si sa quanto/a/i/e*:
→ 何 ページ も **nan pēji mo**, *un numero indefinito di pagine* (lezione 36, frase 3);
→ 何 時間 も **nan jikan mo**, *non si sa quante ore, un numero imprecisato di ore* (lezione 37, frase 4); 何 年間 も **nan nenkan mo**, *non si sa quanti anni, un numero indefinito di anni* (lezione 37, frase 5).
– Due casi particolari: 何も **nanimo** e だれも **daremo**. Queste due parole vengono impiegate unicamente con un verbo in forma negativa e significano rispettivamente *niente e nessuno* (lezione 24, frase 11 e lezione 30, frase 11).

4 I verbi

4.1 I verbi composti da una parola sinogiapponese + する *suru*

Finiamo la lezione di riepilogo con il consueto viaggio attraverso i verbi incontrati di recente. Avrete già constatato che i verbi non presentano una così grande varietà di forme, ma è necessario, allo stesso tempo, sapere come costruire queste forme per ogni verbo. È proprio quello che cominceremo a vedere oggi.

• **Esempi**
Una grandissima quantità di verbi è formata da un nome di origine cinese, composto in generale da due kanji, e dal verbo giapponese します **shimasu** (grado medio) o する **suru** (grado inferiore), che significa *fare*. Ne avete già incontrati molti al grado medio del presente (e quindi anche del futuro). Ad esempio:
– 卒業 する **sotsugyō suru** (letteralmente "diploma fare"), *diplomarsi, laurearsi* (lezione 23, frase 2);
– 結婚 する **kekkon suru** (letteralmente "matrimonio fare"), *sposarsi* (lezione 25, frase 8);
– 心配 する **shinpai suru** (letteralmente "preoccupazione fare"), *preoccuparsi* (lezione 27, frase 12);
– 出発 する **shuppatsu suru** (letteralmente "partenza fare"), *partire* (lezione 32, frase 2);
– 旅行 する **ryokō suru** (letteralmente "viaggio fare"), *viaggiare* (lezione 32, frase 11);
– 説明 する **setsumei suru** (letteralmente "spiegazione fare"), *spiegare* (lezione 38, frase 1);
– 入学 する **nyūgaku suru** (letteralmente "ingresso-scuola fare"), *entrare in una scuola / all'università* (lezione 38, frase 12),
– 案内 する **annai suru** (letteralmente "guida fare"), *accompagnare / guidare* (lezione 40, frase 2);
– ごちそう する **gochisō suru** (letteralmente "delizia fare"), *offrire qualcosa a qualcuno, preparare un pasto* (lezione 41, frase 12);
– 紹介 する **shōkai suru** (letteralmente "presentazione fare"), *presentare* (lezione 41, frase 21).

Questa lunga lista potrebbe continuare ancora con centinaia di esempi. Un aspetto positivo, però, è che ciascuna di queste parole può essere utilizzata anche solo come sostantivo, senza il verbo する **suru**, *fare*, in qualsiasi tipo di frase.

Quarantaduesima lezione / 42

• **Il verbo** する **suru**
È un verbo molto semplice da utilizzare. A parte il grado inferiore, する **suru**, tutte le altre forme si costruiscono utilizzando la base し **shi**:
– *io faccio*: する **suru**, grado inferiore, します **shimasu**, grado medio;
– *io non faccio*: しない **shinai**, grado inferiore, しません **shimasen**, grado medio;
– *io facevo*: した **shita**, grado inferiore, しました **shimashita**, grado medio;
– *io non facevo*: しなかった **shinakatta**, grado inferiore, しませんでした **shimasen deshita**, grado medio.

Invece, per le forme che indicano un'azione che si sta compiendo nel momento in cui si parla, abbiamo:
– *sto facendo*: して いる **shite iru**, grado inferiore, して います **shite imasu**, grado medio;
– *non sto facendo*: して いない **shite inai**, grado inferiore, して いません **shite imasen**, grado medio;
– *stavo facendo*: して いた **shite ita**, grado inferiore, して いました **shite imashita**, grado medio.
– *non stavo facendo*: して いなかった **shite inakatta**, grado inferiore, して いません でした **shite imasen deshita**, grado medio.

Queste forme vi sono già quasi tutte familiari. Si tratta dunque solo di aggiungere alla base し **shi** i diversi suffissi a seconda della forma che vogliamo utilizzare. È così che funzionano tutti i verbi e per tutti i verbi i suffissi sono gli stessi.

L'unica difficoltà è che talvolta per uno stesso verbo ci sono basi differenti a seconda dei suffissi; ma non corriamo troppo, lo vedremo nella prossima lezione di riepilogo. Per il momento potete iniziare a osservare i verbi che compariranno nelle lezioni successive.

4.2 Qualche osservazione su alcuni verbi

• 聞く **kiku**
Il verbo 聞く **kiku** significa sia *ascoltare* (lezione 29, frase 8), sia *domandare*, *chiedere* (lezione 39, frase 4).

• できる **dekiru**
Il verbo できる **dekiru** ha anch'esso due significati ben distinti. Il primo è *riuscire*, *potere* (lezione 30, frase 8, lezione 34, frase 18), mentre il secondo è *essere fatto*, *essere prodotto* (lezione 40, frase 6).

第四十二課

▶ 復習 会話

1. 何年間も同じ事務所に勤めていました。
   nan nenkan mo onaji jimusho ni tsutomete imashita

2. 「どうして失業者が出なかったのですか」と先生に聞きました。
   dōshite shitsugyōsha ga denakatta no desu ka to sensei ni kikimashita

3. 「ほとんどみんな今ロボットの工場で働いているそうです」と先生が答えました。
   hotondo minna ima robotto no kōjō de hataraite iru sō desu to sensei ga kotaemashita

4. 中村さんの息子さんが交通事故に会ったので、とても心配していましたが、来週退院することになったので、安心しました。
   nakamura san no musuko san ga kōtsū jiko ni atta node totemo shinpai shite imashita ga raishū tai'in suru koto ni natta node anshin shimashita

5. 職業にするつもりで毎日ピアノの練習を何時間もしているそうです。
   shokugyō ni suru tsumori de mainichi piano no renshū o nan jikan mo shite iru sō desu

6. 日本中の人々は感心な犬のハチ公の話を知っています。
   nihonjū no hitobito wa kanshin na inu no hachikō no hanashi o shitte imasu

Quarantaduesima lezione / 42

7 また いつか 日本 で 会いましょう。
mata itsuka nihon de aimashō

8 書類、国籍 など は むずかしい 言葉 ですから、簡単 に 覚える こと が できません。
shorui kokuseki nado wa muzukashii kotoba desu kara kantan ni oboeru koto ga dekimasen

9 この 写真 の 人 を もう どこか で 見た こと が ある と 思います。
kono shashin no hito o mō dokoka de mita koto ga aru to omoimasu

10 すぐ 電気会社 に 電話 を かけました。でも だれも 出ません でした。
sugu denkigaisha ni denwa o kakemashita demo daremo demasen deshita

Traduzione

1 Ho lavorato per non so quanti anni nello stesso ufficio. **2** "Perché non ci sono stati disoccupati?", ho chiesto all'insegnante. **3** "Sembra che quasi tutti lavorino nella fabbrica dei robot", ha risposto l'insegnante. **4** Il figlio del signor Nakamura ha avuto un incidente e io ero molto in pensiero, ma per fortuna mi sono tranquillizzata perché uscirà dall'ospedale la settimana prossima. **5** Sembra che si eserciti tutti i giorni al pianoforte, non so quante ore, con l'intenzione di farne una professione. **6** In tutto il Giappone le persone conoscono la storia dell'ammirevole cane Hachiko. **7** Ci rivedremo un giorno in Giappone. **8** Alcune parole come "shorui" e "kokuseki" sono difficili e io non riesco a ricordarle facilmente. **9** Credo di avere già visto da qualche parte la persona di questa foto. **10** Ho telefonato immediatamente alla società elettrica, ma non ha risposto nessuno.

43

第四十三課 dai yon jū san ka
だいよんじゅうさん か

S. F.

esu efu

1 – あさって 映画 を 見 に 行きます。
　　a sat te　ei ga　o　mi　ni　i ki ma su

2 – どんな 映画 を 見る の です か。
　　don na　ei ga　o　mi ru　no　de su　ka

3 – 僕 は S.F. が 大好き です。
　　boku wa　esu efu　ga　dai su ki　de su

4 　あさって 見 に 行こう **1** と
　　a sat te　mi　ni　i kō　to
　　思って いる 映画 は「宇宙
　　omot te　i ru　ei ga　wa　u chū
　　冒険」と いいます。
　　bō ken　to　i i ma su

5 – 僕 は もう 見ました。 おもしろい
　　boku wa　mō　mi ma shi ta　o mo shi ro i
　　です よ。
　　de su　yo

6 　それ は 二千 五百 六 年 に
　　so re　wa　ni sen　go hyaku　roku　nen　ni
　　起こる 物語 です。
　　o ko ru　mono gatari　de su

Quarantatreesima lezione

Fantascienza

1 – Dopodomani andrò al cinema. *(dopodomani cinema [oggetto] guardare [fine] andare)*
2 – Che film vai a vedere? *(quale-tipo film [oggetto] guardare cosa essere [domanda])*
3 – Io adoro la fantascienza. *(io [tema] fantascienza [soggetto] piacere-molto essere)*
4 Il film che sto pensando di andare a vedere dopodomani si intitola "Avventura nello spazio". *(dopodomani guardare [fine] andare-[desiderativo] [citazione] pensare film [tema] universo avventura [citazione] dire)*
5 – Io l'ho già visto. *(io [tema] già avere-visto)* È bello! *(essere-interessante [opinione])*
6 È una storia ambientata nel 2506. *(codesta [tema] due-mille cinque-cento sei anno [tempo] accadere storia essere)*

Pronuncia
4 … uciuu …

Note
1 行こう **ikō**, *andiamo*, è il grado inferiore corrispondente a 行きましょう **ikimashō**. Il grado inferiore è obbligatorio davanti a と 思って いる **to omotte iru** (v. lezione 28, § 5.2).

ni hyaku roku jū hachi • 268

7 地球 の ロケット の 出発
chi kyū no ro ke t to no shup patsu
点 は 月 です。
ten wa tsuki de su

8 そして 他 の 星 と 惑星 へ そこ
so shi te hoka no hoshi to waku sei e so ko
から 飛び立つ の です。
ka ra to bi ta tsu no de su

9 でも 宇宙 の 果て から 地球
de mo u chū no ha te ka ra chi kyū
を 侵略 する 悪者 が 出て
o shin ryaku su ru waru mono ga de te
きます。
ki ma su

10 ヒーロー は 地球 の 安全 を
hī rō wa chi kyū no an zen o
守る ため に、宇宙 の 彼方
mamo ru ta me ni u chū no kanata
まで 冒険 に 行く の です。
ma de bō ken ni i ku no de su

11 そして 敵国 の 悪者 の 妹 に
so shi te teki koku no waru mono no imōto ni
恋 を する の です。最後 は
koi o su ru no de su sai go wa
ハッピ エンド です。
ha p pi e n do de su

Quarantatreesima lezione / 43

7 Il punto di partenza dei missili terrestri è la Luna. *(globo-terrestre [relazione] razzo [relazione] partenza punto [tema] Luna essere)*

8 È da lì che si decolla per altre stelle e pianeti. *(poi altro [relazione] stella e pianeta [destinazione] là da decollare cosa essere)*

9 Ma dai confini dell'universo arriva un uomo malvagio che invade la Terra. *(ma universo [relazione] estremità da globo-terrestre [oggetto] invasione fare cattivo-persona [soggetto] uscire-[progressivo] venire)*

10 Per salvare la Terra, l'eroe si avventura fino ai remoti angoli dell'universo. *(eroe [tema] globo-terrestre [relazione] sicurezza [oggetto] difendere scopo [fine] / universo [relazione] lontananza fino-a avventura [fine] andare cosa essere)*

11 Poi si innamora della sorella minore del malvagio del paese nemico. *(poi paese-nemico [relazione] cattivo-persona [relazione] sorella-minore [fine] amore [oggetto] fare cosa essere)*
E tutto finisce bene. *(fine [tema] happy-end essere)*

7 cikiuu ... 8 ... uakusei ... 11 ... koi ... saigo

第四十三課

<ruby>宇宙<rt>うちゅう</rt></ruby> <ruby>冒険<rt>ぼうけん</rt></ruby>

12 – それなら 宇宙 冒険 で は
so re na ra　u chū　bō ken　de　wa

ありません ね。
a ri ma se n　　ne

13 <ruby>恋<rt>こい</rt></ruby> の <ruby>冒険<rt>ぼうけん</rt></ruby> です ね。
koi　no　　　bōken　de su　ne

14 <ruby>話<rt>はなし</rt></ruby> の <ruby>内容<rt>ないよう</rt></ruby> を <ruby>全部<rt>ぜんぶ</rt></ruby> <ruby>聞<rt>き</rt></ruby>いて
hanashi　no　nai yō　o　zen bu　ki i te

しまった ので もう <ruby>見<rt>み</rt></ruby> に <ruby>行<rt>い</rt></ruby>く
shi ma t ta　　no de　mō　mi　ni　i ku

<ruby>気<rt>き</rt></ruby> が しません。
ki　ga　shi ma se n

15 <ruby>僕<rt>ぼく</rt></ruby> に は、 <ruby>恋<rt>こい</rt></ruby> の <ruby>冒険<rt>ぼうけん</rt></ruby> なんて
boku　ni　wa　koi　no　bō ken　na n te

<ruby>興味<rt>きょうみ</rt></ruby> が ありません。
kyō mi　ga　a ri ma se n

***

練習 1 – 訳 し なさい

❶ <ruby>来年<rt>らいねん</rt></ruby> の <ruby>春<rt>はる</rt></ruby> アパート を <ruby>買<rt>か</rt></ruby>おう と <ruby>思<rt>おも</rt></ruby>って います。

rainen no haru apāto o kaō to omotte imasu

❷ このごろ は とても いそがしい です から もう <ruby>旅行<rt>りょこう</rt></ruby> に <ruby>行<rt>い</rt></ruby>く <ruby>気<rt>き</rt></ruby> が しません。

konogoro wa totemo isogashii desu kara mō ryokō ni iku ki ga shimasen

Quarantatreesima lezione / 43

12 – Allora non si tratta di avventure spaziali. *(se-è-così universo avventura non-essere [accordo])*

13 Sono avventure d'amore! *(amore [relazione] avventura essere [accordo])*

14 Ora che ho sentito tutto il contenuto della storia, non ho più voglia di andare a vederlo. *(storia [relazione] contenuto [oggetto] tutto ascoltare-[progressivo] fare-fino-in-fondo poiché / ormai guardare [fine] andare spirito [soggetto] non-fare)*

15 A me non interessano assolutamente le avventure amorose. *(io [termine] [enfasi] amore [relazione] avventura proprio interesse [soggetto] non-esserci)*

14 … nai ioo …

***

❸ 自動車 を 作る ため に 工場 を 建てます。
jidōsha o tsukuru tame ni kōjō o tatemasu

❹ パン を 作る ため に 小麦 を 使います。
pan o tsukuru tame ni komugi o tsukaimasu

❺ それなら 先生 も S.F. に 興味 が ある でしょう。
sorenara sensei mo esu efu ni kyōmi ga aru deshō

Soluzioni dell'esercizio 1

❶ Sto pensando di comprare un appartamento la prossima primavera. ❷ In questo periodo sono così occupata che non ho più voglia di andare in viaggio. ❸ Per fabbricare automobili si costruiscono fabbriche. ❹ Per fare il pane si usa la farina. ❺ E così anche Lei, professore, è interessato alla fantascienza.

練習 2 – 言葉 を 入れ なさい

❶ Che tipo di canzoni Le piacciono?
. . . . . uta . . . .

❷ Ho comprato un libro che sembra interessante.
. . . . hon . . . .

❸ Si intitola "Partenza per le stelle". È di 1298 pagine.
. . . .
. . . .

第四十四課 (だい よん じゅう よん か) dai yon jū yon ka

ホテル
ho te ru

1 – おはよう　　　ございます。
　　o ha yō　　　　go za i ma su

　　プリンス　　ホテル　　で
　　pu ri n su　　ho te ru　　de

　　ございます **1**。
　　go za i ma su

2 – へや　　　　　よやく
　　部屋　の　　予約　を　おねがい
　　he ya　no　　yo yaku　o　o ne ga i

　　したい　　の　　です　　けれども **2**…
　　shi ta i　　no　　de su　　ke re do mo

Quarantaquattresima lezione / 44

④ Le interessa il tennis?
. . . .

⑤ L'ho già visto.
. . . .

Soluzioni dell'esercizio 2
① donna – ga suki desu ka **②** omoshirosō na – o kaimashita **③** hoshi e no shuppatsu to iimasu – sen ni hyaku kyū jū hachi pēji ga arimasu **④** tenisu ni kyōmi ga arimasu ka **⑤** mō mimashita

---

Quarantaquattresima lezione 44

L'albergo

1 – Buongiorno. È il Prince Hotel. *(Prince Hotel essere)*
2 – Vorrei prenotare una stanza… *(camera [relazione] prenotazione [oggetto] domandare volere-fare cosa essere ma)*

Note

1 で ございます **de gozaimasu**: grado superiore corrispondente a です **desu**, *essere*, che si usa quando si parla di sé o dei propri parenti. Per i verbi più comuni il grado superiore non si ottiene da un'altra forma dello stesso verbo, ma con l'utilizzo di un verbo diverso. È anche il caso dell'aggettivo いい **ii** (v. lezione 23, nota 5).

2 けれども **keredomo** in fine di frase significa *sebbene*, *per quanto*, ma è anche utilizzato, come in questo caso, per addolcire il tono, come quando diciamo: "Mi scusi, ma…" (v. lezione 40, frase 9). È anche il caso della particella が **ga**, che abbiamo incontrato spesso.

44 / 第四十四課

3 — お 一人 さま**3** です か。
    o hitori sa ma de su ka

4 — いいえ、家内 と 子供 が 二人 います。
    i i e ka nai to ko domo ga futari i ma su

5 — 大人 二人、子供 二人、全部 で 四名 さま です ね。ご 滞在 は いつ から いつ まで です か。
    otona futari ko domo futari zen bu de yon mei sa ma de su ne go tai zai wa i tsu ka ra i tsu ma de de su ka

6 — 来月 の 十二日 から 十五日 まで おねがい したい の です が…
    rai getsu no jū ni nichi ka ra jū go nichi ma de o ne ga i shi ta i no de su ga

7 — 来月 は 大変 混んで おります**4** ので、ちょっと 離れた 二部屋 です が、よろしい**5** でしょう か。
    rai getsu wa tai hen ko n de o ri ma su no de cho t to hana re ta futa he ya de su ga yo ro shi i de shō ka

8 — 同じ 階 です か。
    ona ji kai de su ka

9 — はい、そう で ございます**6**。
    ha i sō de go za i ma su

Quarantaquattresima lezione / 44

3 – Per una persona? *([onorifico] uno-persona signore essere [domanda])*

4 – No, ci sono [anche] mia moglie e due bambini. *(no mia-moglie e bambino [soggetto] due-persona esserci)*

5 – Due adulti e due bambini, quindi in tutto quattro persone. *(adulto due-persona bambino due-persona totale [mezzo] quattro persona signore essere [accordo])* Quali sono le date del vostro soggiorno? *([onorifico] permanenza [tema] quando da quando fino-a essere [domanda])*

6 – Vorrei prenotare dal 12 al 15 del mese prossimo. *(prossimo-mese [relazione] dieci-due-giorno da dieci-cinque-giorno fino-a richiesta volere-fare cosa essere ma)*

7 – Il mese prossimo siamo molto pieni, ma ci sarebbero due stanze un po' distanti, crede che possa andare bene? *(prossimo-mese [enfasi] grave essere-affollato-[progressivo] stare poiché / poco essere-stato-distante due-camera essere ma / essere-buono [domanda])*

8 – Si trovano sullo stesso piano? *(stesso piano essere [domanda])*

9 – Sì. *(sì così essere)*

Note

3 お 一人 さま **o hitori sama**: una persona si dice 一人 **hitori**, la お **o** iniziale e il さま **sama** finale servono per indicare cortesia e rispetto (v. anche la frase 5), come una sorta di grado superiore del nome.

4 おります **orimasu** è il grado superiore di います **imasu**, quando si parla di sé o dei propri cari.

5 よろしい **yoroshii** sostituisce l'aggettivo いい **ii** perché siamo in un contesto formale (v. lezione 23, nota 5).

6 そう で ございます **sō de gozaimasu** (nota 1): grado superiore di そう です **sō desu**, *è così, sì*.

10 – よろしく おねがい します。

11 – チェック イン の 時間 は 正午 から で ございます。

12 (妻に)

13 – 部屋 の 予約 を した よ。ちょっと 離れて いる 部屋 だ けど7 同じ フロア だって8。

14 – それじゃ、仕方 が ない わ ね。まあ、いい わ。

▶ 練習 1 – 訳 し なさい

❶ もしもし 上原 で ございます。

❷ 小さい バッグ しか ありません が、よろしい でしょう か。

❸ 二十一日 から 三十日 まで プリンス ホテル に います。

10 – D'accordo, me le prenoti, per cortesia. *(bene richiesta fare)*
11 – Potete fare il check-in dopo mezzogiorno. *(check-in [relazione] orario [tema] mezzogiorno da essere)*
12 (Alla moglie) *(moglie [termine])*
13 – Ho fatto la prenotazione. *(camera [relazione] prenotazione [oggetto] avere-fatto [opinione])*
Dice che le camere sono un po' distanti, però si trovano sullo stesso piano. *(poco essere-distante-[progressivo] stare camera essere però / stesso piano essere-dire)*
14 – Allora, pazienza. *(allora modo [soggetto] non-esserci [addolcimento] [accordo])*
Va bene così! *(beh essere-buono [addolcimento])*

Note

7 けど **kedo**, forma abbreviata di けれども **keredomo**, *sebbene*, nel linguaggio familiare.

8 だって **datte**: nel linguaggio informale e familiare, だって serve a riportare le parole di qualcun altro.

***

❹ 正午 に ホテル の 前 で 会いましょう。
shōgo ni hoteru no mae de aimashō

❺ 切符 を 三枚 おねがい したい の です けれども…
kippu o san mai onegai shitai no desu keredomo

Soluzioni dell'esercizio 1

❶ Pronto, sono il signor Uehara. ❷ Abbiamo solo delle borse piccole, possono andare bene? ❸ Dal 21 al 30 sarò al Prince Hotel. ❹ Incontriamoci a mezzogiorno davanti all'albergo. ❺ Vorrei tre biglietti, per favore.

練習 2 - 言葉 を 入れ なさい

❶ Le vacanze sono dal 23 al 26.
 . . . . kara . . . .
 . . . . desu

❷ Siamo in due.
 . . . .

❸ Non c'è altra scelta!
 . . . . desu ne

❹ Dal prossimo mese, lavorerò solo di pomeriggio.
 . . . . wa . . . .
 . . . .

❺ Siccome abbiamo prenotato nello stesso albergo, andiamoci insieme!
 . . . . ni yoyaku . . . . , ...
 . . ikimashō

第四十五課 dai yon jū go ka

銀行
gin kō

1 − 度々　日本　に　来る　から、口座
   tabi tabi ni hon ni ku ru ka ra   kō za
   を　開きたい　の　です　が…
   o　hira ki ta i　no　de su　ga

Soluzioni dell'esercizio 2

❶ yasumi wa ni jū san nichi – ni jū roku nichi made – ❷ futari desu ❸ shikata ga nai – ❹ raigetsu kara – gogo shika hatarakimasen ❺ onaji hoteru – shita node, issho ni –

45
Quarantacinquesima lezione

La banca

1 – Siccome vengo spesso in Giappone, vorrei aprire un conto in banca. *(spesso Giappone [luogo] venire poiché / conto-bancario [oggetto] volere-aprire cosa essere ma)*

第四十五課

2　口座 は 簡単 に 開く こと が できます[1] か。
　　kōza wa kantan ni hiraku koto ga dekimasu ka

3 — はい。普通 口座 なら、外国人 でも 開く こと が できます。
　　hai. futsū kōza nara, gaikokujin demo hiraku koto ga dekimasu

4 — それでは、私 も 口座 を 開きましょう。
　　sore de wa, watakushi mo kōza o hirakimashō

5　後 二日 で カナダ へ 帰ります。
　　ato futsuka de kanada e kaerimasu

6　帰国 の 前に、残った 日本 円 を 預けて いく こと に します[2]。
　　kikoku no mae ni, nokotta nihon en o azukete iku koto ni shimasu

7 — 普通 口座 でも 利子 が つきますから、
　　futsū kōza demo rishi ga tsukimasu kara,

8　来年 の 冬 また 日本 に 遊び[3] に 来る 時、
　　rainen no fuyu mata nihon ni asobi ni kuru toki,

Quarantacinquesima lezione / 45

2 Si può aprire facilmente un conto? *(conto-bancario [tema] facile [avverbiale] aprire fatto [soggetto] riuscire [domanda])*

3 – Sì. Se si tratta di un conto corrente, può aprirlo anche uno straniero. *(ordinario conto-bancario se / straniero anche aprire fatto [soggetto] riuscire)*

4 – Bene, allora aprirò un conto anche io. *(allora io anche conto-bancario [oggetto] aprire-[esortativo])*

5 Tra due giorni torno in Canada. *(dopo due-giorno [tempo] Canada [destinazione] ritornare-a-casa).*

6 Prima di ritornare, ho deciso di depositare gli yen che mi sono avanzati. *(rimpatrio [relazione] prima [tempo] rimanere Giappone yen [oggetto] depositare-[progressivo] andare fatto [fine] fare)*

7 – Anche il conto corrente matura interessi, *(ordinario conto-bancario anche interesse [soggetto] attaccarsi poiché)*

8 così, quando tornerà in Giappone l'inverno prossimo, *(prossimo-anno [relazione] inverno nuovamente Giappone [luogo] divertimento [fine] venire quando)*

Note

1 Ecco di nuovo こと **koto**: vi ricordate dei suoi numerosi impieghi (v. lezione 42, § 2)? Qui incontriamo **koto ga dekimasu**, *potere fare*.

2 Ecco un'altra struttura in cui compare こと **koto**: **koto ni shimasu**, *decidere di*. Ve ne ricordavate (v. lezione 42, § 2)?

3 遊ぶ **asobu** ha un significato opposto a 働く **hataraku**, *lavorare*. Indica tutto quello che non ha a che fare con il lavoro e si usa spesso quando si parla di fare visita a qualcuno o andare in qualche luogo per un motivo diverso dal lavoro. Per la forma 遊び **asobi** del verbo, si rimanda alla lezione 26, nota 4.

ni hyaku hachi jū ni

9	お金が増えています。 o kane ga fue te i ma su	
10	じゃ、明日 一時 半に 銀行の前で会いましょう。 ja ashita ichi ji han ni gin kō no mae de a i ma shō	
11	(翌日、銀行の前で) yoku jitsu gin kō no mae de	
12 -	予定外の 買物を した ので、お財布が 空っぽに なってしまいました。 yo tei gai no kai mono o shi ta no de o sai fu ga kara p po ni na tte shi ma i ma shi ta	4
13	だから 口座を 開く ことが できなく なりました。 da ka ra kō za o hira ku ko to ga de ki na ku na ri ma shi ta	
14	それに 空港までの バス代も なく なって しまいました。 so re ni kū kō ma de no ba su dai mo na ku na tte shi ma i ma shi ta	
15	空港では 飛行場 使用料も 払わなければ なりません。 kū kō de wa hi kō jō shiyōryō mo hara wa na ke re ba na ri ma se n	

Quarantacinquesima lezione / 45

9 il Suo denaro sarà aumentato. *([familiare] denaro [soggetto] aumentare-[progressivo] stare)*

10 Bene, incontriamoci domani all'una e mezza davanti alla banca. *(allora domani uno-ora mezzo [tempo] banca [relazione] davanti [luogo] incontrarsi-[esortativo])*

11 (Il giorno dopo, davanti alla banca) *(successivo-giorno banca [relazione] davanti [luogo])*

12 – Ho fatto degli acquisti imprevisti, così non ho più soldi nel portafoglio! *(imprevisto [relazione] acquisto [oggetto] avere-fatto poiché / [familiarità] portafoglio [soggetto] completamente-vuoto [fine] diventare-[progressivo] avere-finito-per)*

13 Perciò non posso più aprire un conto. *(quindi conto-bancario [oggetto] aprire fatto [soggetto] non-riuscire essere-diventato)*

14 E non ho nemmeno più i soldi per il biglietto dell'autobus fino all'aeroporto! *(inoltre aeroporto fino-a [relazione] tariffa-dell'autobus anche non-esserci-[progressivo] avere-finito-per)*

15 Una volta in aeroporto, devo anche pagare la tassa aeroportuale! *(aeroporto [luogo] [enfasi] aeroporto tassa anche dovere-pagare)*

Note

4 なって しまいました **natte shimaimashita**: avete incontrato spesso la combinazione verbo con forma in て **te** + います **imasu** (o いる **iru**) o いました **imashita** (o いた **ita**), che serve a indicare che l'azione viene vista nella sua durata (v. lezione 11, nota 4). Esistono altre combinazioni della forma in て **te** di un verbo che permettono di avere altri punti di vista su un'azione. なる **naru** significa *diventare*; aggiungendo しまう **shimau** si indica che il processo è stato portato a termine, "è diventato completamente".

ni hyaku hachi jū yon

16 こんな お願い で 悪い けれど [5]、
ko n na o nega i de waru i ke re do
一万 円 貸して くれません か。
ichi man en ka shi te ku re ma se n ka

Note

5 けれど **keredo**: ancora un'abbreviazione, questa volta di けれども **keredomo**, *sebbene*, nel linguaggio familiare (v. lezione 44, nota 7).

***

練習 1 – 訳 し なさい

① 一緒 に 行った 方 が いい です。
issho ni itta hō ga ii desu

② カナダ人 の 友達 から もらった お 酒 は 全部 飲んで しまいました。
kanadajin no tomodachi kara moratta o sake wa zenbu nonde shimaimashita

③ 山口 さん の ところ へ 度々 遊び に 行きます。
yamaguchi san no tokoro e tabitabi asobi ni ikimasu

Quarantacinquesima lezione / 45

16 Devo farti una richiesta imbarazzante… non è che mi presteresti 10.000 yen? *(questo-tipo richiesta [mezzo] essere-cattivo sebbene / 10.000 yen prestare-[progressivo] non-fare-il-favore-a-me [domanda])*

***

❹ そんな に 簡単 な 料理 なら 子供 でも できます。
sonna ni kantan na ryōri nara kodomo demo dekimasu

❺ 遠い です けれども、ぜひ 行きたい と 思います。
tooi desu keredomo zehi ikitai to omoimasu

Soluzioni dell'esercizio 1
❶ È meglio andarci insieme. ❷ Ho bevuto tutto il vino che mi aveva regalato la mia amica canadese. ❸ Vado spesso a trovare i signori Yamaguchi. ❹ Un piatto così facile riuscirebbe a prepararlo anche un bambino. ❺ È lontano ma vorrei assolutamente andarci.

練習 2 — 言葉 を 入れ なさい

❶ Dovete assolutamente venire a trovarci!
zehi . . . . . ni kite kudasai

❷ Ho deciso di aprire un conto in banca.
. . . .

❸ È ancora un bambino ma si interessa molto all'opera.
mada . . . .

第四十六課 dai yon jū rok ka
だいよんじゅうろっか

医者 (i sha)

1 — あなた が 胃 が 痛い と 言って いました ので、
a na ta ga i ga ita i to i t te i ma shi ta no de

2 私 が 知って いる お 医者 さま **1** に 予約 を 取りました。
watashi ga shi t te i ru o i sha sa ma ni yo yaku o to ri ma shi ta

3 — ありがとう ございます。 胃潰瘍 では ない か と **2** 心配 して います。
a ri ga tō go za i ma su i kai yō de wa na i ka to shin pai shi te i ma su

❹ Vorrei rifletterci ancora un po'.
  mō chotto shirabe . . . . . omoimasu

❺ Quando il prossimo inverno tornerai te lo presenterò.
  mata . . . . kuru . . . . , ...
  . . . .

Soluzioni dell'esercizio 2
❶ – asobi – ❷ kōza o hiraku koto ni shimasu ❸ – kodomo desu keredomo opera ni kyōmi ga arimasu ❹ – tai to – ❺ – rainen no fuyu – toki, shōkai shimasu

Quarantaseiesima lezione

Dal medico

1 – Siccome mi avevi detto di avere mal di stomaco, *(tu [soggetto] stomaco [soggetto] essere-doloroso [citazione] avere-detto poiché)*
2 ti ho preso un appuntamento da un medico che conosco. *(io [soggetto] conoscere-[progressivo] stare [onorifico] medico signore [luogo] appuntamento [oggetto] avere-preso)*
3 – Grazie mille. Ho paura che sia ulcera. *(ulcera non-essere [domanda] [citazione] preoccupazione fare-[progressivo] stare)*

Note
1 お 医者 さま **o isha sama**: la お **o** e il さま **sama** servono per indicare cortesia, una sorta di grado superiore del nome. Ve lo ricordavate (v. lezione 44, nota 3)?
2 心配 する **shinpai suru**, *preoccuparsi*, è considerato un'azione del pensiero. Il contenuto di questa inquietudine precede quindi questo verbo a cui sarà collegato con と **to** (v. lezione 36, nota 6).

第四十六課

4 — それは　早く　お医者さんへ
　　sore wa　hayaku　o　isha　san　e
　　行った　方が　いいですね。
　　itta　hō　ga　ii　desu　ne

5　このごろは　胃潰瘍でも　早く
　　konogoro　wa　ikaiyō　demo　hayaku
　　治療すると、問題なく　直る
　　chiryō　suru　to　mondai　naku　naoru
　　そうですから。
　　sō　desu　kara

6 — それで　予約は　いつですか。
　　sorede　yoyaku wa　itsu desu ka

7 — 再来週の　水曜日の　午後
　　saraishū　no　suiyōbi　no　gogo
　　四時 3 十五分　前　です。
　　yoji　jūgofun　mae　desu

8　（病院で）
　　byōin de

9 — お　かけ　ください。どう
　　o　kake　kudasai　dō
　　なさいました 4 か。
　　nasaimashita　ka

10 — 食後　一時間　ぐらい　経つと、
　　shokugo　ichijikan　gurai　tatsu to

11　胃が　じんと 5　痛く　なります。
　　i　ga　jin to　itaku　narimasu

Quarantaseiesima lezione / 46

4 – Per questo è meglio andare presto da un dottore! *(codesto [tema] presto [onorifico] medico signore [destinazione] essere-andato lato [soggetto] essere-buono [accordo])*

5 Di questi tempi anche un'ulcera gastrica, se curata presto, guarisce senza problemi. *(questi-tempi [enfasi] ulcera anche presto cura fare quando / problema non-esserci guarire sembrare poiché)*

6 – Quando è l'appuntamento? *(dunque appuntamento [tema] quando essere [domanda])*

7 – Tra due settimane, mercoledì, alle quattro meno un quarto del pomeriggio. *(settimana-dopo-la-prossima [relazione] mercoledì [relazione] pomeriggio quattro-ora dieci-cinque-minuto prima essere)*

8 (In ospedale) *(ospedale [luogo])*

9 – Prego, si accomodi. *(sedersi-[imperativo gentile])* Cosa è successo? *(come avere-fatto [domanda])*

10 – Circa un'ora dopo ogni pasto, *(dopo-pasto uno-ora circa passare quando)*

11 mi viene un forte mal di stomaco. *(stomaco [soggetto] acuto essere-doloroso diventare)*

Note

3 四時 **yo ji**: quando si parla di orario il numero quattro si dice よ **yo** e non よん **yon** (date un'occhiata al numero della vostra lezione).

4 なさいました **nasaimashita**, *avere fatto*: è il grado superiore di しました **shimashita**, quando il soggetto è Lei.

5 じんと **jinto**: ecco un'altra parola quasi impossibile da tradurre (v. lezione 39, nota 4), come le altre utilizzate per evocare tutti i tipi di impressioni sensoriali; in questo caso, descrive il modo in cui si manifesta il dolore. Lo si sente venire da lontano e poi, di colpo, è molto forte. Difficile tradurre tutto questo con una sola parola!

12 胃潰瘍 で は ない でしょう か。
ikaiyō de wa nai deshō ka

13 - ちょっと 見て みましょう。
chotto mite mimashō

舌 を 出して ください。
shita o dashite kudasai

14 その ベッド に 横 に なって ください。
sono beddo ni yoko ni natte kudasai

15 ここ を 押す と、痛い です か。
koko o osu to, itai desu ka

16 - いいえ。
iie

17 - ここ は?
koko wa

18 - いいえ。
iie

19 - ここ は?
koko wa

20 - いいえ。
iie

21 - 大丈夫 です。 わかりました。
daijōbu desu wakarimashita

22 何でも ありません。 ただ の 食べすぎ です。
nandemo arimasen tada no tabesugi desu

Quarantaseiesima lezione / 46

12 Non sarà mica un'ulcera? *(ulcera non-essere-[dubitativo] [domanda])*

13 – Proviamo a dare un'occhiata. *(poco guardare-[progressivo] provare-[esortativo])*
 Tiri fuori la lingua. *(lingua [oggetto] tirare-fuori-[imperativo gentile])*

14 Si stenda sul lettino. *(codesto letto [luogo] fianco [fine] diventare-[imperativo gentile])*

15 Se schiaccio qui, Le fa male? *(qui [oggetto] schiacciare quando / essere-doloroso [domanda])*

16 – No.

17 – Qui? *(qui [tema])*

18 – No.

19 – Qui?

20 – No.

21 – È tutto a posto. *(nessun-problema essere)*
 Ho capito. *(avere-capito)*

22 Non è nulla. *(nulla non-essere)*
 Ha semplicemente mangiato troppo! *(solo [relazione] mangiare-troppo essere)*

23   一週間　ぐらい　胃を　休ませる
     isshūkan　gurai　i o　yasumaseru
     ために、少し　食物　を　控えて
     tame ni, sukoshi　tabemono o　hikaete
     ください。
     kudasai

24 – でも　今晩、昇進　祝い　に
     demo　konban, shōshin　iwai　ni
     フランス　レストラン　に　行く こと **6**
     furansu　resutoran　ni　iku koto
     に　なって　います　が…
     ni　natte　imasu　ga

***

▶ 練習 1 – 訳 し なさい

❶ 事故 に 会った の で は ない か と 心配 して います。
jiko ni atta no de wa nai ka to shinpai shite imasu

❷ 足 が 痛い。
ashi ga itai

❸ 三 時 二 十 五 分 前 に 工場 を 出ました。
san ji ni jū go fun mae ni kōjō o demashita

❹ お 誕生日 祝い に 芝居 を 見 に 行きましょう。
o tanjōbi iwai ni shibai o mi ni ikimashō

Quarantaseiesima lezione / 46

23 Diminuisca un po' il cibo per circa una settimana, per fare riposare lo stomaco. *(una-settimana circa stomaco [oggetto] fare-riposare scopo di / poco cibo [oggetto] diminuire-[imperativo gentile])*

24 – Ma stasera è fissata la cena al ristorante francese per festeggiare la promozione... *(ma questa-sera promozione celebrazione [fine] Francia ristorante [luogo] andare fatto [fine] diventare-[progressivo] stare ma)*

Note

6 こと に なって います **koto ni natte imasu**: vi ricordate della struttura こと に なる **koto ni naru** (v. lezione 42, § 2)? Equivale a *verificarsi che* (letteralmente "il fatto di diventare").

***

❺ 医者 の ところ へ 行く と、いつも 何か こわい です。

isha no tokoro e iku to itsumo nanika kowai desu

Soluzioni dell'esercizio 1

❶ Sono in ansia perché ho paura che gli sia capitato un incidente. ❷ Mi fa male il piede. ❸ Sono uscito dalla fabbrica alle tre meno venticinque minuti. ❹ Per festeggiare il tuo compleanno, andiamo a teatro! ❺ Quando vado dal dottore, ho sempre un po' paura.

練習 2 – 言葉 を 入れ なさい

❶ Dice che gli fa male l'orecchio.
. . . .

❷ Grazie.
. . . .

❸ Arriveremo alle quattro meno un quarto.
. . . . tsukimasu

❹ È meglio comprare presto i biglietti.
kippu o hayaku katta . . . .

❺ Devo andare anche io dal medico oggi pomeriggio.
watakushi . . kyō no . . . . o . . . . . .
. . . . iku . . . . . . natte imasu

第四十七課 dai yon jū nana ka

音楽
on gaku

1 （カクテル　パーティー　で）
   ka ku te ru pā tī de

2 – 何か　お　飲み　に　なります[1]
   nani ka o no mi ni na ri ma su
   か。シャンペン　は　お
   ka sha n pe n wa o
   好き　です　か。
   su ki de su ka

Soluzioni dell'esercizio 2

❶ mimi ga itai to itte imasu ❷ arigatō gozaimasu ❸ yo ji jū go fun mae ni – ❹ – hō ga ii desu ❺ – mo – gogo – isha san no tokoro e – koto ni –

Il Giappone è un paese molto eclettico da un punto di vista medico. A fianco della medicina "occidentale" continuano a esistere la medicina giapponese e la farmacopea cinese, con le sue piccole botteghe dalle vetrine piene di vasi dai contenuti curiosi. Così come la medicina cinese, da cui prende ispirazione, anche la medicina giapponese insiste soprattutto sulla prevenzione, che tiene conto di tutta una serie di cosiddette "tecniche della salute": alimentazione, massaggi, agopuntura, ginnastica, tecniche di rilassamento ecc. Non esiste il monopolio di una sola tradizione medica.

Quarantasettesima lezione

La musica

1 (A un cocktail party) *(cocktail party [luogo])*
2 – Beve qualcosa? *(qualcosa [onorifico] bere [fine] diventare [domanda])* **Le piace lo champagne?** *(champagne [tema] [onorifico] piacere essere [domanda])*

Note

1 お 飲み に なります **o nomi ni narimasu**: questo verbo di grado superiore si forma partendo da un verbo "normale", qui 飲む **nomu**, *bere*, che si fa precedere da お **o** e seguire da に なります **ni narimasu**. Questi due elementi diventano dunque il marchio del grado superiore, qualora il soggetto sia l'interlocutore: *Lei beve*. La stessa cosa vale per la お **o** prima di 好き **suki**: *Lei ama*. Ecco dunque un altro modo di formazione del grado superiore, diverso da quello degli altri verbi più comuni che utilizzano un altro verbo (v. lezione 44, nota 1).

ni hyaku kyū jū roku • 296

47 / 第四十七課

3 加藤 さん から 音楽 が お 好き だ と うかがいました**2** が…
   katō san kara ongaku ga o suki da to ukagaimashita ga

4 — はい。特 に クラシック 音楽 が 好き です。
   hai toku ni kurashikku ongaku ga suki desu

5 — 何か 楽器 を なさいます か。
   nanika gakki o nasaimasu ka

6 — はい。オーボエ を 趣味 で やって います。
   hai ōboe o shumi de yatte imasu

7 — もう どのぐらい なさって いる**3** のです か。
   mō donogurai nasatte iru no desu ka

8 — 五 六 年 です。高校**4** の 時 クラブ 活動 で 始めた の **5** が きっかけ です。
   go roku nen desu kōkō no toki kurabu katsudō de hajimeta no ga kikkake desu

9 卒業 して から なかなか 吹く 機会 が ありません。
   sotsugyō shite kara nakanaka fuku kikai ga arimasen

Quarantasettesima lezione / 47

3 Ho saputo dal signor Kato che Le piace la musica. *(Kato signore da musica [soggetto] [onorifico] piacere essere [citazione] avere-sentito ma)*

4 – Sì, amo in particolare la musica classica. *(sì particolare [avverbiale] classico musica [soggetto] piacere essere)*

5 – Suona qualche strumento? *(qualche strumento-musicale [oggetto] fare [domanda])*

6 – Sì. Per diletto suono l'oboe. *(sì oboe [oggetto] passatempo [mezzo] fare)*

7 – E da quanto tempo suona? *(già quanto-circa fare-[progressivo] stare cosa essere [domanda])*

8 – Cinque o sei anni. *(cinque sei anno essere)*
Ho cominciato ai tempi del liceo, tra le attività del club studentesco. *(liceo [relazione] tempo club attività [mezzo] avere-iniziato fatto [soggetto] occasione essere)*

9 Dopo essermi diplomata, non ho più tante occasioni per suonare. *(diploma fare dopo non-molto soffiare occasione [soggetto] non-esserci)*

Note

2 うかがいました **ukagaimashita**, grado superiore di 聞きました **kikimashita**, quando il soggetto è "io", *ho sentito dire*.

3 なさって いる **nasatte iru** (v. lezione 46, nota 4), *Lei fa*. なさる è il grado superiore di する.

4 高校 **kōkō**, *il liceo*. In realtà la parola ufficiale è più lunga: 高等学校 **kōtōgakkō**, letteralmente "scuola di livello superiore". I giapponesi accorciano spesso parole un po' troppo lunghe mantenendo solo due caratteri (v. lezione 23, nota 2).

5 始めた の が **hajimeta no ga**. Conoscete già la parola こと **koto**, con il significato di *il fatto di* + verbo, in alcune espressioni fisse (v. lezione 42, § 2). Al di fuori dei casi elencati, dove è obbligatorio l'uso di こと **koto**, si può utilizzare anche の **no**, esattamente con lo stesso significato. Qui letteralmente sarebbe "Il fatto di avere cominciato come attività del circolo, è stato all'origine di".

ni hyaku kyū jū hachi • 298

10 ですから 最近 は 自分 で 吹く より、

11 もっぱら CD **6** や インターネット で 聞いて います。

12 インターネット で は いろいろ な **7** 音楽 の ダウンロード が できます。

13 – 僕 の 家 に 音楽 好き の 仲間 が 十二人 **8** ぐらい 日曜日 に 隔週 で 集まります。

14 よろしかったら、いらっしゃいません **9** か。

15 – ぜひ 仲間 に 入れて ください。

16 その 方 が 一人 で 練習 する より 楽しい です。

Quarantasettesima lezione / 47

10 Perciò ultimamente, invece che suonare io stessa,
(perciò ultimamente [enfasi] io-stesso [mezzo] soffiare anziché)

11 ascolto piuttosto dei CD o [vado su] Internet.
(soprattutto CD e Internet [mezzo] ascoltare-[progressivo] stare)

12 Su Internet si può scaricare musica di ogni genere.
(Internet [luogo] [enfasi] ogni-sorta essere musica [relazione] download [soggetto] riuscire)

13 – Una domenica su due, ci riuniamo a casa mia in una dozzina di amici appassionati di musica. *(io [relazione] casa [luogo] musica piacere [relazione] amici [soggetto] dieci-due-persona circa domenica [tempo] una-settimana-ogni-due [tempo] incontrarsi)*

14 Se Le fa piacere, perché non viene anche Lei?
(se-essere-buono / non-venire [domanda])

15 – Mi consideri assolutamente tra i suoi amici.
(assolutamente amico [luogo] inserire-[progressivo] [imperativo gentile])

16 È più divertente così che fare esercizio da sola!
(codesto lato [soggetto] da-solo esercizio fare più-di essere-piacevole)

Note

6 CD: sono le iniziali di due parole inglesi. Quando si impiegano lettere dell'alfabeto latino queste vengono sempre lette secondo la pronuncia inglese. Diremo dunque: *C* = **shī** e *D* = **dī**.

7 な **na**, lo sapete, è un'altra forma di grado inferiore di です **desu**, *essere*, e si usa unicamente all'interno di una frase o di un periodo (v. lezione 33, nota 1).

8 Ecco il modo per contare le persone: *una persona*, 一人 **hitori** (v. lezione 44, frase 3), *due persone*, 二人 **futari** (v. lezione 44, frase 4). Dal tre in poi si usa semplicemente la cifra + 人 **nin**, nell'uso comune, oppure la cifra + 名 **mei**, nelle situazioni ufficiali (v. lezione 44, frase 5).

9 いらっしゃいません **irasshaimasen** è il grado superiore di 来ません **kimasen**, quando il soggetto è l'interlocutore: *Lei non viene*.

練習 1 - 訳 し なさい

❶ このごろ は 映画 を 見 に 行く より もっぱら テレビ で 見る の です。
konogoro wa eiga o mi ni iku yori moppara terebi de miru no desu

❷ 日本 へ 両親 を つれて 行った の が きっかけ です。
nihon e ryōshin o tsurete itta no ga kikkake desu

❸ 生け花 を 趣味 で やって います。
ikebana o shumi de yatte imasu

❹ ざんねん です が、日本語 で 話す 機会 が なかなか ありません。
zannen desu ga nihongo de hanasu kikai ga nakanaka arimasen

❺ 伯父 さん から 歌舞伎 が お 好き だ と 聞きました。
oji san kara kabuki ga o suki da to kikimashita

***

練習 2 - 言葉 を 入れ なさい

❶ C'erano duecento persone al cocktail di ieri.
. . . . kakuteru-pātī ni hito ga . . . .
. . . .

❷ Per quanto tempo ha studiato italiano?
. . . . nasaimashita ka

❸ Ogni due settimane, di sabato, vado a un concerto.
. . . . de ongakkai . . . .

Soluzioni dell'esercizio 1

❶ In questo periodo, più che andare a vedere i film (al cinema), li guardo alla televisione. ❷ L'occasione è stata un viaggio in Giappone con i miei. ❸ Faccio ikebana come hobby. ❹ Purtroppo non ho quasi mai occasione di parlare giapponese. ❺ Ho saputo da Suo zio che Le piace il kabuki.

一人 で 練習 する より 楽しい です。

***

❹ Mi piace ascoltare il jazz.
jazu o kiku .. ga suki desu

❺ È più piacevole suonare che ascoltare.
kiku .... fuku ....

Soluzioni dell'esercizio 2
❶ kinō no – ni hyaku nin imashita ❷ itariago wa donogurai – ❸ doyōbi ni kakushū – ni ikimasu ❹ – no – ❺ – yori – hō ga tanoshii desu

Come per tutte le arti, anche per la musica esistono due ambiti fondamentali: la tradizione giapponese e quella occidentale, e possiamo dire che la seconda predomina sulla prima. Se parliamo di musica classica, infatti, quello che avviene in Giappone è molto simile a quello che avviene in Europa: concerti di musica sinfonica o di musica da camera, scuole di musica, università, editoria musicale e produzione.

第四十八課 dai yon jū hak ka

秋の日の… aki no hi no

1 — もう そろそろ 夏が 終わりますね。
mō so ro so ro natsu ga o wari masu ne

2 秋の 足音が 聞こえる みたいですね。
aki no ashioto ga ki ko e ru mi ta i de su ne

3 いわし雲[1] が 浮かんでいる 空や 夕焼けを 見ると、
i wa shi gumo ga u ka n de i ru sora ya yū ya ke o mi ru to

4 この世が 空しく なります。
ko no yo ga muna shi ku na ri masu

Ma i giapponesi sono andati oltre: i costruttori giapponesi di strumenti musicali (pianoforti, flauti ecc.) si sono imposti in tutto il mondo, ci sono migliaia di allievi che imparano il violino o altri strumenti. E poi magnifici auditorium accolgono musicisti che vengono da ogni parte del mondo a cercare in Giappone una sorta di consacrazione, ma soprattutto un vasto pubblico che paga per ascoltare.

Quarantottesima lezione

Giorni d'autunno…
(autunno [relazione] giorno [relazione])

1 – L'estate sta per finire. *(già piano-piano estate [soggetto] finire [accordo])*

2 Sembra quasi di sentire il rumore dei passi dell'autunno. *(autunno [relazione] passo-suono [soggetto] sentirsi sembrare essere [accordo])*

3 Se guardo il cielo dove fluttuano le nuvole autunnali, e i tramonti, *(cirrocumulo [soggetto] fluttuare-[progressivo] stare cielo e tramonto [oggetto] guardare quando)*

4 questo mondo mi appare vano. *(questo mondo [soggetto] vano diventare)*

Note

1 いわし雲 **iwashigumo** (letteralmente "sardina-nuvola"): vasti raggruppamenti di nuvole, scientificamente chiamate "cirrocumuli". In giapponese l'immagine di queste nuvole è molto legata alla sensazione di malinconia suscitata dall'autunno.

第四十八課

5. 枯葉が落ちるのを見ていると悲しくなります。

6. 全く「秋の日のビオロンの溜息…」の詩のようですな。

7. 夏の終わりの日暮れの太陽の光が庭の柿の木の葉に輝いているのを見ると、

8. もう秋になってしまったのかと思います。

9. 時があまりにもはやく過ぎるので、寂しい気持になります。

10. 人の命なんてはかないものですね。

Quarantottesima lezione / 48

5 Se guardo le foglie secche che cadono, divento triste. *(foglia-morta [soggetto] cadere fatto [oggetto] guardare-[progressivo] stare quando / triste diventare)*

6 È esattamente come la poesia "I lunghi sospiri dei violini d'autunno…" *(completamente autunno [relazione] giorno [relazione] violino [relazione] sospiro [relazione] poesia [relazione] similitudine essere [riflessione])*

7 Quando, al tramonto di un giorno di fine estate, guardo i raggi del sole brillare sulle foglie dell'albero di cachi del giardino, *(estate [relazione] fine [relazione] crepuscolo [relazione] sole [relazione] raggio [soggetto] giardino [relazione] cachi [relazione] albero [relazione] foglia [luogo] brillare-[progressivo] stare fatto [oggetto] guardare quando)*

8 penso che ormai l'autunno sia arrivato. *(già autunno [fine] diventare-[progressivo] finire-di fatto [domanda] [citazione] pensare)*

9 Il tempo passa troppo velocemente e io divento malinconico. *(tempo [soggetto] troppo velocemente trascorrere poiché / essere-triste sentimento [fine] diventare)*

10 La vita umana è veramente poca cosa! *(persona [relazione] vita cosiddetto essere-effimero cosa essere [accordo])*

Note

2 の **no**: vi ricordate di questa parola che significa *il fatto di* (v. lezione 47, nota 5)? Qui, nelle frasi 5 e 7 rispettivamente, la traduzione letterale sarebbe "quando guardo *il fatto di* foglie secche che cadono" e "quando guardo *il fatto di* raggi di sole che brillano".

3 La parola ビオロン **bioron**, derivata dal francese *violon*, col tempo è stata abbandonata a favore di un'altra parola derivata dall'inglese: *violin*, バイオリン **baiorin**.

4 柿 **kaki**, *cachi*: anche in italiano si può utilizzare la grafia *kaki* per indicare questo frutto originario appunto del Giappone.

11 − あら、あなたの ご主人は ロマンティックな 方5ですね。
 a ra   a na ta no go shu jin wa ro ma n ti k ku na kata de su ne

12 いつも こんな 風ですか。
 i tsu mo ko n na fū de su ka

13 − いいえ。酔っ払った 時だけです。お酒を 飲んでいない 時は 現実的な 人ですよ。
 i ie   yo p pa ra t ta toki da ke de su o sake o no n de i na i toki wa gen jitsu teki na hito de su yo

14 そう でなければ、どうやって 冷凍 食品を 売る 商売が できますか。
 sō de na ke re ba dō ya t te rei tō shoku hin o u ru shō bai ga de ki ma su ka

（いつも こんな 風 ですか。）

Quarantottesima lezione / 48

11 – Eh, Suo marito è una persona romantica! *(beh tu [relazione] [onorifico] marito [tema] romantico essere persona essere [accordo])*
12 È sempre così? *(sempre questo-tipo maniera essere [domanda])*
13 – No. Solo quando è ubriaco. *(essersi-ubriacato quando solo essere)*
   Quando non beve è una persona piuttosto concreta. *([familiarità] alcolico [oggetto] bere-[progressivo] non-stare quando [enfasi] / concreto essere persona essere [opinione])*
14 Se non fosse così, come potrebbe fare il suo lavoro di vendita di prodotti surgelati? *(così non-essere-[ipotetico] in-che-modo congelato-alimento [oggetto] vendere commercio [soggetto] riuscire [domanda])*

Note
5 方 **kata**, sebbene sia un nome, possiamo considerarlo come sinonimo di grado superiore di 人 **hito**, *essere umano, persona*.

***

秋の日のビオロンの溜息 **aki no hi no bioron no tameiki** *(letteralmente "I sospiri dei violini d'autunno"). Queste sono le prime parole di un famoso verso di Verlaine, "I lunghi singhiozzi dei violini d'autunno" (in giapponese singhiozzo è stato reso con sospiro), tradotte da un poeta giapponese altrettanto famoso: Ueda Bin (1874 – 1916). Il Giappone è il paese in cui si sono tradotte (e si traducono) il maggior numero di opere straniere. Ad esempio, tra gli autori italiani si trovano Buzzati, Calvino, Collodi, Eco, Moravia, Rodari, per citare i più noti.*

49 / 第四十九課

▶ 練習 1 – 訳 し なさい

❶ そう で なければ、どう やって この 工場(こうじょう) で 働(はたら)く こと が できます か。
sō de nakereba dō yatte kono kōjō de hataraku koto ga dekimasu ka

❷ 水族館(すいぞくかん) の 中(なか) に 入(はい)る みたい です。
suizokukan no naka ni hairu mitai desu

❸ 銀行(ぎんこう) に 入(はい)る と、すぐ 右(みぎ) に あります。
ginkō ni hairu to sugu migi ni arimasu

***

練習 2 – 言葉 を 入れ なさい

❶ Quando vedo spuntare la luna, divento triste.
. . . . deru no . . . . . . , ...

❷ Suo marito è una persona concreta.
go shujin . . . .

❸ Solo quando ha mangiato tanto.
takusan . . . .

第(だい) 四(よん) 十(じゅう) 九(きゅう) 課(か) dai yon jū kyū ka

まとめ – Riepilogo

Eccovi arrivati alla fine della prima tappa del vostro percorso di apprendimento (la cosiddetta fase passiva), durante la quale vi siete immersi nella lingua giapponese. Siete ora pronti a entrare, con la lezione 50,

Quarantanovesima lezione / 49

❹ 一人 で 散歩 する の が 大好き です。
   hitori de sanpo suru no ga daisuki desu

❺ 海 の よう です。
   umi no yō desu

Soluzioni dell'esercizio 1
❶ Se non fosse così, come potrebbe lavorare in questa fabbrica? ❷ Sembra di entrare in un acquario. ❸ Appena entra in banca, è subito sulla destra. ❹ Amo molto passeggiare da solo. ❺ Sembra il mare.

***

❹ È difficile costruire cose belle.
   ii mono . . . .

❺ Guardo cadere la pioggia.
   . . . . . futte iru . . . mi . . . .

Soluzioni dell'esercizio 2
❶ tsuki ga – o miru to, kanashiku narimasu ❷ – wa genjitsuteki na kata desu ne ❸ – tabeta toki dake desu ❹ – o tsukuru no wa muzukashii desu ❺ ame ga – no o – te imasu

---

49 Quarantanovesima lezione

nella fase attiva, durante la quale utilizzerete produttivamente ciò che avete immagazzinato, continuando ad acquisire nuovi elementi. Sicuramente non vedete l'ora di tuffarvici, ma è fondamentale che prima sappiate bene come funziona il sistema verbale giapponese. Bene, sarà proprio l'oggetto di questa lezione.

1 I verbi

Parliamo ancora di verbi. Dobbiamo comprendere bene le parti di cui si compongono per poterli usare senza incertezze in tutte le loro forme. Ricordatevi quanto detto alla lezione 42 alla fine del § 4.1. Il principio è quello utilizzato da un gran numero di lingue al mondo, compreso l'italiano: una radice o base (un verbo può averne più di una) a cui si attaccano varie desinenze o suffissi, che avete già incontrato.

Il grado medio lo vediamo da così tante lezioni che ormai dovrebbe risultarvi abbastanza naturale: si tratta della serie in ます **masu** e i suoi derivati. Se avete però bisogno di rivedere qualcosa in proposito, potete andare alla lezione 7, § 1, dove abbiamo riassunto tutta la serie dei suffissi di grado medio, e alla lezione 35, § 3.

1.1 Suffissi di grado inferiore

I suffissi di grado inferiore potranno sembrarvi un po' meno familiari, anche se li abbiamo già incontrati tutti con il verbo する **suru** *fare*, nella lezione 42, § 4.1.
– ない **-nai**, usato per formare il presente negativo:
→ 行かない **ikanai**, *non andare* (lezione 29, frase 2);
→ わからない **wakaranai**, *non capire* (lezione 38, frase 1);
→ 作れない **tsukurenai**, *non sapere costruire* (lezione 41, frase 16);
→ 飲んで いない **nonde inai**, *non stare bevendo* (lezione 48, frase 13).
– なかった **nakatta**, per formare il passato negativo:
→ 出なかった **denakatta**, *non essere uscito* (lezione 40, frase 14).
– たい **tai**, che permette di formare il volitivo *vorrei…*:
→ 会いたい **aitai**, *vorrei incontrare* (lezione 27, frase 6);
→ 買いたい **kaitai**, *vorrei comprare* (lezione 31, frase 1);
→ 住みたい **sumitai**, *vorrei abitare* (lezione 34, frase 4);
→ 開きたい **hirakitai**, *vorrei aprire* (lezione 45, frase 1).

1.2 I due tipi di verbi

Ora osserviamo cosa succede ad alcuni dei verbi appena elencati nella loro forma di grado inferiore più neutra, quella che trovate in tutti i dizionari:
– *andare*, lo conoscete dall'inizio, è 行く **iku** (visto anche alla lezione 43, frase 14);

Quarantanovesima lezione / 49

– *apparire*, *uscire* è 出る **deru** (lezione 31, frase 1).
Questa forma, lo sapete già da tempo, finisce sempre in **u**, e questo vale per tutti i verbi. Ad esempio:
– *bere*, 飲む **nomu**;
– *capire*, わかる **wakaru**.

Osserviamo ora i verbi al grado medio che, come sapete, implica l'utilizzo del suffisso ます **masu** e dei suoi derivati. Riprendiamo quindi i verbi 行く **iku**, *andare*, e 出る **deru**, *apparire*, *uscire*, e mettiamoli al grado medio: 出る **deru** → 出ます **demasu**, 行く **iku** → 行きます **ikimasu**.
È qui che dovete dimostrare perspicacia. Osservate che il suffisso ます **masu** è sempre lo stesso in entrambi i casi, ma c'è una differenza nel modo in cui si passa da una forma all'altra. Provate a trovarla. Cosa rimane? Cosa va via? Cosa cambia? Ecco, l'avete visto.

• **Caso 1: il suffisso si aggiunge a una base unica**
In 出る **deru**, **masu** viene sostituito da **ru**: 出ます **demasu**, 出る **deru**. Guardiamo le altre forme: 出ない **denai**, *non uscire*, 出なかった **denakatta**, *non essere uscito*, 出たい **detai**, *vorrei uscire*, 出た **deta**, *essere uscito* (lezione 27, frase 13, grado inferiore con il suffisso た **ta** per il passato, di cui parleremo più avanti).
Come avrete capito, per questo verbo esiste una sola base 出 **de**, a cui si attaccano direttamente tutti i suffissi. Non è complicato.
Una grande quantità di verbi funziona in questo modo e la loro forma più neutra (quella del dizionario) termina obbligatoriamente in **iru** o **eru**, **ru** se ne va e si attaccano gli altri suffissi. Ricordate però che non tutti i verbi che terminano in **iru** o **eru** si comportano così.
Osserviamo un altro verbo, *mangiare*, 食べる **taberu**: **ru** se ne va e rimane **tabe**. Si ha così 食べます **tabemasu**, *mangiare*, grado medio; 食べない **tabenai**, *non mangiare*, grado inferiore; 食べた **tabeta**, *avere mangiato*, grado inferiore; 食べたい **tabetai**, *vorrei mangiare*, grado inferiore.
Osserviamo anche il verbo *guardare*, 見る **miru**: **ru** se ne va, rimane **mi**. Si ottiene dunque: 見ます **mimasu**, *guardare*, grado medio; 見ない **minai**, *non guardare*, grado inferiore; 見た **mita**, *avere guardato*, grado inferiore.
Per questo tipo di verbi il meccanismo è abbastanza chiaro e non si presenta alcun problema. Per gli altri verbi è un po' più complicato.

san byaku jū ni • 312

• **Caso 2: l'aggiunta di un suffisso implica il cambiamento di una vocale della base**

Ritorniamo a 行く **iku**, *andare*: 行く **iku** → 行きます **ikimasu**.
Qui non va via nulla, ma cambia una vocale: **iku**, **ikimasu**, che cambierà a seconda dei suffissi che si dovranno attaccare alla radice **ik**. Prendiamo le forme che già conosciamo bene: 行きます **ik**i**masu**, *andare* (grado medio); 行きたい **ik**i**tai**, *vorrei andare* (grado inferiore); ma: 行かない **ik**a**nai**, *non andare*.

Prima dei suffissi in ます **masu** e prima di たい **tai** c'è **i**, prima di ない **nai** c'è **a**. In altri casi utilizzeremo la **e** e la **o**, ma per ora non corriamo troppo e procediamo per gradi, ricordando solo queste due basi e prestando attenzione alle forme verbali che conosciamo. Di tanto in tanto incontreremo piccole eccezioni, ma ne parleremo a suo tempo.

1.3 Il grado superiore

Ci sono due aspetti nei quali la forma di grado superiore differisce dagli altri gradi, medio e inferiore. Il primo, di cui abbiamo già parlato (lezione 44, nota 1), è che per alcuni verbi molto comuni, come *andare*, *venire*, *esserci*, *essere*, il grado superiore non si costruisce con una forma verbale diversa, bensì con l'utilizzo di un altro verbo. Abbiamo già visto で ございます **de gozaimasu**, *essere* (lezione 44, frasi 1 e 9), alcune forme di なさる **nasaru**, equivalente di する **suru**, *fare* (lezione 46, frase 9 e lezione 47, frase 7), una forma di うかがう **ukagau**, grado superiore di 聞く **kiku**, *sentire (dire)* (lezione 47, frase 3), una forma di いらっしゃる **irassharu**, grado superiore di alcuni verbi tra cui 来る **kuru**, *venire* (lezione 47, frase 14).

Per i verbi meno comuni esistono invece diversi modi per formare il grado superiore e uno di questi l'abbiamo incontrato nella lezione 47 (frase 2, nota 1).
Il secondo aspetto è completamente nuovo e molto strano rispetto al nostro modo di concepire il discorso. Come sapete, le forme del grado medio si usano per parlare di *io* o di *tu/Lei*. Vediamo la lezione 3. Domanda: 食べます か。 **tabemasu ka**, *Lei mangia?* → risposta: 食べます。 **tabemasu**, *io mangio*. La stessa forma 食べます **tabemasu** può significare anche *tu mangi*.

Quarantanovesima lezione / 49

Questo è impossibile con le forme di grado superiore, dove avremo invece una forma specifica per l'*io* che parla, e un'altra per il *Lei* a cui ci si rivolge. Ad esempio, nella lezione 47, un giovane uomo incontra una giovane donna a una festa. Per dire la verità, la corteggia anche un po'... ma con la cortesia che si richiede in tale contesto. Per domandarle se le piace una cosa lui dice: …お 好き です か **o suki desu ka** (frase 2), che può solo voler dire *Le piace?* (letteralmente "questa cosa è amata da Lei?"). Lei risponde (frase 4): …好き です **suki desu**: *mi piace*. La forma お 飲み に なりますか **o nomi ni narimasu ka** (lezione 47, frase 2, nota 1) non può che corrispondere a *Lei beve (qualcosa)?* È una costruzione che si incontra principalmente nelle frasi interrogative.

Per i verbi più comuni, che necessitano dell'uso di un verbo diverso per la formulazione del grado superiore, troveremo ogni volta due verbi, uno specifico per il *Lei* e uno per l'*io*. Così なさる **nasaru**, *fare*, è specifico per *Lei* (lezione 46, frase 9 e lezione 47, frase 5), いらっしゃる **irassharu**, *venire*, è specifico per *Lei* (lezione 47, frase 14). Mentre でございます **de gozaimasu** (lezione 44, frasi 1 e 9) vuole sì dire *essere*, ma è specifico per *io*: *[per quanto mi riguarda] sono*. State tranquilli, segnaleremo sempre l'uso del grado superiore, annotando anche, direttamente nella traduzione parola per parola, l'uso delle forme specifiche per *io* e per *Lei*.

san byaku jū yon • 314

49 / 第四十九課

▶ 復習 会話

1 今晩 早く 帰りたい なあ。
konban hayaku kaeritai naa

2 帰る。帰ります。帰らない。
kaeru kaerimasu kaeranai

3 いろいろ な 質問 を した けれども、
子供 が 答えなかった。
iroiro na shitsumon o shita keredomo kodomo ga kotaenakatta

4 答える。答えます。答えない。答えたい。
kotaeru kotaemasu kotaenai kotaetai

5 とても こまって います よ。ホテル が
皆 混んで いる ので、来月 の 予約 が
できなかった の です。
totemo komatte imasu yo hoteru ga minna konde iru node raigetsu no yoyaku ga dekinakatta no desu

6 できる。できます。できない。
dekiru dekimasu dekinai

7 足 が 痛い から、病院 まで 歩かない。
バス で 行く わ。
ashi ga itai kara byō'in made arukanai basu de iku wa

8 歩く。歩きます。歩かなかった。歩きたい。
aruku arukimasu arukanakatta arukitai

9 この 本 は すすめない よ。全然
おもしろくない 本 だ よ。
kono hon wa susumenai yo zenzen omoshirokunai hon da yo

Quarantanovesima lezione / 49

10 すすめる。 すすめます。 すすめなかった。
susumeru susumemasu susumenakatta

Traduzione
1 Stasera vorrei proprio tornare a casa presto! **2** Io torno a casa (grado inferiore). Io torno a casa (grado medio). Io non torno a casa (grado inferiore). **3** Gli ho fatto diverse domande, ma il bambino non ha risposto. **4** Rispondo. Rispondo. Non rispondo. Vorrei rispondere. **5** Ho davvero un problema. Gli alberghi sono tutti pieni e così non posso prenotare per il prossimo mese. **6** Riuscire. Riuscire. Non riuscire. **7** Poiché ho male alla gamba, non andrò a piedi all'ospedale, ma prenderò un autobus. **8** Io cammino. Io cammino. Io non ho camminato. Io vorrei camminare. **9** Non ti consiglio questo libro. Non è per niente interessante. **10** Io consiglio. Io consiglio. Io non ho consigliato.

Congratulazioni! Avete appena portato a termine la fase passiva del corso e con queste nozioni siete pronti per iniziare senza indugio la fase attiva, che sarà caratterizzata da due aspetti.
- Innanzitutto, alla fine di ogni nuova lezione, vi verrà chiesto di tornare indietro a una lezione della prima fase, così dopo la lezione 50, ripasserete la lezione 1, dopo la lezione 51, la lezione 2 ecc. La lezione da ripassare vi sarà indicata attraverso la dicitura "Seconda ondata". Riprendere le lezioni significa, all'atto pratico, riascoltare e rileggere i dialoghi e l'esercizio 1, e poi provare a ricostruire il testo senza guardare quello giapponese, aiutandovi, se necessario, solo con la traduzione italiana, in particolare quella parola per parola. In questo modo, ripasserete le costruzioni di base della lingua e il vocabolario, e comincerete ad assumere un atteggiamento attivo nei confronti del giapponese. Non si tratterà più solo di comprendere, ma di parlare e comporre voi stessi delle frasi. Non sottovalutate questo importante momento di applicazione: da esso dipendono i vostri progressi.
- Imparerete anche a scrivere i caratteri dei due sillabari hiragana e katakana, con calma e metodo. A partire dalla lezione 57, studierete circa 5 caratteri per lezione. Vi daremo tutte le indicazioni sull'ordine da seguire per tracciare i segni, che andranno assolutamente rispettati. Ai due esercizi abituali, aggiungeremo un piccolo dettato: classico ed efficace momento per imparare a integrare quello che capite con quello che sapete scrivere.

がんばって **ganbatte**, "Mettetecela tutta, siete sulla strada giusta".

san byaku jū roku

第五十課 dai go juk ka
美術館 (びじゅつかん)
bi jutsu kan

1 − ところ で 新しい 現代 美術館 に 行った こと が あります **1** か。
to ko ro de atara shi i gen dai bi jutsu kan ni i t ta ko to ga a ri ma su ka

2 − いいえ、 まだ です。
i i e ma da de su

3 − 明日 または あさって 一緒 に 見 に 行きましょう。
ashita ma ta wa a sa t te is sho ni mi ni i ki ma shō

4 − はい、では さっそく 明日 の 午後 行きましょう。
ha i de wa sa s so ku ashita no gogo i ki ma shō

5 (美術館 の 中 で)
  (bi jutsu kan no naka de)

6 − 何 を 見て います か。
nani o mi te i ma su ka

317 • san byaku jū shichi (nana)

Cinquantesima lezione

Il museo di belle arti

1 – A proposito, è già andata a visitare il nuovo museo di arte contemporanea? *(a-proposito essere-nuovo contemporaneo museo-d'arte [luogo] assere-andato fatto [soggetto] esserci [domanda])*
2 – No, non ancora.
3 – Andiamoci insieme domani o dopodomani. *(domani oppure dopodomani insieme [avverbiale] guardare [fine] andare-[esortativo])*
4 – D'accordo, allora andiamoci già domani pomeriggio. *(sì allora subito domani [relazione] pomeriggio andare-[esortativo])*
5 (Dentro il museo) *(museo-d'arte [relazione] dentro [luogo])*
6 – Cosa sta guardando? *(cosa [oggetto] guardare-[progressivo] stare [domanda])*

Note

1 …こと が あります **koto ga arimasu** (letteralmente "il fatto di… c'è") è una struttura che corrisponde a *ho già* + verbo di azione al passato (v. lezione 42, § 2).

7 − この 緑色 (みどりいろ) の 絵 (え) を 見て (みて) います。
   ko no midori iro no   e   o   mi te   i ma su

8 − 何 (なん) です か、これ は。非常 (ひじょう) に
   nan de su ka ko re wa   hi jō   ni
   不思議 (ふしぎ) な [2] 絵 (え) です ね。
   fu shi gi na   e   de su ne

9 − 顔 (かお) だ [3] と 思い (おもい) ます。
   kao   da   to omo i ma su

10 − あ、そう です か。私 (わたし) には、猫 (ねこ)
    a sō de su ka watashi ni wa   neko
    に 見えます (みえます)。
    ni mi e ma su

11 これ が 足 (あし) で [4]、これ が 頭 (あたま) でしょう [5]。
    ko re ga ashi de   ko re ga atama   de shō

12 − いいえ、そう で は ありません。
     i i e   sō   de wa a ri ma se n
    これ は 人 (ひと) の 目 (め) で [6]、
    ko re wa hito   no me   de
    これ は 鼻 (はな) です よ。
    ko re wa hana   de su yo

Note

2 不思議 な 絵 **fushigi na e**: questo な **na**, altra forma di grado inferiore di です **desu**, *essere*, si usa unicamente nella posizione che abbiamo definito "all'interno di una frase o di un periodo" (v. lezione 33, nota 1).

3 だ **da**, grado inferiore di です **desu**, *essere*, è obbligatorio prima della costruzione と 思います **to omoimasu**, *penso che*.

Cinquantesima lezione / 50

7 – **Sto guardando questo quadro verde.** *(questo verde [relazione] quadro [oggetto] guardare-[progressivo] stare)*

8 – **Di cosa si tratta?** *(cosa essere [domanda] questo [tema])*
È un dipinto estremamente insolito! *(estremamente [avverbiale] strano essere quadro essere [accordo])*

9 – **Penso che sia un volto.** *(faccia essere [citazione] pensare)*

10 – **Oh, davvero? A me sembra un gatto.** *(io [termine] [enfasi] gatto [fine] sembrare)*

11 **Questa è la zampa e questa dovrebbe essere la testa.** *(questo [soggetto] zampa essere / questo [soggetto] testa essere-[dubitativo])*

12 – **No, non è così!** *(no così non-essere)*
Questo è l'occhio di una persona e questo è il naso. *(questo [tema] persona [relazione] occhio essere / questo [tema] naso essere [enfasi])*

---

4 Incontriamo qui, per la prima volta, la costruzione di base di un periodo composto da più proposizioni. Supponiamo che siano due frasi distinte: これ が 足 でしょう。 **kore ga ashi deshō**, *Questa dovrebbe essere una zampa* (letteralmente "questo zampa essere dovrebbe") 1ª frase; これ が 頭 でしょう。 **kore ga atama deshō**, *Questa dovrebbe essere la testa* (letteralmente "questo testa essere dovrebbe") 2ª frase. Non si aggiunge una congiunzione (come la *e* in italiano) tra queste due proposizioni per coordinarle, ma il verbo della prima proposizione deve assumere una forma speciale che ci avverte: "attenzione, questa è solo la fine di una proposizione, il periodo continua". È la questa la funzione della forma で **de**.

5 でしょう **deshō** deriva da です **desu**, *essere*. Si usa quando non si è troppo sicuri di ciò che si afferma o quando si vuole essere cortesi e rispettosi nei confronti dell'interlocutore. Equivale a *dovrebbe essere*, *pare che sia*.

6 で **de** termina una proposizione, è invariabile (nota 4) e non porta nessuna marca di tempo. Questa forma serve anche come sostituto di です **desu** (o だ **da**).

13 猫の頭ではない**7**と思います。
neko no atama de wa nai to
omoimasu

14 – 絵の題を見ましょう。何と書いてありますか。
e no dai o mimashō nan to kaite arimasu ka

15 「夢の森の鳥」
yume no mori no tori

***

▶ 練習 1 – 訳しなさい

❶ 後ろの大きい建物は現代美術館ではないよ。駅だよ。
ushiro no ookii tatemono wa gendai bijutsukan de wa nai yo eki da yo

❷ 来月までにはできあがらないと思います。
raigetsu made ni wa dekiagaranai to omoimasu

❸ この新しいビルは銀行で、その隣の白い建物は病院です。
kono atarashii biru wa ginkō de sono tonari no shiroi tatemono wa byōin desu

Cinquantesima lezione / 50

13 Non penso che sia la testa di un gatto. *(gatto [relazione] testa non-essere [citazione] pensare)*

14 – Guardiamo il titolo del quadro. *(quadro [relazione] titolo [oggetto] guardare-[esortativo])* **Cosa c'è scritto?** *(cosa [citazione] scrivere-[progressivo] stare [domanda])*

15 "Gli uccelli della foresta dei sogni". *(sogno [relazione] foresta [relazione] uccello)*

Note

7 では ない **de wa nai** è la forma negativa di grado inferiore di です **desu**, corrispondente a では ありません **de wa arimasen**, grado medio.

***

❹ この 新しい ビル は 銀行 で、その 隣 の 白い 建物 は 病院 だ と 聞きました。
kono atarashii biru wa ginkō de sono tonari no shiroi tatemono wa byōin da to kikimashita

❺ 月曜日 に 妹 と 財布 を 買い に 行きました。
getsuyōbi ni imōto to saifu o kai ni ikimashita

Soluzioni dell'esercizio 1

❶ Il grande edificio [lì] dietro non è il museo di arte contemporanea, è la stazione! ❷ Non penso che sarà pronto per il mese prossimo. ❸ Questo edificio nuovo è una banca e quello bianco vicino è un ospedale. ❹ Ho sentito che questo edificio nuovo è una banca e quello bianco vicino è un ospedale. ❺ Lunedì sono andato con la mia sorella minore a comprare un portafoglio. .

san byaku ni jū ni • 322

51 / 第五十一課

練習 2 - 言葉 を 入れ なさい

❶ L'altro ieri ho incontrato una persona strana.
. . . . hito . . . .

❷ Questo apparecchio è estremamente economico.
. . . .

❸ Non penso che mi presterà la sua nuova auto.
. . . . wa kashite kure . . . . .
. . . .

❹ Mio marito è un cantante e mio figlio un compositore.
. . . . , ...
. . . . .

❺ Pare che scriva lettere tutto il giorno.
ichinichijū . . . .

第五十一課 dai go jū ik ka

道 を 探す
michi o saga su

1 — 遅い です ね。急いで ください。
oso i desu ne iso i de ku da sa i

2　約束 の 時間 に 間 に
　　yaku soku no ji kan ni ma ni
　合いません よ。
　a i ma se n yo

Soluzioni dell'esercizio 2
❶ ototoi fushigi na – ni aimashita ❷ kono kikai wa hijō ni yasui desu ❸ atarashii kuruma – nai to omoimasu ❹ shujin wa kashu de, musuko wa sakkyokuka desu ❺ – tegami o kaite iru sō desu

Ormai la pronuncia non dovrebbe più rappresentare un problema! D'ora in poi ci limiteremo quindi a fornirvi solo più qualche indicazione, se necessario.

Seconda ondata: lezione 1

Cinquantunesima lezione

Cercare la strada
(strada [oggetto] cercare)

1 – È tardi! *(essere-tardi [accordo])*
   Si sbrighi, per favore. *(sbrigarsi-[imperativo gentile])*
2   O non arriveremo in orario all'appuntamento!
   (appuntamento [relazione] ora [fine] non-arrivare-in-tempo [opinione])

3 — 大丈夫 でしょう。場所 は どこ です か。

4 — ナポレオン と いう 名前 の フランス 料理 の レストラン です。

5 — どの 辺 に ある の です か。

6 — サントリー 美術館 の すぐ そば に ある と 聞きました。

7 — あ、港区 に ある 美術館 です ね。

8 （美術館 の 前）

9 — ここ が サントリー 美術館 です。これ から どう 行きます か。

10 — これ が 住所 です。

Cinquantunesima lezione / 51

3 – **Stia tranquillo!** *(tutto-bene essere-[futuro])*
 Dov'è il posto? *(luogo [tema] dove essere [domanda])*
4 – **Un ristorante francese che si chiama "Napoléon".**
 (Napoléon [citazione] dire nome [relazione] Francia cucina [relazione] ristorante essere)
5 – **In quale zona si trova?** *(quale area [luogo] esserci cosa essere [domanda])*
6 – **Ho sentito che si trova proprio accanto al Museo d'arte Suntory.** *(Suntory museo-arte [relazione] subito accanto [luogo] esserci [citazione] avere-sentito)*
7 – **Ah! È il museo che si trova nel quartiere Minato.** *(ah Minato-quartiere [luogo] esserci museo-arte essere [accordo])*
8 **(Davanti al museo)** *(museo-arte [relazione] davanti)*
9 – **Ecco qui il Museo Suntory.** *(qui [soggetto] Suntory museo-arte essere)* **Da qui come ci si arriva?** *(questo da come andare [domanda])*
10 – **Questo è l'indirizzo.** *(questo [soggetto] indirizzo essere)*

51 / 第五十一課

11 – 住所 （じゅうしょ） だけ で は わからない な。
jū sho da ke de wa wa ka ra na i na

12 – 携帯 （けいたい） **1** で 電話 （でんわ） かけて みよう **2**。
kei tai de den wa ka ke te mi yō

13 あっ、 しまった。 充電 （じゅうでん） が もう ありません。
a shi ma t ta jū den ga mō a ri ma se n

14 – この 辺 （へん） は とても にぎやか です ね。
ko no hen wa to te mo ni gi ya ka de su ne

15 あそこ の 店 （みせ） で くわしい 道 （みち） を 聞いて （きいて） みましょう。
a so ko no mise de ku wa shi i michi o ki i te mi ma shō

16 （道 （みち） を 聞いて （きいて） から **3**）
michi o ki i te ka ra

17 ちょっと 遠い （とおい） から 急いで （いそいで） タクシー を 見つけましょう （み）。
cho t to too i ka ra iso i de ta ku shī o mi tsu ke ma shō

Note

1 携帯 keitai, *portatile*: abbreviazione di 携帯 電話 keitai denwa, esatto equivalente di *telefono cellulare*.

327 • san byaku ni jū shichi (nana)

Cinquantunesima lezione / 51

11 – Ma solo con l'indirizzo non lo so. *(indirizzo soltanto [mezzo] [enfasi] non-capire [riflessione])*
12 – Provo a chiamare con il cellulare. *(portatile [mezzo] telefono fare-funzionare-[progressivo] provare-[esortativo])*
13 **Accidenti!** *(ah, avere-fatto-fino-in-fondo)* **La batteria è scarica.** *(batteria [soggetto] ancora non-esserci)*
14 – Questo posto è molto animato! *(questo area [tema] molto vivace essere [accordo])*
15 Proviamo a chiedere bene la strada in quel negozio laggiù. *(là [relazione] negozio [luogo] essere-dettagliato strada [oggetto] chiedere-[progressivo] provare-[esortativo])*
16 (Dopo avere chiesto la strada) *(strada [oggetto] chiedere-[progressivo] dopo)*
17 È piuttosto lontano, troviamo in fretta un taxi! *(un-poco essere-lontano poiché / presto taxi [oggetto] trovare-[esortativo])*

2 かけて みよう **kakete miyō**, 聞いて みましょう **kiite mimashō**: ecco un'altra combinazione "verbo nella forma in て te + altro verbo", che vi permette di avere un punto di vista differente sull'azione (v. lezione 45, nota 4). Il secondo verbo è みます **mimasu** (みる **miru**) che da solo significa *guardare*, ma impiegato come verbo ausiliare significa *tentare, provare*: 聞きます **kikimasu** (聞く **kiku**), *chiedere* → 聞いて みます **kiite mimasu**, *provo a chiedere*.

3 聞いて から **kiite kara**: ancora un altro uso di から **kara**, から **kara** dopo un verbo in て **te**, significa *dopo che, una volta che*. 聞いて から **kiite kara**, *dopo avere domandato*; タクシー を 降りて から **takushī o orite kara**, *una volta scesi dal taxi*.

51 / 第五十一課

18 （タクシー を 降りて から）
　　　ta ku shī　o　o ri te　ka ra

19 - 最初 から タクシー に 乗る
　　　sai sho　ka ra　ta ku shī　ni　no ru

　　　こと に すれば よかった
　　　ko to　ni　su re ba　yo ka t ta

　　　のに 4…
　　　no ni　　　　　　　　　　　　　　　□

Tokyo possiede una sorta di doppia realtà. Amministrativamente, la città è divisa in 23 distretti che si chiamano 区 **ku**, *ma nella vita quotidiana ciò che conta di più sono i quartieri. Questi ultimi non hanno nessun valore ufficiale, ma delimitano degli spazi di vita e hanno ciascuno una propria personalità. Eccetto che nei quartieri d'affari, caratterizzati dai grattacieli pieni di uffici e dalla bassa*

***

▶ 練習 1 - 訳 し なさい

❶ 電話 を かけたい と 思いました が、充電 が もう なかった ので、できません でした。
denwa o kaketai to omoimashita ga jūden ga mō nakatta node dekimasen deshita

❷ どこ で 降りる の です か。
doko de oriru no desu ka

❸ タクシー に 乗って 行きました けれども、遅れて しまいました。
takushī ni notte ikimashita keredomo okurete shimaimashita

329 • san byaku ni jū kyū

Cinquantunesima lezione / 51

18 **(Una volta scesi dal taxi)** *(taxi [oggetto] scendere-[progressivo] dopo)*

19 – **Sarebbe stato meglio se avessimo preso un taxi fin dall'inizio!** *(inizio da taxi [fine] salire fatto [fine] fare-[condizionale] essere-stato-buono sebbene)*

Note
4 Letteralmente "benché, se si fosse fatto… sarebbe stato meglio". Questa formula usuale di rammarico, in un linguaggio piuttosto familiare, corrisponde alle nostre espressioni *avremmo dovuto*, *sarebbe stato meglio se*.

densità abitativa, la vita a Tokyo si organizza attorno alle stazioni dove, nelle numerose vie che ne costituiscono il cuore animato e chiassoso, si trovano i negozi. Tutt'intorno sorgono le zone residenziali, piccoli dedali di vie molto tranquille. Spesso il quartiere porta il nome della stazione.

***

❹ ちょっと 待って ください。すぐ 調べて みます。

chotto matte kudasai sugu shirabete mimasu

❺ この 有名 な 村 は にぎやか で、とても きれい です。

kono yūmei na mura wa nigiyaka de totemo kirei desu

Soluzioni dell'esercizio 1
❶ Volevo telefonare, ma non ho potuto perché la batteria era scarica. ❷ Dove scende? ❸ Sono andata con un taxi, però sono arrivata in ritardo. ❹ Aspetti un momento, per favore. Provo subito a cercarlo. ❺ Questo famoso villaggio è pieno di vita ed è molto carino.

san byaku san jū • 330

練習 2 - 言葉 を 入れ なさい

❶ Provo a parlargli.
   hanashi . . . .

❷ Sono spiacente, ma ho completamente dimenticato l'indirizzo.
   sumimasen ga, ...
   . . . .

❸ L'auto blu che si trova vicino al vecchio camion è un taxi e anche l'auto rossa che si trova dietro è un taxi.
   . . . . aoi . . . .
   . . . . , sono . . . . . . ni aru . . . .
   . . . .

❹ Quando abitavo a Shizuoka, lavoravo in una ditta australiana che si chiama Plaza.
   . . . . , ...
   . . . .

第五十二課 dai go jū ni ka

スポーツ
su pō tsu

1 - 電車 から 見える あの 巨大
     den sha ka ra mi e ru a no kyo dai
     な 網 は 何 です か。
     na ami wa nan de su ka

2 - ああ、 あれ? あれ は ゴルフ
     a a a re a re wa go ru fu
     練習場 です。
     ren shū jō de su

Cinquantaduesima lezione / 52

⑤ Con soli 10.000 yen, è impossibile.
. . . . , muri desu

Soluzioni dell'esercizio 2
❶ – te mimasu ❷ – jūsho o wasurete shimaimashita ❸ furui torakku no soba ni aru – jidōsha wa takushī de, – ushiro – akai jidōsha mo takushī desu ❹ shizuoka ni sunde ita toki, puraza to iu ōsutoraria no kaisha de hataraite imashita ❺ ichi man en dake de wa, –

Ora che iniziate ad affrontare periodi sempre più complessi, introduciamo il nuovo simbolo // che segna l'interruzione più importante del periodo, quando esso è composto da più di due proposizioni.

Seconda ondata: lezione 2

Cinquantaduesima lezione

Gli sport

1 – Cos'è quell'enorme rete che si vede dal treno? *(treno da vedersi quello enorme essere rete [tema] cosa essere [domanda])*
2 – Ah, quella? È un campo pratica per il golf. *(quello [tema] golf allenamento-luogo essere)*

Pronuncia
s'pootsu **2** … gorufu …

3 — あれ が、ゴルフ 練習場 です か。
   a re ga go ru fu ren shū jō de su ka

4 — 日本 の サラリーマン は
   ni hon no sa ra rī ma n wa

   ゴルフ を よく します が、
   go ru fu o yo ku shi ma su ga

5 なかなか 町 の 中 で は、練習
   na ka na ka machi no naka de wa ren shū

   する 場所 が ありません。
   su ru ba sho ga a ri ma se n

6 それで、広い 田舎 の 練習場
   so re de hiro i inaka no ren shū jō

   に 行く 代り に、
   ni i ku kawa ri ni

7 建物 の 屋上 に 網 を 張って1、
   tate mono no oku jō ni ami o ha t te

   ゴルフ 練習場 を 作りました。
   go ru fu ren shū jō o tsuku ri ma shi ta

8 — 日本 で は、他 に どんな
   ni hon de wa hoka ni do n na

   スポーツ を します か。
   su pō tsu o shi ma su ka

9 — サッカー2 も 最近 盛ん に
   sa k kā mo sai kin saka n ni

   なりました。
   na ri ma shi ta

Cinquantaduesima lezione / 52

3 – Quello è un campo pratica per il golf? *(quello [soggetto] golf allenamento-luogo essere [domanda])*

4 – Gli impiegati giapponesi giocano spesso a golf, ma *(Giappone [relazione] impiegato [tema] golf [oggetto] spesso fare ma)*

5 nelle città non è facile trovare un posto per allenarsi. *(non-facile città [relazione] dentro [luogo] [enfasi] allenamento fare luogo [soggetto] non-esserci)*

6 Così, invece di andare nei grandi campi per l'allenamento in campagna, *(quindi essere-ampio campagna [relazione] allenamento-luogo [fine] andare invece-di)*

7 hanno costruito dei campi pratica montando delle reti sui tetti dei palazzi. *(edificio [relazione] tetto [luogo] rete [oggetto] montare / golf allenamento-luogo [oggetto] avere-costruito)*

8 – Che altri sport si praticano in Giappone? *(Giappone [luogo] [enfasi] altro [avverbiale] quale-tipo sport [oggetto] fare [domanda])*

9 – Negli ultimi tempi è diventato di moda anche il calcio. *(calcio anche recentemente popolare [fine] essere-diventato)*

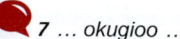

7 ... okugioo ...

Note

1 張って **hatte**: questo て **te** ha la stessa funzione della forma で **de** (equivalente di です **desu**), per indicare la fine di una proposizione all'interno di un periodo (v. lezione 50, frase 11 e nota 4). て **te** è invariabile, non porta alcuna marca né di tempo né di grado e non esprime alcun legame logico particolare tra le due proposizioni. Può trattarsi di una semplice successione di azioni (frase 3) oppure, come in questo caso, di una relazione mezzo-fine, cioè la prima frase esprime il mezzo per realizzare l'azione della seconda.

2 サッカー **sakkā**, dall'americano *soccer*, altro modo di chiamare il *calcio*.

10 – 佐々木₃ さん ₄ は、何 の スポーツ が 好き です か。
sa sa ki　sa n　wa　nan　no　su pō tsu　ga　su ki　de su　ka

11 – 野球 が 一番 好き です。
ya kyū　ga　ichi ban　su ki　desu

12 – どこ で 野球 を します か。
do ko　de　ya kyū　o　shi ma su　ka

13 – 僕 が 好き な の ₅は、テレビ で 見る こと です。
bo ku　ga　su ki　na　no　wa　te re bi　de　mi ru　ko to　de su

Note

3 佐々木 **sasaki**: si utilizza questo piccolo segno 々 per evitare la ripetizione del medesimo kanji (v. lezione 10, nota 2).

4 Quando ci si rivolge a qualcuno in un contesto formale, laddove in italiano si utilizzerebbe il *Lei*, la lingua giapponese utilizza il nome dell'interlocutore (come in questo caso), oppure il suo titolo.

5 好き な の は *suki na no wa*: vi ricordate di の *no* che serve a sostituire sia un nome già enunciato in precedenza, sia un nome che risulta evidente nel contesto (v. lezione 38, nota 1)?

---

*Se il **sumō** è conosciuto come uno sport specificatamente giapponese, è tuttavia lontano dall'essere uno sport di massa (eccetto che per i chili dei lottatori...), ed è praticato quasi esclusivamente da professionisti. A parte le arti marziali molto conosciute come **judō**, **aikidō**, **kendō** e altre **dō**, il re degli sport, quello che si pratica nelle vie, nei parchi e a scuola, rimane senza dubbio il baseball. Introdotto in Giappone verso il 1880, è lo sport più popolare alla*

Cinquantaduesima lezione / 52

10 – A Lei, signor Sasaki, quale sport piace? *(Sasaki signore [tema] cosa [relazione] sport [soggetto] piacere essere [domanda])*
11 – Io preferisco il baseball. *(baseball [soggetto] il-più piacere essere)*
12 – Dove gioca a baseball? *(dove [luogo] baseball [oggetto] fare [domanda])*
13 – Io, ciò che amo… è guardarlo in tv. *(io [soggetto] piacere essere [sostituzione] [tema] televisione [mezzo] guardare fatto essere)*

11 iakiuu …

pari del calcio in Italia, con tanto di idoli, trasmissioni televisive e giornali specializzati. Seguono poi il calcio e il rugby. Entrambi conosciuti dall'inizio del XX secolo, sono rimasti per molto tempo secondari. Il calcio ha avuto uno sviluppo fulmineo dalla creazione della lega professionistica nel 1993. Quanto al rugby, è soltanto dagli anni 2000 che si sono fatti importanti sforzi per promuoverlo. Il golf, conosciuto dal 1903, resta riservato ai benestanti.

san byaku san jū roku • 336

52 / 第五十二課

▶ 練習 1 – 訳 し なさい

❶ あれ は 野球場 だ と、ホテル の 人 が 答えました。
are wa yakyūjō da to hoteru no hito ga kotaemashita

❷ 一番 近い 地下鉄 の 駅 は どこ に あります か。
ichiban chikai chikatetsu no eki wa doko ni arimasu ka

❸ 三分 ぐらい 歩いて、左 に まがって、また 五分 ぐらい 歩いて 右 に まがって、すぐ です。
sanpun gurai aruite hidari ni magatte mata gofun gurai aruite migi ni magatte sugu desu

***

練習 2 – 言葉 を 入れ なさい

❶ Amo lo sport. Il mio preferito è il golf.
. . . .
. . , ...

❷ Si è laureato a marzo e si è sposato ad aprile.
sangatsu ni sotsugyō shi . . shigatsu ni kekkon
. . . .

❸ Dov'è la città più grande del Giappone?
. . . . . de . . . . doko desu ka

❹ Se si tratta di baseball, ci vado subito.
. . . . , sugu iku yo

❹ このごろ 一番 盛んなのは、サッカー です。
konogoro ichiban sakan na no wa sakkā desu

❺ 建物 の 屋上 に 網 を 張って、ゴルフ 練習場 を 作ります。
tatemono no okujō ni ami o hatte gorufu renshūjō o tsukurimasu

Soluzioni dell'esercizio 1
❶ Il signore dell'albergo mi ha risposto che era un campo da baseball. ❷ Dove si trova la più vicina stazione della metropolitana? ❸ Cammini per circa tre minuti, giri a sinistra, poi cammini ancora per circa cinque minuti, giri a destra ed è subito lì! ❹ [Lo sport] più popolare in questo momento è il calcio. ❺ Allestiscono dei campi pratica per il golf, installando delle reti sui tetti dei palazzi.

***

❺ Si è ammalato per la troppa preoccupazione.
amari shinpai shi .. byōki .. narimashita

Soluzioni dell'esercizio 2
❶ supōtsu ga suki desu – ichiban suki na no wa, gorufu desu ❷ – te – shimashita ❸ nihon – ichiban ookii machi wa – ❹ yakyū nara, – ❺ – te – ni –

Seconda ondata: lezione 3

第五十三課 dai go jū san ka
だい ご じゅう さん か

見舞 (みまい)
mi mai

1 — 橋本 さん の お 見舞 に 行かなければ なりません。
   hashi moto sa n no o mi mai ni i ka na ke re ba na ri ma se n

2 — どこ に 入院 して います か。
   do ko ni nyū in shi te i ma su ka

3 — 日赤 **1** 病院 に 入院 して いる そう です **2**。
   nis seki byō in ni nyū in shi te i ru sō de su

4 — 何曜日 に しましょう か。
   nan yō bi ni shi ma shō ka

5 — 今日 は 水曜日 です から、明後日 の 金曜日 に しましょう。
   kyō wa sui yō bi de su ka ra myō go nichi no kin yō bi ni shi ma shō

6   （金曜日）
    kin yō bi

Cinquantatreesima lezione

La visita

1 – Dobbiamo andare a fare visita al signor Hashimoto. *(Hashimoto signore [relazione] [onorifico] visita [fine] dovere-andare)*

2 – In quale ospedale è ricoverato? *(dove [luogo] ricovero-in-ospedale fare-[progressivo] stare [domanda])*

3 – Pare che sia ricoverato all'Ospedale della Croce Rossa Giapponese. *(Croce-Rossa-Giappone ospedale [luogo] ricovero-in-ospedale fare-[progressivo] stare sembrare)*

4 – Quando ci andiamo? *(quale-giorno-della-settimana [fine] fare-[esortativo] [domanda])*

5 – Oggi è mercoledì, allora facciamo dopodomani, venerdì. *(oggi [tema] mercoledì essere poiché / dopodomani [apposizione] venerdì [fine] fare-[esortativo])*

6 (Il venerdì)

Note

1 日赤 **nisseki**: per costruire gli acronimi in italiano prendiamo le prime lettere di ogni parola (ONU, Unesco ecc…). In giapponese, invece, si tiene il primo kanji di ogni parola. In questo caso, il nome completo sarebbe 日本 赤十字 **nihon sekijūji** ("Giappone rosso croce"), vale a dire *Croce Rossa Giapponese* (v. lezione 23, nota 2).

2 …そう です …**sō desu** usato in fine di frase, indica che chi parla ha avuto queste informazioni da un'altra persona e per questo non se ne assume la piena responsabilità (v. lezione 41, frase 15).

53 / 第五十三課

7　お見舞に何を持って
　　o mi mai ni nani o mo t te

　いきましょうか。
　i ki ma shō　ka

8 －　果物かお花がいいですね。
　　　kuda mono ka o hana ga i i de su ne

9 －　食べ物は控えた方が
　　　ta be mono wa hika e ta hō ga

　いいでしょう。
　i i　de shō

10　腸の手術だったそうです
　　chō no shu jutsu da t ta sō de su

　から。
　ka ra

11　この赤いチューリップと
　　ko no aka i chū ri p pu to

　黄色いチューリップを全部
　ki iro i chū ri p pu o zen bu

　で十本 **3** 持っていきましょう。
　de jup pon mo t te i ki ma shō

12　（病院で）
　　byō in de

13 －　いかがですか。
　　　i ka ga de su ka

14 －　おかげさまで、大分よく
　　　o ka ge sa ma de dai bu yo ku

　なりました。
　na ri ma shi ta

Cinquantatreesima lezione / 53

7 **Cosa gli portiamo per la visita?** *([onorifico] visita [fine] cosa [oggetto] tenere-in-mano-[progressivo] andare-[esortativo] [domanda])*

8 – **[Di solito] sta bene [portare] frutta o fiori.** *(frutta oppure [familiarità] fiore [soggetto] essere-buono [accordo])*

9 – **Sarà meglio evitare le cose da mangiare.** *(cibo [tema] essersi-astenuto lato [soggetto] essere-buono-[futuro])*

10 **Sembra che sia stata un'operazione all'intestino.** *(intestino [relazione] intervento-chirurgico essere-stato sembrare poiché)*

11 **Portiamo questi tulipani rossi e questi gialli, dieci in totale.** *(questo essere-rosso tulipano e essere-giallo tulipano [oggetto] totale [mezzo] dieci-oggetto-lungo tenere-in-mano-[progressivo] andare-[esortativo])*

12 **(All'ospedale)** *(ospedale [luogo])*

13 **Come sta?** *(come essere [domanda])*

14 – **Sto molto meglio, grazie.** *(grazie-alla-fortuna molto bene essere-diventato)*

: Note

3 …本 hon (v. lezione 22, nota 3): 本 **hon** (pronunciato anche **bon** o **pon**) usato dopo un numero serve a precisare il tipo di oggetto di cui si parla, ossia un oggetto lungo e cilindrico, come i tulipani di questo esempio, ma anche una matita, una bottiglia ecc.

san byaku yon jū ni • 342

53 / 第五十三課

15 あと 一週間（いっしゅうかん）で 家（うち）に 帰（かえ）れる そう です。
a to is shū kan de uchi ni kae re ru sō de su

16 — それでは お 大事（だいじ）に [4]。
so re de wa o dai ji ni

17 — どうも わざわざ ありがとう ございました。[5]
dō mo wa za wa za a ri ga tō go za i ma shi ta

□

***

練習 1 – 訳 し なさい

❶ ビール を 七本（なな ほん）下（くだ）さい。
bīru o nana hon kudasai

❷ あと 四週間（よんしゅうかん）で 旅行（りょこう）に 出（で）ます。
ato yonshūkan de ryokō ni demasu

❸ 金曜日（きんようび）まで に 払（はら）わなければ なりません。
kin'yōbi made ni harawanakereba narimasen

❹ 明日（あした）は 休（やす）み な のに はやく 起（お）きなければ なりません。
ashita wa yasumi na noni hayaku okinakereba narimasen

343 • san byaku yon jū san

Cinquantatreesima lezione / 53

15 Dicono che potrò tornare a casa tra una settimana.
(dopo una-settimana [mezzo] casa-mia [luogo] potere-tornare-a-casa sembrare)
16 – Allora si riguardi.
17 – Molte grazie per la vostra visita.

Note

4 お 大事 に **o daiji ni**, *abbi cura di te*: questa formula si usa quando ci si accomiata da una persona malata. È un *arrivederci* carico di simpatia, e allo stesso tempo un augurio di buona salute, un po' come *Auguri di pronta guarigione!*

5 In giapponese ci sono molti modi per dire *grazie* e variano a seconda della situazione. Tutta questa frase serve per ringraziare qualcuno che è venuto a farci visita o, più in generale, qualcuno che ha fatto della strada apposta per noi.

***

❺ 十年前に両親からもらった
ベッドとのみの市で買った江戸
時代の茶碗を売りました。
jūnen mae ni ryōshin kara moratta beddo to nomi no ichi de katta edo jidai no chawan o urimashita

Soluzioni dell'esercizio 1

❶ Sette bottiglie di birra, per favore. ❷ Fra quattro settimane partirò per un viaggio. ❸ Bisogna pagare entro venerdì. ❹ Anche se domani è vacanza, devo alzarmi presto. ❺ Ho venduto il letto che avevo ricevuto dai miei genitori dieci anni fa e la tazza di epoca Edo che avevo comprato al mercatino delle pulci.

san byaku yon jū yon • 344

練習 2 - 言葉 を 入れ なさい

❶ Sembra che torni a casa martedì o giovedì.

...... ni ......

❷ Sembra che adori i fiori gialli.

....

❸ Devo andarci sia martedì sia giovedì.

....
....

❹ Vorrei questa borsa verde e quella scatola blu a fianco, per favore.

.... to ......
.... hako ....

第五十四課 dai go jū yon ka

海岸 で
kai gan de

1 – まず 海 の 家 **1** を 借りましょう。
　　ma zu umi no ie o ka ri ma shō

2 　 荷物 を ここ に 置きましょう。
　　ni motsu o ko ko ni o ki ma shō

3 – さあ、 水着 に 着替えて、
　　sa a mizu gi ni ki ga e te

　　すぐ 泳ぎ に 行きましょう。
　　su gu oyo gi ni i ki ma shō

❺ Andiamo a fargli visita dopodomani.
. . . . ni . . . .

Soluzioni dell'esercizio 2
❶ kayōbi ka mokuyōbi – kaeru sō desu ❷ kiiroi hana ga daisuki da sō desu ❸ kayōbi mo mokuyōbi mo ikanakereba narimasen ❹ kono midori iro no baggu – sono tonari no aoi – o kudasai ❺ myōgonichi – o mimai ni ikimashō

Seconda ondata: lezione 4

Cinquantaquattresima lezione

54

In spiaggia

1 – Per prima cosa, affittiamo una stanza sulla spiaggia.
   (innanzitutto mare [relazione] casa [oggetto] affittare-[esortativo])
2   Posiamo qui i bagagli. *(bagaglio [oggetto] qui [luogo] posare-[esortativo])*
3 – Bene, mettiamoci il costume e andiamo subito a nuotare! *(bene costume-da-bagno [fine] cambiare-abito-[progressivo] / subito nuotare [fine] andare-[esortativo])*

Note
1 海 の 家 **umi no ie**, *casa del mare*: si tratta di piccole costruzioni leggere a un piano che si trovano su alcune spiagge molto frequentate. Una parte della struttura spesso è adibita a locale o negozio, mentre altre parti possono essere affittate dai bagnanti per mangiare e riposarsi al riparo dal sole.

第五十四課

4 哲雄(てつお) 2 は 水中眼鏡(すいちゅうめがね) を 持(も)ちました か。
   tetsu o wa sui chū me gane o mo chi ma shi ta ka

5 真規(まき) は 帽子(ぼうし) を 忘(わす)れないで。
   ma ki wa bō shi o wasu re na i de

6 太陽(たいよう) が 強(つよ)い から、
   tai yō ga tsuyo i ka ra

7 帽子(ぼうし) を 被(かぶ)らない と、
   bō shi o kabu ra na i to

8 今晩(こんばん) 頭(あたま) が 痛(いた)く 3 なります よ。
   kon ban atama ga ita ku na ri ma su yo

9 — わあ、水(みず) 4 は 冷(つめ)たい な。
   wa a mizu wa tsume ta i na

10 あそこ の 岩(いわ) まで 競争(きょうそう) しよう 5。
    a so ko no iwa ma de kyō sō shi yō

11 — いい よ。でも 僕(ぼく) が 勝(か)つ よ。
    i i yo de mo boku ga ka tsu yo

12 — 真規(まき) は 危(あぶ)ない から、ここ で
    ma ki wa abu na i ka ra ko ko de

   おとなしく して いなさい 6。
   o to na shi ku shi te i na sa i

Cinquantaquattresima lezione / 54

4 **Tetsuo, hai portato gli occhialini?** *(Tetsuo [tema] occhiali-subacquei [oggetto] avere-portato [domanda])*

5 **Maki, non dimenticare il cappello!** *(Maki [tema] cappello [oggetto] non-dimenticare)*

6 **Il sole è cocente** *(sole [soggetto] essere-forte poiché)*

7 **e se non metti il cappello** *(cappello [oggetto] non-indossare se)*

8 **questa sera ti farà male la testa.** *(questa-sera testa [soggetto] essere-dolorante diventare [opinione])*

9 – **Ah! L'acqua è gelata!** *(acqua [tema] essere-molto-freddo [riflessione])*

10 **Facciamo una gara fino a quello scoglio?** *(laggiù [relazione] scoglio fino-a gara fare-[esortativo])*

11 – **D'accordo.** *(essere-buono [opinione])*
Tanto vinco io! *(ma io [soggetto] vincere [opinione])*

12 – **Maki, tu rimani qui da brava, perché è pericoloso!** *(Maki [tema] essere-pericoloso poiché / qui [luogo] essere-ubbidiente fare-[progressivo] stare-[imperativo gentile])*

Note

2 **tetsuo** è un nome maschile di persona, **maki** è un nome femminile.

3 痛く なります **itaku narimasu** (letteralmente "diventa doloroso"): davanti a なる **naru**, *diventare*, l'aggettivo assume sempre la forma in **ku** (v. lezione 35, § 2).

4 水 **mizu** significa *acqua*, ma si sottintende che sia *l'acqua fredda*. Esiste un'altra parola, お湯 o **yu**, per indicare *l'acqua calda*.

5 しよう **shiyō**, grado inferiore di しましょう **shimashō**, *facciamo*.

6 おとなしく して い なさい: おとなしい **otonashii**, *essere tranquillo, ubbidiente*; おとなしく する **otonashiku suru**, *agire in modo gentile, fare il bravo*; おとなしく して いる **otonashiku shite iru**, *stare facendo il bravo*; い なさい **i nasai**, imperativo di いる **iru** → おとなしく して い なさい **otonashiku shite i nasai**, *fa' il bravo, sta' tranquillo*.

san byaku yon jū hachi • 348

13 – あら、アイス クリーム を 売って いる。
    a ra a i su ku rī mu o u t te i ru

14 – じゃ、この 砂 の 上 に 座って **7** 食べましょう。
    ja ko no suna no ue ni suwa t te ta be ma shō

15　（夜）
    yoru

16　日焼け で 背中 が 痛くて **8** たまらない。
    hi ya ke de se naka ga ita ku te ta ma ra na i

17　明日 どう やって 服 を 着よう かな。
    ashita dō ya t te fuku o ki yō ka na

Note

7 La proposizione この 砂 の 上 に 座って kono suna no ue ni suwatte (letteralmente "sedendo su questa sabbia") esprime il modo in cui avviene l'azione principale 食べましょう tabemashō, *mangiamo* (v. lezione 52, nota 1).

Cinquantaquattresima lezione / 54

13 – Oh, vendono i gelati! *(oh gelato [oggetto] vendere)*
14 – Bene, mangiamoceli seduti qui sulla sabbia. *(bene questo sabbia [relazione] sopra [luogo] sedersi-[progressivo] / mangiare-[esortativo])*
15 (La sera)
16 Che dolore insopportabile la scottatura sulla schiena! *(scottatura [causa] schiena [soggetto] essere-doloroso / non-sopportare)*
17 Come farò domani a vestirmi? *(domani come vestito [oggetto] indossare [domanda] [riflessione])*

8 て **te** può anche essere aggiunto alla forma in く **ku** degli aggettivi, con lo stesso identico valore cha ha per i verbi: 痛い **itai**, *essere doloroso*, diventa 痛くて たまらない **itakute tamaranai** letteralmente "essendo doloroso, non riesco a sopportarlo".

第五十四課

練習 1 – 訳 し なさい

❶ 海 の 家 を 借りて、そこ に 荷物 を 置きます。
umi no ie o karite soko ni nimotsu o okimasu

❷ 海 の 家 を 借りて、そこ に 荷物 を 置きました。
umi no ie o karite soko ni nimotsu o okimashita

❸ 海 の 家 を 借りて、そこ に 荷物 を 置きましょう。
umi no ie o karite soko ni nimotsu o okimashō

***

練習 2 – 言葉 を 入れ なさい

❶ Metti il cappello, perché il sole si fa cocente.
. . . . naru kara, ... kabutte kudasai

❷ Ho comprato questi quadri prendendo in prestito del denaro dai colleghi.
. . . . o kane . kari . . , ...

❸ Vado a nuotare anche se l'acqua è fredda.
. . . . , ...

❹ Quando sono entrato nel bar, il professore era già arrivato.
kissaten . . . ., ... kite imashita

❺ Non riesco a camminare dal mal di schiena.
. . . ., arukenai no desu

Cinquantaquattresima lezione / 54

❹ 危ない と いう と、子供 は 気 を つけました。
abunai to iu to kodomo wa ki o tsukemashita

❺ 海岸 に 着く と、すぐ 水着 に 着替えました。
kaigan ni tsuku to sugu mizugi ni kigaemashita

Soluzioni dell'esercizio 1

❶ Affitto una stanza sulla spiaggia e ci lascio i bagagli. ❷ Ho affittato una stanza sulla spiaggia e ci ho lasciato i bagagli. ❸ Affittiamo una stanza sulla spiaggia e lasciamoci i bagagli! ❹ Appena gli hanno detto: "È pericoloso", il bambino ha fatto attenzione. ❺ Appena arrivati sulla spiaggia ci siamo messi subito il costume.

***

Soluzioni dell'esercizio 2

❶ taiyō ga tsuyoku – , bōshi o – ❷ dōryō kara – o – te, kono e o kaimashita ❸ mizu wa tsumetai noni, oyogi ni ikimasu ❹ – ni hairu to, sensei ga mō – ❺ senaka ga itakute, –

Quando si è a Tokyo spesso ci si dimentica che è una città di mare, poiché questo è ormai nascosto dalle torri, dagli edifici, dagli impianti industriali e portuali e, a dire la verità, si allontana sempre di più. La città d'origine era costruita sul bordo di una magnifica baia, oggi quasi completamente riempita. La città si sviluppò verso ovest, ma ben presto raggiunse le montagne, così la soluzione fu quella di sottrarre terreno al mare. Certo si guadagnò terreno, ma si perse tutta la bellezza del paesaggio. Questo però non frena le folle di villeggianti che continuano a ritrovarsi sulle spiagge vicino a Tokyo, per esempio sulla costa fra Tokyo e Izu (penisola montuosa che offre soprattutto calde sorgenti termali). Non si tratta tuttavia delle più belle spiagge giapponesi, che si trovano invece a Okinawa e sulle isole.

Seconda ondata: lezione 5

san byaku go jū ni

第五十五課 dai go jū go ka

日本 へ 行く
ni hon e i ku

1 — 今年 の 夏 の バカンス は どこ へ 行きます か。
ko toshi no natsu no ba ka n su wa do ko e i ki ma su ka

2 — 日本 へ 行きます。
ni hon e i ki ma su

3 — 去年 も 行った の で は ない です か **1**。
kyo nen mo i tta no de wa na i de su ka

4 毎年 行けて、 うらやましい です ね。
mai toshi i ke te u ra ya ma shi i de su ne

5 — ええ、 そう です が、 今年 は 汽車 で 行く ん **2** です。
e e sō de su ga ko toshi wa ki sha de i ku n de su

6 シベリア 経由 の 汽車 で 行く ん です。
shi be ri a kei yu no ki sha de i ku n de su

353 • san byaku go jū san

Cinquantacinquesima lezione

Andare in Giappone
(Giappone [destinazione] andare)

1 – Dove andrà in vacanza quest'estate? *(questo-anno [relazione] estate [relazione] vacanza [tema] dove [destinazione] andare [domanda])*

2 – Andrò in Giappone. *(Giappone [destinazione] andare)*

3 – Non ci è andato anche l'anno scorso? *(scorso-anno anche essere-andato cosa non-essere [domanda])*

4 La invidio perché può andarci ogni anno! *(ogni-anno potere-andare-[progressivo] / essere-invidioso [accordo])*

5 – Sì, ma quest'anno ci andrò in treno. *(sì così essere ma / questo-anno [enfasi] treno [mezzo] andare cosa essere)*

6 Ci andrò con la Transiberiana. *(Siberia via [relazione] treno [mezzo] andare cosa essere)*

Note

1 行った の で は ない です か **itta no de wa nai desu ka**: che espressione lunga! … の です … **no desu** (v. lezione 30, nota 2), in fine di frase, aggiunge una sfumatura di spiegazione. In questo caso, です **desu** è nella forma negativa del grado inferiore, で は ない **de wa nai** (v. lezione 50, nota 7), a cui si aggiunge です **desu** per renderlo di grado medio. ない **nai** si comporta come un aggettivo (v. lezione 27, nota 3).

2 行く ん です **iku n desu**: nella conversazione corrente il giapponese abbrevia alcune parole; in questo caso elimina la **o** di の です **no desu**, rimane così ん です **n desu**.

san byaku go jū yon • 354

7 飛行機 の 方 が 速い です が、つまらない です。
hi kō ki no hō ga haya i de su ga tsu ma ra na i de su

8 でも パリ から モスクワ まで は 飛行機 で 行きます。
de mo pa ri ka ra mo su ku wa ma de wa hi kō ki de i ki ma su

9 そして モスクワ で 汽車 に 乗り換えて、ウラジオストック まで 行きます。
so shi te mo su ku wa de ki sha ni no ri ka e te u ra ji o su to k ku ma de i ki ma su

10 それから 日本 まで 船 か 飛行機 です。
so re ka ra ni hon ma de fune ka hi kō ki de su

11 – 随分 時間 が かかる³ でしょう⁴。
zui bun ji kan ga ka ka ru de shō

12 – ええ、しかし それ で 行った こと の⁵ ある 友達 に よる と、
e e shi ka shi so re de i tta ko to no a ru tomo dachi ni yo ru to

Cinquantacinquesima lezione / 55

7 **L'aereo è più veloce, ma più noioso.** *(aereo [relazione] lato [soggetto] essere-veloce ma / essere-noioso)*

8 **Tuttavia, da Parigi a Mosca andrò in aereo.** *(però Parigi da Mosca fino-a [enfasi] aereo [mezzo] andare)*

9 **Poi a Mosca cambierò e prenderò il treno fino a Vladivostok.** *(poi Mosca [luogo] treno [fine] cambiare-mezzo-di-trasporto-[progressivo] / Vladivostok fino-a andare)*

10 **Dopodiché, fino in Giappone [andrò] o in nave o in aereo.** *(poi Giappone fino-a nave o aereo essere)*

11 – **Ci vorrà parecchio tempo!** *(parecchio tempo [soggetto] essere-utilizzato-[futuro])*

12 – **È vero, però secondo un amico che ci è andato in questo modo,** *(sì tuttavia codesto [mezzo] essere-andato fatto [soggetto] esserci amico [fine] basarsi-su se)*

Note

3 時間 が かかる **jikan ga kakaru** (letteralmente "del tempo è impiegato"), *ci vuole del tempo*. …かかる …**kakaru** è il termine da usare per dire *ci vuole/vogliono*… (dieci minuti, tre ore ecc.).

4 でしょう **deshō** è una forma di です **desu**. です **desu** significa essere, でしょう **deshō** significa *sarà*, *dovrebbe essere* (v. lezione 50, nota 5). Tuttavia, in questo caso, dopo un verbo al grado inferiore questo verbo funziona più o meno come le particelle finali che indicano l'intenzione o l'emozione del parlante in relazione a quanto sta dicendo. Il parlante sa che per fare quel viaggio ci vuole molto tempo, però non vuole esprimere un'affermazione troppo netta poiché non ha vissuto l'esperienza personalmente. Questo uso di でしょう **deshō** è molto vicino all'espressione italiana *immagino che*.

5 それ で 行った こと の ある 友達 **sore de itta koto no aru tomodachi** (v. lezione 42, § 2). Fino a questo momento avete incontrato l'espressione こと が ある **koto ga aru** posta in fine di frase o di periodo. La situazione qui è diversa, perché questa espressione appartiene a una proposizione che precisa la parola 友達 **tomodachi**, *un amico che ci è andato in quel modo*. In questo caso, e solo in casi come questo, possiamo usare の **no** al posto di が **ga** per indicare il soggetto.

san byaku go jū roku • 356

55 / 第五十五課

13   時間 の 感覚 が なくなる ので
      ji kan no kan kaku ga na ku na ru no de
      全然   退屈   しない   そう   です。
      zen zen tai kutsu shi na i sō de su

14 — いつ   出発   します   か。
     i tsu shup patsu shi ma su ka

15 — まだ   はっきり   決めて   いません
     ma da ha k ki ri ki me te i ma se n
     が、   七月   の   初め   ごろ [6]
     ga shichi gatsu no haji me go ro
     に   なる   と   思います。
     ni na ru to omo i ma su □

***

▶ 練習 1 – 訳 し なさい

❶ テレビ の ニュース に よると、今朝 とても
不思議 な 交通 事故 が 起こった そう
です。
terebi no nyūsu ni yoru to kesa totemo fushigi na kōtsū jiko ga okotta sō desu

❷ 走って 四分 かかります。
hashitte yonpun kakarimasu

❸ 横 の 建物 が できあがる までは、三年
かかりました。
yoko no tatemono ga dekiagaru made wa sannen kakarimashita

Cinquantacinquesima lezione / 55

13 sembra che non ci si annoi affatto, perché si perde la nozione del tempo. *(tempo [relazione] sensazione [soggetto] scomparire poiché / assolutamente noia non-fare sembrare)*
14 – Quando partirà? *(quando partenza fare [domanda])*
15 – Non ho ancora deciso esattamente, ma credo che sarà verso l'inizio di luglio. *(ancora chiaramente decidere-[progressivo] non-stare ma / luglio [relazione] inizio circa [tempo] diventare [citazione] pensare)*

Note

6 初め ごろ **hajime goro**. L'aggiunta della parola ごろ **goro** a un'altra parola che esprime una data serve a rendere questa data approssimativa: 七月 の 初め に **shichigatsu no hajime ni**, *all'inizio di luglio*; 七月 の 初め ごろ に **shichigatsu no hajime goro ni**, *verso l'inizio di luglio*.

***

❹ インド 象 は 耳 が 小さい です。アフリカ 象 は 耳 が 大きい です。
indo zō wa mimi ga chiisai desu afurika zō wa mimi ga ookii desu

❺ 耳 の 小さい インド 象 と 耳 の 大きい アフリカ 象 を 見ました。
mimi no chiisai indo zō to mimi no ookii afurika zō o mimashita

Soluzioni dell'esercizio 1

❶ Secondo il telegiornale, sembra che questa mattina ci sia stato uno strano incidente stradale. ❷ Correndo ci vogliono quattro minuti. ❸ Ci sono voluti tre anni prima che l'edificio accanto fosse terminato. ❹ Gli elefanti indiani hanno le orecchie piccole. Gli elefanti africani hanno le orecchie grandi. ❺ Ho visto gli elefanti indiani dalle orecchie piccole e quelli africani dalle orecchie grandi.

練習 2 - 言葉 を 入れ なさい

❶ Siamo partiti verso le sei.
. . . . ni . . . .

❷ Immagino che sia noioso andare a Mosca in treno.
. . . . wa
. . . . deshō

❸ Ma non era già stato deciso per l'inizio di luglio di quest'anno?
. . . . ni kimeta
. . . .

❹ Innanzitutto, vada fino a Shibuya in autobus, là cambi e prenda il treno fino a Ueno.
. . . . it . . , ...
norikae . . , ...

❺ Consultando il libro che mi aveva indicato mia sorella, finalmente ho capito.
ane ga . . . . shirabe . . , yatto
. . . .

Cinquantacinquesima lezione / 55

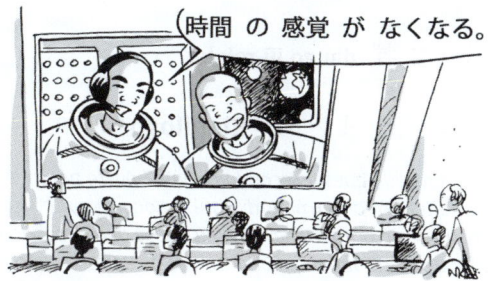

Soluzioni dell'esercizio 2

❶ roku ji goro – shuppatsu shimashita ❷ mosukuwa made kisha de iku no – tsumaranai – ❸ kotoshi no shichigatsu no hajime – no de wa nai desu ka ❹ mazu basu de shibuya e – te, soko de – te, ueno made densha de ikimasu ❺ – oshiete kureta hon o – te, – wakarimashita

Seconda ondata: lezione 6

第五十六課 dai go jū rok ka
<small>だい ご じゅう ろっ か</small>

まとめ – Riepilogo

Allora, come procede questa seconda ondata? Avete pensato a riprendere le prime lezioni al termine di ogni lezione nuova? Sicuramente questo vi richiede un po' più di lavoro, ma anche qualche soddisfazione! In questo modo, naturalmente, tutto ciò che avete assimilato nella fase passiva diventa patrimonio del vostro giapponese "attivo". E vi potrete lanciare nel costruire le vostre frasi autonomamente.

1 Le forme in て *te* e le forme in た *ta* dei verbi

Eccezionalmente, in questa lezione di riepilogo, affronteremo un solo argomento di grammatica. Si tratta della forma in て **te** e della forma del passato di grado inferiore in た **ta** dei verbi.
È il solo punto veramente difficile per quel che concerne le forme verbali giapponesi.
– た **ta** è usato per costruire il passato di grado inferiore (grado medio ました **mashita**), che conoscete già (lezione 17, nota 4; lezione 21, § 4).
– て **te** serve per costruire delle espressioni verbali, ad esempio quelle che vogliono dire *sto facendo*... (食べて いる **tabete iru**, *sto mangiando*, lezione 11, nota 4; lezione 35, § 3), oppure per terminare una proposizione (lezione 52, nota 1).

1.1 Caso dei verbi a una base

Per i verbi a una sola base non ci sono problemi. Si aggiungono た **ta** oppure て **te** alla base, come in tutti gli altri casi. Vale anche per する **suru**, *fare* (di cui ricordiamo che la base è し **shi**, lezione 42, § 4.1).
Per il passato di grado inferiore in た **ta** abbiamo già incontrato:
– 食べる **taberu**, *mangiare* → 食べた **tabeta**, *avere mangiato* (lezione 30, frase 15);
– 忘れる **wasureru**, *dimenticare* → 忘れた **wasureta**, *avere dimenticato* (lezione 31, frase 10);

Cinquantaseiesima lezione

- 生まれる **umareru**, *nascere* → 生まれた **umareta**, *essere nato* (lezione 38, frase 4);
- できる **dekiru**, *terminare, concludersi* → できた **dekita**, *essere terminato* (lezione 40, frase 6);
- 始める **hajimeru**, *iniziare* → 始めた **hajimeta**, *avere iniziato* (lezione 47, frase 8);
- する **suru**, *fare* → した **shita**, *avere fatto* (lezione 45, frase 12).

Per la forma in て **te** abbiamo già incontrato:
- 見せて **misete** da 見せる **miseru**, *mostrare* (lezione 18, frase 6);
- 教えて **oshiete** da 教える **oshieru**, *insegnare* (lezione 29, frase 4);
- 出て **dete** da 出る **deru**, *uscire* (lezione 30, frase 12);
- つけて **tsukete** da つける **tsukeru**, *attaccare* (lezione 40, frase 4);
- 入れて **irete** da 入れる **ireru**, *mettere* (lezione 47, frase 15);
- 見て **mite** da 見る **miru**, *guardare* (lezione 50, frasi 6 e 7);
- して **shite** da する **suru**, *fare* (lezione 53, frasi 2 e 3);

A questa lista bisogna aggiungere 来て **kite** da 来る **kuru**, *venire* (lezione 29, frase 8). Questo verbo, così come する **suru**, *fare*, è leggermente irregolare: non è un verbo a una base, né a più basi, bensì è un verbo a due basi: una è き **ki**, alla quale si attaccano tutti i suffissi tranne uno, ad esempio 来ます **kimasu**, *io vengo*, 来ました **kimashita**, *io sono venuto*, 来た **kita**, *io sono venuto*. L'altra base è こ **ko** alla quale si aggiunge solo il suffisso ない **nai** del negativo: 来ない **konai**, *non vengo*.

1.2 Caso dei verbi con più basi

Il problema delle forme di questi verbi è che essi hanno subito l'usura del tempo. La scomparsa di certi suoni (la **i**, la **k**, la **g**) all'interno delle costruzioni con i suffissi in て **te** e た **ta** ha dato loro un andamento un po' irregolare. Vi daremo qualche esempio per ciascun caso, in modo che possiate identificarne altri nel vostro lavoro di ripasso della Seconda ondata e, a partire da adesso, nelle prossime nuove lezioni.

san byaku roku jū ni • 362

• I verbi che terminano in す *su*
Sono gli unici che hanno resistito e rimangono regolari:
– 捜す **sagasu**, *cercare* → 捜して **sagashite** (lezione 34, frase 1);
– 動かす **ugokasu**, *fare muovere* → 動かして **ugokashite** (lezione 40, frase 13);
– 貸す **kasu**, *prestare* → 貸して **kashite** (lezione 45, frase 16);
– 出す **dasu**, *tirare fuori* → 出して **dashite** (lezione 46, frase 13).
Se volessimo ottenere il passato di grado inferiore, avremmo: *avere prestato* → 貸した **kashita**; *avere cercato* → 捜した **sagashita** ecc.

• I verbi che terminano in く *ku*
La **k** sparisce e compare la **i**.
Forma in て **te**:
– 歩く **aruku**, *camminare* → 歩いて **aruite** (lezione 39, frase 12);
– 置く **oku**, *depositare* → 置いて **oite** (lezione 40, frase 6);
– 働く **hataraku**, *lavorare* → 働いて **hataraite** (lezione 40, frase 15);
– 書く **kaku**, *scrivere* → 書いて **kaite** (lezione 50, frase 14);
– 聞く **kiku**, *ascoltare, domandare* → 聞いて **kiite** (lezione 51, frasi 15 e 16);
Forma in た **ta**:
付く **tsuku**, *attaccare* → 付いた **tsuita**, *avere attaccato* (lezione 31, frase 11).
Qualche esempio in più: 書いた **kaita**, *avere scritto*; 聞いた **kiita**, *avere ascoltato*.

• I verbi che terminano in ぐ *gu*
La **g** scompare, compare la **i** e la **t** diventa **d**: 急ぐ **isogu**, *sbrigarsi* → 急いで **isoide** (lezione 51, frase 1).

• I verbi che terminano in む *mu*, ぶ *bu*, ぬ *nu*
La **i** va via e la **t** diventa **d**, ma la consonante che precede questa **d** diventa **n** per tutti i verbi.
Forma in て **te**:
– 住んで **sunde** da 住む **sumu**, *abitare* (lezione 38, frase 7);
– 並んで **narande** da 並ぶ **narabu**, *essere in fila* (lezione 39, frase 16);
– 混んで **konde** da 混む **komu**, *essere saturo* (lezione 44, frase 7);
– 浮かんで **ukande** da 浮かぶ **ukabu**, *fluttuare* (lezione 48, frase 3);
– 飲んで **nonde** da 飲む **nomu**, *bere* (lezione 48, frase 13).

Cinquantaseiesima lezione / 56

Non abbiamo ancora visto esempi nella forma passata, ma basta sostituire で **de** con だ **da**: proviamo! *avere bevuto*, 飲んだ **nonda**, *avere fatto la coda*, 並んだ **naranda**.

• **I verbi che terminano in** う *u*, つ *tsu* **e** る *ru*
La **i** scompare e si ottiene una forma che termina in って **tte** oppure った **tta**.
Verbi in う **u**:
– もらう **morau**, *ricevere* → もらった **moratta**, *avere ricevuto* (lezione 31, frase 10);
– 思う **omou**, *pensare* → 思った **omotta**, *avere pensato* (lezione 36, frase 10), 思って **omotte** (lezione 43, frase 4);
– 買う **kau**, *comprare* → 買って **katte** (lezione 39, frase 18);
– 会う **au**, *incontrare* → 会った **atta**, *avere incontrato* (lezione 41, frasi 1 e 2);
– 言う **iu**, *dire, chiamarsi* → 言った **itta**, *avere detto* (lezione 41, frase 12), 言って **itte** (lezione 46, frase 1);
– しまう **shimau**, *fare fino in fondo* → しまった **shimatta**, *accidenti!* (lezione 51, frase 13);
Verbi in つ **tsu**:
– 立つ **tatsu**, *stare in piedi* → 立って **tatte** (lezione 24, frase 11);
– 待つ **matsu**, *aspettare* → 待って **matte** (lezione 29, frase 11);
– 持つ **motsu**, *avere, possedere* → 待って **motte** (lezione 53, frasi 7 e 11).
Verbi in る **ru**:
– 入る **hairu**, *entrare* → 入って **haitte** (lezione 24, frase 12);
– 取る **toru**, *prendere* → 取って **totte** (lezione 29, frase 6);
– 寄る **yoru**, *basarsi su* → 寄って **yotte** (lezione 31, frase 14),
– 作る **tsukuru**, *costruire* → 作った **tsukutta**, *avere costruito* (lezione 33, frase 3), 作って **tsukutte** (lezione 40, frase 3);
– 送る **okuru**, *mandare, accompagnare* → 送って **okutte** (lezione 33, frase 10);
– 帰る **kaeru**, *ritornare a casa* → 帰って **kaette** (lezione 37, frase 4);
– 変わる **kawaru**, *cambiare* → 変わった **kawatta**, *essere cambiato* (lezione 41, frase 7);
– 知る **shiru**, *sapere, conoscere* → 知って **shitte** (lezione 46, frase 2);
– やる **yaru**, *fare* → やって **yatte** (lezione 47, frase 6);
– なる **naru**, *diventare* → なって **natte** (lezione 48, frase 8).

san byaku roku jū yon • 364

- **Una sola eccezione**

行く **iku**, *andare*, è un verbo molto utilizzato e le sue forme in て **te** e た **ta** sono irregolari: 行って **itte** (lezione 39, frase 1) e 行った **itta**, *essere andato* (lezione 55, frasi 3 e 12).
Ecco, ora sapete tutto ciò che vi serve su queste forme. Rimane un ultimo punto: come si fa a capire se un verbo è a una base o se

***

復習 会話

1 この 辺 は にぎやか な ところ で、面白い 店 と おいしい レストラン が たくさん ある と 思います。

kono hen wa nigiyaka na tokoro de omoshiroi mise to oishii resutoran ga takusan aru to omoimasu

2 郵便局 への 道 が わかりません でした から、本屋 の 人 に 聞いて みました。

yūbinkyoku e no michi ga wakarimasen deshita kara hon'ya no hito ni kiite mimashita

3 道 を 聞いて から、すぐ 郵便局 を みつけました。

michi o kiite kara sugu yūbinkyoku o mitsukemashita

4 渋谷 で 電車 に 乗って、上野 で 乗り換えて、それから また バス に 乗って、やっと 三時 十五分 に 医者 の ところ に 着きました。

shibuya de densha ni notte ueno de norikaete sorekara mata basu ni notte yatto sanji jūgofun ni isha no tokoro ni tsukimashita

Cinquantaseiesima lezione / 56

invece è a più basi? Consultate il lessico: per ciascuno è stato indicato a quale categoria appartiene, ma vi facciamo notare brevemente che i verbi a una base terminano tutti in **-iru** o **-eru**. Tuttavia dovete fare attenzione perché ci sono anche parecchi verbi a più basi che terminano allo stesso modo, ma poiché questi sono fra i più ricorrenti vi abituerete presto, sempre che non lo abbiate già fatto!

***

5 おとといにゅういんした どうりょう の お見舞い に
行かなければ なりません。
ototoi nyūin shita dōryō no omimai ni ikanakereba narimasen

6 ここ は 現代 美術館 で、あそこ は
新しい 病院 です。
koko wa gendai bijutsukan de asoko wa atarashii byōin desu

7 太陽 の 光 が 強くて、日焼け で 背中 が
痛く なりました。
taiyō no hikari ga tsuyokute hiyake de senaka ga itaku narimashita

8 空 に は 雲 が 一つ も 浮かんで いません。
あした は いい 天気 に なる でしょう。
sora ni wa kumo ga hitotsu mo ukande imasen ashita wa ii tenki ni naru deshō

9 暑く なる と、海岸 へ 行って、海 で 泳ぐ
の は 一番 いい です。
atsuku naru to kaigan e itte umi de oyogu no wa ichiban ii desu

10 日本 で 一番 よく する スポーツ は 野球 だ そう です。
nihon de ichiban yoku suru supōtsu wa yakyū da sō desu

57

第五十七課 dai go jū nana ka
(だい ご じゅう なな か)

歴史 の 道
reki shi no michi

1 — 奈良 に 「歴史 1 の 道」 と いう ところ が ある の を 知って いますか。
na ra ni reki shi no michi to i u to ko ro ga a ru no o shi tte i ma su ka

2 — いいえ、聞いた こと が ありません。
i i e, ki i ta ko to ga a ri ma se n

Traduzione

1 Questa zona è molto animata, penso che ci siano molti negozi interessanti e buoni ristoranti. **2** Poiché non conoscevo la strada per andare all'ufficio postale, ho provato a chiedere al signore della libreria. **3** Dopo avere domandato la strada ho subito trovato l'ufficio postale. **4** Ho preso un treno a Shibuya, ho cambiato a Ueno, poi ho ancora preso un autobus e, finalmente, alle tre e un quarto sono arrivata dal dottore. **5** Devo andare a fare visita al mio collega che si è ricoverato l'altro ieri. **6** Questo è il museo di arte moderna, quello è il nuovo ospedale. **7** I raggi del sole erano forti. Ho tutta la schiena dolente per la scottatura. **8** In cielo non c'è nemmeno una nuvola. Domani il tempo sarà sicuramente bello. **9** Quando fa caldo, la cosa migliore è andare in spiaggia e fare un bagno nel mare. **10** Sembra che lo sport più praticato in Giappone sia il baseball.

Seconda ondata: lezione 7

Cinquantasettesima lezione

La via della Storia
(storia [relazione] strada)

1 – Sai che a Nara c'è un luogo chiamato "la via della Storia"? *(Nara [luogo] storia [relazione] strada [citazione] dire luogo [soggetto] esserci cosa [oggetto] sapere [domanda])*

2 – No, non l'ho mai sentito. *(no avere-sentito fatto [soggetto] non-esserci)*

Note

1 歴史 *rekishi*, *storia*, in giapponese ha solo il significato di Storia, ossia la disciplina che studia e racconta gli eventi del passato. In italiano la parola "storia" indica anche narrazione o racconto, ma per questi significati in giapponese si utilizzano altre parole.(v. lezione 25, frase 6).

3 – それ は 奈良 の 町 の 回り を 通る 道 です。
   so re wa na ra no machi no mawa ri o too ru michi de su

4 畑 に そって、 ほとんど の 奈良 の 有名 な お 寺 の そば を 通ります。
   hatake ni so t te ho to n do no na ra no yū mei na o tera no so ba o too ri ma su

5 たとえば、 東大寺、 法隆寺、 薬師寺、 唐招提寺 など **2** です。
   ta to e ba tō dai ji hō ryū ji yaku shi ji tō shō dai ji na do de su

6 小さくて **3** 静か な お 寺 の そば も 通ります。
   chii sa ku te shizu ka na o tera no so ba mo too ri ma su

7 歩いて 行く 人 も 自転車 で 行く 人 も います。
   aru i te i ku hito mo ji ten sha de i ku hito mo i ma su

Note

2 In un lungo elenco scritto si possono separare gli elementi con una semplice virgola, come qui. In questo caso, alla fine dell'elenco, si utilizzerà spesso la parola など **nado** (v. lezione 36, nota 2), che rafforza la coerenza dell'elenco.

Cinquantasettesima lezione / 57

3 – È una strada che percorre il perimetro della città di **Nara.** *(codesto [tema] Nara [apposizione] città [relazione] perimetro [oggetto] percorrere strada essere)*

4 Costeggiando i campi, passa accanto a quasi tutti i più famosi templi buddisti di **Nara.** *(campo [luogo] costeggiare / quasi-tutto [relazione] Nara [relazione] famoso essere [familiarità] tempio-buddista [relazione] vicinanza [oggetto] percorrere)*

5 Per esempio il **Todaiji**, lo **Horyuji**, lo **Yakushiji** e il **Toshodaiji.** *(ad-esempio Todaiji Horyuji Yakushiji Toshodaiji questo-genere-di-oggetto essere)*

6 Passa anche accanto a piccoli e tranquilli templi. *(essere-piccolo tranquillo essere [familiarità] tempio [relazione] vicinanza anche percorrere)*

7 Ci sono persone che la percorrono a piedi e altre in **bicicletta.** *(camminare-[progressivo] andare persona anche bicicletta [mezzo] andare persona anche esserci)*

歩いて行く人も
自転車で行く人
もいます。

3 小さくて **chiisakute**: quando due aggettivi (v. lezione 54, nota 8) o due verbi (v. lezione 26, nota 3) si susseguono, bisogna obbligatoriamente usare la forma in て **te**. Questa forma ricorre anche, sia per i verbi sia per gli aggettivi, in fine di proposizione (frase 12).

san byaku nana jū • 370

8 歩くと 全部で 十五 時間
   aru ku to zen bu de jū go ji kan
   ぐらい かかります。
   gu ra i ka ka ri ma su

9 出来れば 奈良に 泊まって、
   de ki re ba na ra ni to ma t te
   毎日 少し ずつ 歩いて
   mai nichi suko shi zu tsu aru i te
   見る こと です ね。
   mi ru ko to de su ne

10 − あなた は その 歴史 の 道
   a na ta wa so no reki shi no michi
   を 全部 歩きました か。
   o zen bu aru ki ma shi ta ka

11 − 以前 二日 だけ 奈良 へ 行った
   i zen futsu ka da ke na ra e i t ta
   時、 三分 **4** の 一 歩きました。
   toki san bun no ichi aru ki ma shi ta

12 その あと、 足 が 痛くて、
   so no a to ashi ga ita ku te

13 一週間 近く 歩く の が
   is shū kan chika ku aru ku no ga
   つらかった です。
   tsu ra ka t ta de su

14 でも すばらしかった です。
   de mo su ba ra shi ka t ta de su
   また 行って 見たい **5** です。
   ma ta i t te mi ta i de su

371 • san byaku nana jū ichi

Cinquantasettesima lezione / 57

8 A piedi ci vogliono in totale quindici ore.
(camminare se / totale [avverbiale] dieci-cinque ora circa impiegare)

9 Se si può, la cosa migliore sarebbe quella di fermarsi a Nara e provare a percorrerne un pezzetto ogni giorno a piedi. *(essere-possibile // Nara [luogo] soggiornare / ogni-giorno poco ogni camminare-[progressivo] vedere fatto essere [accordo])*

10 – Tu l'hai percorsa tutta la via della Storia? *(tu [tema] codesto storia [relazione] strada [oggetto] intero avere-camminato [domanda])*

11 – Tempo fa, quando sono andata a Nara solo per due giorni, ne ho percorso un terzo. *(tempo-prima due-giorni solo Nara [destinazione] essere-andato quando / tre-parte [relazione] uno avere-camminato)*

12 Dopodiché avevo così male alle gambe che *(dopo quello gamba [soggetto] essere-doloroso)*

13 per quasi una settimana è stato durissimo camminare. *(una-settimana vicino-a camminare fatto [soggetto] essere-stato-penoso)*

14 Però è stato meraviglioso. Vorrei ritornarci. *(ma essere-stato-meraviglioso ancora andare-[progressivo] volere-vedere)*

Note

4 三分 **sanbun**: nella lezione 52 (esercizio 1, frase 3), gli stessi ideogrammi si pronunciano **sanpun** e significano *tre minuti*. Perché? Il fatto è che il significato originale di 分 è *una parte*. Cos'è un minuto se non una parte di un'ora? Ricapitolando, *parte* si dice **bun**, mentre *minuto* si dice sia **fun** sia **pun**, a seconda della cifra che precede. 三分 の 一 **sanbun no ichi** (letteralmente "una di tre parti") è il modo per esprimere le frazioni, cioè 1/3 *un terzo*. Ci ritorneremo nella lezione di riepilogo.

5 Il suffisso たい si aggiunge direttamente alla base dei verbi a una base o alla base in *i* dei verbi a più basi. Esprime la volontà di colui che parla: miru, *vedo* → mitai, *vorrei vedere*. Questo suffisso si declina come un aggettivo (v. lezione 35, § 2).

練習 1 - 訳 し なさい

❶ 伯父(おじ) に 先週(せんしゅう) もらった お 酒(さけ) は、非常(ひじょう) に おいしかった ので、もう 四分(よんぶん) の 三(さん) 飲(の)んで しまいました。

oji ni senshū moratta o sake wa hijō ni oishikatta node mō yonbun no san nonde shimaimashita

❷ モスクワ の 町(まち) は 広(ひろ)くて、すばらしい 美術館(びじゅつかん) が たくさん あります。

mosukuwa no machi wa hirokute subarashii bijutsukan ga takusan arimasu

❸ 青(あお)い 傘(かさ) も 黄色(きいろ)い 傘(かさ) も ありませんでした。

aoi kasa mo kiiroi kasa mo arimasen deshita

***

練習 2 - 言葉 を 入れ なさい

❶ Sono venuto passando per una strada molto animata.
. . . . kimashita

❷ È difficile ricordare gli hiragana?
. . . . oboeru . . . .

❸ Il treno viaggia costeggiando i campi.
. . . . ikimasu

❹ 青くて 黄色い 傘 が あった の では ない でしょう か。
aokute kiiroi kasa ga atta no de wa nai deshō ka

❺ 奈良 に 一週間 泊まって、歴史 の 道 を 全部 歩く こと が できました。
nara ni isshūkan tomatte rekishi no michi o zenbu aruku koto ga dekimashita

Soluzioni dell'esercizio 1

❶ Il vino che mi ha regalato mio zio la settimana scorsa era così buono che ne ho già bevuti tre quarti. ❷ La città di Mosca è grande e possiede tanti magnifici musei d'arte. ❸ Non c'erano né ombrelli blu né ombrelli gialli. ❹ Non è che c'era un ombrello blu e giallo? ❺ Ho soggiornato una settimana a Nara e ho potuto percorrere l'intera via della Storia.

***

❹ Ho sentito dire che da qualche tempo ti sei appassionato alla storia e stai comprando molti libri di storia. È vero?
konogoro . . . . natte, ...
. . . . katte iru . . . . yo. hontō ka

❺ "Veni, vidi, vici" (sono venuto, ho visto, ho vinto).
. . . .

Soluzioni dell'esercizio 2

❶ totemo nigiyaka na michi o tootte – ❷ hiragana o – no wa muzukashii desu ka ❸ kisha ga hatake ni sotte hashitte – ❹ – rekishi ga suki ni – , rekishi no hon o takusan – to kiita ❺ kita – mita – katta

san byaku nana jū yon • 374

第五十八課

平仮名 の 練習 Esercizi di hiragana
hira ga na no ren shū

A partire da questa lezione vi potrete dedicare alle gioie della scrittura. Ci prenderemo tutto il tempo per costruire un ritmo regolare e costante di cinque hiragana o katakana per lezione; così facendo li avremo esauriti tutti alla fine del corso. Come avrete già osservato, ci sono parole che si scrivono sempre in hiragana, altre sempre in katakana, altre in kanji. Queste ultime possono anche essere scritte semplicemente in hiragana, è quello che abbiamo fatto scrivendo sempre, sopra il kanji, la sua pronuncia. Ci alleneremo a scrivere in hiragana utilizzando certamente le parole che si scrivono sempre usando questo sillabario, ma anche le parole che abitualmente si scrivono in kanji.

Ogni hiragana (o katakana) verrà scritto in grande con:
– delle piccole frecce per indicare la direzione dal tratto da scrivere,
– dei numeri che indicano l'ordine in cui devono essere tracciati i tratti.

Come procedere? Prima di tutto, allenatevi a tracciare ogni segno guardando il libro e rispettando assolutamente le due indicazioni che vi abbiamo dato sopra. Poi esercitatevi a scrivere senza guardare il libro. Infine, quando vi sentite pronti, svolgete il dettato!

A — I — U — E — O

第五十八課 dai go jū hak ka

選挙
sen kyo

1 – 今朝　変　な　自動車　を　見ました。
　　 kesa　hen　na　ji dō sha　o　mi ma shi ta

書き取り Dettato
ka ki to ri

❶ ie *(casa)* ❷ iu *(dire)* ❸ aoi *(essere blu)* ❹ au *(incontrare)* ❺ ue *(sopra)* ❻ iie *(no)*

Soluzioni
❶ いえ ❷ いう ❸ あおい ❹ あう ❺ うえ ❻ いいえ

La piccola e affascinante città di Nara, tuttora esistente, si trova a sud di Kyoto. Fu la prima capitale del Giappone a rimanere fissa per circa un secolo. Al termine di questo periodo la corte imperiale si stabilì a Kyoto. Il periodo che la vide capitale, fu anche quello in cui il Buddismo si radicò profondamente in Giappone. Per questa ragione Nara vanta un gran numero di magnifici monasteri buddisti, ricchi di tesori d'arte, la maggior parte dei quali si trova all'esterno della città. Un monastero buddista si presenta come una vasta area recintata contenente un gran numero di edifici, alcuni riservati al culto e altri alla vita dei monaci, edifici che si trovano nei giardini o in piccoli boschi. Nara è stata a lungo la città più importante per la produzione di materiale da calligrafia e vi si trovano ancora degli splendidi negozi con una ricca varietà di pennelli e bastoncini di inchiostro.

In questo manuale trovate tutti gli elementi necessari per apprendere gli hiragana e i katakana, ma se intendete approfondire questo aspetto vi consigliamo senz'altro anche i nostri due Quaderni di scrittura.

Seconda ondata: lezione 8

Cinquantottesima lezione

Le elezioni

1 – Questa mattina ho visto una strana automobile.
(questa-mattina strano essere automobile [oggetto] avere-visto)

Note

1 In italiano si distinguono i diversi tipi di veicoli a quattro ruote: automobile, furgone, camion. In giapponese si distingue solo tra 自動車 **jidōsha** (o il sinonimo 車 **kuruma**), *furgone, automobile* e トラック **torakku**, *camion* (v. lezione 32, frase 7).

第五十八課

2 — 何 が 変 だった の です か。
   nani ga hen datta no desu ka

3 — ええと、 車 の 回り に たくさん
   eeto kuruma no mawari ni takusan
   の 旗 が ついて いました。
   no hata ga tsuite imashita

4   それに 車 の 上 に スピーカー
   soreni kuruma no ue ni supīkā
   が ついて いて、 盛ん に 何か
   ga tsuite ite sakan ni nanika
   を 言って いました。
   o itte imashita

5 — スピーカー は 何 を 言って
   supīkā wa nani o itte
   いました か。
   imashita ka

6 — 人 の 名前 を 繰り返し 2、
   hito no namae o kurikaeshi
   繰り返し、 言って いました。
   kurikaeshi itte imashita

7 — ああ、 それ は 選挙 運動 の
   aa sore wa senkyo undō no
   自動車 でしょう。
   jidōsha deshō

Cinquantottesima lezione / 58

2 – **Cosa aveva di strano?** *(cosa [soggetto] strano essere-stato cosa essere [domanda])*

3 – **Dunque, aveva tante bandiere attaccate tutto intorno.** *(ebbene automobile [relazione] perimetro [luogo] molto [relazione] bandiera [soggetto] essere-attaccato-[progressivo] essere-stato)*

4 **Inoltre, c'era un altoparlante sopra la vettura che diceva qualcosa animatamente.** *(inoltre automobile [relazione] sopra [luogo] altoparlante [soggetto] essere-fissato-[progressivo] stare / animato [avverbiale] qualcosa [oggetto] dire-[progressivo] essere-stato)*

5 – **Cosa diceva l'altoparlante?** *(altoparlante [tema] cosa [oggetto] avere-detto [domanda])*

6 – **Ripeteva incessantemente il nome di qualcuno.** *(persona [relazione] nome [oggetto] ripetere / ripetere // avere-detto)*

7 – **Ah! Sarà stato un furgone della campagna elettorale.** *(ah codesto [tema] elezione-campagna [relazione] automobile essere-[ipotetico])*

Note

2 Nella lezione 52, nota 1, avete visto il ruolo della forma in て **te** dei verbi. Lo stesso ruolo può essere svolto da una forma ancora più semplice: per i verbi a una sola base si usa la base stessa, per quelli a più basi si usa la base in **i**, come in questo caso 繰り返し **kurikaeshi** (dal verbo 繰り返す **kurikaesu**, *ripetere*), che si utilizza per far capire che la frase continua. Nell'uso comune, tuttavia, è maggiormente usata la forma in て **te**.

8 大通りを 走りながら **3**
りっこうほしゃ の 名前を 何度も
繰り返して 言います。

9 — 変わった 選挙運動の 仕方ですね。

10 — 日本ではそういうやりかたです。

11 — 選挙が 近づく **4** と 町は うるさくなるでしょうね。

12 — そうですね。日曜日でも ゆっくり休むことができません。

13 — 今回は 何の 選挙ですか。

14 — 都知事選挙です。

Cinquantottesima lezione / 58

8 Ripete in continuazione il nome del candidato attraversando le vie principali. *(corso [oggetto] percorrere-mentre // candidato [relazione] nome [oggetto] non-so-quante-volte ripetere-[progressivo] / dire)*

9 – Che strano modo di fare una campagna elettorale! *(essere-cambiato elezione-campagna [relazione] modo-di-fare essere [accordo])*

10 – In Giappone si fa così. *(Giappone [luogo] [enfasi] così dire modo-di-fare essere)*

11 – Deve essere rumorosa la città quando si avvicinano le elezioni, eh! *(elezione [soggetto] avvicinarsi quando / città [tema] rumoroso diventare-[futuro] [accordo])*

12 – Già! *(così essere [accordo])* Nemmeno la domenica si riesce a riposare tranquillamente. *(domenica anche tranquillamente riposare fatto [soggetto] non-riuscire)*

13 – Per cosa sono le elezioni questa volta? *(questa-volta [tema] cosa [relazione] elezione essere [domanda])*

14 – Sono le elezioni comunali di Tokyo. *(gestione-comunale-Tokyo elezione essere)*

Note

3 走りながら **hashirinagara**: 走る **hashiru** significa *percorrere* per i veicoli e *correre* per le persone. Il suffisso ながら **nagara** si aggiunge alla base dei verbi a una sola base, e alla base in **i** degli altri verbi. Il significato è che l'azione espressa dal verbo avviene simultaneamente a quella del verbo della proposizione principale. Si può usare solo quando i due verbi hanno lo stesso soggetto. Può corrispondere quindi al gerundio italiano.

4 近づく **chikazuku**: alla sillaba **zu** corrisponde, nell'uso attuale, il segno hiragana ず, ma in passato esistevano due hiragana per la sillaba **zu**: ず e づ. In genere, nelle parole composte, dove il secondo termine comincia con つ **tsu** (come qui, **chika** + **tsuku**), quest'ultimo diventa **zu** e si conserva il segno hiragana a cui si aggiungono le due virgolette: **zu** = づ.

san byaku hachi jū • 380

練習 1 - 訳 し なさい

❶ 家 の そば まで 帰って くる と、息子 が 歌って いる の が 聞こえました。
uchi no soba made kaette kuru to musuko ga utatte iru no ga kikoemashita

❷ 佐々木 さん は 今回 も お 寺 の 裏 に 住んで いる 親戚 の ところ に 泊まる でしょう。
sasaki san wa konkai mo o tera no ura ni sunde iru shinseki no tokoro ni tomaru deshō

❸ 料理 を しながら、時々 音楽 を 聞きます。
ryōri o shinagara tokidoki ongaku o kikimasu

***

練習 2 - 言葉 を 入れ なさい

❶ Come sei cresciuta, Kaoru!
kaoru chan wa . . . .

❷ Faccio spesso pranzo ascoltando il telegiornale.
yoku . . . . shokuji o shimasu

❸ È pericoloso camminare per strada guardando il cielo.
. . . . wa
. . . .

❹ Da quell'appartamento al diciottesimo piano si dovrebbe vedere il mare. Deve essere una vista meravigliosa.
. . . . kara . . . .
. . . .

Cinquantottesima lezione / 58

❹ やりかた が わからない ので、
あきらめました。
yarikata ga wakaranai node akiramemashita

❺ 子供 でも わかる 説明 です。
kodomo demo wakaru setsumei desu

Soluzioni dell'esercizio 1
❶ Quando arrivai vicino a casa, sentii mio figlio cantare. ❷ Anche questa volta, probabilmente, il signor Sasaki starà dai parenti che abitano dietro il tempio. ❸ Talvolta, mentre cucino ascolto musica. ❹ Ci ho rinunciato perché non capivo come fare. ❺ È una spiegazione che capisce persino un bambino.

***

❺ Sto cercando. Corro. Lui si diverte. Stiamo scrivendo. Vi ricordate?

. . . .
. . . .

Soluzioni dell'esercizio 2
❶ – ookiku narimashita ne ❷ – terebi no nyūsu o kikinagara – ❸ sora o minagara michi o aruku no – abunai desu ❹ ano jū kyū kai no apāto – umi ga mieru deshō – subarashii nagame deshō ne ❺ sagashite imasu – hashitte imasu – asonde imasu – kaite imasu – oboete imasu ka

san byaku hachi jū ni • 382

ひらがな の 練習 Esercizi di hiragana
hira ga na no ren shū

KA　　KI　　KU　　KE　　KO

第五十九課 dai go jū kyū ka
だい ご じゅう きゅう か

故障
ko shō

1 – もしもし、　電気屋　さん **1**　です　か。
　　mo shi mo shi　den ki ya　sa n　　　de su　　ka

2 　こちら　は　　竹内　　です　が、電気
　　ko chi ra　wa　take uchi　de su　ga　den ki
　　洗濯機　が　故障　して　いる
　　sen taku ki　ga　ko shō　shi te　i ru
　　ので、　直し　に　来て　くれます　か。
　　no de　　nao shi　ni　ki te　ku re ma su　　ka

3 – はい、　　かしこまりました **2**。
　　ha i　　　ka shi ko ma ri ma shi ta

書き取り <small>か と</small> Dettato
ka ki to ri

❶ **kaki** *(cachi, nome del frutto)* ❷ **kikai** *(macchina)* ❸ **kikoku** *(ritorno in patria)* ❹ **kaku** *(scrivere)* ❺ **koko** *(qui)* ❻ **ike** *(stagno)* ❼ **koke** *(muschio)* ❽ **iku** *(andare)*

Soluzioni
❶ かき ❷ きかい ❸ きこく ❹ かく ❺ ここ ❻ いけ ❼ こけ ❽ いく

Seconda ondata: lezione 9

Cinquantanovesima lezione **59**

Il guasto

1 – Pronto, è l'elettricista? *(pronto elettricista essere [domanda])*

2 Sono la signora Takeuchi, ho la lavatrice rotta, potrebbe venire a ripararla? *(questa-parte [tema] Takeuchi essere ma // elettricità-lavatrice [soggetto] guasto fare-[progressivo] stare poiché / riparare [fine] venire-[progressivo] fare-per-me [domanda])*

3 – Sì, certamente.

Note

1 I nomi dei negozi sono spesso composti dal nome della merce venduta e dalla parola 屋 **ya** (sempre usata alla fine della parola composta), che vuol dire *negozio*. 電気 **denki** significa *elettricità*; 電気屋 **denkiya**, *una piccola attività dove ci si occupa di tutto ciò che ha a che fare con l'elettricità*. Per riferirsi al commerciante basterà aggiungere さん **san** (v. lezione 34, titolo).

2 かしこまりました **kashikomarimashita**: una formula che appartiene al lessico commerciale, *come desidera*, *al Suo servizio*.

59 / 第五十九課

4 明日 の 水曜日 の 朝
   ashita no sui yō bi no asa

   うかがいます **3**。
   u ka ga i ma su

5 (次 の 日 の 朝)
   tsugi no hi no asa

6 はい、 洗濯機 は 直りました **4**。
   ha i sen taku ki wa nao ri ma shi ta

7 ねじ が 五つ 取れて いました。
   ne ji ga itsu tsu to re te i ma shi ta

8 – あ、 電気屋 さん、 ついで に
   a den ki ya sa n tsu i de ni

   掃除機 も 見て くれます か。
   sō ji ki mo mi te ku re ma su ka

9 – はい はい、 電気 掃除機 も ね。
   ha i ha i den ki sō ji ki mo ne

10 おかしい な。 これ も ねじ
   o ka shi i na ko re mo ne ji

    が 三つ 足りません よ。
    ga mittsu ta ri ma se n yo

11 – 冷蔵庫 も お願い できる かしら **5**。
    rei zō ko mo o nega i de ki ru ka shi ra

: Note

3 うかがう ukagau è un verbo utilizzato per costruire la forma di grado superiore di numerosi verbi ma, attenzione, il soggetto deve sempre essere *io* (v. lezione 49, § 1.3). L'avete già impiegato come grado superiore del verbo 聞く kiku, *chiedere, sentire* (v. lezione 47, frase 3); è

Cinquantanovesima lezione / 59

4 Verrò domani mattina, mercoledì. *(domani [apposizione] mercoledì [relazione] mattina venire)*

5 (La mattina seguente) *(seguente [relazione] giorno [relazione] mattina)*

6 Ecco, la lavatrice è riparata. *(sì lavatrice [tema]essere-stato-aggiustato)*

7 Mancavano cinque viti. *(vite [soggetto] cinque essere-tolto-[progressivo] essere-stato)*

8 – Ah, signor elettricista, a proposito, può guardare anche l'aspirapolvere? *(ah elettricista occasione [avverbiale] aspirapolvere anche guardare-[progressivo] fare-per-me [domanda])*

9 – Sì, d'accordo, anche l'aspirapolvere, eh. *(sì sì elettricità-aspirapolvere anche [accordo])*

10 Curioso. *(essere-strano [riflessione])*
Anche qui mancano tre viti. *(questo anche vite [soggetto] tre non-essere-sufficiente [opinione])*

11 – Potrei chiederle di guardare anche il frigo? *(frigorifero anche domanda potere-fare magari)*

---

anche usato in qualità di grado superiore del verbo たずねる **tazuneru** che significa *andare a casa di qualcuno, fare una visita*. Dunque, in questo caso: うかがいます **ukagaimasu**, *io vengo*.

4 Attenzione a non confondere il verbo 直す **naosu**, *riparare, guarire* → …を 直す … o **naosu**, *riparare qualcosa*, con 直る **naoru**, *essere riparato, guarito* → 直りました **naorimashita**, *è aggiustato, è guarito*.

5 かしら **kashira**: espressione tipicamente femminile usata in fine di frase per fare una domanda in maniera discreta, *non è che per caso?* o per esprimere un vero dubbio, *mi domando se*, o una semplice esitazione, *potrebbe essere, magari, chissà*.

12 – 奥(おく)さん、いったい、どういうことですか。皆(みんな)ねじが抜(ぬ)けています。
oku san　i t ta i　dō　i u　ko to　de su　ka　minna　ne ji　ga　nu ke te　i ma su

13 – 主人(しゅじん)が四ヶ月(よんかげつ) **6** 前(まえ)に会社(かいしゃ)を退職(たいしょく)しました。
shu jin　ga　yon ka getsu　mae　ni　kai sha　o　tai shoku　shi ma shi ta

14 それ以来(いらい)、退屈(たいくつ)して **7**、家中(いえじゅう)の電気(でんき)器具(きぐ)を全部(ぜんぶ)分解(ぶんかい)して組み立(く み た)てるのです。
so re　i rai　tai kutsu　shi te　ie jū　no　den ki　ki gu　o　zen bu　bun kai　shi te　ku mi ta te ru　no　de su

15 – 困(こま)ったことですね。
koma t ta　ko to　de su　ne

Note

6 四ヶ月 **yonkagetsu**, *quattro mesi*: la grafia è un po' particolare in quanto tra i due kanji è inserito un piccolo ヶ (**ke** in katakana), che si pronuncia **ka** (v. lezione 34, nota 5).

7 Qui la forma in て **te** può essere interpretata come il modo più semplice per esprimere una relazione di causa/effetto, accanto ad altre formule più precise come から **kara** o ので **node** (v. lezione 52, nota 1 e lezione 54, nota 7).

Cinquantanovesima lezione / 59

12 – Ma insomma, signora, che succede? *(signora infine come dire fatto essere [domanda])*
A tutti [gli elettrodomestici] mancano delle viti! *(tutti vite [soggetto] mancare-[progressivo] stare)*
13 – Quattro mesi fa mio marito è andato in pensione. *(mio-marito [soggetto] quattro-mesi prima [tempo] ditta [oggetto] ritirarsi-in-pensione avere-fatto)*
14 Da allora, siccome si annoia, smonta e rimonta completamente gli apparecchi elettrici di tutta la casa. *(codesto da noia fare-[progressivo] // intera-casa [relazione] elettricità apparecchio [oggetto] intero smontaggio fare-[progressivo] / assemblare cosa essere)*
15 – È una bella seccatura! *(essere-in-difficoltà fatto essere [accordo])*

第五十九課

▶ 練習 1 – 訳 し なさい

❶ 電気屋 さん に 行きました。再来週 まで に テレビ を 直して くれる そう です。
denkiya san ni ikimashita saraishū made ni terebi o naoshite kureru sō desu

❷ 今晩 友達 が 八人 遊び に 来る こと に なった ので、隣 の 奥さん に フォーク を 五つ 借りました。
konban tomodachi ga hachinin asobi ni kuru koto ni natta node tonari no okusan ni fōku o itsutsu karimashita

❸ 主人 が 旅行 から めずらしい 物 を たくさん 持って 帰りました から、是非 見 に 来て ください。
shujin ga ryokō kara mezurashii mono o takusan motte kaerimashita kara zehi mi ni kite kudasai

***

練習 2 – 言葉 を 入れ なさい

❶ Per andare da casa mia al museo si attraversano tre grandi viali.
. . . . iku no ni, ...

❷ La mia sorella minore, che è all'estero da nove mesi, mi ha spedito una lunga lettera.
. . . . mae kara . . . . okutte . . . .

❸ Avevo intenzione di andare a prendere la signora Takemoto, ma ho avuto dei problemi perché l'auto si è rotta completamente.
takemoto san . . . ., ... te, ...

Cinquantanovesima lezione / 59

❹ あさっては町中の店が休みです。
asatte wa machijū no mise ga yasumi desu

❺ 冷蔵庫はねじがたくさん抜けて、故障しています。
reizōko wa neji ga takusan nukete koshō shite imasu

Soluzioni dell'esercizio 1

❶ Sono andata dall'elettricista. Ha detto che aggiusterà il televisore entro quindici giorni. ❷ Questa sera vengono a trovarci otto amici, così ho preso in prestito cinque forchette dalla vicina. ❸ Mio marito ha portato a casa dal suo viaggio molti oggetti rari, [devi] venire assolutamente a vederli! ❹ Dopodomani tutti i negozi della città saranno chiusi. ❺ Il frigo è rotto perché gli mancano parecchie viti.

***

❹ Durante le vacanze estive, la nonna mi prepara dei dolci ogni giorno.
natsu yasumi ni wa, ...
. . . .

❺ La vecchietta di fronte disse: "Chissà se questa sera pioverà".
– . . . . , . . mukai no obaasan ga . . . .

Soluzioni dell'esercizio 2

❶ uchi kara bijutsukan e – oodoori o mittsu watarimasu ❷ kyūkagetsu – gaikoku ni iru imōto ga nagai tegami o – kuremashita ❸ – o mukae ni iku tsumori deshita ga, kuruma ga koshō shite shimat – , komarimashita ❹ – mainichi obaasan ga o kashi o tsukutte kuremasu ❺ yoru ame ga furu kashira, to – iimashita

san byaku kyū jū • 390

平仮名 の 練習

が ぎ ぐ げ ご
GA GI GU GE GO

第六十課 dai roku juk ka
だい ろく じゅっ か

新幹線
しん かん せん
shin kan sen

1 — 先週　　新幹線　　で　　九州　　の
　　せんしゅう　しんかんせん　　　　きゅうしゅう
　　sen shū　shin kan sen　de　kyū shū　no

　　孫　　の　ところ　まで　行きました。
　　まご　　　　　　　　　　　　い
　　mago no　to ko ro　ma de　i ki ma shi ta

2 — 新幹線　　は　初めて　でした　か。
　　しんかんせん　　はじ
　　shin kan sen　wa　haji me te　de shi ta　ka

3 — はい、　そう　です。　とても
　　ha i　sō　de su　to te mo

　　楽しかった　です。
　　たの
　　tano shi ka t ta　de su

4 　六　　時間　　半　　しか **1**
　　ろく　じかん　　はん
　　roku　ji kan　han　shi ka

　　かかりません　でした。
　　ka ka ri ma se n　de shi ta

Sessantesima lezione / 60

書き取り
❶ gogo *(pomeriggio)* ❷ eiga *(cinema)* ❸ kuge *(nobile)* ❹ kigu *(apparecchio)* ❺ ikaga *(come?)* ❻ gaikoku *(paese straniero)* ❼ kagi *(chiave)*

Soluzioni
❶ ごご ❷ えいが ❸ くげ ❹ きぐ ❺ いかが ❻ がいこく ❼ かぎ

Seconda ondata: lezione 10

Sessantesima lezione

Lo Shinkansen

1 – La scorsa settimana sono andato dai miei nipotini nel Kyushu con lo Shinkansen. *(settimana-scorsa Shinkansen [mezzo] Kyushu [relazione] nipote [relazione] posto fino-a essere-andato)*

2 – Era la prima volta [che prendeva] lo Shinkansen? *(Shinkansen [tema] prima-volta essere-stato [domanda])*

3 – Sì, è così. È stato molto piacevole. *(molto essere-stato-piacevole)*

4 Ci sono volute solo sei ore e mezza. *(sei ora mezzo solo non-avere-impiegato)*

Note
1 しか **shika**: vi ricordate di questa struttura? しか **shika** + un verbo nella forma negativa: *non… che, nient'altro che* (v. lezione 30, nota 3).

5 昔と **2** 比べるとね。
   mukashi to kuraberu to ne

6 今の世の中は変わりました。
   ima no yo no naka wa kawarimashita

7 車内から電話もかけました。
   shanai kara denwa mo kakemashita

8 しかし窓が開かないのは残念です。
   shikashi mado ga akanai no wa zannen desu

9 — それは冷房のため **3** でしょう。
   sore wa reibō no tame deshō

10 — 確かにそうでしょうね。
   tashika ni sō deshō ne

11 外はとても蒸し暑かったのですが、
   soto wa totemo mushiatsukatta no desu ga

12 新幹線の中は冷房のおかげで、涼しくて少し寒いくらいでした。
   shinkansen no naka wa reibō no okage de suzushikute sukoshi samui kurai deshita

Sessantesima lezione / 60

5 Rispetto a una volta. *(passato con paragonare se [accordo])*

6 Oggi il mondo è proprio cambiato. *(adesso [relazione] mondo [relazione] dentro [tema] essere-cambiato)*

7 Ho persino fatto una telefonata dal treno. *(interno-treno da telefono anche mettere-in-funzione)*

8 Però è un peccato che non si aprano i finestrini. *(tuttavia finestra [soggetto] non-aprirsi fatto [tema] peccato essere)*

9 – Dovrebbe essere per via dell'aria condizionata. *(codesto [tema] aria-condizionata [relazione] causa essere-[ipotesi])*

10 – È sicuramente per questo. *(sicuro [avverbiale] così essere-[ipotesi] [accordo])*

11 Fuori faceva un caldo afoso, ma *(fuori [tema] molto essere-stato-caldo-umido cosa essere ma)*

12 dentro lo Shinkansen, grazie all'aria condizionata, era fresco, faceva persino un po' freddo. *(Shinkansen [relazione] dentro [tema] aria-condizionata [relazione] merito [mezzo] essere-fresco / poco essere-freddo quasi essere-stato)*

Note

2 と **to** è usato per introdurre il complemento di paragone con alcuni verbi che esprimono un confronto. Corrisponde al nostro *con*.

3 ため **tame** dopo un nome ha due significati: il primo, *per*, *con l'intenzione di*, l'abbiamo già incontrato (v. lezione 38, frasi 10 e 11), l'altro significato usato qui è *a causa di*.

13 椅子 も 座り 心地 が よくて **4**、
　　i su　mo　suwa ri　goko chi　ga　yo ku te
　　横浜 から 京都 まで
　　yoko hama　ka ra　kyō to　ma de
　　眠って しまいました。
　　nemu t te　shima i ma shita

14 あなた も 一度 乗って
　　a na ta　mo　i chi do　no t te
　　みたら **5** いかが です か。
　　mi ta ra　i ka ga　de su　ka

15 - 私 は 毎週 仕事 で 新幹線
　　watakushi wa　mai shū　shi goto de　shin kan sen
　　で 大阪 まで 行って います。
　　de　oo saka　ma de　i t te　i ma su　□

: Note

4 L'unico aggettivo lievemente irregolare in giapponese è いい **ii**, *essere buono*, le cui forme sono tutte costruite a partire dal sinonimo よい **yoi**. Lo stesso accade per la forma in て **te**, che si aggiunge alla forma in く **ku** dell'aggettivo, ottenendo quindi よくて **yokute**.

5 乗って みたら **notte mitara** (v. lezione 51, nota 2): 乗る **noru** significa *salire su un veicolo*, 乗って みる **notte miru** vuol dire *provare a salire*. Il suffisso たら **tara** conferisce il significato di *se, qualora*.

Sessantesima lezione / 60

13 Anche i sedili, erano così confortevoli che da Yokohama a Kyoto ho dormito tutto il tempo.
(sedile anche sedersi-sensazione [soggetto] essere-buono-[progressivo] / Yokohama da Kyoto fino-a dormire-[progressivo] avere-fatto-completamente)

14 Perché non prova a prenderlo anche Lei una volta?
(Lei anche una-volta salire-[progressivo] vedere-se / come essere [domanda])

15 – Io, tutte le settimane, per lavoro prendo lo Shinkansen fino a Osaka. *(io [tema] ogni-settimana lavoro [causa] Shinkansen [mezzo] Osaka fino-a andare-[progressivo] stare)*

練習 1 – 訳 し なさい

❶ この 田舎(いなか) の 食(た)べ物(もの) は 町(まち) の 食(た)べ物(もの) と 比(くら)べる と、随分(ずいぶん) 新鮮(しんせん) で、おいしい ですね。
kono inaka no tabemono wa machi no tabemono to kuraberu to zuibun shinsen de oishii desu ne

❷ 内田(うちだ) さん は 事故(じこ) に 会(あ)った そう です が、きっと すごい スピード で 走(はし)って いた ため でしょう。
uchida san wa jiko ni atta sō desu ga kitto sugoi supīdo de hashitte ita tame deshō

❸ 道(みち) が こんな に 混(こ)んで いる の は 選挙(せんきょ) が ある ため でしょう。
michi ga konna ni konde iru no wa senkyo ga aru tame deshō

***

練習 2 – 言葉 を 入れ なさい

❶ La prima volta che presi lo Shinkansen fu nel 1964, l'anno in cui venne costruito.
. . . .
shinkansen ga . . . .
. . . nen . . . .

❷ Anche se lo spettacolo era interessante, siamo tornati a casa presto perché i bambini dicevano di avere sonno.
shibai . . . . , ...
nemui nemui . . . . , ...
. . . .

❸ L'inverno scorso è stato molto freddo.
. . . .

❹ お箸で食べてみたら、どうですか。
o hashi de tabete mitara dō desu ka

❺ おとといの夜は、皆留守で、雨も降っていて、家の中は寒くて、大変さびしかったです。
ototoi no yoru wa minna rusu de ame mo futte ite ie no naka wa samukute taihen sabishikatta desu

Soluzioni dell'esercizio 1
❶ Questo cibo di campagna, paragonato al cibo di città, è davvero fresco e buono! ❷ Sembra che il signor Uchida abbia avuto un incidente. Sarà stato di certo perché andava a una velocità spaventosa. ❸ Se le strade sono così affollate, sarà a causa delle elezioni. ❹ E se provasse a mangiare con le bacchette? ❺ L'altro ieri sera tutti erano fuori, stava piovendo e la casa era gelida, mi sono sentita davvero triste.

***

❹ Su quest'isola le estati sono fresche e gli inverni sono miti, è un bel posto per abitarci.
kono shima wa, ..., ...
. . . ., sumigokochi . . . .

❺ Per costruire questo museo di belle arti ci sono voluti solo cinque mesi e mezzo.
. . . . no ni, ...
. . . .

Soluzioni dell'esercizio 2
❶ hajimete shinkansen ni notta no wa – dekita sen kyū hyaku roku jū yon – deshita ❷ – wa omoshirokatta noni, kodomo ga – to itta node, hayaku kaeru koto ni narimashita ❸ kyonen no fuyu wa totemo samukatta no desu ❹ –, natsu wa suzushikute, fuyu wa atatakakute, – ga ii desu ❺ kono bijutsukan o tateru –, gokagetsu han shika kakarimasen deshita

san byaku kyū jū hachi • 398

平仮名 の 練習

SA　SHI　SU　SE　SO

書き取り
❶ saigo *(ultimo)* ❷ sasou *(invitare)* ❸ shikashi *(tuttavia)* ❹ seki *(tosse)* ❺ isu *(sedia)* ❻ asoko *(là)* ❼ sekai *(mondo)* ❽ kasu *(prestare)*

Soluzioni
❶ さいご ❷ さそう ❸ しかし ❹ せき ❺ いす ❻ あそこ ❼ せかい ❽ かす

61

だい ろくじゅういっ か
第 六 十 一 課 **dai roku jū ik ka**

へんじ
返事
hen ji

1 – てがみ を たしか に ゆうべ
手紙 を 確か に 夕べ
te gami o tashi ka ni yū be

うと
受け取り ました。 ありがとう ございました。
u ke to ri ma shi ta a ri ga tō go za i ma shi ta

2 でんわ そくたつ おく
電話 で 速達 で 送って
den wa de soku tatsu de oku t te

い
くれた と 言って いた ので、
ku re ta to i t te i ta no de

Shinkansen è la linea ferroviaria giapponese ad alta velocità. Per molto tempo il Giappone si è vantato di avere il treno più veloce del mondo, ed era la verità: il primo treno della linea Shinkansen (letteralmente "nuova grande linea") fu messo in funzione nel 1964, in occasione dei Giochi Olimpici di Tokyo, e collegava Tokyo a Osaka. Al giorno d'oggi, i treni della Shinkansen permettono di andare dal nord dell'isola principale di Honshu fino al sud, nel Kyushu. I treni della Shinkansen viaggiano su linee a loro riservate e sono caratterizzati da una grande puntualità: pensate che ogni giorno, sullo stesso tragitto, partono circa 120 treni e nelle ore di punta si contano fino a 10 treni in un'ora! Accanto alla rete Shinkansen esiste una moltitudine di piccole linee, gestite da compagnie private, che formano una efficiente rete di collegamenti in tutto il Giappone, malgrado la difficile situazione geografica.

Seconda ondata: lezione 11

Sessantunesima lezione

La risposta

1 – Ho ricevuto la tua lettera proprio ieri sera. *(lettera [oggetto] esatto [avverbiale] ieri-sera avere-ricevuto)*
  Ti ringrazio molto. *(grazie molto)*
2 Siccome mi avevi detto al telefono di averla spedita per espresso, *(telefono [mezzo] espresso [mezzo] mandare-[progressivo] fare-per-me [citazione] dire-[progressivo] essere-stato poiché)*

3. 毎日 ポスト を 見 に 行って、楽しみ に して いました。
   mainichi posuto o mi ni itte tanoshimi ni shite imashita

4. ところが 電話 を もらって から 十日 後 に やっと 着きました。
   tokoroga denwa o moratte kara tōka go ni yatto tsukimashita

5. おかしい と 思って 封筒 を よく 見たら、
   okashii to omotte fūtō o yoku mitara

6. 住所 が 半分 しか 書いて ありません でした。
   jūsho ga hanbun shika kaite arimasen deshita

7. 東京都、北区、西ヶ原1 まで は ちゃんと 書いて ありました が、
   tōkyōto kitaku nishigahara made wa chanto kaite arimashita ga

8. その 後 番地 が 抜けて いました。
   sono ato banchi ga nukete imashita

Sessantunesima lezione / 61

3 non vedendo l'ora di riceverla, ogni giorno andavo a vedere nella buca delle lettere. *(ogni-giorno buca-delle-lettere [oggetto] guardare [fine] andare-[progressivo] / gioia [modo] fare-[progressivo] essere-stato)*

4 Ebbene, alla fine è arrivata dieci giorni dopo la telefonata. *(ebbene telefono [oggetto] ricevere-[progressivo] da / dieci-giorno dopo [tempo] finalmente essere-arrivato)*

5 Trovando la cosa strana, ho guardato bene la busta e *(essere-strano [citazione] pensare-[progressivo] // busta [oggetto] bene guardare-se)*

6 c'era scritto solo metà indirizzo! *(indirizzo [soggetto] metà solo scrivere-[progressivo] non-esserci-stato)*

7 Fino a Tokyo, Kita-ku, Nishigahara era scritto correttamente, ma *(Tokyo Kita-ku Nishigahara fino-a [enfasi] correttamente scrivere-[progressivo] esserci-stato ma)*

8 dopo mancava il numero dell'isolato. *(codesto dopo numero [soggetto] mancare-[progressivo] essere-stato)*

Note

1 北区 **kita ku** (letteralmente "distretto nord") rappresenta la zona, mentre 西ヶ原 **nishi ga hara** (letteralmente "pianura occidentale") è il quartiere: anche nei nomi propri di luogo si impiega un piccolo ヶ **ke** per scrivere **ga** (v. lezione 34, nota 5). Per la complicata questione degli indirizzi giapponesi vi rimandiamo alla nota culturale di pagina 408.

yon hyaku ni • 402

9 しかも、　それでも　着いた　の
shi ka mo　so re de mo　tsu i ta　no

です　から、　私　も　有名　な
de su　ka ra　watashi　mo　yū mei　na

の　です　ね。
no　de su　ne

10 日本　の　郵便　配達　は
ni hon　no　yū bin　hai tatsu　wa

サービス **2**　が　いい　の　です　ね。
sā bi su　ga　i i　no　de su　ne

11 わざわざ **3**　時間　を　かけて
wa za wa za　ji kan　o　ka ke te

捜して　くれた　の　です　から。
saga shi te　ku re ta　no　de su　ka ra

12 この　次　は、急ぎ　の　手紙　には、
ko no　tsugi　wa　iso gi　no　te gami　ni wa

速達　で　送る　より　も、　住所
soku tatsu　de oku ru　yo ri　mo　jū sho

を　正確　に　書いて　ください　ね。
o　sei kaku　ni　ka i te　ku da sa i　ne

Note

2 サービス sābisu (dall'inglese *service*): il "servizio" è uno dei cardini della relazione tra negoziante / prestatore di servizi e cliente / utente. Rappresenta tutto ciò che facilita l'acquisto di una merce o l'utilizzo di un servizio: la struttura, l'organizzazione, l'attitudine del negoziante e degli impiegati, i loro consigli, i piccoli omaggi ecc.

Sessantunesima lezione / 61

9 Tuttavia, malgrado ciò è arrivata. Anche io sono famoso! *(tuttavia màlgrado-ciò essere-arrivato cosa essere poiché / io anche famoso essere cosa essere [accordo])*

10 Il servizio postale giapponese è davvero efficiente! *(Giappone [relazione] posta-consegna [tema] servizio [soggetto] essere-buono cosa essere [accordo])*

11 Hanno impiegato del tempo apposta per cercare me. *(appositamente tempo [oggetto] impiegare-[progressivo] / cercare-[progressivo] avere-fatto-per-me cosa essere poiché)*

12 La prossima volta, per una lettera urgente, invece di mandarla per espresso, scrivi correttamente l'indirizzo! *(questo prossimo [enfasi] urgenza [relazione] lettera [motivo] [enfasi] espresso [mezzo] spedire piuttosto-di / indirizzo [oggetto] esatto [avverbiale] scrivere-[progressivo] [imperativo gentile] [accordo])*

---

3 わざわざ **wazawaza**, spesso impiegato in formule di cortesia, (v. lezione 53, frase 17), sottolinea il concetto che qualcuno si è dato il disturbo di fare qualcosa apposta per noi.

第六十一課

▶ 練習 1 - 訳 し なさい

① 大阪 に 着いて から あまり いそがしくて、川口 さん に 会う こと も できません でした。
oosaka ni tsuite kara amari isogashikute kawaguchi san ni au koto mo dekimasen deshita

② 手紙 を 送って から 三ヶ月 経ちました が、返事 が 全然 来ません。
tegami o okutte kara sankagetsu tachimashita ga henji ga zenzen kimasen

③ 遠く から 見た 時 は 広く 見えました が、近く から 見たら、狭かった です。
tooku kara mita toki wa hiroku miemashita ga chikaku kara mitara semakatta desu

***

練習 2 - 言葉 を 入れ なさい

① Sono andata a trovarla, ma sembra che sia tornata a casa due giorni dopo essere stata ricoverata.

. . . ., ...
. . . . futsuka . . ni kaetta . . . . . .

② Ieri sera, quando ho guardato in direzione nord, ho visto decollare una macchina strana.

. . . . tara, ...
. . . . iku . . . .

③ Scriva qui correttamente il suo nome, l'indirizzo, la cittadinanza e la professione.

. . . .
. . . .

Sessantunesima lezione / 61

❹ リビング へ 戻って きたら、もう だれも いなかった。
ribingu e modotte kitara mō daremo inakatta

❺ 一度 に たくさん 休む よりも、少し ずつ 休み を 取る 方 が いい です。
ichido ni takusan yasumu yori mo sukoshi zutsu yasumi o toru hō ga ii desu

Soluzioni dell'esercizio 1

❶ Da quando sono arrivata a Osaka, sono così impegnata che non sono nemmeno riuscita a incontrare il signor Kawaguchi. ❷ Sono passati tre mesi da quanto ho spedito la lettera, ma ancora non arriva nessuna risposta. ❸ Vedendolo da lontano sembrava ampio, ma guardandolo da vicino era stretto. ❹ Quando sono tornato in soggiorno, non c'era più nessuno. ❺ È meglio prendersi delle piccole pause ogni tanto anziché prendersi un lungo periodo di riposo tutto in una volta.

***

❹ Questa volta sono rimasto solo dieci giorni.
. . . .

❺ Da che sono nato, non ho mai sentito una storia così straordinaria!
. . . . , konna ni . . . .
. . . . ga arimasen

Soluzioni dell'esercizio 2

❶ o mimai ni ikimashita ga, nyūin shite kara – go – sō desu ❷ yūbe kita no hō o mi –, okashii kikai ga tobitatte – no ga miemashita ❸ namae to jūsho to kokuseki to shokugyō o koko ni seikaku ni kaite kudasai ❹ konkai tōka shika tomarimasen deshita ❺ umarete kara, – mezurashii hanashi wa kiita koto –

平仮名 の 練習

ZA　JI　ZU　ZE　ZO　N

書き取り
❶ jiko *(incidente)* ❷ shizuoka *(nome di città)* ❸ suzuki *(cognome)* ❹ zenzen *(niente affatto.)* ❺ suizokukan *(acquario)* ❻ anzen *(sicurezza)* ❼ oji *(mio zio)*

Soluzioni
❶ じこ ❷ しずおか ❸ すずき ❹ ぜんぜん ❺ すいぞくかん ❻ あんぜん ❼ おじ

だい ろくじゅう に か
第 六 十 二 課 dai roku jū ni ka

せんとう
銭湯
sen tō

1 －　いま　わたし　が　げしゅく　して　いる
　　　今　　私　　が　下宿 **1**　して　いる
　　　ima　watashi　ga　ge shuku　shi te　i ru
　　ところ　は　お　ふろ　も
　　所　　は　お　風呂　も
　　tokoro　wa　o　fu ro　mo
　　シャワー　も　ありません。
　　sha wā　mo　a ri ma se n

2 －　ふべん　でしょう。
　　　不便　　でしょう。
　　　fu ben　de shō

In Europa, quando si pensa all'organizzazione di una città, lo si fa in termini di vie, cioè di linee. In Giappone si pensa invece in termini di blocchi, ossia di volumi. Ciascun distretto è diviso in sottozone che hanno dei nomi, queste ultime sono divise in blocchi o aree che portano un numero. Ciascun gruppo di case di questo blocco a sua volta ha un numero, così come ogni casa. È in questo ordine che si presenta l'indirizzo, dal blocco più grande a quello più piccolo. Per esempio: **Tōkyō-to** *(letteralmente "Tokyo-capitale"),* **Kita-ku** *(è il quartiere),* **Nishigahara 3-27-9** *(sottozona 3, blocco di case 27, casa 9),* **Tanaka-sama** *(il nome della persona viene per ultimo). Un dettaglio: dal momento che il numero della casa viene assegnato al momento della sua costruzione, non è raro trovare case vicine senza successione logica nell'ordine numerico. Infine, se la casa in questione fosse un condominio, ci sarebbe un ulteriore numero per indicare l'appartamento.*

Seconda ondata: lezione 12

Sessantaduesima lezione

I bagni pubblici

1 – Dove sono in affitto ora, non ci sono né il bagno né la doccia. *(ora io [soggetto] locazione fare-[progressivo] stare posto [tema] [familiarità] bagno anche doccia anche non-esserci)*

2 – Dev'essere scomodo! *(scomodo essere-[ipotesi])*

: Note

1 Parliamo di 下宿 **geshuku** quando siamo in affitto in una stanza nella stessa casa dove vive il proprietario.

3 — ええ、でも すぐ 近くに 銭湯が あります から、毎晩 行きます。

4 その 銭湯 は 立派 で、湯槽 は 深く 2、ひろびろ と して います。

5 六時 ごろ 行く と 満員 です が、

6 夜の 十時 すぎ は すいて いて、

7 その 広い 湯槽 に 浸かって いる と、いい 気持 に なります。

8 それに 便利 な 設備 が いろいろ あります。

9 たとえば、お 風呂 に 入って いる 間 に、

Sessantaduesima lezione / 62

3 – Sì, però lì vicino ci sono dei bagni pubblici. Ci vado ogni sera. *(sì però subito vicino [luogo] bagno-pubblico [soggetto] esserci poiché / ogni-sera andare)*

4 Questi bagni sono eccellenti e la vasca con l'acqua calda è profonda e spaziosa. *(codesto bagno-pubblico [tema] fenomenale essere // vasca-di-acqua-calda [tema] essere-profondo / spazioso fare-[progressivo] stare)*

5 Se si va verso le sei è pieno di gente, ma *(sei ora verso andare se / affollato essere ma)*

6 dopo le dieci di sera si svuotano e *(sera [relazione] dieci ora dopo [enfasi] svuotarsi-[progressivo] stare)*

7 quando si sta immersi in quell'ampia vasca è una vera delizia! *(codesto essere-ampio vasca-di-acqua-calda [luogo] immergersi-[progressivo] stare quando / essere-buono sensazione [luogo] diventare)*

8 Inoltre ci sono tante comode attrezzature di tutti i tipi. *(inoltre pratico essere apparecchiatura [soggetto] vario esserci)*.

9 Ad esempio, mentre fai il bagno, *(ad-esempio [familiarità] bagno [luogo] entrare-[progressivo] stare mentre)*

Note

2 深く, ... fukaku, ..., *è profondo e...* (v. lezione 58, nota 2): nel caso degli aggettivi, così come nel caso dei verbi, il て **te** non è obbligatorio. La semplice forma in く **ku** può avere lo stesso significato: indica che è appena stata citata una qualità e si sta per dirne un'altra.

10 玄関 の ところ に 置いて ある
   gen kan no to ko ro ni o i te a ru
   洗濯機 で 洗濯 が できます。
   sen taku ki de sen taku ga de ki ma su

11 − でも 銭湯 と は、男女 別々
   de mo sen tō to wa dan jo betsu betsu
   に 入る に して も、知らない
   ni hai ru ni shi te mo shi ra na i
   人 の 前 で 裸 に なる
   hito no mae de hadaka ni na ru
   所 です。
   tokoro de su

12 私 だったら 3、はずかしい です ね。
   watashi da t ta ra ha zu ka shi i de su ne

13 − でも 私 は 全然 平気 です。
   de mo watashi wa zen zen hei ki de su

14 眼鏡 を 取ります から、回り
   me gane o to ri ma su ka ra mawa ri
   の 人 が 気 に なりません。
   no hito ga ki ni na ri ma se n □

In Giappone non tutte le case hanno la doccia o la vasca da bagno. La densità abitativa in città determina ristrettezza di spazi, e il bagno pubblico rimane per molte persone un luogo privilegiato per godere di un ampio spazio dedicato alle abluzioni quotidiane. Prima di accedere alla 湯槽 **yubune**, *vasca con acqua calda, si entra in una stanza fornita di docce, dove ci si lava abbondantemente. Dopodiché, ci si immerge nell'acqua calda unicamente per rilassar-*

Sessantaduesima lezione / 62

10 puoi fare il bucato con la lavatrice che si trova all'ingresso. *(ingresso [relazione] posto [luogo] essere-messo-[progressivo] esserci lavatrice [mezzo] bucato [soggetto] riuscire)*

11 – Però, anche se uomini e donne sono separati, nei bagni pubblici ci si spoglia davanti a sconosciuti. *(però bagno-pubblico [citazione] [tema] uomo-donna separato [avverbiale] entrare per-quanto / non-conoscere persona [relazione] davanti [luogo] nudo [luogo] diventare luogo essere)*

12 Io mi vergognerei! *(io essere-se / essere-imbarazzato [accordo])*

13 – Io non me ne preoccupo assolutamente. *(ma io [tema] completamente tranquillo essere)*

14 Dal momento in cui tolgo gli occhiali non mi accorgo più di chi mi sta intorno. *(occhiali [oggetto] togliere poiché / intorno [relazione] persona [soggetto] non-preoccuparsi)*

Note

3 Il suffisso たら **tara**, che esprime una condizione preliminare, si aggiunge alla base unica, nel caso dei verbi a una base (v. lezione 60, frase 14), e alla base in **i**, nel caso dei verbi a più basi, i quali subiscono le stesse trasformazioni che abbiamo visto per て **te** o た **ta** (v. lezione 56). Per です **desu**, *essere*, questo suffisso si attacca alla forma di grado inferiore だ **da**, con una leggera variazione fonetica: だったら **dattara**, *se fosse, quando è*.

si. In realtà, questa vasca assomiglia più a una piccola piscina (2-3 m x 4-5 m) che a una vasca da bagno. Lo stesso tipo di installazione la si ritrova anche presso i 旅館 **ryokan**, *alberghi in stile giapponese, situati molto spesso in zone di sorgenti di acqua calda naturale. Attenzione al termine* お風呂 **o furo**, *che indica sia la vasca da bagno giapponese, molto più profonda delle nostre, sia la stanza da bagno in stile giapponese.*

練習 1 – 訳 し なさい

❶ 庭つき の 一軒家 だったら、そう 簡単 に みつかりません。

niwatsuki no ikken'ya dattara sō kantan ni mitsukarimasen

❷ 外国 へ 行ったら、いろいろ 覚える こと が できる でしょう。

gaikoku e ittara iroiro oboeru koto ga dekiru deshō

❸ この 車 は あまり 古い から、売る こと も 使う こと も できません。

kono kuruma wa amari furui kara uru koto mo tsukau koto mo dekimasen

❹ 蒸し暑い 時 に お 風呂 に 入る の は 気持 が いい です。

mushiatsui toki ni o furo ni hairu no wa kimochi ga ii desu

***

練習 2 – 言葉 を 入れ なさい

❶ Da quando la guerra è finita sono già passati più di vent'anni.

. . . . owat . . . . . . , ... ijō
. . . .

❷ Mentre stavo facendo il bagno, il telefono è squillato ripetutamente e mi ha disturbato.

. . . . , ...
. . . . kakatte kite, ...

❸ Quest'appartamento non ha né la cucina né la stanza da bagno.

. . . .
. . . .

Sessantaduesima lezione / 62

❺ 向かいの電気屋さんの孫は去年の三月ごろから僕と同じ事務所に勤めはじめました。

mukai no denkiya san no mago wa kyonen no sangatsu goro kara boku to onaji jimusho ni tsutomehajimemashita

Soluzioni dell'esercizio 1
❶ Se cerchi una casa indipendente con giardino, non sarà così facile trovarla. **❷** Se si va all'estero si possono imparare tante cose. **❸** Quest'auto è così vecchia che non si può né vendere né usare. **❹** Quando fa caldo umido è piacevole fare un bagno. **❺** Il nipote dell'elettricista di fronte, all'incirca da marzo dell'anno scorso ha iniziato a lavorare nel mio stesso ufficio.

***

❹ Anche se si pensa di utilizzare i robot, se non c'è una persona a farli muovere, non si può fare niente.

. . . . tsukaō to . . . ., ...
ugokasu . . . .

❺ Anche se non avevo intenzione di comprare nulla, visto che erano a buon mercato, ho finito per comprare un mucchio di cose.

mono o . . . . de wa nakatta
. . . ., ..., ...
. . . .

Soluzioni dell'esercizio 2
❶ sensō ga – te kara, mō ni jū nen – tachimashita **❷** o furo ni haitte iru aida ni, denwa ga nandomo –, komarimashita **❸** kono apāto wa daidokoro mo o furo mo arimasen **❹** robotto o – omotte mo, sore o – hito ga inai to, nanimo dekimasen **❺** – kau tsumori – noni, yasukatta node, iroiro katte shimaimashita

平仮名 の 練習

63
だい ろく じゅう さん か
第六十三課 dai roku jū ni ka

まとめ – Riepilogo

1 Il sistema numerico

1.1 Due sistemi di numerazione

I giapponesi utilizzano contemporaneamente due sistemi per numerare e contare:
– un sistema di origine giapponese che conta un numero di cifre estremamente limitato, da 1 a 10 più qualche altra, ampiamente utilizzato nella vita quotidiana (dove, riflettiamoci bene, raramente si ha l'occasione di contare al di là del 10, salvo che per l'età… e per le somme di denaro!);
– un sistema di origine cinese che, al contrario, ci permette di comporre facilmente i numeri da 1 a 10^{36} (vale a dire 1 seguito da 36 zeri) e anche più. È questo il sistema che usiamo per numerare le pagine e le lezioni.
In questa lezione ci occuperemo del sistema di origine cinese, rimandando l'altro a una fase di approfondimento successiva.

1.2 Il sistema di origine cinese (sino-giapponese)

Il principio di questo sistema è molto semplice, probabilmente l'avrete già compreso. È sufficiente conoscere le cifre da 1 a 10, più

書き取り
❶ genjitsuteki *(realista)* ❷ chikatetsu *(metropolitana)* ❸ ototoi *(l'altro ieri)* ❹ tatsu *(stare in piedi)* ❺ chiisai *(essere piccolo)* ❻ taizai *(soggiorno)* ❼ kantan *(semplice)* ❽ kotoshi *(quest'anno)* ❾ shichi *(sette)* ❿ soshite *(poi)*

Soluzioni
❶ げんじつてき ❷ ちかてつ ❸ おととい ❹ たつ ❺ ちいさい ❻ たいざい ❼ かんたん ❽ ことし ❾ しち ❿ そして

Seconda ondata: lezione 13

Sessantatreesima lezione

quelle corrispondenti a 100, 1.000, 10.000 ecc., per poter contare all'infinito... o giù di lì!

Ricapitoliamo i numeri:

一 **ichi**, *1*	六 **roku**, *6*
二 **ni**, *2*	七 **shichi** o **nana**, *7*
三 **san**, *3*	八 **hachi**, *8*
四 **shi** o **yon**, *4*	九 **ku** o **kyū**, *9*
五 **go**, *5*	十 **jū**, *10*

e poi:
百 **hyaku**, *100*
千 **sen**, *1.000*
e un numero con quattro zeri, 万 **man**, *1.0000 (diecimila)*.
Gli ordini di grandezza che seguono, si basano anch'essi su quattro zeri:
億 **oku**, *1.0000.0000 (cento milioni)*
兆 **chō**, *1.0000.0000.0000 (mille milliardi)*

• **Due regole da ricordare**
– Quando un numero compare **alla sinistra** di 十 **jū**, 百 **hyaku**, 千 **sen**, 九 **man**, 億 **oku**, 兆 **chō**, vuol dire che va moltiplicato:

yon hyaku jū roku

→ 十 **jū**, *10*	二十 **ni jū**: 2 x 10 = 20; 九十 **kyū jū**: 9 x 10 = 90
→ 百 **hyaku**, *100*	四百 **yon hyaku**: 4 x 100 = 400; 七百 **nana hyaku**: 7 x 100 = 700
→ 千 **sen**, *1.000*	五千 **go sen**: 5 x 1.000 = 5.000; 六千 **roku sen**: 6 x 1.000 = 6.000
→ 一万 **ichi man**, *1.0000*	二万 **ni man**: 2 x 1.0000 = 2.0000 (*20.000*); 八万 **hachi man**: 8 x 1.0000 = 8.0000 (*80.000*); 百万 **hyaku man**: 100 x 1.0000 = 100.0000 (*1 milione*)

– Quando un numero si trova **alla destra** di 十 **jū**, 百 **hyaku**, 千 **sen**, 万 **man**, 億 **oku**, 兆 **chō**, significa che va addizionato:

→ 十 **jū**, *10*	十 三 **jū san**: 10 + 3 = 13; 十 八 **jū hachi**: 10 + 8 = 18
→ 百 **hyaku**, *100*	百 一 **hyaku ichi**: 100 + 1 = 101; 九 百 五 **kyū hyaku go**: (9 x 100) + 5 = 905
→ 千 **sen**, *1.000*	千 二 百 **sen ni hyaku**: 1.000 + 200 = 1.200; 千 七 百 八 十 九 **sen nana hyaku hachi jū kyū**: 1.000 + 700 + 80 + 9 = 1.789; 三千 **san**z**en** (attenzione alla pronuncia!): 3.000
→ 一万 **ichi man**, *1.0000*	三万 四千 四百 一 **san man yon sen yon hyaku ichi** 3.0000 + 4.000 + 400 + 1 = 34 401

• **Le cifre con più pronunce**

Notiamo innanzitutto che ci sono tre cifre per le quali esistono due pronunce: 四 *4*, **shi** o **yon**; 七 *7*, **shichi** o **nana**; 九 *9*, **ku** o **kyū**.

Le pronunce di origine cinese di questi numeri, **shi**, **shichi** e **ku**, corrispondono a parole giapponesi di cattivo augurio (**shi** significa *morte* e **ku** significa *sofferenza*; naturalmente si tratta solo di omofoni, perché queste parole vengono scritte con altri kanji). Sono state così sostituite da **yon** e **nana** (prese dal sistema giapponese) e **kyū**.

Si continua a utilizzare obbligatoriamente **shi** per 四, **shichi** per 七 e **ku** per 九 solo nei nomi dei mesi.

Abbiamo già visto (lezioni 52, 55 e 62) qualche nome di mese, formato semplicemente da un numero e dalla parola 月 **gatsu**, *mese* (letteralmente "mese n. 1", "mese n. 2", e così via).

gennaio	一月 **ichigatsu**	*luglio*	七月 **shichigatsu**
febbraio	二月 **nigatsu**	*agosto*	八月 **hachigatsu**
marzo	三月 **sangatsu**	*settembre*	九月 **kugatsu**
aprile	四月 **shigatsu**	*ottobre*	十月 **jūgatsu**
maggio	五月 **gogatsu**	*novembre*	十一月 **jūichigatsu**
giugno	六月 **rokugatsu**	*dicembre*	十二月 **jūnigatsu**

Lo stesso vale per l'ora: 七時 **shichiji**, *le 7*; 九時 **kuji**, *le 9* e non dimentichiamo 四時 **yoji**, *le 4*.

• **Alcuni "incidenti di percorso"**

Per complicare un po' la questione, ricordate che spesso ai numeri si aggiunge una piccola parola, definita "classificatore", che serve a inserire gli oggetti in categorie. Ricapitoliamo quelli che abbiamo già incontrato:

Classificatore	Utilizzato per contare	Riferimento
軒 **ken**	le case	lezione 34, frase 3
台 **dai**	i veicoli	lezione 34, frase 9
杯 **hai**	i bicchieri pieni	lezione 37, frase 10
頭 **tō**	gli animali grossi	lezione 39, frase 7

杯 **mai**	i fogli di carta (e gli oggetti piatti simili)	lezione 39, frase 18
名 **mei**	le persone (formale)	lezione 44, frase 5
人 **nin**	le persone (informale)	lezione 47, frase 13
本 **hon**	gli oggetti cilindrici	lezione 53, frase 11

Per alcune cifre, si verificano dei fenomeni fonetici particolari nei seguenti casi:
→ quando alcune cifre si combinano tra loro,
→ quando si aggiungono alcuni numeri specifici.

– Per 一 **ichi**, *1*, 三 **san**, *3*, 六 **roku**, *6*, 八 **hachi**, *8*, 十 **jū**, *10*:
Se una **h** li segue direttamente:
→ dopo 三 **san** la **h** diventa **b**, come in 三百 **sanbyaku**, *trecento*; 三本 **sanbon**, *tre (oggetti cilindrici)*;
→ dopo 一 **ichi**, 六 **roku**, 八 **hachi** e 十 **jū** la **h** diventa **p** e la cifra perde la finale, sostituita da un'altra **p**, come in 一杯 **ippai**, *un bicchiere*; 六百 **roppyaku**, *seicento*; 八百 **happyaku**, *ottocento*; 六本 **roppon**, *sei (oggetti cilindrici)*; 十本 **juppon**, *dieci (oggetti cilindrici)*.

Avviene la stessa cosa anche con la parola 分 **fun**, *minuto* (lezione 57, nota 8): 一分 **ippun**, *un minuto*; 三分 **sanpun**, *tre minuti*; 四分 **yonpun**, *quattro minuti*; 六分 **roppun**, *sei minuti*; 八分 **happun**, *otto minuti*; 十分 **juppun** (o **jippun**), *dieci minuti*.

– Per 一 **ichi**, 六 **roku**, 八 **hachi**, 十 **jū**:
→ Se una **k** li segue direttamente, perdono la finale, sostituita da un'altra **k**: 第一課 **daiikka**, *lezione 1*; 第六課 **dairokka**, *lezione 6*; 第八課 **daihakka**, *lezione 8*; 第十課 **daijukka**, *lezione 10* o ancora 一軒 **ikken**, *una casa*.

→ Davanti a **s** perdono la finale che viene sostituita da un'altra **s**: 八千 **hassen**, *ottomila*; 一歳 **issai**, *un anno (di età)*.
→ Se una **t** li segue direttamente, perdono la loro finale che viene sostituita da un'altra **t**: 一頭 **ittō**, *un (animale grosso)*.
Da segnalare anche che 三千 *tremila* si pronuncia **sanzen**. Infine, come ultima precisazione, facciamo notare che *cento* si dice 百 **hyaku**, *mille* 千 **sen**, ma 1.0000 (cioè 10.000) si dice 一万 **ichiman**, 1.0000.0000 (cioè 100.000.000) si dice 一億 **ichioku** ecc.

1.3 Lo zero

Quando è necessario scrivere lo zero, ad esempio in una data, lo si prende in prestito dai numeri arabi. L'*anno 1908*, infatti, si pronuncia **sen kyū hyaku hachi nen**, ma si scriverà 一九〇八年.

1.4 I numeri ordinali

Ancora qualche parola sui numeri ordinali. Nel titolo di ogni lezione utilizziamo la parola 第 **dai** posizionata davanti alla cifra, ma esistono altre possibilità:
– 目 **me**, che abbiamo visto nella lezione 31, frase 8: 三枚目 **san mai me**, *il terzo* (a proposito di un asciugamano);
– 番 **ban** o più spesso 番目 **ban me**: 八番 **hachi ban** o 八番目 **hachi ban me**, *l'ottavo*;
– talvolta anche in combinazione tra loro: 第三枚目 **dai san mai me**, *il terzo (asciugamano)*, 第八番目 **dai hachi ban me**, *l'ottavo*.

2 La scrittura

In Introduzione vi abbiamo spiegato che il giapponese usa simultaneamente due sistemi di scrittura: i kana (hiragana e katakana) e i kanji. I kanji servono per scrivere le parole che si trovano nei dizionari: nomi, verbi, aggettivi, alcuni avverbi. In hiragana si scrivono tutti i componenti grammaticali: congiunzioni, desinenze, particelle, posposizioni ecc., ma anche alcuni avverbi o nomi i cui kanji sono usati troppo raramente o sono difficili. Allo stesso modo, se è vero che il katakana serve soprattutto per traslitterare parole straniere, è anche vero che lo si usa per scrivere nomi i cui kanji sono usati raramente, in particolare nomi di animali.

Quasi tutti i kanji, l'avete visto voi stessi nel corso delle lezioni, hanno parecchie pronunce che, in generale, hanno lo stesso significato. Tuttavia, capita talvolta che pronunce differenti corrispondano a significati differenti, soprattutto per i caratteri molto usati. Ad esempio, il carattere 月 possiede due pronunce di origine cinese. Una è 月 **gatsu** utilizzata nei nomi dei mesi dell'anno (§ 1), l'altra è 月 **getsu** impiegata con l'accezione di *un mese*, nel senso della durata = 30 o 31 giorni (lezione 59, frase 13), e in espressioni come 来月 **raigetsu**, *il mese prossimo* (lezione 44, frasi 6 e 7).

***

復習 会話

1 奈良 の 一番 有名 な お 寺 は ほとんど 皆 町 の 外 に あります。
 nara no ichiban yūmei na o tera wa hotondo minna machi no soto ni arimasu

2 歴史 の 道 を 一度 で たくさん 歩く より は 毎日 すこし ずつ 歩く 方 が いい です。
 rekishi no michi o ichido de takusan aruku yori wa mainichi sukoshi zutsu aruku hō ga ii desu

3 下宿 は ホテル と 比べる と 静か で、非常 に 安い です。
 geshuku wa hoteru to kuraberu to shizuka de hijō ni yasui desu

4 冷房 が 故障 した ため、電気屋さん に 直して もらいたい と 思って、電話 しました。
 reibō ga koshō shita tame denkiyasan ni naoshite moraitai to omotte denwa shimashita

Sessantatreesima lezione

5 電気器具 を 皆 直す ため に すごい 時間 が かかりました。

denki kigu o minna naosu tame ni sugoi jikan ga kakarimashita

6 銭湯 だったら、お 風呂 だけ では なく、いろいろ な 設備 も 置いて あって、とても 便利 です。

sentō dattara o furo dake de wa naku iroiro na setsubi mo oite atte totemo benri desu

7 夜 の 十時 すぎ に 行ったら、すいて いて、気持 が いい です。

yoru no jūji sugi ni ittara suite ite kimochi ga ii desu

8 新幹線 が できた 一 九 六 四 年 から 日本 の 中 の 交通 が 随分 変わりました。

shinkansen ga dekita sen kyūhyaku rokujū yon nen kara nihon no naka no kōtsū ga zuibun kawarimashita

9 自動車 を 二 台 買う つもり です か。確か に 二百 五十 万 円 以上 に なる でしょう。

jidōsha o ni dai kau tsumori desu ka tashika ni nihyaku gojū man en ijō ni naru deshō

10 インド 旅行 して いた 時 に 見た ある
動物園 に 二十一頭 の 象 が いました。
indo ryokō shite ita toki ni mita aru dōbutsuen ni nijū it tō no zō ga imashita

64

第六十四課 dai roku jū yon ka
(だい ろくじゅう よん か)

雑誌 (ざっし)

zas shi

1 – あなた の 英語 [1] の 勉強 は いかが です か。
   a na ta no ei go no ben kyō wa i ka ga de su ka

2 – ええ、大分 進みました。
   e e dai bu susu mi ma shi ta

3 – どこ で 習って いる の です か。
   do ko de nara t te i ru no de su ka

423 • yon hyaku ni jū san

Traduzione

1 I templi più famosi di Nara si trovano quasi tutti fuori dalla città. **2** Invece di camminare tanto [per percorrere] tutta in una volta la via della Storia, conviene camminare ogni giorno un pochino. **3** Una pensione, rispetto a un albergo, è più tranquilla e molto più economica. **4** Il condizionatore era rotto e pensando di farlo aggiustare dall'elettricista, gli ho telefonato. **5** Per aggiustare tutti gli apparecchi elettrici ci è voluto un sacco di tempo. **6** Se parliamo di bagno pubblico, non si tratta soltanto di una stanza da bagno, ma di un posto dotato anche di altri servizi, molto pratico. **7** Se si va dopo le dieci di sera è vuoto e si sta benissimo. **8** Dal 1964, anno dell'entrata in servizio della linea Shinkansen, le comunicazioni all'interno del Giappone sono radicalmente cambiate. **9** Vuoi comprare due macchine? Ci vorranno sicuramente più di 2.500.000 yen. **10** In uno zoo che visitai in occasione di un viaggio in India, c'erano 21 elefanti.

Seconda ondata: lezione 14

Sessantaquattresima lezione

La rivista

1 – Come va lo studio dell'inglese? *(tu [relazione] lingua-inglese [relazione] studio [tema] come essere [domanda])*

2 – Eh, ho fatto grandi progressi. *(eh parecchio essere-progredito)*

3 – Dove lo stai studiando? *(dove [luogo] imparare-[progressivo] stare cosa essere [domanda])*

Note

1 Ricorderete sicuramente l'eccezione, che abbiamo già incontrato, alla regola di formazione dei nomi delle lingue straniere: *Inghilterra* si dice イギリス **igirisu**, ma la *lingua inglese* si dice 英語 **eigo**.

yon hyaku ni jū yon • 424

4 — 個人 レッスン の 先生 に ついて います。

5 やっと 少し 読める **2** ように なりました。

6 — それじゃ **3** もう直 シェークスピア でも 読める ように なる でしょう。

7 — シェークスピア です か。 僕 に は 全然 興味 が ありません。

8 英語 を 習って いる の は 仕事 関係 の 記事 を 読む ため です。

9 工業 関係 の 雑誌 を 読みたい の です。

10 — へえ、 まじめ なん です ね。

Sessantaquattresima lezione / 64

4 – Prendo lezioni private da un insegnante. *(individuale lezione [relazione] insegnante [fine] seguire-[progressivo] stare)*

5 Finalmente riesco a leggere un po'. *(finalmente poco potere-leggere stato [fine] essere-diventato)*

6 – Allora presto sarai in grado di leggere anche Shakespeare! *(allora ben-presto Shakespeare anche potere-leggere stato [fine] diventare essere-[ipotesi])*

7 – Shakespeare? *(Shakespeare essere [domanda])*
Non mi interessa affatto! *(io [luogo] [enfasi] affatto interesse [soggetto] non-esserci)*

8 Sto imparando l'inglese per leggere gli articoli di giornale relativi al mio lavoro. *(inglese [oggetto] imparare-[progressivo] stare cosa [tema] lavoro legame [relazione] articolo-di-giornale [oggetto] leggere motivo essere)*

9 Vorrei leggere riviste che riguardano l'industria. *(industria legame [relazione] rivista [oggetto] volere-leggere cosa essere)*

10 – Oh, come sei serio! *(oh serio [esclamazione] essere [accordo])*

Note

2 Da quasi tutti i verbi si può ottenere un altro verbo che significa *potere*: da 読む **yomu**, *leggere* si può ottenere 読める **yomeru**, *potere leggere*. Questo verbo derivato termina sempre in **eru**, divenendo un verbo a una sola base.

3 それじゃ **soreja**: forma abbreviata usata in contesti familiari al posto di それでは **soredewa** (v. lezione 3, frase 11). Si trova spesso anche l'abbreviazione じゃ **ja** al posto di では **de wa**. La forma そう では ない **sō de wa nai**, *no (non è così)*, in contesti informali, diventerà spesso そう じゃ ない **sō ja nai**.

11 – 父 は 農業 関係 の 仕事 を
chichi wa nō gyō kan kei no shi goto o

して いる ので、 その 方面 の
shi te i ru no de so no hō men no

雑誌 も 読める よう に なりたい
zas shi mo yo me ru yō ni na ri ta i

の です。
no de su

12 – 今 は 全部 わからなくて も **4**
ima wa zen bu wa ka ra na ku te mo

どんどん **5** 読んで みる こと
do n do n yo n de mi ru ko to

です ね。
de su ne

13 あ、 何か 英語 の 雑誌
a nani ka ei go no zas shi

を 手 **6** に 持って います
o te ni mo tte i ma su

ね。 何 です か。 見せて ください。
ne nan de su ka mi se te ku da sa i

14 あれ。 ロック の 雑誌 だ。
a re ro k ku no zas shi da

Note

4 La negazione di un verbo, al grado inferiore, si forma grazie al suffisso ない nai (v. lezione 49, § 1.1) che di fatto è un aggettivo e ne seguirà tutte le trasformazioni (v. lezione 35, § 2). Ad esempio, il negativo di わかる wakaru, *capire*, sarà わからない wakaranai, *non capire*. La for-

Sessantaquattresima lezione / 64

11 — E visto che mio padre lavora nell'agricoltura, vorrei riuscire a leggere anche le riviste di questo settore. *(mio-padre [tema] agricoltura legame [relazione] lavoro [oggetto] fare-[progressivo] stare poiché / codesto aspetto [relazione] rivista anche potere-leggere stato [fine] volere-diventare cosa essere)*

12 — Per ora, anche se non capisci tutto, la cosa importante è provare a leggere il più possibile. *(ora [enfasi] tutto non-capire anche-se / copiosamente leggere-[progressivo] vedere fatto essere [accordo])*

13 Oh, hai qualcosa in mano… una rivista in inglese! *(ah qualcosa inglese [relazione] rivista [oggetto] mano [luogo] tenere-[progressivo] stare [accordo])*
Cos'è? Fammi vedere! *(cosa essere [domanda] mostrare [imperativo gentile])*

14 Ehi, ma è una rivista di rock! *(rock [relazione] rivista essere)*

ma in て te della negazione sarà così わからなく wakaranaku + て te (v. lezione 54, nota 8). Aggiungendo il suffisso も mo otterremo invece il significato di *anche se*.

5 どんどん dondon (v. lezione 39, nota 4): qui la parola suggerisce l'idea di una grande abbondanza.

6 手 te indica sia la *mano* sia il *braccio*, e addirittura la *zampa* (v. lezione 40, nota 4). Per esempio ai cani si dice お 手 o te con il significato di *Qua la zampa!*

第六十四課

▶ 練習 1 – 訳 し なさい

❶ お坊ちゃん は もう直 歩ける ように なります ね。
obotchan wa mōjiki arukeru yō ni narimasu ne

❷ その 話 は 本当 だ と は 思えません。
sono hanashi wa hontō da to wa omoemasen

❸ 来月 から イギリス の 工業 関係 の 会社 に 勤める こと に なる ので、はやく 英語 を 覚えたい です。
raigetsu kara igirisu no kōgyō kankei no kaisha ni tsutomeru koto ni naru node hayaku eigo o oboetai desu

***

練習 2 – 言葉 を 入れ なさい

❶ Se fai ancora un po' di esercizio sarai in grado di nuotare.

. . . . , ... yō ni naru deshō

❷ Questa zuppa è deliziosa, ma non riesco a berla perché è bollente.

. . . . , ...

❸ Per me, anche se il tempo è brutto, non ha importanza.

. . . . , ... , ...

❹ はやく 英語 が できる よう に なりたい と 思ったら、ちゃんと 勉強 し なさい。
hayaku eigo ga dekiru yō ni naritai to omottara chanto benkyō shi nasai

❺ もう直 あなた に 会える こと が できる ので、楽しみ に して います。
mōjiki anata ni aeru koto ga dekiru node tanoshimi ni shite imasu

Soluzioni dell'esercizio 1

❶ Il suo bimbo sarà presto in grado di camminare. ❷ Non posso pensare che questa storia sia vera. ❸ Dal prossimo mese lavorerò in un'azienda inglese del settore industriale, vorrei imparare in fretta l'inglese ❹ Se vuoi imparare l'inglese in fretta, studia seriamente. ❺ Non sto più nella pelle perché potrò incontrarti fra pochissimo tempo.

***

❹ Ci sono persone che non piangono anche se sono tristi.
. . . . nakanai . . . .

❺ Se si tratta di cibo, si può vendere qualsiasi cosa.
. . . . , nandemo . . . .

Soluzioni dell'esercizio 2

❶ mō sukoshi renshū shitara, oyogeru – ❷ kono sūpu wa oishii keredomo, atsui kara nomemasen ❸ watakushi wa, tenki ga warukute mo, heiki desu ❹ kanashikute mo – hito ga imasu ❺ tabemono nara, – uremasu

平仮名 の 練習

だ （づ） で ど
DA *(ZU) DE DO

(v. lezione 58, nota 4)

Nella lezione 47 abbiamo parlato della musica classica. In Giappone sono fiorenti e apprezzati tutti i generi musicali: jazz, rock, pop, rap, blues, soul, hip-hop, musica folkloristica di tutti i tipi ecc.: le star compaiono e scompaiono a un ritmo frenetico.
Il Giappone ha anche una propria tradizione di musica popolare, nata intorno al 1920 e diffusa prima dalla radio e poi dalla televisione (senza dimenticare i CD e Internet). Si tratta di una musica un po' mielosa, dai temi nostalgici: amori, dispiaceri; uno stile, questo, che gode di una certa popolarità fra gli anziani.

65

第六十五課 dai roku jū go ka
(だい ろくじゅう ご か)

カメラ を 選(えら)ぶ
ka me ra   o   era bu

1 – 新婚旅行(しんこんりょこう) に 行(い)く 前(まえ) に
shin kon ryo kō   ni   i ku   mae   ni

デジカメ 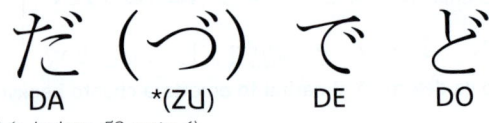 を 一(ひと)つ 買(か)いたい
de ji ka me   o   hito tsu   ka i ta i

の です。
no   de su

2 – 新宿(しんじゅく) に 何軒(なんげん)も 安(やす)い お店(みせ)
shin juku   ni   nan gen mo   yasu i   o   mise

が あります よ。
ga   a ri ma su   yo

書き取り
❶ **okashii desu** *(è bizzarro)* ❷ **dondon** *(abbondante)* ❸ **chikazuku** *(avvicinarsi)* ❹ **isoide** *(in fretta)* ❺ **koko da** *(è qui)* ❻ **denki** *(elettricità)* ❼ **doko** *(dove?)* ❽ **daigaku** *(università)* ❾ **dete kudasai** *(esca per favore)*

Soluzioni
❶ おかしい です ❷ どんどん ❸ ちかづく ❹ いそいで ❺ ここ だ ❻ でんき ❼ どこ ❽ だいがく ❾ でて ください

Seconda ondata: lezione 15

Sessantacinquesima lezione

Scegliere la macchina fotografica
(macchina-fotografica [oggetto] scegliere)

1 – Prima di partire per la luna di miele, vorrei comprare una macchina fotografica digitale. *(nuovo-matrimonio-viaggio [fine] andare prima [tempo] / macchina-fotografica-digitale [oggetto] uno volere-comprare cosa essere)*

2 – A Skinjuku ci sono un sacco di negozi a buon mercato. *(Shinjuku [luogo] non-so-quanti-edifici essere-economico [familiarità] negozio [soggetto] esserci [opinione])*

Note

1 デジカメ **dejikame** è un'abbreviazione: デジ **deji**, *digitale*, deriva dall'inglese *"digital"*.

3 — 一緒　　に　　来て　　くれます　　か。
　　　いっしょ　ni　　kite　　kuremasu　　ka
　　　issho

4 — いい　です　よ。　一日 **2** の　午後
　　　ii　　desu　yo　　tsuitachi　no　gogo

　　　いかが　です　か。
　　　ikaga　desu　ka

5 — はい、　結構　です。　よろしく
　　　hai　　kekkō　desu　　yoroshiku

　　　お　願い　します **3**。
　　　o negai　shimasu

6 — (カメラ屋　　で)
　　　kameraya　　de

7 —　小型　の　簡単　な　カメラ　を
　　　kogata　no　kantan　na　kamera　o

　　　いくつか **4**　　見せて　　ください。
　　　ikutsuka　　　　misete　　kudasai

8 — そこ　に　モデル　が　全部　出て
　　　soko　ni　moderu　ga　zenbu　dete

　　　います　から、　どうぞ　手　に
　　　imasu　kara　　dōzo　　te　ni

　　　取って　御覧　ください **5**。
　　　totte　　goran　kudasai

Note

2　一日 (v. lezione 63, § 2): la combinazione di questi due ideogrammi offre due possibili letture. Pronunciata 一日 **ichinichi** (v. lezione 39, frase 19), significa *un giorno, 24 ore*; pronunciata 一日 **tsuitachi**, significa *il primo giorno del mese*.

Sessantacinquesima lezione / 65

3 – **Verresti insieme a me?** *(insieme [avverbiale] venire-[progressivo] fare-per-me [domanda])*

4 – **Certamente.** *(essere-buono [opinione])* **Che ne dici del pomeriggio del primo?** *(primo-del-mese [relazione] pomeriggio come essere [domanda])*

5 – **Sì, perfetto. Ci conto.** *(sì perfetto essere buono preghiera fare)*

6 **(Nel negozio di apparecchi fotografici)** *(macchina-fotografica-negozio [luogo])*

7 **Mi può mostrare qualche macchina fotografica semplice di piccolo formato?** *(piccola-forma [relazione] semplice essere macchina-fotografica [oggetto] qualche mostrare-[progressivo] [imperativo gentile])*

8 – **Tutti i modelli sono esposti là, prego, li prenda in mano e guardi pure.** *(là [luogo] modello [soggetto] tutto essere-fuori-[progressivo] poiché / prego mano [luogo] prendere-[progressivo] / guardare-[imperativo gentile])*

---

3 よろしく お願い します **yoroshiku onegai shimasu** (letteralmente "Le chiedo benevolmente"): è un'espressione chiave nelle relazioni interpersonali tra giapponesi, alla quale nessuna traduzione italiana può precisamente corrispondere. Equivale a dire "Mi rivolgo a Lei per questo favore". Ricorre principalmente in due contesti: o, come in questo caso, tra due persone che si conoscono, ed è chiaro che A farà qualcosa per B il quale utilizza questa formula; oppure, nella situazione in cui due persone si presentano per la prima volta. In tal caso, l'espressione indica volontà di buona reciprocità da parte di entrambi.

4 いくつか **ikutsuka** (v. lezione 42, § 3.3): 何 **nan(i)**, *cosa?*; 何か **nanika**, *qualcosa*; いくつ **ikutsu**, *quanto?*; いくつか **ikutsuka**, *una certa quantità*.

5 御覧 ください **goran kudasai**, *guardare*: esprime il massimo grado di rispetto nei confronti dell'interlocutore *Lei* (v. lezione 49, § 1.3) e si usa unicamente all'imperativo. Il grado medio equivalente è 見て ください **mite kudasai**.

9 — たくさん あります ね。
ta ku sa n　a ri ma su　ne

値段 も ついて います よ。
ne dan　mo　tsu i te　i ma su　yo

10 — あんまり 6 ある ので、どれ に
an ma ri　a ru　no de　do re　ni
したら いい か わかりません。
shi ta ra　i i　ka　wa ka ri ma se n

11 — 全自動 が いい です か。
zen ji dō　ga　i i　de su　ka

12 どの メーカー に します か。
do no　mē kā　ni　shi ma su　ka

13 予算 は どのぐらい です か。
yo san　wa　do no gu ra i　de su　ka

14 今 は ボディー の 色 は
ima　wa　bo dī　no　iro　wa

いろいろ あります。
i ro i ro　a ri ma su

15 どんな 色 が いい です か。
do n na　iro　ga　i i　de su　ka

16 — むずかしい なあ。旅行用 です から、
mu zu ka shi i　na a　ryo kō yō　de su　ka ra

17 小さくて、軽くて、僕 の 鞄
chii sa ku te　ka ru ku te　boku　no　kaban

と 同じ 色 の この カメラ
to　ona ji　iro　no　ko no　ka me ra

に しましょう。
ni　shi ma shō

Sessantacinquesima lezione / 65

9 – Ce ne sono parecchie! *(tanto esserci [accordo])*
Ci sono anche i prezzi attaccati. *(prezzo anche essere-attaccato-[progressivo] stare [opinione])*

10 – Ce ne sono troppe, non so quale scegliere! *(troppo esserci poiché / quale [fine] fare-se essere-buono [domanda] non-capire)*

11 – Ne vuole una completamente automatica? *(completamente-automatico [soggetto] essere-buono [domanda])*

12 Quale marca preferisce? *(quale marchio-di-fabbrica [fine] fare [domanda])*

13 Quanto vorrebbe spendere? *(budget [tema] quanto-circa essere [domanda])*

14 Ce ne sono di vari colori. *(ora [enfasi] corpo [relazione] colore [tema] vario esserci)*

15 Quale colore preferisce? *(quale-tipo colore [soggetto] essere-buono [domanda])*

16 – Com'è difficile! *(essere-difficile [riflessione])*
Siccome è per il viaggio, *(da-viaggio essere poiché)*

17 facciamo questa, che è piccola, leggera e dello stesso colore della mia borsa. *(essere-piccolo-[progressivo] / essere-leggero-[progressivo] / io [relazione] borsa con uguale colore [relazione] questo macchina-fotografica [fine] fare-[esortativo])*

Note

6 あんまり **anmari**, forma più incisiva di あまり **amari** (v. lezione 48, frase 9). Per rafforzare una parola, in giapponese è piuttosto frequente raddoppiare una consonante interna. A volte è questa seconda variante del termine a essere più usata, come nel caso di 皆 **minna**, usato più spesso del termine originario **mina** (v. lezione 59, frase 12).

18 – いい ん [7] です か。 そんな 選び方 を して…
i i n de su ka so n na era bi kata o shi te

Note

[7] いい ん です **ii n desu**: ricordate? Nel linguaggio corrente, spesso si abbreviano alcune parole; in questo caso sparisce la **o** di の です **no desu** (v. lezione 55, nota 2).

***

練習 1 – 訳 し なさい

① 外国 旅行 に 行って いる 間 に、父 が 病気 に なった ので、予定 より 早く 帰りました。
gaikoku ryokō ni itte iru aida ni chichi ga byōki ni natta node yotei yori hayaku kaerimashita

② 急いで いる 時 は、タクシー に 乗る より も 地下鉄 で 行った 方 が はやい です。
isoide iru toki wa takushī ni noru yori mo chikatetsu de itta hō ga hayai desu

③ 文子、寒い から、外 に 出る 前 に、ちゃんと 帽子 を 被り なさい。
fumiko samui kara soto ni deru mae ni chanto bōshi o kaburi nasai

Sessantacinquesima lezione / 65

18 – **Sei sicuro?** *(essere-buono cosa essere [domanda])*
Scegliere in questo modo... *(codesto-modo modo-di-scegliere [oggetto] fare)*

*Il quartiere di Shinjuku è al centro di una gigantesca stazione, che rappresenta il punto di congiunzione ovest delle due grandi linee ferroviarie che formano la struttura principale dei mezzi di trasporto a Tokyo: una linea circolare (山手線 **yamanote sen**) e un'altra che attraversa tutta la città da est a ovest. È un quartiere animato e ricco di attività commerciali: di giorno offre negozi per fare spese - in particolare negozi convenienti per comprare macchine fotografiche, orologi, videocamere ecc. - di notte bar e locali di divertimento. Le stazioni di Yoyogi e Harajuku, di cui parleremo un po' più avanti, si trovano tra Shinjuku e Shibuya. Yoyogi è stato il quartiere degli impianti olimpici. Harajuku ha una doppia faccia: vicino alla stazione i negozi di abbigliamento e di accessori alla moda per gli adolescenti; più lontano, il quartiere elegante dove si trovano le boutique delle grandi firme della moda internazionale.*

❹ こちら を 御覧 なさい。
kochira o goran nasai

❺ 外国語 を 勉強 したい の です が、何 を したら いい か わかりません。
gaikokugo o benkyō shitai no desu ga nani o shitara ii ka wakarimasen

Soluzioni dell'esercizio 1

❶ Mentre ero in viaggio all'estero, mio padre si è ammalato e sono rientrato prima del previsto. ❷ Quando si è di fretta, è più veloce andare in metropolitana che prendere un taxi. ❸ Fumiko, fa freddo. Prima di uscire fuori, da brava, mettiti il cappello. ❹ Guardi da questa parte, per cortesia. ❺ Vorrei studiare una lingua straniera, ma non so quale scegliere.

yon hyaku san jū hachi • 438

練習 2 - 言葉 を 入れ なさい

❶ Se c'è qualcosa che Le piace, prego, la prenda pure.
 . . . . . hoshii . . . . . . attara, . . . , ...
 . . . .

❷ Me ne sono fatti mostrare alcuni, ma non sono riuscito a scegliere.
 . . . . misete moraimashita . . , ...
 . . . .

❸ Non so come fare!
 dō . . . .

❹ Non so quale sia il più leggero.
 dochira . . . .

***

平仮名 の 練習

な	に	ぬ	ね	の
NA	NI	NU	NE	NO

第六十六課 dai roku jū rok ka
<small>だい ろく じゅう ろっ か</small>

家 を 建てる
ie o ta te ru

1　石井　夫妻　は　家　を　建てる
　 ishi i　fu sai　wa　ie　o　ta te ru
　 こと　に　ついて　話しあって　います。
　 ko to　ni　tsu i te　hana shi a t te　　i ma su

❺ Ho l'impressione di avere già incontrato la persona ritratta in questa foto.

. . . . ni utsutte iru . . . . wa . . . . . .
. . atte iru yō na ki ga shimasu

Soluzioni dell'esercizio 2

❶ nanika – mono ga – , dōzo, totte kudasai **❷** ikutsuka – ga, erabu koto ga dekimasen deshita **❸** – shitara ii ka wakarimasen **❹** – ga ichiban karui ka wakarimasen **❺** kono shashin – hito ni – dokoka de –

***

書き取り

❶ nedan *(prezzo)* **❷** kono aida *(l'altro giorno)* **❸** nanika *(qualcosa)*
❹ kuni *(paese, nazione)* **❺** naze *(perché?)* **❻** ueno *(nome di luogo)*
❼ zannen desu *(peccato!)* **❽** sonna ni *(talmente)* **❾** kono inu no kainushi *(il padrone di questo cane)* **❿** o kane *(soldi)*

Soluzioni

❶ ねだん **❷** この あいだ **❸** なにか **❹** くに **❺** なぜ **❻** うえの
❼ ざんねん です **❽** そんな に **❾** この いぬ の かいぬし
❿ お かね

Seconda ondata: lezione 16

Sessantaseiesima lezione

Costruire una casa
(casa [oggetto] costruire)

1 I signori Ishii stanno discutendo della costruzione della loro casa. *(Ishii coniugi [tema] casa [oggetto] costruire fatto a-proposito-di discutere-[progressivo] stare)*

66 / 第六十六課

2 — コンクリート で 建てましょう。
konkurīto de tatemashō

3   その 方が 地震が 来ても、安全でしょう。
    sono hō ga jishin ga kite mo, anzen deshō

4 — でも おれは 純日本風の家の方がいいな。
    demo ore wa jun nihon fū no ie no hō ga ii na

5   四季を 楽しめるからなあ。
    shiki o tanoshimeru kara naa

6   おれ 1 も もう直 定年になるから、
    ore mo mō jiki teinen ni naru kara,

7   庭で 盆栽でも やろうかな 2。
    niwa de bonsai demo yarō ka na

8 — コンクリートの家でも 盆栽はできますよ。
    konkurīto no ie demo bonsai wa dekimasu yo

9 — 庭を 広くするか、建物を 広くするかによるな。
    niwa o hiroku suru ka, tatemono o hiroku suru ka ni yoru na

441 • yon hyaku yon jū ichi

Sessantaseiesima lezione / **66**

2 – La costruiremo in cemento. *(cemento [materia] costruire-[esortativo])*

3 Così sarà più sicura anche in caso di terremoto. *(codesto lato [soggetto] terremoto [soggetto] venire-[progressivo] anche-se / sicurezza essere-[futuro])*

4 – Però io preferirei una casa in puro stile giapponese. *(però io [tema] puro Giappone stile [relazione] casa [relazione] lato [soggetto] essere-buono [riflessione])*

5 Perché si può godere meglio delle quattro stagioni. *(quattro-stagioni [oggetto] potere-gustare perché [riflessione])*

6 E presto sarò anche in pensione e, *(io anche presto età-della-pensione [fine] diventare poiché)*

7 chissà, potrei anche fare bonsai in giardino. *(giardino [luogo] bonsai anche fare-[futuro] [domanda] [riflessione])*

8 – Puoi fare bonsai anche in una casa di cemento. *(cemento [relazione] casa anche bonsai [tema] riuscire [opinione])*

9 – Tutto dipende se fai più grande il giardino o la casa. *(giardino [oggetto] ampio fare [domanda] casa [oggetto] ampio fare [domanda] [causa] dipendere [riflessione])*

Note

1 Dopo 私 **watakushi** o **watashi**, dopo あたし **atashi** e dopo 僕 **boku**, vi presentiamo un altro modo per dire io: おれ **ore**. Il suo uso è riservato esclusivamente agli uomini in contesti di grande familiarità. Quando si parla con la propria moglie, come qui, o con amici intimi. Si può dire che sia un grado inferiore di 私 **watashi** (**watakushi**).

2 Quando か **ka** [*domanda*] è seguito da な **na** [*riflessione*], significa che si sta rivolgendo la domanda a sé stessi.

yon hyaku yon jū ni • 442

10 — 部屋数は いくつに しましょうか。
　　　heya sū wa ikutsu ni shimashō ka

11 　まず、応接間、それに 食堂も 大きく 取りましょう。
　　　mazu, ōsetsuma, sore ni shokudō mo ookiku torimashō

12 　私達の 寝室と 博之と 江利子さん[3]の 部屋を 考えて、
　　　watashitachi no shinshitsu to hiroyuki to erikosan no heya o kangaete

13 　お風呂場は 日本式にして、台所は モダンに しましょう。
　　　ofuroba wa nihonshiki ni shite, daidokoro wa modan ni shimashō

14 　孫達にも 部屋を 一つずつ 準備しましょう。
　　　magotachi ni mo heya o hitotsu zutsu junbi shimashō

15 — おれの 庭は どうなるんだ[4]。
　　　ore no niwa wa dō narunda

16 — あら。もう 場所が ないわ。
　　　ara. mō basho ga nai wa

10 héya suu …

10 – Quante stanze facciamo? *(stanza-numero [tema] quanto [fine] fare-[esortativo][domanda])*

11 Innanzitutto dovremmo prevedere un salone e anche una grande sala da pranzo. *(innanzitutto salone inoltre sala-da-pranzo anche grande progettare-[esortativo])*

12 Poi pensiamo alla stanza da letto per noi, una camera per Hiroyuki e [sua moglie] Eriko, *(noi [relazione] camera-da-letto e Hiroyuki e Eriko [relazione] camera [oggetto] pensare-[progressivo])*

13 poi faremo una stanza da bagno in stile giapponese e una cucina moderna. *([familiarità] stanza-da-bagno [tema] Giappone modo [fine] fare-[progressivo] / cucina [tema] moderno [fine] fare-[progressivo])*

14 Prepariamo anche una stanza a testa per i nipotini. *(nipote-plurale [termine] anche camera [oggetto] uno-ciascuno preparazione fare-[progressivo])*

15 – E che ne è del mio giardino? *(io [relazione] giardino [tema] come diventare cosa essere)*

16 – Oh! Non c'è più spazio. *([sorpresa] già posto [soggetto] non-esserci [addolcimento])*

Note

3 Hiroyuki e Eriko sono rispettivamente il figlio e la nuora. Parlando del figlio, i genitori usano solo il nome, per la nuora invece aggiungono il suffisso さん **san**.

4 どう なる ん だ **dō naru n da**: だ **da** è il grado inferiore di です **desu** e ん **n** è l'abbreviazione di の **no**. La forma ん だ **n da** è quindi il grado inferiore di の です **no desu**. Il grado inferiore è qui appropriato, dal momento che sono marito e moglie a parlare. Tuttavia, non dimentichiamo che raramente troveremo espressioni tutte al grado inferiore o tutte al grado superiore. Comunemente si utilizzano insieme le diverse forme, comprese quelle del grado medio (v. lezione 28, § 5.1).

第六十六課

▶ 練習 1 – 訳 し なさい

❶ 京都 に 三日 泊まって も、お 寺 を 皆 観光 する こと は できません。
kyōto ni mikka tomatte mo o tera o mina kankō suru koto wa dekimasen

❷ 月曜日 に 出発 する か、金曜日 に 出発 する か に よって、予定 が 変わります。
getsuyōbi ni shuppatsu suru ka kin'yōbi ni shuppatsu suru ka ni yotte yotei ga kawarimasu

❸ 娘 と 話しあって も、無理 で は ない か と 思いました。
musume to hanashiatte mo muri de wa nai ka to omoimashita

***

練習 2 – 言葉 を 入れ なさい

❶ È una canzone che ho già sentito da qualche parte.

....

❷ Non so quale sia la scelta migliore.

....

❸ Ho risieduto a Osaka dal 1956 al 1967.

....

Sessantaseiesima lezione / 66

❹ その 問題(もんだい) に ついて よく 調(しら)べました けれども、詳(くわ)しい 説明(せつめい) は 載(の)って いません でした。
sono mondai ni tsuite yoku shirabemashita keredomo kuwashii setsumei wa notte imasen deshita

❺ 大学(だいがく) の 建物(たてもの) は あんまり 古(ふる)く なった ので、新(あたら)しい の を 建(た)てる こと に しました。
daigaku no tatemono wa anmari furuku natta node atarashii no o tateru koto ni shimashita

Soluzioni dell'esercizio 1

❶ Anche fermandosi tre giorni a Kyoto, è impossibile riuscire a visitare tutti i templi. ❷ I miei programmi cambieranno a seconda che parta mercoledì o venerdì. ❸ Mi sono chiesta se non sia inutile parlare con mia figlia. ❹ In relazione a quel problema, ho fatto numerose ricerche, ma non ho trovato una spiegazione dettagliata. ❺ Dato che gli edifici dell'università sono diventati troppo vecchi, si è deciso di costruirne di nuovi.

***

❹ Ho letto quell'articolo non so quante volte, ma rimangono ancora tante cose che non capisco.
ano . . . . ,
mada . . . .
. . . .

❺ Quanti anni ha la Sua figlia maggiore?
ue no . . . .

Soluzioni dell'esercizio 2

❶ dokoka de kiita koto no aru uta desu ❷ donna erabikata o shitara ii ka wakarimasen ❸ sen kyū hyaku go jū roku nen kara sen kyū hyaku roku jū nana nen made oosaka ni taizai shite imashita ❹ – kiji o nandomo yomimashita keredomo, – wakaranai tokoro ga takusan nokotte imasu ❺ – musume san wa o ikutsu desu ka

平仮名 の 練習

*Ricordate che la **h** è sempre aspirata e ricordate anche due piccole irregolarità di cui abbiamo già parlato (lezione 16, nota 2): la particella [tema] o [enfasi] si pronuncia **wa [ua]** ma si scrive は (hiragana **ha**). La particella [destinazione] si pronuncia e **[e]** ma si scrive へ (hiragana **he**). Vogliamo completare la lista di queste irregolarità aggiungendone un'altra, anche se non riguarda questa serie: la particella che identifica l'[oggetto], si pronuncia **o**, ma si scrive を (anticamente pronunciato *wo).*

HA　　HI　　FU　　HE　　HO

あら、もう 場所 が ない わ。

第六十七課 dai roku jū nana ka

富士山
fu ji san

1 – 富士山　　って　　本当　　に　　ある
　　fu ji san　　t te　　hon tō　　ni　　a ru
　　の　　です　　か。
　　no　　de su　　ka

書き取り

❶ hatake e iku hito ga ita *(c'era una persona che andava per i campi)*
❷ nihongo no hatsuon wa kantan desu *(la pronuncia del giapponese è facile)* ❸ fushigi na hanashi o kiita *(ho sentito uno strano racconto)*
❹ henji *(risposta)* ❺ hotondo *(quasi tutto)* ❻ fune *(nave)* ❼ heiki desu *(non importa)*

Soluzioni

❶ はたけ へ いく ひと が いた ❷ にほんご の はつおん は かんたん です ❸ ふしぎ な はなし を きいた ❹ へんじ
❺ ほとんど ❻ ふね ❼ へいき です

La casa unifamiliare moderna, che è ampiamente la più diffusa, conserva tuttavia le caratteristiche della casa tradizionale. È sempre fabbricata su un'ossatura in legno, riempita e ricoperta di diversi tipi di materiali, che si tratti dei muri esterni o delle pareti interne. Le case di una volta contenevano pochi mobili; il necessario per il letto (futon e coperte) scompariva durante la giornata nei vasti armadi concepiti a questo uso, e siccome si viveva a pochi centimetri dal suolo, i mobili consistevano in alcuni tavoli di diverse dimensioni. Ora lo stile di vita giapponese è cambiato. I giapponesi possiedono tavoli alti, sedie, poltrone, divani e sono sempre di più quelli che dormono nei letti. Senza contare tutti gli apparecchi elettronici indispensabili alla vita moderna: televisore, computer ecc., il tutto ammassato in uno spazio alquanto ristretto.

Seconda ondata: lezione 17

Sessantasettesima lezione

Il Monte Fuji

1 – Ma esiste davvero il Monte Fuji? *(Fuji-montagna cosiddetto vero [avverbiale] esserci cosa essere [domanda])*

2 — ええ、もちろん です。なぜ です か。

3 — 写真 や 絵 で は くさる ほど 1 見ました が、

4 — 実物 は 見た こと が ありません。

5 — 飛行機 で 東京 へ 来る 時、見える こと も ある そう です が、

6 — 私 は 一遍 も 見た こと が ありません。

7 — 去年 の 夏、伊豆 半島 まで 出掛けました。

8 — そして 山 の 上 で この 方向 に 富士山 が ある と 聞きました が、

Sessantasettesima lezione / 67

2 – Ma certo! Perché? *(ma certamente essere perché essere [domanda])*

3 – In foto e nei dipinti l'ho visto fino alla nausea, ma *(fotografia o quadro [mezzo] [enfasi] marcire quasi avere-visto ma)*

4 dal vero non mi è mai capitato. *(oggetto-reale [tema] avere-visto fatto [soggetto] non-esserci)*

5 Pare anche che si riesca a vederlo quando si viene a Tokyo in aereo, ma *(aereo [mezzo] Tokyo [destinazione] venire quando / essere-visibile fatto anche esserci sembrare ma)*

6 io non l'ho visto nemmeno una volta. *(io [tema] una-volta anche avere-visto fatto [soggetto] non-esserci)*

7 L'estate scorsa sono andata fino alla penisola di Izu. *(scorso-anno [relazione] estate Izu penisola fino-a essersi-recato)*

8 In cima alla montagna ho sentito [dire]: "In quella direzione c'è il Monte Fuji!", ma *(poi montagna [relazione] sopra [luogo] questa direzione [luogo] Fuji-montagna [soggetto] esserci [citazione] avere-sentito ma)*

Note

1 くさる ほど **kusaru hodo**: questa espressione, benché un po' sgradevole, risulta particolarmente espressiva perché suggerisce che qualcosa è tanto abbondante da non poter essere consumato tutto e, se si tratta di cibo, finisce per marcire. Ha un significato molto simile alla nostra espressione "fino alla nausea".

yon hyaku go jū • 450

9   雲　　　しか　　　見えません　　　でした。
    kumo　 shi ka　 mi e ma se n　 de shi ta

10 知人　　の　　家族　　の　　方 **2**　　の　　お
    chi jin　 no　 ka zoku　 no　 kata　 no　 o
    葬式　　で　　富士　　霊園 **3**　　へ　　も
    sō shiki　 de　 fu ji　 rei en　 e　 mo
    行きました　　が…
    i ki ma shi ta　 ga

11 - あ、　文学者　　の　　墓　　が　　ある　こと
     a　 bun gaku sha　 no　 haka　 ga　 a ru　 ko to
     で　有名　　な　　墓地　　です　　よ　ね。
     de　 yū mei　 na　 bo chi　 de su　 yo　 ne

12 - 名前　　が　　富士　　霊園　　です　から、
     na mae　 ga　 fu ji　 rei en　 de su　 ka ra

13   今度　こそ　は　　富士山　　を　　見る　こと
     kon do　 ko so　 wa　 fu ji san　 o　 mi ru　 ko to
     が　できる　　か　　と　思いました　　が、
     ga　 de ki ru　 ka　 to　 omo i ma shi ta　 ga

14   やっぱり　　だめ　　でした。
     ya p pa ri　 da me　 de shi ta

15 - あなた　　が　　日本　　に　　来る
     a na ta　 ga　 ni hon　 ni　 ku ru
     の　は　　夏　　でしょう。
     no　 wa　 natsu　 de shō

16   だから　　見る　　こと　　が　　できない
     da ka ra　 mi ru　 ko to　 ga　 de ki na i
     の　です。
     no　 de su

Sessantasettesima lezione / 67

9 non ho visto altro che nuvole. *(nuvola solo non-essere-stato-visibile)*

10 Per il funerale di un parente di un amico, sono andata anche al Parco Cimitero del Monte Fuji, ma... *(amico [relazione] famiglia [relazione] persona [relazione] [onorifico] funerale [causa] Fuji cimitero-parco [destinazione] anche essere-andato ma)*

11 – Ah sì, è un cimitero famoso per la presenza di tombe di letterati! *(ah letterato [relazione] tomba [soggetto] esserci fatto [causa] famoso essere cimitero essere [opinione] [accordo])*

12 – Ho pensato che, siccome si chiamava Parco Cimitero del Monte Fuji, *(nome [soggetto] Fuji cimitero-parco essere poiché)*

13 questa volta sarei riuscita a vederlo, invece *(questa-volta appunto [enfasi] Fuji-montagna [oggetto] vedere fatto [soggetto] riuscire [domanda] [citazione] avere-pensato ma)*

14 anche stavolta niente da fare! *(come-previsto impossibile essere-stato)*

15 – Sarà perché vieni in Giappone sempre d'estate. *(tu [soggetto] Giappone [luogo] venire cosa [tema] estate essere-[ipotesi])*.

16 Per questo non riesci a vederlo. *(perciò vedere fatto [soggetto] non-riuscire cosa essere)*

Note

2 Anche se 方 **kata** è un nome, lo si può considerare come il sostantivo di grado superiore per 人 **hito**, *essere umano*, *una persona* (v. lezione 48, nota 5).

3 霊園 **reien** (letteralmente "cimitero parco"): la visita, spesso annuale, alla tomba di famiglia è l'occasione per una gita: questi cimiteri sono dei veri parchi dove poter passeggiare, con negozi, aree pic-nic e prati dove si può giocare a calcio o a baseball con la famiglia.

17 この 次 は 十一月 ごろ いらっしゃい **4**。
ko no tsugi wa jū ichi gatsu go ro i ra s sha i

18 そう すれば、 どこ から でも よく 見えます よ。
sō su re ba do ko ka ra de mo yo ku mi e ma su yo

19 – でも 十一月 に は 休み を 取る こと が できません。
de mo jū ichi gatsu ni wa yasu mi o to ru ko to ga de ki ma se n

20 だから 私 は 一生 富士山 を 見る こと が できない でしょう。
da ka ra watashi wa is shō fu ji san o mi ru ko to ga de ki na i de shō □

Note

4 いらっしゃい **irasshai**: ecco una combinazione paradossale. Il verbo いらっしゃる **irassharu** è verbo di grado superiore (v. lezione 49, § 1.3), ma いらっしゃい **irasshai** è l'imperativo al grado inferiore.

Sessantasettesima lezione / 67

17 La prossima volta vieni verso novembre. *(questo prossima-volta [enfasi] novembre verso venire)*

18 Così ti sarà possibile vederlo da ogni luogo. *(così se-fai / dove da bene essere-visibile [opinione])*

19 – Ma io non posso prendere le ferie a novembre! *(ma novembre [tempo] [enfasi] vacanza [oggetto] prendere fatto [soggetto] non-potere)*

20 Quindi non riuscirò mai a vedere il Monte Fuji in vita mia! *(perciò io [tema] tutta-la-vita Fuji-montagna [oggetto] vedere fatto [soggetto] non-riuscire essere-[ipotesi])*

*Il Giappone è un arcipelago vulcanico situato sulla Fossa del Giappone, prosecuzione verso nord della Fossa delle Marianne. Da qui deriva un alto rischio di scosse sismiche di magnitudo variabile (ricordiamo il tragico terremoto del marzo 2011) e manifestazioni vulcaniche di diversa tipologia. Sono recensiti un centinaio di vulcani, di cui 35 hanno iniziato la loro attività dal 1950. La regione del Monte Fuji è una importante zona turistica, il vulcano attira curiosi e scalatori, e i laghi che si estendono ai suoi piedi sono luoghi di villeggiatura per gli abitanti delle grandi città vicine. È da notare che il nome giapponese del Fuji (**fujisan**), ha dato luogo a un grande malinteso. Il **san** che segue il nome **fuji** non è lo stesso che segue i nomi delle persone, ma semplicemente la pronuncia cinese dell'ideogramma* 山,*montagna. Quindi* 富士山 **fujisan** *significa Monte Fuji.*

第六十七課

▶ 練習 1 - 訳 し なさい

❶ 今 から、皆 はやく 平仮名 を 書ける よう に 練習 しましょう。

ima kara minna hayaku hiragana o kakeru yō ni renshū shimashō

❷ 毎晩 七時 ごろ 家 に 帰って、八時 ごろ に 家族 と 一緒 に 食事 を します。

maiban shichi ji goro ie ni kaette hachi ji goro ni kazoku to isshō ni shokuji o shimasu

❸ 娘 は、スポーツ が 好き で、毎朝 一 時間 ぐらい 走ります。

musume wa, supōtsu ga suki de maiasa ichi jikan gurai hashirimasu

***

練習 2 - 言葉 を 入れ なさい

❶ E tu, quali sedie pensi che vadano bene per il soggiorno?
. . . ., ... to omoimasu ka

❷ Non si può più vendere un tè così vecchio. Abbassiamo il prezzo.
. . . . o cha . . . . urenai deshō.
. . . . shimashō

❸ Quando arriva la primavera le giornate si allungano.
. . . . ni . . . . . ., ... narimasu

Sessantasettesima lezione / 67

❹ この 工場 で 作る 製品 を 組み立てる ために どんな 機械 を 使います か。
kono kōjō de tsukuru seihin o kumitateru tame ni donna kikai o tsukaimasu ka

❺ 店 から もらった 写真 を よく 見て、服 を 選びましょう。
mise kara moratta shashin o yoku mite fuku o erabimashō

Soluzioni dell'esercizio 1
❶ A partire da questo momento, ci alleneremo per fare in modo che tutti riescano a scrivere in fretta gli hiragana. ❷ Tutte le sere rientro verso le sette e verso le otto ceno con la mia famiglia. ❸ Mia figlia ama lo sport e ogni mattina corre per circa un'ora. ❹ Che tipo di macchine usate per assemblare i manufatti che produce questa fabbrica? ❺ Scegliamo il vestito guardando bene le fotografie che abbiamo avuto dal negozio.

***

❹ Tutte le mattine esco di casa intorno alle nove.
. . . .

❺ Tutte le sere, prima di addormentarmi, leggo per un'oretta.
. . . . hon o yomimasu

Soluzioni dell'esercizio 2
❶ anata wa, ribingu ni donna isu ga ii – ❷ konna ni furui – wa mō – nedan o yasuku – ❸ haru – naru to, hi ga nagaku – ❹ maiasa ku ji goro ni dekakemasu ❺ maiban neru mae ni, ichi jikan gurai –

yon hyaku go jū roku • 456

平仮名 の 練習

ば BA   び BI   ぶ BU   べ BE   ぼ BO

書き取り

❶ bonsai *(alberi nani)* ❷ ichiban abunai desu *(è la cosa più pericolosa)* ❸ tabitabi *(spesso)* ❹ konban *(questa sera)* ❺ sabishii *(essere triste)* ❻ zenbu *(tutto)* ❼ fuben *(scomodo)* ❽ boku *(io, maschile)* ❾ tatoeba *(ad esempio)* ❿ hanbun *(metà)* ⓫ betsubetsu *(separatamente)* ⓬ banchi *(numero civico)* ⓭ jibun *(se stesso)* ⓮ hitobito *(la gente)*.

第 六 十 八 課 dai roku jū hak ka
<small>だい ろくじゅう はっ か</small>

皇室
kō shitsu

1 — 山手　線　の　代々木　駅　と
　　yama no te　sen　no　yo yo gi　eki　to
　　原宿　駅　の　間　に　ある
　　hara juku　eki　no　aida　ni　a ru
　　駅　に　は　止まる　こと　が
　　eki　ni　wa　to ma ru　ko to　ga
　　ありません　ね。
　　a ri ma se n　ne

2 — あれ　は　特別　な　駅　です。
　　a re　wa　toku betsu　na　eki　de su

3 — いつ　通って　も　だれも　いません。
　　i tsu　too t te　mo　da re mo　i ma se n

Soluzioni

① ぼんさい ② いちばん あぶない です ③ たびたび ④ こんばん
⑤ さびしい ⑥ ぜんぶ ⑦ ふべん ⑧ ぼく ⑨ たとえば ⑩ はんぶん
⑪ べつべつ ⑫ ばんち ⑬ じぶん ⑭ ひとびと

Seconda ondata: lezione 18

Sessantottesima lezione

La famiglia imperiale

1 – Non ci si ferma mai in quella stazione che si trova tra quelle di Yoyogi e Harajuku, sulla linea Yamanote.
(Yamanote-linea [relazione] Yoyogi stazione e Harajuku stazione [relazione] spazio [luogo] esserci stazione [luogo] [enfasi] fermarsi fatto [soggetto] non-esserci [accordo])

2 – Quella è una stazione speciale. *(quella [tema] particolare essere stazione essere)*

3 – Per quante volte ci passi, non vedo mai nessuno.
(quando passare-anche-se / nessuno non-esserci)

4　今 でも 使って いる の です か。
　　ima demo tsukatte iru no desu ka

5 — もちろん です。でも 特別
　　mochiron desu demo tokubetsu
　　な 場合 だけ です。
　　na baai dake desu

6　あれ は 天皇 陛下 が お 使い
　　are wa tennō heika ga o tsukai
　　に なる **1** 駅 な の です。
　　ni naru eki na no desu

7 — 天皇 陛下 が 汽車 に お 乗り
　　tennō heika ga kisha ni o nori
　　に なる こと が ある の です か。
　　ni naru koto ga aru no desu ka

8 — そう です よ。よく お 乗り
　　sō desu yo yoku o nori
　　に なります。
　　ni narimasu

9　天皇 陛下 の お 住まい **2** で
　　tennō heika no o sumai de
　　ある **3** 皇居 は あの 駅 の
　　aru kōkyo wa ano eki no
　　近く の 千代田 区 に あります。
　　chikaku no chiyoda ku ni arimasu

Sessantottesima lezione / 68

4 È ancora in funzione? *(ora anche usare-[progressivo] stare cosa essere [domanda])*

5 – Certamente. Ma solo in occasioni particolari *(certo essere però particolare essere caso solo essere)*

6 È la stazione che usa Sua Maestà l'Imperatore. *(quello [tema] imperatore maestà [soggetto] [onorifico] usare [fine] diventare stazione essere cosa essere)*

7 – A Sua Maestà l'Imperatore capita di prendere il treno? *(imperatore maestà [soggetto] treno [luogo] [onorifico] salire [fine] diventare fatto [soggetto] esserci cosa essere [domanda])*

8 – Ma certo. Lo prende spesso. *(così essere [opinione] spesso [onorifico] salire [fine] diventare)*

9 Il Palazzo Imperiale, che è la residenza dell'Imperatore, si trova a Chiyoda-ku, vicino a quella stazione. *(imperatore maestà [relazione] [onorifico] residenza essere palazzo-imperiale [tema] quello stazione [relazione] vicino [relazione] Chiyoda-distretto [luogo] esserci)*

Note

1 Per parlare dell'Imperatore del Giappone si usa il grado superiore e si usano le forme impiegate per il *Lei* (v. lezione 49, § 1.3). Per tutti quei verbi che non hanno un omologo al grado superiore (come 来る **kuru** che diventa いらっしゃる **irassharu**, nel senso di *Lei viene*), si utilizza una forma complessa, costruita attorno alla radice dei verbi a un'unica base o alla base in *i* per tutti gli altri. Il verbo viene introdotto da un お **o**, [*onorifico*], e seguito da に **ni** + il verbo なる **naru**, *diventare*, nella sua forma in ます **masu**. Ad esempio, se prendiamo 使う **tsukau**, *utilizzare*: お 使い に なります **o tsukai ni narimasu**, *(Sua Maestà) utilizza* (v. anche frasi 7, 8 e 13).

2 お 住まい **o sumai**: grado superiore per dire 家 **ie**, *casa*, *residenza*.

3 天皇 陛下 の お 住まい で ある 皇居 は **tennō heika no o sumai de aru kōkyo wa**, *il Palazzo Imperiale che è la residenza di Sua Maestà l'Imperatore*: です **desu** è l'unico verbo davvero irregolare. Conoscete il suo grado inferiore, だ **da**, in fine di frase, ma だ **da** non può essere usato davanti a un nome, per cui si deve ricorrere alla forma で ある **de aru**.

10 でも それ は 特別 列車
    de mo so re wa toku betsu res sha
    で、 普通 の 人 は 乗る
    de fu tsū no hito wa no ru
    こと が できません。
    ko to ga de ki ma se n

11 天皇 陛下 も 皇后 陛下
    ten nō hei ka mo kō gō hei ka
    も 夏 は よく 那須 まで
    mo natsu wa yo ku na su ma de
    いらっしゃいます **4**。
    i ra s sha i ma su

12 - 両 陛下 に 国民 が お 目
    ryō hei ka ni koku min ga o me
    に かかれる **5** 時 が あります か。
    ni ka ka re ru toki ga a ri ma su ka

13 - お 正月 と 陛下 の お
    o shō gatsu to hei ka no o
    誕生日 に は お 姿 を お
    tan jō bi ni wa o sugata o o
    見せ に なります ので、
    mi se ni na ri ma su no de

14 国民 は 皇居 に ご あいさつ
    koku min wa kō kyo ni go a i sa tsu
    に 行く こと が できます。
    ni i ku ko to ga de ki ma su

15 宮中 参賀 と いいます。
    kyū chū san ga to i i ma su

Sessantottesima lezione / 68

10 Però è un treno speciale, su cui la gente comune non può salire. *(però codesto [tema] particolare treno essere / comune [relazione] persona [tema] salire fatto [soggetto] non-potere)*

11 Sua Maestà l'Imperatore e Sua Maestà l'Imperatrice, si recano spesso a Nasu d'estate. *(imperatore maestà anche imperatrice maestà anche estate [enfasi] spesso Nasu fino-a andare)*

12 – Ci sono momenti in cui i cittadini possono incontrare la Coppia Imperiale? *(entrambi maestà [fine] popolo [soggetto] [onorifico] occhio-potere-fissare momento [soggetto] esserci [domanda])*

13 – Per il primo dell'anno e per il compleanno dell'Imperatore, le loro Maestà si mostrano in pubblico, *([familiarità] capodanno e maestà [relazione] [onorifico] compleanno [tempo] [enfasi] [onorifico] figura [oggetto] [onorifico] mostrare [fine] diventare poiché)*

14 allora i cittadini possono andare a salutarli al Palazzo Imperiale. *(popolo [tema] palazzo-imperiale [luogo] [onorifico] saluto [fine] andare fatto [soggetto] potere)*

15 Questa cosa si chiama "Omaggio pubblico alla Corte Imperiale". *(corte-imperiale omaggio [citazione] dire)*

Note

4 いらっしゃいます **irasshaimasu**. L'abbiamo visto usato come grado superiore di 来る **kuru**, *venire* (v. lezione 67, frase 17), quando il soggetto è *Lei* o una terza persona a cui si deve rispetto. Sempre negli stessi casi può anche essere utilizzato come grado superiore di 行く **iku**, *andare*.

5 Ricordate quello che avete imparato nella lezione 49, § 1.3? I verbi di grado superiore sono specializzati: alcuni servono per parlare di *Lei* (o di una terza persona a cui si deve rispetto), altri si utilizzano quando il soggetto dell'azione è *io* oppure una terza persona che deve rispetto a qualcuno. Qui, il soggetto sono i cittadini che devono portare rispetto all'Imperatore. お目にかかります **o me ni kakarimasu**: grado superiore che si usa per il verbo 会う **au**, *incontrare*, quando il soggetto è *io* o una terza persona.

16 皇居 は 東京 の 真中 に あって、
kōkyo wa tōkyō no mannaka ni atte,

17 江戸 時代 の 将軍 の お城 でした。
edo jidai no shōgun no oshiro deshita.

18 その 回り は ひろびろ と した 公園 に なって いて、
sono mawari wa hirobiro to shita kōen ni natte ite,

19 日曜日 の 朝 など、そこ に ジョギング を し に 来る 人 が たくさん います。
nichiyōbi no asa nado, soko ni jogingu o shi ni kuru hito ga takusan imasu.

Il Palazzo Imperiale è costruito sul sito dell'antico castello-fortezza degli **shōgun** *(letteralmente "comandante dell'esercito")* **Tokugawa** *che esercitarono il potere per tutto il periodo di Edo fino alla restaurazione imperiale del 1868. Si presenta come un grande parco cinto da un muro fortificato, a sua volta circondato da un ampio fossato pieno d'acqua e attraversato da alcuni ponti. Da fuori non si vede granché. I bassi edifici dove risiede la Famiglia Imperiale occupano*

16 Il Palazzo Imperiale si trova nel pieno centro di Tokyo, *(palazzo-imperiale [tema] Tokyo [relazione] centro [luogo] esserci-[progressivo])*

17 ed era la fortezza dello shogun all'epoca di Edo. *(Edo epoca [relazione] shogun [relazione] [onorifico] castello-fortificato essere-stato)*

18 Tutto intorno si estende un grande parco, *(codesto perimetro [tema] spazioso-avere-fatto parco-pubblico [fine] diventare-[progressivo] stare)*

19 e la domenica mattina, ad esempio, tante persone ci vanno per fare jogging. *(domenica [relazione] mattina eccetera là [luogo] jogging [oggetto] fare [fine] venire persona [soggetto] molto esserci)*

私は朝何時に起きても平気です。

solo uno spazio limitato in una zona di ampi boschi e giardini. Si possono ammirare alcune porte monumentali e qualche padiglione agli angoli delle fortificazioni. A parte una piccola zona dei giardini, l'accesso è vietato, eccetto il primo dell'anno e qualche altra rara occasione, lungo un percorso ben delimitato. Questo palazzo è situato nel quartiere Chiyoda, dove hanno sede grandi società.

第六十八課

練習 1 – 訳 し なさい

❶ 子供の前でそんな話をしてはだめですよ。
kodomo no mae de sonna hanashi o shite wa dame desu yo

❷ 向かいの本屋の前で待っている人はだれでしょうか。
mukai no hon'ya no mae de matte iru hito wa dare deshō ka

❸ 東京エアターミナルである箱崎という所は、町の真中にあります。
tōkyō ea tāminaru de aru hakozaki to iu tokoro wa machi no mannaka ni arimasu

***

練習 2 – 言葉 を 入れ なさい

❶ L'ufficio postale si trova tra il negozio di materiali elettrici e la tabaccheria.
.... to ....

❷ Facciamolo in stile italiano!
.... yarimashō ne

❸ Il Palazzo Imperiale è il luogo dove risiede Sua Maestà l'Imperatore.
.... natte iru ....

Sessantottesima lezione / 68

❹ 奈[な]良[ら] の 一番[いちばん] 有名[ゆうめい] な お 寺[てら] で ある 東大寺[とうだいじ] は 駅[えき] の すぐ 近[ちか]く に あります。
nara no ichiban yūmei na o tera de aru tōdaiji wa eki no sugu chikaku ni arimasu

❺ 私[わたし] は 朝[あさ] 早[はや]く 起[お]きて も 平気[へいき] です。
watashi wa asa hayaku okite mo heiki desu

Soluzioni dell'esercizio 1
❶ Non va bene fare questi discorsi davanti ai bambini! ❷ Chi sarà la persona che aspetta davanti alla libreria di fronte? ❸ Hakozaki, che è il terminal aereo di Tokyo, si trova nel centro della città. ❹ Il Todaiji, che è il tempio più famoso di Nara, si trova subito vicino alla stazione. ❺ Io non ho problemi ad alzarmi presto al mattino.

***

❹ D'estate, anche se andate sul Monte Fuji, non vedrete che nuvole.
. . . ., ... no tokoro . . . ., . . .
. . . .

❺ Perché il treno non si ferma alla stazione che si trova tra Yoyogi e Harajuku?
. . . .
. . . . no desu ka

Soluzioni dell'esercizio 2
❶ yūbinkyoku wa denkiya – tabakoya no aida ni arimasu ❷ itaria shiki de – ❸ kōkyo wa tennō heika ga o sumi ni – tokoro desu ❹ natsu wa, fujisan – e itte mo, kumo shika miemasen ❺ densha wa naze yoyogi to harajuku no aida ni aru eki ni tomaranai –

平仮名 の 練習

*La serie di sillabe che comincia con **p** è l'unica a impiegare il piccolo cerchio. Queste sillabe non ricorrono spesso, il più delle volte poi le vediamo con la **p** raddoppiata. Questo ci dà l'opportunità di parlare delle consonanti raddoppiate, che in giapponese sono **k-s** (sh), **t** (ch-ts) e **p**. In tutti i casi, si utilizza sempre lo stesso piccolo hiragana っ **tsu**:* いっかい **ikkai**, piano zero (piano terra); ざっし **zasshi**, rivista; きって **kitte**, francobollo; いっぷん **ippun**, un minuto.

第六十九課 dai roku jū kyū ka

お 見合い 1
o mi a i ichi

1 – 甥 の 勝明 は 日本 経済
oi no katsu aki wa ni hon kei zai
新聞 の 記者 を して います が、
shin bun no ki sha o shi te i ma su ga

2 だれか 1 いい 人 が ない
da re ka i i hito ga na i
でしょう か ね。
de shō ka ne

書き取り

❶ sanpo ni itta *(sono andato a fare una passeggiata)* ❷ zasshi *(rivista)* ❸ kippu o katte uchi ni kaetta *(ho comprato i biglietti e sono tornato a casa)* ❹ shinpai shita *(ero preoccupato)* ❺ ongakkai *(concerto)* ❻ kekkon *(matrimonio)* ❼ sassoku *(immediatamente)* ❽ hassai *(otto anni)* ❾ sanpun *(tre minuti)* ❿ o sake o juppai nonda *(ho bevuto dieci bicchieri di vino)*

Soluzioni

❶ さんぽ に いった ❷ ざっし ❸ きっぷ を かって うち に かえった ❹ しんぱい した ❺ おんがっかい ❻ けっこん ❼ さっそく ❽ はっさい ❾ さんぷん ❿ お さけ を じゅっぱい のんだ

Seconda ondata: lezione 19

Sessantanovesima lezione

69

Il matrimono combinato 1
([familiarità] matrimonio-combinato)

1 – Mio nipote Katsuaki fa il giornalista del Nihon Keizai Shinbun, *(mio-nipote [apposizione] Katsuaki [tema] Giappone economia giornale [relazione] giornalista [oggetto] fare-[progressivo] stare ma)*

2 per caso conosce qualche brava ragazza? *(qualcuno essere-buono persona [soggetto] non-esserci-[ipotesi] [domanda] [accordo])*

Note

1 だれか **dareka**, (v. lezione 42, § 3): だれ **dare**, *chi?*; だれか **dareka**, *qualcuno*.

第六十九課

3 — 甥御さん **2** は お いくつ ですか。

4 — 今年 二十八歳 で、

5 　来年 の 秋 ブラジル に 転勤 する こと に なりました が、

6 　その 前 に 結婚 させたい のです。

7 — どんな 方 が いい のですか。

8 — そう ですね **3**。 やっぱり 大学 は 卒業 して いて、

9 　でも 働いた こと が なくて、

10 　向こう では 接待 が 多い ですから

11 　お 料理 が 上手 で、 社交性 が ある 人 が 理想 ですね。

3 – Quanti anni ha Suo nipote? *(Suo-nipote [tema] [onorifico] quanto essere [domanda])*

4 – Quest'anno compie 28 anni *(questo-anno venti-dieci-otto età essere)*

5 e si trasferirà in Brasile nell'autunno del prossimo anno, *(prossimo-anno [relazione] autunno Brasile [luogo] trasferimento-di-lavoro fare fatto [fine] essere-diventato ma)*

6 ma vorrei farlo sposare prima. *(codesto prima [tempo] matrimonio volere-fare-fare cosa essere)*

7 – Che tipo di persona Le piacerebbe? *(quale-tipo persona [soggetto] essere-buono cosa essere [domanda])*

8 – Beh, dunque… *(dunque allora)*
L'ideale sarebbe ovviamente una persona laureata, *(sicuramente università [tema] laurea fare-[progressivo] stare-[progressivo])*

9 ma che non abbia ancora lavorato; *(però avere-lavorato fatto [soggetto] non-esserci-[progressivo])*

10 siccome là sarà molto impegnata a ricevere [gli ospiti], *(altra-parte [luogo] [enfasi] accoglienza [soggetto] essere-tanto poiché)*

11 dovrebbe essere abile in cucina e di carattere socievole. *([familiarità] cucina [soggetto] abile essere-[progressivo] // socievolezza [soggetto] esserci persona [soggetto] ideale essere [accordo])*

Note

2 Da notare: 甥 **oi**, *mio nipote*, 甥御さん **oigosan**, *Suo nipote* (v. lezione 26, nota 2).

3 そう です ね **sō desu ne** (letteralmente "è così"). È un'espressione molto usata dai giapponesi come intercalare, in particolare quando serve pensare un po' prima di rispondere a una domanda importante.

12 — なかなか むずかしい 条件 ですね。
   na ka na ka mu zu ka shi i jō ken de su ne

13   あ、ちょっと 待って ください。
   a cho t to ma t te ku da sa i

14   そう 言えば、一週間 ほど 前 に 家内 が 友人 の 国会 議員 の お嬢さん の 写真 を 見せて くれました。
   sō i e ba, is shū kan ho do mae ni ka nai ga yū jin no kok kai gi in no o jō san no sha shin o mi se te ku re ma shi ta

15 — あ、それ は いい 話 ですね。
   a so re wa i i hanashi de su ne

16 — 今晩 さっそく 家内 と 話して みます。
   kon ban sa s so ku ka nai to hana shi te mi ma su

17   後ほど 連絡 いたします [4]。
   nochi ho do ren raku i ta shi ma su

18   (続く [5])
   tsuzu ku

Note

[4] いたします **itashimasu** è il grado superiore di する **suru**, *fare*; il soggetto deve essere obbligatoriamente *io*.

[5] 続く **tsuzuku** (つづく) (v. lezione 58, nota 4): un altro caso in cui la sillaba **zu** si scrive con il kana づ (ovviamente se il verbo è scritto in hiragana).

Sessantanovesima lezione / 69

12 – Sono condizioni piuttosto complicate! *(abbastanza essere-difficile condizione essere [accordo])*
13 Ah... un momento. *(ah poco aspettare-[progressivo] [imperativo gentile])*
14 A questo proposito, circa una settimana fa, mia moglie mi ha fatto vedere la foto della figlia di un nostro amico deputato. *(così dire-se / una-settimana circa prima [tempo] mia-moglie [soggetto] amico [apposizione] Dieta membro [relazione] figlia [relazione] fotografia [oggetto] mostrare-[progressivo] avere-fatto-per-me)*
15 – Oh, questo è un discorso interessante! *(ah codesto [tema] essere-buono racconto essere [accordo])*
16 – Proverò a parlarne subito con mia moglie stasera. *(questa-sera subito mia-moglie con parlare-[progressivo] vedere)*
17 Poi La contatterò. *(in-seguito contatto fare)*
18 (Continua)

I due quotidiani più letti al mondo sono due giornali giapponesi: lo **Yomiuri shinbun** 読売新聞 *(letteralmente "giornale venduto per la lettura"), fondato nel 1874, e l'***Asahi shinbun** 朝日新聞 *(letteralmente "giornale del sol levante"), fondato nel 1879. All'inizio del XX secolo il primo raggiunse una tiratura di 14 milioni di esemplari, il secondo di 12 milioni! Anche altri due titoli hanno un pubblico importante: il* **Mainichi shinbun** 毎日新聞 *(letteralmente "giornale quotidiano"), fondato nel 1872, e il* **Nihon Keizai shinbun** 日本経済新聞 *(letteralmente "giornale economico del Giappone"), fondato nel 1876. Le date di fondazione di questi giornali sono significative del fatto che il Giappone, dopo la sua apertura alla fine del XIX secolo, intendeva essere considerato alla pari delle grandi potenze occidentali.*

第六十九課

▶ 練習 1 – 訳 し なさい

❶ 夕べ 妹さん の お見合い に ついて 家内 と 遅く まで 話しました。
yūbe imōto san no o miai ni tsuite kanai to osoku made hanashimashita

❷ 井上 さん が 外国 から 帰って きた と 聞きました が、すぐ あいさつ に 行った 方 が いい でしょう ね。
inoue san ga gaikoku kara kaette kita to kikimashita ga sugu aisatsu ni itta hō ga ii deshō ne

❸ 最近、フランス の 新聞 でも 日本 の 経済 に ついて の 記事 が よく 出ます。
saikin furansu no shinbun demo nihon no keizai ni tsuite no kiji ga yoku demasu

***

練習 2 – 言葉 を 入れ なさい

❶ In Giappone non è buona educazione mangiare mentre si cammina per la strada.

. . . ., ...
koto wa . . . . koto desu

❷ Siccome non sono per niente interessato all'economia, non leggo i giornali.

. . . ., ... kyōmi ga
. . . . . ., ...

❸ Questa sedia mi è costata 43.600 yen.

. . . .
kakarimashita

Sessantanovesima lezione / 69

❹ 田辺たなべ さん は、だれか いい 人ひと が いる かしら と 聞ききました。
tanabe san wa dareka ii hito ga iru kashira to kikimashita

❺ 来年らいねん の 予算よさん は 九億きゅうおくえん になる そう です。
rainen no yosan wa kyū oku en ni naru sō desu

Soluzioni dell'esercizio 1

❶ Ieri sera ho parlato fino a tardi con mia moglie riguardo il matrimonio combinato per la Sua sorella minore. ❷ Ho sentito dire che il signor Inoue è rientrato dall'estero, sarà meglio andare subito a salutarlo. ❸ Da qualche tempo, anche sui giornali francesi, escono articoli sull'economia giapponese. ❹ La signora Tanabe mi ha chiesto se per caso conosco qualche brava persona. ❺ Dicono che il bilancio del prossimo anno raggiungerà i 900.000.000 di yen.

***

❹ Suo nipote non ha compiuto 21 anni la scorsa settimana?
. . . .
. . . .

❺ Quell'uomo non parla quasi mai con i suoi colleghi.
ano . . . . amari . . . .

Soluzioni dell'esercizio 2

❶ nihon de wa, michi o arukinagara taberu – yokunai – ❷ watashi wa, keizai ni zenzen – nakute, shinbun o yomimasen ❸ kono isu wa yon man san zen rop pyaku en – ❹ oigosan wa senshū ni ni jū is sai ni natta no de wa nai deshō ka ❺ – hito wa dōryō to – hanashimasen

yon hyaku nana jū yon • 474

平仮名 の 練習

Le vocali lunghe

Abbiamo a lungo attirato la vostra attenzione sul fatto che in giapponese esistono delle cosiddette "vocali lunghe", e vi abbiamo anche dato delle indicazioni sulla loro grafia (lezione 2, nota 4). Nelle parole di "pura" origine giapponese, più che di vocali lunghe si tratta di vocali raddoppiate ed è proprio così che vanno scritte: senza l'ausilio della **u** *lunga. Le vocali che possono essere raddoppiate sono solamente* **a**, **i**, **e**, **o**. *In particolare,* **a**, **i**, **e**, *si raddoppiano unicamente nei termini di parentela:* おばあさん **obaasan** *(lezione 39, frase 1), nonna (e per estensione tutte le donne anziane);* おじいさん **ojiisan** *(lezione 39, frase 1), nonno (o tutti gli uomini anziani);* おねえさん **oneesan**, *sorella maggiore. Esiste un numero limitato di parole giapponesi che presentano una* **o** *raddoppiata e le abbiamo già incontrate quasi tutte:* おおきい **ookii**, *essere grande (lezione 66, frase 11);* おおい **ooi**, *essere numeroso (lezione 69, frase 10);* とおる **tooru**, *passare (lezione 68, frase 3). Nelle parole di origine cinese, al contrario, troviamo autentiche vocali lunghe, ma solamente* **u** *e* **o**. *In questi casi l'allungamento si scriverà aggiungendo la vocale hiragana* う *(che nella trascrizione in romaji diventa un trattino sopra la vocale o in altri casi un accento circonflesso). Fino a ora abbiamo visto decine e decine di esempi: con* ū, ふつう **futsū**, *comune; con* ō, ほんとう に **hontō ni**, *veramente.*

<ruby>第<rt>だい</rt></ruby> <ruby>七<rt>なな</rt></ruby> <ruby>十<rt>じゅっ</rt></ruby> <ruby>課<rt>か</rt></ruby> **dai nana juk ka**

まとめ – Riepilogo

1 Il sistema numerico giapponese

Se è vero che il sistema di numerazione di origine cinese è completo, come avete potuto constatare anche voi nella lezione 63, il sistema giapponese è piuttosto limitato. Esistono solo le cifre da 1 a 10 e ne abbiamo già utilizzate parecchie:

書き取り

❶ sō desu ne *(sì, è così)* ❷ kekkō desu *(perfetto / è sufficiente così)* ❸ kinō *(ieri)* ❹ futsū *(comune)* ❺ kōgō *(Imperatrice)* ❻ hōkō *(direzione)* ❼ kōkūbin *(posta aerea)* ❽ dōbutsu *(animale)* ❾ fūtō *(busta)* ❿ tennō *(Imperatore)* ⓫ dōzō *(statua di bronzo)* ⓬ bōken *(avventura)* ⓭ kōtsū *(trasporti)* ⓮ kōtōgakkō *(liceo)*

Soluzioni

❶ そう です ね ❷ けっこう です ❸ きのう ❹ ふつう ❺ こうごう ❻ ほうこう ❼ こうくうびん ❽ どうぶつ ❾ ふうとう ❿ てんのう ⓫ どうぞう ⓬ ぼうけん ⓭ こうつう ⓮ こうとうがっこう

Seconda ondata: lezione 20

Settantesima lezione

– *uno*, 一つ **hitotsu** (lezione 65, frase 1 e lezione 66, frase 14)
– *due*, 二つ **futatsu** (lezione 39, esercizio 2, frase 5)
– *tre*, 三つ **mittsu** (lezione 59, frase 10)
– *quattro*, 四つ **yottsu**
– *cinque*, 五つ **itsutsu** (lezione 59, frase 7)
– *sei*, 六つ **muttsu**
– *sette*, 七つ **nanatsu**
– *otto*, 八つ **yattsu**
– *nove*, 九つ **kokonotsu**
– *dieci*, 十 **tō**

Queste si usano per contare gli oggetti (fino a 10), senza specificarne la tipologia. Quando si precisa il tipo di oggetto, si ricade nel sistema dei "classificatori" (lezione 63) e allora si devono obbligatoriamente usare i numeri di origine cinese.

1.1 Parlare delle persone

Per dire *una persona*, si utilizza la parola 一人 **hitori** (lezione 47, nota 8), con l'espressione molto abituale 一人 で **hitori de** (*"da solo"*) (lezione 47, frase 16). Per *due (persone)*, si utilizza 二人 **futari** (lezione 44, frasi 4 e 5). A partire da *tre (persone)* si torna al sistema cinese con 人 **nin** usato come "classificatore": *tre (persone)*, 三人 **san nin**; *quattro (persone)*, 四人 **yo nin**; *cinque (persone)*, 五人 **go nin** ecc. Da notare la pronuncia di 四 **yon**, *quattro*, che davanti a 人 **nin** diventa よ **yo**. Questo non vi ricorda niente (lezione 46, nota 3)? Ne approfittiamo anche per segnalare un terzo caso: *quattro anni* 四年 si pronuncia **yo nen**.

1.2 Indicare la data e parlare di una durata

Bisogna notare che anche la serie dei termini da usare per indicare le date (il 5 del mese, il 10 del mese…) e la durata in giorni (cinque, dieci…) presenta qualche stranezza.
– Per 1 esistono due letture differenti con due usi differenti (lezione 65, nota 2):
一日 **tsuitachi**: *il primo del mese* (lezione 65, frase 4)
一日 **ichinichi**: *una giornata* (lezione 39, frase 19).
– Nei casi seguenti abbiamo una sola parola con due significati:
二日 **futsuka**, *il 2 del mese o due giorni* (lezione 57, frase 11)
三日 **mikka**, *il 3 del mese o tre giorni* (lezione 20, frase 12)
四日 **yokka**, *il 4 del mese* o *quattro giorni*
五日 **itsuka**, *il 5 del mese* o *cinque giorni*
六日 **muika**, *il 6 del mese* o *sei giorni*
七日 **nanoka**, *il 7 del mese* o *sette giorni*
八日 **yōka**, *l'8 del mese* o *otto giorni*
九日 **kokonoka**, *il 9 del mese* o *nove giorni*
十日 **tōka**, *il 10 del mese* o *dieci giorni* (lezione 61, frase 4).
– E dopo? Ebbene sì, si ritorna al sistema cinese: 十一日 **jū ichi nichi**, *l'11 del mese* o *undici giorni*; 十二日 **jū ni nichi**: *il 12 del mese* o *dodici giorni* (lezione 44, frase 6); 十五日 **jū go nichi**, *il 15 del mese* o *quindici giorni* ecc.

Settantesima lezione / 70

Attenti alle eccezioni: *il 14* e *il 24* (o *quattordici giorni*, *ventiquattro giorni*) si dicono rispettivamente 十四日 **jū yokka** e 二十四日 **ni jū yokka**, mescolando i due sistemi. Inoltre, *il 20* (o *venti giorni*) si dice 二十日 **hatsuka**, parola di origine giapponese. Il sistema giapponese si usa anche in un altro caso in cui bisogna dire il numero 20: quando si deve dire l'età. Poiché l'età più bella deve ricevere un trattamento speciale, *venti anni* si dirà 二十 **hatachi**, parola di pura origine giapponese. Per tutte le altre età si ritorna al sistema di origine cinese con il classificatore 歳 **sai** (letteralmente "anno di età") (lezione 69, frase 4).

2 Le forme di です *desu*

La prima forma verbale che abbiamo conosciuto è il verbo *essere* al grado medio です **desu**. È giunto ora il momento di vedere tutte le altre forme che questo elemento può prendere.

2.1 Grado medio

です **desu** è un grado medio, *essere*. Gli altri gradi medi sono i seguenti:
– で は ありません **de wa arimasen**, *non essere* (lezione 50, frase 12);
– でした **deshita**, *essere stato* (lezione 68, frase 17).

2.2 Grado inferiore

La serie parallela dei gradi inferiori è la seguente:
– だ **da** (lezione 64, frase 14), *essere*;
– で は ない **de wa nai** (lezione 55, frase 3), *non essere*;
– だった **datta** (lezione 58, frase 2), *essere stato*.

2.3 Grado superiore

Per il grado superiore esistono due verbi: uno per *io* ("per quanto riguarda me è"), e uno per *Lei* ("per quanto La riguarda è"). Al momento voi conoscete で ございます **de gozaimasu**, *è* (per ciò che riguarda me) (lezione 49, § 1.3). È un verbo molto utile perché è la forma più comune per dire il proprio nome quando ci si presenta a qualcuno o per annunciarsi al telefono (lezione 44, frase 1).

Avete anche incontrato でしょう **deshō**, *dovrebbe essere, sarà* (lezione 64, frase 6; lezione 66, frase 3; lezione 67, frasi 15 e 20; lezione 69, frase 2); e anche で **de**, *essendo*, usato al termine di una proposizione per indicare che il periodo prosegue (lezione 68, frase 10; lezione 69, frasi 4 e 11). Infine で ある **de aru**, *che è* (lezione 68, frase 9), だったら **dattara**, *se è, se fosse* (lezione 62, frase 12). Abbiamo accennato anche alla forma な **na** (lezione 33, nota 1), di cui riparleremo più avanti.

3 Il grado superiore: io e Lei

Torniamo sul grado superiore per un piccolo approfondimento. Innanzitutto, vi preghiamo di andare a rileggere quanto detto nelle lezioni 21, § 4, 28, § 5 e 49, § 1.3. La principale difficoltà, per noi italiani, è quella di distinguere l'importante differenza tra le forme per *io* (o per persone della propria famiglia, o per una terza persona che deve manifestare rispetto verso qualcuno) e le forme per *Lei* (o per persone della Sua famiglia, o per persone a cui si deve rispetto). Ricapitoliamo quanto abbiamo già visto:

– per dire io:

→ 申します **mōshimasu**, *dire, chiamarsi* (lezione 15, frase 1) equivalente al verbo 言う **iu**. È il termine usato per dire il proprio nome: ルカ ロッシ と 申します **ruka rosshi to mōshimasu**, *Mi chiamo Luca Rossi*.

→ で ございます **de gozaimasu**, *essere* (per quello che riguarda me) (§ precedente).

→ おります **orimasu**, equivalente di いる **iru**, *esserci* (lezione 44, frase 7, nota 4).

→ うかがいます **ukagaimasu**, equivale sia al verbo 聞く **kiku** con il significato di *sentire dire* (lezione 47, frase 3), sia al verbo たずねる **tazuneru**, *andare a trovare qualcuno* (lezione 59, frase 4).

→ お 目 に かかります **o me ni kakarimasu**, equivalente di 会う **au** nel senso di *incontrare* (lezione 68, frase 12).

→ いたします **itashimasu**, equivalente di する **suru**, *fare* (lezione 69, frase 17).

Settantesima lezione / 70

– per dire Lei:

→ いらっしゃいます **irasshaimasu**, equivalente di 来る **kuru**, *venire* (lezione 67, frase 17), o anche di 行く **iku**, *andare* (lezione 68, frase 11), o ancora di いる **iru**, *esserci*. Per esempio, se al telefono vogliamo domandare *C'è il signor Kawaguchi?*, si dirà: 川口さん は いらっしゃいます か。 **kawaguchi san wa irasshaimasu ka**.

→ なさいます **nasaimasu**, equivalente di する **suru**, *fare* (lezione 47, frasi 5 e 7).

→ 御覧 ください **goran kudasai**, equivalente di 見て ください **mite kudasai**, *guardare* (lezione 65, frase 8).

4 I verbi derivati

Di quasi tutti i verbi si può ottenere il verbo derivato potenziale che tradurremo come *potere* + *verbo*. Ritornate alla lezione 64: 読む **yomu** (frase 8), 読みたい **yomitai** (frase 9) e 読んで **yonde** (frase 12), varianti di 読む **yomu**, *leggere*. Nelle frasi 5, 6 e 11, si tratta invece del verbo derivato 読める **yomeru**, *potere leggere*. Per i verbi a più basi si sostituisce la **u** finale con **eru**: il verbo così ottenuto diventa un verbo a una sola base.

Avete già incontrato alcuni di questi verbi: 使える **tsukaeru**, *potere usare* (lezione 34, frase 12), derivato da 使う **tsukau**, *usare*; 作れる **tsukureru**, *potere costruire* (lezione 41, frase 16), derivato da 作る **tsukuru**, *costruire*; 帰れる **kaereru**, *potere ritornare a casa propria* (lezione 53, frase 15), derivato da 帰る **kaeru**, *ritornare a casa propria*; 行ける **ikeru**, *potere andare* (lezione 55, frase 4), derivato da 行く **iku**, *andare*; 楽しめる **tanoshimeru**, *potere assaporare* (lezione 66, frase 5), derivato da 楽しむ **tanoshimu**, *assaporare*.

Da する **suru**, non si può derivare il verbo potenziale, e dobbiamo quindi ricorrere al verbo equivalente できる **dekiru**, *essere possibile*, *potere*, *riuscire*.

第七十課

▶ 復習 会話

1. いつ イギリス へ 出発 する か を 決める ため に、四日 か 八日 に また 連絡 します。
   itsu igirisu e shuppatsu suru ka o kimeru tame ni yokka ka yōka ni mata renraku shimasu

2. あなた と 同じ 飛行機 に 乗れる ように 予約 する よ。
   anata to onaji hikōki ni noreru yō ni yoyaku suru yo

3. スペイン語 を はやく 習いたい です が、どう いう 風 に 勉強 したら いい でしょう か。
   supeingo o hayaku naraitai desu ga dō iu fū ni benkyō shitara ii deshō ka

4. いろいろ な 練習 を して も、やっぱり だめ です。
   iroiro na renshū o shite mo yappari dame desu

5. 私 は 子供 が 九 人 いる ので、部屋 が 六つ しか ない 家 に 住めない の です。
   watashi wa kodomo ga kyūnin iru node heya ga muttsu shika nai ie ni sumenai no desu

6. お 金 が なくて も、電車 で 近い 田舎 に いったら、簡単 に 四季 を 楽しむ こと が できる の で は ない です か。
   o kane ga nakute mo densha de chikai inaka ni ittara kantan ni shiki o tanoshimu koto ga dekiru no de wa nai desu ka

7. カメラ屋 と 本屋 と の 間 に ある 店 は おいしくて、値段 の 安い 店 です から、お 勧め します。
   kameraya to hon'ya to no aida ni aru mise wa oishikute nedan no yasui mise desu kara o susume shimasu

Settantesima lezione / 70

8 国会議員 で ある 主人 は 大変 いそがしくて、子供 と 映画 を 見 に 行く 暇 が なくて、残念 です。
kokkaigi'in de aru shujin wa taihen isogashikute kodomo to eiga o mi ni iku hima ga nakute zannen desu

9 最近 読んだ 経済 関係 の 雑誌 の 記事 に よる と 中国 の 工業 は 今 とても 盛ん に なって いる そう です。
saikin yonda keizai kankei no zasshi no kiji ni yoru to chūgoku no kōgyō wa ima totemo sakan ni natte iru sō desu

10 富士山 は 日本 の 一番 高い 山 で、三千 七百 七十 六 メートル あります。
fujisan wa nihon no ichiban takai yama de sanzen nanahyaku nanajū roku mētoru arimasu

Traduzione

1 Ti ricontatterò il quattro o l'otto per decidere la nostra data di partenza per l'Inghilterra. **2** Farò la prenotazione in modo da essere sul tuo stesso aereo. **3** Vorrei imparare in fretta lo spagnolo, ma in che modo potrei studiarlo meglio? **4** Anche se faccio un sacco di esercizi è davvero impossibile. **5** Siccome ho nove figli, non posso che abitare in una casa con sei stanze. **6** Anche se non si hanno soldi, perché non si potrebbe gioire semplicemente delle quattro stagioni andando con il treno nelle campagne vicine? **7** Le consiglio quel locale che si trova tra il negozio di macchine fotografiche e la libreria perché è buono ed economico. **8** È un peccato che mio marito, che fa il deputato ed è sempre molto impegnato, non abbia il tempo di andare al cinema con i bambini. **9** Secondo un articolo di una rivista di economia che ho letto da poco, sembra che l'industria cinese ora sia molto fiorente. **10** Il monte Fuji è la montagna più alta del Giappone ed è alta 3.776 metri.

Seconda ondata: 21e lezione

第七十一課 dai nana jū ik ka
だい なな じゅう いっ か

お見合い 2
o mi a i ni

1 – とても 感じ の **1** いい 方 **2** ね。
to te mo kan ji no i i kata ne

2 きれい で、 はきはき して いて、
ki re i de ha ki ha ki shi te i te
社交的 な ところ が いい わ ね。
sha kō teki na to ko ro ga i i wa ne

3 – 趣味 も 合い そう **3** じゃ ない?
shu mi mo a i sō ja na i

4 – 勝明 と **4** 同じ よう に
katsu aki to ona ji yō ni
スポーツ や 旅行、 音楽 が
su pō tsu ya ryo kō on gaku ga
好き だ と 言って いた し、
su ki da to i t te i ta shi

Note

1 Ricordate che in una proposizione che precisa una parola (e solamente in questo caso), si può utilizzare の no al posto di が ga per indicare il soggetto (v. lezione 55, nota 5).

2 In una conversazione di carattere familiare e informale come questa, tra madre, padre e figli, non solo prevalgono le forme di grado inferiore, ma alcuni elementi spariscono. Qui, ad esempio, sparisce です desu (o だ da) che ci aspetteremmo tra le parole 方 kata e ね ne (v. anche frase 9). Al contrario, vediamo usare il termine 方 kata (grado superiore di 人 hito, *persona*) per parlare della giovane donna presentata alla famiglia.

Settantunesima lezione

Il matrimonio combinato 2
([familiarità] matrimonio-combinato)

1 – Mi ha fatto un'ottima impressione. *(molto impressione [soggetto] essere-buono persona [accordo])*
2 È bella, vivace e socievole. *(bella essere-[progressivo] / vivace fare-[progressivo] stare-[progressivo] / socievole essere luogo [soggetto] essere-buono [addolcimento] [accordo])*
3 – Non ti sembra che abbiano anche degli interessi comuni? *(interesse anche accordarsi non-sembrare)*
4 – Ha detto che ama lo sport, i viaggi e la musica come Katsuaki, *(Katsuaki [paragone] uguale modo [avverbiale] sport e viaggio musica [soggetto] piacere [citazione] dire-[progressivo] essere-stato e)*

---

3 合い そう です **ai sō desu** (で は ない **de wa nai**). Conosciamo già l'espressione そう です **sō desu** quando segue direttamente un verbo (v. lezione 53, nota 2): 入院 して いる そう です **nyūin shite iru sō desu**. Davanti a そう **sō**, si trova un verbo con la forma in **u** o l'equivalente negativo, in questo caso そう です **sō desu** significa *sembra che*, *dicono che* (frase 5). Nell'esempio, in 合い そう です **ai sō desu**, davanti a そう **sō** si trova invece la base in **i** di un verbo a più basi e allora cambia tutto. Il significato diventa: "in base alla mia impressione, immagino che le cose potrebbero svilupparsi in questo senso", 趣味 も 合い そう です **shumi mo ai sō desu** (letteralmente "dopo quel che ho visto, deduco che i loro gusti potrebbero andare d'accordo"), *Mi sembra che i loro gusti si accordino*.

4 と 同じ **to onaji**: per alcuni verbi che esprimono l'idea di una comparazione, と **to** serve a introdurre il complemento di paragone e corrisponde al nostro *come*, *con*, *a* (v. lezione 60, nota 2).

5　それ　に　語学(ごがく)　も　よく
　　so re　ni　go gaku　mo　yo ku

　　できる　そう　だ　し、
　　de ki ru　sō　da　shi

6　ブラジル　へ　行(い)っても　きっと
　　bu ra ji ru　e　i t te mo　ki t to

　　ポルトガル語(ご)　を　はやく
　　po ru to ga ru go　o　ha ya ku

　　覚(おぼ)える　でしょう。
　　obo e ru　de　shō

7 – 向(む)こう　の　お父(とう)さん　も　お母(かあ)さん
　　mu kō　no　o tō san　mo　o kaa san

　　も　感(かん)じ　が　いい　方達(かたたち)　だ　し、
　　mo　kan ji　ga　i i　kata tachi　da　shi

8　彼女(かのじょ)　も　お父(とう)さん　が　五(ご)　六(ろく)
　　kano jo　mo　o tō san　ga　go　roku

　　年(ねん)　**5**　前(まえ)　に　アメリカ　に　二(に)
　　nen　mae　ni　a me ri ka ni　ni

　　年(ねん)　いた　時(とき)、　一緒(いっしょ)　に　外国(がいこく)　**6**
　　nen　i ta　toki　is sho　ni　gai koku

　　生活(せいかつ)　を　した　から、
　　sei katsu　o　shi ta　ka ra

9　ブラジル　でも　大丈夫(だいじょうぶ)　よ。
　　bu ra ji ru　de mo　dai jō bu　yo

Note

5 五 六 年 go roku nen, *cinque o sei anni*. Anche in italiano si dice "cinque sei anni", pronunciando le due cifre una di seguito all'altra.

Settantunesima lezione / 71

5 **inoltre sembra essere portata anche per le lingue,** *(inoltre studio-delle-lingue anche bene riuscire sembrare e)*
6 **se andasse in Brasile sicuramente imparerebbe in fretta il portoghese.** *(Brasile [destinazione] andare-se certamente portoghese [oggetto] rapidamente imparare-[ipotesi])*
7 – **Anche il padre e la madre mi hanno fatto una buona impressione,** *(di-là [relazione] suo-padre anche sua-madre anche impressione [soggetto] essere-buono persone essere e)*
8 **inoltre, siccome ha già vissuto insieme al padre all'estero, 5 o 6 anni fa, quando lui è stato in America per due anni,** *(lei anche suo-padre [soggetto] cinque sei anno prima [tempo] America [luogo] due anno essere-stato quando / insieme [avverbiale] estero vita [oggetto] avere-fatto poiché)*
9 **non avrebbe problemi neanche in Brasile.** *(Brasile anche tutto-bene [opinione])*

6 Notate brevemente che, così come si fa seguire il nome di una nazione da 語 **go** (v. lezione 28, § 1.2), lo si può fare anche con la parola 外国 **gaikoku**, *estero*, ottenendo la parola 外国語 **gaikokugo**, *le lingue straniere*.

10 — 背 も お兄さん より ちょっと
　　 se　mo　o nii sa n　yori　cho t to
　　 小さくて、 お 似合い よ。
　　 chii sa ku te　o　ni a i　yo

11 — 勝明さん どう 思います か。
　　 katsu aki sa n　dō　omo i ma su　ka

12 — うん うん。 悪くない けれど、
　　 u n　u n　waru ku na i　ke re do
　　 少し 気 に なる 事 が ある。
　　 suko shi　ki　ni　na ru　koto　ga　a ru

13 — あら、 なあに **7**。
　　 a ra　na a ni

14 — お 見合い の 写真 で は
　　 o　mi a i　no　sha shin　de　wa
　　 振り袖 を 着て いた から
　　 fu ri sode　o　ki te　i ta　ka ra
　　 わからなかった **8** けれど、
　　 wa ka ra na ka t ta　ke re do

15 　 足 が 太い の が 気
　　 ashi　ga　futo i　no　ga　ki
　　 に なる なあ。
　　 ni　na ru　na a

16 — 他 が 皆 いい の だ から、
　　 hoka　ga　mina　i i　no　da　ka ra
　　 その ぐらい は 我慢 し なさい。
　　 so no　gu ra i　wa　ga man shi　na sa i　□

Settantunesima lezione / 71

10 – Anche come altezza stanno benissimo, visto che lei è leggermente più bassa di lui. *(altezza anche mio-fratello-maggiore più-di poco essere-piccolo-[progressivo] / [familiarità] accordo [opinione])*

11 – Katsuaki, cosa ne pensi? *(Katsuaki come pensare [domanda])*

12 – Sì... non è male, ma ha qualcosa che non mi va. *(non-essere-cattivo però / poco infastidire cosa [soggetto] esserci)*

13 – Ah? E che cosa?

14 – Non l'avevo capito perché dalla fotografia di presentazione indossava un kimono, ma *([familiarità] matrimonio-combinato [relazione] fotografia [luogo] [enfasi] kimono-da-cerimonia [oggetto] indossare-[progressivo] essere-stato poiché / non-avere-capito però)*

15 quello che non mi va giù è che ha le gambe grosse. *(gamba [soggetto] essere-spesso cosa [soggetto] infastidire [riflessione])*

16 – Dato che tutto il resto va bene, lascia perdere questo [particolare]. *(altro [soggetto] tutto essere-buono cosa essere poiché / codesto circa [tema] pazienza fare-[imperativo gentile])*

Note

7 なあに **naani**: allungamento enfatizzante della vocale della prima sillaba della parola 何 **nani**, *cosa?*

8 わからなかった **wakaranakatta**: il suffisso ない **nai**, che esprime negazione sia per i verbi sia per gli aggettivi, è a sua volta un aggettivo e quindi si declinerà come tale. Dunque la forma passata avrà **katta** in luogo della **i** finale (v. lezione 35, § 2): わからない **wakaranai**, *non capire*; わからなかった **wakaranakatta**, *non avere capito*.

yon hyaku hachi jū hachi • 488

第七十一課

▶ 練習 1 – 訳 し なさい

❶ 僕は、大きく なったら、お父さん と 同じ よう に、お医者さん に なりたい。
boku wa ookiku nattara otōsan to onaji yō ni o isha san ni naritai

❷ オーストラリア に 九年 か 十年 滞在 した こと も ある し、大学で オーストラリア の 経済 の こと を 勉強 した こと も ある し、また そこ の 新聞社 で 働いた こと も あります。
ōsutoraria ni kyūnen ka jūnen taizai shita koto mo aru shi daigaku de ōsutoraria no keizai no koto o benkyō shita koto mo aru shi mata soko no shinbunsha de hataraita koto mo arimasu

***

練習 2 – 言葉 を 入れ なさい

❶ Dicono che il tedesco sia più difficile dell'italiano.
. . . .

❷ Ha detto che verrà sicuramente fra tre giorni.
. . . .

❸ Non ho fatto niente per tutto il giorno!
. . . . jū . . . . yo

❸ 子供 が、転んで、泣き そう でした。
kodomo ga koronde naki sō deshita

❹ 新しい ベッド を 買った 日 から、よく 眠れる そう です。
atarashii beddo o katta hi kara yoku nemureru sō desu

❺ 時間 が なかった ので、鈴村 さん に 会えなかった の です。
jikan ga nakatta node suzumura san ni aenakatta no desu

Soluzioni dell'esercizio 1
❶ Io, da grande, voglio diventare un dottore come il mio papà. ❷ Ha vissuto in Australia per nove o dieci anni, ha studiato l'economia dell'Australia all'università e per di più ha lavorato in un giornale locale. ❸ Il bambino era caduto e sembrava sul punto di piangere. ❹ Pare che da quando ha comprato il letto nuovo riesca a dormire meglio. ❺ Non ho potuto incontrare il signor Suzumura perché non ho avuto tempo.

***

❹ È dal primo dell'anno che non scrivo neanche una pagina
. . . . mo
. . . . no desu

❺ Dice che non resiste più!
. . . . dekinai . . . .

Soluzioni dell'esercizio 2
❶ doitsugo wa itariago yori muzukashii sō desu ❷ shiasatte tashika ni kuru to iimashita ❸ ichinichi – nanimo shinakatta – ❹ o shōgatsu kara ichi pēji – kakanakatta – ❺ mō gaman – to itte imasu

平仮名 の 練習

MA　　MI　　MU　　ME　　MO

Per molto tempo il Giappone è stato il paese con la più alta percentuale di persone sposate al mondo: più del 99 % della popolazione al di sopra dei 20 anni. Molti di questi matrimoni erano matrimoni "combinati": degli intermediari professionisti mettevano in contatto le famiglie per farle accordare in modo conveniente. Il rapido cambiamento della condizione femminile dalla fine del XX secolo, soprattutto per quanto riguarda l'esercizio di una professione (cosa che prima non era scontata), ha fatto ridurre considerevolmente questo tasso. Oggi, quasi il 50 % dei giapponesi sotto i 30 anni sono single. Per una donna fare carriera sembra ancora una cosa difficile da conciliare con il matrimonio e il sistema dei matrimoni combinati resta ancora attuale: prima vi è uno scambio di fotografie di tipo formale, in un secondo momento l'incontro vero e proprio, a cui partecipano anche i genitori.

第七十二課 dai nana jū ni ka

スキー
su kī

1 − ウィークエンド は 楽しかった？
u ī ku en do　wa　tano shi ka t ta

2 − ひどい 目 に 会った。もう 二度 と
hi do i　me　ni　a t ta　mō　ni do　to

あいつ 1 と は スキー に 行かない。
a i tsu　to　wa　su kī　ni　i ka na i

書き取り

❶ tabemono *(cibo)* ❷ hajime *(inizio)* ❸ migi *(destra)* ❹ mazu *(innanzitutto)* ❺ nomu *(bere)* ❻ totemo *(molto)* ❼ imōto *(sorella minore)* ❽ mihon *(campione)* ❾ o medetō gozaimasu *(congratulazioni)* ❿ mago *(nipote)* ⓫ heimin *(gente comune)* ⓬ semai *(essere stretto)* ⓭ munashii *(essere inutile)* ⓮ hōmen *(direzione)* ⓯ musume *(mia figlia)*

Soluzioni

❶ たべもの ❷ はじめ ❸ みぎ ❹ まず ❺ のむ ❻ とても ❼ いもうと ❽ みほん ❾ お　めでとう　ございます ❿ まご ⓫ へいみん ⓬ せまい ⓭ むなしい ⓮ ほうめん ⓯ むすめ

Seconda ondata: lezione 22

Settantaduesima lezione

72

Lo sci

1 – Hai passato un buon fine settimana? *(weekend [tema] essere-stato-piacevole)*

2 – È stato orribile! *(situazione-orribile [fine] avere-incontrato)*! **Non andrò mai più a sciare con quello là.** *(ancora due-volte [avverbiale] quello-là con [enfasi] sci [fine] non-andare)*

Note

1 あいつ aitsu: termine usato per indicare una terza persona, ma solo in casi particolari. La sua accezione è peggiorativa, qui la persona che lo usa è in collera con *quel tipo*.

第七十二課

3 — あら、　どう　した　の **2**。
   a ra　　dō　　shi ta　　no

4 — いつも　スキー　が　上手（じょうず）　だ　と
   i tsu mo　su kī　ga　jō zu　da　to
   自慢（じまん）　して　いる　谷沢（たにざわ）君（くん） **3**
   ji man　shi te　i ru　tani zawa　kun
   を　知（し）って　いる　だろう **4**。
   o　shi t te　i ru　da rō

5　リフト　で　山（やま）　の　上（うえ）　まで
   ri fu to　de　yama　no　ue　ma de
   行（い）って、　きれい　な　雪景色（ゆきげしき）　を
   i t te　ki re i　na　yuki ge shiki　o
   見（み）た　ところ　まで　は
   mi ta　to ko ro　ma de　wa
   よかった　の　だ　けれど、
   yo ka t ta　no　da　ke re do

6　皆（みんな）　が　降（お）りた　のに、　あいつ
   minna　ga　o ri ta　no ni　a i tsu
   だけ　降（お）りて　こない **5**　ん　だ。
   da ke　o ri te　ko na i　n　da

7　二十分（にじゅっぷん）　近（ちか）く　ふもと　で
   ni jup pun　chika ku　fu mo to　de
   待（ま）った　けれど、
   ma t ta　ke re do

Note

2 Ecco di nuovo un altro の *no* da non confondere con tutti gli altri. L'avete già incontrato, sebbene in pochi esempi: è usato solo dalle donne per concludere una domanda (v. lezione 29, nota 14).

Settantaduesima lezione / 72

3 – Oh! Cos'è successo? *(oh come avere-fatto [domanda])*

4 – Conoscerai sicuramente Tanizawa, che si vanta sempre di essere bravo nello sci! *(sempre sci [soggetto] abile essere [citazione] orgoglio fare Tanizawa [oggetto] conoscere-[ipotesi])*

5 È andato tutto bene fino al momento in cui, dopo essere arrivati in cima alla montagna con lo skilift, abbiamo contemplato lo splendido paesaggio innevato, ma poi, *(skilift [mezzo] montagna [relazione] sopra fino-a andare-[progressivo] / bello essere neve-paesaggio [oggetto] avere-guardato momento fino-a [tema] essere-stato-buono cosa essere ma)*

6 nonostante fossero già tutti scesi, solo lui non arrivava. *(tutti [soggetto] essere-sceso nonostante / quello-là soltanto scendere-[progressivo] non-venire cosa essere).*

7 Ho aspettato una ventina di minuti ai piedi della montagna, ma *(due-dieci-minuto vicino-a piede-della-montagna [luogo] avere-aspettato ma)*

---

3 谷沢 君 **tanizawa kun**: quando si parla di qualcuno, si fa sempre seguire il nome da qualche altra piccola parola. Abbiamo visto sempre さん **san**, la formula più neutra, una sorta di "grado medio" che traduciamo spesso con *signore*, *signora* o *signorina* e ちゃん **chan** (v. lezione 39, frase 14), termine familiare usato per rivolgersi ai bambini. Qui incontriamo 君 **kun**, dopo il nome di un amico o di un ragazzino, come segno di familiarità. Questa parola non ha equivalenti nella traduzione parola per parola, ci siamo quindi limitati a lasciare il nome proprio da solo.

4 だろう **darō**: grado inferiore di でしょう **deshō** (v. lezione 55, nota 4). L'uso di だろう, non solo caratterizza una conversazione di tono familiare, ma anche, spesso, un linguaggio di tipo maschile.

5 こない **konai** è il grado inferiore negativo equivalente del grado medio 来ません **kimasen**, *non venire*, forma irregolare del verbo 来る **kuru**, *venire*. Questo verbo, così come する **suru** (v. lezione 42, § 4.1), possiede la sola base き **ki** alla quale si aggiungono tutti gli altri suffissi; esiste tuttavia un'eccezione, la base こ **ko** alla quale può essere attaccato solo il suffisso ない **nai** della negazione.

yon hyaku kyū jū yon • 494

8 　来ないから心配して、わざわざまた上まで見に行ったら、

9 　こわくて降りられない[6]とべそをかいていた。

10 － それでどうしたの。

11 － だから子供にスキーを教えてやるように、あいつの前をゆっくりと道を作ってやりながら降りていったんだ。

12 　でも上手にカーブを曲がれない[7]から、スピードが出て、すぐ転ぶ。

Settantaduesima lezione / 72

8 visto che non arrivava, mi sono preoccupato e quando sono andato di nuovo fino in cima apposta per vedere [cos'era successo], *(non-venire poiché / preoccupazione fare-[progressivo] // apposta di-nuovo sopra fino-a vedere [fino] andare-qualora)*

9 stava piagnucolando che non riusciva a scendere perché aveva paura. *(essere-impaurito-[progressivo] non-potere-scendere [citazione] piagnucolare-[progressivo] essere-stato)*

10 – Allora, come hai fatto? *(allora come avere-fatto [domanda])*

11 – Allora sono sceso lentamente davanti a lui tracciandogli la strada, proprio come si insegna a sciare a un bambino. *(allora bambino [termine] sci [oggetto] insegnare-[progressivo] fare-per-qualcuno così-come / quello-là [relazione] davanti [oggetto] lentamente strada [oggetto] costruire fare-per-qualcuno mentre scendere-[progressivo] essere-andato cosa essere)*

12 Ma non sapendo fare bene le curve, ha preso velocità ed è subito caduto. *(ma abile [avverbiale] curva [oggetto] non-potere-girare poiché / velocità [soggetto] uscire-[progressivo] / subito cadere)*

Note

6 降りられない *orirarenai*, *non potere scendere* è la forma negativa di 降りられる *orirareru*, *potere scendere* (v. lezione 70, § 4). Per ottenere il verbo che vuole dire *potere*, nel caso dei verbi a una sola base, si mette **areru** al posto della **u** finale: 降りる **ori**ru, *scendere* → 降りられる **ori**rareru, *potere scendere*. Il verbo così ottenuto è a sua volta un verbo a una sola base, e la sua forma negativa di grado inferiore sarà: radice 降りられ **orirare** + ない **nai** = 降りられない *orirarenai*; la sua forma passata di grado inferiore (frase 13) sarà 降りられ **orirare** + た **ta** = 降りられた *orirareta*.

7 曲がれない *magarenai*, da 曲がれる *magareru*, *potere girare*, verbo derivato dal verbo a più basi 曲がる *magaru*, *girare* (v. lezione 70, § 4).

13 その上　一人　で　起き上がれない [8]
sonoue　hitori　de　okiagarenai

から、その　たんび　に　起こして
kara sono　tanbi　ni　okoshite

やり、半日　かかって、やっと
yari, hannichi　kakatte,　yatto

一つ　の　山　から　降りられた。
hitotsu　no　yama　kara　orirareta

14 その　後　は　くたびれて　山小屋
sono　ato　wa　kutabirete　yamagoya

から　雪　が　降って　いる　の　を
kara　yuki　ga　futte　iru　no　o

見て　いた　だけ　なん　だ。
mite　ita　dake　nan　da

15 – あら　あら、せっかく　の
ara　ara,　sekkaku　no

ウィークエンド　が　だいなし
uīkuendo　ga　dainashi

だった　わ　ね。
datta　wa　ne

Note

8 起き上がれない okiagarenai, *potersi alzare*, è derivato da 起き上がる okiagaru, *alzarsi*, verbo a più basi (v. lezione 64, nota 2).

Settantaduesima lezione / 72

13 Inoltre, dato che non sapeva rialzarsi da solo e ogni volta dovevo tirarlo su io, c'è voluta mezza giornata per riuscire a fare una discesa. *(inoltre da-solo [mezzo] non-potersi-alzare poiché / ogni-volta [avverbiale] alzare-[progressivo] fare-per-qualcuno // mezza-giornata impiegare / infine uno [relazione] montagna da avere-potuto-scendere)*

14 Dopodiché, essendo distrutto, non ho fatto altro che guardar scendere la neve dal rifugio. *(questo dopo [enfasi] stancarsi-[progressivo] / rifugio da neve [soggetto] cadere-[progressivo] stare cosa [oggetto] avere-guardato solo essere cosa essere)*

15 – Ah, un prezioso fine settimana sprecato così! *(occasione-preziosa [relazione] weekend [soggetto] spreco essere-stato [addolcimento] [accordo])*

第七十二課

▶ 練習 1 – 訳 し なさい

❶ 来週 できません か と 友達 に 聞きました が、どうしても だめ だ と 答えました ので、とても こまりました。
raishū dekimasen ka to tomodachi ni kikimashita ga dōshitemo dame da to kotaemashita node totemo komarimashita

❷ 空港 へ 行く バス は こんで いて、乗れなかった。
kūkō e iku basu wa konde ite norenakatta

❸ この 機械 の 使い方 わからない？ おれ が 教えて やる よ。
kono kikai no tsukaikata wakaranai ore ga oshiete yaru yo

❹ 山道 は カーブ が 多くて、その 上 雪 が 降って いて、車 が ホテル の 前 に

練習 2 – 言葉 を 入れ なさい

❶ (Grado inferiore) Posso leggere. Posso camminare. Posso prendere. Posso nuotare. Non posso sedermi. Non posso usar(lo). Non ho potuto riposare.
. . . .
. . . .

❷ (Grado inferiore) Posso ricordar(lo). Non posso dimenticare. Non posso dormire. Posso uscire.
. . . .
. . . .

❸ Questi ideogrammi sono piccoli, non riesco a leggerli.
. . . . kanji . . . . , ...

Settantaduesima lezione / 72

止まった 時 は、もう 夜中 でした。皆 くたびれて、何も 食べないで、寝て しまいました。

yamamichi wa kābu ga ookute sono ue yuki ga futte ite kuruma ga hoteru no mae ni tomatta toki wa mō yonaka deshita minna kutabirete nanimo tabenaide nete shimaimashita

❺ お祖父さん は、これ を 聞いて、子供 の よう に 泣きました。

ojiisan wa kore o kiite kodomo no yō ni nakimashita

Soluzioni dell'esercizio 1

❶ Ho chiesto a un amico se per caso non poteva la prossima settimana, ma ha risposto che era assolutamente impossibile, così mi sono trovato in grande difficoltà. ❷ L'autobus che va all'areoporto era pieno e non sono riuscito a salire. ❸ Non sai come si usa questo apparecchio? Te lo insegno io. ❹ La strada della montagna era tutta curve, inoltre nevicava, e quando abbiamo fermato la macchina davanti all'albergo era già notte. Eravamo tutti stanchi, così siamo andati a dormire senza mangiare nulla. ❺ Il nonno ha pianto come un bambino quando ha sentito questo.

***

❹ Il rifugio era piccolo, ma il paesaggio innevato era meraviglioso.

. . . . sema . . . . ,
. . . .

❺ Sebbene mi sia riposato una settimana, sono ancora a pezzi.

. . . . ,
. . . . .

Soluzioni dell'esercizio 2

❶ yomeru – arukeru – toreru – oyogeru – suwarenai – tsukaenai – yasumenakatta ❷ oboerareru – wasurerarenai – nerarenai – derareru ❸ kono – wa chiisakute, yomemasen ❹ yamagoya wa – katta desu ga, yukigeshiki wa utsukushikatta desu ❺ isshūkan yasunda noni, mada kutabirete imasu

go hyaku • 500

平仮名 の 練習

YA

YU

YO

WA

第七十三課 dai nana jū san ka

静(しず)か な 晩(ばん)
shizuka na ban

1 — ただいま **1**。
   ta da i ma

2 — あっ、 お父(とう)さん **2**。 お 帰(かえ)り なさい。
   a t   o tō sa n   o kae ri   na sa i

3   今日(きょう) は   早(はや)かった   の **3**   ね。
    kyō   wa   haya ka t ta   no   ne

Note

1 Questo scambio di saluti avviene al ritorno a casa di un membro della famiglia. Chi rientra dice ただいま **tadaima** (letteralmente "proprio ora [rincaso]"); chi è in casa risponde: お 帰り なさい **o kaeri nasai** (letteralmente "ritorna a casa"), spesso sostituito dalla più familiare abbreviazione お 帰り **o kaeri**.

書き取り

❶ yomu *(leggere)* ❷ yūbe *(ieri sera)* ❸ hiyake *(abbronzatura)* ❹ watakushi *(io)* ❺ oyogu *(nuotare)* ❻ heiwa *(pace)* ❼ omiyage *(regalo)* ❽ yūmei *(famoso)* ❾ nigiyaka *(vivace)* ❿ yūbin *(posta)* ⓫ wakusei *(pianeta)* ⓬ getsuyōbi *(lunedì)* ⓭ denwa *(telefono)* ⓮ yubune *(vasca da bagno)* ⓯ heya *(stanza)*

Soluzioni

❶ よむ ❷ ゆうべ ❸ ひやけ ❹ わたくし ❺ およぐ ❻ へいわ ❼ おみやげ ❽ ゆうめい ❾ にぎやか ❿ ゆうびん ⓫ わくせい ⓬ げつようび ⓭ でんわ ⓮ ゆぶね ⓯ へや

Seconda ondata: lezione 23

Settantatreesima lezione

Una serata tranquilla
(tranquillo essere sera)

1 – Ciao, eccomi! *(proprio-ora)*
2 – Oh, papà! Bentornato! *([familiarità] ritornare)*
3 Hai fatto presto oggi. *(oggi [enfasi] essere-stato-presto cosa essere [accordo])*

2 お父さん **otōsan**, significa *papà*. Di solito viene usato dai bambini, ma, come avviene anche in italiano, questa parola può essere usata da una moglie per rivolgersi al padre dei suoi figli, prendendo in prestito il vocabolo dal linguaggio infantile.

3 今日 は 早かった の ね **kyō wa hayakatta no ne**. Questo の **no**, nell'informale conversazione tra moglie e marito, è tutto ciò che rimane di の です **no desu** (v. lezione 30, nota 2 e lezione 55, nota 2).

73 / 第七十三課

4 夕食 の 支度 が まだ できて
yūshoku no shitaku ga mada dekite
ない から、お 風呂 に でも 入って、
nai kara o furo ni demo haitte
疲れ を 落として いて ください。
tsukare o otoshite ite kudasai

5 — うん。
u n

6 — あなた、 食事 が できました **4**
anata shokuji ga dekimashita
よ。 いつでも 食べられます **5** よ。
yo itsudemo taberaremasu yo
お かん 一つ つけましょう か。
o kan hitotsu tsukemashō ka

7 — うん、 いい な。 お 前 **6** も
u n i i na o mae mo
一杯 どう だ?
ippai dō da

8 — あたし は お 茶 の 方 が いい
atashi wa o cha no hō ga i i
から、お 湯 を 沸かして きます。
kara o yu o wakashite kimasu

9 — ああ、 今晩 は 久し振り に
a a konban wa hisashiburi ni
早く 寝られる **7** な。
hayaku nerareru na

Settantatreesima lezione / 73

4 La cena non è ancora pronta, fatti un bagno e rilassati un po'. *(cena [relazione] preparativo [soggetto] ancora non-essere-pronto poiché / [familiarità] bagno [fine] anche entrare / stanchezza [oggetto] fare-cadere-[progressivo] stare-[progressivo] [imperativo gentile])*

5 – D'accordo.

6 – Caro, la cena è pronta! *(tu pasto [soggetto] essere-stato-pronto [opinione])* **Puoi mangiare quando vuoi.** *(in-qualsiasi-momento potere-mangiare [opinione])* **Preparo un po' di sake?** *([familiarità] sake-caldo uno scaldare-[esortativo] [domanda])*

7 – Sì, ottimo. *(sì essere-buono [riflessione])* **Ne bevi un bicchiere anche tu?** *(tu anche uno-bicchiere come essere)*

8 – Io preferisco del tè. Vado a mettere l'acqua sul fuoco. *(io [tema] [familiarità] tè [relazione] lato [soggetto] essere-buono poiché / [familiarità] acqua-calda [oggetto] fare-bollire-[progressivo] venire)*

9 – Ah… questa sera posso andare a dormire presto, come non capita da molto tempo! *(ah questa-sera [enfasi] dopo-tanto-tempo [avverbiale] presto potere-dormire [riflessione])*

Note

4 できる **dekiru** significa *essere possibile*, *potere*, *riuscire*. È questo il significato che incontriamo di solito. Qui ne vediamo un altro: *essere finito*, *pronto* (v. lezione 40, frase 6).

5 食べられます **taberaremasu**, *poter mangiare*, verbo derivato da 食べる **taberu**, *mangiare* (v. lezione 72, nota 6).

6 お前 **omae**, *tu*: si può dire che questo termine sia il grado inferiore di あなた **anata**. Il suo uso è solo maschile ed estremamente colloquiale (v. lezione 66, nota 1).

7 寝られる **nerareru**, *potere dormire*: verbo derivato da 寝る **neru**, *coricarsi*, *andare a letto*, a una sola base (v. lezione 72, nota 6).

10 — そう です よ。 たまには 睡眠 を 十分 取って いただかない と 体 が もちません よ。

11 (玄関 から 隣 の 人 が)

12 — こんばん は。自動車 が あった ので、いらっしゃる 8 と 思って…

13 — ああ、せっかく 今晩 は 早く 寝られる と 思って いた のに…

14 — あいつ が 先月 行った ヨーロッパ 旅行 の 話 を 始める と、

15 夜中 の 一時 まで かかって しまう から なあ。

Settantatreesima lezione / 73

10 – Eh sì, bisogna fare una bella dormita di tanto in tanto, altrimenti il corpo non regge [a lungo]. *(così essere [opinione] di-tanto-in-tanto [avverbiale] [enfasi] sonno [oggetto] a-sufficienza prendere-[progressivo] non-ricevere se / corpo [soggetto] non-portare [opinione])*

11 (Dall'ingresso, un vicino di casa) *(ingresso da vicinato [relazione] persona [soggetto])*

12 – Buonasera, ho visto la Sua macchina e così, pensando che fosse a casa... *(automobile [soggetto] esserci-stato poiché / esserci [citazione] pensare-[progressivo])*

13 – Ah! Proprio stasera che pensavi di potere andare a letto presto! *(ah occasione-preziosa questa-sera [enfasi] presto potere-dormire [citazione] pensare-[progressivo] essere-stato sebbene)*

14 – Quando quello lì inizia a parlare del suo viaggio in Europa che ha fatto lo scorso mese, *(quello-lì [soggetto] scorso-mese essere-andato Europa viaggio [relazione] racconto [oggetto] iniziare qualora)*

15 si fa l'una di notte... *(notte [relazione] uno-ora fino-a impiegare-[progressivo] fare-fino-in-fondo poiché [riflessione])*

: Note

8 いらっしゃる **irassharu**. Abbiamo già incontrato diverse volte questo verbo, che funziona da grado superiore per tre verbi: 来る **kuru**, *venire*, 行く **iku**, *andare*, e anche いる **iru**, *esistere*, *esserci*, come in questo caso.

go hyaku roku • 506

16 前 から お しゃべり だった
mae kara o shaberi datta

のに、あの 旅行 に 行って
noni ano ryokō ni itte

から [9] ますます お しゃべり に
kara masumasu o shaberi ni

なって 帰って きた から なあ。
natte kaette kita kara naa

17 – さあ、よう こそ いらっしゃいました。
saa yō koso irasshaimashita

ちょうど お 噂 を して いた
chōdo o uwasa o shite ita

ところ です… どうぞ、どうぞ…
tokoro desu dōzo dōzo □

Note

9 Attenzione a non confondere la forma in **u** o **ta** + から **kara**, poiché, con la forma in て **te** + から **kara**, *dopo che*, *dopo*, *da quando* (v. lezione 51, nota 3): 行って から **itte kara**, *da quando è andato*.

***

▶ 練習 1 – 訳 し なさい

❶ 今 の 生活 は 昔 と 比べる と、随分 便利 に なりました ね。
ima no seikatsu wa mukashi to kuraberu to zuibun benri ni narimashita ne

❷ 条件 が 決まって から、簡単 に なりました。
jōken ga kimatte kara kantan ni narimashita

Settantatreesima lezione / 73

16 Se già prima era un chiacchierone, da quando ha fatto quel viaggio lo è diventato ancora di più!
(prima da [familiarità] chiacchiera essere-stato sebbene // quello viaggio [fine] ritornare-a-casa-[progressivo] essere-andato da sempre-più [familiarità] chiacchiera [fine] diventare-[progressivo] / ritornare-a-casa-[progressivo] essere-venuto perché [riflessione])

17 – Benvenuto. Stavamo proprio parlando di Lei…
(appena [onorifico] a-proposito-di-qualcuno [oggetto] fare-[progressivo] essere-stato momento essere)
Prego, si accomodi… *(prego prego)*

✲✲✲

❸ この 大通り を 渡って から、五百メートル ぐらい まっすぐ 歩く と、病院 に 着きます。十分 で 十分 だ。
kono oodoori o watatte kara gohyaku mētoru gurai massugu aruku to byōin ni tsukimasu juppun de jūbun da

❹ 駅 に 入る と ちょうど 汽車 が 出発 した ところ でした。
eki ni hairu to chōdo kisha ga shuppatsu shita tokoro deshita

❺ この 魚 は 新鮮 です。今 釣った ところ です。
kono sakana wa shinsen desu ima tsutta tokoro desu

Soluzioni dell'esercizio 1

❶ Rispetto a una volta, la vita di adesso è molto più comoda. ❷ Dopo aver stabilito le condizioni è diventato più facile. ❸ Dopo aver attraversato questo viale, vada diritto per circa cinquecento metri e arriverà all'ospedale. Sono sufficienti dieci minuti. ❹ Quando sono entrato in stazione, il treno era appena partito. ❺ Questo pesce è fresco. È stato appena pescato.

go hyaku hachi

第七十三課

練習 2 - 言葉 を 入れ なさい

❶ Si sieda su questa sedia. Guardi là. Prenda questa rivista. Tiri fuori la lingua. Si alzi in piedi.

. . . .
. . . .
. . . .
. . . .

❷ Sediamoci qui. Guardiamo là. Prendiamo queste riviste. Tiriamo fuori la lingua. Alziamoci in piedi.

. . . .
. . . .
. . . .

❸ Benché sia presto ci sono tante persone che passeggiano nel parco.

. . . . , kōen o sanpo . . . .
. . . .

❹ Si usa solo in occasioni particolari.

. . . . na . . . .

❺ Dopo essere tornato dall'Europa, ho iniziato a studiare l'inglese.

. . . . , ...
. . . .

***

平仮名 の 練習

RA	RI	RU	RE	RO
ら	り	る	れ	ろ

Soluzioni dell'esercizio 2

❶ kono isu ni suwatte kudasai – asoko o mite kudasai – kono zasshi o totte kudasai – shita o dashite kudasai – tatte kudasai ❷ koko ni suwarimashō – asoko o mimashō – kono zasshi o torimashō – shita o dashimashō – tachimashō ❸ hayai noni – shite iru hito ga takusan imasu ❹ tokubetsu – baai ni shika tsukaimasen ❺ yōroppa kara kaette kara, eigo no benkyō o hajimemashita

***

書き取り

❶ **wasureru** *(dimenticare)* ❷ **reizōko** *(frigorifero)* ❸ **karappo** *(completamente vuoto)* ❹ **tsumori** *(intenzione)* ❺ **odoroku** *(meravigliarsi)* ❻ **oboeru** *(ricordarsi)* ❼ **owari** *(fine)* ❽ **kanarazu** *(senza dubbio)* ❾ **monogatari** *(racconto)* ❿ **nukeru** *(mancare)* ⓫ **mochiron** *(certamente)* ⓬ **tenpura** *(tempura)* ⓭ **mamoru** *(proteggere)* ⓮ **reibō** *(aria condizionata)* ⓯ **yoroshii** *(essere buono,* grado superiore*)*

Soluzioni

❶ わすれる ❷ れいぞうこ ❸ からっぽ ❹ つもり ❺ おどろく ❻ おぼえる ❼ おわり ❽ かならず ❾ ものがたり ❿ ぬける ⓫ もちろん ⓬ てんぷら ⓭ まもる ⓮ れいぼう ⓯ よろしい

Seconda ondata: lezione 24

第七十四課 dai nana jū yon ka
思い出 omo i de

1. （十二月、三十一日、七時、
   jū ni gatsu   san jū ichi nichi   shichi ji

   ミネさん は、シャンペン を
   mi ne sa n   wa   sha n pe n   o

   持って、嬉しそう **1** に 藤村
   mo t te   ure shi sō   ni   fuji mura

   さん の ドア の ベル を
   sa n   no   do a   no   be ru   o

   鳴らします。）
   na ra shi ma su

2. — 来て くれて、ありがとう。
   ki te   ku re te   a ri ga tō

3. シャンペン を すぐ 冷蔵庫
   sha n pe n   o   su gu   rei zō ko

   に 入れて 冷やして おきます **2**。
   ni   i re te   hi ya shi te   o ki ma su

4. まだ 何も レヴェイヨン の
   ma da   nani mo   re ve i yo n   no

   準備 を して いない ん です よ。
   jun bi   o   shi te   i na i   n   de su   yo

Settantaquattresima lezione

Ricordi

1 (Il 31 dicembre, alle ore 7 [di sera], il signor Minet, con una bottiglia di champagne e l'aria felice, suona il campanello di casa della signorina Fujimura.)
(dicembre tre-dieci-uno sette-ora Minet-signore [tema] champagne [oggetto] portare-[progressivo] / aspetto-felice [avverbiale] Fujimura-signorina [relazione] porta [relazione] campanello [oggetto] fare-suonare)

2 – Grazie per essere venuto! *(venire-[progressivo] fare-per-me grazie)*

3 Metto subito lo champagne al fresco in frigorifero. *(champagne [oggetto] subito frigorifero [luogo] inserire-[progressivo] / fare-raffreddare-[progressivo] fare-in-anticipo)*

4 Non ho ancora preparato nulla per il veglione! *(ancora niente veglione [relazione] preparativo [oggetto] fare-[progressivo] non-stare cosa essere [opinione])*

Note

1 うれしそう **ureshisō**: そう **sō** si aggiunge alla radice di un aggettivo. Per esempio うれしい **ureshii**, *essere contento* → うれし **ureshi** + そう **sō**, *avere l'aria contenta*. In questo caso, grazie all'aggiunta di に **ni**, l'espressione diventa un avverbio: うれしそう に **ureshisō ni**, che in italiano tradurremo *con l'aria contenta*.

2 冷やして おきましょう **hiyashite okimashō**: la forma in て **te** serve a costruire degli insiemi verbali con un altro verbo (sempre scritto in hiragana) che perde il suo significato "normale" e va a precisare il modo in cui avviene l'azione espressa dal primo verbo. て + おく **te + oku** indica che si fa qualcosa in anticipo (v. lezione 29, frase 13 e nota 17).

5 悪いんだけど、手伝ってくれませんか。
   warui n da kedo, tetsudatte kuremasen ka

6 − もちろんいいですよ。何から始めましょうか。
   mochiron ii desu yo. nani kara hajimemashō ka

7 − 私は料理を作りはじめます [3] から、ミネさんはお皿を並べてくれませんか。
   watashi wa ryōri o tsukurihajimemasu kara, mine san wa o sara o narabete kuremasen ka

8 (ちょうど準備が整ったとき、他の客がやってきた [4]。)
   chōdo junbi ga totonotta toki, hoka no kyaku ga yatte kita

9 − いらっしゃい。どうぞ、入ってください。
   irasshai. dōzo, haitte kudasai

10 あ、望美さん、その服すてきだわ。
   a, nozomi san, sono fuku suteki da wa

11 えっ、北野さんは? 来ない [5] の。
   eh, kitano san wa? konai no

Settantaquattresima lezione / 74

5 Mi scusi per la sfacciataggine, ma mi darebbe una mano? *(essere-cattivo cosa essere però / aiutare-[progressivo] non-fare-per-me [domanda])*

6 – Ma certamente! Da cosa cominciamo? *(certamente essere-buono [opinione] cosa da iniziare-[esortativo] [domanda])*

7 – Io comincio a cucinare e Lei potrebbe mettere i piatti in tavola? *(io [tema] cucina [oggetto] iniziare-a-preparare poiché / Minet-signore [tema] [familiarità] piatto [oggetto] allineare-[progressivo] non-fare-per-me [domanda])*

8 (Proprio quando tutto è pronto, arrivano gli altri invitati.) *(proprio preparativo [soggetto] essere-completato quando / altro [relazione] invitato [soggetto] essere-arrivato)*

9 – Benvenuti *(venire)*! Prego, entrate!

10 Oh, Nozomi, che splendido vestito! *(oh Nozomi codesto vestito splendido essere [addolcimento])*

11 Ma... il signor Kitano? Non viene? *(eh Kitano-signore [tema] non-venire [domanda])*

Note

3 Esistono dei verbi composti formati semplicemente dall'unione di un verbo con un altro. Il primo verbo si presenterà con la base unica, se è a una sola base, e con la base in i, se è un verbo a base multipla. Come secondo verbo troviamo spesso はじめる **hajimeru** che significa *iniziare*: 作る **tsukuru**, *preparare* → 作りはじめる **tsukurihajimeru**, *iniziare a preparare*. In questi casi, il secondo verbo è sempre scritto in hiragana.

4 やって きた: conosciamo il verbo やる con il significato di *fare*. In questo caso fa parte di una espressione (やって くる) che significa *arrivare*.

5 来ない **konai**, forma irregolare del verbo 来る **kuru**, *venire*, è il grado inferiore negativo di 来ません **kimasen**, *non venire*. Ricordate che questo verbo possiede una sola base, き **ki**, a cui si attaccano tutti i suffissi eccetto quello della negazione ない **nai**, che si aggiunge invece alla base こ **ko** (v. lezione 72, nota 5).

12 — ちょっと 遅れる けど, 原田さん と 二人 で 来ます よ。

13 毎年 お 正月 に なる と、僕 は 子供 の 時 の お 正月 を 思い出す よ。

14 僕 は 父 と 家中 **6** の 大掃除 を して、

15 母 と 妹 は 一日中 お節料理 を 作って いた よ。

16 一月 一日 の 朝 から 親戚 に 年始 あいさつ 回り を する の は 僕 に 一番 つまらなかった が、

Settantaquattresima lezione / 74

12 – È un po' in ritardo, ma viene con la signorina Harada. *(poco ritardare però / Harada signorina con due-persone [modo] venire [opinione])*

13 Ogni anno, quando arriva Capodanno, mi vengono in mente i Capodanni di quando ero bambino. *(ogni-anno [familiarità] Capodanno [fine] diventare quando / io [tema] bambino [relazione] tempo [relazione] [familiarità] Capodanno [oggetto] ricordare [opinione])*

14 Io e mio padre facevamo le grandi pulizie di tutta la casa, *(io [tema] mio-padre [compagnia] tutta-la-casa [relazione] grandi-pulizie [oggetto] fare-[progressivo])*

15 mia madre e la mia sorella minore passavano tutta la giornata a preparare i piatti di Capodanno. *(mia-madre [compagnia] mia-sorella-minore [tema] tutta-la-giornata [familiarità] cibo-di-Capodanno [oggetto] fare-[progressivo] essere-stato [opinione])*

16 La cosa più noiosa per me era fare il giro di visite ai parenti per il Nuovo Anno a partire dalla mattina del primo gennaio, *(gennaio uno-giorno [relazione] mattina da parente [fine] inizio-anno saluto giro [oggetto] fare cosa [tema] io [attribuzione] il-più essere-stato-noioso ma)*

Note

6 Osservate le due espressioni 家中 **iejū** e 一日中 **ichinichijū**: 中 **jū** si può aggiungere a una parola che indica un luogo oppure un tempo, ed esprime una totalità: 家中 **iejū**, *tutta la casa*; 一日中 **ichinichijū**, *tutta la giornata*. Avete già incontrato l'espressione 日本中 **nihon**jū, *tutto il Giappone* (v. lezione 37, frase 8).

17 お年玉 が もらえる から 嬉しかった。
o toshi dama ga mo ra e ru ka ra ure shika t ta

18 昔 の お正月 は よかった なあ。
mukashi no o shō gatsu wa yo ka t ta na a

19 – 佐藤さん は いつも 子供 の ころ の 話 ばっかり です ね。
sa tō sa n wa i tsu mo ko domo no ko ro no hanashi ba k ka ri de su ne

20 – じゃ、今年 一年 ご苦労様 7 でした。 みんな で カンパイ しましょう。
ja ko toshi ichi nen go kurō sama de shi ta mi n na de ka n pa i shi ma shō

サンドウィッチ を たくさん 作って おきました。

Settantaquattresima lezione / 74

17 ma ero contento perché ricevevo i doni di Capodanno. *([familiarità] strenna [soggetto] ricevere poiché / essere-stato-contento)*

18 Com'era bello il Capodanno di quei tempi! *(passato [relazione] [familiarità] Capodanno [tema] essere-stato-buono [riflessione])*

19 – Lei, signor Sato, ama sempre raccontare episodi della Sua infanzia, eh! *(Sato-signore [tema] sempre bambino [relazione] periodo [relazione] racconto soltanto essere [accordo])*

20 – Allora, grazie a tutti per l'anno appena passato. *(ebbene questo-anno uno-anno [onorifico] fatiche [onorifico] essere-stato)*
Facciamo un brindisi tutti insieme! *(tutti [mezzo] brindisi fare-[esortativo])*

: Note

7 ご 苦労 様 **go kurō sama** (letteralmente "[io La ringrazio per] la Sua fatica"): questa formula di ringraziamento si rivolge a qualcuno che ha impiegato energia e tempo per fare qualcosa per noi. Si tratta di una formula rituale di auguri di fine anno, per ringraziarsi reciprocamente di tutto quello che ognuno è riuscito a fare per l'altro (anche se non si è fatto niente…).

I giapponesi amano le feste. Ne hanno adottate anche alcune occidentali, come il Natale, ma si può dire che si tratta soprattutto di un'operazione commerciale. La vera grande festa è quella del Nuovo Anno che, tra l'altro, rappresenta uno dei rari momenti di vacanza. Quasi tutto chiude per qualche giorno: scuole, uffici, banche e molti negozi. Ogni casa viene ornata con una decorazione speciale fatta di bambù e pino, simboli di longevità. I festeggiamenti iniziano la notte del 31 dicembre e il primo dell'anno c'è la tradizionale visita al tempio. A mezzanotte risuonano i 108 colpi di campana dei monasteri (i 108 dolori secondo il buddismo). Per rispettare la tradizione, la padrona di casa deve tenersi pronta a ricevere gli ospiti, preparando in anticipo i cibi speciali che si consumano in questi giorni di festa: i cosiddetti お節料理 **osechiryōri**.

第七十四課

▶ 練習 1 – 訳 し なさい

❶ 目が 痛くて 読めません から、この 記事を 読んで くれません か。
me ga itakute yomemasen kara kono kiji o yonde kuremasen ka

❷ トランク を いろいろ 見せて くれました が、軽い の が なかった ので、何も 買いません でした。
toranku o iroiro misete kuremashita ga karui no ga nakatta node nanimo kaimasen deshita

❸ お茶 を 飲みましょう。お湯 を 沸かして おきました。
ocha o nomimashō oyu o wakashite okimashita

***

練習 2 – 言葉 を 入れ なさい

❶ Indossava uno strano e vecchio abito.
. . . . ita

❷ Ho suonato il campanello, ma non è venuto nessuno.
. . . . no desu

❸ Li ho esaminati tutti attentamente, ma in verità nessuno andava bene.
. . . . , hontō ni . . . .

❹ Andammo entrambi a contemplare il sorgere del sole.
. . . .

Settantaquattresima lezione / 74

❹ 先月 出た 新しい S.F. 映画 を 一緒 に 見 に 行って みません か。
sengetsu deta atarashii esu efu eiga o issho ni mi ni itte mimasen ka

❺ サンドィッチ を たくさん 作って おきました。すぐ 食事 が できます よ。
sandoitchi o takusan tsukutte okimashita sugu shokuji ga dekimasu yo

Soluzioni dell'esercizio 1
❶ Non riesco a leggere perché mi fanno male gli occhi, mi leggeresti questo articolo? **❷** Mi hanno fatto vedere tantissime valigie ma, siccome non ce n'erano di leggere, non ne ho comprata nessuna. **❸** Prendiamo il tè. Ho già fatto bollire l'acqua. **❹** Verrebbe con me a vedere il nuovo film di fantascienza uscito il mese scorso? **❺** Ho già preparato tanti panini. Possiamo mangiare subito!

***

❺ Non ho messo assolutamente nulla in questa scatola.
. . . .
. . . .

Soluzioni dell'esercizio 2
❶ furukute okashii fuku o kite – **❷** beru o narashimashita ga daremo konakatta – **❸** minna yukkuri shirabemashita ga, – doremo aimasen **❹** futari de hi no de o nagame ni ikimashita **❺** tashika ni kono hako ni nanimo iremasen deshita

go hyaku ni jū • 520

平仮名 の 練習

Per terminare i nostri esercizi di scrittura in hiragana, dobbiamo occuparci di alcune sillabe un po' speciali, che non appartengono al giapponese d'origine, ma sono quel che rimane delle sillabe (molto più varie) delle parole cinesi, dopo il loro adattamento alla lingua giapponese del primo millennio. Vi abbiamo già parlato della loro grafia all'inizio del corso (lezione 5, note 3 e 4; lezione 6, nota 1; lezione 9, note 1 e 2). La prima serie è composta dalle sillabe che si ottengono a partire dalla tabella seguente:

K G N H B P M R
Y
A U O

***

書き取り

❶ sakkyoku *(composizione musicale)* ❷ hyaku *(cento)* ❸ kyonen *(l'anno scorso)* ❹ kyaku *(ospite)* ❺ sanbyaku *(trecento)* ❻ kyodai *(immenso)* ❼ yūbinkyoku *(ufficio postale)* ❽ ryokō *(viaggio)* ❾ roppyaku *(seicento)* ❿ shinryaku *(invasione)*

75

第七十五課 dai nana jū go ka
(だい なな じゅう ご か)

キャンプ
kya n pu

1 – ここ は 景色(けしき) が いい から、
ko ko wa ke shiki ga i i ka ra

ここ で テント を 張ろう [1]
ko ko de te n to o ha rō
(は)

か。 ああ、 疲れた(つか) なあ…
ka a a tsuka re ta na a

Vale a dire **kya**, **kyu**, **kyo**, **gya**, **gyu**, **gyo**, **nya**, **nyu**, **nyo** ecc. Alcune di queste sillabe sono usate molto spesso (come **kyo**), altre praticamente mai. Il principio è lo stesso per tutte: dal momento che non esiste un segno hiragana per scrivere una consonante da sola, **k** per esempio, si dovrà sempre utilizzare una parte dello hiragana corrispondente alla consonante + la vocale **i**: **ki**, **gi**, **ni**, **hi** ecc. e poi gli hiragana **ya**, **yu** e **yo**. Ma per evitare confusione, nel caso di queste sillabe gli hiragana **ya**, **yu** e **yo** si scrivono più piccoli. Esempi: きやく **kiyaku** (i tre hiragana hanno la stessa grandezza) *[kiyaku]*, regola, codice; きゃく **kyaku** (dove **ya** è più piccolo) *[kyaku]*, ospite. Le sillabe usate più comunemente sono: きゃ **kya**, きょ **kyo**, ひゃ **hya**, びゃ **bya**, ぴゃ **pya**, りゃ **rya**, りょ **ryo**.

***

Soluzioni

❶ さっきょく ❷ ひゃく ❸ きょねん ❹ きゃく ❺ さんびゃく
❻ きょだい ❼ ゆうびんきょく ❽ りょこう ❾ ろっぴゃく
❿ しんりゃく

Seconda ondata: lezione 25

Settantacinquesima lezione

Il campeggio

1 – Qui il paesaggio è magnifico, e se piantassimo la tenda qui? *(qui [tema] paesaggio [soggetto] essere-buono poiché / qui [luogo] tenda [oggetto] montare-[esortativo] [domanda])*
Ah, che stanchezza... *(ah essersi-stancato [riflessione])*

Note

1 La conversazione tra questi due amici si svolge in prevalenza al grado inferiore. Viene utilizzato anche il grado inferiore di ましょう **mashō** (v. lezione 35, § 3): sarà sufficiente, per i verbi a più basi, rimpiazzare la **u** finale con **ō**. 張る **haru**, *piantare (la tenda)* → 張ろう **harō**, *piantiamo (la tenda)*. Per i verbi a una sola base si aggiungerà direttamente よう **yō** alla base (v. lezione 19, frase 15: やめる **yameru**, *smettere* → やめよう **yameyō**, *smettiamo*).

75 / 第七十五課

2 空気 が 澄んで いて、気持 が いい な。
kūki ga sunde ite, kimochi ga ii na.

3 君 **2** が テント を 張って いる 間 に、僕 は 晩飯 **3** の 準備 を しよう **4**。
kimi ga tento o hatte iru aida ni, boku wa banmeshi no junbi o shiyō.

4 この 場所 で テント を 張る と 頭 が 北枕 に なる よ。
kono basho de tento o haru to atama ga kitamakura ni naru yo.

5 – それじゃ だめ な の かい **5**。
sore ja dame na no kai.

6 – 日本 で は 死人 を 北枕 に 寝かせる。
nihon de wa shinin o kitamakura ni nekaseru.

7 つまり、北 の 方 へ 頭 を 向ける。
tsumari, kita no hō e atama o mukeru.

523 • go hyaku ni jū san

Settantacinquesima lezione / 75

2 L'aria è pulita, che bella sensazione! *(aria [soggetto] essere-pulito-[progressivo] stare-[progressivo] / sensazione [soggetto] essere-buono [riflessione])*

3 Mentre tu pianti la tenda, io preparerò la cena. *(tu [soggetto] tenda [oggetto] montare-[progressivo] stare mentre [tempo] / io [tema] cena [relazione] preparativo [oggetto] fare-[futuro])*

4 Se monti la tenda in questo posto avremo la testa rivolta a nord. *(questo posto [luogo] tenda [oggetto] montare se / testa [soggetto] nord-cuscino [fine] diventare [opinione])*

5 – Quindi non va bene? *(allora proibito essere cosa [domanda])*

6 – In Giappone, si sdraiano i morti verso nord. *(Giappone [luogo] [enfasi] morto [oggetto] nord-cuscino [fine] sdraiare)*

7 Cioè con la testa rivolta a nord. *(cioè nord [relazione] direzione [destinazione] testa [oggetto] rivolgere)*

Note

2 君 **kimi**: stiamo ampliando il numero di termini che servono per dire *tu* o *io*. Qui abbiamo un *tu* di grado inferiore e di esclusivo uso maschile. Molto comune anche 僕 **boku** (v. lezione 20, nota 3).

3 晩飯 **banmeshi**: anche per il cibo ci sono i gradi di formalità! Qui, coerentemente con il livello della conversazione, abbiamo un grado inferiore. Il grado medio corrispondente è 晩御飯 **bangohan** o 夕御飯 **yūgohan**.

4 しよう **shiyō**, grado inferiore corrispondente a しましょう **shimashō**, *facciamo*, ottenuto aggiungendo, alla base unica し **shi**, il suffisso よう **yō** (nota 1).

5 の **no**: semplificazione di の です **no desu** (v. anche frase 14). Quanto a かい **kai**, invece, è un altro modo per dire か **ka**. Anche questo termine è appannaggio del linguaggio maschile.

go hyaku ni jū yon • 524

8 だから 日本人 は 北の方向に 頭を 向ける ことを 嫌うんだ。
da ka ra ni hon jin wa kita no hō kō ni atama o mu ke ru ko to o kira u n da

9 – 頭が 南の方に 来る ように すれば いい の だろう。
atama ga minami no hō ni ku ru yō ni su re ba i i no da rō

10 でも そうすると、ここは 斜面 だから、足の方 が 高く **6** なる よ。
de mo sō su ru to ko ko wa sha men da ka ra ashi no hō ga taka ku na ru yo

11 料理の 方は どう だい **7**。うまく 行ってる **8**?
ryō ri no hō wa dō da i u ma ku i t te ru

12 – 実は おしょうゆを 忘れた から、味が よくない かもしれない **9**。
jitsu wa o shō yu o wasu re ta ka ra aji ga yo ku na i ka mo shi re na i

13 それに マッチ が 見当らない んだ。
so re ni ma t chi ga mi ata ra na i n da

Settantacinquesima lezione / 75

8 Per questo i giapponesi non amano avere la testa rivolta a nord. *(perciò Giappone-persona [tema] nord [relazione] direzione [fine] testa [oggetto] rivolgere fatto [oggetto] odiare cosa essere)*

9 – Va bene se orientiamo la testa verso sud? *(testa [soggetto] sud [relazione] lato [fine] venire modo [fine] se-fare / essere-buono cosa essere-[ipotesi])*

10 Però, se facciamo così, essendo in discesa, avremo i piedi più in alto! *(ma così fare se // qui [tema] discesa essere poiché / piede [relazione] lato [soggetto] alto diventare [opinione])*

11 Come va con la cucina? *(cucina [relazione] lato [tema] come essere)*
Procede bene? *(avere-successo andare-[progressivo]-stare)*

12 – In verità, ho dimenticato la salsa di soia, così credo che il sapore non sarà un granché. *(in-realtà [enfasi] [familiarità] salsa-di-soia [oggetto] avere-dimenticato poiché / gusto [soggetto] non-essere-buono credere-che)*

13 Inoltre, non trovo i fiammiferi. *(inoltre fiammifero [soggetto] non-essere-trovato cosa essere)*

: Note

6 高い **takai**, che fino a ora abbiamo sempre visto con il significato di *essere caro*, in origine significa *essere alto*.

7 だい **dai**: formula di grado inferiore, esclusivamente maschile, per dire です か **desu ka**.

8 Trattandosi di una conversazione molto informale, si semplificano alcune sillabe. Così, la forma che conosciamo come …て います **... te imasu**, diventa, al grado inferiore, …て いる **... te iru**, poi semplificando ancora, cade la **i** e si ottiene …て る **... te ru**.

9 かもしれない **kamoshirenai** ha lo stesso significato di かしら **kashira** (v. lezione 59, nota 5). Se かしら **kashira** appartiene piuttosto al linguaggio femminile, かもしれない **kamoshirenai** è neutro. Può essere usato sia da uomini sia da donne.

go hyaku ni jū roku • 526

14 − え、 お しょうゆ も マッチ も ない の か。
　　e　　o　shō yu　mo　ma t chi　mo　na i　no　ka

15 ここ まで 来る 途中 に 民宿 が 一つ あった だろう。
　　ko ko　ma de　ku ru　to chū　ni　min shuku　ga　hito tsu　a tta　da rō

16 今夜 は そこ へ 行った 方 が いい かもしれない ね。
　　kon ya　wa　so ko　e　i tta　hō　ga　i i　ka mo shi re na i　ne

17 − うん。 そう しよう。
　　u n　sō　shi yō

***

▶ 練習 1 − 訳 し なさい

❶ 今年 の 夏 江の島 へ キャンプ に 行こう と 思います。
kotoshi no natsu enoshima e kyanpu ni ikō to omoimasu

❷ 先月 から 全然 疲れ が とれない ので、ジョギング を やめよう と 思います。
sengetsu kara zenzen tsukare ga torenai node jogingu o yameyō to omoimasu

❸ ガレージ は 車 が 三台 入れられる よう に しました。
garēji wa kuruma ga san dai irerareru yō ni shimashita

527 • **go hyaku ni jū shichi (nana)**

Settantacinquesima lezione / 75

14 – Cosa? Non abbiamo né la salsa di soia né i fiammiferi? *(eh [familiarità] salsa-di-soia anche fiammifero anche non-esserci cosa [domanda])*

15 Mi sembra che ci fosse un affittacamere sulla strada per venire qui. *(qui fino-a venire sulla-strada [luogo] affittacamere [soggetto] uno esserci-stato-[ipotesi])*

16 Credo che questa notte sia meglio andare lì, eh! *(questa-notte [enfasi] là [destinazione] essere-andato lato [soggetto] essere-buono credere-che [accordo])*

17 – Sì, facciamo così. *(così fare-[esortativo])*

❹ 今夜 寝る 前 に 明日 の 準備 を した 方 が 安全 です。

kon'ya neru mae ni ashita no junbi o shita hō ga anzen desu

❺ あの 有名 な 女優 に 聞いて みたい です が、断られる かもしれない。

ano yūmei na joyū ni kiite mitai desu ga kotowarareru kamoshirenai

Soluzioni dell'esercizio 1

❶ Quest'estate pensavo di andare in campeggio a Enoshima. ❷ Siccome dal mese scorso non riesco a riprendermi dalla stanchezza, credo che smetterò di andare a correre. ❸ Il garage, l'ho fatto in modo da poterci mettere 3 automobili. ❹ Credo che sia più sicuro fare i preparativi per domani questa sera, prima di andare a dormire. ❺ Vorrei provare a chiederlo a quella famosa attrice, ma è probabile che rifiuti.

75 / 第七十五課

練習 2 - 言葉 を 入れ なさい

❶ (grado inferiore) Andiamo! Camminiamo! Riposiamoci! Alziamoci! Pensiamo! Incominciamo! Guardiamo!
. . . .
. . . .

❷ È sbagliato rassegnarsi e rinunciare a metà strada.
. . . . . . akirame . . . .

❸ Hashimoto Akio, che è un famoso giornalista, ha appena pubblicato un libro veramente interessante sul sonno degli animali.
. . . . shinbun kisha . . . . . . hashimoto akio
. . , dōbutsu . . . . jitsu ni
. . . . desu

❹ Questo lavoro sembra faticoso.
. . . . sō desu

❺ Fa più caldo nei paesi del sud.
. . . .

***

平仮名 の 練習

Proseguendo con le sillabe speciali, vediamo oggi un piccolo gruppo di sillabe ottenute a partire dalla tabella seguente:

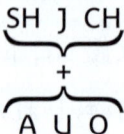

Vale a dire: **sha, shu, sho, ja, ju, jo, cha, chu, cho.** *Il principio è lo stesso, cioè si utilizza la sillaba hiragana a cui è associata la vocale* **i***:* **shi** し*,* **ji** じ*,* **chi** ち *e la si fa seguire da* や **ya***,* ゆ **yu** *o* よ **yo***, scritti in piccolo. Non va quindi confusa la parola* しよく *(tre hiragana di uguale misura) [shiyoku], interesse personale, con* しょく *(*よ **yo** *è più piccolo) [shoku], impiego, lavoro. Queste sillabe si scrivono così:* しゃ **sha***,* しゅ **shu***,* しょ **sho***,* じゃ **ja***,* じゅ **ju***,* じょ **jo***,* ちゃ **cha***,* ちゅ **chu***,* ちょ **cho***.*

Settantacinquesima lezione / 75

Soluzioni dell'esercizio 2
❶ ikō – arukō – yasumō – okiyō – kangaeyō – hajimeyō – miyō
❷ tochū de – te yameru no wa dame desu ❸ yūmei na – de aru – wa, – no suimin ni tsuite – omoshiroi hon o shuppan shita tokoro – ❹ kono shigoto wa tsukare – ❺ minami no kuni no hō ga atatakai desu

***

書き取り
❶ joyū *(attrice)* ❷ jimusho *(ufficio)* ❸ chotto *(un po')* ❹ shuppatsu *(partenza)* ❺ ressha *(treno)* ❻ basho *(luogo)* ❼ chawan *(tazza)* ❽ bijutsukan *(museo d'arte)* ❾ oshaberi *(chiacchiere)* ❿ hisho *(villeggiatura)* ⓫ danjo *(uomini e donne)* ⓬ shujutsu *(intervento chirurgico)* ⓭ obotchan *(Suo figlio)* ⓮ rikkōhosha *(candidato alle elezioni)*

Soluzioni
❶ じょゆう ❷ じむしょ ❸ ちょっと ❹ しゅっぱつ ❺ れっしゃ
❻ ばしょ ❼ ちゃわん ❽ びじゅつかん ❾ おしゃべり ❿ ひしょ
⓫ だんじょ ⓬ しゅじゅつ ⓭ おぼっちゃん ⓮ りっこうほしゃ

***

Vivere senza la **shoyu** *è impensabile. Questa salsa di soia fermentata è il condimento obbligatorio della cucina giapponese. La soia, sotto diverse forme, è del resto uno degli elementi fondamentali dell'alimentazione giapponese. Con essa si produce il* **tofu**, *preparato a partire da un "latte" ottenuto dalla macerazione dei fagioli di soia in acqua, ma anche il* **miso**, *a partire dalla fermentazione di una crema di fagioli di soia. Tofu e miso rientrano nella preparazione di numerose ricette della cucina casalinga tradizionale. E non dimentichiamo i deliziosi* **edamame**, *fagioli verdi di soia, che si gustano d'estate insieme a una birra ghiacciata. Se il riso rimane la base dell'alimentazione giapponese, la soia ne è l'ingrediente assolutamente indispensabile.*

Seconda ondata: lezione 26

第七十六課 dai nana jū rok ka
だいなな じゅうろっ か

お金があれば
o kane ga a re ba

1 — ああ、お金があれば [1]、
   a a　o kane ga a re ba

2　こんな 隙間 だらけ の
   ko n na suki ma da ra ke no
　寒い 家 に 住まないで、
   samu i ie ni su ma na i de

3　コンクリート建て で、ソーラー
   ko n ku rī to da te de sō rā
　パネル の [2] 付いた 家 に
   pa ne ru no tsu i ta ie ni
　住みたい なあ。
   su mi ta i na a

4　もし お金が あれば、
   mo shi o kane ga a re ba

5　山中湖 の そば に 別荘
   yama naka ko no so ba ni bes sō
　を 一軒 建てて
   o ik ken ta te te

531 • go hyaku san jū ichi

Settantaseiesima lezione

Se avessi i soldi...
([familiarità] soldi [soggetto] esserci-se)

1 – Ah *(ah)*, se avessi i soldi, *([familiarità] denaro [soggetto] esserci-se)*

2 non abiterei in questa gelida casa piena di spifferi, *(di-questo-tipo fessura pieno-di [relazione] essere-freddo casa [luogo] non-abitare-[progressivo])*

3 ma vorrei abitare in una casa di cemento armato con i pannelli solari. *(costruito-in-cemento essere-[progressivo] / solare-pannello [soggetto] essere-stato-attaccato casa [luogo] volere-abitare [riflessione])*

4 Se avessi i soldi, *(se [familiarità] denaro [soggetto] esserci-se)*

5 costruirei una villa vicino al lago Yamanaka, *(Yamanaka-lago [relazione] accanto [luogo] villa [oggetto] uno-casa costruire-[progressivo])*

Note

1 あれば **areba**, ecco l'unica forma, molto facile da costruire, per esprimere un'ipotesi: *se avessi*. Il sistema è identico per tutti i verbi: al posto della **u** finale, si mette **eba**. ある **aru**, *esserci* → あれば **areba**, *se ci fosse*, *se avessi*; 行く **iku**, *andare* → 行けば **ikeba**, *se andassi* (frase 6); する **suru**, *fare*, すれば **sureba**, *se facessi* (v. lezione 75, frase 9). Talvolta, all'inizio della proposizione, si può aggiungere もし **moshi**, *se* (frase 4), ma non è necessario.

2 ソーラー パネル の 付いた 家 **sōrā paneru no tsuita ie**: qui の **no**, all'interno di una proposizione che precisa il nome che la precede, si utilizza al posto di が **ga** per indicare il soggetto (v. lezione 55, nota 5).

6 夏 の 二ヶ月 避暑 に 行けば、
natsu no ni ka getsu hi sho ni i ke ba

いい 原稿 が 書ける 3 だろう な。
i i gen kō ga ka ke ru da rō na

7 — ああ。 あたし は お 金 が
a a a ta shi wa o kane ga

あれば、 ミンク の コート と
a re ba mi n ku no kō to to

鰐 の ハンドバッグ と 大き
wani no ha n do ba g gu to oo ki

な ダイヤモンド の 指輪
na da i ya mo n do no yubi wa

が ほしい わ。
ga ho shi i wa

8 — お 金 が あれば 皆 買って
o kane ga a re ba minna ka t te

やる よ。
ya ru yo

9 おれ は 光琳 の 絵 が
o re wa kō rin no e ga

一枚 ほしい な。
ichi mai ho shi i na

10 それに、 世界 一周 も
so re ni se kai is shū mo

したくない 4 か。
shi ta ku na i ka

Settantaseiesima lezione / 76

6 e se ci andassi in villeggiatura d'estate, per due mesi, potrei scrivere sicuramente un buon testo. *(estate [relazione] due-mesi villeggiatura-estiva [fine] andare-se / essere-buono manoscritto [soggetto] potere-scrivere essere-[ipotesi] [riflessione])*

7 – Ah, se io avessi i soldi vorrei una pelliccia di visone, una borsetta di coccodrillo e un anello con un grosso diamante. *(io [tema] [familiarità] denaro [soggetto] esserci-se / visone [relazione] cappotto e coccodrillo [relazione] borsetta e grande essere diamante [relazione] anello [soggetto] essere-l'oggetto-del-mio-desiderio [addolcimento])*

8 – Se avessi i soldi ti comprerei tutto. *([familiarità] denaro [soggetto] esserci-se / tutto comprare-[progressivo] fare-per-te [opinione])*

9 E io vorrei un quadro di Korin. *(io [tema] Korin [relazione] quadro [soggetto] uno-oggetto-piatto essere-l'oggetto-del-mio-desiderio [riflessione])*

10 E non vorresti anche fare il giro del mondo? *(inoltre mondo uno-giro anche non-volere-fare [domanda])*

Note

3 書ける **kakeru**: 書く **kaku**, *scrivere* → 書ける **kakeru**, *potere scrivere*. Ricordate il suffisso **eru** che conferisce il significato di *potere* a un verbo (v. lezione 70, § 4)? Notate bene che l'espressione completa è 原稿 が 書ける **genkō ga kakeru**.

4 したくない **shitakunai**: tutto parte dal verbo する **suru**, *fare*. Alla sua base unica し **shi**, si aggiunge prima il suffisso たい **tai** che esprime la volontà: したい **shitai**, *voglio fare*; il suffisso たい **tai** è allo stesso tempo un aggettivo (v. lezione 57, nota 5) che può essere messo in forma negativa; quindi したい **shitai**, *voglio fare*, diventa したくない **shitakunai**, *non voglio fare*.

go hyaku san jū yon

11 世界中 の 首都 を すべて
   せかいじゅう   しゅと
   se kai jū   no   shu to   o   su be te
   見物 しよう よ。
   けんぶつ
   ken butsu   shi yō   yo

12 - 全世界 の 首都 に 行く
     ぜんせかい   しゅと   い
     zen se kai   no   shu to   ni   i ku
     つもり？ 数年 は かかる わ よ。
            すうねん
     tsu mo ri   sū nen   wa   ka ka ru   wa   yo

13 - 世界 一周 は 大変 だ
     せかい いっしゅう   たいへん
     se kai   is shū   wa   tai hen   da
     から やっぱり やめよう。
     ka ra   yap pa ri   ya me yō

14 それ より タヒチ に 行って きれい
                         い
   so re   yo ri   ta hi chi   ni   i t te   ki re i
   な 娘さん達 **5** と 海岸 で
      むすめ たち   かいがん
   na   musume sa n tachi   to   kai gan   de
   踊ったり 泳いだり **6** したい な。
   おど   およ
   odo t ta ri   oyo i da ri   shi ta i   na

15 - そんな 夢 を 見る 時間 が
          ゆめ   み   じかん
     so n na   yume   o   mi ru   ji kan   ga
     あったら、 書けない と 言って
              か   い
     a t ta ra   ka ke na i   to   i t te
     いる 原稿 を 書き なさい。
        げんこう   か
     i ru   gen kō   o   ka ki   na sa i

Note

5 娘さん達 musumesantachi. Dal momento che in giapponese non esistono né il plurale né il singolare, 娘さん musumesan potrebbe significare *una ragazza* ma anche *delle ragazze*. Tuttavia, per le parole

Settantaseiesima lezione / 76

11 Visitiamo tutte le capitali del mondo! *(tutto-il-mondo [relazione] capitale [oggetto] tutto visita-turistica fare-[esortativo] [opinione])*

12 – Vorresti visitare le capitali di tutto il mondo? *(mondo-intero [relazione] capitale [fine] andare intenzione)* Ma ci vogliono degli anni! *(un-certo-numero-anno [enfasi] impiegarci [addolcimento] [opinione])*

13 – Il giro del mondo è troppo complicato, d'accordo, lascio perdere. *(mondo uno-giro [tema] pesante essere poiché / alla-fine smettere-[esortativo])*

14 Piuttosto, mi piacerebbe andare a Tahiti a ballare e a nuotare con delle belle ragazze sulla spiaggia! *(codesto più-che Tahiti [fine] andare / carino essere ragazze con spiaggia [luogo] ballare-un-po' nuotare-un-po' volere-fare [riflessione])*

15 – Se hai il tempo per fare certi sogni, allora mettiti a scrivere quel testo che dici di non riuscire a scrivere! *(di-codesto-tipo sogno [oggetto] vedere tempo [soggetto] esserci-se / non-potere-scrivere [citazione] dire-[progressivo] stare manoscritto [oggetto] scrivere-[imperativo gentile])*

che indicano gli esseri umani, possiamo specificare che si tratta di una pluralità aggiungendo 達 **tachi**. Funziona con la parola 人 **hito** che significa *persona* o *persone* (ma 人達 **hitotachi** può significare solo *gente*, esercizio 1, frase 1), con i pronomi (ad esempio 私 **watakushi**, *io*, 私達 **watakushitachi**, *noi*) e, per finire, con i nomi propri: 山村さん **yamamurasan**, *signor* o *signora Yamamura*, 山村さん達 **yamamurasantachi**, *gli Yamamura*, *la famiglia Yamamura*, o anche *gli Yamamura e i loro amici*, *il gruppo degli Yamamura*.

6 踊ったり 泳いだり したい **odottari oyoidari shitai**: たり **tari**, suffisso che vedete per la prima volta, possiede due caratteristiche. La prima è che, quando lo si usa, molto spesso si susseguono due verbi in たり **tari** e l'intera espressione termina con il verbo する **suru**: verbo + たり **tari**, verbo + たり **tari** + する **suru**. La seconda è che たり **tari** si attacca al verbo nello stesso modo in cui si attaccano て **te** o た **ta** (v. lezione 56, § 1). Si usa per elencare una serie di azioni che è possibile svolgere nello stesso contesto.

go hyaku san jū roku • 536

16 お　金　が　あれば、　借金　を
　　o　kane　ga　a re ba　　shak kin　o
返す　こと　が　先決　でしょう。
kae su　ko to　ga　sen ketsu　de shō

***

Le stampe giapponesi sono molto conosciute in Europa e hanno influenzato i grandi pittori della fine del XIX secolo. Ma la pittura ha prodotto molti altri capolavori in Giappone dall'inizio della sua storia. Le prime manifestazioni sono gli affreschi delle tombe del V secolo circa. In seguito, durante il periodo Heian si sviluppò uno splendido stile decorativo, visibile sui tramezzi delle residenze aristocratiche o sui rotoli, che sono i libri dell'epoca. Ogata Kōrin (1658-1716) (cono-

***

▶ 練習 1 – 訳 し なさい

❶ 子供達 は 入ったり 出たり して、うるさい です。
kodomotachi wa haittari detari shite urusai desu

❷ 五月 の 一日、テレビ を 見たり、雑誌 を 読んだり、隣 の 公園 を 歩いたり しました。
gogatsu no tsuitachi terebi o mitari zasshi o yondari
tonari no kōen o aruitari shimashita

❸ ヨーロッパ の 首都 に 泊まったり、有名 な 建物 の 写真 を とったり して、すばらしい 旅行 を しました。
yōroppa no shuto ni tomattari yūmei na tatemono no shashin
o tottari shite subarashii ryokō o shimashita

Settantaseiesima lezione / 76

16 Se avessimo dei soldi, la cosa più urgente sarebbe pagare i nostri debiti. *([familiarità] denaro [soggetto] esserci-se / debito [oggetto] restituire fatto [soggetto] urgenza essere-[ipotesi])*

***

sciuto anche semplicemente come Kōrin, lezione 36), è uno dei più significativi pittori dell'epoca di Edo. I paraventi da lui dipinti si annoverano tra i maggiori capolavori della pittura giapponese. Infine, a partire dalla fine del XIX secolo, si contrappongono due grandi stili: 日本画 **nihonga**, *pittura derivata dalla tradizione giapponese, e* 洋画 **yōga**, *pittura in stile occidentale.*

***

❹ 東京 に 住めば、毎晩 銭湯 に 行ける な。
tōkyō ni sumeba maiban sentō ni ikeru na

❺ 原稿 が 終わったら、二週間 の 休み を 取る つもり です。
genkō ga owattara nishūkan no yasumi o toru tsumori desu

Soluzioni dell'esercizio 1

❶ I bambini che entrano ed escono [in continuazione], sono insopportabili! ❷ Il primo maggio ho guardato un po' la tv, ho letto qualche rivista, ho camminato nel parco vicino. ❸ Abbiamo soggiornato nelle capitali europee, fotografato monumenti famosi, è stato un viaggio meraviglioso! ❹ Se abitassi a Tokyo potrei andare ogni sera al bagno pubblico. ❺ Quando il manoscritto sarà finito, ho intenzione di prendermi due settimane di vacanza.

go hyaku san jū hachi

76 / 第七十六課

練習 2 – 言葉 を 入れ なさい

❶ Se sapessi il tahitiano, potrei parlare con la moglie del medico nostro vicino.

.... ga ...., ...
.... deshō

❷ La sera non guardo la televisione, ascolto tranquillo un po' di musica oppure scrivo lettere.

........., ..., ...
.... shimasu

❸ Dice che non vuole assolutamente andare all'estero.
zenzen .... to itte imasu

***

平仮名 の 練習

Oggi concludiamo il discorso sulla scrittura giapponese. Le sillabe studiate nelle lezioni 74 e 75 possono presentare una o lunga oppure una u lunga. In entrambi i casi, sarà sufficiente seguire le indicazioni che abbiamo visto nella lezione 69: aggiungere lo hiragana う u. Per questo ultimo esercizio di hiragana vi proponiamo un "maxidettato". Iniziamo!

書き取り

❶ kyō *(oggi)* ❷ shōgun *(shogun)* ❸ chōdo *(proprio)* ❹ nyūkyo *(ingresso in una nuova casa)* ❺ chikyū *(il globo terrestre)* ❻ shokugyō *(professione)* ❼ shūmatsu *(fine settimana)* ❽ denwachō *(elenco telefonico)* ❾ jōzu *(abile)* ❿ benkyō *(studio)* ⓫ ryōheika *(le Loro Maestà)* ⓬ myōji *(cognome)* ⓭ shitsugyōsha *(disoccupato)* ⓮ shōbai *(commercio)* ⓯ jūsho *(indirizzo)* ⓰ byōki *(malattia)* ⓱ raishū *(la prossima settimana)* ⓲ hikōjō *(aeroporto)* ⓳ jūbun *(sufficiente)* ⓴ shiyōryō *(tassa di utilizzo)* ㉑ chūkaryōri *(cucina cinese)* ㉒ kyūchūsanga *(Omaggio pubblico all'Imperatore)*

Settantaseiesima lezione / 76

❹ Vorrei saldare i miei debiti entro il mese prossimo.
. . . . to
omotte imasu

❺ Vorrei avere una villa con una stanza da bagno in stile giapponese!
. . . . . fū . . . . aru . . . .

Soluzioni dell'esercizio 2
❶ tahichigo – dekireba, tonari no isha no okusan to hanaseru – ❷ yoru wa terebi o minaide, yukkuri to ongaku o kiitari tegami o kaitari – ❸ – gaikoku e ikitakunai – ❹ raigetsu made ni shakkin o kaeshitai – ❺ nihon – no o furo no – bessō ga hoshii naa

Soluzioni
❶ きょう ❷ しょうぐん ❸ ちょうど ❹ にゅうきょ ❺ ちきゅう ❻ しょくぎょう ❼ しゅうまつ ❽ でんわちょう ❾ じょうず ❿ べんきょう ⓫ りょうへいか ⓬ みょうじ ⓭ しつぎょうしゃ ⓮ しょうばい ⓯ じゅうしょ ⓰ びょうき ⓱ らいしゅう ⓲ ひこうじょう ⓳ じゅうぶん ⓴ しようりょう ㉑ ちゅうかりょうり ㉒ きゅうちゅうさんが

Seconda ondata: lezione 27

go hyaku yon jū • 540

第七十七課 dai nana jū nana ka
<ruby>だい<rt></rt></ruby> <ruby>なな<rt></rt></ruby> <ruby>じゅうなな<rt></rt></ruby> <ruby>か<rt></rt></ruby>

まとめ – Riepilogo

1 Gli aggettivi "invariabili"

Ormai conoscete bene gli aggettivi, quelle parole terminanti in い **i**, che sono variabili e con cui avete già dimestichezza, soprattutto nelle due forme negativa e passata (lezione 21, § 2 e lezione 35, § 2). Non hanno più segreti per voi. Tutte queste parole, nella traduzione parola per parola, le traduciamo con *essere* + aggettivo (ad esempio 広い **hiroi**, *essere ampio*) per mostrarvi bene che essi da soli rappresentano questo insieme.

Senza dubbio avrete notato un certo numero di altre parole che abbiamo tradotto in italiano come degli aggettivi. Osserviamo la costruzione 他の客 **hoka no kyaku**, *gli altri invitati* (letteralmente "altro invitato") (lezione 74, frase 8), o ancora きれいな娘 **kirei na musume**, *delle belle ragazze* (letteralmente "bello essere ragazza") (lezione 76, frase 14). Il fatto è che, oltre alla serie di aggettivi variabili terminanti in い **i**, esiste un'altra serie di aggettivi che sono invariabili. Questa seconda serie è molto più folta della prima, perché riunisce termini di origine giapponese, ma anche e soprattutto di derivazione cinese o inglese. Inoltre, il loro significato è proprio quello di un aggettivo: 他 **hoka**, *altro*, すてき **suteki**, *splendido, adorabile*, 有名 **yūmei**, *famoso*, 静か **shizuka**, *silenzioso, tranquillo*. E dal momento che sono invariabili, nelle frasi vengono utilizzati come dei nomi, con qualche piccola particolarità.

1.1 In fine di frase o di periodo

In posizione finale dovranno essere obbligatoriamente seguiti da です **desu** (o だ **da**, o でした **deshita** o だった **datta** ecc.). Ne abbiamo visti numerosi esempi. Guardate la lezione 72, frase 4: 上手だ **jōzu da**, *è abile*; oppure la lezione 76, frase 13: 大変だ **taihen da**, *è pesante*. In realtà, la maggior parte di queste parole è

Settantasettesima lezione

usata solo in questa posizione finale; è il caso di 大丈夫 **daijōbu** *nessun problema*, lezione 46, frase 21 e lezione 71, frase 9, dove però viene usato senza です **desu**, perché si trova all'interno di una conversazione familiare.

1.2 In un periodo con più proposizioni

Possiamo incontrare gli aggettivi anche in periodi composti da più di una proposizione; in questo caso saranno seguiti da で **de** (derivato da です **desu**), come i nomi, per segnalare che la frase non è conclusa, ma prosegue: 立派 で **rippa de** (lezione 62, frase 4), 上手 で **jōzu de** (lezione 69, frase 11), きれい で **kirei de** (lezione 71, frase 2).

1.3 Uso avverbiale

Un certo numero di aggettivi può trasformarsi in un avverbio. Per questo uso, gli aggettivi vengono semplicemente seguiti dalla particella に **ni** *[avverbiale]*:
– 簡単 **kantan** significa *semplice*, *facile*; 簡単 です **kantan desu**, *è semplice*, *è facile*; 簡単 に **kantan ni**, *semplicemente*, *facilmente* (lezione 45, frase 2);
– 確か **tashika**, *certo*, *sicuro*; 確か です **tashika desu**, *è certo*; 確か に **tashika ni**, *certamente* (lezione 60, frase 10);
– 本当 **hontō**, *vero*; 本当 です **hontō desu**, *è vero*; 本当 に **hontō ni**, *veramente* (lezione 67, frase 1).

1.4 Davanti a un nome

Abbiamo lasciato per ultimo il punto più delicato: cosa succede quando una di queste parole è usata davanti a un nome? Alcune lo sono raramente, ma quelle che vengono usate spesso, si possono dividere in due gruppi. Il primo gruppo è composto dagli aggettivi che si collegano al sostantivo a cui si riferiscono attraverso の **no**, come se a loro volta fossero dei nomi: 次 **tsugi**, *successivo*, 次 の 日 **tsugi no hi**, *il giorno seguente* (lezione 59, frase 5); 普通 **futsū**, *comune*, 普通 の 人 **futsū no hito**, *la gente comune* (lezione 68, frase 10); 他 **hoka**, *altro*, 他 の 客 **hoka no kyaku**, *gli altri invitati* (lezione 74, frase 8).

go hyaku yon jū ni • 542

L'altro gruppo contiene gli aggettivi che si collegano a un nome attraverso la particella な **na** (ve lo avevamo già accennato nella lezione 33, nota 1). Ne abbiamo impiegati molti: 社交的 な ところ **shakōteki na tokoro**, *[suo] lato socievole* (lezione 71, frase 2), きれい な 雪景色 **kirei na yukigeshiki**, *il magnifico paesaggio innevato* (lezione 72, frase 5), きれい な 娘 **kirei na musume**, *belle ragazze* (lezione 76, frase 14).

L'unico problema rimane quello di sapere quali aggettivi appartengono al gruppo in の **no** e quali a quello in な **na**. Purtroppo sarà solo l'uso che ve lo potrà insegnare, ma ecco un piccolo segreto: tutti gli aggettivi che terminano con il suffisso 的 **teki**, appartengono sicuramente al gruppo in な **na**.

1.5 Qualche caso particolare

– La parola 同じ **onaji**, che significa *identico*, *uguale*, non è né un aggettivo in の **no** né un aggettivo in な **na**, ma fa gruppo a sé e si posiziona direttamente davanti al nome (lezione 65, frase 17).

– Ci sono due "disertori", che di solito appartengono alla serie degli aggettivi in い **i**: sono 大きい **ookii**, *essere grande* e 小さい **chiisai**, *essere piccolo*. Quando si trovano davanti a un nome, possono funzionare sia come aggettivi in い **i**, sia cambiare forma ed entrare nel gruppo degli aggettivi in な **na** (大き な ダイヤモンド **ooki na daiyamondo**, lezione 76, frase 7).

– Un ultimo caso da evidenziare: いろいろ **iroiro** (letteralmente "di tutti i colori"). Può essere seguito sia da の **no** sia da な **na**. Questa parola significa al tempo stesso *numerosi* e *vari*. Seguito da の **no** insiste sul numero (*molto/i*); seguito da な **na**, insiste sulla varietà (*tutti i tipi di*). Quando agisce da avverbio, non necessita di に **ni** e lo si posiziona semplicemente davanti al verbo (lezione 62, frase 8).

2 Un altro impiego di な *na*

La particella な **na** può essere usata anche in un altro caso. Quando una frase termina in です **desu** (o だ **da**) e davanti si aggiunge la particella の **no** (の です **no desu**, *è che*) preceduta da una sostantivo, bisogna obbligatoriamente inserire な **na** prima di の **no**: わたし は 有名 です **watashi wa yūmei desu**, però わたし は 有名 な の です **watashi wa yūmei na no desu** (lezione 61, frase 9),

だめです **dame desu**, però だめなのかい **dame na no kai** (lezione 75, frase 5). Ciò che determina l'inserimento della particella な **na** è la presenza di の **no**. È per questo motivo che ritroviamo な **na** anche davanti a ので **node**, che in genere traduciamo con *poiché*, e che, in effetti, in origine è の **no** (lezione 47, nota 5) + で **de** (lezione 50, nota 4), che letteralmente significa "essendo il fatto che". Ma sempre più spesso, per contaminazione con から **kara** che ha un significato molto simile, troviamo ので **node** preceduto da です **desu**. In compenso, davanti a のに **noni**, *sebbene* (lezione 51, frase 19), si impiega sempre e solo な **na**. Così come anche davanti al の **no** di *[sostituzione]* (lezione 38, nota 1). Ad esempio nella lezione 52, frase 13: 僕が好きなのは **boku ga suki na no wa**, *quello che mi piace*. Abbiamo finalmente chiarito il misterioso mondo di な **na**.

3 I verbi

3.1 La forma negativa al grado inferiore di alcuni verbi a più basi

Da un po' di tempo avete cominciato a costruire la forma negativa dei verbi al grado inferiore. Per i verbi a una sola base si aggiunge ない **nai** direttamente alla base. Per i verbi a più basi si aggiunge ない **nai** alla base in **a** (lezione 49, § 1.1). Ci sono però alcuni verbi a più basi che, per ragioni di evoluzione fonetica, ci danno qualche problema. Sono i verbi che terminano con la vocale **u**, come 言う **iu**, *dire*, 思う **omou**, *pensare*, 買う **kau**, *comprare*, 習う **narau**, *imparare*, 使う **tsukau**, *utilizzare*, 払う **harau**, *pagare*. La loro base in **i**, alla quale si aggiungono gli altri suffissi, non crea problemi: 思います **omoimasu**, 使います **tsukaimasu**, 買います **kaimasu** ecc. Un tempo, però, questi verbi dovevano avere una forma del tipo *****kawu**, *****iwu**, *****omowu**, e come tutti gli altri verbi terminavano con una sillaba formata da consonante + vocale = **w** + **u**. La **w** con il tempo scomparve, lasciando una traccia solo nella base in **a**, dove la troviamo ancora oggi. Detto questo, vediamo dunque come sono le loro forme negative di grado inferiore: 言わない **iwanai**, *non dico*, 思わない **omowanai**, *non penso*, 買わない **kawanai**, *non compro*, 習わない **narawanai**, *non imparo*, 使わない **tsukawanai**, *non uso*, 払わない **harawanai**, *non pago*.

3.2 Esprimere l'obbligo: "bisogna..."

Ritorniamo con 払わない **harawanai** alla lezione 45, frase 15, dove abbiamo trovato una lunga espressione: 払わなければ なりません **harawanakereba narimasen**, che abbiamo laconicamente tradotto *dove pagare*. Questa espressione si compone di 払わなければ **harawanakereba** e なりません **narimasen**. La forma なりません **narimasen** non dovrebbe crearvi problemi, perché si tratta del verbo なる **naru** al grado medio negativo: *non diventare, non succedere*. E la forma 払わなければ **harawanakereba**? Non dimentichiamo che il suffisso ない **nai** è un aggettivo in **i** (lezione 71, nota 8), e come tale può avere la forma del condizionale (lezione 76, nota 1) alla stregua di un verbo. Per ottenerla, sarà sufficiente sostituire la **i** con **kereba**: 払わない **harawanai**, *non pago*, 払わなければ **harawanakereba**, *se non pagassi*. L'intera espressione letteralmente significa "se non pagassi, non andrebbe bene", in altre parole *bisogna che paghi, devo pagare*. Questa è la forma usuale per esprimere l'obbligo.

***

▶ 復習 会話

1 お金 も 時間 も あれば、外国 旅行 に 出られる し、すてき な 服 も いろいろ 買える し、毎晩 有名 な レストラン で 食事 が できる の です。けれども それ は 夢 に 見る だけ です。
o kane mo jikan mo areba gaikoku ryokō ni derareru shi suteki na fuku mo iro'iro kaeru shi maiban yūmei na resutoran de shokuji ga dekiru no desu keredomo sore wa yume ni miru dake desu

3.3 Qualche forma irregolare

Vediamo infine alcune forme irregolari di certi verbi. Come abbiamo visto nella lezione 70, § 4 e nella lezione 72, nota 6, da ogni verbo è possibile derivare un altro verbo il cui significato è *potere* (tranne che per ある **aru**). Ci sono tuttavia due verbi (sempre i soliti する **suru**, *fare,* e 来る **kuru**, *venire*) per i quali questa derivazione assume una forma particolare: *potere fare* si dirà *essere possibile*, cioè できる **dekiru**, invece *poter venire* si dirà 来られる **korareru**.

***

2 書き始めた 原稿 が 書き終わったら、やっと 家内 と 子供 と 四人 で タヒチ へ 行ける かもしれない。
kakihajimeta genkō ga kakiowattara yatto kanai to kodomo to yonin de tahichi e ikeru kamoshirenai

3 ロック の コンサート を 聞き に 行きました が、音 が 強くて、頭 が 痛く なる ほど でした。
rokku no konsāto o kiki ni ikimashita ga oto ga tsuyokute atama ga itaku naru hodo deshita

4 今朝 の 九時 から お 医者 を 待って いる のに、まだ 来ない から、本当 に 気 に なります。
kesa no kuji kara o isha o matte iru noni mada konai kara hontō ni ki ni narimasu

5 「そんな に 遠ければ、もっと 早く 出かけなければ ならない の で は ない か」 と 小山さん が 驚きました。
sonna ni tookereba motto hayaku dekakenakereba naranai no de wa nai ka to koyamasan ga odorokimashita

6 「そう しない と、間違いなく 遅れる よ」 と 野原くん が 答えました。
sō shinai to machigainaku okureru yo to noharakun ga kotaemashita

7 あの 機械 の 使い方 は 難しそう だ ね。すぐ 忘れそう だ な。
ano kikai no tsukaikata wa muzukashisō da ne sugu wasuresō da na

8 君、先生 が 手伝う の を 待たないで、自分 で やった 方 が いい だろう よ。
kimi sensei ga tetsudau no o matanaide jibun de yatta hō ga ii darō yo

9 きれい な 景色 を 眺める と、いい 気持 に なります。
kirei na keshiki o nagameru to ii kimochi ni narimasu

***

Oggi avete superato i due terzi del metodo, durante i quali vi abbiamo sempre guidato passo dopo passo. Affronterete ora l'ultimo tratto di questo percorso e l'obiettivo sarà quello di farvi raggiungere l'autonomia. Questo va a tradursi nella pratica con alcune modifiche progressive nella presentazione delle lezioni. Prima di tutto non inseriremo più la trascrizione nelle note quando riprenderemo gli elementi del dialogo scritti in hiragana, perché ormai con lo hiragana sarete sicuramente imbattibili! Negli esercizi invece separeremo il giapponese dalla trascrizione: questo vi consentirà di fare un ottimo esercizio di lettura. Continuate soprattutto a scrivere in hiragana, utilizzando come dettati i dialoghi e gli esercizi delle prime lezioni (un po' una sorta di terza ondata). Avete diritto a scrivere tutto in hiragana (come un bambino giapponese), salvo le parole straniere che dovranno essere scritte in katakana. Ma per il momento potrete lasciare uno spazio bianco! Inoltre, dal momento che la struttura delle frasi non ha più segreti per voi, abbandoneremo quasi del tutto la traduzione letterale.

Settantasettesima lezione / 77

10 私 は キャンプ が つまらない と 思って、
出発 の 前 に 民宿 に 予約 して おきました。
watashi wa kyanpu ga tsumaranai to omotte shuppatsu no mae ni minshuku ni yoyaku shite okimashita

Traduzione
1 Se avessi tempo e denaro, farei un viaggio all'estero, comprerei un sacco di splendidi vestiti, potrei andare a cena tutte le sere in famosi ristoranti. Ma tutto questo è solo un sogno. **2** Quando avrò finito il manoscritto che ho cominciato a scrivere, penso che finalmente insieme a mia moglie e ai miei figli potremo andare tutti e quattro a Tahiti. **3** Sono andato a sentire un concerto rock, ma il volume era così forte da far venire il mal di testa. **4** È dalle nove di questa mattina che aspetto il medico e lui non viene. Sono davvero infastidita. **5** "Se è così lontano, non dovremmo partire più presto?", [ha detto] il signor Koyama agitato. **6** "Se non facciamo così, saremo sicuramente in ritardo", ha risposto Nohara. **7** Il modo di utilizzo di quella macchina sembra complicato, di quelli che si dimenticano subito. **8** Sarebbe meglio che tu lo facessi da solo, senza aspettare l'aiuto del maestro. **9** Quando vedo un bel paesaggio, mi sento bene. **10** Pensando che il campeggio sia noioso, prima di partire ho prenotato una camera in una pensione privata.

***

Questo è un grande cambiamento, ma anche un grande traguardo! Non dimenticate che, se talvolta farete fatica a orientarvi, tutte le parole utilizzate nelle lezioni si trovano nel lessico. In più avete anche l'indice grammaticale a cui ricorrere ogni volta che vi sorgerà un dubbio.
Non preoccupatevi poi dei kanji, per ora continuate a guardarli e a riconoscerli: quando sarà il momento sappiate che per il loro apprendimento Assimil pubblica un manuale dedicato, "La scrittura giapponese (kanji)", ma per il momento concentratevi sui kana.
Non dimenticate infine di proseguire con la seconda ondata: ascoltate nuovamente i dialoghi, rileggeteli e ricostruiteli con atteggiamento attivo e curioso.

Seconda ondata: lezione 28

第七十八課 dai nana jū hak ka
だい なな じゅう はっ か

お正月の挨拶
o shō gatsu no ai satsu

1 — 新年 あけまして **1** おめでとう ございます **2**。
   shin nen a ke ma shi te o me de tō go za i ma su

2 — あけまして おめでとう ございます。
   a ke ma shi te o me de tō go za i ma su

3   昨年中 は 色々 と お世話 **3** に なり **4**、ありがとう ございました。
   saku nen chū wa iro iro to o se wa ni na ri a ri ga tō go za i ma shi ta

4   本年 も よろしく お願い いたします **5**。
   hon nen mo yo ro shi ku o nega i i ta shi ma su

5 — いや、こちら こそ、すっかり お世話 に なりました。
   i ya ko chi ra ko so su k ka ri o se wa ni na ri ma shi ta

6   今年 も どうぞ よろしく。
   ko toshi mo dō zo yo ro shi ku

Settantottesima lezione

Gli auguri di Capodanno

1 – Felice Anno Nuovo!
2 – Buon Anno Nuovo!
3 Grazie per tutto quello che ha fatto per me
   ([onorifico] cura [fine] essere-diventato) l'anno scorso.
4 La ringrazio per quanto farà anche quest'anno.
5 – No, piuttosto sono io in debito.
6 La ringrazio in anticipo anche per quest'anno.

Note

1 Tutte le lingue hanno formule di cortesia fisse e rituali e anche il giapponese ne vanta davvero un gran numero, come ad esempio l'espressione あけまして che deriva da あける, *aprire*, nella forma in ます: あけます. Come sapete, il suffisso ます può ricevere altri suffissi: in questo caso abbiamo て, che indica che la frase non è conclusa (v. lezione 52, nota 1). Le forme verbali in まして sono rare nella conversazione, ma piuttosto frequenti nelle formule di cortesia e in un registro linguistico molto formale, dove rappresentano il grado superiore della forma in て.

2 おめでとう ございます: ecco di nuovo la formula di rito per presentare le proprie felicitazioni a qualcuno in occasione di un avvenimento felice (v. lezione 23, nota 4).

3 Queste espressioni sono solo formule rituali che non necessitano di aderenza con la realtà. Le usereste anche se il vostro interlocutore non avesse fatto nulla di speciale per voi e nemmeno avesse intenzione di farlo. È una dichiarazione di buona disposizione e rispetto reciproco (v. lezione 65, nota 3).

4 なり: non dimenticate che la base in **i** dei verbi a più basi può avere la stessa funzione della forma in **te**: indicare che si è alla fine di una proposizione, ma che il periodo continua (v. lezione 58, nota 2).

5 いたします, grado superiore di する, *fare*, il cui soggetto è *io* (v. lezione 69, nota 6).

第七十八課

7 あ、智恵子ちゃん は 着物 が 似合って、かわいい ね。
a chieko chan wa kimono ga niatte, kawaii ne.

8 − 正君 も ちゃんと お 辞儀 して… おじさん **6** は 今年 外国 へ いらっしゃる の よ。
tadashi kun mo chanto o jigi shite… ojisan wa kotoshi gaikoku e irassharu no yo.

9 − 政府 の 留学生 と して、ドイツ へ 科学 の 研究 に 二年 ほど 行きます。
seifu no ryūgakusei to shite, doitsu e kagaku no kenkyū ni ninen hodo ikimasu.

10 向こう で は 学生 生活 を する こと に なる と 思います。
mukō de wa gakusei seikatsu o suru koto ni naru to omoimasu.

11 − ドイツ です か。私 は オーストリア の ウィーン に 音楽 の 勉強 に 一年 ほど 行った こと が あります。
doitsu desu ka. watashi wa ōsutoria no uīn ni ongaku no benkyō ni ichinen hodo itta koto ga arimasu.

Settantottesima lezione / 78

7 Oh, Chieko, come ti dona il kimono, che carina!
8 – Tadashi, saluta per bene anche tu… *([familiarità] inchino fare)* lo zio quest'anno partirà per l'estero.
9 – Andrò due anni in Germania per una ricerca scientifica, come borsista del governo.
10 Immagino che lì farò una vita da studente!
11 – In Germania? Io sono stata quasi un anno a Vienna, in Austria, per studiare musica.

Note

6 I termini di parentela costituiscono un argomento un po' complicato. おじさん normalmente significa *mio zio*, nel linguaggio infantile. Ma può servire anche, per un bambino, per parlare di tutti gli uomini che hanno più o meno l'età del proprio padre: per esempio un amico dei genitori. Di qui la scelta di lasciare *zio*, che anche in italiano talvolta si usa in senso più ampio.

78 / 第七十八課

12 ドイツ と オーストリア は 似て いる ん でしょう ね。
doitsu to ōsutoria wa nite iru n deshō ne

なつかしい わ。
natsukashii wa

13 思い出す わ。あの 頃 の オーストリア で の 生活。
omoidasu wa ano koro no ōsutoria de no seikatsu

14 あちら に いらしたら 7、時々 手紙 を 下さい ね。
achira ni irashitara tokidoki tegami o kudasai ne

15 — なるべく 書く よう に します が、最初 は いそがしい から、そんな に 書けない と 思います。
narubeku kaku yō ni shimasu ga, saisho wa isogashii kara, sonna ni kakenai to omoimasu

16 — 出発 の 日 に は 兄 と お見送り に 行きます ね。
shuppatsu no hi ni wa ani to o miokuri ni ikimasu ne □

Settantottesima lezione / 78

12 La Germania e l'Austria dovrebbero assomigliarsi. Che nostalgia!
13 Che ricordi... della mia vita di quei tempi in Austria!
14 Quando sarà là, ci mandi una lettera di tanto in tanto.
15 – Farò il possibile per scrivere, ma penso che all'inizio sarò occupato e non riuscirò a scrivere così tanto!
16 – Il giorno della partenza verrò ad accompagnarLa insieme a mio fratello.

Note

7 いらしたら, forma di rito, derivata da いらっしゃる. Ricordate che いらっしゃる funziona come grado superiore del verbo いる, *esserci*; いらしたら, *quando si troverà, quando Lei sarà* (v. lezione 73, nota 8).

Il giorno di Capodanno rappresenta una delle rare occasioni annuali per indossare il kimono. La parola 着物 **kimono**, *che significa semplicemente* abito, *designa in realtà un vestito da cerimonia che di solito costa parecchio. Indossare il kimono è un'operazione piuttosto complicata e richiede spesso un aiuto esterno. A parte qualche persona che lo porta per ragioni di lavoro, i giapponesi ne hanno pressoché abbandonato l'uso. Lo si vede ancora in occasione della cerimonia annuale del* giorno dei vent'anni *(*成人式 **seijin shiki***) o sulle foto di presentazione per i matrimoni combinati (in questo caso, si tratta di un kimono speciale a maniche lunghe pendenti,* 振り袖 **furisode***). Le ragazzine possono indossarlo anche nel giorno della festa delle bambine, il 3 marzo. Ma vedere una donna giapponese in kimono per strada è raro quasi come vedere lo yeti sull'Himalaya!*

練習 1 - 訳 し なさい

❶ アウン さん です か。- はい、アウン です。
❷ ウオン さん で いらっしゃいます か。
  - はい、ウオン で ございます。
❸ なるべく 今日 までに この 仕事 が 終わる ように しました けれども、病気 に なった ので、できません でした。
❹ 私 は 記者 として、よく 国会議員 と 話す こと が あります。
❺ 明日 までに 読まなければ ならない 新聞 が たくさん 残って います から、とても こまります。

***

練習 2 - 言葉 を 入れ なさい

❶ Se avessi del tempo, vorrei fare il giro del mondo.
 . . . . , ...
 . . . .

❷ Il tempo da solo non è sufficiente, ci vuole anche il denaro.
 . . . . de wa muri . . . . . o . . . . . .
 . . . .

❸ Non compra che prodotti provenienti dall'Italia.
 . . . . nai

❹ Devo pagare i miei debiti entro il prossimo mese.
 . . . .
 . . . .

Settantottesima lezione / 78

Soluzioni dell'esercizio 1
❶ È il signor Aun? – Sì, sono io. ❷ È il signor Uon? – Sì, sono io. ❸ Ho fatto di tutto per terminare il lavoro entro oggi, però mi sono ammalato e non è stato possibile. ❹ Come giornalista mi capita spesso di parlare con i deputati della Dieta. ❺ Sono davvero in difficoltà perché mi rimangono ancora molti giornali da leggere entro domani.

Trascrizione
❶ aun san desu ka hai aun desu ❷ uon san de irasshaimasu ka hai uon de gozaimasu ❸ narubeku kyō made ni kono shigoto ga owaru yō ni shimashita keredomo byōki ni natta node dekimasen deshita ❹ watashi wa kisha to shite yoku kokkaigi'in to hanasu koto ga arimasu ❺ ashita made ni yomanakereba naranai shinbun ga takusan nokotte imasu kara totemo komarimasu

***

❺ Farò in modo di venire questa sera.

. . . .

Soluzioni dell'esercizio 2
❶ jikan ga areba, sekai isshū o shitai to omoimasu ❷ jikan dake – desu – kane mo hitsuyō desu ❸ itaria kara kuru mono shika kawa – ❹ raigetsu made ni shakkin o kaesanakereba narimasen ❺ konban kuru yō ni shimasu

go hyaku go jū roku • 556

かたかな の れんしゅう
kata ka na no ren shū
Esercizi di katakana

I katakana sono un altro insieme di segni corrispondenti ciascuno a una sillaba, parallelo al sillabario hiragana. Anche se storicamente i due sistemi sono nati nello stesso periodo (verso la fine del primo millennio), nella lingua moderna i katakana sono impiegati per un uso specifico e limitato: sono il marchio di tutto ciò che è straniero.
In particolare vengono utilizzati per:
- la trascrizione dei nomi propri stranieri: paesi, città, fiumi, nomi di persone ecc.;
- la trascrizione di nomi comuni derivati da lingue straniere (in particolare dall'inglese americano) e resi parte della lingua giapponese.
Avete già avuto modo di vedere questi due casi.

Alcune osservazioni prima di proseguire:
__1)__ Per la trascrizione dei nomi di città, montagne e persone si parte dalla loro pronuncia nella lingua d'origine: ナポレオン **naporeon**, *Napoléon (lezione 51, frase 4);* パリ **pari**, *Paris (lezione 55, frase 8);* モスクワ **mosukuwa**, *Moskva (lezione 55, frase 8);* ウィーン **uīn**, *Wien (lezione 78, frase 11). In compenso, per i nomi di nazione è spesso l'inglese a fornire il termine di partenza. Per selezionare qualche esempio abbastanza evidente:* スペイン **supein**, *Spain (lezione 38, frase 6);* ブラジル **burajiru**, *Brazil (lezione 69, frase 5);* オーストリア **ōsutoria**, *Austria (lezione 78, frase 11).*

第七十九課 dai nana jū kyū ka

しんじゅく えき
新宿 駅
shin juku eki

1 – ごめん なさい。
go me n na sa i

2) Dal momento che il giapponese non consente di trascrivere una serie di consonanti consecutive, i nomi diventano a volte poco leggibili. Questo problema non riguarda particolarmente i nomi italiani, ma principalmente quelli in altre lingue, ad esempio inglesi o francesi: Brest, ブレスト, **buresuto**; Strasbourg, ストラスブーグ, **sutorasubūgu**; Springfield, スポリングフィールド, **suporingufīrudo**; San Francisco, サン・フランシスコ, **san furanshisuko**. *Per quanto riguarda poi i nomi comuni, dal momento che trascritti in questo modo alcuni diventerebbero troppo lunghi, si usa abbreviarli conservando solo due sillabe. Così* ビル **biru** *(lezione 24, frase 11), edificio, è ciò che rimane di* ビルディング **birudingu**, *building;* スト **suto**, *sciopero, è quel che resta di* ストライキ **sutoraiki**, *strike. In questo modo vengono create parole che, pur derivando da altre lingue, si incrociano con la lingua giapponese trasformandosi in un nuovo vocabolo. Riconoscereste il vostro PC nella parola* パソコン **pasokon**, *abbreviazione di* personal computer?

Un problema importante, legato a questi termini "d'importazione", è che non si può sapere quanto a lungo rimarranno in uso nella lingua giapponese. Alcuni termini diventano correnti in un batter d'occhio e altrettanto rapidamente scompaiono, mentre altri permangono, radicandosi solidamente nella lingua.

Seconda ondata: lezione 29

Settantanovesima lezione

La stazione di Shinjuku

1 – Scusami tanto!

79 / 第七十九課

2 — 遅(おそ)かった です ね。約束(やくそく) より
    oso ka t ta   de su   ne   yaku soku   yo ri
    三十分(さんじゅっぷん) **1** 遅(おく)れて います よ。
    san jup pun   oku re te   i ma su   yo

3 — すみません。新宿(しんじゅく) 駅(えき) で
    su mi ma se n   shin juku   eki   de
    ひどい 目(め) に あった の です。
    hi do i   me   ni   a t ta   no   de su

4 — どう した ん です か。
    dō   shi ta   n   de su   ka

5 — もう 新宿(しんじゅく) 駅(えき) は こりごり です。
    mō   shin juku   eki   wa   ko ri go ri   de su
    あれ は 駅(えき) じゃ なくて **2**、迷路(めいろ) です。
    a re   wa   eki   ja   na ku te   mei ro   de su

6   ホーム から 地下(ちか) の 通路(つうろ) まで
    hō mu   ka ra   chi ka   no   tsū ro   ma de
    降(お)りた 後(あと)、どっち へ 行(い)ったら
    o ri ta   ato   do t chi   e   i t ta ra
    いい の か わからなく
    i i   no   ka   wa ka ra na ku
    なって しまいました。
    na t te   shi ma i ma shi ta

7   右(みぎ) の 方(ほう) に も 左(ひだり) の
    migi   no   hō   ni   mo   hidari   no
    方(ほう) に も 同(おな)じ よう に 人(ひと)
    hō   ni   mo   ona ji   yō   ni   hito
    が 大勢(おおぜい) **3** 歩(ある)いて 行(い)く ので、
    ga   oo zei   aru i te   i ku   no de
    まず 左(ひだり) へ 行(い)って みました。
    ma zu   hidari   e   i t te   mi ma shi ta

Settantanovesima lezione / 79

2 – Hai fatto tardi! Sei in ritardo di mezz'ora rispetto al nostro appuntamento.
3 – Sono spiacente. È che è stato terribile *(situazione-terribile [fine] avere-incontrato)* dentro la stazione di Shinjuku!
4 – Cosa è successo?
5 – Non ne posso più della stazione di Shinjuku. Quella non è una stazione, è un labirinto!
6 Dopo essere sceso dal marciapiede al sottopassaggio non ho più capito da che parte dovevo andare.
7 Sia a destra che a sinistra era pieno di persone *(persona [soggetto] molta-gente)* che camminavano, così prima ho provato ad andare a sinistra.

Note

1 三十分 **sanjuppun**, *trenta minuti*: è l'unica forma giapponese per dire *mezz'ora*. Passata l'ora, si potrà invece dire 一時半 **ichijihan**, *un'ora e mezza*. Non esiste invece la suddivisione dell'ora in quarti, ma si contano semplicemente i minuti: 15, 45 ecc. (v. lezione 57, nota 4).

2 なくて, forma in て del suffisso negativo ない, che dal punto di vista formale è un aggettivo. Non dimenticatelo.

3 大勢 **oozei** significa *tanti*, ma si può usare solo per indicare un gruppo di persone. Negli altri casi si usa たくさん.

go hyaku roku jū • 560

8. 改札口 で 切符 を 渡した 後、エスカレーター が 見えた ので、上 が 出口 か と 思いました。

9. ところが、それ は デパート へ 入る 入口 でした。

10. やっと の おもいで、新宿 駅 の 地下 の 通路 へ 戻って4、また 切符 を 買って 右 へ 行きました。

11. 今度 は やっと 外 へ 出る こと が できました が、東口 じゃ なくて 西口 だった ので、

12. どこ が どこ だ か わからなくて、タクシー で ここ まで 来ました。

8 Dopo avere dato il biglietto allo sportello di uscita, ho visto le scale mobili e così ho pensato che l'uscita fosse là sopra.
9 Invece era l'entrata di un grande magazzino.
10 Alla fine ho pensato di tornare indietro fino al sottopassaggio della stazione, ho comprato un altro biglietto e sono andato a destra.
11 Questa volta finalmente sono riuscito a uscire, ma non era l'uscita est, era l'uscita ovest.
12 **Non sapevo più dov'ero** *(dove [soggetto] dove essere [domanda])* **e così sono venuto fin qui in taxi.**

Note

4 戻る **modoru**: vi ricordate il significato di questo verbo? Sì, esatto, vuol dire *ritornare sui propri passi* (v. lezione 35, § 4.2).

79 / 第七十九課

13 — そう です か。新宿 駅
sō de su ka shin juku eki

は 簡単 です よ。
wa kan tan de su yo

14 乗り換る 場合 に は 電車
no ri kae ru ba ai ni wa den sha

と 同じ 色 の 表示板
to ona ji iro no hyō ji ban

が あります し **5**、
ga a ri ma su shi

15 「出口」、「入口」 も ちゃんと
de guchi iri guchi mo cha n to

書いて あります **6** から、
ka i te a ri ma su ka ra

16 気 を つけて 見れば、すぐ
ki o tsu ke te mi re ba su gu

わかる はず です。
wa ka ru ha zu de su

17 — そう です か。でも 私
sō de su ka de mo watashi

みたい に 色盲 の 人 は
mi ta i ni shiki mō no hito wa

どう したら いい ん です?
dō shi ta ra i i n de su

563 • go hyaku roku jū san

Settantanovesima lezione / 79

13 – Davvero? Ma la stazione di Shinjuku è semplice!
14 Quando devi cambiare treno, c'è un pannello indicatore dello stesso colore del treno,
15 inoltre, c'è anche scritto chiaramente "uscita" e "entrata",
16 quindi, se fai attenzione, dovresti capire subito tutto!
17 – Ah, sì? Però come faranno le persone daltoniche come me?

Note

5 し: questa piccola parola serve a collegare due proposizioni quando si elencano diversi fatti che si sovrappongono per spiegare la medesima cosa (v. lezione 71, frasi 4, 5 e 7).

6 書いて あります **kaite arimasu**. Per un circoscritto numero di verbi d'azione, la costruzione て + ある (あります) può indicare uno stato passivo particolare: l'azione è osservata dal punto di vista del risultato e colui che l'ha compiuta è ignoto. Di solito, la rendiamo in italiano con un impersonale. Questa costruzione si trova spesso con il verbo 書く **kaku**, *scrivere*, 書いて ある, *c'è scritto* (v. lezione 61, frase 6), e anche con il verbo 置く **oku**, *porre*, 置いて ある (v. lezione 62, frase 10), *è posto, è situato*.

Le stazioni sono un elemento centrale della vita quotidiana in Giappone. A Tokyo e nell'agglomerato Kyoto-Osaka, la metropolitana sotterranea non è il principale mezzo di trasporto. Vista l'estensione di queste città, solo il treno in superficie costituisce un mezzo di trasporto efficace. Anche la stazione, luogo di passaggio obbligato, ha un ruolo privilegiato. È il vero centro del quartiere e raggiunge spesso delle dimensioni mostruose, con grandi magazzini, centri commerciali, alberghi, uffici, cinema, banche, ristoranti su più piani (compreso il piano sotterraneo). La stazione di Shinjuku (circa 4 milioni di passeggeri al giorno) è senza dubbio molto particolare e assomiglia veramente a un labirinto. Per non essere da meno, all'inizio degli anni 2000 anche Kyoto si è dotata di una immensa stazione dall'architettura ultramoderna.

練習 1 – 訳 し なさい

❶ 時計 が 止まって いて、何時 か わからなくて、遅く なって しまいました。着いた 時 は もう 七時 十五分 前 でした。

❷ やっと 政府 は 科学 研究 の ための 予算 を 決めました。

❸ キエさん は いらっしゃいます か。- はい、います。

❹ 家 に 帰った 後 で、すごい 雨 が 降りはじめました。

❺ 家族 と 離れた 後、大変 な 生活 に なりました。

***

練習 2 – 言葉 を 入れ なさい

❶ Questo non è un labirinto, è una stazione.

. . . . , ...

❷ Il treno parte esattamente alle quattro meno venti.

. . . . demasu

❸ Questo colore non mi dona per niente.

. . . . na

❹ Se è caro non lo compro.

. . . . wa yo

Soluzioni dell'esercizio 1

❶ Il mio orologio si è fermato e, non sapendo che ora fosse, ho finito per fare tardi. Quando sono arrivato mancava ormai un quarto alle sette. ❷ Il governo ha finalmente stabilito l'ammontare degli investimenti per la ricerca scientifica. ❸ C'è il signor Quillet? – Sì. ❹ Dopo che sono rientrato a casa è iniziata a cadere una pioggia torrenziale. ❺ Dopo che ha lasciato la famiglia, la sua vita è diventata difficile.

Trascrizione

❶ tokei ga tomatte ite nanji ka wakaranakute osoku natte shimaimashita tsuita toki wa mō shichiji jūgofun mae deshita ❷ yatto seifu wa kagaku kenkyū no tame no yosan o kimemashita ❸ kiesan wa irasshaimasu ka hai imasu ❹ ie ni kaetta ato de sugoi ame ga furihajimemashita ❺ kazoku to hanareta ato taihen na seikatsu ni narimashita

***

❺ Ho studiato fino alle nove e un quarto, poi sono andato a fare un giro a Shinjuku.

. . . . ,
. . . . asobi . . . .

Soluzioni dell'esercizio 2

❶ koko wa meiro de wa nakute, eki desu ❷ densha wa chōdo yo ji ni jup pun mae ni – ❸ konna iro wa zenzen awanai – ❹ takakereba kawanai – ❺ ku ji jū go fun made benkyō shite, shinjuku e – ni ikimashita

go hyaku roku jū roku • 566

片仮名 の 練習
kata ka na no ren shū

Esercizi di katakana

Non dimenticate di seguire l'ordine e la direzione dei tratti.

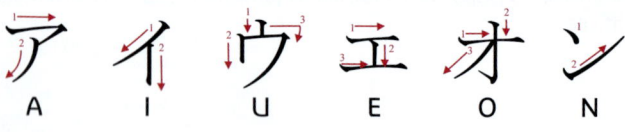

第八十課 dai hachi jūk ka

学生 の 部屋
gaku sei no he ya

1 — 今週 の 金曜日 に
kon shū no kin yō bi ni
おふくろ **1** が 田舎 から 出て
o fu ku ro ga inaka ka ra de te
くる ので、 少し 部屋 を
ku ru no de suko shi he ya o
片付けなければ いけない **2** ん だ。
kata zu ke na ke re ba i ke na i n da

Note

1 おふくろ: benché la traduzione letterale del termine sia "sacco", in realtà si tratta di una parola del lessico familiare, dal sapore rustico, per nominare la madre, usata in particolare dagli uomini per indicare *mia madre*.

書き取り

Tra parentesi, dopo la traduzione compare la parola originaria, il più delle volte di origine inglese.

❶ **ea** *(aria/air)* ❷ **ai** *(occhio/eye)* ❸ **ia** *(orecchio/ear)* ❹ **uea** *(vestito/wear)* ❺ **on** *(acceso/on)* ❻ **in** *(albergo/inn)*

Soluzioni
❶エア ❷アイ ❸イア ❹ウエア ❺オン ❻イン

Seconda ondata: lezione 30

Ottantesima lezione

80

Una camera da studente

1 – Questo venerdì verrà mia madre dalla campagna, così devo riordinare un po' la mia camera.

2 Abbiamo già visto (v. lezione 77, § 3.2) un'espressione usata per esprimere un obbligo. Eccone qui un'altra: 片付けなければ いけません (いけない) **katazukenakereba ikemasen (ikenai)**. La prima parte significa *se non metto in ordine*, la seconda parte といけません che deriva da いける, parola derivata da いく, e significa *potere andare*. Dunque, いけません significa *non può andare* (letteralmente "se non sistemo, non può andare"), da cui la traduzione *devo mettere in ordine*. Notate che l'espressione che ha come seconda parte ならない (なりません), serve per indicare un obbligo derivante da circostanze esterne. Invece, quando la seconda parte è いけない (いけません), l'obbligo proviene dalla volontà personale.

2 － どう やって この 部屋 を
　　dō yatte kono heya o
　　片付ける つもり 3?
　　katazukeru tsumori

3　蒲団 は いつ から 畳んで
　　futon wa itsu kara tatande
　　ない 4 の 5。
　　nai no

4　机 の 上 に たくさん の 物
　　tsukue no ue ni takusan no mono
　　が 乗って いる ん じゃ ない。
　　ga notte iru n ja nai

5　蒲団 と 机 で 部屋 が 一杯 6
　　futon to tsukue de heya ga ippai
　　で、畳 なんか 7 見えない じゃ ない。
　　de, tatami nanka mienai ja nai

6　この 中 で どう やって
　　kono naka de dō yatte
　　勉強 して る の。
　　benkyō shite ru no

7　ワイシャツ の 上 に 野菜 が
　　waishatsu no ue ni yasai ga
　　置いて あって、下着 の 横 に
　　oite atte, shitagi no yoko ni
　　砂糖 が 置いて あって…
　　satō ga oite atte

Ottantesima lezione / 80

2 – Come intendi sistemare questa stanza?
3 Da quanto tempo non ripieghi il tuo futon?
4 E il tavolo? È pieno di cose!
5 Con il futon e il tavolo la stanza è già piena, non si vede nemmeno il tatami!
6 Come fai a studiare qui dentro?
7 C'è della verdura sulle tue camicie e dello zucchero accanto alla biancheria intima.

Note

3 In questo dialogo dai toni familiari, molti elementi spariscono. Qui, alla fine della frase ci aspetteremmo です か. Il です però sparisce e l'interrogazione viene segnalata da un'intonazione ascendente della voce (v. anche frasi 4, 5 e 11).

4 畳んで ない **tatande nai**: ない sta per いない, ma la い viene omessa.

5 È da molto tempo che non incontriamo più questo の che serve a indicare la domanda al posto di か (v. anche frasi 6 e 9).

6 **ippai**: abbiamo già incontrato questa espressione con il significato di *un bicchiere pieno* (v. lezione 37, frase 10). Da questo significato deriva quello più generale di *pieno*.

7 なんか ha lo stesso significato di など, che si trova sia dopo un nome sia dopo un elenco, per dire *tutto ciò che è dello stesso tipo della cosa di cui si parla*, ossia *ecc*. (v. lezione 36, nota 2).

8   きたない　　　ナイフ　　や　　フォーク
    kitanai　　　naifu　　　ya　　fōku
    や　箸　が　机　の　下　に
    ya　hashi　ga　tsukue　no　shita　ni
    おっこちて　いる　わ　よ。
    okkochite　iru　wa　yo

9   時計　が　せっけん　の　上　に
    tokei　ga　sekken　no　ue　ni
    置いて　ある　わ。この　せっけん
    oite　aru　wa　kono　sekken
    随分　ひからびて　いる　けど、
    zuibun　hikarabite　iru　kedo
    使う　こと　ある　の。
    tsukau　koto　aru　no

10 — そりゃ　たま　に　は　ある　さ。
    sorya　tama　ni　wa　aru　sa
    僕　は　大学　と　アルバイト
    boku　wa　daigaku　to　arubaito
    で　夜　帰って　くる　と、
    de　yoru　kaette　kuru　to
    くたくた　で、部屋　なんか
    kutakuta　de　heya　nanka
    片付ける　余裕　なんて　ない　よ。
    katazukeru　yoyū　nante　nai　yo

11 — あなた　この　前　片付けた
    anata　kono　mae　katazuketa
    の　は　いつ　な　の。
    no　wa　itsu　na　no

Ottantesima lezione / 80

8 Sotto il tavolo ci sono dei coltelli, delle forchette e delle bacchette sporchi.
9 C'è un orologio sopra il sapone. Questo sapone è parecchio secco... ma lo usi?
10 – Mi succede raramente. Tra l'università e i lavoretti, quando torno la sera stanco morto, non sono nelle condizioni adatte per mettere in ordine la stanza.
11 – Quand'è che hai messo in ordine l'ultima volta?

この 中 で どう やって 勉強 してる の？

Note

8 おっこちて いる: la lingua giapponese ama molto i suoni che creano un'immagine (v. lezione 39, nota 4). Talvolta crea parole che rappresentano meglio l'immagine da evocare, altre volte invece trasforma parole già esistenti affinché siano più suggestive. Ecco qui una parola trasformata: la forme normale sarebbe おちて いる da おちる, *cadere*.

9 そりゃ: contrazione di それ は, *codesto*.

10 さ: un'altra particella finale, impiegata dagli uomini con un significato molto vicino a quello di わ, particella femminile. Le daremo quindi lo stesso senso di *[addolcimento]*.

12 – この 前 おふくろ が 上京
    した 時 だ から、六ヶ月
    前 だ よ。

13 – それ に して も、ちょっと
    ひどい じゃ ない。お母さん
    びっくり しちゃう **11** わ よ。

14 – 片付け 手伝って くれない か。
    たのむ よ。

***

練習 1 – 訳 し なさい

❶ 「アルバイト」と いう 日本語 の 言葉 は ドイツ語 から 来た 言葉 です。だから 片仮名 で 書きます。

❷ 日本 では、一番 普通 なのは、ベッド より 蒲団 で 寝る こと です。

Ottantesima lezione / 80

12 – L'ultima volta è stata quando mia madre è venuta a Tokyo *(salita-alla-capitale avere-fatto)*, circa sei mesi fa.
13 – Non trovi che sia un disastro? Tua madre rimarrà scioccata!
14 – Mi aiuteresti a riordinare? Ti prego…

Note

11 しちゃう è il risultato, nella conversazione informale, della contrazione di して e di しまう. しまう, aggiunto a un verbo con la forma in て, indica che l'azione espressa dal verbo è stata eseguita completamente. Qui significa *tua madre sarà del tutto sorpresa*.

***

❸ 子供達は、あの人が毎日遠い田舎から町まで歩いて来るのを知って、感心に思いました。

❹ 昨日冷蔵庫に入れたシャンペンがなくなったのを見て、不思議に思いました。

❺ 約束があるから必ずちょうど五時に出掛けなければならないが、その前にちょっと部屋を片付けなければいけないんだ。

Soluzioni dell'esercizio 1

❶ La parola giapponese "arubaito" è una parola derivata dal tedesco. Per questo si scrive in katakana. ❷ In Giappone è più comune dormire sul futon che in un letto. ❸ Quando i bambini appresero che quell'uomo veniva ogni giorno a piedi dalla lontana campagna fino in città, furono pieni di ammirazione. ❹ Quando ho visto che lo champagne che avevo messo in frigo ieri era sparito, l'ho trovato molto strano. ❺ Siccome ho un appuntamento devo assolutamente uscire alle cinque in punto, ma prima devo riordinare un po' la stanza.

***

練習 2 - 言葉 を 入れ なさい

❶ Ho posato l'orologio sul tavolo.

. . . . . wa . . . .

❷ L'amica di mia sorella (*minore*) ha messo la valigia sotto il tavolo dell'ingresso.

. . . .

. . . .

❸ Ha tirato fuori dalla borsa un grande portafoglio.

. . . .

. . . .

***

片仮名 の 練習

D'ora in poi useremo anche le vocali lunghe, la cui scrittura in katakana è molto semplice. Si scrive il trattino ー dopo la sillaba la cui vocale ha bisogno di essere allungata (solitamente è la sillaba sulla quale cade l'accento tonico nella lingua di origine). Questo trattino segue sempre il senso della scrittura: orizzontale scrivendo orizzontalmente, verticale scrivendo verticalmente. Per esempio: **kī** *(chiave/key)* キー, キ.

KA　　KI　　KU　　KE　　KO

Ottantesima lezione / 80

Trascrizione

❶ arubaito to iu nihongo no kotoba wa doitsugo kara kita kotoba desu dakara katakana de kakimasu ❷ nihon de wa ichiban futsū na no wa beddo yori futon de neru koto desu ❸ kodomotachi wa ano hito ga mainichi tooi inaka kara machi made aruite kuru no o shitte kanshin ni omoimashita ❹ kinō reizōko ni ireta shanpen ga nakunatta no o mite fushigi ni omoimashita ❺ yakusoku ga aru kara kanarazu chōdo goji ni dekakenakereba naranai ga sono mae ni chotto heya o katazukenakereba ikenai n da

***

❹ Questa settimana devo incontrare mio padre che non vedo da tre mesi.

. . . . atte inai . . . .
. . . .

❺ Siccome lo uso raramente, il mio sapone si è completamente seccato

. . . . node, ...
. . . .

Soluzioni dell'esercizio 2

❶ tokei – tsukue no ue ni okimashita ❷ imōto no tomodachi wa toranku o genkan no tsukue no shita ni iremashita ❸ baggu no naka kara ookii saifu o dashimashita ❹ san ka getsu mae kara – chichi ni konshū awanakereba ikemasen ❺ tama ni shika tsukawanai – , sekken ga hikarabite shimaimashita

***

書き取り

❶ **inki** *(inchiostro/ink)* ❷ **kōku** *(Coca-Cola/Coke)* ❸ **kea** *(attenzione/care)* ❹ **ōkē** *(d'accordo/O.K.)* ❺ **kōn** *(granturco/corn)* ❻ **kēki** *(torta/cake)* ❼ **eakon** *(aria condizionata/air-con-ditioning)* ❽ **koin** *(moneta/coin)*

Soluzioni

❶ インキ ❷ コーク ❸ ケァ ❹ オーケー ❺ コーン ❻ ケーキ ❼ エアコン ❽ コイン

Seconda ondata: lezione 31

第八十一課 dai hachi jū ik ka
風邪 (かぜ) kaze

1 — 元気 が なさそう **1** です ね。
   gen ki ga na sa sō de su ne

2 — ええ、 風邪 を ひきました。
   e e kaze o hi ki ma shi ta

3 — 熱 も ある よう **2** です ね。
   netsu mo a ru yō de su ne

4 — ええ、 今朝 三十九 度 以上 ありました。
   e e kesa san jū kyū do i jō a ri ma shi ta

5 — 薬 を 飲む **3** か 医者 に 見せた 方 が いい です よ。
   kusuri o no mu ka i sha ni mi se ta hō ga i i de su yo

6 — 医者 も 薬 も 嫌い です。
   i sha mo kusuri mo kira i de su

7 — じゃあ、 どう やって 直す の です か。
   ja a dō ya t te nao su no de su ka

Ottantunesima lezione

Il raffreddore

1 – Non ha l'aria di stare bene!
2 – Sì, ho preso il raffreddore.
3 – Mi sembra che Lei abbia anche la febbre.
4 – Sì, questa mattina avevo più di 39 gradi.
5 – Sarebbe meglio prendere una medicina o consultare un medico.
6 – Io detesto i medici e le medicine.
7 – Allora come si cura?

Note

1 なさ そう です: そう です significa *da ciò che vedo*, *a una prima e rapida impressione*, *mi sembra che* (v. lezione 71, nota 3) e deve seguire la radice di un aggettivo, ossia ciò che rimane eliminando la い. Ad esempio, *sembra interessante*, si dirà おもしろそう です (v. lezione 25, frase 9). Come sappiamo, il suffisso ない, *non esserci*, forma negativa di grado inferiore del verbo ある (v. lezione 35, fine del § 3), si comporta come un aggettivo, tuttavia per ない non si utilizza mai la radice *な, che sarebbe troppo breve, bensì la forma なさ. Avremo così: なさそう, *da quanto vedo*, *mi sembra che non ci sia*.

2 ある よう です è un'altra costruzione giapponese che si usa per fare un'affermazione su un'altra persona. A differenza di そう です della nota 1 che serve a dire una prima impressione superficiale, よう です ci presenta la deduzione logica di una osservazione più accurata ed è quindi un'affermazione più forte: *dopo l'osservazione di certi particolari, io deduco che*.

3 飲む **nomu**: questo verbo, che traduciamo spesso con *bere*, ha in realtà un significato più ampio. Viene utilizzato per tutto ciò che si mangia senza masticare. Ad esempio, mentre noi diremo che *mangiamo* la zuppa, i giapponesi diranno che la bevono, 飲む; lo stesso vale per l'assunzione di pastiglie, sciroppi e altri medicinali da inghiottire direttamente.

8 − 私は病気になると、一切化学薬品や抗生物質を使わないで[4]、

9 　鍼や指圧や漢方薬で直します。

10 　風邪の時は何もしないで暖かくして、寝ているだけです。

11 − それで直るのですか。

12 − はい、直ります。しかし薬を飲むよりは時間がかかります。

13 − 僕はせっかちなので、病気が自然に直るまで待っていられません[5]。

Ottantunesima lezione / 81

8 – Quando mi ammalo non prendo assolutamente medicinali chimici o antibiotici,
9 mi curo con l'agopuntura, lo shiatsu e la medicina cinese.
10 Quando prendo un raffreddore non faccio nulla, sto solo al caldo e a letto!
11 – E Lei guarisce in questo modo?
12 – Sì, solo che ci vuole più tempo che con le medicine.
13 – Io sono troppo impaziente, non riesco ad aspettare che la malattia passi in modo naturale!

Note

4 使わないで **tsukawanaide**, *non usando*. Quando si deve impiegare un verbo nella forma negativa in て per concludere una proposizione, ci sono due possibilità: verbo + ない nella forma in て (v. lezione 64, nota 4), con il significato che ormai conoscete bene, oppure verbo + ないで, come in questo caso, con un significato un po' diverso: *evito di fare quella cosa, faccio piuttosto quell'altra*.

5 待って いられません **matte iraremasen** (v. lezione 72, nota 6) deriva da 待って いる **matte iru**, *stare aspettando*. In questa costruzione, però, l'ausiliare いる viene usato con il suffisso del potenziale: いられる (いられます) nella forma negativa diventa いられない (いられません). La costruzione vuol dire *non riesco ad aspettare*.

14　医者（いしゃ）の　ところ　へ　行って
　　i sha　no　to ko ro　e　i t te
　　薬（くすり）を　もらって、はやく　直（なお）した
　　kusuri　o　mo ra t te　ha ya ku　nao shi ta
　　方（ほう）が　いい　と　思（おも）います。
　　hō　ga　i i　to　omo i ma su　　　　□

***

▶ 練習 1 – 訳 し なさい

❶ 今（いま）の 条件（じょうけん）は むずかしく なった けれど、あきらめないで、勉強（べんきょう）して います。

❷ 変（へん）な 噂（うわさ）に 耳（みみ）を 貸（か）さないで、自分（じぶん）で 調（しら）べた 方（ほう）が いい です よ。

❸ 体（からだ）の ため に 最近（さいきん）は バス に 乗（の）らないで、会社（かいしゃ）まで 歩（ある）いて 行（い）って います。

❹ ゲガンさん か と 思（おも）いました が、近（ちか）づいて みたら、別（べつ）の 人（ひと）でした。

❺ おととい、空港（くうこう）で、君（きみ）の 同僚（どうりょう）の 竹村（たけむら）さん に 会（あ）った が、このごろ いそがしそう だ ね。

Ottantunesima lezione / 81

14 Io penso che sia meglio guarire in fretta andando dal dottore e facendosi prescrivere delle medicine.

***

Soluzioni dell'esercizio 1

❶ La situazione attuale si è complicata, ma studio senza scoraggiarmi. ❷ È meglio informarsi di persona che dare ascolto a strani pettegolezzi. ❸ Per la mia salute, ultimamente, non sto prendendo l'autobus, ma vado a piedi in azienda. ❹ Pensavo che fosse il signor Guégan, ma, quando ho provato ad avvicinarmi, era un'altra persona. ❺ L'altro ieri all'areoporto ho incontrato il tuo collega Takemura; ultimamente sembra molto impegnato.

Trascrizione

❶ ima no jōken wa muzukashiku natta keredo akiramenaide benkyō shite imasu ❷ hen na uwasa ni mimi o kasanaide jibun de shirabeta hō ga ii desu yo ❸ karada no tame ni saikin wa basu ni noranaide kaisha made aruite itte imasu ❹ gegansan ka to omoimashita ga chikazuite mitara betsu no hito deshita ❺ ototoi kūkō de kimi no dōryō no takemura san ni atta ga konogoro isogashisō da ne

練習 2 - 言葉 を 入れ なさい

❶ Mi sembra che Lei abbia preso un raffreddore.
. . . .

❷ Quando capì che sua madre non sarebbe venuta, fece un'espressione triste.
. . . . ,
. . . . na kao o shimashita

❸ Detesto guardare il tennis in televisione.
atashi . . . .
. . . .

***

片仮名 の 練習

ガ	ギ	グ	ゲ	ゴ
GA	GI	GU	GE	GO

82

第八十二課 dai hachi jū ni ka
(だい はち じゅう に か)

ペット
pe t to

1 - 先週 学校 の 生徒 に 見せる
sen shū gak kō no sei to ni mi se ru
(せんしゅう がっこう) (せいと) (み)

ため、日本 文化 に ついて の
ta me ni hon bun ka ni tsu i te no
(にほん) (ぶんか)

ビデオ を 何本か1 見ました。
bi de o o nan bon ka mi ma shi ta
(なんぼんか) (み)

Ottantaduesima lezione / 82

❹ Dopo che Tadashi fu ritornato a casa sua, mi accorsi che aveva dimenticato le riviste.

. . . . , ...
. . . . no ni ki ga tsukimashita

❺ Se è leggero, lo posso portare.

. . . .

Soluzioni dell'esercizio 2
❶ kaze o hiita yō desu ne ❷ okaasan ga konai no ga wakatta toki, kanashisō – ❸ – wa terebi de tenisu o miru no ga kirai desu ❹ tadashi kun ga kaetta ato, zasshi o wasurete ita – ❺ karukereba motemasu

***

書き取り
❶ **gaun** (*vestaglia/gown*) ❷ **gongu** (*gong*) ❸ **gō** (*andiamo/go*)
❹ **gan** (*fucile/gun*) ❺ **kingu** (*re/king*)

Soluzioni
❶ ガウン ❷ ゴング ❸ ゴー ❹ ガン ❺ キング

Seconda ondata: lezione 32

Ottantaduesima lezione 82

Animali domestici

1 – La scorsa settimana ho guardato diversi video sulla cultura giapponese per farli vedere agli studenti della scuola.

Note

1 本 **hon**: questo termine è qui usato come classificatore per i film (naturalmente riferendosi alle pellicole!). 何本 **nanbon**, *quanti film?*, 何本か **nanbonka** (v. lezione 65, nota 4), *un certo numero di film*. È lo stesso classificatore numerale che servirà per contare le zampe del cane nella frase 10.

go hyaku hachi jū yon • 584

第八十二課

2 そこ は 日曜日 (にちようび) に なる と、
so ko wa nichi yō bi ni na ru to

デパート の 近辺 (きんぺん) の 大通り (おおどお) が
de pā to no kin pen no oo doo ri ga

全部 自動車 通行 禁止 に なり、
(ぜんぶ じどうしゃ つうこう きんし)
zen bu ji dō sha tsu kō kin shi ni na ri

3 歩行者 (ほこうしゃ) 天国 (てんごく) に なります。
ho kō sha ten goku ni na ri ma su

4 そして 大通り (おおどお) の 真中 (まんなか) に
so shi te oo doo ri no man naka ni

テーブル や 椅子 (いす) を 並べたり (なら)、
tē bu ru ya i su o nara be ta ri

5 子供 (こども) の ため の ブランコ や
ko domo no ta me no bu ran ko ya

シーソー など も 出したり (だ) します。
shī sō na do mo da shi ta ri shi ma su

6 そこ まで は 特 (とく) に 変わった (か)
so ko ma de wa toku ni ka wa t ta

こと は なかった の です が、
ko to wa na ka t ta no de su ga

7 その 後 (あと) 面白い (おもしろ) 2 物 (もの)
so no ato omo shiro i mono

を 見ました (み)。
o mi ma shi ta

2 In uno di questi video si vedevano le strade intorno ai grandi magazzini che di domenica sono completamente chiuse al traffico automobilistico
3 e diventano isole pedonali.
4 In più si mettono tavoli e sedie nel bel mezzo dei viali,
5 e si tirano fuori altalene, dondoli e altri giochi di vario tipo per i bambini.
6 Fin qui non c'erano cose particolarmente strane, ma
7 dopo ho visto delle cose divertenti.

:::Note
2 面白い **omoshiroi** è un aggettivo un po' difficile da rendere in italiano: *interessante*, *divertente*, *buffo*. Di fatto suggerisce sempre l'idea di qualcosa che può colpire l'attenzione, dal divertimento al profondo interesse.

8 日曜日 に 家族 づれ で 散歩 して いる 人達 の 中 に 犬 を 連れて いる 人 が いました。
nichi yō bi ni ka zoku zu re de san po shi te i ru hito tachi no naka ni inu o tsu re te i ru hito ga i ma shi ta

9 その 犬 が どんな 恰好 して いた と 思います か。
so no inu ga do n na kak kō shi te i ta to omo i ma su ka

10 四 本 の 足 に 赤い 靴 を はかされて **3** いた の です。
yon hon no ashi ni aka i kutsu o ha ka sa re te i ta no de su

11 ずっと 前 に 浅草 で ペット 用 の 靴 や 服 や 帽子 を 売って いる 店 を 見た こと が あります が、
zu t to mae ni asa kusa de pe t to yō no kutsu ya fuku ya bō shi o u t te i ru mise o mi ta ko to ga a ri ma su ga

12 まさか あんな 物 を 買う 人 が いる と 思いません でした。
ma sa ka a n na mono o ka u hito ga i ru to omo i ma se n de shi ta

Ottantaduesima lezione / 82

8 Tra la gente che passeggiava di domenica con la propria famiglia, c'era anche chi portava il cane a spasso. *(cane [oggetto] accompagnare)*
9 Che aspetto aveva quel cane, secondo te?
10 Gli avevano infilato delle scarpe rosse a tutte e quattro le zampe!
11 Un bel po' di tempo fa, ad Asakusa, mi era capitato di vedere dei negozi che vendevano scarpe, vestitini e cappelli per animali domestici, ma
12 non pensavo che ci fossero veramente delle persone che comprassero quelle cose!

Note

3 はかされて いた deriva da はかされる, derivato a sua volta da はかす. Da un verbo se ne può derivare un altro che ha il significato di *fare [causativo]*: はく, *indossare, infilarsi* (scarpe, calze, pantaloni, tutto ciò che si indossa dal basso), e はかす, *fare indossare, fare infilare a qualcuno*. A partire dal verbo a più basi はかす, sostituendo la **u** finale con il suffisso **areru**, si ricava はかされる e il verbo diventa passivo: はかす, *far indossare* → はかされる, *essere fatto indossare*. Notate che il passivo si può costruire con qualsiasi verbo, transitivo o intransitivo.

13 — このごろ は 動物 気違い が
ko no go ro wa dō butsu ki chiga i ga
多い ので は ない です か。
oo i no de wa na i de su ka

14 — 家 の 近所 に 犬 猫
uchi no kinjo ni inu neko
美容院 が あります。
bi yō in ga a ri ma su

15 そこ で は 偽 の 宝石 の
so ko de wa nise no hō seki no
ついた 首輪 など を 売って
tsu i ta kubi wa na do o u t te
います。
i ma su

16 — ああ、 そう です か。 この 間
a a sō de su ka ko no aida
お 会い した 4 時、
o a i shi ta toki

17 お 宅 5 の 猫ちゃん は、 すてき
o taku no neko cha n wa su te ki
な 宝石 の ついた 首輪 を
na hō seki no tsu i ta kubi wa o
して いました けれど、
shi te i ma shi ta ke re do

18 そこ で 買った ん です ね。
so ko de ka t ta n de su ne

Ottantaduesima lezione / 82

13 – Non sarà che di questi tempi ci sono molte persone fanatiche per gli animali?
14 – Vicino a casa mia c'è un salone di bellezza per cani e gatti.
15 Vendono addirittura collari con incastonate finte pietre preziose.
16 – Ah, davvero? Quando ci siamo incontrati, un po' di tempo fa,
17 il Suo gattino portava un collare con delle splendide gemme,
18 allora è lì che l'ha comprato!

Note

4 お会いした **o ai shita**, grado superiore per *io*, corrispondente al grado medio 会いました **aimashita**, *avere incontrato*.
5 お宅 **otaku**, benché sia un nome, possiamo considerarlo il grado superiore di 家 **ie**, *casa*, quindi お宅 **otaku**, *casa Sua*.

*Il quartiere di Asakusa si trova nella parte nord-ovest di Tokyo non lontano da Ueno (lezione 39). Davanti al suo magnifico santuario, si estende uno spazio coperto di gallerie commerciali con innumerevoli piccoli negozietti di oggetti artigianali tradizionali e di prodotti alimentari tipici. È un quartiere che conserva una certa atmosfera antica. È anche la zona dei teatri e delle sale da musica. Fino alla metà del XX secolo è stato quello che pudicamente viene definito un "quartiere di piaceri"... di cui conserva ancora le tracce. È in questo quartiere che nel 2012 è stata costruita la Tokyo Sky Tree (lezione 6). Perché proprio qui? Forse in ricordo della torre panoramica di 12 piani e 65 m di altezza, la **Ryōunkaku** (letteralmente "grattacielo"), edificata nel 1890. Simbolo dell'entrata del Giappone nell'era moderna, primo edificio di Tokyo a superare i due piani, questa torre possedeva anche il primo ascensore elettrico. Essa venne distrutta dal terribile terremoto di Tokyo del 1923. 65 m, 332 m, 634 m... fino a dove arriveranno i giapponesi?*

go hyaku kyū jū • 590

練習 1 – 訳 し なさい

1. 兄 は お 見合い の 写真 を 送りました が、断られて、あきらめました。
2. 一九〇〇 年 以前 に 建てられた 家 は、この 町 に 今 でも たくさん 残って います。
3. ヨーロッパ の 国 の 文化 に ついて 本を 読んだり、ビデオ を 見たり して、段々 いろいろ 覚えて いきます。
4. 晩御飯 の 支度 を している 間 に、子供 は 外 で 遊んだり、道 を 通る 人 を 見たり して います。

***

練習 2 – 言葉 を 入れ なさい

1. **Dove abita?** *(dov'è la sua abitazione)*
   . . . .

2. **Abito** *(La mia casa si trova)* dietro alla banca che si trova sul lato destro del corso.
   . . . . gawa . . . . .
   . . . .

3. **Non è una cosa strana mettere le scarpe a un cane?**
   . . . . okashii ja nai desu ka

Ottantaduesima lezione / 82

❺ ビデオ を 二十本 一日中 見て いました
ので、大変 疲れました。

Soluzioni dell'esercizio 1
❶ Il mio fratello maggiore ha mandato la sua foto per un matrimonio combinato, ma è stato rifiutato e così ci ha rinunciato. ❷ Ci sono ancora oggi nella nostra città delle case costruite prima del 1900. ❸ Leggendo libri e guardando video sulla cultura dei paesi europei, piano piano imparo molte cose. ❹ Mentre preparo la cena, i bambini giocano fuori e guardano la gente passare per strada. ❺ Siccome ho guardato venti video in un giorno, sono molto stanco!

Trascrizione
❶ ani wa o miai no shashin o okurimashita ga kotowararete akiramemashita ❷ sen kyū hyaku nen izen ni taterareta ie wa kono machi ni ima demo takusan nokotte imasu ❸ yōroppa no kuni no bunka ni tsuite hon o yondari bideo o mitari shite dandan iroiro oboete ikimasu ❹ bangohan no shitaku o shite iru aida ni kodomo wa soto de asondari michi o tooru hito o mitari shite imasu ❺ bideo o nijuppon ichinichijū mite imashita node taihen tsukaremashita

***

❹ Questo romanzo è stato scritto in circostanze molto particolari.
.... no moto de ....
....

❺ Detesto ascoltare la musica mentre studio il giapponese.

....
....

Soluzioni dell'esercizio 2
❶ otaku wa doko ni arimasu ka ❷ uchi wa oodoori no higashi – ni aru ginkō no ura ni arimasu ❸ inu ni kutsu o hakasu no wa – ❹ tokubetsu na jōken – kakareta shōsetsu desu ❺ watashi wa nihongo no benkyō o shinagara ongaku o kiku no ga kirai desu

go hyaku kyū jū ni • 592

片仮名 の 練習

サ	シ	ス	セ	ソ
SA	SHI	SU	SE	SO

第八十三課 dai hachi jū san ka
(だい はち じゅう さん か)

文学 (ぶん がく)
bun gaku

1 – この 頃（ごろ） の 若い（わか） 人達（ひとたち） は あまり
ko no goro no waka i hito tachi wa a ma ri
本（ほん） を 読（よ）まなく なりました ね。
hon o yo ma na ku na ri ma shi ta ne

2　　私達（わたしたち） が 若（わか）かった 頃（ころ） には、
watashi tachi ga waka ka t ta koro ni wa
一生懸命（いっしょうけんめい） 源氏（げんじ） 物語（ものがたり） や **1**
is shō ken mei gen ji mono gatari ya
枕（まくら）の 草子（そうし） **2** など 古典（こてん） 文学（ぶんがく）
makura no sō shi na do ko ten bun gaku
を よく 読（よ）んだ もの でした **3** が、
o yo ku yo n da mo no de shi ta ga

3　孫（まご） など は 漫画（まんが） しか
mago na do wa man ga shi ka
読（よ）みません。
yo mi ma se n

書き取り

❶ **aisu** (ghiaccio/ice) ❷ **sain** (firma/sign) ❸ **sakusesu** (successo/success)
❹ **ōsā** (autore/author) ❺ **saiensu** (scienza/science) ❻ **uisukī** (whisky)
❼ **konsaisu** (di piccolo formato/concise) ❽ **kōsu** (corso/course)

Soluzioni

❶ アイス ❷ サイン ❸ サクセス ❹ オーサー ❺ サイエンス
❻ ウイスキー ❼ コンサイス ❽ コース

Seconda ondata: lezione 33

Ottantatreesima lezione

La letteratura

1 – I giovani d'oggi non leggono più molti libri!
2 Quando noi eravamo giovani leggevamo tanto e con passione i classici della letteratura come "Il racconto di Genji" o "Note del guanciale", ma
3 i nostri nipoti non leggono altro che fumetti.

Note

1 Ci sono due forme per esprimere la congiunzione *e* tra due sostantivi. La prima è と, che si usa quando si elenca una serie finita di cose (v. lezione 66, frase 12); la seconda è や che si usa quando non si elenca tutto, ma soltanto qualche oggetto rappresentativo. Ecco perché spesso traduciamo や come *o* anziché come *e*.

2 枕 草子 si legge **makura no sōshi**, benché la particella の non sia scritta. Questo fenomeno capita spesso nei nomi propri (ad esempio nella lezione 68, frase 1: 山 手 **yama no te**, benché non ci sia il の).

3 L'uso di もの でした（です）implica che quanto appena narrato venga presentato come un'abitudine, un'azione svolta di frequente nel passato.

go hyaku kyū jū yon • 594

4 － 読みたい 本 を 全部 買うことは できなかった ので、
5 　図書館4 へ 通って よく 読んだ もの でした。
6 　二十 に なった 頃 には 平安 時代 の 主な 作品 は ほぼ 全部 読んで いました。
7 　特に 清少納言 の 枕の草子 など は 暗記 する ほど 何度も 読みました。
8 － あなた は 清少納言 とか 紫式部 など の 女流 作家 が 好き な よう です ね。

Ottantatreesima lezione / 83

4 – Non potendo comprare tutti i libri che volevo leggere,
5 frequentavo assiduamente la biblioteca e così ho letto un mucchio di libri.
6 A vent'anni *(venti-anno [fine] essere-diventato momento [tempo] [enfasi])* avevo letto quasi tutte le opere principali dell'epoca Heian.
7 In particolare, "Note del guanciale" di Sei Shonagon l'ho letto tante di quelle volte da saperlo a memoria.
8 – Sembra che Le piacciano le scrittrici, come Sei Shonagon e Murasaki Shikibu.

Note
4 図書館 **toshokan**, *biblioteca*, unicamente nel significato di luogo dove sono raccolte opere destinate alla consultazione da parte del pubblico, e non quindi di biblioteca personale.

go hyaku kyū jū roku • 596

9 － いいえ、別にそういうわけではないですが、
　　iie, betsu ni sō iu wake de wa nai desu ga,

10　どちらかというと、平安時代の朝廷文学が好きなので、
　　dochira ka to iu to, heian jidai no chōtei bungaku ga suki na node,

11　自然と女の作家の作品を読むことになりました。
　　shizen to onna no sakka no sakuhin o yomu koto ni narimashita.

12　この間、孫に「日本の代表的な古典だから源氏物語でも読みなさい」と言ったら、
　　kono aida, mago ni "nihon no daihyōteki na koten da kara genji monogatari demo yominasai" to ittara,

13　「もう漫画で読んだ」と答えられました 5。
　　"mō manga de yonda" to kotaeraremashita.

9 – No, non è proprio così, *(speciale [avverbiale] così dire ragione non-essere)* ma
10 a dire il vero, poiché amo la letteratura di corte del periodo Heian,
11 mi sono trovata naturalmente a leggere opere di queste scrittrici.
12 L'altro giorno, quando ho detto a mio nipote: "Leggi 'Il racconto di Genji', perché è un classico rappresentativo del Giappone",
13 mi sono sentita rispondere: "L'ho già letto a fumetti".

Note

5 Dai verbi a una sola base si può derivare il passivo (v. lezione 82, nota 3) esattamente nello stesso modo dei verbi a più basi. Da 答える **kotaeru**, *rispondere*, si ottiene 答えられる **kotaerareru**, sostituendo la **u** finale con **areru**. Il passivo giapponese è usato con un significato più ampio che in italiano. Ci ritorneremo.

14 あっ、もう 四時(よじ) です ね。 遅(おそ)く
a t　mō　yo ji　de su　ne　oso ku

まで お 邪魔(じゃま) しました。
ma de　o　ja ma　shi ma shi ta

15 — まだ いい では ない です か。
ma da　i i　de wa　na i　de su　ka

16 — ええ。 主人(しゅじん) が 帰(かえ)って くる
e e　shu jin　ga　kae t te　ku ru

までに 晩御飯(ばんごはん) の 買物(かいもの) と
ma de　ni　ban go han　no　kai mono　to

支度(したく) を しなければ いけません **6**。
shi taku　o　shi na ke re ba　i ke ma se n

ごちそう さま でした **7**。
go chi sō　sa ma　de shi ta

17 — どう いたしまして。 また、 いつ
dō　i ta shi ma shi te　ma ta　i tsu

でも 遊(あそ)び に 来(き)て ください。
de mo　aso bi　ni　ki te　ku da sa i

18 — 失礼(しつれい) します。 ごめん
shitsu rei　shi ma su　go me n

くださいませ **8**。
ku da sa i ma se

Note

6 なければ いけません: vi ricordate come si esprime un obbligo dipendente da circostanze esterne (v. lezione 80, nota 2)?

14 Oh, sono già le quattro! Mi scusi per il disturbo!
15 – Ma no, perché non si ferma ancora un po'?
(ancora non-essere-buono [domanda])
16 – No. Devo fare la spesa e preparare la cena prima che torni mio marito. Grazie di tutto.
17 – Di niente! Venga a trovarmi quando vuole!
18 – La lascio. Con permesso.

7 ごちそう さま でした: è la formula di ringraziamento per coloro che ci hanno offerto qualcosa da mangiare o da bere.

8 Ecco un'altra formula fissa che riguarda ます: ませ, che abbiamo già visto nella lezione 78, nota 1, è una sorta di imperativo. ごめんくださいませ, *mi scusi*, si utilizza spesso per accomiatarsi o terminare una conversazione telefonica (è principalmente una formula del linguaggio femminile).

Il periodo Heian (inizo IX - fine XII secolo) fu un'età di splendore, in particolare per la letteratura. I più grandi capolavori letterari giapponesi furono prodotti in questo periodo, poco tempo dopo l'introduzione del sillabario hiragana, elaborato a partire dai caratteri cinesi, che permetteva ai giapponesi di scrivere più facilmente nella loro lingua. Questi capolavori furono scritti dalle donne della corte dell'Imperatore. Nei suoi 53 capitoli, il **Genji monogatari** *descrive la storia privata di un personaggio, la sua vita amorosa, la sua carriera politica. Descrive anche la vita di corte, i costumi, i modi di pensare. Il* **Makura no sōshi** *è una collezione di testi che mescolano riflessioni poetiche e appunti giornalieri sulla vita a corte. Questo periodo fu anche un'età d'oro per la poesia. La forma poetica* 和歌 **waka** *(detta anche* 短歌 **tanka***), che si impose per parecchi secoli come la forma poetica per antonomasia, ci rende partecipi delle emozioni estetiche o amorose di quella aristocrazia.*

83 / 第八十三課

▶ 練習 1 – 訳 し なさい

① 七時 ごろ に 大変 な 交通 事故 が あって、高速道路 は 通れなく なりました。
② 暑くて、暑くて、死ぬ ほど 暑かった です。
③ 図書館 が どこ に ある か と 聞かれました が、わからなくて、答えられません でした。
④ 最近 足 が 痛く なって、歩けなく なって しまいました。
⑤ 先週 読んだ 農業 の 雑誌 に よる と、今 日本 で は いろいろ な 新しい 野菜 を 作れる よう に なって います。

***

練習 2 – 言葉 を 入れ なさい

① Quanti anni ha la Sua sorella minore?
. . . .

② Venti proprio quest'anno.
. . . .

③ Ci sono persone che pensano che con il computer si possa fare tutto.
. . . . o . . . . . . te . . . .
. . . . te iru . . . .

④ Quando ero giovane volevo diventare uno scrittore.
. . . . omotte imashita

Ottantatreesima lezione / 83

Soluzioni dell'esercizio 1

❶ Verso le sette, c'è stato un terribile incidente stradale e non si poteva più prendere l'autostrada. ❷ Faceva caldo, un caldo da morire! ❸ Mi è stato chiesto dove si trovasse la biblioteca, ma siccome non lo sapevo non ho potuto rispondere. ❹ Da qualche tempo mi fanno male le gambe e non riesco più a camminare. ❺ Secondo una rivista di agricoltura che ho letto la settimana scorsa, pare che in Giappone siano arrivati al punto di potere produrre numerosi tipi di nuovi ortaggi.

Trascrizione

❶ shichiji goro ni taihen na kōtsū jiko ga atte kōsokudōro wa toorenaku narimashita ❷ atsukute atsukute shinu hodo atsukatta desu ❸ toshokan ga doko ni aru ka to kikaremashita ga wakaranakute kotaeraremasen deshita ❹ saikin ashi ga itaku natte arukenaku natte shimaimashita ❺ senshū yonda nōgyō no zasshi ni yoru to ima nihon de wa iroiro na atarashii yasai o tsukureru yō ni natte imasu

***

❺ Domani, se il tempo è bello, ci alziamo *(alziamoci)* presto e andiamo a fare *(facciamo)* una passeggiata nel parco.
. . . . ga . . . . , ... , ...
. . . .

Soluzioni dell'esercizio 2

❶ imōto san wa o ikutsu desu ka ❷ kotoshi chōdo hatachi desu ❸ konpyūtā – tsukat – nandemo dekiru to omot – hito ga imasu ❹ wakai toki sakka ni narō to – ❺ ashita tenki – yokereba, hayaku okite, kōen o sanpo shimashō

片仮名 の 練習

第八十四課 dai hachi jū yon ka

まとめ – Riepilogo

1 I termini di parentela

Abbiamo una promessa da mantenere: parlare della famiglia (lezione 78, nota 6). Quali parole si usano per parlare agli altri:
– dei membri della **mia** famiglia?
– dei membri della **loro** famiglia?
Come vedrete, la risposta è un po' complessa, ma logica.

1.1 Parlare dei membri della propria famiglia

Esaminiamo questo primo caso. Tutto dipende dall'età che uno ha, cioè se chi parla è un bambino o un adulto. Possiamo dire che l'entrata nell'età adulta coincide con il momento in cui un figlio lascia la famiglia, è economicamente indipendente e si sposa.

Per cominciare, consideriamo il caso di un **bambino** (lezione 39, nota 1) che parla di sua *sorella* o del suo *fratello minore*: dirà il loro nome seguito da ちゃん **chan**, かおるちゃん **kaoruchan**, oppure costruirà l'espressione 妹 の かおるちゃん **imōto no kaoruchan** (letteralmente "sorella-minore Kaoru") (lezione 39, frase 14). Per parlare della sorella maggiore dirà お姉さん **oneesan**, *la mia sorella maggiore*, e del fratello maggiore dirà お兄さん **oniisan**, *il mio fratello maggiore* (lezione 71, frase 10).

書き取り

❶ **sezon** *(stagione/saison)* ❷ **jīnzu** *(jeans)* ❸ **zōn** *(zona/zone)*
❹ **kōzu** *(causa/cause)* ❺ **kuizu** *(quiz televisivo/quiz)* ❻ **saizu** *(taglia/size)*

Soluzioni
❶ セゾン ❷ ジーンズ ❸ ゾーン ❹ コーズ ❺ クイズ ❻ サイズ

Seconda ondata: lezione 34

Ottantaquattresima lezione

84

Per parlare di *sua madre* dirà お母さん **okaasan** e per parlare di *suo padre* dirà お父さん **otoosan** (lezione 71, esercizio 1, frase 1). Per parlare di sua zia, dirà 伯母さん **obasan**, mentre per parlare di suo *zio* dirà 伯父さん **ojisan**. Infine, per parlare di *sua nonna* dirà お祖母さん **obaasan** (lezione 39, frase 1) e per parlare di *suo nonno* dirà お祖父さん **ojiisan** (lezione 39, frase 1).

I bambini piccoli possono anche chiamare お姉さん **oneesan**, tutte le ragazze dell'età della sorella maggiore, お兄さん **oniisan**, tutti i ragazzi dell'età del fratello maggiore, 伯母さん **obasan** e 伯父さん **ojisan**, tutte le donne e gli uomini dell'età dei loro genitori e, infine, お祖母さん **obaasan** e お祖父さん **ojiisan** tutte le donne e gli uomini dell'età dei loro nonni.

Quando si diventa adulti, invece, si sopprime il suffisso さん di tutte queste parole. Non lo si usa mai per parlare di sé, né delle persone della propria famiglia (lezione 26, nota 2): *la mia sorella minore* si dirà solo 妹 **imōto** (lezione 80, esercizio 2, frase 2); *il mio fratello minore* si dirà 弟 **otōto**; *la mia sorella maggiore*, 姉 **ane** (lezione 55, esercizio 2, frase 5); il *mio fratello maggiore*, 兄 **ani** (lezione 82, esercizio 1, frase 1); *mia madre*, 母 **haha** e *mio padre*, 父 **chichi** (lezione 64, frase 11). Per parlare dei *miei genitori*, si dirà 両親 **ryōshin** (lezione 53, esercizio 1, frase 5). E per finire, *mia zia* si dirà 伯母 **oba**, *mio zio*, 伯父 **oji** (lezione 32, frase 1), *mia nonna*, 祖母 **sobo**, *mio nonno*, 祖父 **sofu**.

Nel caso in cui si sia sposati, per dire *mio marito* una donna dirà 主人 **shujin** (lezione 83, frase 16), per dire *mia moglie* un uomo userà 家内 **kanai**, (lezione 44, frase 4) oppure 妻 **tsuma** (lezione 34, frase 7), che ha un significato del tipo la *mia sposa/la mia signora*. Un uomo o una donna parleranno dei propri figli in questo modo: 娘 **musume**, *mia figlia* e per estensione *tutte le ragazze che hanno l'età di mia figlia* (lezione 76, frase 14); 息子 **musuko**, *mio figlio* (lezione 26, frase 4); 甥 **oi**, *mio nipote* (lezione 69, frase 1); 姪 **mei**, *mia nipote*; 孫 **mago**, *i miei nipotini* (lezione 83, frasi 3 e 12).

Ecco, ora siete pronti per raccontare i vostri aneddoti familiari.

1.2 Parlare dei membri della famiglia di un altro

Esaminiamo ora il secondo caso. Il primo elemento importante da tenere a mente è che bisogna aggiungere sempre il suffisso さん (ritrovando così molti dei termini usati dai bambini!), dalla sorella minore al nonno: 妹さん **imōtosan**, la *tua/Sua sorella minore* (lezione 83, esercizio 2, frase 1); 弟さん **otōtosan**, *il tuo/Suo fratello minore*; お姉さん **oneesan**, la *tua/Sua sorella maggiore*; お兄さん **oniisan**, *il tuo/Suo fratello maggiore*; お母さん **okaasan**, *tua/Sua madre* (lezione 80, frase 13); お父さん **otōsan**, *tuo/Suo padre*; 伯母さん **obasan**, *tua/Sua zia*; 伯父さん **ojisan**, *tuo/Suo zio*; 甥御さん **oigosan**, *tuo/Suo nipote* (lezione 69, frase 3); お祖母さん **obaasan**, *tua/Sua nonna*; お祖父さん **ojiisan**, *tuo/Suo nonno*.

Se parlate a una persona sposata: per dire *Sua moglie*, userete la parola 奥さん **okusan**; per dire *Suo marito*, 御主人 **goshujin** (lezione 48, frase 11); *Sua figlia*, 娘さん **musumesan** (lezione 66, esercizio 2, frase 5), oppure, più formale, お嬢さん **ojōsan** (lezione 15, frase 6); *Suo figlio*, 息子さん **musukosan** (lezione 23, frase 1) oppure, se è ancora piccolo, お坊ちゃん **obocchan** (lezione 15, frase 10).

E ora siete pronti per interessarvi alle storie di famiglia altrui.

1.3 Alcune osservazioni

– お祖母さん **obaasan** oppure お祖父さん **ojiisan** sono spesso usati anche per indicare persone anziane, con cui nessuno degli interlocutori ha legami di parentela, ma verso i quali si vuole stabilire un legame di familiarità (lezione 59, esercizio 2, frase 5).
– Il termine 奥さん **okusan**, è diventato un appellativo comune per dire *signora* (lezione 59, frase 12).

– Già che ci siamo, andiamo fino in fondo. È arrivato il momento di parlare della sorella o dello zio di una terza persona. Se la terza persona fa parte del vostro giro di conoscenze si useranno i termini col suffisso さん (lezione 71, frase 7). Se si parla invece di qualcuno che non si conosce affatto e con cui non avete alcun tipo di relazione, si useranno i vocaboli della serie senza il さん (lezione 43, frase 11).

2 I verbi derivati

Di recente abbiamo iniziato a parlare dei verbi "derivati". È ora di vedere più da vicino le due serie finora incontrate.

2.1 Potenziale

Si tratta di forme che permettono di esprimere la *possibilità di fare qualcosa*.
Modalità di derivazione:
– per i verbi a più basi, **eru** sostituisce **u** (lezione 70, § 4): 読む **yomu**, *leggere* → 読める **yomeru**, *potere leggere*;
– per i verbi a una sola base, **areru** sostituisce **u** (lezione 72, nota 6): 降りる **oriru**, *scendere* → 降りられる **orirareru**, *potere scendere*.

2.2 Passivo

Modalità di derivazione: per tutti i verbi, **areru** sostituisce **u** (lezione 82, nota 3): はかす **hakasu** (verbo a più basi), *fare mettere ai piedi* → はかされる **hakasareru**, *essere fatto mettere ai piedi*; 答える **kotaeru**, *rispondere* (verbo a una sola base) → 答えられる **kotaerareru**, *essere risposto*.
I verbi derivati così ottenuti sono tutti verbi a una sola base.

2.3 Differenze tra i due tipi di verbi

I più attenti avranno già capito qual è il problema. I verbi a più basi hanno due forme derivate differenti: 使う **tsukau**, *usare*, 使える **tsukaeru**, *potere usare*, 使われる **tsukawareru**, *essere usato* (ne approfittiamo per segnalare che questo tipo di verbi, la cui ultima sillaba è una **u** da sola, dovranno aggiungere una **w** prima di **areru**; nella lezione 77, § 3.1 si parla di un fenomeno simile).
I verbi a una sola base hanno una sola forma che serve sia per il potenziale sia per il passivo: 忘れる **wasureru**, *dimenticare*, 忘れられる **wasurerareru**, *potere dimenticare*, 忘れられる **wasurerareru**, *essere*

dimenticato. Sarà il contesto a indicarvi il senso, normalmente non si farà confusione.
Per i due verbi irregolari:
– する **suru**, *fare*: *potere fare* non esiste e al suo posto si usa できる**dekiru**, *essere possibile*. Il passivo si dirà invece される **sareru,** *essere fatto*.
– 来る **kuru**, *venire*, ha una sola forma derivata che si usa sia per il potenziale sia per il passivo, come nel caso dei verbi a una sola base: 来られる **korareru**, *potere venire* o *subire/ricevere la venuta di qualcuno*.

3 I verbi: le formule per dare un ordine

Vediamo le tre formule, che conoscete già, per chiedere qualcosa a qualcuno.
– La prima l'abbiamo usata nel titolo dell'esercizio 2 di ciascuna lezione. In italiano è traducibile con l'infinito *mettere* o con l'imperativo *metti*. Per formarla si usa la base dei verbi a una sola base o la base in **i** dei verbi a più basi + なさい e corrisponde a un imperativo gentile di grado inferiore di seconda persona singolare (lezione 76, frase 15).
– La seconda è la formula più comune, di grado medio, e si ottiene con la forma in て dei verbi + ください (lezione 83, frase 17).
– Esiste poi una formula molto cortese, di grado superiore: お + base dei verbi a una sola base o base in **i** dei verbi a più basi + なさい o ください (lezione 46, frase 9).
Il loro uso dipende dalla relazione esistente fra gli interlocutori, quindi non è necessariamente simmetrica.
Ad esempio, nella lezione 18, il commerciante si rivolge al cliente con la formula di grado superiore お 待ち ください **o machi kudasai**, *attenda*, *voglia attendere* (frase 5), ma il cliente utilizza una formula di grado medio: 見せて ください **misete kudasai**, *mi mostri, per favore* (frase 6).

Ottantaquattresima lezione / 84

Nel linguaggio informale, ad esempio in famiglia, capita spesso di creare formule di grado inferiore troncando la formula di grado medio, sopprimendo cioè il ください. Rimane allora, eccezionalmente in fine di frase, solo il verbo nella forma in て, (lezione 78, frase 8).

***

復習 会話

1 東京 か 大阪 の よう な 大きい 町 に 住んで いたら、一番 はやく 覚えなければ ならない 漢字 は「入口」と「出口」 です。
2 簡単 な 字 です から、簡単 に 覚えられる でしょう。
3 北、南、東、西、四つ の 方向 の 名前 も 覚えれば、便利 です。
4 「アルバイト」 と いう 言葉 は、最初 の 二つ の 音 を 言わないで、「バイト」 と も 言えます。

84 / 第八十四課

5 ここ に 下宿 して いる 学生 は? 今 留守 です。ちょうど 三分 前 に 出かけた ところ です。

6 日本 文学 に ついて 研究 する この 外国人 の 学生 は 主な 代表的 な 作品 を もう 読んだ よう です。

7 平安 時代 の 一番 よく 知られて いる 作家 は ほぼ 皆 女流 作家 です。

8 薬 で 風邪 を 直す の は、自然 に 直る の を 待つ より は はやい です。

9 今年 の 政府 の 予算 は 九 十 万 兆 円 以上 に なる はず です。

10 あなた が あんな ひどい 漫画 を 読む の が 好き だ と 思わなかった わ。

Come ve la siete cavata con i cambiamenti che abbiamo introdotto a partire dalla lezione 78? Sicuramente molto bene. Allora dalla prossima lezione separeremo i dialoghi dalla loro trascrizione, così come abbiamo già fatto per gli esercizi. Inoltre: perché continuare a scrivere le risposte degli esercizi 2 in romaji dal momento che siete in grado di scriverle in hiragana? A partire dalla prossima lezione, i puntini nelle risposte non corrisponde-

Ottantaquattresima lezione / 84

Traduzione

1 Se si abita in grandi città come Tokyo oppure Osaka, i kanji che bisogna imparare più in fretta sono quelli di "entrata" e "uscita". **2** Dato che sono ideogrammi semplici, dovrebbero essere memorizzati facilmente. **3** È anche utile imparare i nomi dei quattro punti cardinali: nord, sud, est, ovest. **4** La parola "arubaito" si può anche dire "baito", senza pronunciare le prime due sillabe. **5** Lo studente che è in affitto qui? In questo momento è assente. È uscito proprio tre minuti fa. **6** Sembra che lo studente straniero cha fa ricerca sulla letteratura giapponese, abbia già letto tutte le opere più rappresentative. **7** Gli scrittori più famosi del periodo Heian sono quasi tutti donne. **8** È più veloce guarire il raffreddore con le medicine che aspettare che passi in modo naturale. **9** Il budget governativo di quest'anno dovrebbe ammontare a più di 900 milioni di miliardi di yen. **10** Non avrei mai pensato che ti piacesse leggere quel tipo di manga orribili.

Trascrizione

1 tōkyō ka oosaka no yō na ookii machi ni sunde itara ichiban hayaku oboenakereba naranai kanji wa iriguchi to deguchi desu **2** kantan na ji desu kara kantan ni oboerareru deshō **3** kita minami higashi nishi yottsu no hōkō no namae mo oboereba benri desu **4** arubaito to iu kotoba wa saisho no futatsu no oto o iwanaide baito to mo iemasu **5** koko ni geshuku shite iru gakusei wa ima rusu desu chōdo sanpun mae ni dekaketa tokoro desu **6** nihon bungaku ni tsuite kenkyū suru kono gaikokujin no gakusei wa omo na daihyōteki na sakkuhin o mō yonda yō desu **7** heian jidai no ichiban yoku shirarete iru sakka wa hobo minna joryū sakka desu **8** kusuri de kaze o naosu no wa shizen ni naoru no o matsu yori wa hayai desu **9** kotoshi no seifu no yosan wa kyū jū man chō en ijō ni naru hazu desu **10** anata ga anna hidoi manga o yomu no ga suki da to omowanakatta wa

ranno più a delle lettere dell'alfabeto latino, ma a degli hiragana (o a dei katakana che vi sono noti). All'inizio rimarrete un po' disorientati, ma siamo certi che vi abituerete in fretta. Abbiate fiducia nelle vostre conoscenze e buon proseguimento.

Seconda ondata: lezione 35

第八十五課
だい はちじゅうご か

金閣寺
きんかくじ

1 – 表紙 に 金閣寺 の 写真 は どう でしょう か。

2 – いい です ね。池 と 金色 の お 寺 の 写真 を 見る と、いつも 心 が 静まります ね。

3 京都 の お 寺 の 中 で 一番 きれい だ と 思います。

4 今 の 建物 は 一 三 九 七 [1] 年 に 建てられた [2] もの で は なく [3]、

Note

1 Il modo di scrivere le cifre in una data è simile a quello che usiamo noi: è la posizione a indicare se si tratta di unità, decine, centinaia, migliaia. Come in italiano, si dice *mille* e non *un mille*, dunque la prima cifra qui (anche se si tratta di 1) si dirà **sen** (v. lezione 63, § 1).

Ottantacinquesima lezione

Il Kinkakuji

1 – Che ne dice di una foto del Kinkakuji per la copertina?
2 – Buona idea! Guardando la foto del laghetto e del tempio tutto d'oro, ci si rasserena sempre.
3 Io penso che sia il più bello fra i templi di Kyoto.
4 L'edificio attuale non è quello costruito nel 1397,

Trascrizione

Kinkakuji

1 – hyōshi ni kinkakuji no shashin wa dō deshō ka
2 – ii desu ne ike to kin'iro no o tera no shashin o miru to itsumo kokoro ga shizumarimasu ne
3 kyōto no o tera no naka de ichiban kirei da to omoimasu
4 ima no tatemono wa sen sanbyaku kyūjū nana nen ni taterareta mono de wa naku
5 sen kyūhyaku gojū go nen ni fukugen sareta mono desu

2 建てられた **taterareta** è il passivo di 建てる **tateru**. Nella frase 5, 後元 **fukugen** された è il passivo di する (v. lezione 84, § 2.2 e 2.3).

3 で は なく: voi sapete che です diventa で al termine di una proposizione che non sia l'ultima (v. lezione 52, nota 1); poi avete visto la cosiddetta forma in て dei verbi e degli aggettivi (v. lezione 56, § 1). Nel caso degli aggettivi, il suffisso て si aggiunge alla base in く (v. lezione 35, § 2.1); in questo modo, で は ない o ない, essendo un aggettivo, dovrebbe diventare で は なくて, ma in casi simili (v. lezione 58, nota 2 e lezione 62, nota 2), si può usare una forma ancora più semplice, cioè quella che vi proponiamo qui.

85 / 第八十五課

5 一九五五年 に 復元 された もの です。
（せん きゅうひゃく ごじゅう ご ねん ふくげん）

6 完璧 な 美しさ を 求めて いた ある お坊さん [4] が、金閣寺 の あまり の 美しさ に 耐えられなく [5] なって、火 を つけた の です。
（かんぺき／うつく／もと／ぼう／きんかくじ／うつく／た／ひ）

7 — 今 の 建物 は コンクリート 建て [6] だ そう です ね。
（いま／たてもの／だ）

8 — 火事 が 起こっても 燃えない よう に コンクリート で 建て直した と よく 言われて います [7] が、これ は 嘘 です。
（かじ／お／も／た なお／い／うそ）

9 今度 も 木造 で 建てられました。
（こんど／もくぞう／た）

Note

[4] ある お坊さん: conosciamo bene il verbo ある, *esserci*. In questo caso viene usato in una forma fissa, davanti a un nome, diventando una sorta di aggettivo che significa *un certo*: *C'era un monaco il quale, non potendo sopportare [...], vi diede fuoco* (ある 日 **aru hi**, *un (certo) giorno* (v. lezione 37, frase 6).

[5] 耐えられる **taerareru**, *potere sopportare*, deriva da 耐える **taeru**, *sopportare* (v. lezione 84, § 2.1).

Ottantacinquesima lezione / 85

5 ma una ricostruzione del 1955.
6 Un monaco, in cerca della bellezza perfetta, non potendo sopportare l'eccessiva bellezza del Kinkakuji, vi appiccò il fuoco.
7 – Sembra che l'edificio attuale sia costruito in cemento.
8 – Si racconta spesso che lo abbiano ricostruito in cemento perché non bruci in caso di incendio, ma è una bugia.
9 Anche questa volta venne costruito in legno.

6 kanpeki na utsukushisa o motomete ita aru obōsan ga kinkakuji no amari no utsukushisa ni taerarenaku natte hi o tsuketa no desu
7 – ima no tatemono wa konkurīto date da sō desu ne
8 – kaji ga okottemo moenai yō ni konkurīto de tatenaoshita to yoku iwarete imasu ga kore wa uso desu
9 kondo mo mokuzō de tateraremashita

6 コンクリート 建て **konkurīto date**: sì, qui c'è lo stesso carattere del verbo 建てる **tateru**. Quando abbiamo una parola composta da due vocaboli, come in questo esempio, la prima consonante del secondo termine si sonorizza e quindi **t** diventa **d**. Osservate anche la frase 13 (楽しむ どころ **tanoshimu dokoro**) e la frase 16 (印象 深い **inshō bukai** = 印象 **inshō**, *impressione* + 深い **fukai**, *essere profondo*).

7 言われて います **iwarete imasu**, da 言われる **iwareru**, passivo derivato da 言う **iu**, *dire* (v. lezione 84, § 2.2).

10 　同じ ように 完璧な 美を 求めて いた 作家 の 三島 由紀夫 が この 話 を 小説 に 書きました。題 は 「金閣寺」です。

11 ― 写真 では 建物 と 池 の 風景 だけ で 静か な 雰囲気 を 味わう こと が できます が、

12 　実際 に 行く と、観光客 が 大勢 いて、

13 　金閣寺 の 美しさ を 楽しむ どころ では ありません。

14 ― 私 が 行った 時 は、冬 で、雪 が 降って いて、朝 早かった ので、

15 　まだ だれも いなく、静か でした から、

16 　印象 深かった です。

17 　だから その お寺 に 火 を つけた お坊さん の 気持 が わかる ような 気 が します。□

Ottantacinquesima lezione / 85

10 Lo scrittore Yukio Mishima, anche lui in cerca della bellezza perfetta, scrisse un romanzo su questa storia. Il titolo è "Il padiglione d'oro".
11 – In foto, solo con la vista del laghetto e dell'edificio, si può assaporare un'atmosfera di serenità, ma
12 quando si va lì dal vivo, è pieno di turisti,
(turista [soggetto] tante-persone esserci)
13 non si riesce a godere a pieno della bellezza del Kinkakuji.
14 – Quando ci sono andato io era inverno, nevicava ed essendo mattina presto
15 non c'era ancora nessuno. Era tranquillo
16 ed è stato profondamente emozionante.
(emozione essere-stato-profondo)
17 Per questo ho l'impressione di capire il monaco che ha appiccato il fuoco al tempio.

10 onaji yō ni kanpeki na bi o motomete ita sakka no mishima yukio ga kono hanashi o shōsetsu ni kakimashita dai wa kinkakuji desu
11 – shashin de wa tatemono to ike no fūkei dake de shizuka na fun'iki o ajiwau koto ga dekimasu ga
12 jissai ni iku to kankōkyaku ga oozei ite
13 kinkakuji no utsukushisa o tanoshimu dokoro de wa arimasen
14 – watashi ga itta toki wa fuyu de yuki ga futte ite asa hayakatta node
15 mada daremo inaku shizuka deshita kara
16 inshō bukakatta desu
17 dakara sono o tera ni hi o tsuketa obōsan no kimochi ga wakaru yō na ki ga shimasu

第八十五課

▶ 練習 １ － 訳 し なさい

❶ 平安(へいあん)時代(じだい)は七(なな)九(きゅう)四(よ)年(ねん)から一(せん)一(ひゃく)八(はちじゅう)五(ご)年(ねん)まで で、江戸(えど)時代(じだい)は一(せん)六(ろっぴゃく)〇三(さん)年(ねん)から一八(はっぴゃく)六(ろくじゅう)七(なな)年(ねん)まで です。

❷ 大雨(おおあめ)が 降(ふ)っても 水(みず)が 家(いえ)の 中(なか)に 入(はい)らない ように、昔(むかし)から 色々(いろいろ)の 設備(せつび)が 整(ととの)えられて います。

❸ 表紙(ひょうし)に する つもり で、先月(せんげつ) 金閣寺(きんかくじ)に 写真(しゃしん)を とりに 行(い)きました が、観光客(かんこうきゃく)が 多(おお)くて、一枚(いちまい)も とれなかった ので、がっかり して 帰(かえ)って きました。

❹ この 村(むら)に 新(あたら)しい 学校(がっこう)が 開(ひら)かれた 時(とき)から、子供達(こどもたち)の 生活(せいかつ)は すっかり よく なりました。

Ottantacinquesima lezione / 85

❺ それ まで は、毎朝 この 村 から 四キロ 離れて いる 隣 の 村 の 学校 まで 歩いて 行かなければ ならなかった の です。

Soluzioni dell'esercizio 1
❶ Il periodo Heian va dal 794 al 1185, quello di Edo va dal 1603 al 1867. ❷ Affinché l'acqua non entri nelle case anche quando piove molto, fin dall'antichità sono stati installati vari tipi di dispositivi. ❸ Il mese scorso sono andato al Kinkakuji per scattare alcune foto per una copertina, ma c'erano molti turisti, così non ne ho fatta nemmeno una e sono tornato a casa deluso. ❹ Da quando è stata aperta una nuova scuola in questo villaggio, la vita dei bambini è decisamente migliorata. ❺ Prima, ogni mattina dovevano andare a piedi fino alla scuola del villaggio vicino, che dista 4 km da questo.

Trascrizione
❶ heian jidai wa nanahyaku kyūjū yo nen kara sen hyaku hachijū go nen made de edo jidai wa sen roppyaku san nen kara sen happyaku rokujū nana nen made desu ❷ ooame ga futte mo mizu ga ie no naka ni hairanai yō ni mukashi kara iro'iro no setsubi ga totonoerarete imasu ❸ hyōshi ni suru tsumori de sengetsu kinkakuji ni shashin o tori ni ikimashita ga kankōkyaku ga ookute ichimai mo torenakatta node gakkari shite kaette kimashita ❹ kono mura ni atarashii gakkō ga hirakareta toki kara kodomotachi no seikatsu wa sukkari yoku narimashita ❺ sore made wa maiasa kono mura kara yon kiro hanarete iru tonari no mura no gakkō made aruite ikanakereba naranakatta no desu

85 / 第八十五課

練習 2 – 言葉 を 入れ なさい

In caso di necessità, trovate la trascrizione delle risposte in appendice.

❶ Si dice che anche ai giorni nostri ci siano spesso degli incendi a Tokyo. È vero?

..でも..........、.........。

❷ Mia nonna è nata il 31 dicembre del 1899.

.... ねん、じゅうにがつ............。

静か な 雰囲気 を 味わう こと が できます。

***

片仮名 の 練習

Anche nel katakana si possono spesso incontrare consonanti raddoppiate. Queste possono essere: k, g, s (sh), j, z, t, (ch, ts), d, f, b, p. Come nel caso dello hiragana (lezione 68), viene utilizzato il segno **tsu**, *scritto più in piccolo,* ッ: クッキング *(cucina/cooking)* **kukkingu**; ゴシック *(gotico/gothic)* **goshikku**.

タ	チ	ツ	テ	ト
TA	CHI	TSU	TE	TO

Ottantacinquesima lezione / 85

❸ Uno scrittore ha scritto un romanzo sulla storia del monaco che appiccò il fuoco a un tempio.

. . . .
. . . .。

❹ Sono andato a Ueno con l'intenzione di visitare il Museo di belle arti, ma siccome c'erano molti turisti in coda e non avevo tempo di aspettare, non sono riuscito a entrare.

. . . . けんがく する . . . . 、. . . . .
. 、. . . . . ならんで いて、ぼく も . . . . .
. . . . . . 、. . . . . . . 。

Soluzioni dell'esercizio 2

❶ いま - とうきょう で よく かじ が おこる と いわれて います が、それ は ほんとう です か ❷ そぼ は せん はっぴゃく きゅうじゅう きゅう - さんじゅう いちにち に うまれました ❸ ある さっか が お てら に ひ を つけた おぼうさん の はなし を しょうせつ に しました ❹ びじゅつかん を - つもり で、うえの に いきました が、かんこうきゃく が おおぜい - まって いる じかん が なかった ので、はいれません でした

***

書き取り

❶ **chikin** *(pollo/chicken)* ❷ **kukkī** *(biscotto/cookie)* ❸ **kāten** *(tenda/curtain)* ❹ **tekisuto** *(testo/text)* ❺ **tsuisuto** *(twist)* ❻ **shikku** *(chic)* ❼ **takkusu** *(tassa/tax)* ❽ **chiketto** *(biglietto/ticket)* ❾ **tsuā** *(viaggio turistico/tour)* ❿ **takushī** *(taxi)*

Soluzioni

❶ チキン ❷ クッキー ❸ カーテン ❹ テキスト ❺ ツイスト ❻ シック ❼ タックス ❽ チケット ❾ ツアー ❿ タクシー

La visita di Kyoto è una tappa imprescindibile di tutti i viaggi in Giappone. Se l'agglomerato urbano in sé non presenta che un interesse limitato, Kyoto è la città-tesoro del Giappone. Capitale a partire dall'epoca Heian, è ricca di templi e monasteri buddisti, di santuari shintoisti e di antiche residenze imperiali, una più splendida dell'altra. L'antico Palazzo Imperiale detiene il primo posto, con i suoi giardini centenari e i suoi edifici ricchi di magnifiche decorazioni.

86

だいはちじゅうろっか
第八十六課

じょう きょう いち
上京 1

1 - ごめん ください。**1**

2 - はい、どなた **2** です か。

3 - ご 無沙汰(ぶさた) して おります**3**。

4 秋田(あきた) の 吉本(よしもと) です。

Note

1 Nelle case tradizionali non esisteva il campanello, e molte non ce l'hanno ancora oggi. Da qui l'origine di questa formula per annunciarsi e chiamare, dall'ingresso, coloro che sono all'interno della casa. In questo caso, però, la visitatrice non entra, ecco il perché della formula impiegata nella frase 8.

2 どなた: da tempo avete preso confidenza con だれ, *chi?* どなた ha lo stesso significato, ma è l'equivalente di grado superiore. Dal momento che non sappiamo chi sia il visitatore è opportuno rivolgersi con rispetto, aperti a ogni possibile visita, anche la più formale.

Il **Kinkakuji**, letteralmente "Padiglione d'oro", è uno dei gioielli architettonici della città: come appoggiato su uno specchio d'acqua, nel quale si riflette, completamente ricoperto di foglia d'oro, rasenta la perfezione. In altri luoghi è la statuaria buddista a impressionare, come le mille statue del **Sanjūsangendō** oppure, tra le altre meraviglie, le prodezze tecniche dell'intreccio di travi del **Kiyomizudera**.

Seconda ondata: lezione 36

Ottantaseiesima lezione

Visita alla capitale 1

1 – Permesso!
2 – Sì, chi è?
3 – È un po' che non do mie notizie.
  ([onorifico] assenza-di-notizie fare-[progressivo] stare)
4 Sono la signora Yoshimoto, di Akita.

Trascrizione

jōkyō ichi

1 – gomen kudasai
2 – hai donata desu ka
3 – go busata shite orimasu
4 – akita no yoshimoto desu

3 して おります: tutto questo dialogo tra le due donne è molto formale. Troveremo dunque molti verbi di grado superiore, come おります che è il grado superiore di います (v. lezione 44, nota 4). 吉本 **yoshimoto**: per dire il proprio nome non si usa mai さん **san**, che invece si utilizza unicamente per dire il nome degli altri.

5 — まあ。お久し振りですね。
どうぞ、お上がりください **4**。

6 — ありがとう ございます。

7 けれども お玄関で 失礼
いたします。

8 — そんなに 御遠慮を
なさらないで **5** どうぞ お上がり
ください。

9 ちょうど 上の 娘も 嫁先
から 帰って おります し **6**、
ゆっくり なさって いて ください。

10 東京に 何か 御用事 **7**
で いらした の です か。

11 — ええ、息子の 嫁の 両親
に 会わなければ ならない **8** ので、

Note

4 お上がり ください **o agari kudasai** (letteralmente "salga"), *entri*: il primo livello della casa giapponese è sopraelevato rispetto al suolo, così bisogna salire alcuni gradini per entrare nelle stanze dell'abitazione. Un solo locale si trova al piano terra: 玄関 **genkan**, *l'ingresso* (frase 7), di dimensioni variabili a seconda della casa, è il luogo dove ci si toglie le scarpe, perché non si entra mai in una casa giapponese con le scarpe ai piedi.

Ottantaseiesima lezione / 86

5 – Oh, da quanto tempo! Prego, si accomodi!
6 – Grazie.
7 Ma volevo solo salutarla velocemente qui dall'ingresso.
([onorifico] ingresso [luogo] scortesia fare)
8 – Non faccia complimenti, entri pure.
9 C'è anche la mia figlia maggiore che è appena tornata dalla casa della suocera. Prego, si metta a suo agio.
10 È venuta a Tokyo per qualche impegno?
11 – Eh, sì. Dobbiamo incontrare i genitori di mia nuora,

5 – maa ohisashiburi desu ne dōzo o agari kudasai
6 – arigatō gozaimasu
7 keredomo o genkan de shitsurei itashimasu
8 – sonna ni go enryo o nasaranaide dōzo o agari kudasai
9 chōdo ue no musume mo totsugisaki kara kaette orimasu shi yukkuri nasatte ite kudasai
10 tōkyō ni nanika go yōji de irashita no desu ka
11 ee musuko no yome no ryōshin ni awanakereba naranai node

5 なさらないで: なさる grado superiore di する, per cui il soggetto è obbligatoriamente *Lei* (v. lezione 70, § 3); ないで conclude una proposizione e dà il senso di *La invito a non...* (v. lezione 81, nota 4).

6 し (v. lezione 79, nota 5): si trovano spesso una o due frasi seguite da し. In questo caso, lo troviamo da solo perché la proposizione che lo precede si aggiunge all'altro elemento della situazione, non espresso, che è la venuta della visitatrice, cioè *(siccome Lei è qui e) anche mia figlia è qui, perché non si trattiene un po'?*

7 Un modo per formare il grado superiore delle parole di origine cinese è quello di farle precedere da 御 **go**. Confrontate: 御 用事 **go yōji** (frase 10), *i Suoi impegni*, e 用事 **yōji** (frase 14), *i miei impegni*; 御 一緒 に **go issho ni** (frase 13), *insieme (Lei e noi)*, diverso dal semplice 一緒 に **issho ni**.

8 会わなければ ならない **awanakereba naranai**: formula per esprimere il dovere (v. lezione 77, § 3.2). Non dimenticate che la base in **a** dei verbi che terminano con una vocale non è **a** ma **wa** (v. lezione 77, § 3.1).

roppyaku ni jū yon • 624

12 一泊 二日 [9] で 参りました [10]。

13 – よろしかったら [11] お 食事 でも 御 一緒 に いかが です か。

14 – ありがとう ございます。でも まだ用事が 残って います ので、 こちら [12] で 失礼 いたします。

15 – さよう で ございます [13] か。せっかく お 越し くださった [14] のに…

16 – こちら こそ 突然 お 訪ね して、 申し訳 ございません [15]。 □

Note

[9] 二日 **futsuka**, *il 2 del mese* o *2 giorni* (v. lezione 70, § 1.2).

[10] 参ります **mairimasu**, grado superiore di 行く **iku**, *andare*, o di 来る **kuru**, *venire*, viene usato per parlare di sé o dei membri della propria famiglia.

[11] よろしい: all'interno di un dialogo molto formale, al posto di いい si utilizza questo aggettivo. いい です è il grado medio, よろしい です è il grado superiore (v. lezione 23, nota 5).

[12] こちら (letteralmente "dal lato dove sono io"), impiegato come grado superiore per indicare sé stessi.

[13] さよう で ございます, grado superiore equivalente a そう です, *è così*.

[14] くださった da くださる, grado superiore corrispondente a くれる, *fare per me*. È da questo verbo che viene il ください che è diventato la formula più comune per le richieste.

Ottantaseiesima lezione / 86

12   e così siamo venuti per una notte e due giorni.
(uno-notte-fuori-casa-propria due-giorno)

13 – Se le fa piacere, perché non si ferma a pranzo con noi?

14 – La ringrazio, ma ho ancora degli impegni da sbrigare. Ora devo andare.

15 – Davvero? Ed è stata così gentile da venire apposta a trovarmi! *(occasione-preziosa [onorifico] passare avere-fatto-per-me sebbene)*

16 – No, anzi, mi scuso piuttosto per averle fatto visita senza preavviso.
(questo-lato [onorifico] visita fare scusa non-esserci)

12   **ippaku futsuka de mairimashita**
13 – **yoroshikattara o shokuji demo go issho ni ikaga desu ka**
14 – **arigatō gozaimasu demo mada yōji ga nokotte imasu node kochira de shitsurei itashimasu**
15 – **sayō de gozaimasu ka sekkaku o koshi kudasatta noni**
16 – **kochira koso totsuzen o tazune shite mōshiwake gozaimasen**

15 ございます, grado superiore di いる/います, *esserci* (per esseri viventi) o ある/あります, *esserci* (per oggetti inanimati), per parlare di esseri animati o di oggetti che *io* presento o che *mi* riguardano. Da non confondere con で ございます, grado superiore di です, *essere* (v. lezione 70, § 3).

練習 1 – 訳 し なさい

❶ 御主人 は 科学 関係 の 雑誌社 で 働いて いらっしゃる と 聞きました。
❷ そう です。主人 は 秋 から「科学」と いう 雑誌 の 仕事 を して います。
❸ 今週 の 日曜日 に 両親 が 訪ねて きます から、ゴルフ は できない の です。ごめん なさい。
❹ 御両親 は 前 に お 目 に かかった 時 から どう なさって いますか。お 元気 で いらっしゃいます か。
❺ ええ。おかげさま で、とても 元気 です。

Soluzioni dell'esercizio 1

❶ Ho sentito che Suo marito lavora per una rivista scientifica. ❷ Sì, dall'autunno mio marito lavora per la rivista "Le scienze". ❸ Domenica prossima verranno a trovarmi i miei genitori, così non potrò [venire a giocare] a golf. Mi dispiace. ❹ Cosa fanno i Suoi genitori dall'ultima volta che li ho visti? Come stanno? ❺ Per fortuna stanno molto bene, grazie.

Trascrizione

❶ go shujin wa kagaku kankei no zasshisha de hataraite irassharu to kikimashita ❷ sō desu shujin wa aki kara kagaku to iu zasshi no shigoto o shite imasu ❸ konshū no nichiyōbi ni ryōshin ga tazunete kimasu kara gorofu wa dekinai no desu gomen nasai ❹ go ryōshin wa mae ni o me ni kakatta toki kara dō nasatte imasu ka o genki de irasshaimasu ka ❺ ee o kagesama de totemo genki desu

Ottantaseiesima lezione / 86

練習 2 – 言葉 を 入れ なさい

❶ Quando ci andrà? – Sicuramente tra due settimane.
 . . . . 。 - . . . . 。

❷ Chi è la persona seduta di fianco a Suo marito? È Suo nipote? – Sì, è mio nipote.
 . . . . すわって いる . . . . 。 お いごさん で いらっしゃいます か。- . . . . . . 。

❸ Sono in seria difficoltà perché non riesco a ricordare il nome delle persone.
 ひと . . . . 、 . . . . 。

❹ Sono partito in auto con l'intenzione di andare a trovare la mia zia di Akita, ma lungo la strada la macchina si è bloccata, non sono riuscito ad andare ad Akita e sono ritornato in treno.
 . . . . たずねる . . . . . . で いきました . 、. . . . . 、. . . . . なって、 . . . . もどる こと に なりました。

❺ – Matsumoto! Al telefono! È tua sorella! – Oh! Mia sorella! Grazie. Pronto?
 . . . .! . . . . . .! . . . .! - あ! . .! どうも! . . . . . 。

Soluzioni dell'esercizio 2

❶ いつ いらっしゃいます か - きっと さらいしゅう まいります ❷ ご しゅじん の そば に - かた は どなた です か - はい おい です ❸ - の なまえ を おぼえられない から、とても こまります ❹ あきた の おば を - つもり で くるま - が、とちゅう で くるま が こしょう して、あきた まで いけなく - きしゃ で - ❺ まつもとさん - でんわ よ - おねえさん よ - あね - もしもし

片仮名 の 練習

ダ　デ　ド
DA　DE　DO

È stata dura, vero? Ma ve la siete cavata! L'importante è stare al gioco, svolgendo gli esercizi direttamente in hiragana, senza guardare la trascrizione per evitare di dimenticare quanto si è appreso. In caso di dubbio, troverete la trascrizione delle risposte nell'appendice. Ma promettete di non correre a guardarle, a meno che non sia davvero necessario!

87

<small>だい はち じゅっ なな か</small>
第八十七課

じょう きょう に
上京 2

1 － あ。吉本[1] じゃ ない か。東京 なんか で 何 して いる ん だ。

2 － 実 は 息子 の 嫁 の 両親 に 会う ため に 一泊 二日 で 東京 に 来て いる ん だ。

Note

1 Nella versione "maschile" della visita a Tokyo incontriamo un dialogo tutto al grado inferiore. Persino i nomi propri non sono più seguiti da さん. Notate le abbreviazioni: じゃ per で は (v. lezione 64, nota 3) e んだ per の です (v. lezione 66, nota 4). E soprattutto, si possono sal-

書き取り
❶ **doa** *(porta/door)* ❷ **sandē** *(domenica/sunday)* ❸ **daun** *(in basso/down)* ❹ **doitsu** *(Germania/Deutsch)* ❺ **daietto** *(dieta/diet)* ❻ **ado** *(annuncio/ad-vertisement)* ❼ **dēto** *(appuntamento/date)* ❽ **ōdā** *(ordine/order)* ❾ **desuku** *(ufficio/desk)* ❿ **indo** *(India)*

Soluzioni
❶ ドア ❷ サンデー ❸ ダウン ❹ ドイツ ❺ ダイエット ❻ アド ❼ デート ❽ オーダー ❾ デスク ❿ インド

Seconda ondata: lezione 37

Ottantasettesima lezione

Visita alla capitale 2

1 – Ehi! Ma sei Yoshimoto! Cosa sei venuto a fare a Tokyo?
2 – In realtà siamo venuti a Tokyo per due giorni e una notte per incontrare i genitori della moglie di nostro figlio.

Trascrizione

jōkyō ni

1 – a yoshimoto ja nai ka tōkyō nanka de nani shite iru n da
2 – jitsu wa musuko no yome no ryōshin ni au tame ni ippaku futsuka de tōkyō ni kite iru n da

tare le particelle quando la funzione della parola è evidente: ad esempio が *[soggetto]*, を *[oggetto]*, は *[tema]*. Osservate la fine della frase 何 して いる **nani shite iru**. Dal momento che 何 **nan** è il complemento oggetto, ci aspetteremmo la particella を per collegarlo a して いる, il verbo della frase, ma を non c'è.

roppyaku san jū • 630

3 家内 が 君 の 家 まで あいさつ に 行った はず だ。

4 — ああ、そう かい。ところ で 僕達 [2] も 一緒 に 一杯 やろう [3] か。

5 きたない けれど うまい [4] 酒 を 飲ませる [5] 所 を 知って いる ん だ。

6 — ああ、そう いう 所 が 一番 気楽 で いい ねえ。

7 — 仕事 は どう だい [6]。うまく 行って いる かい。

8 — 今 の ところ [7] 何とか やって いる と いう 状態 だ。

Note

2 僕達 bokutachi: ricordate la nota 5 della lezione 76? 僕 **boku**, *io*, 僕達 **bokutachi**, *noi*.

3 やろう: ricordate che, per i verbi a più basi, il grado inferiore di ましょう si ottiene sostituendo la **u** finale con **ō** (v. lezione 75, nota 1).

4 うまい è un aggettivo molto difficile da tradurre e da comprendere, perché il suo campo di applicazione è molto ampio. Serve per apprezzare la bontà di ciò che si beve o che si mangia, ma anche le qualità di una persona, sia fisiche sia intellettuali, fino a encomiare l'abilità incredibile di una persona, quasi ai limiti dell'onestà.

Ottantasettesima lezione / 87

3   Mia moglie dovrebbe essere andata a casa tua per un saluto.
4 – Davvero? Allora perché non andiamo anche noi a bere un bicchiere insieme?
5   Conosco un posto un po' sudicio dove però ti danno da bere un sake fantastico!
6 – Ah, i posti così sono i più piacevoli! *(il-più-confortevole)* D'accordo.
7 – E il lavoro come va? Va bene?
8 – In questo momento si cerca di tirare avanti…

---

3   **kanai ga kimi no uchi made aisatsu ni itta hazu da**
4 – **aa sō kai tokoro de bokutachi mo issho ni ippai yarō ka**
5   **kitanai keredo umai sake o nomaseru tokoro o shitte iru n da**
6 – **aa sō iu tokoro ga ichiban kiraku de ii nee**
7 – **shigoto wa dō dai umaku itte iru kai**
8 – **ima no tokoro nantoka yatte iru to iu jōtai da**

---

5   Dopo avere visto le prime due forme derivate (v. lezione 84, § 2.1 e 2.2), ci imbattiamo ora nella terza: da 飲む **nomu**, *bere*, possiamo derivare la forma 飲ませる **nom**a**seru**, *fare bere*. Nel caso dei verbi a più basi, si sostituisce la **u** finale con **aseru**; il verbo derivato così ottenuto è un verbo a una sola base. Naturalmente する, *fare*, fa eccezione con una forma speciale: させる, *fare fare*.

6   だい: formula di grado inferiore, esclusivamente maschile, per です か (v. lezione 75, nota 7).

7   Già da un po' di tempo stiamo utilizzando la parola ところ. Per riassumere, possiamo dire che ところ indica un punto, sia nello spazio (*luogo*, *posto*), sia nel tempo (*istante*, *momento*).

roppyaku san jū ni • 632

9 − おれ **8** の とこ **9** も 同<ruby>じ</ruby> よう な もの だ。

10 ところ で 君<ruby>(きみ)</ruby> の 息子<ruby>(むすこ)</ruby> は 東京<ruby>(とうきょう)</ruby> の 人<ruby>(ひと)</ruby> と 結婚<ruby>(けっこん)</ruby> した ん だ そう だ ね。

11 お 金持<ruby>(かねもち)</ruby> の お嬢さん と 聞<ruby>(き)</ruby>いた が、 どう だい。

12 − うん。 なかなか うるさい 嫁<ruby>(よめ)</ruby> で、御覧<ruby>(ごらん)</ruby> の 通<ruby>(とお)</ruby>り 東京<ruby>(とうきょう)</ruby> まで 両親<ruby>(りょうしん)</ruby> の 御<ruby>(ご)</ruby> 機嫌<ruby>(きげん)</ruby> **10** を うかがい **11** に 来<ruby>(き)</ruby>て いる と いう わけ だ。

13 − 酒<ruby>(さけ)</ruby> でも 飲<ruby>(の)</ruby>んで、今晩<ruby>(こんばん)</ruby> は そんな 事<ruby>(こと)</ruby> は 皆<ruby>(みんな)</ruby> 忘<ruby>(わす)</ruby>れよう **12**。

14 − そう だ、 そう だ。 □

Note

8 おれ, vi ricordate di questo modo per dire *me*, *io*, esclusivamente maschile e limitato a situazioni di grande confidenza (v. lezione 66, nota 1)?

9 とこ è l'abbreviazione di ところ (nota 7).

10 御機嫌 **go kigen** (v. lezione 86, nota 7): questa improvvisa educazione si spiega con il fatto che il soggetto della conversazione è la famiglia della nuora di quest'uomo.

Ottantasettesima lezione / 87

9 – È lo stesso anche per me!
10 A proposito, dicono che tuo figlio abbia sposato una di Tokyo.
11 Ho sentito che è una signorina ricca, ma com'è?
12 – Mmm, è una sposa abbastanza intrattabile; come vedi sono venuto fino a Tokyo per avere notizie dei suoi genitori.
13 – Beviamo il sake e stasera dimentichiamoci tutte queste cose!
14 – Sì, d'accordo!

---

9 – ore no toko mo onaji yō na mono da
10 tokoro de kimi no musuko wa tōkyō no hito to kekkon shita n da sō da ne
11 o kanemochi no ojōsan to kiita ga, dō dai
12 – un nakanaka urusai yome de goran no toori tōkyō made ryōshin no go kigen o ukagai ni kite iru to iu wake da
13 – sake demo nonde konban wa sonna koto wa minna wasureyō
14 – sō da sō da

---

11 うかがう **ukagau** in questo caso viene utilizzato come grado superiore di たずねる **tazuneru**, *fare visita*; il suo soggetto è *io* (v. lezione 59, nota 3).

12 忘れよう **wasureyō**: ricordate che, per i verbi a una sola base, il grado inferiore di ましょう si ottiene aggiungendo **yō** direttamente alla base (v. lezione 75, nota 1).

練習 1 - 訳 し なさい

❶ おれ達は競争に勝つために毎晩一生懸命遅くまで練習しているんだ。ところが朝早く事務所へ行かなければならないから、このごろ少ししか眠れなくなってしまつた。- 何の競争ですか。- マージャンの競争です。

❷ もう何もできないという状態です。

❸ この絵はだれが書いたのだ、奥さんか。- はい家内です。- 上手だ。

❹ 橋本さん? 科学史の先生だよ。君なら知っているはずだ。

この絵はだれが書いたのだ?

❺ 私(わたくし) が いそがしかった ので、わざわざ あそこ まで 行(い)かせて しまって、悪(わる)い わ ね。

Soluzioni dell'esercizio 1
❶ Per vincere la competizione ci alleniamo ogni sera fino a tardi. Ma siccome al mattino devo andare presto al lavoro, ultimamente dormo poco! – Che gara è? – Il torneo di mah jong. ❷ È una situazione senza via d'uscita. ❸ Questo quadro chi l'ha dipinto? Tua moglie? – Sì, mia moglie. – Che brava. ❹ Il signor Hashimoto? È un professore di storia delle scienze. Uno come te dovrebbe conoscerlo! ❺ Mi dispiace averLa fatta andare apposta fino là perché ero occupata.

Trascrizione
❶ oretachi wa kyōsō ni katsu tame ni maiban isshōkenmei osoku made renshū shite iru n da tokoroga asa hayaku jimusho e ikanakereba naranai kara konogoro sukoshi shika nemurenaku natte shimatta nan no kyōsō desu ka mājan no kyōsō desu ❷ mō nanimo dekinai to iu jōtai desu ❸ kono e wa dare ga kaita no da okusan ka hai kanai desu jōzu da ❹ hashimoto san kagakushi no sensei da yo kimi nara shitte iru hazu da ❺ watakushi ga isogashikatta node wazawaza asoko made ikasete shimatte warui wa ne

roppyaku san jū roku • 636

第八十七課

練習 2 - 言葉 を 入れ なさい

In queste frasi alcune parole dovranno essere tradotte con degli equivalenti in katakana. Ve le segnaleremo sottolineandole. Attenzione che il trattino di allungamento vale come un segno.

❶ Come vedete, la nostra fabbrica è attualmente in una situazione a rischio.

・・・・・・、・・・・・・・・・・・・・・・・・・。

❷ Come ho già detto prima, la situazione della nostra società è decisamente migliorata dall'anno scorso.

・・・・・・・・、・・・・・・・・・・・・・・・・・・・・・・・・・・。

❸ Il mio vicino elettricista, per fare diventare suo figlio un musicista, ogni sera gli fa ascoltare musica classica per un'ora. Povero ragazzo!

・・・・・ は、・・・・・ おんがっか ・・・・・、・・・・・・・・・・・・ います。おぼっちゃん が かわいそう です ね。

***

片仮名 の 練習

NA　　NI　　NU　　NE　　NO

Se il tè verde (che utilizza foglie non tostate) è conosciuto come la bevanda nazionale, le bevande alcoliche (chiamate genericamente 酒 **sake**) *non sono da meno e gli fanno una grande concorrenza. In Giappone si beve molto. La bevanda tradizionale, che noi chiamiamo* **sake** *(ma che i giapponesi chiamano* 日本酒 **nihonshu**, *alcolico giapponese), è un distillato a base di riso, con una gradazione di circa 16°. Tuttavia, la regina delle bevande alcoliche è la birra. La prima fabbrica di birra venne aperta nel 1870. Si producono delle birre eccellenti,*

Ottantasettesima lezione / 87

❹ Sembra che un amico del mio fratello maggiore paghi dieci milioni di yen di tasse! Che ricco! Che invidia. Anche io vorrei pagare tanto di tasse!

. . . . . . ちじん . . . .
. . 。 . . . . . . 。 . . . . . . 。 . . . .
. . . . 。

Soluzioni dell'esercizio 2

❶ ごらん の とおり、ぼくたち の こうじょう は いま あぶない じょうたい です ❷ まえ に いった よう に、わたしたち の かいしゃ の じょうたい は きょねん から ひじょう に よく なりました ❸ となり の でんきや さん − おぼっちゃん が − に なる よう に、まいばん いちじかん クラシック おんがく を きかせて − ❹ あに の ある − は いっせん まん えん の ぜいきん を はらう そう です − お かねもち です ね − うらやましい − ぼく も ぜいきん を たくさん はらいたい なあ

***

書き取り

❶ **nūn** *(mezzogiorno/noon)* ❷ **nōto** *(quaderno/note)* ❸ **neon** *(neon)* ❹ **kanada** *(Canada)* ❺ **tenisu** *(tennis)* ❻ **anaunsā** *(annunciatore/announcer)* ❼ **konekutā** *(prolunga elettrica/connecter)* ❽ **dainingu** *(sala da pranzo/dining)* ❾ **sunō** *(neve/snow)* ❿ **nugā** *(torrone/nougat)* ⓫ **nau** *(ora/now)*

Soluzioni

❶ ヌーン ❷ ノート ❸ ネオン ❹ カナダ ❺ テニス ❻ アナウンサー ❼ コネクター ❽ ダイニング ❾ スノー ❿ ヌガー ⓫ ナウ

leggere, dolci, perfettamente adatte al clima caldo umido della lunga estate giapponese. Si producono anche ottimi whisky grazie alle coltivazioni di cereali in Hokkaidō. Il vino non è assente dalla carta delle bevande giapponesi, ma se ne produce una quantità esigua e si preferisce piuttosto importarlo dal resto del mondo: soprattutto Europa, Stati Uniti e America latina.

Seconda ondata: lezione 38

第八十八課
だい はち じゅう はっ か

貨幣 1
か へい

1 – 日本 の お金 の 変化 について 研究 するのは 面白い ですよ。

2 　時々 変わる の **1** は お札 に 印刷 される **2** 人物 です。

3 – 変わらない の は お札 の 紙 が 丈夫 だ ということ ですね。

4 　破れた お札 は 見た こと が ありません。

Note

1 Non abbiamo incontrato spesso questo の che abbiamo definito di *[sostituzione]*. Si usa al posto di una o più parole: ad esempio, nelle frasi 2 e 3, esso sostituisce una parola che significa *il fatto*, *la situazione*; nelle frasi 14 e 20, sostituisce una parola che è stata impiegata prima:

Ottantottesima lezione

Il denaro 1

1 – È molto interessante studiare i cambiamenti [nel tempo] dei soldi giapponesi.
2   Quello che ogni tanto cambia è il personaggio impresso sulla banconota.
3 – Quello che non cambia, [invece], è la buona qualità della carta.
4   Non ho mai visto una banconota strappata!

Trascrizione

kahei ichi

1 – nihon no o kane no henka ni tsuite kenkyū suru no wa omoshiroi desu yo
2   tokidoki kawaru no wa o satsu ni insatsu sareru jinbutsu desu
3 – kawaranai no wa o satsu no kami ga jōbu da to iu koto desu ne
4   yabureta o satsu wa mita koto ga arimasen

人 hito, *una persona*, 人物 jinbutsu, *un personaggio*, oppure 文学者 **bungakusha**, *uno scrittore*. Questo の assomiglia molto ai nostri termini *colui che*, *colei che*, *ciò che* ecc.

2 される, verbo derivato da する, *fare*, con il significato passivo di *essere fatto* (v. lezione 84, § 2.2).

5 － 昔 は 政治家 ばっかり 描かれて **3** いました。

6 　特 に、長く 描かれた 人物 は 聖徳 太子 で あった **4**。

7 　七 世紀 の 人 で、

8 　日本 で 最初 の 憲法 を 作った 人 です。

9 　それから、明治 維新 で 活躍 した 人物 に 変わりました。

10 　その 内 今 も 残って いる のは、福沢 諭吉 だけ です。

11 　明治 時代 の 有名 な 思想家 で あり **5**、

12 　維新 の 前 に 欧米 **6** 旅行 を した こと が あって、

Note

3 描かれる **egakareru** deriva da 描く **egaku**, *disegnare*, con il senso passivo di *essere disegnato* (v. lezione 84, § 2.2).

4 Non vi sarà certamente sfuggito che questo lungo monologo si mantiene su un tono piuttosto elevato, molto vicino allo scritto. Chi sta parlando si lascia un po' andare a uno sfoggio di conoscenze, con alcune conseguenze. Una delle parole più utilizzate in giapponese è です,

Ottantottesima lezione / 88

5 – Una volta erano raffigurati solo personaggi politici.
6 In particolare, un personaggio che è stato a lungo ritratto, è il principe Shotoku Taishi.
7 Era un uomo del VII secolo,
8 e fu la persona che scrisse la prima Costituzione in Giappone.
9 Poi si cambiò con personaggi che erano stati attivi durante la Restaurazione Meiji.
10 L'unico, tra questi, che ancora oggi si trova [sulle banconote] è Fukuzawa Yukichi.
11 Celebre pensatore di epoca Meiji,
12 viaggiò in Europa e Stati Uniti prima della Restaurazione,

5 – mukashi wa seijika bakkari egakarete imashita
6 toku ni nagaku egakareta jinbutsu wa shōtoku taishi de atta
7 nana seiki no hito de
8 nihon de saisho no kenpō o tsukutta hito desu
9 sorekara meiji ishin de katsuyaku shita jinbutsu ni kawarimashita
10 sono uchi ima mo nokotte iru no wa fukuzawa yukichi dake desu
11 meiji jidai no yūmei na shisōka de ari
12 ishin no mae ni ōbei ryokō o shita koto ga atte

---

essere, anche in altre sue forme (でした per il passato, e で per terminare una proposizione). Questo です possiede un omologo: で ある. Soprattutto nella lingua scritta, で ある può sostituire です anche in fine di frase o di periodo. Da qui le forme derivate で あった (equivalente di でした) e で あって (equivalente di で). Osservate anche il titolo del romanzo (frase 22).

5 で あり: variante di で あって e quindi di で (nota 4; lezione 58, nota 2).
6 欧米 **ōbei** indica precisamente *l'Europa e gli Stati Uniti*, 西洋 **seiyō** indica in generale *l'Occidente* (visto dal Giappone).

13 日本に西洋を紹介した人です。

14 長く残ったのは新渡戸稲造という人です。

15 明治、大正、昭和時代の教育家であり、

16 農業の研究を色々した人です。

17 後に、国際連盟で活発に活動し、

18 戦前に日米友好のために働いた。

19 政治家だけではなく、文学者も選ばれた。

20 まず選ばれたのは夏目漱石であった。

21 日本近代文学の一番有名な作家と言われます。

Ottantottesima lezione / 88

13 ed è colui che fece conoscere *(presentazione avere-fatto)* l'Occidente in Giappone.
14 Un altro che rimase a lungo è Nitobe Inazo.
15 Fu un pedagogista di epoca Meiji, Taisho e Showa,
16 e fece anche molte ricerche nel campo dell'agricoltura.
17 In seguito fu molto attivo nella Società delle Nazioni e,
18 prima della guerra, lavorò per i rapporti di amicizia tra Giappone e Stati Uniti.
19 Non solo uomini politici, ma sono stati scelti anche degli scrittori.
20 Il primo fu Natsume Sōseki.
21 Si può dire che sia il più famoso scrittore della letteratura giapponese moderna.

13 nihon ni seiyō o shōkai shita hito desu
14 nagaku nokotta no wa nitobe inazō to iu hito desu
15 meiji taishō shōwa jidai no kyō'ikuka de ari
16 nōgyō no kenkyū o iroiro shita hito desu
17 nochi ni kokusairenmei de kappatsu ni katsudō shi
18 senzen ni nichibei yūkō no tame ni hataraita
19 seijika dake de wa naku bungakusha mo erabareta
20 mazu erabareta no wa natsume sōseki de atta
21 nihon kindai bungaku no ichiban yūmei na sakka to iwaremasu

22 特に 知られて いる 作品 は 「吾輩 [7] は 猫 で ある」 と いう 小説 で、一 九〇 五 年 に 書かれた 作品 です。

23 猫 が 主人公 で、猫 の 目 で 見た 人間 の 社会 が 描かれて います。

24 とても 面白い です から、まだ 読んで いない の でしたら [8]、ぜひ お 読み に なる [9] よう お 勧め します。

25 （続く）

Note

[7] 吾輩 wagahai, antica forma per dire *io*, usata sporadicamente in conversazioni formali o in ambito letterario.

[8] でしたら è il nostro です + il suffisso たら e significa *se, qualora, quando*, per esprimere una condizione preliminare.

[9] お 読み に なる: per costruire il grado superiore di un verbo si ricorre a お + la base in i dei verbi a più basi, oppure alla base dei verbi a una sola base + に なる (v. lezione 68, nota 1).

Ottantottesima lezione / 88

22 La sua opera più celebre è il romanzo "Io sono un gatto", scritto nel 1905.
23 Il protagonista è un gatto che ritrae la società umana osservata attraverso i suoi occhi.
24 È un libro molto interessante. Se non l'ha ancora letto, Le consiglio vivamente di farlo.
25 (Continua)

22 toku ni shirarete iru sakuhin wa wa ga hai wa neko de aru to iu shōsetsu de sen kyūhyaku go nen ni kakareta sakuhin desu
23 neko ga shujinkō de neko no me de mita ningen no shakai ga egakarete imasu
24 totemo omoshiroi desu kara, mada yonde inai no deshitara, zehi o yomi ni naru yō o susume shimasu
25 (tsuzuku)

Il calendario di tipo occidentale venne adottato in Giappone nel 1873. Prima di allora, il tempo si contava in epoche alle quali si dava un nome. Chi governava poteva chiudere un'epoca e aprirne un'altra in seguito ad avvenimenti fausti o infausti. Questo sistema esiste anche oggi. Dal 1868, si decise di cambiare il nome dell'epoca alla morte dell'imperatore che l'aveva inaugurata. Le epoche più recenti sono **Meiji**, *dal 1848 al 1912*, **Taishō**, *dal 1912 al 1926*, **Shōwa** 昭和, *dal 1926 al 1989 e* **Heisei** 平成, *a partire dal 1989. Una nuova epoca non inizia mai il primo gennaio, ma alla data della morte dell'Imperatore. Il medesimo anno può appartenere dunque a due periodi differenti. Fate quindi attenzione: il primo anno di un'epoca si chiama, ad esempio,* **Heisei 1**. *Così, l'anno 2000, che viene 11 anni dopo il primo anno* **Heisei**, *sarà* **Heisei 12** *(dodicesimo anno dell'epoca* **Heisei***) e non 11. Fate bene i calcoli.*

第八十八課

練習 1 - 訳 し なさい

❶ 初めて 人 が 月 の 上 を 歩いた 年 は、一 九 六 九 年 で、昭和 四十 四 年 でした。

❷ 一 九 一 八 年 は、大正 七 年、第一次 世界 大戦 が 終わった 年 です。

❸ 日本 で 最初 の 新聞 が 出た のは 一 八 七〇 年 (明治 三 年) です。英語 で 書かれて いて、「横浜 毎日」と いう 新聞 でした。

❹ 十 九 世紀 と 比べる と、人間 社会 は 考えられない ほど 変わった。

***

練習 2 - 言葉 を 入れ なさい

Se avete bisogno di un po' di aiuto, consultate l'appendice.

❶ È pericoloso! Attento! – Ma no, il ramo è solido, non ci sono problemi!
..... 。 ..... 。 —いや ....、....... 。

❷ Delle auto d'epoca che collezionavo, non ne sono rimaste che tre. Siccome non avevo posto, le altre le ho vendute tutte.
... あつめて .... 。 .... 。

Ottantottesima lezione / 88

❺ 一番 大きく 変わった の は 確か に 科学 で ある。

Soluzioni dell'esercizio 1
❶ L'anno in cui, per la prima volta, un uomo camminò sulla Luna è il 1969; era l'anno 44 dell'epoca Showa. ❷ Il 1918, anno 7 dell'epoca Taisho, è l'anno in cui terminò la Prima guerra mondiale. ❸ Era l'anno 1870 (anno 3 dell'epoca Meiji) quando uscì il primo quotidiano in Giappone. Era scritto in inglese e si chiamava "Il quotidiano di Yokohama". ❹ Se la confrontiamo con il XIX secolo, la società umana è cambiata in modo inimmaginabile. ❺ Ciò che è cambiato in maniera maggiore è senz'altro la scienza.

Trascrizione
❶ hajimete hito ga tsuki no ue o aruita toshi wa sen kyūhyaku rokujū kyū nen de shōwa yonjū yo nen deshita ❷ sen kyūhaku jū hachi nen wa taishō shichi nen daiichiji sekai taisen ga owatta toshi desu ❸ nihon de saisho no shinbun ga deta no wa sen happyaku shichijū nen (meiji san nen) desu eigo de kakarete ite yokohama mainichi to iu shinbun deshita ❹ jū kyū seiki to kuraberu to ningen shakai wa kangaerarenai hodo kawatta ❺ ichiban ookiku kawatta no wa tashika ni kagaku de aru

***

❸ Questo vecchio frigorifero sembra che si stia per rompere, vi suggerisco di comprarne uno nuovo.

・・・・・・・・・・・・・こしょう し そう です
・・、・・・・・・・・・・・・・・・。

❹ Fukuzawa Yuchiki, famoso pensatore di epoca Meiji, prima della Restaurazione viaggiò per l'Europa, e in Francia incontrò il primo professore di giapponese.

・・・・・・・・・しそうか ・・・・・・・・、・・
・・・・・・、ヨーロッパ を ・・・・・、フランス．
・・・・・・・・・・。

Soluzioni dell'esercizio 2

❶ あぶない よ — き を つけて — えだ が じょうぶ だから、だいじょうぶ だ ❷ むかし — いた ふるい くるま は さんだい しか のこって いません — ばしょ が ない から、ほか の は みんな うって しまいました ❸ この ふるい れいぞうこ は もう すぐ — から、あたらしい の を かう よう おすすめ します ❹ めいじ じだい の ゆうめい な — で ある ふくざわ ゆきち は、めいじ いしん の まえ に、— りょこう して — で さいしょ の にほんご の せんせい に あいました

第八十九課
だい はち じゅう きゅう か

貨幣 2
かへい に

1 — もう 一人 の 作家 は 女流 作家 の 樋口 一葉 です。

Ottantanovesima lezione / 89

片仮名 の 練習

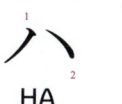 

HA　　HI　　FU　　HE　　HO

書き取り
❶ **naifu** *(coltello/knife)* ❷ **tahichi** *(Tahiti)* ❸ **heddo** *(testa/head)*
❹ **hāfu** *(mezzo/half)* ❺ **hotto** *(caldo/hot)* ❻ **kōhī** *(caffè/coffee)*
❼ **sofuto** *(morbido/soft)* ❽ **haikingu** *(escursionismo/hiking)* ❾ **hea**
(capelli/hair) ❿ **esu-efu** *(fantascienza/S-cience F-iction, S.F.)*

Soluzioni
❶ ナイフ ❷ タヒチ ❸ ヘッド ❹ ハーフ ❺ ホット ❻ コーヒー
❼ ソフト ❽ ハイキング ❾ ヘア ❿ エス エフ

Seconda ondata: lezione 39

Ottantanovesima lezione

Il denaro 2

1 – Un altro autore, è la scrittrice *(donna scrittore)* Higuchi Ichiyō.

Trascrizione

kahei ni

1 – mō hitori no sakka wa joryū sakka no higuchi ichiyō desu

2 明治（めいじ）時代（じだい）の 作家（さっか）で、
二十四（にじゅうよん）歳（さい）で 亡（な）くなりました **1**。

3 とても 若（わか）くて 亡（な）くなった のに
日本人（にほんじん）が だれでも **2**
知（し）って いる 「たけ くらべ」
と いう 作品（さくひん）を 書（か）きました。

4 国語（こくご）**3** の 教科書（きょうかしょ）に 作品（さくひん）
の 一部（いちぶ）が 載（の）って いる ので、

5 日本（にほん）の 子供達（こどもたち）は みんな
読（よ）んだ こと が あります。

6 「たけ くらべ」 は 二人（ふたり）の
子供（こども）の 話（はなし）です。

7 二人（ふたり）の 身分（みぶん）が 違（ちが）います が、
お 互（たが）いに 友情（ゆうじょう）を 感（かん）じて
いました。

Note

1 亡くなる **nakunaru**, *scomparire*, *morire*: anche in giapponese esistono parole che non si ama troppo pronunciare e si ricorre a dei sinonimi meno forti. Il verbo **nakunaru** si ricava da ない **nai**, *non esserci*, *non esistere*, e letteralmente significa "diventare non esistente", vale a dire *scomparire*. In questa accezione si usa nella frase 23, mentre in questo caso è impiegato come sinonimo di *morire*. Da notare la differenza dei kanji nei due esempi.

Ottantanovesima lezione / 89

2 È una scrittrice di epoca Meiji, morta all'età di 24 anni.
3 Benché sia morta così giovane, ha scritto un'opera intitolata "Crescendo" che chiunque in Giappone *(giapponesi [soggetto] chiunque)* **conosce.**
4 Siccome alcuni estratti dell'opera sono citati sui libri di testo di giapponese,
5 tutti i bambini giapponesi lo hanno letto.
6 "Crescendo" è la storia di due bambini.
7 Benché essi appartengano a due classi sociali diverse, provano un reciproco sentimento di amicizia;

2 meiji jidai no sakka de nijūyon sai de nakunarimashita
3 totemo wakakute nakunatta noni nihonjin ga daredemo shitte iru take kurabe to iu sakuhin o kakimashita
4 kokugo no kyōkasho ni sakuhin no ichibu ga notte iru node
5 nihon no kodomotachi wa minna yonda koto ga arimasu
6 take kurabe wa futari no kodomo no hanashi desu
7 futari no mibun ga chigaimasu ga o tagai ni yūjō o kanjite imashita

2 だれでも: ecco un'altra parola derivata da un termine interrogativo (v. lezione 42, § 3). Aggiungendo でも si ottiene il significato di pronome o avverbio indefinito dell'avverbio: だれ, *chi?* → だれでも, *chiunque*; いつ, *quando?* → いつでも, *sempre*; どこ, *dove?* → どこでも, *ovunque*; なん, *cosa?* → なんでも, *qualunque cosa* (quest'ultima parola, usata con un verbo in forma negativa, significa *niente* (v. lezione 46, frase 22).

3 国語 **kokugo**: per molto tempo i giapponesi hanno designato la loro lingua con una parola che significa letteralmente "la lingua nazionale". La parola 日本語 **nihongo**, per indicare oggi la stessa cosa, è di uso relativamente recente, quasi sicuramente della fine del XIX secolo. L'utilizzo del primo termine rimane tuttavia per la scuola, per i libri o per i corsi che riguardano la lingua nazionale.

8 しかし 大人 に なって それぞれ の 生きる 道 は はっきり と 分かれました。

9 日本人 に とって 古き 良き [4] 時代 で ある 明治 時代 の 終わり が 舞台 です。

10 感受性 が あって、素朴 な 文体 の この 作品 は 今 でも 日本人 に 読み継がれて います [5]。

11 また、2000 [6] 年（平成 十二 年） に は 初めて 人物 で は なく、 大切 な 行事 を 記念 する お 札 が できました。

Note

[4] Capita molto spesso che nelle espressioni idiomatiche si ritrovino tracce del giapponese antico. Al giorno d'oggi si direbbe: 古い よい **furui yoi** (letteralmente "ciò che è vecchio è buono"). Questa espressione serve a esprimere la nostalgia.

[5] 読み継がれて います **yomitsugarete imasu**: che lungo verbo, vero? Ritorniamo alla sua forma più neutra, **yomitsugareru**, passivo derivato da **yomitsugu**, che a sua volta è un verbo composto da altri due verbi:

Ottantanovesima lezione / 89

8 ma una volta divenuti adulti, le loro strade si separano nettamente.
9 Il romanzo è ambientato alla fine del periodo Meiji, un'epoca di cui i giapponesi sentono nostalgia.
(giapponese secondo essere-vecchio essere-bello epoca)
10 Quest'opera, piena di sensibilità e dallo stile sobrio, continua a essere letta ancora oggi dai giapponesi.
11 Infine, nel 2000 (anno 12 dell'epoca Heisei), per la prima volta apparve una banconota sulla quale non c'era un personaggio, ma il ricordo di un avvenimento importante.

8 shikashi otona ni natte sorezore no ikiru michi wa hakkiri to wakaremashita
9 nihonjin ni totte furuki yoki jidai de aru meiji jidai no owari ga butai desu
10 kanjusei ga atte soboku na buntai no kono sakuhin wa ima demo nihonjin ni yomitsugarete imasu
11 mata nisen nen (heisei jū ni nen) ni wa hajimete jinbutsu de wa naku taisetsu na gyōji o ki'nen suru o satsu ga dekimashita

---

yomu, *leggere*, e **tsugu**, *continuare*. Tutto l'insieme significa *leggere ancora oggi*, *continuare a leggere*. La lingua giapponese contiene moltissime di queste costruzioni formate da due verbi accostati, di cui il primo si trova sempre nella base unica per i verbi a una sola base e nella base in **i** per tutti gli altri (v. lezione 74, frase 7).

6 Spesso nei testi scritti si utilizzano i numeri arabi, e non quelli del sistema sino-giapponese, per scrivere le date. Naturalmente, lo si legge come se fosse scritto secondo quest'ultimo.

roppyaku go jū yon • 654

12 1974年（昭和四十九年）に日本も参加したG5というG7主要国首脳会議が設立されました。

13 その後、少しずつ他の国が参加するようになって、1997年（平成九年）にはG8になりました。

14 毎年サミットが開かれます。

15 過去に三回東京で開催されました。

16 2000年には初めて地方で行うことになりました。

17 どこの地方を選ぶか難しい問題であった。

18 長い話し合いの結果、歴史的な理由で沖縄が選ばれました。

Ottantanovesima lezione / 89

12 Nel 1974 (anno 49 Showa) venne creata la conferenza delle Grandi Potenze, chiamata G5, alla quale partecipava il Giappone.
13 In seguito, a poco a poco, si aggiunsero altre nazioni, così che nel 1997 (anno 9 Heisei) venne creato il G8.
14 Questo summit si tiene ogni anno.
15 In passato, si è tenuto tre volte a Tokyo.
16 Nel 2000 si decise di organizzarlo per la prima volta in una zona di provincia.
17 Ma quale provincia scegliere? Era un dilemma difficile [da risolvere].
18 Dopo lunghe discussioni, per ragioni storiche venne scelta Okinawa.

12 sen kyūhyaku nanajū yo nen (shōwa yonjū ku nen) ni nihon mo sanka shita jī faibu to iu shuyōkoku shunō kaigi ga setsuritsu saremashita
13 sono go sukoshizutsu hoka no kuni ga sanka suru yō ni natte sen kyūhyaku kyūjū nen (heisei ku nen) ni wa jī eito ni narimashita
14 maitoshi samitto ga hirakaremasu
15 kako ni san kai tōkyō de kaisai saremashita
16 nisen nen ni wa hajimete chihō de okonau koto ni narimashita
17 doko no chihō o erabu ka muzukashii mondai de atta
18 nagai hanashiai no kekka rekishiteki na riyū de okinawa ga erabaremashita

Note

7 I caratteri latini, lettere o cifre che siano, vengono pronunciati alla maniera inglese (v. lezione 47, nota 6): G = **jī**, 5 = **faibu**, e più avanti 8 = **eito**.

19　その　沖縄(おきなわ)　サミット　を　記念(きねん)して、お札(さつ)を　作(つく)った　のです。

20　ほとんど　の　お札(さつ)　に　は　男性(だんせい)が　描(えが)かれて　いる　が、女性(じょせい)が　描(えが)かれて　いない　わけ　で　は　ない。

21　例(たと)えば、先(さき)に　述(の)べた　よう　に、女流(じょりゅう)　作家(さっか)　の　樋口(ひぐち)　一葉(いちよう)　が　います。

22 – いずれ　に　せよ **8**、段々(だんだん)　クレジット　カード　や　電子(でんし)マネー　を　使(つか)う　こと　が　増(ふ)えて　います　から、

23　将来(しょうらい)　は　貨幣(かへい)　が　無(な)くなる　かもしれません。

24　ちょっと　残念(ざんねん)　です　ね。　□

Note

8 いずれ に せよ: è una frase fatta. いずれ è la versione antica di どれ, *quale?*, せよ è la versione antica di しよう (grado inferiore), *facciamo*. Ritroviamo tutto in una struttura che conosciamo: に する, *si decide per* (letteralmente "per quale decidere?").

19 In ricordo del summit di Okinawa fu creata una banconota.
20 Sulla maggior parte delle banconote sono raffigurati degli uomini, ma non è vero che le donne siano del tutto assenti.
21 Per esempio, come abbiamo detto in precedenza, c'è la scrittrice Higuchi Ichiyō.
22 – A ogni modo, l'aumento sempre maggiore dell'uso di carte di credito e denaro elettronico,
23 forse porterà in futuro alla scomparsa del denaro corrente.
24 È un po' un peccato!

19 sono okinawa samitto o ki'nen shite o satsu o tsukutta no desu
20 hotondo no o satsu ni wa dansei ga egakarete iru ga josei ga egakarete inai wake de wa nai
21 tatoeba saki ni nobeta yō ni joryū sakka no higuchi ichiyō ga imasu
22 – izure ni seyo dandan kurejitto kādo ya denshi manē o tsukau koto ga fuete imasu kara
23 shōrai wa kahei ga nakunaru kamoshiremasen
24 chotto zannen desu ne

Come avete potuto constatare dalla lettura del dialogo, l'epoca chiamata Meiji (1868-1912) ha rappresentato un periodo di grandi cambiamenti in Giappone. Dopo un lungo periodo di chiusura (epoca di Edo), il Giappone si aprì molto velocemente verso il mondo esterno, e si mise a studiare voracemente qualsiasi tipo di disciplina: scienza e tecnica, arti militari, diritto, medicina, belle arti, letteratura, sport, mezzi di comunicazione. In questo periodo nacque un nuovo Giappone, che rivendicò il suo posto tra le grandi potenze mondiali.

第八十九課

▶ 練習 1 - 訳 し なさい

❶ 昔(むかし) の 学校(がっこう) で は、女性(じょせい) と 男性(だんせい) が 別々(べつべつ) でした。

❷ 特別(とくべつ) な 問題(もんだい) です が、その 先生(せんせい) の 説明(せつめい) は とても 上手(じょうず) で、だれでも よく わかる わけ です。

❸ この 十日間(とおかかん) に 来(き)た 手紙(てがみ) を また 一(ひと)つ 一(ひと)つ 調(しら)べました けれども、吉野(よしの)さん から の 手紙(てがみ) は 見(み)つかりません でした。

❹ 国際平和(こくさいへいわ) を 守(まも)る こと は、国際連合(こくさいれんごう) の 仕事(しごと) です。

❺ その 小説(しょうせつ) の 主人公(しゅじんこう) で ある 二人(ふたり) の 子供(こども) は、身分(みぶん) が 違(ちが)った のに、お互(たが)い に 友情(ゆうじょう) を 感(かん)じて いました。

Ottantanovesima lezione / 89

Soluzioni dell'esercizio 1

❶ Nelle scuole di una volta, le ragazze e i ragazzi erano separati. ❷ È un problema particolare, ma questo professore spiega così bene che tutti dovrebbero riuscire a capire. ❸ Ho controllato di nuovo tutte le lettere che mi sono arrivate in questi dieci giorni una per una, ma non ho trovato quella della signorina Yoshino. ❹ Salvaguardare la pace internazionale è il lavoro dell'ONU. ❺ I due bambini protagonisti di questo romanzo, benché appartenessero a classi sociali differenti, provavano un sentimento di reciproca amicizia.

Trascrizione

❶ mukashi no gakkō de wa josei to dansei ga betsubetsu deshita ❷ tokubetsu na mondai desu ga sono sensei no setsumei wa totemo jōzu de daredemo yoku wakaru wake desu ❸ kono tookakan ni kita tegami o mata hitotsu hitotsu shirabemashita keredomo yoshinosan kara no tegami wa mitsukarimasen deshita ❹ kokusai heiwa o mamoru koto wa kokusairengō no shigoto desu ❺ sono shōsetsu no shujinkō de aru futari no kodomo wa mibun ga chigatta noni o tagai ni yūjō o kanjite imashita

昔 の 学校 で は 女性 と 男性 が 別々 でした。

第八十九課

練習 2 - 言葉 を 入れ なさい

❶ Una cosa così comune, la puoi comprare in qualsiasi negozio.
そんな ふつう . . . . . .、. . . みせ . . . .。

❷ Sembra che questo dottore sia così bravo che riesce a curare qualsiasi malattia.
あの . . . . . . りっぱ . . . .、. . .びょうき . . . .。

❸ Il mese scorso ho letto un libro che parlava della storia delle scienze.
. . . .。

❹ Era tradotto dall'<u>italiano</u>.
. . . . もの . .。

❺ Quale avvenimento commemorativo stampare sulle banconote? È una questione difficile.
. . きねんぎょうじ . . . .。

***

片仮名 の 練習

バ	ビ	ブ	ベ	ボ
BA	BI	BU	BE	BO

Ottantanovesima lezione / 89

Soluzioni dell'esercizio 2
❶ - の もの なら、どんな - でも かえます よ ❷ - お いしゃ さん は - な かた で、どんな - でも なおせる そう です ❸ せんげつ かがく の れきし に ついて かかれた ほん を よみました ❹ イタリアご から やく された - です ❺ どの - を お さつ に いんさつ する か むずかしい もんだい です

***

書き取り
❶ **beddo** (letto/bed) ❷ **būtsu** (stivali/boots) ❸ **hando baggu** borsetta/handbag) ❹ **bāgen** (saldi/bargain) ❺ **bideo** (video) ❻ **bakansu** (vacanze/vacances) ❼ **sābisu** (assistenza/service) ❽ **ōboe** (oboe) ❾ **kābu** (curva/curve) ❿ **bōnasu** (bonus) ⓫ **bebī** (baby) ⓬ **bōto** (barca/boat)

Soluzioni
❶ ベッド ❷ ブーツ ❸ ハンド バッグ ❹ バーゲン ❺ ビデオ ❻ バカンス ❼ サービス ❽ オーボエ ❾ カーブ ❿ ボーナス ⓫ ベビー ⓬ ボート

Seconda ondata: lezione 40

第九十課
だいきゅうじゅっか

花見
はなみ

1 – 皇居 の そば に ある 桜 の 木 は 満開 に なりました ね。

2 – きっと 上野 公園 の 桜 二日 三日 **1** の 内 に 満開 に なる でしょう。

3 – そう です ね。桜 の 花 は 散る の が 速い です から ね。

4 – 「三日 見ぬ **2** 間 の 桜 か な」 と 言う 諺 が ある くらい です から ね。

5 – 去年 も 一昨年 も 出張 して いた ので、

Note

1 二日 三日 **futsuka mikka**, *2 giorni* o *3 giorni*; ma ricordate che la stessa espressione può anche significare *il 2 e il 3* (del mese) (v. lezione 70, § 1.2).

Novantesima lezione

La contemplazione dei fiori

1 – I ciliegi vicino al Palazzo Imperiale sono in piena fioritura.
2 – Di sicuro, nell'arco di due o tre giorni, anche i ciliegi del parco di Ueno saranno in piena fioritura.
3 – Sì. E poi i fiori di ciliegio cadono in fretta!
4 C'è addirittura il proverbio che dice "Non ci sono neppure tre giorni per ammirare i ciliegi".
(tre-giorno non-guardare intervallo [relazione] ciliegio [domanda] [riflessione])
5 – L'anno scorso e anche quello prima, essendo via per lavoro,

Trascrizione

hanami

1 – kōkyo no soba ni aru sakura no ki wa mankai ni narimashita ne
2 – kitto ueno kōen no sakura mo futsuka mikka no uchi ni mankai ni naru deshō
3 – sō desu ne sakura no hana wa chiru no ga hayai desu kara ne
4 mikka minu ma no sakura ka na to iu kotowaza ga aru kurai desu kara ne
5 – kyonen mo ototoshi mo shutchō shite ita node

2 見ぬ **minu** è proprio il verbo 見る **miru** che conoscete bene. Questa è un'antica forma negativa (applicabile quando precede un nome) che si trova ancora in alcune frasi fatte oppure, come in questo caso, in un proverbio. Nel linguaggio comune si direbbe 見ない **minai**.

6 　桜の　花を　ゆっくり　と
　　見る　暇が　ありません　でしたが、

7 　今年は　ぜひ　行きたいと
　　思って　います。

8 － そう　です　ね。「善は　急げ **3**」
　　と　言いますから、明日の
　　午後に　でも　いかが　です　か。

9 － 桜の　花を　見て　いると、子供
　　の　頃の　ことを　思い出します。

10 － お国 **4** は　どちら　でした　っけ **5** ね。

11 － 信州です。毎年　四月に　なると、

12 　私の　祖父 **6** は　庭に　ある
　　大きな　桜の　木の　下
　　に　茣蓙を　敷き、

Note

3 急げ **isoge**: il verbo 急ぐ **isogu** è un verbo a più basi. Conoscete già la base in **u**, la base in **a** che serve per formare il negativo di grado inferiore (急がない **isoganai**), e la base in **i** (急ぎます **isogimasu**). Esiste anche una base in **e** che si usa in una forma di imperativo un po' rude e brutale. Questa forma la troviamo solo in espressioni di forte grado inferiore o in formule del tipo *Attento!*, 気を付け **ki o tsuke**, oppure *Riposati!*, 休め **yasume**, oppure nei proverbi. Per le normali forme imperative o di richiesta, vi rimandiamo alla lezione 84, § 3.

Novantesima lezione / 90

6 non ho avuto tempo per contemplare tranquillamente i fiori di ciliegio, ma
7 quest'anno voglio assolutamente andarci.
8 – Certo! "Il Bene non aspetta", si dice, allora che ne pensa di andare domani pomeriggio?
9 – Quando contemplo i fiori di ciliegio, mi ricordo la mia infanzia.
10 – Da dov'è che viene già? *([onorifico] paese [tema] che-lato essere-stato [domanda-di-ricordo] [accordo])*
11 – Sono dello Shinshu. Ogni anno quando arrivava aprile,
12 mio nonno stendeva una stuoia sotto un grande ciliegio che c'era in giardino,

---

6 sakura no hana o yukkuri to miru hima ga arimasen deshita ga
7 kotoshi wa zehi ikitai to omotte imasu
8 – sō desu ne zen wa isoge to iimasu kara ashita no gogo ni demo ikaga desu ka
9 – sakura no hana o mite iru to kodomo no koro no koto o omoidashimasu
10 – o kuni wa dochira deshita kke ne
11 – shinshū desu maitoshi shigatsu ni naru to
12 watashi no sofu wa niwa ni aru ooki na sakura no ki no shita ni goza o shiki

---

4 国 **kuni**, *paese*, nel senso di *nazione*, ma anche di *paese natale*, *zona di origine*.

5 La terminazione っけ al posto di か interrogativo significa "me l'hai già detto, lo so, ma l'ho dimenticato, me lo ricorderesti?". Da qui l'impiego del verbo al passato e anche la traduzione letterale che abbiamo proposto *[domanda di ricordo]*.

6 祖父 **sofu**, 祖母 **soba** (v. lezione 84, § 1.1) vengono rafforzati da 私 の **watashi no**. Si tratta di un uso abbastanza frequente.

13 午後中、そこに座ってお酒を飲みながら花を見ていました。

14 時々墨などを持ってこさせ **7**、短歌 **8** なども詠んでいました。

15 私は姉と一緒によく祖父の墓蓙の上でままごとをしたものでした **9**。

16 そうすると、必ず祖母がお団子 **10** を作って持ってきてくれました。

17 私達は花見のお団子が一番楽しみだったのです。

Note

7 持ってこさせる **motte kosaseru**. Andiamo con ordine: 持つ **motsu**, *portare*; 持ってくる **motte kuru**, qui くる indica che il movimento di "portare" avviene nella direzione di colui che parla, o verso colui che è il soggetto della frase (quando non è chi sta parlando). Da くる, verbo irregolare, si ottiene こさせる, *fare venire* (v. lezione 87, nota 5). Così abbiamo: 持ってくる **motte kuru**, *portare qui* → 持ってこさせる **motte kosaseru**, *farsi portare*.

8 短歌 **tanka** è una di quelle forme poetiche molto brevi di cui i giapponesi sono maestri: 5 versi, un numero di sillabe sempre dispari, 5-7-5-7-7.

Novantesima lezione / 90

13 e, seduto lì, per tutto il pomeriggio contemplava i fiori bevendo sake.
14 Talvolta si faceva portare l'inchiostro e il necessario per scrivere e componeva poesie.
15 Spesso mia sorella e io giocavamo alle signore sulla stuoia del nonno.
16 E allora, immancabilmente, mia nonna ci portava i dango che aveva preparato. *([familiarità] pallina-di-riso [oggetto] preparare-[progressivo] portare-[progressivo] venire-[progressivo] fare-per-me)*
17 La cosa che aspettavamo con più gioia erano proprio i dango del giorno della contemplazione dei ciliegi.

---

13 gogojū, soko ni suwatte o sake o nominagara hana o mite imashita
14 tokidoki sumi nado o motte kosase, tanka nado mo yonde imashita
15 watashi wa ane to issho ni yoku sofu no goza no ue de mamagoto o shita mono deshita
16 sō suru to, kanarazu sobo ga o dango o tsukutte motte kite kuremashita
17 watashitachi wa hanami no o dango ga ichiban tanoshimi datta no desu

---

9 もの でした: questa espressione indica che quello che precede è un'abitudine di chi parla, un'azione che compie o che ha compiuto molto frequentemente (v. lezione 83, frase 2).

10 団子 **dango**: palline preparate principalmente con farina di riso, cotte al vapore e poi guarnite in diversi modi, spesso zuccherate. In passato (ma ancora adesso) erano offerti come dolcetti alle feste; ora si trovano in tutti i supermercati.

18 祖父 は これ を 見て、笑いながら 「花 より 団子、花 より 団子 **11**」 と 言って いました。 □

> **Note**
>
> **11** 花 より 団子 **hana yori dango**: è un proverbio che prende in giro coloro che, nelle tradizionali giornate dedicate alla contemplazione dei fiori (o della luna), amano più tuffarsi nei piaceri materiali, ad esempio gustare il buon cibo, anziché in quelli spirituali. Per estensione, si rivolge a tutti coloro che sono più dediti alla materialità dei piaceri della vita che alle arti e alla bellezza.

▶ 練習 1 – 訳 し なさい

❶ 故障 は まだ 直って ない？ 電気屋さん は 午前中 に 来る はず だった のに…

❷ 花見 と いう の は、皆 集まって 桜 の 花 を 見る こと で あり、日本 に ずっと 昔 から ある こと です。

❸ たばこ を たくさん 吸って も、仕事 は あまり 進まない から、やめた 方 が いい よ。

❹ どうして 笑然 そんな に 悲しく なった の。- 波 の 音 が 私 の 子供 時代 の こと を 思い出させる から です。

Novantesima lezione / 90

18 Il nonno, vedendoci, diceva ridendo: "I dango più dei fiori, i dango più dei fiori!".

18 sofu wa kore o mite, warainagara hana yori dango, hana yori dango to itte imashita

***

❺ お待たせ いたしました。

Soluzioni dell'esercizio 1
❶ Il guasto non è ancora riparato? E dire che l'elettricista sarebbe dovuto venire questa mattina! ❷ Hanami significa radunarsi tutti insieme ad ammirare i fiori di ciliegio. È un'usanza molto antica in Giappone. ❸ Anche se fumi tanto, il lavoro non va più avanti; forse è meglio se smetti! ❹ Perché sei diventato triste tutto d'un tratto? – È che il rumore delle onde mi fa ricordare la mia infanzia. ❺ Mi scusi per averLa fatta attendere.

Trascrizione
❶ koshō wa mada naotte nai denkiyasan wa gozenchū ni kuru hazu datta noni ❷ hanami to iu no wa minna atsumatte sakura no hana o miru koto de ari nihon ni zutto mukashi kara aru koto desu ❸ tabako o takusan sutte mo shigoto wa amari susumanai kara yameta hō ga ii yo ❹ dōshite totsuzen sonna ni kanashiku natta no nami no oto ga watashi no kodomo jidai no koto o omoidasaseru kara desu ❺ o matase itashimashita

練習 2 - 言葉 を 入れ なさい

❶ Mentre contempliamo i fiori, beviamo sake, cantiamo canzoni, componiamo poesie, raccontiamo delle storie.

・・・・・・・・、・・・・・・、・・・・・・、・・・・・・・・、・・・・・・・・て います。

❷ Quelli che sbocciano prima sono i ciliegi che si trovano nei giardini vicino al Palazzo Imperiale.

・・・・・・ まんかい ・・・・ は、・・・・・・・・・・・。

❸ Vado tre volte alla settimana in biblioteca a prendere dei libri in prestito. È molto comodo, perché la biblioteca è vicino a casa mia.

・・・・・・・・・・・・・・・・・。・・・・・・・・・・・・、・・・・・・。

❹ Com'è calda l'estate quest'anno! Anche quando si fa sera, non rinfresca nemmeno un po'.

・・・・・・・・・・・。・・・・・・・、すこしも・・・・・・・・。

***

片仮名 の 練習

パ　ピ　プ　ペ　ポ
PA　PI　PU　PE　PO

故障 は まだ 直って ない？

Novantesima lezione / 90

❺ In un viaggio turistico, quando si cercano buoni ristoranti invece di andare nei musei, si può dire: "hana yori dango" *(meglio i dango dei fiori)*.

. . . . 、. . . . .
レストラン を もとめる . . は 「 . . . . 」 .
. . . . . 。

Soluzioni dell'esercizio 2

❶ はな を みながら、お さけ を のんだり、うた を うたったり、たんか を よんだり、はなし を したり し- ❷ いちばん はやく - に なる の - こうきょ の そば に ある さくら です ❸ まいしゅう に さん かい としょかん へ いって ほん を かります - としょかん は うち から ちかい ので、とても べんり です ❹ ことし の なつ は あつい です ね - よる に なっても - すずしく ならない の です ❺ かんこう りょこう を して、びじゅつかん へ いく より おいしい - こと - はな より だんご - と いえます

***

書き取り

❶ **pea** *(paio/pair)* ❷ **piano** *(pianoforte/piano)* ❸ **supein** *(Spagna/Spain)* ❹ **sūpu** *(zuppa/soup)* ❺ **supōtsu** *(sport/sports)* ❻ **apāto** *(appartamento/apart-ment)* ❼ **supīdo** *(velocità/speed)* ❽ **pēji** *(pagina/page)* ❾ **pikunikku** *(picnic)* ❿ **posuto** *(buca delle lettere/post)* ⓫ **depāto** *(grandi magazzini/depart-ment store)*

Soluzioni

❶ ペア ❷ ピアノ ❸ スペイン ❹ スープ ❺ スポーツ ❻ アパート ❼ スピード ❽ ページ ❾ ピクニック ❿ ポスト ⓫ デパート

*I giapponesi amano le feste. Le feste tradizionali occupano un grande posto nella vita sociale giapponese. La fioritura dei ciliegi in primavera rappresenta addirittura un evento nazionale, tanto che tutti i canali televisivi informano ogni giorno sull'avanzare della fioritura di questi alberi. Riunirsi in occasione dello **hanami** tra colleghi di ufficio, in famiglia o tra amici, è un momento di festa quasi obbligatorio e capita spesso che, nei posti celebri delle grandi città, si vada all'alba*

だい きゅうじゅう いっ か
第 九 十 一 課

まとめ – Riepilogo

State per giungere alla fine del percorso che vi abbiamo proposto, e ormai il funzionamento della lingua giapponese non ha quasi più segreti per voi. Ecco allora solo qualche utile nota di riepilogo.

1 I verbi

1.1 Varianti di verbi speciali di grado superiore

Ora che avete già una certa pratica di verbi al grado superiore (lezione 70, § 3), possiamo approfondirne alcuni aspetti, in particolare per quello che concerne la forma. Tutti i verbi che abbiamo impiegato fino a ora sono verbi a più basi e sappiamo che il suffisso ます si aggiunge alla base in **i**.

Tuttavia, avrete forse notato che alcuni verbi di grado superiore presentano una particolarità. Li divideremo in tre categorie:
– verbi che non terminano in **ru**: もうす / もうします, *io mi chiamo*, *io dico*; いただく / いただきます, *io ricevo*; いたす / いたします, *io faccio*; うかがう / うかがいます, *io sento dire*, *io faccio visita*; si tratta di verbi tutti regolari;
– verbi che terminano in **ru**, ma la vocale che precede **ru** non è **a**: おる/おります, *io mi trovo*; まいる/まいります, *io vado*, *io vengo*; anche in questo caso si tratta di verbi regolari;

a tenere il posto sotto gli alberi di ciliegio! Durante l'anno, invece, nei grandi e piccoli santuari si celebrano i **matsuri***, feste di origine* **shintō** *(la religione autoctona di tipo animista), che danno luogo a processioni in abiti tradizionali e sono accompagnate da fiere, danze e fuochi d'artificio.* **Shinshū** *è il nome di un'antica provincia, oggi compresa nel dipartimento di Nagano, nel cuore delle Alpi giapponesi.*

Seconda ondata: lezione 41

Novantunesima lezione

– verbi che terminano in **ru** ma la vocale che precede **ru** è **a**. Questi verbi sono leggermente irregolari. Prendiamo ad esempio: なさる, *Lei fa*. Ci aspetteremmo una radice in **i** +ます. Dall'unione tra la base e il suffisso sparisce la **r** e si ottiene: なさいます (lezione 47, frase 5).
Altri verbi: くださる, *Lei mi dà*, diventa くださいます; いらっしゃる, *Lei si trova, Lei va, Lei viene* → いらっしゃいます; ござる, *c'è, si trova* (per quello che riguarda **me**) (lezione 86, frase 16) → ございます; で ござる, *è* (per quello che riguarda **me**) → で ございます (lezione 44, frase 1).
Non dimenticate che per semplificare noi diciamo *io* o *Lei,* ma questo *io* include anche tutti i membri della mia famiglia e per parlare di loro userò gli stessi verbi che uso per parlare di me. Quanto al *Lei*, si estende a tutti i familiari della famiglia *altrui*, parlando dei quali userò gli stessi verbi di grado superiore che uso per *Lei*. Questo vale anche per l'azienda in cui si lavora.

Notate, infine, che quando si aggiungono i suffissi た o たら al verbo いらっしゃる, si ottengono le forme いらした (lezione 86, frase 10) e いらしたら, per evitare una ridondanza di vocali **a**. In giapponese non incontriamo quasi mai tre vocali uguali all'interno della stessa parola.

1.2 Verbi alla forma in て + ausiliare

Ricapitoliamo ora un punto fondamentale per esprimersi in giapponese: aggiungendo un ausiliare a un verbo alla forma in て, si può calibrare il significato di questo verbo e persino cambiarlo drasticamente. Questi ausiliari, infatti, sono essi stessi dei verbi che hanno anche una loro propria esistenza completamente indipendente. Sono usati frequentemente come ausiliari i verbi: みる, *guardare*; おく, *mettere*; しまう, *terminare*; くれる/くださる, *dare*; もらう/いただく, *ricevere*; やる/あげる, *fare* (per くれる e もらう esistono le forme di grado superiore くださる e いただく). Ricordate che quando questi verbi vengono usati come ausiliari sono sempre scritti in hiragana e mai in kanji.

• **Primo caso: gli ausiliari chiariscono il modo in cui si svolge un'azione**

– …て みる: la presenza di みる indica che l'azione non è ancora iniziata (lezione 51, frase 12 e nota 2).

– …て おく: il verbo おく indica che l'azione che si sta svolgendo è preliminare rispetto a un'altra, cioè che è una condizione indispensabile perché una seconda azione sia possibile (lezione 74, nota 2).

– …て しまう: con しまう si enfatizza il fatto che l'azione è stata portata a termine fino in fondo (lezione 31, frase 15).

• **Secondo caso: si esprime "chi fa qualcosa per qualcuno"**

Ciò che noi esprimiamo con l'aiuto dei pronomi personali, in giapponese sarà espresso con l'uso dei seguenti verbi ausiliari: 送って くれました, **okutte kuremashita**, *Lei mi ha inviato*. Ma 送って あげました, **okutte agemashita** (da あげる **ageru**), *io Le ho inviato*. Riassumiamo:

– …て くれる: qualcuno fa qualcosa per me e il soggetto è qualcun altro (lezione 80, frase 14). Il grado superiore è …て くださる.

– …て もらう: sono io che parlo, io che faccio fare a qualcuno una cosa per me. Sono io il soggetto (lezione 65, esercizio 2, frase 2). Il grado superiore è …て いただく.

– …て やる: in questo caso sono io che parlo e sono io che faccio qualcosa per te (lezione 76, frase 8). Questo やる è un grado inferiore di uso piuttosto maschile. Il grado medio, appartenente soprattutto al linguaggio femminile, è il verbo あげる che, come verbo indipendente, significa *alzare*, *fare salire*.

2 Usi della particella の

In giapponese esistono delle parole molto piccole dal punto di vista della forma, ma estremamente grandi per la loro importanza. Fra tutte, の è quella che merita senz'altro un'attenzione particolare. In questa particella è concentrata una grande varietà di significati, tutti essenziali, e bisogna fare attenzione a non dimenticarne nemmeno uno. Vi presentiamo quindi una lista, compilata secondo l'ordine di apparizione all'interno delle lezioni.
– Tra due nomi:
の = *[relazione]*, è il significato più diffuso incontrato molte volte, dalla lezione 4 in poi;
の = *[apposizione]*, è un'estensione del significato precedente, (lezione 13, nota 1).
– Alla fine di una frase:
の = *[domanda]*, è l'equivalente di か nel linguaggio femminile e anche dei bambini (lezione 29, nota 14).
– Tra un verbo e una particella:
の = *[sostituzione]*, annuncia una o più parole che seguiranno immediatamente (lezione 38, nota 1 e lezione 88, nota 1);
の = *cosa*, precede un verbo con la funzione di renderlo un sostantivo (lezione 47, nota 5). Corrisponde più o meno al nostro infinito. Dopo il の *[relazione]*, è quello che si usa più spesso.
– Tra un nome e un verbo che precede un nome:
の = *[soggetto]* è un caso particolare ma si usa spesso (lezione 55, nota 5).

Durante i ripassi della "Seconda ondata" prestate attenzione ai vari usi di の che sono tutti fondamentali per la costruzione della frase giapponese.

3 Usi della parola よう

Si potrebbe fare lo stesso discorso anche per la parola よう (sempre con **o** lunga), che però conosciamo da meno tempo. Ragione in più per osservarla con attenzione. Anche in questo caso, un piccolo riassunto vi chiarirà meglio il discorso.

3.1 Formula fissa

Consideriamo a parte l'uso della formula precostituita よう です (lezione 81, nota 2) che si trova in fine di frase o di periodo e significa *"da quanto vedo, posso dedurre che"* (lezione 81, frase 3 e lezione 83, frase 8).

3.2 よう con il significato di "come", "tale che", "nello stesso modo di"

Vediamo innanzitutto alcune costruzioni:
– nome + の よう です, *è come* (lezione 48, frase 6);
– verbo + よう な 気 が します **yō na ki ga shimasu**, letteralmente "ho l'impressione che", "mi sembra come se", "credo di provare una sensazione tale che" (lezione 85, frase 17);
– nome + の よう に, *come* (lezione 72, esercizio 1, frase 5), spesso ampliato con 同じ, *uguale* (nome + 同じ よう に) (lezione 71, frase 4); 同じ よう な + nome, *identico* (lezione 87, frase 9); 同じ よう に, *allo stesso modo* (lezione 79, frase 7);
– よう に in fine di proposizione significa *come, nello stesso modo di* (lezione 72, frase 11).

3.3 よう con il significato di "affinché", "in modo da"

Due formule fisse:
– …よう に する, *fare in modo di, fare così che* (lezione 78, frase 15).
– …よう に なる, *le cose si evolvono in modo che, diventa possibile che* (lezione 83, esercizio 1, frase 5).

Altri due usi:
– よう oppure よう に con verbi che significano *augurare, domandare, consigliare* (lezione 88, frase 24).
– よう に alla fine di una proposizione: *così che, al fine di, affinché* (lezione 87, esercizio 2, frase 3).

復習会話

1 一番大切なのは勝つことではなく、参加することだとオリンピックを設立したフランス人のピエール ド クーベルタンが言っていました。
2 あの話はもうどこかで聞いたことがあるという感じがします。どこだったっけ。
3 皆よく知っているように、日本では春になると、どこの地方でも桜の花を見る、つまり花見という行事が行われます。
4 昔の学校では生徒に漢字を覚えさせるために、何回もそれを書かせるというやり方でした。
5 学生に日本の憲法を勉強させるために図書館によく通うよう

に 勧めましたが、無理 でした。
6 社会学 とは 何 でしょうか。人間社会 の 変化 を 研究 する 科学 だ と 言えます。
7 スポーツ の 雑誌 に 面白い 記事 が 載って いない わけ では ない と 思います。
8 その 作家 は まだ 若い のに、文体 の 素朴 な 作品 を 書いて、大勢 の 人 に 読まれる ように なって いる わけ です。
9 その 銀行 なら、口座 を 簡単 に 開いて もらえます。
10 今晩 何も 食べ物 が ない の。藤本くん が 食事 の 買物 を して おく はず だった のに…

Finora vi abbiamo presentato i testi scritti con uno spazio tra una parola e l'altra, ma questo è un metodo che si adotta con i bambini... e gli stranieri. Le nostre ultime lezioni saranno dei veri testi giapponesi: niente spazi bianchi, ma tutte le parole di seguito. Per non abbandonarvi completamente, tuttavia, conserveremo gli spazi fra le parole nella trascrizione, ma cercate prima di tutto di comprendere il testo, individuando voi stessi le parole, ne siete assolutamente capaci. Ricorrete alla trascrizione solo per verificare. Stiamo per intraprendere l'ultima tappa del nostro percorso di studio!

Novantunesima lezione / 91

Traduzione

1 L'importante non è vincere, ma partecipare. È quello che disse il francese Pierre de Coubertin, fondatore dei Giochi Olimpici. **2** Ho l'impressione di avere già sentito questa storia da qualche parte. Ma dov'era già? **3** Come tutti sanno bene, in Giappone, quando arriva la primavera, in tutte le regioni si contemplano i fiori di ciliegio, cioè si svolge quella festa che si chiama "hanami". **4** Nelle scuole di una volta, per fare imparare i kanji agli allievi, si usava farli scrivere un numero infinito di volte. **5** Per fare studiare la Costituzione giapponese agli studenti, gli ho consigliato di frequentare assiduamente la biblioteca, ma non ho ottenuto alcun risultato. **6** Che cos'è la sociologia? Si può dire che sia la scienza che studia l'evoluzione delle società umane. **7** Penso che si possano trovare degli articoli interessanti anche sulle riviste sportive. **8** Benché quello scrittore sia ancora giovane, ha scritto delle opere in uno stile sobrio e, ormai, viene letto da un gran numero di lettori. **9** Se si tratta di quella banca, riuscirai facilmente a farti aprire un conto. **10** Stasera non c'è niente da mangiare? E dire che Fujimoto avrebbe dovuto fare la spesa per la cena…

Trascrizione

1 ichiban taisetsu na no wa katsu koto de wa naku sanka suru koto da to orinpiku o setsuritsu shita furansujin no piēru do kūberutan ga itte imashita **2** ano hanashi wa mō dokoka de kiita koto ga aru to iu kanji ga shimasu doko datta kke **3** minna yoku shitte iru yō ni nihon de wa haru ni naru to doko no chihō de mo sakura no hana o miru tsumari hanami to iu gyōji ga okonawaremasu **4** mukashi no gakkō de wa seito ni kanji o oboesaseru tame ni nankai mo sore o kakaseru to iu yarikata deshita **5** gakusei ni nihon no kenpō no benkyō o suru tame ni toshokan ni yoku kayou yō ni susumemashita ga muri deshita **6** shakaigaku to wa nan deshō ka ningen shakai no henka o kenkyū suru kagaku da to iemasu **7** supōtsu no zasshi ni omoshiroi kiji ga notte inai wake de wa nai to omoimasu **8** sono sakka wa mada wakai noni buntai no soboku na sakuhin o kaite oozei no hito ni yomareru yō ni natte iru wake desu **9** sono ginkō nara kōza o kantan ni hiraite moraemasu **10** konban nanimo tabemono ga nai no fujimotokun ga shokuji no kaimono o shite oku hazu datta noni

Seconda ondata: lezione 42

第九十二課
<ruby>だい<rt></rt></ruby> <ruby>きゅうじゅうに<rt></rt></ruby> <ruby>か<rt></rt></ruby>

学校 (がっこう)

1 — 息子の和生はぜひ国立大学に入れたいな。

2 — そうですね。その方が就職も楽だし **1**、

3 学費も私立よりずっと安いですから。

4 — そのためには高校から東京にやらなく

 ちゃ **2** ね。

5 姉さんの所で預かってもらえば **3** いいよ。

Note

1 し serve a collegare due proposizioni quando si citano diversi fatti elencati per spiegare la medesima cosa (v. lezione 79, nota 5).

2 やらなくちゃ: per dire *dover fare* bisognerebbe utilizzare la formula やらなくては (oppure やらなければ) + ならない (v. lezione 77, § 3.2). Nel linguaggio familiare questa forma si contrae drasticamente mantenendo solo la prima parte やらなくては; inoltre le due sillabe finali ては si trasformano in ちゃ.

3 預かって もらえば **azukatte moraeba**: もらう (verbo a più basi), aggiunto alla forma in て, indica che chi parla (io) fa fare a qualcuno qualcosa per sé (v. lezione 91, § 1.2). In questo esempio abbiamo anche もらえる, derivato da もらう (v. lezione 84, § 2.1), che significa *riuscire a far fare qualcosa a qualcuno per me*.

Novantaduesima lezione

La scuola

1 – Voglio assolutamente fare entrare nostro figlio Kazuo in una università statale.
2 – Certo! Così sarà più facile trovare lavoro e
3 inoltre le tasse sono molto meno care che nelle università private.
4 – Per questo, a partire dal liceo, dovremo mandarlo a Tokyo.
5 Sarebbe bello se tua sorella lo potesse ospitare a casa sua. *(sorella-maggiore [relazione] posto [luogo] prendere-in-custodia-[progressivo] ricevere-un-favore-se essere-bello [opinione])*

Trascrizione

gakkō

1 – musuko no kazuo wa zehi kokuritsu daigaku ni iretai na
2 – sō desu ne sono hō ga shūshoku mo raku da shi
3 gakuhi mo shiritsu yori zutto yasui desu kara
4 – sono tame ni wa kōkō kara tōkyō ni yaranakucha ne
5 neesan no tokoro de azukatte moraeba ii yo

6 – 中学校の一年生から英語をしっかりと身に付け させましょう **4**。

7 　お隣の大学生は英語が達者だと聞きましたから、

8 　個人教授をしてくれるように頼みましょう。

9 　これからの社会は国際的になっていく **5**から、

10 　なんといっても、語学がものをいいますからね。

11 – でも中学校に入るまでに

12 　国語と算数がよほどできなければだめだ **6**な。

13 – そうすると、小学校もよほどいい所を選ばなければなりません。

Note

4 Dopo avere visto come si comportano i verbi a più basi (v. lezione 87, nota 5), vi presentiamo ora il modo per ottenere il significato di *fare* [causativo] con i verbi a una sola base. Qui, da 付ける **tsukeru**, *fissare*, sostituendo **ru** con **saseru** si ottiene 付けさせる **tsukesaseru**, *fare fissare*. Per completare il quadro, vediamo come si ottiene il nostro *far fare*: da する deriva l'irregolare させる (v. lezione 69, frase 6).

5 なっていく: il verbo いく, *andare*, usato con la forma in て di un altro verbo, può avere anche la funzione di ausiliare. La costruzione ottenuta significa che l'azione espressa si sviluppa in una certa direzione nel futuro.

6 できなければ だめ だ: è un modo piuttosto forte per dire *si deve* (v. lezione 77, § 3.2). La prima parte del composto è quella che abbiamo già visto nella formula di obbligo, la seconda parte, invece, è sostituita dalla parola だめ, che fa parte di quel tipo di termini di cui abbiamo parlato nella lezione 77, § 1. Significa sia *impossibile*, con le due accezioni *che non si può fare* o *che non si deve fare*, sia *fallito*, *mancato*, *inutile*.

Novantaduesima lezione / 92

6 – Dal primo anno delle scuole medie, gli farei imparare bene *(corpo [fine] fare-fissare-[esortativo])* l'inglese!
7 Ho sentito che lo studente universitario che abita qui accanto parla molto bene l'inglese,
8 chiediamo a lui se può farci da insegnante privato!
9 La nostra società sarà sempre più internazionale, e così,
10 comunque la si pensi, lo studio delle lingue è importante.
11 – Ma è quasi impossibile entrare alle medie
12 senza sapere bene la matematica e il giapponese.
13 – In tal caso, dovremo scegliere una buona scuola anche per le elementari.

6 – chūgakkō no ichinensei kara eigo o shikkari to mi ni tsukesasemashō
7 o tonari no daigakusei wa eigo ga tassha da to kikimashita kara
8 kojin kyōju o shite kureru yō ni tanonimashō
9 kore kara no shakai wa kokusaiteki ni natte iku kara
10 nan to itte mo gogaku ga mono o iimasu kara ne
11 – demo chūgakkō ni hairu made ni
12 kokugo to sansū ga yohodo dekinakereba dame da na
13 – sō suru to shōgakkō mo yohodo ii tokoro o erabanakereba narimasen

14 − 場合によっては、小学校だけでも私立にしてもいいわね。

15 − そうなると幼稚園も問題だな。

16　ところで「善は急げ」と言うから、

17　さっそく東京の姉さんに電話したらどうだ。

18 − あなた達はちょっとせっかち過ぎるのじゃない?

19　和生は生まれてまだ九日でしょう。

20　そんな先のことはもっと後でいいのじゃない。□

***

練習 1 − 訳しなさい

❶ この小さな桜の木が大きくなってその下に座れるようになるまでには、何十年も待たなければだめです。

❷ 会社に見本を送ってもらいました。

❸ 算数の問題ができなくて、お兄さんに手伝ってもらいましたが、お兄さんは算数があまりできないので、無理でした。

Novantaduesima lezione / 92

14 – In questo caso, ma solo per la primaria, potremmo anche scegliere una scuola privata.
15 – Se è per questo, anche l'asilo è un problema!
16 E allora, poiché si dice "Il Bene non aspetta",
17 che ne pensi di chiamare subito tua sorella a Tokyo?
18 – Ehi, voi due, non sarete un po' troppo precipitosi?
19 Kazuo è nato solo da nove giorni!
20 Tutte queste cose sono ancora così lontane che non sarebbe meglio pensarci più avanti?

14 – ba'ai ni yotte wa shōgakkō dake demo shiritsu ni shite mo ii wa ne
15 – sō naru to yōchi'en mo mondai da na
16 tokorode zen wa isoge to iu kara
17 sassoku tōkyō no neesan ni denwa shitara dō da
18 – anatatachi wa chotto sekkachi sugiru no ja nai
19 kazuo wa umarete mada kokonoka deshō
20 sonna saki no koto wa motto ato de ii no ja nai

***

❹ 小学校 は 国立 か 私立 か どちら が いい か わかりません。

❺ 新しい 家 を 建てる ために、父 に お金 を 貸して くれる ように 頼みましょう。

Soluzioni dell'esercizio 1

❶ Prima che questo piccolo ciliegio diventi grande e ci si possa sedere sotto, bisognerà aspettare decine di anni. ❷ Mi sono fatto spedire dei campioni dalla ditta. ❸ Non riuscendo a risolvere il problema di matematica, mi sono fatto aiutare dal mio fratello maggiore, ma siccome mio fratello non è molto bravo in matematica è stata dura. ❹ Per la scuola elementare non so quale delle due sia meglio, pubblica o privata? ❺ Chiediamo a mio padre se ci presta del denaro per costruire la nuova casa.

***

練習 2 - 言葉 を 入れ なさい

❶ Sarà bene far imparare presto il <u>tedesco</u> a nostro figlio perché dall'anno prossimo ho in progetto di vivere in <u>Germania</u>.
.... おぼえ .... でしょう 。
.... から です。

❷ È faticoso far mangiare la carne a un bambino che la detesta!
.... たいへん です。

❸ Che classe fa ora la vostra piccola Michika? – Fa la sesta elementare, ma da aprile andrà in prima media. (In Giappone l'anno scolastico incomincia ad aprile).
.... なんねんせい ...。
– ....、
......。(.... がくねん ......
......)

❹ Mi sono fatto costruire questo tavolo da un amico.
.. テーブル . ゆうじん ....。

❺ Un amico mi ha costruito questo tavolo.
.. テーブル ....。

Novantaduesima lezione / 92

Trascrizione

❶ kono chiisa na sakura no ki ga ookiku natte sono shita ni suwareru yō ni naru made ni wa nan jū nen mo matanakereba dame desu ❷ kaisha ni mihon o okutte moraimashita ❸ sansū no mondai ga dekinakute oniisan ni tetsudatte moraimashita ga oniisan wa sansū ga amari dekinai node muri deshita ❹ shōgakkō wa kokuritsu ka shiritsu ka dochira ga ii ka wakarimasen ❺ atarashii ie o tateru tame ni chichi ni o kane o kashite kureru yō ni tanomimashō

***

Soluzioni dell'esercizio 2

❶ むすこ に ドイツご を はやく - させた ほう が いい - ね - らいねん から ドイツ に すむ よてい だ - ❷ にく が きらい な こども に にく を たべさせる のは - ❸ みちかちゃん は いま - ですか - しょうがっこう ろくねんせい です が、しがつ から ちゅうがっこう いちねんせい に なります (にほん で は - は しがつ から はじまります) ❹ この - は - に つくって もらいました ❺ この - は ゆうじん が つくって くれました

姉さん の 所 で 預かって もらえば いい よ。

平仮名 の 練習

 MA  MI  MU  ME  MO

*Il sistema scolastico giapponese prevede tre livelli: sei anni di scuola primaria, tre di secondaria e tre di liceo. Gli anni si contano in ordine crescente, come in Italia. Esistono molte scuole private dove le tasse sono piuttoste alte. In tutte le scuole gli studenti portano le uniformi e l'inizio dell'anno scolastico è per tutti ad aprile. Non esiste un esame di maturità come da noi: ciò che davvero conta è il test di ammissione all'università, per superare il quale gli studenti devono lavorare duramente. Molti ragazzi, dopo la scuola, frequentano delle scuole parallele, le 塾 **juku**, private e costose, per aumentare le loro possibilità di essere ammessi a una buona università.*

第九十三課
(だい きゅうじゅう さん か)

遠足
(えん そく)

1 — 明日の遠足、うれしいな。
    (あした えんそく)

2   お母さん、お弁当に何を作ってくれるの**1**。
    (かあ) (べんとう なに つく)

Note

1 Chi parla è un ragazzino di circa 10 o 11 anni, e quindi parla ancora un po' come la sua mamma, con alcune caratteristiche del linguaggio femminile; ad esempio usa il の interrogativo (v. lezione 91, § 2). Sarà verso i 12 anni che, insieme agli altri segni di sviluppo, comincerà a parlare con il linguaggio maschile.

書き取り

1. **minku** *(visone/mink)* 2. **mēkā** *(marchio di fabbrica/maker)* 3. **modan** *(moderno/modern)* 4. **mine** *(Minet, nome proprio)* 5. **damu** *(diga/dam)* 6. **masukomi** *(comunicazione di massa/mass-comm-unication)* 7. **mūbī** *(film/movie)* 8. **memo** *(agenda/memo)* 9. **modanizumu** *(modernisme)* 10. **maiku** *(microfono/mic-ro)* 11. **mainasu** *(meno/minus)*

Soluzioni

1. ミンク 2. メーカー 3. モダン 4. ミネ 5. ダム 6. マスコミ 7. ムービー 8. メモ 9. モダニズム 10. マイク 11. マイナス

Seconda ondata: lezione 43

Novantatreesima lezione

La gita

1 – Sono così contento per la gita di domani!
2 Mamma, cosa mi prepari per il pranzo al sacco?

Trascrizione

ensoku

1 – ashita no ensoku, ureshii na
2 okaasan o bentō ni nani o tsukutte kureru no

93 / 第九十三課

3 — 今晩のおかずは鶏 [2]と野菜のお煮染だったから、それを少し取っておいてあげました [3]よ。

4 　それに努 [4]が大好きな茹卵二つ。

5 — 天気予報だと、午前中は曇りだけど、午後は晴れるそうだ [5]から、よかったな。

6 — 先生が明日はたくさん歩くとおっしゃっていました [6]から、

7 　お結びは五つ入れますよ。

8 — お結び五つ？ そんなに食べられないよ。

9 　リュックサックも重くなるから嫌だよ。

10 — でもお腹がすいていたら、歩けませんよ。

Note

2 Sappiamo che **tori** significa *uccello* (v. lezione 50, frase 15), ma in un contesto culinario il suo significato è quello di *pollo* e si usa un kanji diverso.

3 取って おいて あげました, **totte oite agemashita**: ecco una successione di quei verbi ausiliari di cui abbiamo parlato nella lezione 91, § 1.2. Il verbo principale è 取る **toru**, *prendere*, usato nella forma in て. Aggiungendo おく intendiamo dire che l'azione del prendere la si fa in previsione di qualcosa: 取って おく **totte oku**, *prendere in anticipo*, cioè *mettere da parte*. Aggiungendo in più il verbo あげる si vuole dire che chi parla fa questa azione per chi ascolta: 取って おいて あげる, *metto da parte per te*.

3 – Ti ho messo da parte un po' di bollito di pollo e delle verdure della cena di stasera.
4 E poi due uova sode, che ti piacciono tanto, Tsutomu.
5 – Le previsioni meteo dicono che al mattino sarà nuvoloso, ma nel pomeriggio si dovrebbe rasserenare. Meno male!
6 – Il tuo maestro ha detto che domani camminerete molto,
7 così ti metto cinque polpette di riso.
8 – Cinque polpette! Non riuscirò a mangiarle tutte!
9 E poi lo zaino peserà troppo; non le voglio!
10 – Ma se avrai fame, non riuscirai a camminare.

3 – konban no okazu wa tori to yasai no onishime datta kara sore o sukoshi totte oite agemashita yo
4 sore ni tsutomu ga daisuki na yudetamago futatsu
5 – tenki yohō da to gozenchū wa kumori da kedo gogo wa hareru sō da kara yokatta na
6 – sensei ga ashita wa takusan aruku to osshatte imashita kara
7 o musubi wa itsutsu iremasu yo
8 – o musubi itsutsu sonna ni taberarenai yo
9 ryukkusakku mo omoku naru kara iya da yo
10 – demo onaka ga suite itara, arukemasen yo

4 努 tsutomu: uno dei rari casi del giapponese in cui è possibile utilizzare solo il nome proprio per indirizzarsi all'interlocuore, è quello di una madre che si rivolge al suo bambino.

5 そう だ è il grado inferiore di そう です; indica che chi parla riporta delle parole a propria volta riferite, di cui non si assume la responsabilità (v. lezione 53, nota 2).

6 おっしゃる, verbo di grado superiore: *Lei dice* (denota il rispetto nei confronti dell'insegnante). Questa forma corrisponde al verbo 言う iu, *dire*: questo termine è dunque da aggiungere alla nostra lista della lezione 70, § 3, alla voce "Lei" (per la forma in ます, guardate anche la lezione 91, § 1.1).

11 – デザートとお八つには何を準備してくれたの。

12 – りんごとお煎餅 **7** よ。

13 – それだけ？ 甘いものは何もないの。チョ コレートとクッキーがほしいなあ。

14 – あら、だって、努がさっき言ったでしょう…リュックサックが重くなるって **8**。

15　さあ… あまり遅くならないうちに、寝なさい **9**。

16 – うん… お母さん、お休みなさい **10**。　　□

Note

7 お 煎餅 **o senbei**, parola pronunciata di solito [o sembee]: sono dei salatini croccanti fatti di farina di riso e cotti al forno o alla griglia. Sono in genere salati, ma se ne trovano anche di dolci.

8 …って versione colloquiale di …と 言って ...**to itte**, *tu* (*lui, un familiare*) *hai (ha) detto che*…

9 寝 なさい **ne nasai**, imperativo gentile (v. lezione 84, § 3).

10 お 休み なさい **o yasumi nasai** (v. lezione 84, § 3): è un'espressione di rito che serve per augurare la buonanotte alle persone con cui si vive, letteralmente significa "riposati".

11 – Cosa mi hai preparato per dolce e per merenda?
12 – Delle mele e dei senbei.
13 – Solo questo? Niente di dolce? Ma io vorrei della cioccolata e dei biscotti!
14 – Ma come? Non hai appena detto che il tuo zaino sarà troppo pesante?
15 Dai, va' a dormire prima che si faccia troppo tardi!
16 – Va bene... buonanotte, mamma.

11 – dezāto to oyatsu ni wa nani o junbi shite kureta no
12 – ringo to o senbei yo
13 – sore dake amai mono wa nanimo nai no chokorēto to kukkī ga hoshii naa
14 – ara datte tsutomu ga sakki itta deshō ryukkusakku ga omoku naru tte
15 saa amari osoku naranai uchi ni ne nasai
16 – un okaasan o yasumi nasai

*Il **bentō** è un'istituzione! Si tratta del pranzo al sacco tradizionale giapponese che gli impiegati si portano al lavoro e gli studenti a scuola. È un pasto completo: riso, verdure, pesce o carne, alghe, il tutto graziosamente sistemato in una scatola con degli scomparti-menti. La lunga preparazione dei bentō per tutti costringe la madre di famiglia ad alzarsi presto al mattino. Tuttavia, sono sempre più numerose le persone che acquistano bentō già pronti nelle miriadi di piccoli negozi che si trovano nei quartieri degli uffici, oppure mangia-no nelle mense scolastiche o in quelle aziendali. Quello che sembra intramontabile è l'**eki bentō**, il bentō della stazione che viene ven-duto nelle stazioni o sui treni: è composto con le specialità locali ed è considerato l'elemento indispensabile di ogni viaggio in treno. Viene da domandarsi se i giapponesi non prendano il treno solamente per poter gustare i diversi **bentō**.*

練習 1 - 訳 し なさい

❶ どうぞ、熱い うち に 食べて ください (めしあがって ください)。

❷ お母さん、勝明君 が ね、先生 に 「お腹 が 痛い」 と 言ったら ね、「チョコレート を 食べすぎた ん でしょう」 と 先生 は おっしゃいました。

❸ お 名前 は 何 と おっしゃいます か。

❹ 冬 の 一番 寒い 時 に、ヒーター が 故障 して しまって とても 困りました。電気屋 さん に 電話 を かけたら、「今 すぐ 直し に うかがいます よ」 と 言いました。

❺ 電気屋さん は すぐ 直し に 来て くれました が、すぐ に 直せない 故障 だった ので、その 夜 家 の 中 は 寝られない ほど 寒かった です。

Novantatreesima lezione / 93

Soluzioni dell'esercizio 1
❶ Prego, lo mangi finché è caldo. ❷ Mamma, senti, Katsuaki ha detto al maestro: "Ho mal di pancia" e il maestro ha risposto: "Forse hai mangiato troppo cioccolato!" ❸ Qual è il Suo nome? ❹ Nel momento più freddo dell'inverno il riscaldamento si è rotto, abbiamo chiamato l'elettricista che ci ha detto: "Vengo subito a ripararlo". ❺ L'elettricista è venuto subito a ripararlo, ma siccome si trattava di un guasto che non poteva essere riparato subito, quella notte ha fatto talmente freddo in casa che non si riusciva a dormire.

Trascrizione
❶ dōzo atsui uchi ni tabete kudasai (meshiagatte kudasai) ❷ okaasan katsuakikun ga ne sensei ni onaka ga itai to ittara ne chokorēto o tabesugita n deshō to sensei wa osshaimashita ❸ o namae wa nan to osshaimasu ka ❹ fuyu no ichiban samui toki ni hītā ga koshō shite shimatte totemo komarimashita denkiyasan ni denwa o kaketara ima sugu naoshi ni ukagaimasu yo to iimashita ❺ denkiya san wa sugu naoshi ni kite kuremashita ga sugu ni naosenai koshō datta node sono yo ie no naka wa nemurarenai hodo samukatta desu

第九十三課

練習 2 - 言葉 を 入れ なさい

❶ Aspetta un momento, ti aiuto subito.

. . . . . . 、. . . . . 。

❷ Quando il maestro ha detto "Martedì prossimo andremo in gita!", ero così felice che quasi saltavo.

. . . .
. . .、. . . . て . . . . て、おどりあがる . . . . .。

❸ Non ti preoccupare. Ho pagato tutto in anticipo.

. . . . しないで . . . . . 。 . . . .
. . . . . .。

❹ Mio zio è una persona davvero fantastica! Ha già pagato per noi anche tutto il conto dell'<u>albergo</u>.

. . . . 。 . . . . かんじょう も . . .
. . . . . .。

❺ Andiamo a fare una passeggiata fintantoché non fa freddo.

. . . . 。

***

平仮名 の 練習

ラ — RA   リ — RI   ル — RU   レ — RE   ロ — RO

Soluzioni dell'esercizio 2

❶ ちょっと まって、いま すぐ てつだって あげます よ ❷ らいしゅう の かようび は えんそく だ と せんせい が おっしゃった とき、うれしく‐うれしく‐ほど でした ❸ しんぱい‐ください‐わたくし が ぜんぶ はらって おいて あげました ❹ おじ は ほんとう に いい ひと です‐ホテル の‐ぜんぶ はらって おいて くれました ❺ さむく ならない うち に さんぽ に でましょう よ

***

書き取り

❶ **kiro** *(chilometro o chilogrammo/kilo)* ❷ **resutoran** *(ristorante/restaurant)* ❸ **rōn** *(prestito/loan)* ❹ **sararīman** *(impiegato/salary man)* ❺ **kamera** *(macchina fotografica/camera)* ❻ **igirisu** *(Gran Bretagna/english)* ❼ **dorama** *(serie televisiva/drama)* ❽ **garēji** *(garage privato/garage)* ❾ **gorufu** *(golf)* ❿ **terebi** *(televisione/televi-sion)* ⓫ **furoa** *(piano/floor)* ⓬ **aruzenchin** *(Argentina/Argentine)* ⓭ **ribingu** *(soggiorno/living)* ⓮ **ea tāminaru** *(air terminal)*

Soluzioni

❶ キロ ❷ レストラン ❸ ローン ❹ サラリーマン ❺ カメラ ❻ イギリス ❼ ドラマ ❽ ガレージ ❾ ゴルフ ❿ テレビ ⓫ フロア ⓬ アルゼンチン ⓭ リビング ⓮ エア ターミナル

Seconda ondata: lezione 44

第九十四課
だい きゅうじゅうよん か

日常会話
にちじょうかいわ

1 – 遅れてしまって申し訳ありません。

2 タクシーに乗ったのですが、

3 迎賓館 **1** の前を通った時、すごい人込みで、

4 車が全然通れませんでした。

5 車のそばにいた警察官に「どなた **2** がいらしたのですか」と **3** 聞いてみたら、

6 「総理大臣がオランダの女王を御案内しているところです」と言われました **4**。

Note

1 迎賓館 geihinkan: è la residenza riservata all'accoglienza degli ospiti ufficiali stranieri del Governo.

2 どなた ha lo stesso significato di だれ, *chi?*, ma è di grado superiore. Siccome non si sa di chi si tratta, è meglio prendere tutte le precauzioni; in questo modo il grado superiore permette di non commettere errori (v. lezione 86, nota 2).

3 Ogni citazione, diretta o indiretta, è seguita da と, a cui abbiamo dato la traduzione di *[citazione]*. Nella lingua scritta, la citazione diretta viene inserita nelle parentesi 「　」, che sono le virgolette giapponesi. Per la citazione indiretta c'è un solo obbligo: se essa termina con un verbo o un aggettivo, questo sarà sempre nella forma di grado inferiore.

Novantaquattresima lezione

Una conversazione ordinaria

1 – Non so come scusarmi per il ritardo!
2   Ho preso un taxi, ma
3   quando siamo passati davanti al Geihinkan,
4   c'era una folla incredibile, le auto non potevano assolutamente procedere. *(totalmente non-potere-essere-passato)*
5   Al poliziotto, che era vicino alla nostra auto, ho provato a chiedere: "Chi è arrivato?",
6   e lui mi ha risposto: "È il Primo ministro che accompagna la Regina d'Olanda".

Trascrizione

nichijō kaiwa

1 – okurete shimatte mōshiwake arimasen
2   takushī ni notta no desu ga
3   geihinkan no mae o tootta toki sugoi hitogomi de
4   kuruma ga zenzen tooremasen deshita
5   kuruma no soba ni ita keisatsukan ni donata ga irashita no desu ka to kiite mitara
6   sōridaijin ga oranda no joō o go annai shite iru tokoro desu to iwaremashita

4 言われました **iwaremashita**, passivo derivato da 言う **iu** (v. lezione 84, § 2.2). Ricordiamo sempre che il passivo ha un'accezione più ampia che in italiano: può anche indicare che l'azione viene considerata dal punto di vista del soggetto che la subisce. Corrisponde alle nostre formule: *mi sono sentito rispondere, mi è stato risposto…*

7 迎賓館を出て、国会議事堂の方へ向かうところなのだそうです。

8 ところで今月の父兄会にいらっしゃいますか。

9 – 出席するつもりです。

10 今度の国語の先生をどうお思いになりますか [5]。

11 – 娘の話によると、明るい感じの方だそうですが、とてもきびしい点をお付けになるみたい [6] です。

12 – 内の [7] 娘は新しい理科の先生のことをよく話します。

13 やさしくて、その上、美男子なので、娘はすっかり先生のファンになってしまいました。

Note

[5] お思いになります **o omoi ni narimasu**: ricordate che ogni volta che si parla di una persona importante è normale usare il grado superiore. Si useranno, per questo *lui* prestigioso, le stesse forme che si usano per *Lei* (v. lezione 68, nota 1).

[6] みたい: un'altra forma per addolcire un pensiero, di uso soprattutto femminile, di significato analogo a ようです (v. lezione 91, § 3), per

Novantaquattresima lezione / 94

7 Sembra che proprio in quel momento stessero uscendo dal Geihinkan per dirigersi verso la Dieta.
8 Ma cambiamo discorso. Lei andrà alla riunione dei genitori di questo mese?
9 – Sì, ho intenzione di partecipare.
10 Che ne pensa del professore di giapponese di quest'anno? *(questa-volta)*
11 – Stando ai racconti di mia figlia pare che sia una persona brillante, *(essere-luminoso impressione [relazione] persona essere)* ma sembra che sia molto severo nel dare i voti.
12 – Mia figlia invece parla spesso del nuovo professore di scienze.
13 È diventata una sua accanita fan perché è gentile e anche un bell'uomo.

---

7 **geihinkan o dete kokkaigijidō no hō e mukau tokoro na no da sō desu**
8 **tokoro de kongetsu no fukeikai ni irasshaimasu ka**
9 – **shusseki suru tsumori desu**
10 **kondo no kokugo no sensei o dō o omoi ni narimasu ka**
11 – **musume no hanashi ni yoru to akarui kanji no kata da sō desu ga totemo kibishii ten o o tsuke ni naru mitai desu**
12 – **uchi no musume wa atarashii rika no sensei no koto o yoku hanashimasu**
13 **yasashikute sono ue bidanshi na node musume wa sukkari sensei no fan ni natte shimaimashita**

---

presentare qualcosa che mi sembra di poter dedurre dalle mie osservazioni. È una formula fissa da non confondere con la forma in たい del verbo 見る **miru**, *guardare*:

7 内 の 娘 **uchi no musume**: la parola 娘 **musume** già da sola significa *mia (nostra) figlia* (v. lezione 84, § 1), ma capita spesso di enfatizzare il concetto con l'uso di 内 の **uchi no**, *di casa mia, di casa nostra*.

14 今年になってから、今まできらいだった理科が急に好きになって、

15 将来は理科系の仕事がしたいと言っています。

16 去年までは、国語の先生がよかったので、新聞記者になると言っていました。

17 この調子だと、来年は何か他のものになりたがる **8**でしょう。

Note

8 なりたがる: a partire dal verbo なる, *diventare*, costruiamo la forma なりたい, *voler diventare* (v. lezione 57, nota 5). La forma in たい (seguita spesso da と 思って います **to omotte imasu**, *io penso che*) significa *io voglio* + verbo. Per poter dire *lui/lei vuole* + verbo ci sono due possibilità: o la persona ha espresso la sua volontà e allora si usa たい seguito da

練習 1 – 訳 し なさい

❶ 一度 瀬戸内海 で 泳いで みたい と 思って います。

❷ 一度 瀬戸内海 で 泳いで みたい と 言って います。

❸ あんな 狭くて きたない アパート に 住みたくない です よ。

14 Da quest'anno, improvvisamente le piace scienze, che invece finora detestava,
15 e dice che in futuro vorrebbe fare un lavoro di tipo scientifico.
16 Fino all'anno scorso, dato che le piaceva l'insegnante di giapponese, diceva di voler diventare una giornalista.
17 Se va avanti di questo passo, *(questo modo essere se)* chissà cos'altro vorrà diventare il prossimo anno!

14 kotoshi ni natte kara ima made kirai datta rika ga kyū ni suki ni natte
15 shōrai wa rika kei no shigoto ga shitai to itte imasu
16 kyonen made wa kokugo no sensei ga yokatta node shinbun kisha ni naru to itte imashita
17 kono chōshi da to rainen wa nanika hoka no mono ni naritagaru deshō

と 言って います **to itte imasu**, *lui/lei dice che vuole* (したい と 言って います **shitai to itte imasu**, *dice che vuole fare...*, frase 15); oppure è una supposizione di chi parla e allora, al posto di たい, si usa la forma たがる / たがります (che è un verbo).

***

❹ その 噂 を 聞いて 以来、あの 人 に 会いたくて、会いたくて、たまらない ほど でした。

❺ このごろ、夜 に なる と、町 は あぶない ので、人々 は 外 に 出掛けなく なりました。

Soluzioni dell'esercizio 1

❶ Vorrei provare per una volta a fare il bagno nel Mare Interno.
❷ Dice che vorrebbe provare per una volta a fare il bagno nel Mare Interno. ❸ Non voglio vivere in un appartamento così piccolo e sporco. ❹ Dopo averne sentito parlare, non resistevo più dal desiderio di incontrare quella persona. ❺ Di questi tempi, quando viene sera, la città è pericolosa e la gente non esce più.

***

練習 2 – 言葉 を 入れ なさい

❶ Chiedo. Ho chiesto. Voglio chiedere. Bevo. Ho bevuto. Voglio bere. Nuoto. Ho nuotato. Voglio nuotare. Dico. Ho detto. Voglio dire. Incontro. Ho incontrato. Voglio incontrare. Vinco. Ho vinto. Voglio vincere. Preparo. Ho preparato. Voglio preparare. Vado. Sono andato. Voglio andare. Consegno. Ho consegnato. Voglio consegnare.

・・。 ・・・・。 ・・・・。 ・・・。 ・・・・。
・・・・。 ・・・・。 ・・・・。 ・・・。 ・・・・。
・・・・。 ・・・・。 ・・・。 ・・・・。 ・・・・。
・・・・。 ・・・。 ・・・・。 ・・・・。 ・・・・。
・・・・。

❷ Quando ha incontrato il Primo ministro?
・・・・・・・・お・・・・・・・・・。

❸ Il nuovo insegnante di scienze, che ho incontrato per la prima volta alla riunione dei genitori, sembra molto severo.
・・・・・・・・・・・・・・・・・・・・・すごく
・・・・・・・・。

❹ Ho dei grossi problemi perché il mio orologio va avanti di mezz'ora al giorno.
ぼく の ・・・・・・・・・・・・・・ も ・・・・
しまう ・・、・・・・・・・・・。

❺ Vorrei che me lo riparasse il più presto possibile. Per quando lo potrà fare?
できるだけ ・・・・・・・・・・・・・、・・・・
・・・・・。

Novantaquattresima lezione / 94

Trascrizione
❶ ichido setonaikai de oyoide mitai to omotte imasu ❷ ichido setonaikai de oyoide mitai to itte imasu ❸ anna semakute kitanai apāto ni sumitakunai desu yo ❹ sono uwasa o kiite irai ano hito ni aitakute aitakute tamaranai hodo deshita ❺ konogoro yoru ni naru to machi wa abunai node hitobito wa soto ni dekakenaku narimashita

***

Soluzioni dell'esercizio 2
❶ きく – きいた – ききたい – のむ – のんだ – のみたい – およぐ – およいだ – およぎたい – いう – いった – いいたい – あう – あった – あいたい – かつ – かった – かちたい – つくる – つくった – つくりたい – いく – いった – いきたい – わたす – わたした – わたしたい ❷ いつ そうりだいじん に あい に なりました か ❸ ふけいかい の とき はじめて あった あたらしい りか の せんせい は きびしい みたい です ね ❹ – とけい は いちにち に さんじゅっぷん – すすんで – ので、とても こまって います ❺ – はやく なおして もらいたい の です が、いつ まで に できる でしょう か

平仮名 の 練習

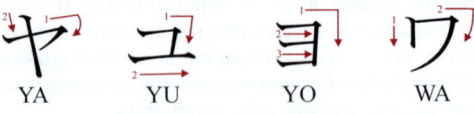

Esiste anche il segno ヲ o (WO), *che non si usa mai per trascrivere le parole straniere in katakana, ma viene usato solo in casi particolari.*

***

L'Imperatore, al giorno d'oggi, non ha più alcun ruolo politico, ma rimane, secondo la Costituzione, il simbolo dello Stato. Dal 1946 il Giappone è una democrazia parlamentare e il potere legislativo è esercitato da un'assemblea nazionale, chiamata la Dieta, 国会 **kokkai**, *composta da due camere: la* Camera dei Rappresentanti 衆議院

95

だいきゅうじゅうご か
第九十五課

ゆうじょう
友情

あいだか　　　　　かね かえ
1 – いつこの間貸したお金を返すつもり**1**?

2 – ええと… いくらだったかな。

Note

1 In questa conversazione tra due amici ci sono molte omissioni. Ecco perché la domanda, ad esempio, termina così bruscamente con un sostantivo, laddove ci aspetteremmo です か.

書き取り

❶ **yangu** *(giovane/young)* ❷ **yōguruto** *(yoghurt)* ❸ **mosukuwa** *(Mosca/Moskva)* ❹ **yoga** *(yoga)* ❺ **yūmoa** *(umorismo/humour)* ❻ **daiyamondo** *(diamante/diamond)* ❼ **mai waifu** *(mia moglie/my wife)* ❽ **wāku** *(lavoro/work)* ❾ **yūro** *(euro)* ❿ **taiya** *(pneumatico/tyre)*

Soluzioni

❶ ヤング ❷ ヨーグルト ❸ モスクワ ❹ ヨガ ❺ ユーモア ❻ ダイヤモンド ❼ マイ ワイフ ❽ ワーク ❾ ユーロ ❿ タイヤ

***

shūgi'in, *eletta a suffragio universale, e la* Camera dei Consiglieri, 参議院 **sangi'in**. *Il governo è diretto da un primo ministro scelto nel partito di maggioranza della Camera dei Rappresentanti e nominato dall'Imperatore. La parola* **kokkai**, *Dieta, indica anche l'edificio dove hanno sede le due Camere (in giapponese* 国会議事堂 **kokkai gijidō**).

Seconda ondata: lezione 45

Novantacinquesima lezione

L'amicizia

1 – Quando hai intenzione di restituirmi i soldi che ti ho prestato tempo fa?
2 – Ehm... quant'era già?

Trascrizione

yūjō

1 – itsu kono aida kashita o kane o kaesu tsumori
2 – ee to ikura datta ka na

3 – 先週のお昼代 **2**、五〇〇円と飲み代 三〇〇〇円、それから昨日の地下鉄の切符代 四八〇円。

4 ちょっと待って **3**、今携帯の電卓で計算します。

5 五〇〇円足す三〇〇〇円足す四八〇円だから、全部で三九八〇円になります。

6 – 最近の生活は便利になったね。

7 例えば、何か知りたいことがあったら、すぐインターネットで調べることができるよ。

8 車の新しいモデルを見付けたり、

9 野球やサッカーの試合の結果を見たり、

10 すてきなアイドルの写真を捜したり **4**…

Note

2 La parola 代 **dai**, preceduta da un altro nome che indica un oggetto o un bene utilizzabile, designa l'ammontare della spesa: 電気代 **denki dai**, *la bolletta della luce*; バス代 **basu dai**, *la tariffa dell'autobus*.

3 In giapponese, quando si vuole essere molto informali, si abbrevia. Al posto di 待って ください **matte kudasai**, 待って **matte** da solo è sufficiente per esprimere la domanda (guardate anche la frase 21).

3 – 500 yen per il pranzo della settimana scorsa e 3.000 yen per le bevande, e inoltre 480 yen del biglietto della metropolitana di ieri.
4 Aspetta, faccio i conti con la calcolatrice del mio cellulare.
5 500 yen più 3.000 più 480, in totale fanno 3.980 yen.
6 – Certo che la vita che facciamo oggi è davvero comoda! *(pratico [fine] essere-diventato)*
7 Per esempio, se c'è qualcosa che vuoi sapere, puoi guardare subito su Internet.
8 Trovare gli ultimi modelli delle automobili,
9 guardare i risultati delle partite di baseball o di calcio,
10 cercare le foto delle tue star preferite…

3 – senshū no o hiru dai gohyaku en to nomi dai sanzen en sorekara kinō no chikatetsu no kippu dai yonhyaku hachijū en
4 chotto matte ima keitai no dentaku de keisan shimasu
5 gohyaku en tasu sanzen en tasu yonhyaku hachijū en da kara zenbu de sanzen kyūhyaku hachijū en ni narimasu
6 – saikin no seikatsu wa benri ni natta ne
7 tatoeba nanika shiritai koto ga attara sugu intānetto de shiraberu koto ga dekiru yo
8 kuruma no atarashii moderu o mitsuketari
9 yakyū ya sakkā no shiai no kekka o mitari
10 suteki na aidoru no shashin o sagashitari

4 La formula completa, di solito, è: たり + verbo in たり + … + する. Quest'ultima parola qui è soppressa in virtù della familiarità (v. lezione 76, nota 6).

95 / 第九十五課

11 それにインターネットで買物をすることもできる。

12 僕はいつもアニメやビデオゲームを買っている **5**。

13 － ちょっと待って、何を言っているんだい。

14 情報科学はもっと人類にとって重要な役割を果たしていると思う。

15 例えば、環境問題がこれから益々深刻になっていくだろう。

16 もしかしたら人類は地球に住めなくなる **6** かもしれない。

17 情報処理の発達のおかげで、人類が月に移動するための全ての計算ができるようになる。

18 － 君 **7** はそんなことを考えているのかい。

Note

5 Un piccolo memo: la forma in て います, che serve a esprimere quello che si sta facendo nel momento in cui si parla, serve anche per esprimere un'abitudine. Quest'uso è solo un'estensione del significato di base.

6 住めなく なる sumenaku naru. Da 住む sumu, *abitare*, si ricava 住める sumeru, *potere abitare* (v. lezione 84, § 2.1), la cui forma negativa di-

Novantacinquesima lezione / 95

11 E in più, su Internet si possono fare acquisti.
12 Io compro sempre i film di animazione e i videogiochi.
13 – Aspetta un po'... cosa stai dicendo?
14 Io penso che l'informatica abbia un ruolo più importante di questo, per il genere umano!
15 Per esempio, i problemi dell'ambiente stanno diventando sempre più gravi.
16 Forse tra un po' il genere umano non potrà nemmeno più vivere sulla Terra.
17 Ma grazie ai progressi dell'informatica, si riuscirà a fare tutti i calcoli necessari per trasferire gli umani sulla Luna.
18 – Tu pensi davvero queste cose?

11 soreni intānetto de kaimono suru koto mo dekiru
12 boku wa itsumo anime ya bideogēmu o katte iru
13 – chotto matte nani o itte iru n dai
14 jōhōkagaku wa motto jinrui ni totte jūyō na yakuwari o hatashite iru to omou
15 tatoeba kankyō mondai ga korekara masumasu shinkoku ni natte iku darō
16 moshikashitara jinrui wa chikyū ni sumenaku naru kamoshirenai
17 jōhōshori no hattatsu no o kage de jinrui ga tsuki ni idō suru tame no subete no keisan ga dekiru yō ni naru
18 – kimi wa sonna koto o kangaete iru no kai

---

venta 住めない **sumenai**, *non potere abitare*; ない si modifica come un aggettivo, assumendo la forma in く davanti a なる (letteralmente "diventa non più possibile abitare").

7 君 **kimi**: vi ricordate di questo modo per dire *tu*, esclusivamente maschile e di grado inferiore (v. lezione 75, nota 2)?

95 / 第九十五課

19 そんなに悲観的(ひかんてき)になるな **8** よ。

20 月(つき)もいいけど、来月(らいげつ)の沖縄旅行(おきなわりょこう)の情報(じょうほう)をインターネットで調(しら)べるのがまだ先(さき)だよ。

21 – それもそうだけど、その前(まえ)にお金(かね)返(かえ)して。 □

Note

8 なる な: questa formula è troppo brusca perché voi possiate utilizzarla, una sorta di grado inferiore dell'inferiore, ma è bene che voi la conosciate. Questo な che segue direttamente la forma del dizionario di un verbo, esprime divieto e il suo uso è esclusivamente maschile. La forma di grado medio sarà costruita con il suffisso ない del negativo: –ないで, cioè ならないで ください, *non diventare, non essere così*.

***

練習 1 – 訳(やく) し なさい

❶ 八(はち) に 七(なな) を 足(た)せば、十五(じゅうご) に なります。

❷ 六百(ろっぴゃく) 八十(はちじゅう) 五(ご) から 六百(ろっぴゃく) 七十(ななじゅう) 八(はち) を 引(ひ)く と、七(なな) 残(のこ)ります。

❸ 四十(よんじゅう) 四(よん) に 十(じゅう) を 掛(か)ける と、四百(よんひゃく) 四十(よんじゅう) に なります。(四十(よんじゅう)四(よん) 掛(か)ける 十(じゅう) は 四百(よんひゃく) 四十(よんじゅう) です。)

Novantacinquesima lezione / 95

19 Non essere così pessimista!
20 Va bene la Luna, ma prima è più urgente cercare su Internet le informazioni per il nostro viaggio a Okinawa del mese prossimo.
21 – Sì, certo. Però prima ridammi i miei soldi!

19 sonna ni hikanteki ni naru na yo
20 tsuki mo ii kedo, raigetsu no okinawa ryokō no jōhō o intānetto de shiraberu no ga mada saki da yo
21 – sore mo sō da kedo, sono mae ni o kane o kaeshite

最近 の 生活 は 便利 に なった ね。

***

❹ 七百 四十七 を 三 で 割る と、二百 四十 九 に なります。(七百 四十 七 割る 三 は 二百 四十 九 です。)

❺ 今 の 世 の 中 では 情報処理 が 重要 な 役割 を 果たして いる と いう こと です。

Soluzioni dell'esercizio 1

❶ Se a 8 sommiamo 7, otteniamo 15 (8 più 7 uguale 15). ❷ Se da 685 sottraiamo 678, rimane 7 (685 meno 678 uguale 7). ❸ Se moltiplichiamo 44 per 10, otteniamo 440 (44 moltiplicato per 10 uguale 440). ❹ Se dividiamo 747 per 3, otteniamo 249 (747 diviso 3 uguale 249). ❺ Il fatto è che, nel nostro mondo attuale, l'informatica svolge un ruolo fondamentale.

***

練習 2 – 言葉 を 入れ なさい

Ricordate che le parole sottolineate vanno scritte in katakana.

❶ Vi spiegherò che cos'è l'informatica.

・・・・・・・・・・・・・・・・・・・・・。

❷ Un amico giapponese mi ha spiegato il sistema delle epoche giapponesi, ma siccome io non sono bravo in matematica, non ho capito nulla.

・・・・・・・・・ ねんごう に ついて ・・・・・・
・・・・・・・、・・・・・・・・ ちっとも できない ひと です ・・、・・・・・・・・。

❸ Mi hanno detto che è in progetto la costruzione di un nuovo liceo per il giugno del prossimo anno.

・・・・・・・・・・・・・・・・・・・・・・・・・
・・・・・・。

❹ Se c'è qualcosa che non capisce, me lo dica senza problemi.

・・・・・・・・・・・、えんりょ なく・・・・・・・
・・・・。

❺ Secondo il notiziario di questa mattina, sembra che il Primo ministro inglese abbia intenzione di recarsi in Cina a settembre.

・・・・・・・・・・・・ の しゅしょう ・・・・・
・・・・・・・・・ と ・・・・・・。

Novantacinquesima lezione / 95

Trascrizione
❶ hachi ni nana o taseba jū go ni narimasu ❷ roppyaku hachijū go kara roppyaku nanajū hachi o hiku to nana nokorimasu ❸ yonjū yon ni jū o kakeru to yonhyaku yonjū ni narimasu (yonjū yon kakeru jū wa yonhyaku yonjū desu) ❹ nanahyaku yonjū nana o san de waru to nihyaku yonjū kyū ni narimasu (nanahyaku yonjū nana waru san wa nihyaku yonjū kyū desu) ❺ ima no yo no naka de wa jōhōshori ga jūyō na yakuwari o hatashite iru to iu koto desu

***

Soluzioni dell'esercizio 2
❶ じょうほうかがく は なん だ か を せつめい して あげましょう ❷ にほんじん の ともだち が － せつめい して くれました が、わたし は さんすう が － から、ぜんぜん わかりません でした ❸ らいねん の ろくがつ に あたらしい こうこう を たてる よてい が ある と いわれました ❹ なにか わからない こと が あったら － わたし に いって ください ❺ けさ の ニュース に よる と イギリス － は くがつ に ちゅうごく に いく つもり だ － いう こと です

***

平仮名 の 練習
In molte parole scritte in katakana si trova una consonante raddoppiata. Naturalmente si tratta delle stesse consonanti che si trovano anche in hiragana: k, s (sh), t (ch-ts) e p, più altre che non compaiono mai nelle parole giapponesi, ma che sono necessarie per le parole di origine straniera: g, j, d e b.

In ogni caso niente panico: il sistema di trascrizione sarà uguale a quello usato in hiragana (lezione 68): il piccolo ッ. Alcuni esempi: **kukkī** *(biscotto/cookie)* クッキー; **beddo** *(letto/bed):* ベッド.

書き取り

❶ ressun *(lezione/lesson)* **❷ middonaito** *(mezzanotte/midnight)* **❸ yōroppa** *(Europa)* **❹ matchi** *(fiammifero/match)* **❺ guddo** *(buono/good)* **❻ kurashikku** *(classico/classic)* **❼ appuraito piano** *(pianoforte verticale/upright piano)* **❽ karejji** *(college)* **❾ intānetto** *(Internet)* **❿ doresshingu** *(condimento/dressing)* **⓫ torakku** *(camion/truck)* **⓬ baggu** *(borsa/bag)* **⓭ rojji** *(baita/lodge)* **⓮ sunobbu** *(snob)* **⓯ sandoitchi** *(sandwich)*

96

第九十六課
だい きゅう じゅう ろっ か

ピアノを買う
か

1 – 娘がピアノを習いたいと言うので、習わせよう **1**
むすめ　　　　　　なら　　　　　い　　　　　　なら
と思っています。
おも

2 どなたかいい先生を御存知だったら **2**、
せんせい ごぞんじ
紹介してくださいません **3** か。
しょうかい

Note

1 習わせよう **narawaseyō**, 習わせる **narawaseru** (v. lezione 77, § 3.1; lezione 87, nota 5): 習う **narau**, *studiare, imparare* → 習わせる **narawaseru**, *fare studiare, fare imparare*. Vediamo di nuovo che per i verbi a più basi la cui sillaba finale è una **u** da sola, per ottenere il verbo che significa *fare* + verbo, si aggiunge **waseru** invece di **aseru**. Si otterrà un verbo a più basi: 習わせよう (v. lezione 75, nota 1). Questa forma in **ō** (o **yō**), seguita da と 思います **to omoimasu**, serve a esprimere l'idea di un progetto che si vuole fare. L'insieme corrisponde al nostro *io penso di* + verbo, *vorrei* + verbo.

Soluzioni

❶ レッスン ❷ ミッドナイト ❸ ヨーロッパ ❹ マッチ ❺ グッド
❻ クラシック ❼ アップライトピアノ ❽ カレッジ ❾ インターネット
❿ ドレッシング ⓫ トラック ⓬ バッグ ⓭ ロッジ ⓮ スノッブ
⓯ サンドィッチ

Seconda ondata: lezione 46

Novantaseiesima lezione

Acquistare un pianoforte

1 – Mia figlia dice che vuole imparare a suonare il piano, così penso di farglielo studiare. *(fare-imparare)*
2 Se Lei conosce un bravo insegnante, me lo potrebbe presentare?

Trascrizione

piano o kau

1 – musume ga piano o naraitai to iu node narawaseyō to omotte imasu
2 donataka ii sensei o go zonji dattara shōkai shite kudasaimasen ka

2 御 存知 です go zonji desu, grado superiore equivalente a 知る shiru, *sapere*, con il significato di *Lei (tu di rispetto) sa (sai), conosce (conosci)* (letteralmente "conoscenza essere").

3 紹介 して くださいません か shōkai shite kudasaimasen ka. くださる è il grado superiore di くれる. Impiegato come ausiliare, questo termine significa *qualcuno fa qualcosa per me* (v. lezione 91, § 1.2). Non dimenticate le trasformazioni particolari di certi verbi al grado superiore (v. lezione 91, § 1.1).

nana hyaku jū hachi • 718

3 レッスンを始める前に、ピアノを買おうと思いますが、

4 あなたはピアノにくわしいから一緒に見ていただけます **4**か。

5 （店で）

6 こんなにピアノの種類があるとは知りませんでした。

7 – グランドピアノですか。アップライトピアノですか。

8 – これから始めるのだからアップライトピアノにしましょう。

9 – どのメーカーになさいますか。
外国製または国産？

10 色は、黒いの **5**も白いのも茶色のもございます。

Note

4 見て いただけます か mite itadakemasu ka (v. lezione 91, § 1.1 e 1.2): いただく è il grado superiore equivalente a もらう, *io ricevo, io mi faccio donare*. 一緒 に 見て もらいます issho ni mite moraimasu, oppure いただきます, significa *Le chiedo il favore di venire a vederlo con me*. In questo caso abbiamo いただけます che deriva da いただく con il significato di *potere ricevere* (v. lezione 84, § 2.1): 一緒 に 見て いただけます か, *Posso chiederle il favore di venire a vederlo con me?*

Novantaseiesima lezione / 96

3 Però, prima che cominci le lezioni, pensavo di comprare un pianoforte,

4 Lei che è un'esperta, mi potrebbe accompagnare a vederli? *(Lei [tema] piano [limitazione] essere-esperto insieme [avverbiale] guardare-[progressivo] poter-ricevere-il-favore [domanda])*

5 (Nel negozio)

6 Non pensavo che esistessero così tanti tipi di pianoforte.

7 – Desidera un piano a coda o un piano verticale?

8 – Siccome comincia ora, facciamo un piano verticale.

9 – Quale marca desidera? Di fabbricazione straniera o giapponese?

10 Per il colore, ne abbiamo di neri, di bianchi e di marroni.

---

3 ressun o hajimeru mae ni piano o kaō to omoimasu ga
4 anata wa piano ni kuwashii kara issho ni mite itadakemasu ka
5 mise de
6 konna ni piano no shurui ga aru to wa shirimasen deshita
7 – gurando piano desu ka. appuraito piano desu ka
8 – kore kara hajimeru no da kara appuraito piano ni shimashō
9 – dono mēkā ni itashimasu ka gaikokusei mata wa kokusan
10 iro wa kuroi no mo shiroi no mo chai ro no mo gozaimasu

---

5 黒い のも 白い の も **kuroi no mo shiroi no mo** (v. lezione 91, § 2): notate bene (è molto importante) che questo の sostituisce un nome già esplicitato (qui ピアノ). Se volessimo utilizzare la parola ピアノ, dovremmo eliminare の: 黒い ピアノ も 白い ピアノ も **kuroi piano mo shiroi piano mo**. Questo tipo di の si può trovare solo dopo un verbo o un aggettivo.

96 / 第九十六課

11 どれになさいますか。

12 − ピアノは外観ではなく、音で決めるものよ。

13 弾いてみないとわからないわよ。

14 こちらの [6] は深みがある音ね。あちらのは私の好きな音ではないわ。そちらのはどうかしら [7]。

15 − どれにしたらいいのかわからないわ。

16 決められないから、今日はやめておきます。

17 じゃあ、今日はカタログだけいただいて帰ります。□

Note

[6] こちら の は…。あちら の は…。そちら の は…。Attenzione, perché qui la differenza è molto sottile. Apparentemente, assomiglia alla stessa costruzione della frase 10 perché si sta sempre parlando del pianoforte, ma se inserissimo la parola ピアノ in ciascuna di queste espressioni non si eliminerebbe nulla, ma semplicemente avremmo ピアノ fra の e は: こちら の ピアノ は…。あちら の ピアノ は…。そちら の ピアノ は…。In questo caso, の è quindi un の di *[relazione]* tra due nomi, il secondo dei quali viene omesso perché sottinteso.

[7] かしら *kashira*: vi ricordate di questa espressione tipicamente femminile posta in fine di frase? Si usa per porre una domanda in modo discreto, *non è che per caso?*, o per esprimere un vero dubbio, *mi domando se*, o anche la semplice esitazione, *potrebbe essere*, *magari* (v. lezione 59, nota 5).

Novantaseiesima lezione / 96

11   Quale preferisce?
12 – Un pianoforte si sceglie dal suono, non dall'aspetto.
13   Bisogna provare a suonarli per giudicare. *(suonare-[progressivo] non-provare se / non-essere-comprensibile)*
14   Questo ha una certa profondità di suono. Quello là ha un suono che non mi piace. E quello lì come sarà?
15 – Non so quale scegliere.
16   Dato che non riesco a decidere, per oggi lascio perdere. *(abbandonare-[progressivo] fare-in-anticipo)*
17   Bene, per oggi prenderò solo il catalogo.

11   dore ni nasaimasu ka
12 – piano wa gaikan de wa naku oto de kimeru mono yo
13   hiite minai to wakaranai wa yo
14   kochira no wa fukami ga aru oto ne achira no wa watashi no suki na oto de wa nai wa sochira no wa dō kashira
15 – dore ni shitara ii no ka wakaranai wa
16   kimerarenai kara kyō wa yamete okimasu
17   jaa kyō wa katarogu dake itadaite kaerimasu

第九十六課

▶ 練習 1 - 訳 し なさい

❶ CDを何枚(なんまい)も聞(き)かせてもらいましたが、やっぱりいいのがなかったので、一枚(いちまい)も買(か)わないで店(みせ)を出(で)てしまいました。もしいいのが見(み)つかったら知(し)らせてくださいね。

❷ 捕(つか)まえたスパイから新(あたら)しいロケットのことを聞(き)き出(だ)そうとしましたが、一言(ひとこと)も言(い)いませんでした。

❸ どれを売(う)ってしまったんですか。私達(わたしたち)の子供(こども)の時(とき)から両親(りょうしん)の家(いえ)の食堂(しょくどう)のドアと窓(まど)との間(あいだ)にあったものですか。それとも最近(さいきん)スペイン旅行(りょこう)から持(も)って帰(かえ)ったものですか。

❹ カタログを見(み)て買(か)うより、実物(じつぶつ)を手(て)に取(と)ってみて買(か)う方(ほう)が安全(あんぜん)だと、カメラ屋(や)を開(ひら)いている弟(おとうと)はいつも言(い)っています。

❺ 科学 の 雑誌 が あります か。はい、色々 ございます。どうぞ 御覧 ください。

Soluzioni dell'esercizio 1

❶ Ho chiesto di farmi ascoltare non so quanti CD, ma non ce n'era nemmeno uno che mi piacesse, così sono uscita dal negozio senza comprarne nessuno. Se ce ne fosse uno buono, me lo faccia sapere, per favore! ❷ Hanno cercato di ottenere qualche informazione sui nuovi missili dalla spia catturata, ma non ha detto una parola. ❸ Alla fine quale hai venduto? Quello che si trovava, fin da quando eravamo bambini, tra la finestra e la porta della sala da pranzo nella casa di papà e mamma? Oppure quello che hai portato dal recente viaggio in Spagna? ❹ Il mio fratello minore, che ha un negozio di macchine fotografiche, dice sempre che è più sicuro comprare prendendo il prodotto tra le mani e guardandolo, anziché dal catalogo. ❺ Avete delle riviste scientifiche? –Sì, ne abbiamo molte, guardi pure.

Trascrizione

❶ shīdī o nan mai mo kikasete moraimashita ga yappari ii no ga nakatta node ichi mai mo kawanaide mise o dete shimaimashita moshi ii no ga mitsukattara shirasete kudasai ne ❷ tsukamaeta supai kara atarashii roketto no koto o kikidasō to shimashita ga hitokoto mo iimasen deshita ❸ dore o utte shimatta n desu ka watashitachi no kodomo no toki kara ryōshin no ie no shokudō no doa to mado to no aida ni atta mono desu ka soretomo saikin supein ryokō kara motte kaetta mono desu ka ❹ katarogu o mite kau yori jitsubutsu o te ni totte mite kau hō ga anzen da to kameraya o hiraite iru otōto wa itsumo itte imasu ❺ kagaku no zasshi ga arimasu ka hai iroiro gozaimasu dōzo goran kudasai

第九十六課

練習 2 – 言葉 を 入れ なさい

❶ Piango. Faccio piangere. Vengo. Faccio venire. Scrivo. Faccio scrivere. Rido. Faccio ridere. Compro. Faccio comprare. Tiro fuori. Faccio tirare fuori. Bevo. Faccio bere. Penso. Faccio pensare.

・・・。 ・・・・・・。 ・・・。 ・・・・・・。
・・・・・。 ・・・・・・・。 ・・・。 ・・・・・・。
・・・・・。 ・・・・・・・・。

❷ Quelli neri li ho venduti tutti, rimangono solo quelli marroni.

・・・・・うりきって しまいました。・・・・・・・
・・・・。

❸ Conosce quello scrittore che si chiama <u>Umberto Eco</u>, vero?

・・・・・・・・・・・・・・・・・・・・・・・。

❹ Sì. Su richiesta di un editore giapponese, *(essendo stato richiesto da un editore giapponese)* penso di tradurre le sue opere in giapponese.

はい。・・・・・・・・・・たの・・・、・・・・・
・・・・・・・・・おもっています。

✱✱✱

平仮名 の 練習

Con i katakana si devono trascrivere anche le sillabe simili a quelle già studiate per gli hiragana nelle lezioni 74 e 75, ossia quelle del tipo consonante k, g, n, h, b, p, m, r + y + a, u, o, e quelle del tipo sh, j, ch + a, u, o. Il principio è sempre lo stesso: si aggiungeranno un piccolo ャ, un piccolo ュ o un piccolo ョ dopo il katakana in cui la consonante è associata a i: riguardate le spiegazioni fornite nelle lezioni indicate. Ricordate, infine, che se le vocali u oppure o di queste sillabe sono lunghe, l'allungamento sarà indicato con una linea, come si usa nel sistema katakana.

Novantaseiesima lezione / 96

❺ Se cominciassi il mese prossimo, è plausibile che potrebbero essere finite verso la fine dell'anno prossimo.

・・・・ ・・ ・・・・・、・・・・ ・・・・・ ・ ・・・・ ・
・・・・・・・。

Soluzioni dell'esercizio 2

❶ なく - なかせる - くる - こさせる - かく - かかせる - わらう - わらわせる - かう - かわせる - だす - ださせる - のむ - のませる - かんがえる - かんがえさせる
❷ くろい の は - ちゃいろ の しか のこって いません
❸ ウンベルト・エーコ と いう さっか を ご ぞんじ でしょう ❹ - にほん の しゅっぱんしゃ から - まれて、その さくひん を にほんご に やくそう と -
❺ らいげつ から はじめたら、らいねん の おわり ごろ まで に は できあがる と おもわれます

***

書き取り

❶ **kyanpu** *(campeggio/camp)* ❷ **nyūsu** *(news)* ❸ **ryukkusakku** *zaino/rucksack)* ❹ **konpyūtā** *(computer)* ❺ **channeru** *(canale televisivo/channel)* ❻ **jazu** *(jazz)* ❼ **jogingu** *(jogging)* ❽ **waishatsu** *(camicia da uomo/white shirt)* ❾ **shoppingu sentā** *(centro commerciale/shopping-center)* ❿ **shanpen** *(champagne)* ⓫ **chokorēto** *(cioccolata/chocolate)* ⓬ **chūrippu** *(tulipano/tulip)*

Soluzioni

❶ キャンプ ❷ ニュース ❸ リュックサック ❹ コンピューター
❺ チャンネル ❻ ジャズ ❼ ジョギング ❽ ワイシャツ
❾ ショッピング センター ❿ シャンペン ⓫ チョコレート
⓬ チューリップ

Seconda ondata: lezione 47

第九十七課
だい きゅうじゅう なな か

職業
しょくぎょう

1 — 小学校の一年生の時、母とショッピングセンターへ買物に行って、迷子になりました。

2 その時 あまりにもこわくてどうなるかと思っていたら、

3 親切なお巡りさんが交番へ連れていってくれて、それから家まで送ってくれました。

4 そのことがあまりにもうれしかった **1** ので将来はお巡りさんになりたいと思いました。

5 — それからどうしたの。

6 — 四年生だったころ、トラックの運転手になりたかったので、

Note

1 その こと が うれしかった: gli aggettivi che esprimono sentimenti hanno un comportamento un po' bizzarro. La persona che parla è ovviamente quella che prova la gioia, il dolore o la tristezza, ma il soggetto grammaticale della frase, nella quale vi ricordiamo che l'aggettivo si comporta come un verbo, è l'oggetto che causa questi sentimenti.

Novantasettesima lezione

I mestieri

1 – Quando facevo la prima elementare, andai a fare spese con la mia mamma al centro commerciale e mi persi. *(bimbo-smarrito [fine] essere-diventato)*
2   Avevo molta paura e mentre pensavo a cosa sarebbe successo,
3   un poliziotto gentile mi accompagnò al posto di polizia e dopo mi riportò a casa.
4   Ero talmente felice che pensai che in futuro avrei voluto fare il poliziotto.
5 – E poi cosa è successo?
6 – Quando ero in quarta elementare volevo fare il camionista,

Trascrizione

shokugyō

1 – shōgakkō no ichinen sei no toki haha to shoppingu sentā e kaimono ni itte, maigo ni narimashita
2   sono toki amarinimo kowakute dō naru ka to omotte itara
3   shinsetsu na omawarisan ga kōban e tsurete itte kurete sorekara uchi made okutte kuremashita
4   sono koto ga amarinimo ureshikatta node shōrai wa omawarisan ni naritai to omoimashita
5 – sorekara dō shita no
6 – yo nensei datta koro torakku no untenshu ni naritakatta node

7 　毎日のように、学校が終わると、近所の工場へ行って、トラックが出たり入ったりするのを見ていました。

8 － その次は何になりたくなった **2** の。

9 －北海道の伯父さんは広い農場を持っています。

10 　六年生の夏休みを伯父さんのところで過ごしました。

11 　トラクターを運転したり、牛の世話をしたりしていました。

12 　いつも自然の中で暮らしている伯父さんを見て、将来はお百姓さんになりたいと思いました。

13 － それからどうしたの。

14 － 中学生の時、修学旅行で東京まで来て、

15 　オリンピックのために建てたスタジアムなどを見、

Note

2 なりたく なった。なりたく è la forma in く dell'aggettivo なりたい, a sua volta derivato dal verbo なる + suffisso たい, *volere diventare* (letteralmente "sono diventato a volere diventare"). Ricordate che davanti a なる gli aggettivi assumono la forma in く.

Novantasettesima lezione / 97

7 così ogni giorno, quando uscivo da scuola, *(scuola [soggetto] terminare quando)* andavo alla fabbrica che era lì vicino a guardare i camion entrare e uscire.
8 – E dopo, cos'altro volevi diventare?
9 – Uno zio dell'Hokkaido possiede una grande fattoria.
10 Le vacanze estive della sesta elementare le trascorsi da lui.
11 Guidavo il trattore, badavo alle mucche.
12 Guardando lo zio vivere sempre in mezzo alla natura pensai che in futuro avrei voluto fare il contadino.
13 – E poi?
14 – Quando ero alle medie, venni a Tokyo per una gita scolastica,
15 e quando vidi lo stadio e le altre strutture che avevano costruito per le Olimpiadi,

7 mainichi no yō ni gakkō ga owaru to, kinjo no kōba e itte torakku ga detari haittari suru no o mite imashita
8 – sono tsugi wa nani ni naritaku natta no
9 – hokkaidō no ojisan wa hiroi nōjō o motte imasu
10 rokunensei no natsu yasumi o ojisan no tokoro de sugoshimashita
11 torakutā o unten shitari ushi no sewa o shitari shite imashita
12 itsumo shizen no naka de kurashite iru ojisan o mite shōrai wa o hyakushō san ni naritai to omoimashita
13 – sorekara dō shita no
14 – chūgakusei no toki shūgakuryokō de tōkyō made kite
15 orinpikku no tame ni tateta sutajiamu nado o mi

16 建築家とは夢を形に表わすことのできる職業だと思いました。

17 － それからどうなったのですか。

18 － 高校を卒業するころは、

19 外国旅行がしたかった **3** ので商社マンか通訳になろうか **4** と思いましたが、

20 遂に、俳優になりました。

21 そうすれば、一回でも子供の時から夢に見ていたこれらの職業にみんなつくことができるからです。□

Note

3 したかった, da する, *fare*. Alla base unica し si aggiunge il suffisso たい: したい, *voglio fare*, o più precisamente "qualcosa è l'oggetto del mio desiderio di fare". Il suffisso たい, come avete visto nella nota precedente, è un aggettivo (come ない, v. lezione 64, nota 4), ecco perché la forma passata diventa したかった (v. lezione 35, § 2.1).

4 なろう か と 思いました (v. lezione 96, nota 1): la presenza di か in questa posizione (che mantiene sempre il suo significato di *[domanda]*), indica che il parlante sta ponendo una domanda a sé stesso, è indeciso sul da farsi: letteralmente "Mi sono domandato: e se facessi...?".

16 pensai che quella dell'architetto fosse una professione che permetteva di dare una forma concreta ai propri sogni.
17 – E poi che ne è stato?
18 – Finito il liceo,
19 siccome volevo viaggiare all'estero, pensavo di diventare un uomo d'affari o un interprete, ma
20 alla fine sono diventato un attore.
21 In questo modo, posso fare almeno per una volta tutti i mestieri che ho sognato da bambino.

16 kenchikuka to wa yume o katachi ni arawasu koto no dekiru shokugyō da to omoimashita
17 – sorekara dō natta no desu ka
18 – kōkō o sotsugyō suru koro wa
19 gaikoku ryokō ga shitakatta node shōshaman ka tsūyaku ni narō ka to omoimashita ga
20 tsui ni haiyū ni narimashita
21 sō sureba ikkai demo kodomo no toki kara yume ni mite ita korera no shokugyō ni minna tsuku koto ga dekiru kara desu

練習 1 - 訳 し なさい

❶ 日本 の 学年 は 四月 から 始まり、夏休み は フランス より 短い です。

❷ 昨日 は 休み でしたから、子供達 と 芝居 を 見 に 行きました が、子供達 は その 芝居 に 出て くる 熊 が こわくて、泣いて しまいました。

❸ だけど、こわくて も、一生懸命 見て いました。

❹ 熊 なら、私 は こわくない よ。

❺ 僕 が 熊 なら、人 に 捕まえられない よう に、高い 山 に 住む よ。

***

練習 2 - 言葉 を 入れ なさい

❶ Se potessimo incontrare Fukuzawa Yukichi, potrebbe farci sentire molte cose interessanti sull'epoca Meiji.

・・・・・・・・・・・・・・・・・・・・・・・
はなし ． きかせて ・・・・・・・。

❷ Quando incontrerà il signor Fujii, per favore gli chieda l'indirizzo del medico che mi sono fatto presentare la volta scorsa.

・・・・・・・・・、この まえ ・・・・・・・・・・・
・・・・・・・・・・。

Soluzioni dell'esercizio 1

❶ In Giappone, l'anno scolastico comincia ad aprile e le vacanze estive sono più corte che in Francia. ❷ Ieri era giorno di vacanza, così sono andato a teatro con i bambini, ma siccome avevano paura dell'orso che è apparso in scena, si sono messi a piangere. ❸ Tuttavia, anche se avevano paura, hanno guardato lo spettacolo con molto coinvolgimento. ❹ Un orso? Io non avrei paura! ❺ Se io fossi un orso, vivrei in alta montagna per non farmi catturare dagli uomini.

Trascrizione

❶ nihon no gakunen wa shigatsu kara hajimari natsu yasumi wa furansu yori mijikai desu ❷ kinō wa yasumi deshita kara kodomotachi to shibai o mi ni ikimashita ga kodomotachi wa sono shibai ni dete kuru kuma ga kowakute naite shimaimashita ❸ dakedo kowakute mo isshokenmei mite imashita ❹ kuma nara watashi wa kowakunai yo ❺ boku ga kuma nara hito ni tsukamaerarenai yō ni takai yama ni sumu yo

***

❸ Quando hai cominciato a studiare giapponese, non avresti mai immaginato di impararlo così in fretta, vero?

. . . . しはじめた . . 、こんな に . . .
. . . . 。

❹ Se diventerò architetto, farò in modo di non costruire edifici così brutti.

. . . . 、あんな . . . .
. . . . 。

❺ Con il metodo Assimil si riesce a imparare in modo piacevole e veloce, te lo consiglio vivamente.

. . . . 、たのしく、. . . . . 、. . . . .
. . . 。

Soluzioni dell'esercizio 2

❶ ふくざわ ゆきち に あえれば、めいじ じだい の いろいろ な おもしろい ー を ー くれる でしょう ❷ ふじいさん に あったら ー しょうかい して もらった いしゃ の じゅうしょ を きいて ください ❸ にほんご

***

平仮名 の 練習

Ci sono alcune sillabe, specifiche di altre lingue, che non esistono assolutamente in giapponese. Risulta quindi impossibile trascriverle con il sistema dei katakana basato su quello degli hiragana, come abbiamo fatto fino a questo momento, ma bisogna adottare qualche soluzione studiata specificamente per i katakana. Ecco qualche caso.

1) sh + vocale: per shi non ci sono problemi perché esiste il katakana シ; per sha, shu e sho abbiamo la solita procedura: シャ、シュ、ショ. E per she? Poiché il katakana ye non esiste, si è trovata la seguente soluzione: si mantiene il principio di un secondo kana più piccolo e si utilizza la e エ, ottenendo she シェ.

2) t o d + vocale. Per ta (da), te (de), to (do) è facile poiché esistono i kana タ (ダ), テ (デ), ト (ド). Nel caso di tu (du), si approssima utilizzando ツェ o ズ. Ma per quanto riguarda ti (di)? Ci si serve nuovamente del sistema dei due kana, con il secondo scritto più piccolo: ti, ティ, di, ディ (talvolta si utilizzano semplicemente チ e ジ).

3) w + vocale. In questo caso abbiamo delle possibilità davvero limitate, poiché esiste solo wa ワ. Per le sillabe wi, we e wo si ricorrerà sempre allo stesso metodo: si prende il kana ウ u per scrivere la w e si aggiungono un piccolo イ, un piccolo エ o un piccolo オ, ottenendo così wi ウィ, we ウェ, wo ウォ. La sillaba wu sarà scritta, molto approssimativamente, ブ (bu).

4) E ora che conosciamo il principio, possiamo scrivere molti altri suoni:
– la serie di sillabe f + vocale, ricorrendo al katakana fu フ e aggiungendogli le vocali scritte in piccolo: fa ファ, fi フィ, fe フェ, fo フォ.
– la serie di sillabe v + vocale (eccetto vu che si scrive ブ), per la quale si utilizza il kana ウ sonorizzato con le due virgolette, ヴ = v e naturalmente le vocali scritte in piccolo: va ヴァ, vi ヴィ, ve ヴェ, vo ヴォ (in questo caso la convenzione non è ancora stata fissata e spesso si utilizza la serie delle sillabe in b: va バ, vi ビ, ve ベ, vo ボ).

Novantasettesima lezione / 97

を べんきょう - とき - はやく おぼえられる と は おもわなかった です ね ❹ わたくし が けんちくか に なれば - ひどい たてもの は たてない よう に します ❺ アシミル で - はやく、 おぼえられます から、ぜひ お すすめ します

***

Qualche raccomandazione prima di proseguire con il dettato: la vocale lunga si indica sempre con un trattino. E ricordatevi di indicare le consonanti raddoppiate.

書き取り

❶ **wīn** *(Vienna/Wien)* ❷ **chekku in** *(check-in)* ❸ **fasshon** *(moda/fashion)* ❹ **bodī** *(corpo di una macchina fotografica/body)* ❺ **reveiyon** *(veglione/réveillon)* ❻ **fōku** *(forchetta/fork)* ❼ **tisshu pēpā** *(fazzoletto di carta/tissue paper)* ❽ **shēkusupia** *(Shakespeare)* ❾ **kakuteru pātī** *(cocktail-party)* ❿ **romantikku** *(romantico/romantique)* ⓫ **yū.fō** *(U-nidentified F-lying O-bject, U.F.O.)*

Soluzioni
❶ ウイーン ❷ チェック イン ❸ ファッション ❹ ボディー ❺ レヴェイヨン ❻ フォーク ❼ ティッシュ ペーパー ❽ シェークスピア ❾ カクテル パーティー ❿ ロマンティック ⓫ ユーフォー

Come avrete notato, la trascrizione delle parole straniere è una delle cose più affascinanti della lingua giapponese moderna. Spesso ci vuole una buona dose di fantasia per indovinare la parola che si nasconde dietro un adattamento (a volte abbreviato) in katakana. Ma dovete ammettere che ci sono poche lingue che vi offrono un tale continuo senso di avventura e di scoperta!

グッドバイ、レディズ アンド ジェントルメン

Seconda ondata: lezione 48

第九十八課
<ruby>だい<rt></rt></ruby> <ruby>きゅう<rt></rt></ruby> <ruby>じゅう<rt></rt></ruby> <ruby>はっ<rt></rt></ruby> <ruby>か<rt></rt></ruby>

まとめ – Riepilogo

È andato tutto bene? Ne eravamo certi. Siete ormai pronti a volare con le vostre ali e anche se c'è ancora un po' di strada da fare, grazie ad Assimil avete costruito una struttura di base che vi permetterà di progredire guardando al futuro con serenità!
Qualche ultimo punto da rivedere prima di salutarci.
Per cominciare, soffermiamoci un momento sul titolo giapponese delle nostre lezioni di riepilogo. まとめ *matome è una parola molto bella che indica proprio questo atto di prendersi del tempo per fare il punto della situazione e che può avere diverse sfumature: riassunto, conclusione, riepilogo. Speriamo sia quello che è avvenuto con queste lezioni e che abbiate tutte le idee in ordine per potere andare più lontano.*

1 Il prefisso お

Molte espressioni o parole di uso quotidiano sono spesso precedute dal prefisso お, che abbiamo tradotto in alcuni casi con *[familiarità]*, in altri con *[onorifico]*; in altri casi ancora non l'abbiamo tradotto per nulla, come in alcune espressioni idiomatiche. Avrete notato che, fino alla lezione 90, a volte abbiamo lasciato uno spazio tra la お e la parola, altre volte no. Sul piano della grafia questo non ha nessuna importanza, perché nel giapponese scritto le parole si susseguono senza spazi, come avete potuto constatare a partire dalla lezione 92. Ma proviamo a distinguere:
– i casi in cui la お è talmente integrata nella formula o nella parola da diventare quasi **inseparabile**;
– i casi in cui la parola che è preceduta da お conserva ancora una certa **indipendenza** e può essere utilizzata anche senza la お.
Prendiamo degli esempi dalle lezioni più recenti:
– caso 1: おめでとう ございます (lezione 78, frase 1), お願い します **onegai shimasu** (いたします) (lezione 78, frase 4); お宅 **otaku** (lezione 82, frase 17); お久し振り **ohisashiburi** (lezione 86, frase 5). Queste espressioni non sono utilizzabili senza la お;

Novantottesima lezione

– caso 2: お 寺 **o tera** (lezione 85, frasi 2, 3, 17); お 金 **o kane** (lezione 88, frase 1); お 札 **o satsu** (lezione 88, frasi 2, 3, 4); お 国 **o kuni** (lezione 90, frase 10); お 団子 **o dango** (lezione 90, frasi 16 e 17). Rientrano in questo caso anche le espressioni verbali dove お permette di formare il grado superiore: お 読み に なる **o yomi ni naru**; お 勧め します **o susume shimasu** (lezione 88, frase 24).

2 Gli avverbi

Come in italiano, anche in giapponese gli avverbi possono essere di diverso tipo e la maggior parte di essi consiste solamente di una parola. Se osserviamo la lezione 92, troviamo: ぜひ, *assolutamente* (frase 1), ずっと, *considerevolmente* (frase 3), よほど, *quasi* (frasi 12 e 13), さっそく, *subito* (frase 17), ちょっと, *un po'* (frase 18), まだ, *non ancora* (frase 19), もっと, *più* (frase 20).

In alcuni casi, l'avverbio sarà formato da una parola (spesso un aggettivo) seguita da に, al quale abbiamo dato la traduzione di *[avverbiale]*: 一緒 に **issho ni**, *insieme* (lezione 96, frase 4); たま に **tama ni**, *raramente* (lezione 80, frase 10); 特 に **toku ni**, *particolarmente* (lezione 88, frasi 6 e 22); 別 に **betsu ni** + forma negativa, *(non) particolarmente* (lezione 83, frase 9); 非常 に **hijō ni**, *estremamente* (lezione 50, frase 8).

Altri avverbi, la cui caratteristica è di terminare con la sillaba **ri**, hanno un duplice funzionamento. Possono essere impiegati da soli, はっきり, *chiaramente* (lezione 55, frase 15), ゆっくり, *tranquillamente, lentamente* (lezione 86, frase 9), oppure possono essere seguiti da と, come ゆっくり と (lezione 90, frase 6), しっかり と, *fermamente* (lezione 92, frase 6). Il significato è sempre lo stesso.

3 I verbi

3.1 Coppie di verbi intransitivo-transitivo

Nella lezione 59, alla nota 4, si accenna alla questione della coppia di verbi 直る/直す **naoru/naosu**: il primo è **intransitivo,** vale a dire che l'azione descritta riguarda solo il soggetto e non ha il complemento oggetto, il secondo è **transitivo**, cioè l'azione descritta ricade su un oggetto o un'altra persona: 直る **naoru**, *ristabilirsi, guarire*; 直す **naosu**, *riparare qualcosa, guarire un malato*. L'unica differenza tra le due forme è il cambio della consonante da **r** a **s**.

Esistono altre coppie simili:
– 戻る **modoru**, *tornare indietro* (lezione 32, frase 17); 戻す **modosu**, *restituire, rimettere un oggetto al suo posto*;
– 渡る **wataru**, *attraversare* (lezione 36, frase 12); 渡す **watasu**, *fare passare, fare attraversare, dare qualcosa* (lezione 79, frase 8);
– 残る **nokoru**, *rimanere* (lezione 45, frase 6); 残す **nokosu**, *avanzare qualcosa, mettere da parte*;
– 通る **tooru**, *passare per un posto* (lezione 57, frase 3); 通す **toosu**, *fare passare, lasciare passare qualcosa*;
Oltre a cambiare la consonante, ci sono dei verbi che cambiano anche la vocale:
– 起きる **okiru**, *alzarsi dal letto* (lezione 11, frasi 1, 2 e 6);
– 起こす **okosu**, *svegliare, sollevare qualcosa o qualcuno* (lezione 72, frase 13);
– 落ちる **ochiru**, *cadere* (lezione 48, frase 5); 落とす **otosu**, *fare cadere qualcosa* (lezione 73, frase 4).

Esiste un numero molto più grande di coppie verbali dove la differenza di significato è la stessa (cioè per i verbi intransitivi l'azione riguarda solo il soggetto, mentre per i transitivi l'azione ricade su un oggetto o un'altra persona), ma la differenza formale consiste nella presenza di una **a** o di una **e** davanti all'ultima sillaba **ru**. Il verbo intransitivo termina in **aru** ed è un verbo a più basi, mentre il verbo transitivo termina in **eru** ed è un verbo a una sola base.
– 見付かる **mitsukaru**, *essere trovato* (lezione 24, frase 1); 見付ける **mitsukeru**, *trovare* (lezione 51, frase 17);

Novantottesima lezione / 98

– 決まる **kimaru**, *decidersi*, *divenire l'oggetto di una decisione* (lezione 27, frase 2); 決める **kimeru**, *decidere qualcosa* (lezione 55, frase 15);
– 始まる **hajimaru**, *qualcosa comincia*, *debutta*; 始める **hajimeru**, *cominciare qualcosa* (lezione 47, frase 8);
– 集まる **atsumaru**, *radunarsi* (lezione 47, frase 13); 集める **atsumeru**, *radunare*, *collezionare*;
– 終わる **owaru**, *finire* (lezione 48, frase 1); 終える **oeru**, *terminare qualcosa*;
– 変わる **kawaru**, *cambiare*, *trasformarsi* (lezione 41, frase 7); 変える **kaeru**, *modificare*, *cambiare qualcosa*.
Notate, per quest'ultima coppia di verbi, la ricomparsa di **w** davanti alla **a** (lezione 77, § 3.1).

State però attenti: non è possibile creare arbitrariamente un verbo in **aru** da un verbo in **eru**, o viceversa.

3.2 Lista complementare di forme di grado superiore

Ricapitoliamo le forme di grado superiore che abbiamo incontrato nelle ultime lezioni (v. lezione 70, § 3, lezione 91, § 1.1, per le forme e lezione 49, § 1.3, per uno sguardo d'insieme sull'argomento).

Come sempre, distinguiamo i gradi superiori che servono per dire *Lei* (o *tu* di rispetto) da quelli che si usano per dire *io* (o *tu/lui* appartenenti alla propria famiglia).
– Per *Lei*: おっしゃる/おっしゃいます, *dire*, *chiamarsi*, equivalente al verbo 言う **iu** (lezione 93, frase 6); 御存知です **go zonji desu**, *sapere*, *conoscere*, equivalente al verbo 知る **shiru** (lezione 96, frase 2).
– Per *io*: ございます, *esserci*, *avere*, equivalente al verbo ある, per degli oggetti che *io* possiedo (lezione 96, frase 10); いただく, *ricevere*, equivalente al verbo もらう (lezione 96, frase 17).

Con l'aggiunta di questi ultimi quattro verbi, abbiamo completato la panoramica sulle forme di grado superiore più comuni. Ora non rimane che imparare a usarle in modo appropriato, ma con un po' di spirito d'osservazione e di allenamento ci riuscirete benissimo.

4 Il sistema dei dimostrativi

Per cominciare, sappiate che i dimostrativi in giapponese si organizzano intorno a tre radici: こ、そ e あ, dalle quali si ricavano i pronomi, gli aggettivi e gli avverbi dimostrativi. Le parole derivate dalle tre radici こ、そ e あ sono molto importanti e vengono usate di continuo; sono le parole che, per eccellenza, vi permetteranno di esprimere la relazione tra voi stessi e la realtà che vi circonda. All'inizio non vi sembreranno così facili da gestire, ma con un po' di buon senso e, di nuovo, spirito di osservazione, riuscirete a utilizzarle perfettamente.

4.1 I dimostrativi derivati dalla radice こ

Cominciamo subito da こ. Tutti i termini derivati da questa radice indicano la realtà immediata, tutto ciò che si trova vicino a me che parlo o è incentrato su di me: oggetti, persone, tempi, luoghi.

• **Pronomi**

ここ (lezione 46, frasi 17 e 19) corrisponde a *qui (che però in italiano è un avverbio)*, ossia "il luogo dove *io* mi trovo, il posto che *io* tocco o che *io* indico per presentarlo a te"; こちら *da questa parte*, cioè "la direzione che *io* ti indico" (lezione 40, frase 4); これ *questo*, vale a dire "l'oggetto che *io* tengo, che è vicino a *me*, la cosa che occupa la *mia* mente e che *io* ti presento" (lezione 33, frasi 2 e 4).

• **Aggettivi**

この + nome: *questo, questa, questi, queste* + nome. Si tratta di un oggetto che *io* tengo o che si trova vicino a *me* (lezione 31, frasi 9 e 11); il momento che *io* vivo (lezione 19, frase 17); il luogo dove *io* mi trovo (lezione 48, frase 4); qualcosa che occupa la *mia* mente. こんな è utilizzato per dire *di questo tipo, in questa maniera* ma "nella maniera che *io* ti mostro, che *io* ti spiego, che occupa la *mia* mente" (lezione 48, frase 12).

これら si trova nella formula これら の + nome, con il valore di plurale di この, nei casi in cui ci sia rischio di ambiguità. Ad esempio, nella lezione 97, frase 21, se dicessimo この 職業 **kono shokugyō**, si potrebbe intendere che ci riferiamo all'ultimo mestiere di cui si è parlato: *questo mestiere*. Qui, invece, stiamo riprendendo tutto l'insieme dei mestieri citati: *questi mestieri di cui ho parlato*.

• **Avverbi**

Questi pronomi e aggettivi servono anche a costruire numerose espressioni avverbiali di tempo o di modo. Di tempo: これから, letteralmente "a partire da qui", dove これ indica il momento che *io* sto vivendo, quindi: *a partire da ora* (lezione 40, frase 2). この あいだ, letteralmente "questo intervallo di tempo in cui io mi trovo", dunque: *recentemente, l'altro giorno/l'altra volta* (lezione 41, frase 12), このごろ, *questo momento, di questi tempi* (lezione 46, frase 5). Di modo: こんな に, *così*, "nel modo in cui *io* lo vedo" (lezione 39, frase 4).

• **Regola generale**

La regola generale sarà dunque la seguente: tutti i composti di こ si riferiscono a me che parlo, qui e adesso.

4.2 I dimostrativi derivati dalla radice そ

Nel caso di そ, i composti servono a esprimere una realtà che è in comune tra te/Lei e me che stiamo parlando l'uno con l'altro; più in generale, questi composti si riferiscono a qualcosa che è stato detto da te o da me (sotto forma di una parola, di una frase o di più frasi), e che quindi conosciamo entrambi (caso 1). Più raramente, può indicare una realtà presente (oggetto, luogo), considerata come vicina a **noi** (caso 2).

• **Caso 1: rinvio a qualcosa che è stato appena detto**

Guardiamo subito gli esempi per i casi più frequenti, ossia quelli in cui i composti di そ si riferiscono a qualcosa che è stato appena detto.

• **Pronomi**

そこ, *là* (avverbio in italiano, ma nome in giapponese), è il luogo di cui abbiamo appena parlato (lezione 6, frase 6): そこ riprende il luogo citato nella frase 4, "la stazione di Funabashi". Un altro pronome che funziona esattamente nello stesso modo è それ, che significa *quello*, "di cui noi abbiamo appena parlato" (lezione 4, frase 7; lezione 16, frase 6, dove それ riprende quello che è stato detto nella frase 3).

• **Aggettivi**

その + nome, *questo, questa, questi, queste*, "che si riferisce a quello di cui abbiamo parlato": ad esempio, その (lezione 20, frase 10) rimanda a 大きい 本屋 **ookii hon'ya** della frase precedente; その (lezione 30, frase 11) rimanda a 六時 半 **rokuji han** della frase precedente.

• **Avverbi**

All'interno di questa serie incontriamo un avverbio usato davvero molto spesso: そう, *così*, "come abbiamo appena detto". È il そう di そう です, *è così*, "è come ci siamo appena detti" (lezione 2, frase 6; lezione 5, frase 10 ecc.).
Inoltre, la necessità di richiamare nella conversazione quello che è stato appena detto, fa sì che i composti di そ rientrino in numerose espressioni avverbiali. In ordine di frequenza:

– それでは, *stando così le cose, allora* (lezione 3, frase 11 ecc.);
– それから, *in seguito*, "a partire dal momento in cui noi abbiamo parlato", *poi* (lezione 6, frase 7 ecc.);
– それに, *in più, inoltre* (oltre a quello di cui abbiamo parlato) (lezione 26, frase 9 ecc.);
– それなら, *in tal caso*, "se è come abbiamo appena detto" (lezione 11, frase 9 ecc.);
– そんな に, *in quel modo*, "alla maniera in cui pensiamo, nel modo in cui abbiamo appena detto" (lezione 20, frase 4 ecc.);
– それでも, *eppure*, "malgrado quello che abbiamo appena detto" (lezione 11, frase 7 ecc.);
– それで, *e così*, "nelle condizioni di cui abbiamo appena parlato" (lezione 32, frase 16 ecc.);
– それとも, *oppure*, "oltre a quello che abbiamo appena detto" (lezione 29, frase 9);
– それほど, *tanto, a tal punto*, "fino al grado di cui abbiamo appena parlato" (lezione 24, frase 13);
– その後, *dopo*, "dopo il momento di cui abbiamo appena parlato" (lezione 23, frase 12).

Novantottesima lezione / 98

– そのまま, *così com'è*, "come nello stato di cui abbiamo appena parlato" (lezione 32, frase 17).

• **Caso 2: rinvio a una realtà presente**
Per i casi in cui i composti di そ indicano una realtà presente, considerata come vicina a noi che parliamo l'uno con l'altro, esistono solo pochi esempi, ed è anche vero che si tratta di impieghi molto poco frequenti: そこ (lezione 29, frase 6), その (lezione 17, frasi 1 e 3; lezione 46, frase 14).

Come nel caso di こ, cercate di prestare molta attenzione nel momento della fase attiva a partire dalla lezione 50. Qualche novità: そちら, *da quella parte*, "quella direzione che vediamo entrambi" (lezione 96, frase 14); そんな + nome, *il tale/la tale + nome*, "che è come abbiamo appena detto" (lezione 76, frase 15; lezione 87, frase 13; lezione 92, frase 20).

4.3 I dimostrativi derivati dalla radice あ

I composti derivati da questa radice, あ, non hanno un uso così frequente. Nelle prime 50 lezioni troviamo un solo composto, si tratta del pronome di luogo (avverbio in italiano) あそこ (lezione 1, frase 5; lezione 12, frase 3; lezione 31, frase 7), che indica un luogo lontano da me che sto parlando: *là, laggiù*. Ma altri esempi si trovano nelle lezioni successive.

Questi composti esprimono una realtà lontana da me che parlo. Questa lontananza può essere sia fisica e oggettiva (あそこ, *laggiù*) (caso 1), sia volontaria, cioè sono io che voglio creare mentalmente la distanza con la cosa di cui parlo (caso 2).

• **Caso 1: distanza fisica**
Riprendiamo il primo caso, quello di una lontananza oggettiva. Esistono due pronomi (che in italiano traduciamo con delle locuzioni avverbiali): あちら, *da quella parte laggiù*, *in quella direzione là*, *lontano da me* (lezione 78, frase 14; lezione 96, frase 14), e あれ, *quello/a laggiù* (lezione 52, frasi 2 e 3); e l'aggettivo あの, *quello/a laggiù* (lezione 52, frase 1).
In tutte le frasi che abbiamo citato, i derivati di あ servono a indicare un luogo o un oggetto fisicamente lontano da me che parlo.

nana hyaku yon jū yon • 744

• **Caso 2: distanza mentale**
Guardiamo ora gli altri esempi: questa volta la distanza non è fisica, ma sono **io** che, volontariamente, esprimo una distanza tra questo oggetto (o questa persona) e **me**, a causa di un sentimento che io provo nei suoi confronti. Ci sono due possibilità.
– Il sentimento è negativo: collera, disprezzo, stanchezza, dispiacere, nostalgia. Il derivato più usato è l'aggettivo あの, *quello/a, quelli/e*. Nella frase 16 della lezione 73: あの 旅行 **ano ryokō**, si tratta di quel viaggio di cui il vicino di casa non smette di parlare. Un altro composto molto usato è il pronome あれ, *quella,* che abbiamo visto nella lezione 79, frase 5, dove il personaggio è furioso contro quella stazione che assomiglia a un labirinto. Il pronome あいつ (lezione 72, frasi 2, 6 e 11) rientra sempre e solo in questa accezione.
– Il sentimento è positivo: ammirazione, rispetto. Nella lezione 89, esercizio 2, frase 2, あの お医者さん **ano o isha san**, *quel medico* (che io ammiro).

復習 会話

1 夜 七時 に 家 に 帰った 時、ちょうど 食事 の 準備 が できた ところ でした。

2 この 野菜 は 何 です か。変わった 味 です ね。薬 を 飲んで いる みたい です。

3 今 の 人 は 計算 が 全然 できなく なりました。どんな 簡単 な 計算 でも 電卓 で する から です。

4 医学 の 発達 の おかげ で、人類 の 状態 は 益々 よく なって いく と 思います。

Novantottesima lezione / 98

5 理科 か 算数 か また 経済 か 政治 か 来年 大学 に 入学 する 息子 に 何 を 習わせたら いい か 問題 です。

6 もしもし… あ、ごめん ね、いま 出掛ける ところ だ から、長い 話 を する 時間 が ない わ。

7 どの バッグ に しよう か。安い の は すてき で 軽い です。高い の は 丈夫 で もっと 長く 持つ はず です。

8 ピアノ なら、国産 の は 外国産 の より 音 が いい です。

9 子供 に 薬 を 飲ませる ため に、薬 を 甘い もの に 入れて 飲ませます。

10 毎日 空 が 曇って いる し、急 に 寒く なった し、午後 の 五時 から 家 の 中 が 暗く なる し、やっぱり 今 は もう 冬 です。

第九十八課

Traduzione

1 Quando sono tornato a casa alle sette di sera, la cena era stata appena messa in tavola. **2** Che verdura è questa? Ha una gusto strano! Sembra di prendere una medicina! **3** Al giorno d'oggi la gente non sa più fare i calcoli. Tutto perché si usa sempre la calcolatrice, anche per i calcoli più semplici. **4** Penso che, grazie ai progressi della medicina, le condizioni di vita del genere umano miglioreranno sempre di più. **5** Scienze o matematica? Economia o politica? Cosa devo fare studiare a mio figlio all'università l'anno prossimo? È un problema. **6** Pronto... Oh, mi scusi, sto proprio per uscire di casa, non posso trattenermi per parlare a lungo. **7** Quale borsa prendo? Quella economica è elegante e leggera, ma quella cara dovrebbe essere più robusta e durare più a lungo. **8** A proposito di pianoforti, quelli di produzione nazionale hanno un suono migliore rispetto a quelli di fabbricazione straniera. **9** Per fare prendere una medicina a un bambino, la metto dentro a qualcosa di dolce e gliela faccio bere. **10** Ogni giorno il cielo è nuvoloso, di colpo fa freddo, dentro casa alle cinque del pomeriggio è buio, è proprio vero che ormai siamo in inverno.

***

Quanta strada abbiamo percorso insieme! Non solo la lingua, ormai anche la cultura giapponese fa parte del vostro bagaglio di conoscenze e del vostro universo. Ma l'avventura non è ancora terminata: vi rimane da concludere la Seconda ondata, durante la quale dovrete prestare particolare attenzione ai punti che vi abbiamo segnalato nelle lezioni di Riepilogo. Inoltre, non dimenticate che il giapponese è una lingua viva, quindi non esitate ad avvicinarvi ai giapponesi e a parlare con loro. Potete anche procurarvi dei libri, dei

Novantottesima lezione / 98

Trascrizione

1 yoru shichiji ni ie ni kaetta toki chōdo shokuji no junbi ga dekita tokoro deshita **2** kono yasai wa nan desu ka kawatta aji desu ne kusuri o nonde iru mitai desu **3** ima no hito wa keisan ga zenzen dekinaku narimashita donna kantan na keisan demo dentaku de suru kara desu **4** igaku no hattatsu no okage de jinrui no jōtai wa masumasu yoku natte iku to omoimasu **5** rika ka sansū ka mata keizai ka seiji ka rainen daigaku ni nyūgaku suru musuko ni nani o narawasetara ii ka mondai desu **6** moshi moshi a gomen ne ima dekakeru tokoro da kara nagai hanashi o suru jikan ga nai wa **7** dono baggu ni shiyō ka yasui no wa suteki de karui desu takai no wa jōbu de motto nagaku motsu hazu desu **8** piano nara kokusan no wa gaikokusan no yori oto ga ii desu **9** kodomo ni kusuri o nomaseru tame ni kusuri o amai mono ni irete nomasemasu **10** mainichi sora ga kumotte iru shi kyū ni samuku natta shi gogo no goji kara ie no naka wa kuraku naru shi yappari ima wa mō fuyu desu

***

*giornali e dei fumetti. Per questo motivo, vi proponiamo di completare la vostra conoscenza della scrittura giapponese. Gli hiragana e i katakana non dovrebbero più avere segreti, ma gli ideogrammi (*漢字 *kanji) non vi hanno ancora consegnato le chiavi del loro mistero. Trattandosi di un argomento un po' delicato, come sapete, abbiamo preferito approfondirlo con un manuale a parte. Se siete curiosi di saperne di più, correte subito a sfogliare "La scrittura giapponese (kanji)".*

がんばってね。 **Forza, non mollate!**

Seconda ondata: lezione 49

Indice grammaticale

I riferimenti rimandano alle note delle lezioni (ad esempio: 9,5 = lezione 9, nota 5), oppure ai paragrafi delle lezioni di Riepilogo, evidenziati in grassetto (**98,1** = lezione 98, paragrafo 1) per indicare che l'argomento viene trattato in modo più approfondito.

LE PAROLE INVARIABILI

I nomi
Informazioni generali: Introduzione
Prefisso **o** お di familiarità: 9,5; 16,4; **98,1**
Prefisso **o** お onorifico: 23,1; 40,3; 44,3; 46,1; 47,1; **98,1**
Prefisso **go** 御: 40,3; 86,7
Grado superiore del nome: 40,3; 46,1; 48,5; 68,2; 82,5
Plurale **-tachi** -達: 76,5; 87,2

I pronomi personali 12,5; 20,3; 66,1; 73,6

Gli aggettivi (invariabili) **77,1**

Gli avverbi **98,2**

Il sistema dei dimostrativi
Derivati di **ko** こ: **98,4.1**
Derivati di **so** そ: **98,4.2**
Derivati di **a** あ: **98,4.3**

Le parole interrogative 10,3; **28,2**; **42,3.2**; 86,2; 94,2
nan 何: 8,3; **42,3.1**

Le parole indefinite
Parole in **-ka** -か: 34,1; **42,3.3**; 65,4; 69,1
Parole in **-mo** -も: **42,3.4**
Parole in **-demo** -でも: 89,2

Le posposizioni
Informazioni generali: Introduzione; **7,5**; 87,1
de で: Introduzione; **7,5**; 11,3; **14,2.1**
e へ: **7,5**; 16,2

nana hyaku go jū • 750

ga が: **7,5**
kara から: **7,5**
made まで: **7,5**
ni に: **7,5**; 8,1; 8,2; 11,1; 12,4; 13,5; **14,2.2**; 16,3; 30,1; **35,1.1**
no の: **91,2**
   tra due nomi: 13,1; **28,3**; 96,6
   davanti ad altre posposizioni: 38,1; 47,5; 48,2; 52,5; 88,1; 96,5
   soggetto: 55,5; 76,2
o を: Introduzione; **7,5**
to と: (confronto) 60,2; 71,4
to と: (tra due nomi) 83,1
wa は: **21,3.2**; **35,1.2**
ya や: 83,1
yori より: **21,3.1**

Le particelle finali
na/naa な/なあ: 19,5; 29,4; 66,2
ne ね: 1,4
sa さ: 80,10
wa わ: 27,4; 29,12
yo よ: 2,3

Il sistema numerale
Il sistema sino-giapponese: **63,1**
I classificatori numerali:
   dai 台: 34,3; **63,1.2**
   hai 杯: 37,4; **63,1.2**
   hon 本: 53,3; **63,1.2**; 82,1
   mai 枚: 22,3; **63,1.2**
   tō 頭: 39,3; **63,1.2**
Il sistema giapponese: **70,1**

Qualche parola utile
koto こと: **42,2**; 45,1; 45,2; 46,6; 50,1
yō よう: 81,2; **91,3**
no desu の です: 30,2; 55,1; 55,2; 65,7; 66,4; 73,3; 75,5
sō desu そう です dopo un verbo di grado inferiore: 53,2
sō desu そう です dopo la base in **i** o la base unica: 71,3

LE PAROLE VARIABILI

I verbi
I due tipi di verbi: **49,1.2**
Forme di grado medio: **7,1**;
Forme di grado inferiore: 17,4; 19,3; 29,2; 29,5; 29,8; 29,10; 29,11; 29,17; 29,18; 40,5; 43,1; 54,5; 75,1; **77,3.1**
Forme in **-te** -て e in **-ta** -た: **56,1**

I tre gradi del verbo: **21,4**
Grado inferiore: **21,4.3**; **28,4**; 30,2; **35,3**
Grado medio: **21,4.2**; **35,3**
Grado superiore: 47,1; **49,1.3**; **70,3**; **91,1.1**
  IO / una terza persona che deve rispetto
  de gozaimasu で ございます: 44,1; **70,3**
  gozaimasu ございます: 86,15; **98,3.2**
  itadakimasu いただきます: 96,4
  itashimasu いたします: 69,4; 78,5
  mairimasu 参ります: 86,10
  mōshimasu 申します: **70,3**
  o me ni kakarimasu お 目 に かかります: 68,5; **70,3**
  orimasu おります: 44,4; **70,3**; 86,3
  ukagaimasu うかがいます: 47,2; 59,3; **70,3**; 87,11
  LEI / una terza persona a cui si deve rispetto: 47,1; 68,1
  irasshaimasu いらっしゃいます: 47,9; 67,4; 68,4; **70,3**; 73,8; 78,7
  goran kudasaimasu ご 覧 くださいます: 65,5; **70,3**
  kudasaimasu くださいます: 86,14; 96,3
  go zonji desu ご 存知 です: 96,2; **98,3.2**
  nasaimasu なさいます: 46,4; 47,3; **70,3**
  osshaimasu おっしゃいます: 93,6; **98,3.2**

Verbi nella forma in -te -て + ausiliare
  -te iru -て いる: 30,4; 32,1; 75,8; 95,5
  -te aru -て ある: 79,6
  -te miru -て みる: 51,2; 60,5; **91,1.2**
  -te oku -て おく: 29,17; 74,2; **91,1.2**; 93,3
  -te shimau -て しまう: 45,4; 80,11; **91,1.2**
  -te kureru/kudasaru -て くれる/くださる: **91,1.2**; 96,3
  -te morau/itadaku -て もらう/いただく: **91,1.2**; 92,3; 96,4

-te yaru/ageru -て やる/あげる: **91,1.2**; 93,3
-te iku -て いく: 92,5
-te kuru -て くる: 90,7

Verbi irregolari
aru ある: 29,15
iku 行く: **56,1.2**
kuru 来る: 72,5; **77,3.3**; **84,2.3**; 90,7
suru する: **42,4.1**; **70,4**; 75,4; **77,3.3**; **84,2.3**; 88,2

Verbi derivati
Causativo: 82,3; 87,5; 92,4; 96,1
Passivo: 82,3; 83,5; **84,2.2**; **84,2.3**; 85,2; 85,7; 88,2; 88,3; **94,4**
Potenziale: 64,2; **70,4**; 72,6; 72,7; 72,8; 73,5; 73,7; 76,3; **77,3.3**; 81,5; 85,5; **84,2.1**; **84,2.3**

Verbi composti 74,3; 89,5

Alcuni suffissi verbali
-nagara -ながら: 58,3
-nai -ない: **49,1.1**; 64,4; 71,8; 72,5; 79,2; 81,1
-naide -ないで: 81,4; 86,5
-tai -たい: **49,1.1**; 57,5; 76,4; 97,2; 97,3
-tagaru -たがる: 94,8

Gli aggettivi (variabili): 20,1; **21,2**; 27,3; 30,5; **35,2.1**
   Uso della forma in -ku -く: **35,2.1**; 54,3
   Aggettivo + sō そう: 25,1; 39,5; 74,1; 81,1
   L'aggettivo irregolare ii いい: **21,2.1**; **35,2.2**; 60,4
   Il grado superiore di ii いい, **yoroshii** よろしい: 23,5

L'elemento desu です 19,2; 19,4; 23,3; 41,2; 50,7; 62,3; 68,3; **70,2**; 88,4; 88,8
   ~ Grado superiore: 44,1; 44,6
   deshō /darō でしょう / だろう: 50,5; 55,4; 72,4
   na な: 33,1; 39,2; 47,7; 50,2; **77,1.4**; **77,2**

LA STRUTTURA DELLA FRASE

L'ordine delle parole Introduzione

La domanda
  tramite **ka** か: 2,1; 18,3; 29,2
  tramite **kai** かい: 75,5
  tramite **dai** だい: 75,7
  tramite **no** の: 29,14; 72,2; 80,5; 93,1
  per mezzo dell'intonazione: 80,3

La citazione **28,5.2**; 36,6; 37,3; 38,2; 43,1; 46,2; 50,3

Precisare un nome **28,3**; 68,3

Esprimere l'obbligo **77,3.2**; 80,2; 86,8; 92,2; 92,6

Formulare una richiesta 17,3; **84,3**; 90,3; 93,9; 95,3; 95,8

La relazione tra le proposizioni

relazione non caratterizzata
verbo in **-te** -て: 52,1; 59,7
aggettivo in **-ku** -く o **-kute** -くて: 54,8; 57,3; 62,2; 85,3
de: で 50,4; 50,6
semplice base di un verbo: 58,2; 78,4; 88,5

relazione caratterizzata
 -ba: 76,1
kara から: 22,2; 31,3; **35,5**; 73,9
keredomo けれども/けれど/けど: 44,2; 44,7; 45,5
node ので: 33,1; **35,5**; 39,2
shi し: 79,5; 86,6
tame ため: 60,3
-tara -たら: 60,5; 62,3; 78,7; 88,8
-tari...tari...suru -たり たり する: 76,6; 95,4
-te kara -て から: 51,3; 73,9
-temo -ても: **31,4**

Trascrizione delle soluzioni agli esercizi 2

Lezione 85
❶ ima demo tōkyō de yoku kaji ga okoru to iwarete imasu ga sore wa hontō desu ka ❷ sobo wa sen happyaku kyūjū kyū nen jūnigatsu sanjū ichi nichi ni umaremashita ❸ aru sakka ga o tera ni hi o tsuketa obōsan no hanashi o shōsetsu ni shimashita ❹ bijutsukan o kengaku suru tsumori de ueno ni ikimashita ga kankōkyaku ga oozei narande ite boku mo matte iru jikan ga nakatta node hairemasen deshita

Lezione 86
❶ itsu irasshaimasu ka – kitto saraishū mairimasu ❷ go shujin no soba ni suwatte iru kata wa donata desu ka oigosan de irasshaimasu ka – hai oi desu ❸ hito no namae o oboerarenai kara totemo komarimasu ❹ akita no oba o tazuneru tsumori de kuruma de ikimashita ga tochū de kuruma ga koshō shite akita made ikenaku natte kisha de modoru koto ni narimashita ❺ matsumoto san denwa yo oneesan yo a ane dōmo moshi moshi

Lezione 87
❶ goran no toori bokutachi no kōjō wa ima abunai jōtai desu ❷ mae ni itta yō ni watashitachi no kaisha no jōtai wa kyonen kara hijō ni yoku narimashita ❸ tonari no denkiyasan wa obocchan ga ongakka ni naru yō ni maiban ichijikan kurashikku ongaku o kikasete imasu obocchan ga kawaisō desu ne ❹ ani no aru chijin wa issen man en no zeikin o harau sō desu o kanemochi desu ne urayamashii boku mo zeikin o takusan haraitai naa

Lezione 88
❶ abunai yo ki o tsukete – iya eda ga jōbu da kara daijōbu da ❷ mukashi atsumete ita furui kuruma wa sandai shika nokotte imasen basho ga nai kara hoka no wa minna utte shimaimashita ❸ kono furui reizōko wa mō sugu koshō shi sō desu kara atarashii no o kau yō o susume shimasu ❹ meiji jidai no yūmei na shisōka de aru fukuzawa yukichi wa meiji ishin no mae ni yōroppa o ryokō shite furansu de saisho no nihongo no sensei ni aimashita

Lezione 89

❶ sonna futsū no mono nara donna mise demo kaemasu yo
❷ ano o isha san wa rippa na kata de donna byōki demo naoseru sō desu ❸ sengetsu kagaku no rekishi ni tsuite kakareta hon o yomimashita ❹ itariago kara yaku sareta mono desu ❺ dono kinengyōji o o satsu ni insatsu suru ka muzukashii mondai desu

Lezione 90

❶ hana o minagara o sake o nondari uta o utattari tanka o yondari hanashi o shitari shite imasu ❷ ichiban hayaku mankai ni naru no wa kōkyo no soba ni aru sakura desu ❸ maishū ni san kai toshokan e itte hon o karimasu toshokan wa uchi kara chikai node totemo benri desu ❹ kotoshi no natsu wa atsui desu ne yoru ni nattemo sukoshi mo suzushiku naranai no desu ❺ kankō ryokō o shite bijutsukan e iku yori oishii resutoran o motomeru koto wa hana yori dango to iemasu

Lezione 92

❶ musuko ni doitsugo o hayaku oboesaseta hō ga ii deshō ne rainen kara doitsu ni sumu yotei da kara desu ❷ niku ga kirai na kodomo ni niku o tabesaseru no wa taihen desu ❸ michika chan wa ima nannensei desu ka – shogakkō rokunensei desu ga shigatsu kara chūgakkō ichinensei ni narimasu (nihon de wa gakunen wa shigatsu kara hajimarimasu) ❹ kono tēburu wa yūjin ni tsukutte moraimashita ❺ kono tēburu wa yūjin ga tsukutte kuremashita

Lezione 93

❶ chotto matte ima sugu tetsudatte agemasu yo ❷ raishū no kayōbi wa ensoku da to sensei ga osshatta toki ureshikute ureshikute odoriagaru hodo deshita ❸ shinpai shinaide kudasai watakushi ga zenbu haratte oite agemashita ❹ oji wa hontō ni ii hito desu hoteru no kanjō mo zenbu haratte oite kuremashita ❺ samuku naranai uchi ni sanpo ni demashō yo

Lezione 94
❶ kiku kiita kikitai nomu nonda nomitai oyogu oyoida oyogitai iu itta iitai au atta aitai katsu katta kachitai tsukuru tsukutta tsukuritai iku itta ikitai watasu watashita watashitai ❷ itsu sōridaijin ni o ai ni narimashita ka ❸ fukeikai no toki hajimete atta atarashii rika no sensei wa sugoku kibishii mitai desu ne ❹ boku no tokei wa ichinichi ni sanjuppun mo susunde shimau node totemo komatte imasu ❺ dekirudake hayaku naoshite moraitai no desu ga itsu made ni dekiru deshō ka

Lezione 95
❶ jōhōkagaku wa nan da ka o setsumei shite agemashō ❷ nihonjin no tomodachi ga nengō ni tsuite setsumei shite kuremashita ga watashi wa sansū ga chittomo dekinai hito desu kara zenzen wakarimasen deshita ❸ rainen no rokugatsu ni atarashii kōkō o tateru yotei ga aru to iwaremashita ❹ nanika wakaranai koto ga attara enryo naku watashi ni itte kudasai ❺ kesa no nyūsu ni yoru to igirisu no shushō wa kugatsu ni chūgoku ni iku tsumori da to iu koto desu

Lezione 96
❶ naku nakaseru kuru kosaseru kaku kakaseru warau warawaseru kau kawaseru dasu dasaseru nomu nomaseru kangaeru kangaesaseru ❷ kuroi no wa urikitte shimaimashita chairo no shika nokotte imasen ❸ unberuto ēko to iu sakka o go zonji deshō ❹ hai nihon no shuppansha kara tanomarete sono sakuhin o nihongo ni yakusō to omotte imasu ❺ raigetsu kara hajimetara rainen no owari goro made ni wa dekiagaru to omowaremasu

Lezione 97
❶ fukuzawa yukichi ni aereba meiji jidai no iroiro na omoshiroi hanashi o kikasete kureru deshō ❷ fujiisan ni attara kono mae shōkai shite moratta isha no jūsho o kiite kudasai ❸ nihongo o benkyō shihajimeta toki konna ni hayaku oboerareru to wa omowanakatta desu ne ❹ watakushi ga kenchikuka ni nareba anna hidoi tatemono wa tatenai yō ni shimasu ❺ ashimiru de tanoshiku hayaku oboeraremasu kara zehi o susume shimasu

Espressioni frequenti

1 Saluti

konban wa こんばん は。(73) *Buonasera!* (quando si incontra qualcuno di sera)

konnichi wa こんにち は。(12) *Buongiorno!* (durante la giornata)

o hayō gozaimasu お はよう ございます。(3) *Buongiorno!* (solo la mattina presto)

o kaeri nasai お 帰り なさい。(73) *Ciao, bentornato/a!* (detto a un membro della famiglia che rientra a casa)

sayōnara さようなら。(99) *Arrivederci!*

tadaima ただいま。(73) *Ciao (sono tornato/a casa)!* (detto ai propri familiari da chi rientra a casa dopo essere stato fuori)

2 Scambi formali

dō itashimashite どう いたしまして。(83) *Di niente!* (dopo un ringraziamento)

dōzo どうぞ。(9) *Prego!* (per invitare qualcuno ad accomodarsi, a sedersi ecc.)

gomen kudasai ごめん ください。(86) *Mi scusi!* (per chiamare qualcuno)

kanpai カンパイ (74) *Alla salute! / Cin cin!* (per fare un brindisi)

kudasai ください (…を)。(9) *Per cortesia, mi dia…*

omedetō gozaimasu おめでとう ございます。(23) *Congratulazioni!*

onegai shimasu おねがい します。(16) *La prego…* (per chiedere a qualcuno di fare qualcosa)

o yasumi nasai お 休み なさい。(93) *Buonanotte!*

shinnen akemashite omedetō gozaimasu
新年 あけまして おめでとう ございます。(78) *Felice Anno Nuovo!*

sumimasen すみません。(40) *Senta…* (per attirare l'attenzione di qualcuno)

yōkoso irasshaimashita ようこそ いらっしゃいました。(40) *Benvenuto!*

3 Ringraziare

arigatō ありがとう。(9) *Grazie!*

dōmo arigatō gozaimasu どうも ありがとう ございます。(17) *Grazie mille!*
gochisō sama deshita ごちそう さま でした。(83) *Grazie per... (il pasto, il pranzo, la cena, l'assaggio ecc.)!*
go kurō sama deshita ご 苦労 様 でした。(74) *La ringrazio per il disturbo!* (detto a qualcuno che ha fatto qualcosa per voi)
maido arigatō gozaimasu 毎度 ありがとう ございました。(18) *La ringrazio!* (detto da un commerciante al proprio cliente)
okagesama de おかげさま で。(23) *Bene, grazie!* (letteralmente "per fortuna", si usa quando vi chiedono notizie sulla salute, il lavoro ecc.)
o sewa ni narimashita お 世話 に なりました。(78) *Grazie!* (di tutto quello che ha fatto per me)

4 Esprimere rammarico

gomen kudasaimase ごめん くださいませ。(83) *Con permesso!* (per congedarsi da qualcuno, linguaggio femminile)
gomen nasai ごめん なさい。(17) *Mi scusi!*
mōshiwake gozaimasen / arimasen 申し訳 ございません ／ ありません。(86)
Mi scusi / Sono (davvero) spiacente!
o jama shimashita お 邪魔 しました。(83) *Mi scusi per il disturbo.*

5 Dire il proprio parere

kashikomarimashita かしこまりました。(59) *Ho capito.* (da parte di un artigiano o un commerciante)
okinodoku ni お気の毒 に。(23) *Poverino/a! Mi dispiace.*
yoroshiku onegai shimasu よろしく おねがい します。(27)
Ve ne prego! / Mi raccomando! / Molto piacere! (letteralmente "domando la vostra benevolenza")

6 Convenevoli

go busata shite orimasu ご 無沙汰 して おります。(86) *È da molto tempo che non mi faccio sentire.*
o genki de お元気で。(99) *Abbi cura di te / Abbia cura di Lei.*
o hisashiburi desu ne お 久しぶり です。(30) *Da quanto tempo (non ci vediamo)!*
sore de wa o daiji ni お 大事 に。(53) *Si riguardi.*

Lessico giapponese-italiano

La categoria alla quale appartiene un verbo è segnalata nel modo seguente: i verbi immediatamente seguiti dal numero 1 sono verbi a una sola base, mentre tutti gli altri sono a più basi (o irregolari). Per i termini di parentela fate riferimento alla lezione 84.

A

abunai	あぶない（危ない）	essere pericoloso 54
afurika	アフリカ	Africa 39
agaru	あがる（上がる）	salire 86
ageru	あげる1	fare per qualcuno 93
aida	あいだ（間）	intervallo 31
aida ni	あいだ に（間 に）	mentre 62
aidoru	アイドル	idolo (star) 95
aikyō	あいきょう（愛嬌）	fascino, simpatia 39
aisatsu	あいさつ（挨拶）	saluto 68
aisu kurīmu	アイス クリーム	gelato (da mangiare) 54
aitsu	あいつ	quello lì (dispregiativo) 72
aji	あじ（味）	sapore 75
ajiwau	あじわう（味わう）	assaggiare 85
akai	あかい（赤い）	essere rosso 31
akarui	あかるい（明るい）	essere luminoso 94
aki	あき（秋）	autunno 48
akirameru	あきらめる1	rinunciare, rassegnarsi 34
aku	あく（開く）	aprirsi 60
amai	あまい（甘い）	essere dolce 93
amarinimo	あまりにも	troppo 48
ame	あめ（雨）	pioggia 31
amerika	アメリカ	America 8
ami	あみ（網）	rete 52
anata	あなた	tu 29
anime	アニメ	film d'animazione 95
anki	あんき（暗記）	a memoria 83
anmari/amari	あんまり／あまり	troppo 65
annai	あんない（案内）	guida 40
anshin	あんしん（安心）	tranquillità, serenità 23
anzen	あんぜん（安全）	sicurezza 43
aoi	あおい（青い）	essere blu, verde 31
apāto	アパート	appartamento 24
appuraito piano	アップライト ピアノ	pianoforte verticale 96
arawasu	あらわす（表す）	esprimere 36
aru	ある	esserci (ogg. inanimati) 4; esistere (ogg. inanimati) 19; un certo (+ nome) 37
arubaito	アルバイト	lavoro occasionale 80
aruku	あるく（歩く）	camminare 6

aruzenchin	アルゼンチン	Argentina 41
asa	あさ（朝）	mattino 11
asahi	あさひ（朝日）	sole del mattino 30
asatte	あさって	dopodomani 43
ashi	あし（足）	zampa 50; gamba 57; piede 75
ashimoto	あしもと（足元）	vicino ai propri piedi 40
ashioto	あしおと（足音）	rumore di passi 48
ashita	あした（明日）	domani 2
asobu	あそぶ（遊ぶ）	divertirsi 45
asoko	あそこ	laggiù 1
atama	あたま（頭）	testa 50
atarashii	あたらしい（新しい）	essere nuovo 50
atari	あたり（辺り）	dintorni, vicinanze 32
atashi	あたし	io (femminile) 29
atatakai	あたたかい（温かい）	essere espansivo 41; essere caldo temperato 81
ato	あと（後）	dopo 45
atsui	あつい（暑い）	essere caldo 1
atsumaru	あつまる（集まる）	riunirsi, radunarsi 47
atsumeru	あつめる（集める1）	collezionare, riunire 88
au	あう（会う）	incontrare 23; accordarsi 71
azukaru	あずかる（預かる）	ricevere in consegna 92
azukeru	あずける（預ける1）	affidare, depositare 45

B

bā	バー	bar 11
baai	ばあい（場合）	circostanza 68
bāgen	バーゲン	saldi 31
baggu	バッグ	borsa 27
bakansu	バカンス	vacanze 55
bakkari/bakari	ばっかり/ばかり	soltanto 74
bakkin	ばっきん（罰金）	multa 32
ban	ばん（晩）	sera 26
banchi	ばんち（番地）	numero civico 61
bangohan	ばんごはん（晩御飯）	cena 83
banmeshi	ばんめし（晩飯）	cena (grado inferiore) 75
basho	ばしょ（場所）	luogo 51
basu	バス	autobus 6
beddo	ベッド	letto 46
benkyō	べんきょう（勉強）	studio (azione) 64
benri	べんり（便利）	comodo 24
bentō	べんとう（弁当）	pranzo al sacco 93
beru	ベル	campanello 74
beso o kaku	べそ を かく	piagnucolare 72
bessō	べっそう（別荘）	villa 76
betsu	べつ（別）	particolare 83
betsubetsu	べつべつ（別々）	separatamente 62

bi	び（美）	bellezza 85
bidanshi	びだんし（美男子）	bell'uomo 94
bideo	ビデオ	video 82
bideo gēmu	ビデオ ゲーム	videogioco 95
bijutsukan	びじゅつかん（美術館）	museo di belle arti 50
bikkuri suru	びっくり する	essere sorpreso 80
bin	びん（便）	numero di volo 27
bioron	ビオロン	violino (parola antica) 48
biru	ビル	edificio 24
bīru	ビール	birra 3
biyōin	びよういん（美容院）	istituto di bellezza 82
bochi	ぼち（墓地）	cimitero 67
bodī	ボディー	corpo (di macchinario) 65
bōken	ぼうけん（冒険）	avventura 43
boku	ぼく（僕）	io (maschile) 20
bonsai	ぼんさい（盆栽）	bonsai (albero nano) 66
bōshi	ぼうし（帽子）	cappello 54
buke	ぶけ（武者）	guerriero 36
bun	ぶん（分）	parte 34
bungaku	ぶんがく（文学）	letteratura 83
bungakusha	ぶんがくしゃ（文学者）	letterato 67
bunka	ぶんか（文化）	cultura 82
bunkai	ぶんかい（分解）	scomposizione 59
buntai	ぶんたい（文体）	stile letterario 89
burajiru	ブラジル	Brasile 69
buranko	ブランコ	altalena 82
butai	ぶたい（舞台）	scena (teatro) 89
byōin	びょういん（病院）	ospedale 46
byōki	びょうき（病気）	malattia 41

C

cha	ちゃ（茶）	tè 34
chairo	ちゃいろ（茶色）	marrone (colore) 96
chanto	ちゃんと	correttamente 61
chawan	ちゃわん（茶碗）	tazza 17
chekku in	チェック イン	check in 44
chichi	ちち（父）	mio padre 64
chigau	ちがう（違う）	essere diverso 89
chihō	ちほう（地方）	provincia 89
chiisai	ちいさい（小さい）	essere piccolo 27
chijin	ちじん（知人）	conoscente (persona) 67
chika	ちか（地下）	sotterraneo 79
chikai	ちかい（近い）	essere vicino 6
chikaku	ちかく（近く）	attiguo 62
chikatetsu	ちかてつ（地下鉄）	metropolitana 31
chikazuku	ちかづく（近づく）	avvicinarsi 58
chikyū	ちきゅう（地球）	globo terrestre 43
chiru	ちる（散る）	cadere, spargersi 90

chiryō	ちりょう（治療）	cure mediche 46
chō	ちょう（腸）	intestino 53
chōdo	ちょうど	proprio 24
chokorēto	チョコレート	cioccolato 93
chōshi	ちょうし（調子）	modo, maniera 41
chōshoku	ちょうしょく（朝食）	colazione 3
chōtei	ちょうてい（朝廷）	corte imperiale 83
chotto	ちょっと	poco, un po' 17
chūgakkō	ちゅうがっこう（中学校）	scuola media (secondaria) 92
chūgakusei	ちゅうがくせい（中学生）	studente di scuola media 97
chūgoku	ちゅうごく（中国）	Cina 26
chūgokugo	ちゅうごくご（中国語）	cinese (lingua) 26
chūkaryori	ちゅうかりょうり（中華料理）	cucina cinese 9
chūrippu	チューリップ	tulipano 53

D

dai	だい（台）	(classificatore per contare i veicoli) 34
dai	だい（代）	tariffa 45
dai	だい（題）	titolo (di un'opera) 50
daibu	だいぶ（大分）	parecchio 53
daidokoro	だいどころ（台所）	cucina (stanza) 34
daietto	ダイエット	dieta (alimentare) 12
daigaku	だいがく（大学）	università 23
daigakusei	だいがくせい（大学生）	studente universitario 92
daihyōteki	だいひょうてき（代表的）	rappresentativo 83
daijōbu	だいじょうぶ（大丈夫）	non c'è problema 27
dainashi	だいなし	rovinato 72
dainingu	ダイニング	sala da pranzo 34
daisuki	だいすき（大好き）	molto amato, preferito 9
daiyamondo	ダイヤモンド	diamante 76
dakara	だから	perciò 34
dake	だけ	soltanto 4
dame	だめ	impossibile 67; proibito 75
dandan	だんだん（段々）	progressivamente 36
dango	だんご（団子）	dango (palline di farina di riso) 90
danjo	だんじょ（男女）	uomini e donne 62
dansei	だんせい（男性）	maschile 89
darake	だらけ	pieno di 39
dare	だれ	chi? 19
dareka	だれか	qualcuno 69
daremo	だれも	nessuno (+ verbo negativo) 30
dasu	だす（出す）	tirare fuori, fare uscire 46

date	だて (建て)	costruito in (legno ecc.) 76
daunrōdo	ダウンロード	download 47
deguchi	でぐち (出口)	uscita 79
deji kame	デジ カメ	fotocamera digitale 65
dekakeru	でかける (出掛ける1)	uscire (da casa propria) 67
dekiagaru	できあがる	essere terminato 40
dekiru	できる1	riuscire 13; potere; essere pronto 40
demo	でも	ma (in inizio di frase) 5; stesso (+ nome) 58
denki	でんき (電気)	elettricità 40
denkiya	でんきや (電気屋)	elettricista (negozio) 59
densha	でんしゃ (電車)	treno 6
denshi manē	でんし マネー (電子 マネー)	denaro elettronico 89
dentaku	でんたく (電卓)	calcolatrice 95
denwa	でんわ (電話)	telefono 13
denwachō	でんわちょう (電話帳)	elenco telefonico 36
depāto	デパート	grandi magazzini 5
deru	でる (出る1)	uscire 27; apparire 29
desukara	ですから	perciò 30
dewa	では	allora 17
dezāto	デザート	dessert 93
do	ど (度)	grado (°C) 81
dō	どう	come? 6
doa	ドア	porta 74
dōbutsu	どうぶつ (動物)	animale 82
dōbutsuen	どうぶつえん (動物園)	zoo 39
dochira	どちら	quale dei due? 10
doitsu	ドイツ	Germania 78
doko	どこ	dove? 1
dokoka	どこか	da qualche parte 29
donata	どなた	chi? (grado superiore) 86
donataka	どなたか	qualcuno (grado superiore) 96
dondon	どんどん	copiosamente 64
donna	どんな	di quale tipo? 19
dono	どの	quale? 51
donogurai	どのぐらい	quanto all'incirca? 25
dorama	ドラマ	serie televisiva 10
dore	どれ	quale? 65
dōryō	どうりょう (同僚)	collega 32
dōshite	どうして	perché? 36
docchi	どっち	quale dei due? 29
dō yatte	どう やって	come? 54
doyōbi	どようび (土曜日)	sabato 19
dōzō	どうぞう (銅像)	statua di bronzo 33

E

e	え（絵）	quadro 50
ea tāminaru	エア ターミナル	terminal di aeroporto 27
eda	えだ（枝）	ramo (di albero) 39
ee	ええ	sì 12
eeto	ええと	beh, dunque 58
egaku	えがく（描く）	ritrarre 88
ehagaki	えはがき（絵葉書）	cartolina illustrata 39
eiga	えいが（映画）	cinema 8
eigo	えいご（英語）	inglese (lingua) 64
eki	えき（駅）	stazione 6
en	えん（円）	yen 17
enryo	えんりょ（遠慮）	esitazione (fare cerimonie) 86
ensō	えんそう（演奏）	rappresentazione (di uno spettacolo) 29
ensoku	えんそく（遠足）	gita 93
erabikata	えらびかた（選び方）	modo di scegliere 65
erabu	えらぶ（選ぶ）	scegliere 65
esu efu	エス エフ（S. F.）	fantascienza 43
esukarētā	エスカレーター	scale mobili 79

F

fan	ファン	fan 94
fasshon moderu	ファッション モデル	modello/a (persona) 25
fōku	フォーク	forchetta 9
fū	ふう（風）	maniera 48
fuben	ふべん（不便）	scomodo 62
fuchi	ふち（縁）	bordo 31
fudōsan'ya	ふどうさんや（不動産屋）	agenzia immobiliare 34
fueru	ふえる（増える1）	aumentare 45
fukai	ふかい（深い）	essere profondo 62
fukami	ふかみ（深み）	profondità 96
fūkei	ふうけい（風景）	panorama (vista) 85
fukeikai	ふけいかい（父兄会）	riunione dei genitori 94
fuku	ふく（吹く）	soffiare 47
fuku	ふく（服）	vestito 4
fukugen	ふくげん（復元）	restauro (di un edificio) 85
fumoto	ふもと	piedi della montagna 72
fun/pun	ふん／ぷん（分）	minuto 24
fune	ふね（船）	nave 55
fun'iki	ふんいき（雰囲気）	atmosfera 85
furansu	フランス	Francia 18
furansujin	フランス人	francese (persona) 13
furisode	ふりそで（振り袖）	kimono da cerimonia 71
furo	ふろ（風呂）	bagno 62

furoa	フロア	piano di un appartamento 44
furoba	ふろば（風呂場）	stanza da bagno 66
furu	ふる（降る）	cadere (pioggia, neve) 31
furui	ふるい（古い）	essere vecchio 17
fusai	ふさい（夫妻）	coppia (marito e moglie) 66
fushigi	ふしぎ（不思議）	strano 50
fūtō	ふうとう（封筒）	busta 61
futoi	ふとい（太い）	essere spesso 71
futon	ふとん（布団）	futon 80
futsū	ふつう（普通）	abituale, comune 45
fuyu	ふゆ（冬）	inverno 45

G

ga	が	ma (tra due proposizioni) 19
gaikan	がいかん（外観）	aspetto esteriore 96
gaikoku	がいこく（外国）	paese straniero, estero 71
gaikokujin	がいこくじん（外国人）	straniero (persona) 45
gaikokusei	がいこくせい（外国製）	prodotto straniero 96
gakkari suru	がっかり する	essere deluso 85
gakki	がっき（楽器）	strumento musicale 47
gakkō	がっこう（学校）	scuola 82
gakuhi	がくひ（学費）	tassa scolastica 92
gakusei	がくせい（学生）	studente 78
gaman	がまん（我慢）	pazienza 71
garē ji	ガレージ	garage 34
gatera	がてら	mentre 31
gaun	ガウン	vestaglia 31
gendai	げんだい（現代）	contemporaneo 50
genjitsuteki	げんじつてき（現実的）	realista 48
genkan	げんかん（玄関）	ingresso (di una casa) 62
genki	げんき（元気）	buona salute 23
genkō	げんこう（原稿）	manoscritto 76
geshuku	げしゅく（下宿）	pensione (presso un'abitazione privata) 62
getsuyōbi	げつようび（月曜日）	lunedì 26
giin	ぎいん（議員）	deputato 69
ginkō	ぎんこう（銀行）	banca 31
girisha	ギリシャ	Grecia 22
go	ご（後）	dopo 31
gochisō	ごちそう	leccornia 41
gogaku	ごがく（語学）	studio delle lingue 71
gogatsu	ごがつ（五月）	maggio 23
gogo	ごご（午後）	pomeriggio 11
gokochi	ごこち（心地）	disposizione d'animo 60
goran kudasaru	ごらん くださる（御覧 くださる）	guardare (grado superiore/Lei) 65

goro	ごろ	all'incirca (dopo una parola di tempo) 55
gorufu	ゴルフ	golf 52
goza	ござ（茣蓙）	stuoia 90
gozaru	ござる	trovarsi, esserci (grado superiore/io) 86
gozen	ごぜん（午前）	mattinata 27
go zonji desu	ご ぞんじ（存知）です	conoscere (grado superiore/Lei) 96
gurai/kurai	くらい／ぐらい	più o meno 25
gurando piano	グランド ピアノ	pianoforte a coda 96
gyōji	ぎょうじ（行事）	evento 89

H

ha	は（葉）	foglia (di albero) 48
hadaka	はだか（裸）	nudo 62
hagaki	はがき（葉書）	cartolina postale 22
hai	はい	sì 4
hai	はい（杯）	(classificatore per contare i bicchieri pieni) 37
hairu	はいる（入る）	entrare 5
haitatsu	はいたつ（配達）	distribuzione 61
haiyū	はいゆう（俳優）	attore 97
hajime	はじめ（初め）	inizio 55
hajimeru	はじめる（始める1）	cominciare (qualcosa) 47
hajimete	はじめて（初めて）	per la prima volta 39
haka	はか（墓）	tomba 67
hakanai	はかない	essere effimero, vano 48
hakasu	はかす	fare calzare a qualcuno 82
hakihaki	はきはき	vivace 71
hakkiri	はっきり	chiaramente 55
hako	はこ（箱）	scatola 17
haku/paku	はく／ぱく（泊）	notte (classificatore) 86
han	はん（半）	mezzo 30
hana	はな（花）	fiore 53
hana	はな（鼻）	naso 50
hanami	はなみ（花見）	contemplazione dei fiori di ciliegio 90
hanareru	はなれる（離れる1）	essere lontano 44
hanashi	はなし（話）	racconto, storia 25
hanashiai	はなしあい（話し合い）	discussione 89
hanashiau	はなしあう（話しあう）	discutere 66
hanasu	はなす（話す）	parlare 33
hanbun	はんぶん（半分）	metà 61
hando baggu	ハンド バッグ	borsetta 76
hannichi	はんにち（半日）	mezza giornata 72

hantō	はんとう（半島）	penisola 67
happī endo	ハッピー　エンド	lieto fine 43
harau	はらう（払う）	pagare 32
hareru	はれる（晴れる1）	fare bel tempo 93
hari	はり（鍼）	ago (per l'agopuntura) 81
haru	はる（春）	primavera 26
haru	はる（張る）	montare (rete, tenda ecc.) 52
hashi	はし（箸）	bacchette 9
hashiru	はしる（走る）	correre 32
hata	はた（旗）	bandiera 58
hatake	はたけ（畑）	campo 57
hataraku	はたらく（働く）	lavorare 11
hatasu	はたす（果たす）	svolgere (un ruolo) 95
hate	はて（果て）	estremità 43
hattatsu	はったつ（発達）	sviluppo, progresso 95
hayai	はやい（早い）	essere presto 27
hayai	はやい（速い）	essere veloce 32
hayaku	はやく（早く）	presto 1
hazu	はず（筈）	probabilità 79
hazukashii	はずかしい（恥ずかしい）	vergognarsi (aggettivo) 62
heika	へいか（陛下）	Sua Maestà 68
heiki	へいき（平気）	calma, indifferenza 62
heimin	へいみん（平民）	popolo 36
heiwa	へいわ（平和）	pace 18
hen	へん（変）	strano 58
hen	へん（辺）	dintorni (luoghi) 20
henji	へんじ（返事）	risposta 61
henka	へんか（変化）	cambiamento 88
heya	へや（部屋）	camera 44
hi	ひ（日）	giorno 30
hi	ひ（火）	fuoco 85
hidari	ひだり（左）	sinistra 17
hidoi	ひどい	essere orribile 80
hidoi me	ひどい　め（ひどい　目）	situazione orribile 72
higashi	ひがし（東）	est 79
higure	ひぐれ（日暮れ）	fine del giorno 48
hijō ni	ひじょう　に（非常 に）	estremamente 50
hikaeru	ひかえる（控える1）	moderare, diminuire 46
hikanteki	ひかんてき（悲観的）	pessimista 95
hikarabiru	ひからびる1	essere secco 80
hikari	ひかり（光）	luce 30
hikōjō	ひこうじょう（飛行場）	aeroporto 27
hikōki	ひこうき（飛行機）	aereo 27

nana hyaku roku jū hachi • 768

hiku	ひく（引く）	tirare 81
hiku	ひく（弾く）	suonare (uno strumento) 96
hima	ひま（暇）	tempo libero 26
hiraku	ひらく（開く）	aprire 45
hīrō	ヒーロー	eroe (film, romanzo) 43
hirobiro to	ひろびろ　と	spazioso 62
hiroi	ひろい（広い）	essere vasto 52
hiru	ひる（昼）	giorno, dì 95
hirune	ひるね（昼寝）	pisolino 30
hisashiburi ni	ひさしぶり　に（久し振り　に）	da tanto tempo 73
hisho	ひしょ（避暑）	fuga dalla calura 76
hito	ひと（人）	persona 19
hitobito	ひとびと（人々）	gente 37
hitogomi	ひとごみ（人込み）	folla 94
hitori de	ひとり　で（一人　で）	da solo 47
hitsuyō	ひつよう（必要）	necessario 34
hiyake	ひやけ（日焼け）	scottatura da sole 54
hiyasu	ひやす（冷やす）	fare raffreddare 74
hō	ほう（方）	lato 32; direzione 75
hobo	ほぼ	quasi 83
hodo	ほど	al punto di 67; circa 69
hoeru	ほえる（吠える1）	ruggire 39
hoka	ほか（他）	altro 41
hōkō	ほうこう（方向）	direzione 67
hokōsha	ほこうしゃ（歩行者）	pedone 82
hōmen	ほうめん（方面）	regione, zona 64
hōmu	ホーム	binario (stazione, metro) 79
hon	ほん（本）	libro 4; (classificatore per contare oggetti lunghi e cilindrici) 53
honnen	ほんねん（本年）	anno (in corso) 78
hontō	ほんとう（本当）	davvero 12
hon'ya	ほんや（本屋）	libreria 18
hōseki	ほうせき（宝石）	pietra preziosa 82
hoshi	ほし（星）	stella 43
hoshii	ほしい（欲しい）	essere desiderato 34
hoteru	ホテル	albergo, hotel 44
hotondo	ほとんど	quasi tutto 36
hyakushō	ひゃくしょう（百姓）	contadino 97
hyōjiban	ひょうじばん（表示板）	pannello indicatore 79
hyōshi	ひょうし（表紙）	copertina (di un libro, di una rivista) 85

I

i	い（胃）	stomaco 46
ichi	いち（市）	mercato 17
ichiban	いちばん（一番）	il più 52
ichibu	いちぶ（一部）	una parte, una sezione 89
ichigatsu	いちがつ（一月）	gennaio 74
ichinichi	いちにち（一日）	tutto il giorno 39
idō	いどう（移動）	spostamento 95
ie	いえ（家）	casa 34
igirisu	イギリス	Inghilterra 22
ihan	いはん（違反）	infrazione 32
ii	いい	essere buono 2
iie	いいえ	no 9
ijō	いじょう（以上）	più di 39
ikaga	いかが	come? 16
ikaiyō	いかいよう（胃潰瘍）	ulcera allo stomaco 46
ike	いけ（池）	stagno 85
ikebana	いけばな（生け花）	ikebana (arte della disposizione dei fiori) 34
ikiru	いきる（生きる1）	vivere 89
ikken'ya	いっけんや（一軒家）	casa monofamiliare 34
iku	いく（行く）	andare 1
ikura	いくら	quanto? (prezzo) 17
ikutsu	いくつ	quanto? (quantità) 15
ima	いま（今）	adesso 12
imi	いみ（意味）	significato 36
imōto	いもうと（妹）	sorella minore (mia) 39
inaka	いなか（田舎）	campagna 36
indo	インド	India 39
inochi	いのち（命）	vita 48
insatsu	いんさつ（印刷）	stampa (tipografia) 88
inshō	いんしょう（印象）	emozione 85
intānetto	インターネット	Internet 47
inu	いぬ（犬）	cane 33
ippai	いっぱい（一杯）	un bicchiere 73; pieno 80
ippen	いっぺん（一遍）	una sola volta 67
irai	いらい（以来）	a partire da 59
irassharu	いらっしゃる	venire 47; andare 68; esserci 73 (grado superiore/Lei)
ireru	いれる（入れる1）	mettere dentro 47
iriguchi	いりぐち（入口）	entrata (di un negozio) 79
iro	いろ（色）	colore 30
iroiro	いろいろ（色々）	di tutti i tipi 47
iru	いる1	esistere (esseri animati) 15; esserci (esseri animati) 40
isha	いしゃ（医者）	dottore 46
ishin	いしん（維新）	restaurazione 88

nana hyaku nana jū • 770

isogashii	いそがしい	essere impegnato 41
isogu	いそぐ（急ぐ）	sbrigarsi, fare in fretta 32
issai	いっさい（一切）	assolutamente no 81
isshō	いっしょう（一生）	tutta la vita 67
issho ni	いっしょ に（一緒 に）	insieme 5
isshōkenmei	いっしょうけんめい（一生懸命）	con tutto l'impegno 83
isshū	いっしゅう（一周）	un giro (percorso) 76
isu	いす（椅子）	sedia 60
itadaku	いただく	ricevere (grado superiore/io) 73
itai	いたい（痛い）	provare dolore 46
itaria	イタリア	Italia 28
itariajin	イタリア人	italiano (abitante) 28
itariago	イタリア語	italiano (lingua) 28
itasu	いたす	fare (grado superiore/io) 69
itsu	いつ	quando? 12
itsudemo	いつでも	in qualsiasi momento 73
itsumo	いつも	sempre 32
ittai	いったい	infine, insomma 59
iu	いう（言う）	chiamarsi 33; dire 37
iwa	いわ（岩）	roccia 54
iwai	いわい（祝い）	congratulazioni 46
iwashigumo	いわしぐも（いわし雲）	cirrocumulo 48
iya	いや（嫌）	odioso 93
izen	いぜん（以前）	prima 57
izure ni seyo	いずれ に せよ	comunque sia 89

J

jaru	ジャル（JAL）	Japan Air Lines (JAL) 27
jazu	ジャズ	jazz 19
ji	じ（時）	ora (sull'orologio) 11
jibun	じぶん（自分）	sé stesso 18
jidai	じだい（時代）	epoca 17
jidōsha	じどうしゃ（自動車）	automobile 23
jigi	じぎ（辞儀）	inchino 78
jikan	じかん（時間）	ora (durata) 13; tempo (durata) 55
jiko	じこ（事故）	incidente 23
jiman	じまん（自慢）	vanto, orgoglio 72
jimusho	じむしょ（事務所）	ufficio (stanza) 40
jinbutsu	じんぶつ（人物）	personaggio 88
jinrui	じんるい（人類）	genere umano 95
jin to	じん と	acuto, profondo dolore (fisico) 46
jishin	じしん（地震）	terremoto 66

jissai	じっさい（実際）	reale 85
jitensha	じてんしゃ（自転車）	bicicletta 57
jitsu	じつ（実）	realtà 15
jitsubutsu	じつぶつ（実物）	oggetto reale 67
jō	じょう（畳）	(classificatore per contare i tatami) 34
jōbu	じょうぶ（丈夫）	robusto, solido 88
jogingu	ジョギング	jogging 68
jōhō	じょうほう（情報）	informazione 95
jōhōkagaku	じょうほうかがく（情報科学）	informatica 95
jōken	じょうけん（条件）	condizione 69
jōkyō	じょうきょう（上京）	recarsi nella capitale 80
joō	じょおう（女王）	regina 94
joryū	じょりゅう（女流）	donna (+ professione) 83
josei	じょせい（女性）	femminile 89
jōtai	じょうたい（状態）	situazione 87
joyū	じょゆう（女優）	attrice 19
jōzu	じょうず（上手）	abile 69
jūbun	じゅうぶん（十分）	sufficiente 73
jūden	じゅうでん（充電）	batteria 51
jūichigatsu	じゅういちがつ（十一月）	novembre 67
jun	じゅん（純）	puro 66
junbi	じゅんび（準備）	preparativi 66
jūnigatsu	じゅうにがつ（十二月）	dicembre 74
jūsho	じゅうしょ（住所）	indirizzo 38
jūsu	ジュース	succo di frutta 16

K

kaban	かばん（鞄）	borsa 65
kābu	カーブ	curva 72
kabuki	かぶき（歌舞伎）	kabuki (teatro tradizionale) 29
kaburu	かぶる（被る）	mettere (sulla testa) 54
kaeri	かえり（帰り）	ritorno a casa 31
kaeru	かえる（帰る）	ritornare a casa propria 31
kaesu	かえす（返す）	restituire 76
kagaku	かがく（化学）	chimica 81
kagaku	かがく（科学）	scienza 78
kagayaku	かがやく（輝く）	brillare 48
kahei	かへい（貨幣）	denaro (banconote, monete) 88
kai	かい（階）	piano (preceduto da un ordinale) 24
kai	かい（回）	volta (preceduto da un ordinale) 89

kaidan	かいだん（怪談）	storie di fantasmi 29
kaigan	かいがん（海岸）	riva 30
kaigi	かいぎ（会議）	assemblea 89
kaimono	かいもの（買物）	spesa (acquisti) 5
kainushi	かいぬし（飼い主）	padrone di un animale 37
kairui	かいるい（貝類）	frutti di mare 30
kaisai	かいさい（開催）	organizzazione di un evento 89
kaisatsuguchi	かいさつぐち（改札口）	biglietteria 79
kaisha	かいしゃ（会社）	società (commerciale) 23
kaiwa	かいわ（会話）	conversazione 94
kaji	かじ（火事）	incendio 85
kakaru	かかる	essere appeso 31; impiegare (del tempo) 32; funzionare 41
kakeru	かける1	fare funzionare 16; sedersi 46
kaki	かき（柿）	cachi 48
kakkō	かっこう（恰好）	aspetto, apparenza 82
kako	かこ（過去）	passato 89
kaku	かく（書く）	scrivere 17
kakushū	かくしゅう（隔週）	ogni due settimane 47
kakuteru pātī	カクテル パーティー	cocktail party 47
kamera	カメラ	macchina fotografica 4
kameraya	カメラや（カメラ屋）	negozio di macchine fotografiche 65
kami	かみ（紙）	carta 88
kamoshirenai	かもしれない	può essere 75
kan	かん	sake caldo 73
kanada	カナダ	Canada 45
kanai	かない（家内）	mia moglie 18
kanarazu	かならず（必ず）	certamente 27
kanarazushimo	かならずしも（必ずしも）	non necessariamente 36
kanashii	かなしい（悲しい）	essere triste 48
kanata	かなた（彼方）	lontano（laggiù）43
kane	かね（金）	soldi (monete) 31
kanemochi	かねもち（金持）	ricco 87
kangae	かんがえ（考え）	idea 16
kangaeru	かんがえる（考える1）	pensare 66
kanji	かんじ（感じ）	impressione (sentimento) 71
kanjiru	かんじる（感じる1）	sentire (sensazione) 89
kanjusei	かんじゅせい（感受性）	sensibilità 89
kankaku	かんかく（感覚）	sensazione 55
kankei	かんけい（関係）	relazione 23
kankō	かんこう（観光）	turismo 26

kankōkyaku	かんこうきゃく（観光客）	turista 85
kankyō	かんきょう（環境）	ambiente (in senso ecologico) 95
kanojo	かのじょ（彼女）	lei, ella 71
kanpeki	かんぺき（完璧）	perfetto 85
kanpōyaku	かんぽうやく（漢方薬）	farmacopea cinese 81
kanshin	かんしん（感心）	ammirevole 33; ammirazione 37
kantan	かんたん（簡単）	facile 18
kao	かお（顔）	viso 50
kappatsu	かっぱつ（活発）	animato, vivace, attivo 88
karada	からだ（体）	corpo (umano) 73
karappo	からっぽ	completamente vuoto (familiare) 45
kareha	かれは（枯葉）	foglie morte 48
kariru	かりる（借りる1）	prendere in affitto (una casa) 54
karui	かるい（軽い）	essere leggero 65
kasa	かさ（傘）	ombrello 31
kashira	かしら	forse 59
kashu	かしゅ（歌手）	cantante 19
kasu	かす（貸す）	prestare 32
kata	かた（方）	persona (grado superiore) 48
katachi	かたち（形）	forma 97
katarogu	カタログ	catalogo 96
katazukeru	かたづける（片付ける1）	riordinare (una stanza) 80
katsu	かつ（勝つ）	vincere (essere vincitore) 54
katsudō	かつどう（活動）	attività 47
katsuyaku	かつやく（活躍）	azione 88
kau	かう（買う）	comprare 5
kau	かう（飼う）	allevare (un animale) 33
kawa	かわ（川）	fiume 36
kawaii	かわいい	essere carino 33
kawari	かわり（代り）	sostituzione, al posto di 39
kawaru	かわる（変わる）	cambiare 41
kayōbi	かようび（火曜日）	martedì 29
kayou	かよう（通う）	frequentare (una scuola) 83
kaze	かぜ（風邪）	raffreddore 81
kazoku	かぞく（家族）	famiglia 67
kedo	けど	ma (familiare) 44
kei	けい（係）	in relazione con 94
keisan	けいさん（計算）	calcolo (matematico) 95
keisatsukan	けいさつかん（警察官）	agente di polizia 94
keitai (denwa)	けいたい（でんわ）（携帯電話）	cellulare (telefono) 51
keiyu	けいゆ（経由）	via (+ nome di luogo) 55
keizai	けいざい（経済）	economia (disciplina) 69

kekka	けっか (結果)	risultato 89
kekkō	けっこう	perfetto 4
kekkon	けっこん (結婚)	matrimonio 15
kenbutsu	けんぶつ (見物)	visita turistica 76
kenchikuka	けんちくか (建築家)	architetto 97
kengaku	けんがく (見学)	visita di studio 40
kenkyū	けんきゅう (研究)	ricerca (accademica) 78
kenpō	けんぽう (憲法)	Costituzione 88
keredo	けれど	ma (familiare) 45
keredomo	けれども	tuttavia 24; benché 44
kesa	けさ (今朝)	questa mattina 13
keshiki	けしき (景色)	paesaggio 75
ki	き (木)	albero 39
ki	き (気)	animo 24
kibishii	きびしい (厳しい)	essere severo 94
kichigai	きちがい (気違い)	matto per (appassionato) 82
kigaeru	きがえる (着替える1)	cambiarsi gli abiti 54
ki ga suru	き が する (気 が する)	avere l'impressione di 43
ki ga tsuku	き が つく (気 が つく)	accorgersi di 81
kigen	きげん (機嫌)	umore (stato d'animo) 87
kigu	きぐ (器具)	attrezzo 59
kiiroi	きいろい (黄色い)	essere giallo 53
kiji	きじ (記事)	articolo di giornale 64
kikai	きかい (機会)	occasione 19
kikkake	きっかけ	inizio, causa 47
kikoeru	きこえる (聞こえる1)	sentirsi (suono) 24
kikoku	きこく (帰国)	ritorno in patria 45
kiku	きく (聞く)	ascoltare 29; domandare 39
kimaru	きまる (決まる)	essere deciso 27
kimeru	きめる (決める1)	decidere 55
kimi	きみ (君)	tu (grado inferiore, maschile) 75
kimochi	きもち (気持)	sentimento 48
kimono	きもの (着物)	kimono 78
kindai	きんだい (近代)	moderno 88
kinen	きねん (記念)	commemorazione 89
kin'en	きんえん (禁煙)	vietato fumare 20
ki ni iru	き に いる (気 に 入る)	piacere (verbo) 24
ki ni naru	き に なる (気 に なる)	provare fastidio 62
kin'iro	きんいろ (金色)	dorato 85
kinjo	きんじょ (近所)	vicinanze 82
kinō	きのう (昨日)	ieri 8

kinpen	きんぺん（近辺）	dintorni 82
kinshi	きんし（禁止）	divieto 82
kin'yōbi	きんようび（金曜日）	venerdì 53
ki o tsukeru	き を つける（気 を つける1）	fare attenzione 40
kippu	きっぷ（切符）	biglietto 29
kirai	きらい（嫌い）	detestare (aggettivo) 81
kiraku	きらく（気楽）	a proprio agio 87
kirau	きらう（嫌う）	odiare 75
kirei	きれい	bello 30
kirin	きりん	giraffa 39
kiro	きろ（キロ）	chilometro 32
kiru	きる（着る1）	mettersi (un vestito) 54
kisetsu	きせつ（季節）	stagione 39
kisha	きしゃ（汽車）	treno 32
kisha	きしゃ（記者）	giornalista 69
kissaten	きっさてん（喫茶店）	caffè (luogo) 12
kita	きた（北）	nord 75
kitanai	きたない	essere sporco 80
kitto	きっと	certamente 39
kōba	こうば（工場）	fabbrica 97
kōban	こうばん（交番）	posto di polizia 97
kochira	こちら	da questa parte 40
kodomo	こども（子供）	bambino 15
kōen	こうえん（公園）	parco pubblico 68
kogata	こがた（小型）	di piccolo formato 65
kōgō	こうごう（皇后）	imperatrice 68
kōgyō	こうぎょう（工業）	industria 64
kōhī	コーヒー	caffè (bevanda) 3
koi	こい（恋）	amore 43
kōin	こういん（工員）	operaio 40
kojin	こじん（個人）	individuale 64
kōjō	こうじょう（工場）	fabbrica 40
kokkai	こっかい（国会）	Parlamento, Dieta 69
kokkaigijidō	こっかいぎじどう（国会議事堂）	Dieta (edificio) 94
koko	ここ	qui 5
kōkō	こうこう（高校）	liceo 47
kokoro	こころ（心）	cuore (spirito) 85
kōkū	こうくう（航空）	via aerea (posta) 22
kokudō	こくどう（国道）	strada nazionale 32
kokugo	こくご（国語）	lingua nazionale 89
kokumin	こくみん（国民）	popolo 68
kokuritsu	こくりつ（国立）	statale 92
kokusairengō	こくさいれんごう（国際連合）	Organizzazione delle Nazioni Unite (ONU) 89
kokusairenmei	こくさいれんめい（国際連盟）	Società delle Nazioni (SDN) 88

kokusaiteki	こくさいてき（国際的）	internazionale 92
kokusan	こくさん（国産）	produzione nazionale 96
kokuseki	こくせき（国籍）	cittadinanza 38
kokushunō	こくしゅのう（国首脳）	grandi potenze (paesi) 89
kōkyo	こうきょ（皇居）	Palazzo Imperiale 68
komaru	こまる（困る）	essere in difficoltà 13
komu	こむ（混む）	essere affollato 32
komugi	こむぎ（小麦）	grano 30
konban	こんばん（今晩）	questa sera 9
kondo	こんど（今度）	la prossima volta 19
kongetsu	こんげつ（今月）	questo mese 94
konkai	こんかい（今回）	questa volta 58
konkurīto	コンクリート	cemento 66
konna ni	こんな に	in questo modo 39
konogoro	このごろ	di questi tempi 46
konpyūtā	コンピューター	computer 40
konsāto	コンサート	concerto 19
konshū	こんしゅう（今週）	questa settimana 80
kon'ya	こんや（今夜）	questa notte 75
korekara	これから	d'ora in avanti 40
korigori desu	こりごり です	essere stufo 79
koro	ころ（頃）	di quando (si era bambini, ecc.) 74
korobu	ころぶ（転ぶ）	cadere 72
kōseibusshitsu	こうせいぶっしつ（抗生物質）	antibiotico 81
kōshitsu	こうしつ（皇室）	famiglia imperiale 68
koshō	こしょう（故障）	guasto 59
koso	こそ	proprio 67
kōsokudōro	こうそくどうろ（高速道路）	autostrada 32
kosu	こす（越す）	passare 86
kōsui	こうすい（香水）	profumo 31
kotaeru	こたえる（答える1）	rispondere 39
koten	こてん（古典）	testo classico (letteratura) 83
koto	こと	fatto (avvenimento) 33
kōto	コート	cappotto 76
kotoba	ことば（言葉）	parola 91
kotoshi	ことし（今年）	quest'anno 23
kotowaru	ことわる（断る）	rifiutare 41
kotowaza	ことわざ（諺）	proverbio 90
kōtsū	こうつう（交通）	circolazione (trasporti) 23
kowai	こわい	avere paura 39
kōza	こうざ（口座）	conto bancario 45
ku	く（区）	quartiere 51
kubi	くび（首）	collo 39

kubiwa	くびわ（首輪）	collare 82
kudamono	くだもの（果物）	frutta 53
kudasaru	くださる	fare per me (grado superiore) 86
kuge	くげ（公家）	nobile di corte 36
kūki	くうき（空気）	aria (che si respira) 75
kukkī	クッキー	biscotto 93
kūkō	くうこう（空港）	aeroporto 27
kuma	くま（熊）	orso 39
kumitateru	くみたてる（組み立てる1）	assemblare dei pezzi 40
kumo	くも（雲）	nuvola 67
kumori	くもり（曇り）	cielo coperto, nuvoloso 93
kuni	くに（国）	paese 38
kuraberu	くらべる（比べる1）	confrontare 60
kurabu	クラブ	club, circolo 38
kurashikku	クラシック	classico 47
kurasu	くらす（暮らす）	vivere 97
kurejitto kādo	クレジット　カード	carta di credito 89
kureru	くれる1	fare per me 29
kurikaesu	くりかえす（繰り返す）	ripetere 58
kuroi	くろい（黒い）	essere nero 96
kuru	くる（来る）	venire 8
kuruma	くるま（車）	automobile 34
kusaru	くさる	puzzare 67
kusuri	くすり（薬）	medicina 81
kutabireru	くたびれる1	essere distrutto, a pezzi 72
kutakuta	くたくた	sfinito 80
kutsu	くつ（靴）	scarpe 82
kutsushita	くつした（靴下）	calze 5
kuwashii	くわしい（詳しい）	essere esperto 51
kyaku	きゃく（客）	invitato (nome) 34
kyanpu	キャンプ	campeggio 75
kyō	きょう（今日）	oggi 11
kyodai	きょだい（巨大）	enorme 52
kyōikuka	きょういくか（教育家）	pedagogista 88
kyōju	きょうじゅ（教授）	professore 92
kyōkasho	きょうかしょ（教科書）	libro di testo 89
kyokashō	きょかしょう（許可証）	permesso 38
kyōmi	きょうみ（興味）	curiosità, interesse 43
kyonen	きょねん（去年）	anno passato 55
kyōsō	きょうそう（競争）	gara 54
kyū	きゅう（急）	rapidità 94
kyūchūsanga	きゅうちゅうさんが（宮中参賀）	Omaggio pubblico alla Corte Imperiale 68

M

mada	まだ	non ancora 2; ancora 15

mado	まど（窓）	finestra 60
mae	まえ（前）	davanti 13; prima 15
magaru	まがる（曲がる）	svoltare 20
mago	まご（孫）	nipote 60
mai	まい（枚）	(classificatore per contare gli oggetti piatti) 22
maiasa	まいあさ（毎朝）	ogni mattina 30
maiban	まいばん（毎晩）	ogni sera 62
maigo	まいご（迷子）	bambino che si è perso 97
mainichi	まいにち（毎日）	ogni giorno 37
mairu	まいる（参る）	venire (grado superiore/io) 86
maishū	まいしゅう（毎週）	ogni settimana 60
maitoshi	まいとし（毎年）	ogni anno 55
mājan	マージャン	mah jong (domino cinese) 41
majime	まじめ	serio 64
makura	まくら（枕）	cuscino 75
mamagoto	ままごと	giocare alle signore 90
mamoru	まもる（守る）	proteggere, difendere 43
manga	まんが（漫画）	fumetto, manga 83
maniau	まにあう（間に合う）	arrivare in orario 51
man'in	まんいん（満員）	affollato 62
mankai	まんかい（満開）	piena fioritura 90
mannaka	まんなか（真中）	nel centro, in mezzo 68
masaka	まさか	incredibile 82
massugu	まっすぐ	sempre diritto 20
masumasu	ますます（益々）	sempre più 73
mata	また	di nuovo 9
mata wa	また は	oppure 50
macchi	マッチ	fiammifero 75
matsu	まつ（待つ）	aspettare 13
mattaku	まったく（全く）	esattamente 48
mawari	まわり（回り）	intorno 57
mazu	まず（先ず）	innanzitutto 6
me	め（目）	occhio 39
megane	めがね（眼鏡）	occhiali 8
mei	めい（名）	(classificatore per contare le persone) (formale) 44
meibutsu	めいぶつ（名物）	specialità locale 30
meiro	めいろ（迷路）	labirinto 79
mēkā	メーカー	marchio di fabbrica 65
mezurashii	めずらしい	essere raro 41
mi	み（身）	corpo 92
miataru	みあたる（見当たる）	vedersi, apparire 75
mibun	みぶん（身分）	status, ceto 89
michi	みち（道）	strada 20
midori'iro	みどりいろ（緑色）	verde 50

mieru	みえる（見える1）	essere visibile 8
migi	みぎ（右）	destra 17
migigawa	みぎがわ（右側）	lato destro 20
mihon	みほん（見本）	campione, modello 92
mijikai	みじかい（短い）	essere corto 97
mikan	みかん	mandarino 16
mimai	みまい（見舞）	visita a un malato 53
mimi	みみ（耳）	orecchio 39
minami	みなみ（南）	sud 75
minku	ミンク	visone 76
minna	みんな	tutti 36
minshuku	みんしゅく（民宿）	pensione (presso un privato) 75
miokuru	みおくる（見送る）	accompagnare (per una partenza) 78
miru	みる（見る1）	guardare 2
mise	みせ（店）	negozio 6
miseru	みせる（見せる1）	mostrare 17
mitai	みたい	si direbbe che, sembra 48
mitsukaru	みつかる（見つかる）	essere trovato 24
mitsukeru	みつける（見つける1）	trovare 51
mizu	みず（水）	acqua (fredda) 31
mizugi	みずぎ（水着）	costume da bagno 54
mō	もう	già 25
mochiron	もちろん（勿論）	naturalmente (certezza) 67
modan	モダン	moderno 66
moderu	モデル	modello 65
modoru	もどる（戻る）	ritornare sui propri passi 32
moeru	もえる（燃える1）	bruciare 85
mōjiki	もうじき（もう直き）	presto 64
mokuyōbi	もくようび（木曜日）	giovedì 39
mokuzō	もくぞう（木造）	legna (da costruzione) 85
mondai	もんだい（問題）	problema 46
mono	もの（物）	oggetto 17
monogatari	ものがたり（物語）	racconto 43
moppara	もっぱら	esclusivamente 47
morau	もらう	ricevere 31
mori	もり（森）	foresta 50
moshi	もし	se 76
moshikashitara	もしかしたら	può essere 95
moshimoshi	もしもし	pronto (al telefono) 27
mōsu	もうす（申す）	chiamarsi (grado superiore/io) 15
mosukuwa	モスクワ	Mosca 55
motomeru	もとめる（求める1）	ricercare 85
motsu	もつ（持つ）	possedere 4; tenere 16
motto	もっと	molto più 19
mukaeru	むかえる（迎える1）	andare incontro 27

mukai	むかい（向かい）	dirimpetto 24
mukashi	むかし（昔）	anticamente, una volta 33
mukau	むかう（向かう）	dirigersi verso 94
mukeru	むける（向ける1）	girare verso 75
mukō	むこう（向こう）	l'altro lato 69
munashii	むなしい（空しい）	essere vano 48
mura	むら（村）	villaggio 30
muri	むり（無理）	difficile 19
mushamusha	むしゃむしゃ	avidamente (mangiare) 39
mushiatsui	むしあつい（蒸暑い）	essere caldo umido 60
musubi	むすび（結び）	polpetta di riso 93
musuko	むすこ（息子）	mio figlio 23
musukosan	むすこさん（息子さん）	Suo figlio 23
musume	むすめ（娘）	ragazza giovane 76
muzukashii	むずかしい	essere difficile 32
myōgonichi	みょうごにち（明後日）	dopodomani 53
myōji	みょうじ（苗字）	cognome 36

N

nado	など	eccetera 33
nagai	ながい（長い）	essere lungo 25
nagame	ながめ（眺め）	veduta (panorama) 24
naifu	ナイフ	coltello 80
naiyō	ないよう（内容）	contenuto 43
naka	なか（中）	dentro 4
nakama	なかま（仲間）	amico 47
nakanaka	なかなか	non tanto 47
naku	なく（泣く）	piangere 39
nakunaru	なくなる（亡くなる）	scomparire, morire 37
nakunaru	なくなる（無くなる）	scomparire 45
namae	なまえ（名前）	nome 36
nami	なみ（波）	onda 90
nan/nani	なん／なに（何）	cosa? 2
nandomo	なんども（何度も）	molte volte 58
nanika	なにか（何か）	qualcosa 34
nanimo	なにも（何も）	niente 24
nanka	なんか	questo tipo di cose 80
nante	なんて	ciò che si chiama 43
nan'yōbi	なんようび（何曜日）	quale giorno della settimana 53
naoru	なおる（直る）	guarire (da una malattia) 46; essere riparato 59
naosu	なおす（直す）	riparare 59; curare 81
nara	なら	se si tratta di 29
naraberu	ならべる（並べる1）	allineare 74
narabu	ならぶ（並ぶ）	fare la fila 39
narasu	ならす（鳴らす）	fare suonare 74
narau	ならう（習う）	imparare, studiare 64

naru	なる	diventare 22
narubeku	なるべく	per quanto possibile 78
nasaru	なさる	fare (grado superiore/Lei) 46
natsu	なつ（夏）	estate 30
natsukashii	なつかしい	essere nostalgico 78
naze	なぜ	perché? 33
nedan	ねだん（値段）	prezzo 65
negai	ねがい（願い）	richiesta 45
neji	ねじ	vite (organo meccanico) 59
nekaseru	ねかせる（寝かせる1）	adagiare, coricare 75
neko	ねこ（猫）	gatto 50
nemui	ねむい（眠い）	avere sonno 39
nemuru	ねむる（眠る）	dormire 60
nen	ねん（年）	anno (data, durata) 15
nendai	ねんだい（年代）	periodo 40
nenkan	ねんかん（年間）	anno (durata) 37
nensei	ねんせい（年生）	allievo di (grado scuola e livello classe) 92
nenshi	ねんし（年始）	inizio dell'anno 74
neru	ねる（寝る1）	coricarsi, andare a letto 11
netsu	ねつ（熱）	febbre 81
niai	にあい（似合い）	ben combinato 71
nichibei	にちべい（日米）	nippoamericano 88
nichijō	にちじょう（日常）	quotidiano 94
nichiyōbi	にちようび（日曜日）	domenica 16
nigiyaka	にぎやか	animato (luogo) 51
nihon	にほん（日本）	Giappone 18
nihonjin	にほんじん（日本人）	giapponese (persona) 36
niku	にく（肉）	carne 9
nimotsu	にもつ（荷物）	bagagli, valigia 27
nin	にん（人）	(classificatore per contare le persone) 47
ningen	にんげん（人間）	essere umano 88
niru	にる（似る1）	assomigliare 39
nise	にせ（偽）	imitazione (falso) 82
nishi	にし（西）	ovest 30
nisseki	にっせき（日赤）	Croce Rossa Giapponese 53
nicchū	にっちゅう（日中）	in pieno giorno 30
ni totte	に　とって	secondo l'opinione di 89
ni tsuite	に　ついて	riguardo a 66
niwa	にわ（庭）	giardino 34
noberu	のべる（述べる1）	enunciare, dire 89
nochihodo	のちほど（後ほど）	dopo, in seguito 69
nōgyō	のうぎょう（農業）	agricoltura 64
nōjō	のうじょう（農場）	azienda agricola 97
nokoru	のこる（残る）	avanzare 45

nomi	のみ	pulce 17
nomu	のむ（飲む）	bere 3
noni	のに	benché 41
norikaeru	のりかえる（乗り換える1）	cambiare mezzo di trasporto 55
noru	のる（乗る）	salire (sopra un veicolo) 31
noru	のる（載る）	essere riportato (sul giornale) 89
nukeru	ぬける（抜ける1）	mancare 59
nyūgaku	にゅうがく（入学）	ingresso in un ciclo scolastico 38
nyūin	にゅういん（入院）	ricovero ospedaliero 23
nyūkyo	にゅうきょう（入居）	trasloco 34
nyūsu	ニュース	notizie (radio, televisione) 10

O

ōbei	おうべい（欧米）	Europa e Stati Uniti 88
ōboe	オーボエ	oboe 47
oboeru	おぼえる（覚える1）	ricordarsi 36
obōsan	おぼうさん（お坊さん）	monaco buddista 85
obocchan	おぼっちゃん（お坊ちゃん）	il Suo bambino 15
ochiru	おちる（落ちる1）	cadere 48
odoroku	おどろく（驚く）	essere sorpreso 39
odoru	おどる（躍る）	ballare 76
ofukuro	おふくろ	mia madre (grado inferiore/maschile) 80
oikosu	おいこす（追い越す）	superare (sorpassare un veicolo) 32
oishii	おいしい	essere buono (gusto) 9
ojōsan	おじょうさん（お嬢さん）	la Sua giovane figlia 15
o kage de	お　かげ　で	per fortuna 60
okashi	おかし（お菓子）	dolce (cibo) 12
okashii	おかしい	essere strano, buffo 59
okazu	おかず	companatico (che accompagna il riso) 93
okiagaru	おきあがる（起き上がる）	alzarsi in piedi 72
okiru	おきる（起きる1）	alzarsi 11
okonau	おこなう（行う）	svolgersi, tenersi (evento) 89
okoru	おこる（起こる）	accadere 43
okosu	おこす（起こす）	sollevare 72
oku	おく（置く）	posare, mettere 40
okujō	おくじょう（屋上）	tetto 52

okureru	おくれる（遅れる1）	essere in ritardo 74
okuru	おくる（送る）	accompagnare 33; spedire qualcosa 61
okusan	おくさん（奥さん）	signora 59
omae	おまえ（お前）	tu (grado inferiore, maschile) 73
omawarisan	おまわりさん（お巡りさん）	poliziotto 97
o me ni kakaru	おめにかかる（お目にかかる）	incontrare (grado superiore/io) 68
omiai	おみあい（お見合）	matrimonio combinato 69
omiyage	おみやげ（お土産）	souvenir 6
omo	おも（主）	principale (aggettivo) 40
omoi	おもい（重い）	essere pesante 93
omoidasu	おもいだす（思い出す）	ricordare 74
omoide	おもいで（思いで）	ricordo 74
omoshiroi	おもしろい（面白い）	essere interessante 6
omou	おもう（思う）	pensare 25
onaji	おなじ（同じ）	identico 36
onaka	おなか（お腹）	pancia 93
ongaku	おんがく（音楽）	musica 47
ongakukai	おんがくかい（音楽会）	concerto 29
onishime	おにしめ（お煮染）	stufato di verdure 93
onna	おんな（女）	donna 41
onna no ko	おんなのこ（女の子）	bambina 15
oodoori	おおどおり（大通り）	corso (strada) 58
ooi	おおい（多い）	essere in gran numero 34
ookii	おおきい（大きい）	essere grande 20
oosōji	おおそうじ（大掃除）	grandi pulizie 74
ooyorokobi	おおよろこび（大喜び）	felicità 39
oozei	おおぜい（大勢）	numerosi (di persone) 79
opera	オペラ	opera 41
oranda	オランダ	Olanda, Paesi Bassi 94
ore	おれ	io (grado inferiore/maschile) 66
ori	おり（檻）	gabbia 39
orinpikku	オリンピック	Olimpiadi 97
oriru	おりる（降りる1）	scendere 51
ōsetsuma	おうせつま（応接間）	salone 66
oshieru	おしえる（教える1）	insegnare 29
osoi	おそい（遅い）	essere tardi 11
ossharu	おっしゃる	dire (grado superiore/Lei) 93
osu	おす（押す）	schiacciare, spingere 46
o sumai	おすまい（お住い）	residenza (grado superiore) 68

ōsutoraria	オーストラリア	Australia 38
ōsutoria	オーストリア	Austria 78
otaku	おたく（お宅）	casa (grado superiore/Lei) 82
oto	おと（音）	rumore 24; suono 96
otoko no ko	おとこ の こ（男 の 子）	bambino 15
otona	おとな（大人）	adulto 44
otonashiku	おとなしく（大人しく）	tranquillamente 54
otosu	おとす（落とす）	fare cadere 73
ototoi	おととい	l'altroieri 39
ototoshi	おととし（一昨年）	due anni fa 90
owari	おわり（終わり）	fine 48
owaru	おわる（終わる）	terminare 48
oyatsu	おやつ（お八つ）	merenda, spuntino 93
oyogu	およぐ（泳ぐ1）	nuotare 30

P

pan	パン	pane 3
panda	パンダ	panda 39
pari	パリ	Parigi 55
pato kā	パト カー	macchina della polizia 32
pea	ペア	paio 31
pēji	ページ	pagina 25
petto	ペット	animale domestico 82
piano	ピアノ	pianoforte 29
pikunikku	ピクニック	picnic 16
pīnattsu	ピーナッツ	arachide 39
porutogarugo	ポルトガル語	portoghese (lingua) 71
posuto	ポスト	buca delle lettere 61

R

raigetsu	らいげつ（来月）	mese prossimo 44
rainen	らいねん（来年）	anno prossimo 26
raion	ライオン	leone 39
raishū	らいしゅう（来週）	settimana prossima 23
raku	らく（楽）	facile, gradevole 92
rakuda	らくだ	cammello 39
rebeiyon	レヴェイヨン	veglione 74
reibō	れいぼう（冷房）	climatizzatore 60
reien	れいえん（霊園）	cimitero 67
reikin	れいきん（礼金）	compenso 34
reitō	れいとう（冷凍）	congelamento 48
reizōko	れいぞうこ（冷蔵庫）	frigorifero 59
rekishi	れきし（歴史）	storia 57
rekishiteki	れきしてき（歴史的）	storico (aggettivo) 89
renraku	れんらく（連絡）	contatto, comunicazione 69
renshū	れんしゅう（練習）	esercizio 47

renshūjō	れんしゅうじょう（練習場）	campo di allenamento 52
ressha	れっしゃ（列車）	treno 68
ressun	レッスン	lezione (di un corso privato) 64
resutoran	レストラン	ristorante 46
ribingu	リビング	soggiorno 34
rifuto	リフト	sciovia, seggiovia 72
rika	りか（理科）	scienze (materia scolastica) 94
rikkōhosha	りっこうほしゃ（立候補者）	candidato elettorale 58
rimujin basu	リムジン バス	autobus di lusso 27
ringo	りんご	mela 3
rippa	りっぱ（立派）	sensazionale, eccellente 62
rishi	りし（利子）	interesse bancario 45
risō	りそう（理想）	ideale 69
riyū	りゆう（理由）	motivo 89
robotto	ロボット	robot 40
roketto	ロケット	razzo 43
rokku	ロック	rock (musica) 64
romanchikku	ロマンチック	romantico 48
rusu	るす（留守）	assenza 18
ryō	りょう（両）	entrambi 68
ryōkin	りょうきん（料金）	tariffa 22
ryokō	りょこう（旅行）	viaggio 31
ryokōyō	りょこうよう（旅行用）	da viaggio 65
ryōri	りょうり（料理）	cucina (preparazione dei piatti) 18
ryōshin	りょうしん（両親）	genitori 39
ryūgakusei	りゅうがくせい（留学生）	studente all'estero 78
ryukkusakku	リュックサック	zaino (da montagna) 93

S

sabishii	さびしい（寂しい）	essere triste, sentirsi solo 48
sābisu	サービス	servizio (per il cliente) 61
sagasu	さがす（捜す）	cercare 34
sai	さい（歳）	anni (età, preceduto dal numero) 15
saifu	さいふ（財布）	portafoglio 45
saigo	さいご（最後）	ultimo 43
saikin	さいきん（最近）	recentemente 47
saikon	さいこん（再婚）	seconde nozze 15
saisho	さいしょ（最初）	inizio 32
sakan	さかん（盛ん）	fiorente 52

sakana	さかな（魚）	pesce 9
sake	さけ（酒）	bevanda alcolica 4
saki	さき（先）	davanti 92
saki/sakki	さき／さっき（先）	prima 89
sakka	さっか（作家）	scrittore 83
sakkā	サッカー	calcio (sport) 52
sakkyoku	さっきょく（作曲）	composizione musicale 41
sakkyokuka	さっきょくか（作曲家）	compositore 41
sakuhin	さくひん（作品）	opera letteraria 83
sakunen	さくねん（昨年）	l'anno scorso 78
sakura	さくら（桜）	ciliegio 90
samitto	サミット	summit 89
samui	さむい（寒い）	essere freddo (tempo) 60
sandoitchi	サンドイッチ	panino, sandwich 16
sanka	さんか（参加）	partecipazione 89
sanpo	さんぽ（散歩）	passeggiata 31
sansū	さんすう（算数）	matematica 92
sara	さら（皿）	piatto 74
saraishū	さらいしゅう（再来週）	tra due settimane 46
sararīman	サラリーマン	impiegato (nome) 52
saru	さる（猿）	scimmia 39
sasou	さそう（誘う）	invitare 16
sassoku	さっそく（早速）	immediatamente 50
satō	さとう（砂糖）	zucchero 80
satsu	さつ（札）	banconota 88
se	せ（背）	altezza (taglia) 71
sechiryōri	せちりょうり（節料理）	piatto di Capodanno 74
seifu	せいふ（政府）	governo 78
seigen	せいげん（制限）	limite 32
seihin	せいひん（製品）	prodotto finito 40
seijika	せいじか（政治家）	politico (persona) 88
seikaku	せいかく（正確）	esatto, corretto 61
seikatsu	せいかつ（生活）	vita (modo di vivere) 71
seiki	せいき（世紀）	secolo 88
seito	せいと（生徒）	allievo 82
seiyō	せいよう（西洋）	Occidente 88
seizō	せいぞう（製造）	fabbricazione 40
sekai	せかい（世界）	mondo 76
sekkachi	せっかち	impaziente 81
sekkaku	せっかく	occasione preziosa 72
sekken	せっけん	sapone 80
semai	せまい（狭い）	essere stretto 24
sen	せん（線）	linea 68
senaka	せなか（背中）	schiena 54
senbei	せんべい（煎餅）	senbei (gallette salate di riso) 93

sengetsu	せんげつ（先月）	mese scorso 73
senketsu	せんけつ（先決）	priorità 76
senkyo	せんきょ（選挙）	elezioni 58
sensei	せんせい（先生）	maestro, insegnante 33
senshū	せんしゅう（先週）	settimana scorsa 29
sensō	せんそう（戦争）	guerra 18
sentaku	せんたく（洗濯）	bucato 62
sentakuki	せんたくき（洗濯機）	lavatrice 59
sentō	せんとう（銭湯）	bagni pubblici 62
senzen	せんぜん（戦前）	anteguerra 88
setonaikai	せとないかい（瀬戸内海）	mare Interno 30
setsubi	せつび（設備）	servizi (attrezzature) 62
setsumei	せつめい（説明）	spiegazione 38
setsuritsu	せつりつ（設立）	fondazione (fondare) 89
settai	せったい（接待）	accoglienza (ricezione) 69
sewa	せわ（世話）	cura, attenzione 78
shaberi	しゃべり	chiacchierone 73
shakai	しゃかい（社会）	società 88
shakkin	しゃっきん（借金）	debito 76
shakōsei	しゃこうせい（社交性）	socievolezza 69
shakōteki	しゃこうてき（社交的）	socievole 71
shamen	しゃめん（斜面）	pendio 75
shanai	しゃない（車内）	interno di un'automobile 60
shanpen	シャンパン	champagne 47
shashin	しゃしん（写真）	fotografia 19
shawā	シャワー	doccia 62
shi	し（詩）	poesia 48
shiai	しあい（試合）	partita, incontro 95
shiasatte	しあさって	fra tre giorni 27
shiatsu	しあつ（指圧）	shiatsu (digitopressione) 81
shibai	しばい（芝居）	teatro (spettacolo) 29
shiberia	シベリア	Siberia 55
shichigatsu	しちがつ（七月）	luglio 55
shīdī	シーディー（CD）	CD 47
shigatsu	しがつ（四月）	aprile 23
shigoto	しごと（仕事）	lavoro 23
shikamo	しかも	ma 61
shikashi	しかし	ma 26
shikata	しかた（仕方）	modo di fare 44
shiki	しき（四季）	le quattro stagioni 66
shiki	しき（式）	alla maniera, in stile 66
shikikin	しききん（敷金）	cauzione 34
shikimō	しきもう（色盲）	daltonismo 79
shikkari to	しっかり と	solidamente 92

shiku	しく（敷く）	stendere, ricoprire 90
shima	しま（島）	isola 30
shimau	しまう	fare completamente 31
shinbun	しんぶん（新聞）	giornale (quotidiano) 69
shinin	しにん（死人）	morto (persona) 75
shinkansen	しんかんせん（新幹線）	Shinkansen (Linea ad Alta Velocità) 60
shinkoku	しんこく（深刻）	grave, serio 95
shinkonryokō	しんこんりょこう（新婚旅行）	viaggio di nozze 65
shinnen	しんねん（新年）	Anno Nuovo 78
shinpai	しんぱい（心配）	preoccupazione 27
shinryaku	しんりゃく（侵略）	invasione 43
shinseki	しんせき（親戚）	familiare (parente) 36
shinsen	しんせん（新鮮）	fresco (recente) 30
shinsetsu	しんせつ（親切）	gentile 97
shinshitsu	しんしつ（寝室）	camera da letto 66
shinu	しぬ（死ぬ）	morire 37
shiraberu	しらべる（調べる1）	cercare 22
shiritsu	しりつ（私立）	privato 92
shiro	しろ（城）	castello, fortezza 68
shiroi	しろい（白い）	essere bianco 31
shiru	しる（知る）	conoscere 6; sapere 25
shīsō	シーソー	dondolo 82
shisōka	しそうか（思想家）	pensatore 88
shita	した（舌）	lingua (organo) 46
shita	した（下）	sotto 80
shitagi	したぎ（下着）	indumenti intimi 80
shitaku	したく（支度）	preparativi 73
shitsugyōsha	しつぎょうしゃ（失業者）	disoccupato 40
shitsumon	しつもん（赤問）	domanda 40
shitsurei	しつれい（失礼）	scortesia 83
shiwa	しわ	ruga, grinza 39
shiyōryō	しようりょう（仕用料）	noleggio 45
shizen	しぜん（自然）	natura 36
shizuka	しずか（静か）	tranquillo 57
shizumaru	しずまる（静まる）	calmarsi, rilassarsi 85
shīzun	シーズン	stagione 10
shōbai	しょうばい（商売）	commercio (attività) 48
shōgakkō	しょうがっこう（小学校）	scuola elementare (primaria) 92
shōgatsu	しょうがつ（正月）	Capodanno 68
shōgo	しょうご（正午）	mezzogiorno (ora) 44
shōgun	しょうぐん（将軍）	shogun (generale) 68
shōjiki	しょうじき（正直）	onestà (sincerità) 99
shōkai	しょうかい（紹介）	presentazione 15
shokudō	しょくどう（食堂）	ristorante, mensa 66

shokugo	しょくご（食後）	dopo mangiato 41
shokugyō	しょくぎょう（職業）	professione, mestiere 38
shokuhin	しょくひん（食品）	alimento, cibo 48
shokuji	しょくじ（食事）	pasto 26
shoppingu sentā	ショッピング センター	centro commerciale 97
shōrai	しょうらい（将来）	futuro 89
shori	しょり（処理）	trattamento 95
shorui	しょるい（書類）	modulo 38
shōsetsu	しょうせつ（小説）	romanzo 25
shōshaman	しょうしゃマン（商社マン）	uomo d'affari 97
shōshin	しょうしん（昇進）	promozione 46
shōshō	しょうしょう	poco, un po' 18
shōyu	しょうゆ	salsa di soia 75
shūgakuryokō	しゅうがくりょこう（修学旅行）	gita scolastica 97
shujin	しゅじん（主人）	mio marito 31
shujinkō	しゅじんこう（主人公）	protagonista (film, romanzo) 25
shujutsu	しゅじゅつ（手術）	operazione chirurgica 53
shūkan	しゅうかん（週間）	settimana 46
shūmatsu	しゅうまつ（週末）	fine settimana 32
shumi	しゅみ（趣味）	interesse, hobby 47
shuppan	しゅっぱん（出版）	pubblicazione 25
shuppatsu	しゅっぱつ（出発）	partenza 32
shurui	しゅるい（種額）	tipo, genere 96
shūshoku	しゅうしょく（就職）	posto di lavoro 92
shusseki	しゅっせき（出席）	presenza a una riunione 94
shucchō	しゅっちょう（出張）	viaggio d'affari 90
shuto	しゅと（首都）	capitale di una nazione 76
shuyō	しゅよう（主要）	principale 89
sō	そう	così 1
soba	そば	accanto, a lato 51
sobo	そぼ（祖母）	mia nonna 90
soboku	そぼく（素朴）	semplice, naturale 89
sofu	そふ（祖父）	mio nonno 90
sōjiki	そうじき（掃除機）	aspirapolvere 59
soko	そこ	là 6
sōko	そうこ（倉庫）	magazzino 40
sokutatsu	そくたつ（速達）	espresso (posta) 61
sonna	そんな	di codesto tipo 68
sonna ni	そんな に	in codesto modo 20
sono ato	その あと	dopodiché 57
sono go	その ご（後）	dopo 23
sonomama	そのまま	così come si trova 32
sono tanbi ni	その たんび に	ogni volta 72
sono uchi ni	その うち に	nel frattempo 37

sono ue	その うえ	inoltre 72
sora	そら（空）	cielo 48
sōrā paneru	ソーラー パネル	pannello solare 76
soreni	それに	in più 26
sorede	それで	allora 52
soredemo	それでも	pertanto 11
soredewa	それでは	allora, bene 3
sorehodo	それほど	a tal punto 24
soreja	それじゃ	allora, dunque 64
sorekara	それから	poi 6
sorenara	それなら	in tal caso 11
soretomo	それとも	oppure 29
sorezore	それぞれ	ciascuno 89
sōridaijin	そうりだいじん（総理大臣）	primo ministro 94
sorosoro	そろそろ	piano piano, senza fretta 48
sōshiki	そうしき（葬式）	funerale 67
soshite	そして	in seguito 30
soto	そと（外）	fuori, l'esterno 60
sotsugyō	そつぎょう（卒業）	diploma, laurea 23
sou	そう	costeggiare 57
sū	すう（数）	numero 66
subarashii	すばらしい	essere splendido, meraviglioso 30
subete	すべて	tutto 76
sugata	すがた（姿）	forma 68
sugi	すぎ	passate (+ ora) 62
sugiru	すぎる（過ぎる1）	passare (tempo) 48; eccedere 92
sugoi	すごい	essere fantastico 32
sugosu	すごす（過ごす）	trascorrere il tempo 97
sugu	すぐ	subito 16
suichū megane	すいちゅう めがね（水中 眼鏡）	occhialini da piscina 54
suiheisen	すいへいせん（水平線）	orizzonte marino 30
suimin	すいみん（睡眠）	sonno 73
suiri shōsetsu	すいり しょうせつ（推理 小説）	romanzo poliziesco 25
suiyōbi	すいようび（水曜日）	mercoledì 46
suizokukan	すいぞくかん（水族館）	acquario (edificio) 6
suki	すき（好き）	piacere (aggettivo) 10
sukī	スキー	sci 72
sukima	すきま（隙間）	fessura 76
sukkari	すっかり	completamente 78

sukoshi	すこし (少し)	poco, un po' 26
suku	すく	essere vuoto 62
sumi	すみ (墨)	inchiostro di china 90
sumō	すもう (相撲)	sumo (sport) 10
sumu	すむ (住む)	abitare 15
sumu	すむ (澄む)	essere limpido 75
suna	すな (砂)	sabbia 54
sūnen	すうねん (数年)	alcuni anni 76
supai	スパイ	spia 25
supein	スペイン	Spagna 38
supīdo	スピード	velocità 32
supīkā	スピーカー	altoparlante 58
supōtsu	スポーツ	sport 52
sūpu	スープ	zuppa 9
suru	する	fare 8
sushi	すし (寿司)	sushi 16
susume	すすめ (勧め)	consiglio 18
susumu	すすむ (進む)	avanzare, progredire 32
sutajiamu	スタジアム	stadio 97
suteki	すてき	adorabile 74
suu	すう (吸う)	aspirare 20
suwaru	すわる (座る)	sedersi 54
suzushii	すずしい (涼しい)	essere fresco (tempo) 60

T

ta	た (田)	risaia 36
tabako	タバコ	sigaretta 20
tabakoya	タバコや (タバコ屋)	tabaccheria 20
tabemono	たべもの (食べ物)	cibo 46
taberu	たべる (食べる)	mangiare 3
tabesugi	たべすぎ (食べすぎ)	mangiare troppo 46
tabitabi	たびたび (度々)	spesso 45
tada	ただ	solo; comune, ordinario 46
taeru	たえる (耐える1)	sopportare, resistere 85
tagai	たがい (互い)	reciproco 89
tahichi	タヒチ	Tahiti 76
taihen	たいへん (大変)	grave, pesante 11
taiin	たいいん (退院)	essere dimesso dall'ospedale 23
taikutsu	たいくつ (退屈)	noia, ozio 55
taisen	たいせん (大戦)	una grande guerra 88
taisetsu	たいせつ (大切)	importante 89
taishoku	たいしょく (退職)	ritirarsi dal lavoro 59
taiyō	たいよう (太陽)	sole 30
taizai	たいざい (滞在)	soggiorno (permanenza) 38
takai	たかい (高い)	essere caro 5; essere alto 75
takusan	たくさん	molto 6

takushī	タクシー	taxi 51
tama ni	たま に	di tanto in tanto 73
tamago	たまご（卵）	uovo 3
tamaranai	たまらない	essere insopportabile 54
tame	ため	con l'intenzione di 16; al fine di 38; a causa di 60
tameiki	ためいき（溜息）	sospiro 48
tanjōbi	たんじょうび（誕生日）	compleanno 29
tanka	たんか（短歌）	tanka (poesia classica giapponese) 90
tanomu	たのむ（頼む）	chiedere, domandare 29
tanoshii	たのしい（楽しい）	essere piacevole 39
tanoshimi	たのしみ（楽しみ）	gioia, divertimento 41
tanoshimu	たのしむ（楽しむ）	divertirsi 66
taoru	タオル	asciugamano 31
tariru	たりる（足りる1）	bastare, essere sufficiente 32
tashika	たしか（確か）	sicuro (certo) 60
tassha	たっしゃ（達者）	esperto 92
tasu	たす（足す）	aggiungere, addizionare 95
tasukaru	たすかる	essere salvo 20
tatami	たたみ（畳）	tatami 80
tatamu	たたむ（畳む）	piegare 80
tatemono	たてもの（建物）	palazzo, edificio 40
tateru	たてる（建てる1）	costruire 37
tatoeba	たとえば（例えば）	ad esempio 36
tatsu	たつ（立つ）	alzarsi, stare in piedi 24
tatsu	たつ（経つ）	passare (tempo) 46
tazuneru	たずねる（訪ねる1）	visitare (fare visita) 86
te	て（手）	mano 64
tēburu	テーブル	tavolo 82
tegami	てがみ（手紙）	lettera (posta) 39
teinen	ていねん（定年）	età del pensionamento 66
tekikoku	てきこく（敵国）	paese nemico 43
ten	てん（展）	mostra (+ nome dell'artista) 2
ten	てん（点）	punto 43
tengoku	てんごく（天国）	paradiso 82
tenisu	テニス	tennis 38
tenki	てんき（天気）	tempo (meteorologico) 16
tenkin	てんきん（転勤）	trasferimento di lavoro 69
tennō	てんのう（天皇）	Imperatore del Giappone 68
tenpura	てんぷら	tempura 29
tento	テント	tenda 75
tera	てら（寺）	monastero buddista 57

terebi	テレビ	televisione 10
tesage kaban	てさげ　かばん（手提げ　鞄）	borsa per la spesa 31
tetsudau	てつだう（手伝う）	aiutare 74
to	と	quando, qualora 46
tō	とう（頭）	(classificatore per contare gli animali grossi) 39
tobitatsu	とびたつ（飛び立つ）	alzarsi in volo 43
tobiutsuru	とびうつる（飛び移る）	saltare di qua e di là 39
tochiji	とちじ（都知事）	governatore di Tokyo 58
tochū	とちゅう（途中）	lungo il percorso 75
tōdai	とうだい（東大）	università di Tokyo 23
toka	とか	oppure 36
tokei	とけい（時計）	orologio 80
toki	とき（時）	momento 32
tokidoki	ときどき（時々）	talvolta, qualche volta 10
toko	とこ	luogo (grado inferiore) 87
tokoro	ところ	luogo 27; momento 94
tokorode	ところで	a proposito 50
tokoroga	ところが	invece, tuttavia 61
toku ni	とくに（特に）	particolarmente 47
tokubetsu	とくべつ（特別）	speciale 68
tomaru	とまる（止まる）	arrestarsi, fermarsi 68
tomaru	とまる（泊まる）	fermarsi a dormire 57
tomo	とも（供）	compagnia 26
tomodachi	ともだち（友達）	amico 8
tonari	となり（隣）	vicino di casa 20
tooi	とおい（遠い）	essere lontano 20
tooru	とおる（通る）	percorrere (passare per) 57
torakku	トラック	camion 32
torakutā	トラクター	trattore 97
toranku	トランク	valigia 4
tori	とり（鳥）	uccello 50
tori	とり（鶏）	pollo 93
toru	とる（取る）	prendere 9
toshidama	としだま（年玉）	regalo di Capodanno 74
to shite	と　して	come, in qualità di 78
toshokan	としょかん（図書館）	biblioteca 83
totemo	とても	molto 9
totonou	ととのう（整う）	essere completato 74
totsugisaki	とつぎさき（嫁ぎ先）	casa dei suoceri (per la sposa) 86
totsuzen	とつぜん（突然）	improvvisamente 86
tsugi	つぎ（次）	seguente 19
tsugō	つごう（都合）	circostanza 19

tsui ni	つい に（遂 に）	infine 97
tsuide ni	ついで に	con l'occasione di 59
tsuitachi	ついたち（一日）	primo giorno del mese 65
tsukaeru	つかえる（仕える1）	servire (essere utile) 37
tsukamaru	つかまる（捉まる）	acciuffare 32
tsukare	つかれ（疲れ）	stanchezza 73
tsukareru	つかれる（疲れる1）	essere stanco 75
tsukaru	つかる（浸かる）	immergersi 62
tsukau	つかう（使う）	usare 68
tsukeru	つける（付ける1）	attaccare 36
tsuki	つき（月）	luna 43
tsūkō	つうこう（通行）	circolazione (dei veicoli) 82
tsuku	つく（付く）	attaccarsi 31
tsuku	つく（着く）	arrivare 5
tsukue	つくえ（机）	tavolo 80
tsukuru	つくる（作る）	costruire 18
tsuma	つま（妻）	mia moglie 34
tsumaranai	つまらない	essere noioso 55
tsumari	つまり	cioè 75
tsumetai	つめたい（冷たい）	essere gelato (al tatto) 54
tsumori	つもり	intenzione 25
tsurai	つらい	essere duro, faticoso 20
tsureru	つれる（連れる1）	accompagnare 26
tsūro	つうろ（通路）	passaggio, via 79
tsuru	つる（釣る）	pescare 30
tsutome	つとめ（勤め）	impiego (lavoro) 23
tsutomeru	つとめる（勤める1）	avere un impiego, lavorare 23
tsūyaku	つうやく（通訳）	interprete 97
tsuyoi	つよい（強い）	essere forte 30
tsuzuki	つづき（続き）	seguito, continuazione 37
tsuzuku	つづく（続く）	continuare (intransitivo) 20

U

uchi	うち（内）	interno 88
uchi	うち（家）	casa 53
uchū	うちゅう（宇宙）	universo 43
ue	うえ（上）	sopra 23
ugokasu	うごかす（動かす）	fare muovere 40
uīkuendo	ウイークエンド	fine settimana 72
uīn	ウィーン	Vienna 78
ukabu	うかぶ（浮かぶ）	fluttuare 48
ukagau	うかがう	capire (grado superiore/io) 47; venire (grado superiore/io) 59; domandare (grado superiore/io) 87

uketoru	うけとる（受け取る）	ricevere 61
umai	うまい	essere abile 87
umaku	うまく	egregiamente, bene 75
umareru	うまれる（生まれる1）	nascere 38
umi	うみ（海）	mare 30
undō	うんどう（運動）	movimento 58
unten	うんてん（運転）	guida (di un veicolo) 97
untenshu	うんてんしゅ（運転手）	autista 97
ura	うら（裏）	retro 17
urajiosutoku	ウラジオストク	Vladivostok 55
urayamashii	うらやましい	essere invidioso 30
ureshii	うれしい	essere felice 74
uru	うる（売る）	vendere 48
urusai	うるさい	essere fastidioso 24
ushi	うし（牛）	mucca 97
ushiro	うしろ（後ろ）	dietro 22
uso	うそ（嘘）	bugia 85
uta	うた（歌）	canzone 19
utau	うたう（歌う）	cantare 19
utsukushii	うつくしい（美しい）	essere bellissimo 19
utsukushisa	うつくいしさ（美しさ）	bellezza 85
uwasa	うわさ（噂）	diceria, voce 73

W

wa ga hai	わがはい（吾輩）	io (parola antica) 88
waishatsu	ワイシャツ	camicia da uomo 80
wakai	わかい（若い）	essere giovane 83
wakareru	わかれる（別れる）	essere separato 34
wakaru	わかる（分かる）	capire, comprendere 1
wakasu	わかす（沸かす）	fare bollire 73
wake	わけ（訳）	motivo 36
wakusei	わくせい（惑星）	pianeta 43
wani	わに（鰐）	coccodrillo 76
warau	わらう（笑う）	ridere 19
warui	わるい（悪い）	essere cattivo 19
warumono	わるもの（悪者）	persona cattiva 43
washitsu	わしつ（和室）	stanza in stile giapponese 34
wasureru	わすれる（忘れる1）	dimenticare 8
watakushi	わたくし（私）	io 9
watakushidomo	わたくしども（私共）	noi (in occasioni ufficiali) 40
wataru	わたる（渡る）	attraversare 36
watashi	わたし（私）	io 12
watashitachi	わたしたち（私達）	noi 39
watasu	わたす（渡す）	consegnare 79
wazawaza	わざわざ	appositamente 61

Y

yabureru	やぶれる（破れる1）	essere deteriorato 88
yachin	やちん（家賃）	affitto 24
yahari/yappari	やはり／やっぱり	come previsto 67
yakeru	やける（焼ける1）	grigliare 30
yakuhin	やくひん（薬品）	farmaco 81
yakusoku	やくそく（約束）	appuntamento 13
yakuwari	やくわり（役割）	ruolo 95
yakyū	やきゅう（野球）	baseball 52
yama	やま（山）	montagna 36
yamagoya	やまごや（山小屋）	baita 72
yameru	やめる1	smettere 5
yarikata	やりかた	modo di fare 58
yaru	やる	fare (familiare) 29
yasai	やさい（野菜）	verdura 80
yasashii	やさしい	essere gentile 94
yasui	やすい（安い）	essere economico 31
yasumi	やすみ（休み）	vacanza 30
yasumu	やすむ（休む）	riposarsi 46
yatto	やっと	finalmente 24
yo	よ（世）	mondo 48
yō	よう	modo, maniera 48; che si usa per, da 82
yōchien	ようちえん（幼稚園）	scuola materna 24
yohō	よほう（予報）	previsione 93
yohodo	よほど	molto 92
yōji	ようじ（用事）	impegno 86
yoko	よこ（横）	di lato 31; fianco 46
yoku	よく	bene 8; spesso 10
yokujitsu	よくじつ（翌日）	il giorno dopo 45
yome	よめ（嫁）	sposa 86
yomitsugareru	よみつがれる（読み継がれる1）	continuare a essere letto 89
yomu	よむ（詠む）	comporre una poesia 90
yomu	よむ（読む）	leggere 64
yonaka	よなか（夜中）	piena notte 11
yopparau	よっぱらう（酔っ払う）	ubriacarsi 48
yori	より	più (+ aggettivo) che 19
yōroppa	ヨーロッパ	Europa 73
yoroshii	よろしい	essere buono (grado superiore/Lei) 23
yoru	よる	basarsi su 55
yoru	よる（寄る）	passare (per un luogo) 31
yoru	よる（夜）	notte 11
yosan	よさん（予算）	budget 32
yoteigai	よていがい（予定外）	imprevisto (aggettivo) 45
yoyaku	よやく（予約）	prenotazione 44
yoyū	よゆう（余裕）	disponibilità 80

yu	ゆ（湯）	acqua calda 73
yūbe	ゆうべ（夕べ）	ieri sera 61
yūbin	ゆうびん（郵便）	posta 22
yūbinkyoku	ゆうびんきょく（郵便局）	ufficio postale 22
yubiwa	ゆびわ（指輪）	anello 76
yubune	ゆぶね（湯槽）	vasca di acqua calda (dei bagni pubblici) 62
yudetamago	ゆでたまご（茹で卵）	uovo sodo 93
yūgata	ゆうがた（夕方）	sera 33
yūjin	ゆうじん（友人）	amico 69
yūjō	ゆうじょう（友情）	amicizia 89
yuki	ゆき（雪）	neve 72
yukigeshiki	ゆきげしき（雪景色）	paesaggio innevato 72
yukkuri/yukkuri to	ゆっくり/ゆっくり と	lentamente 39
yūkō	ゆうこう（友好）	fraternità 88
yume	ゆめ（夢）	sogno 50
yūmei	ゆうめい（有名）	famoso 37
yūryō	ゆうりょう（有料）	a pagamento 32
yūshoku	ゆうしょく（夕食）	cena 73
yūyake	ゆうやけ（夕焼け）	crepuscolo 48

Z

zannen	ざんねん（残念）	che peccato! 19
zasshi	ざっし（雑誌）	rivista (nome) 64
zehi	ぜひ（是非）	assolutamente 19
zeikan	ぜいかん（税関）	dogana 4
zen	ぜん（善）	il bene 90
zenbu	ぜんぶ（全部）	interamente 31
zenjidō	ぜんじどう（全自動）	totalmente automatico 65
zensekai	ぜんせかい（全世界）	mondo intero 76
zenzen	ぜんぜん（全然）	per niente 24
zō	ぞう（象）	elefante 39
zuibun	ずいぶん（随分）	parecchio 13
zutsu	ずつ	ogni, ciascuno 39
zutto	ずっと	considerevolmente 82

nana hyaku kyū jū hachi • 798

Lessico italiano-giapponese

A

abile	じょうず（上手）	**jōzu** 69
abile (essere ~)	うまい	**umai** 87
abitare	すむ（住む）	**sumu** 15
abituale, comune	ふつう（普通）	**futsū** 45
accadere	おこる（起こる）	**okoru** 43
accanto, a lato	そば	**soba** 51
acciuffare	つかまる（捉まる）	**tsukamaru** 32
accoglienza (ricezione)	せったい（接待）	**settai** 69
accompagnare	つれる（連れる1）	**tsureru** 26
accompagnare (per una partenza)	みおくる（見送る）	**miokuru** 78
accompagnare (qualcuno)	おくる（送る）	**okuru** 33
accordarsi	あう（合う）	**au** 71
accorgersi di	きが　つく（気 が つく）	**ki ga tsuku** 81
acqua (fredda)	みず（水）	**mizu** 31
acqua calda	ゆ（湯）	**yu** 73
acquario (edificio)	すいぞくかん（水族館）	**suizokukan** 6
adagiare, coricare	ねかせる（寝かせる1）	**nekaseru** 75
adesso	いま（今）	**ima** 12
adorabile	すてき	**suteki** 74
adulto	おとな（大人）	**otona** 44
aerea (via ~) (posta)	こうくう（航空）	**kōkū** 22
aereo	ひこうき（飛行機）	**hikōki** 27
aeroporto	くうこう（空港）ひこうじょう（飛行場）	**kūkō** 27; **hikōjō** 27
affidare, depositare	あずける（預ける1）	**azukeru** 45
affitto	やちん（家賃）	**yachin** 24
affollato	まんいん（満員）	**man'in** 62
affollato (essere ~)	こむ（混む）	**komu** 32
Africa	アフリカ	**afurika** 39
agenzia immobiliare	ふどうさんや（不動産屋）	**fudōsan'ya** 34
aggiungere, addizionare	たす（足す）	**tasu** 95
agio (a proprio ~)	きらく（気楽）	**kiraku** 87
ago (per l'agopuntura)	はり（鍼）	**hari** 81
agricoltura	のうぎょう（農業）	**nōgyō** 64
aiutare	てつだう（手伝う）	**tetsudau** 74
albergo, hotel	ホテル	**hoteru** 44
albero	き（木）	**ki** 39
alcolico (bevanda)	さけ（酒）	**sake** 4
alimento, cibo	しょくひん（食品）	**shokuhin** 48

allevare (un animale)	かう（飼う）	**kau** 33
allievo	せいと（生徒）	**seito** 82
allievo di (grado scuola e livello classe)	ねんせい（年生）	**nensei** 92
allineare	ならべる（並べる1）	**naraberu** 74
allora	では	**dewa** 17;
	それで	**sorede** 52
allora, dunque	それじゃ	**soreja** 64
allora, bene	それでは	**soredewa** 3
altalena	ブランコ	**buranko** 82
altezza (taglia)	せ（背）	**se** 71
alto (essere ~)	たかい（高い）	**takai** 75
altoparlante	スピーカー	**supīkā** 58
altro	ほか（他）	**hoka** 41
altroieri (l' ~)	おととい	**ototoi** 39
alzarsi	おきる（起きる1）	**okiru** 11
alzarsi in piedi	たつ（立つ）	**tatsu** 24;
	おきあがる（起き上がる）	**okiagaru** 72
alzarsi in volo	とびたつ（飛び立つ）	**tobitatsu** 43
amato (molto ~/preferito)	だいすき（大好き）	**daisuki** 9
ambiente (in senso ecologico)	かんきょう（環境）	**kankyō** 95
America	アメリカ	**amerika** 8
amicizia	ゆうじょう（友情）	**yūjō** 89
amico	ともだち（友達）	**tomodachi** 8;
	なかま（仲間）	**nakama** 47;
	ゆうじん（友人）	**yūjin** 69
ammirazione	かんしん（感心）	**kanshin** 37
ammirevole	かんしん（感心）	**kanshin** 33
amore	こい（恋）	**koi** 43
ancora	まだ	**mada** 15
ancora (non ~)	まだ	**mada** 2
andare	いく（行く）	**iku** 1
andare (grado superiore /Lei)	いらっしゃる	**irassharu** 68
andare incontro	むかえる（迎える1）	**mukaeru** 27
anello	ゆびわ（指輪）	**yubiwa** 76
animale	どうぶつ（動物）	**dōbutsu** 82
animale domestico	ペット	**petto** 82
animali grossi (classificatore per contare gli ~)	とう（頭）	**tō** 39
animato (luogo)	にぎやか	**nigiyaka** 51
animo	き（気）	**ki** 24
anni (alcuni ~)	すうねん（数年）	**sūnen** 76
anni (due ~ fa)	おととし（一昨年）	**ototoshi** 90

happyaku • 800

anni (età, preceduto dal numero)	さい（歳）	**sai** 15
anno (data, durata)	ねん（年）	**nen** 15
anno (durata)	ねんかん（年間）	**nenkan** 37
anno (in corso)	ほんねん（本年）	**honnen** 78
anno (inizio dell' ~)	ねんし（年始）	**nenshi** 74
anno (ogni ~)	まいとし（毎年）	**maitoshi** 55
anno (questo ~)	ことし（今年）	**kotoshi** 23
Anno Nuovo	しんねん（新年）	**shinnen** 78
anno passato	きょねん（去年）	**kyonen** 55
anno prossimo	らいねん（来年）	**rainen** 26
anno scorso	さくねん（昨年）	**sakunen** 78
anteguerra	せんぜん（戦前）	**senzen** 88
antibiotico	こうせいぶっしつ（抗生物質）	**kōseibusshitsu** 81
anticamente, una volta	むかし（昔）	**mukashi** 33
apparire	でる（出る1）	**deru** 29
appartamento	アパート	**apāto** 24
appeso (essere ~)	かかる	**kakaru** 31
appositamente	わざわざ	**wazawaza** 61
appuntamento	やくそく（約束）	**yakusoku** 13
aprile	しがつ（四月）	**shigatsu** 23
aprire	ひらく（開く）	**hiraku** 45
aprirsi	あく（開く）	**aku** 60
arachide	ピーナッツ	**pīnattsu** 39
architetto	けんちくか（建築家）	**kenchikuka** 97
Argentina	アルゼンチン	**aruzenchin** 41
aria (che si respira)	くうき（空気）	**kūki** 75
arrestarsi, fermarsi	とまる（止まる）	**tomaru** 68
arrivare	つく（着く）	**tsuku** 5
arrivare in orario	まにあう（間に合う）	**maniau** 51
articolo di giornale	きじ（記事）	**kiji** 64
asciugamano	タオル	**taoru** 31
ascoltare	きく（聞く）	**kiku** 29
aspettare	まつ（待つ）	**matsu** 13
aspetto, apparenza	かっこう（恰好）	**kakkō** 82
aspetto esteriore	がいかん（外観）	**gaikan** 96
aspirapolvere	そうじき（掃除機）	**sōjiki** 59
aspirare	すう（吸う）	**suu** 20
assaggiare	あじわう（味わう）	**ajiwau** 85
assemblare dei pezzi	くみたてる（組み立てる）	**kumitateru** 40
assemblea	かいぎ（会議）	**kaigi** 89
assenza	るす（留守）	**rusu** 18
assolutamente	ぜひ（是非）	**zehi** 19
assolutamente no	いっさい（一切）	**issai** 81
assomigliare	にる（似る1）	**niru** 39
atmosfera	ふんいき（雰囲気）	**fun'iki** 85

attaccare	つける（付ける1）	**tsukeru** 36
attaccarsi	つく（付く）	**tsuku** 31
attenzione (fare ~)	き を つける （気 を つける1）	**ki o tsukeru** 40
attiguo	ちかく（近く）	**chikaku** 62
attività	かつどう（活動）	**katsudō** 47
attivo	かっぱつ（活発）	**kappatsu** 88
attore	はいゆう（俳優）	**haiyū** 97
attraversare	わたる（渡る）	**wataru** 36
attrezzo	きぐ（器具）	**kigu** 59
attrice	じょゆ（女優）	**joyū** 19
aumentare	ふえる（増える1）	**fueru** 45
Australia	オーストラリア	**ōsutoraria** 38
Austria	オーストリア	**ōsutoria** 78
autista	うんてんしゅ（運転手）	**untenshu** 97
autobus	バス	**basu** 6
autobus di lusso	リムジン バス	**rimujin basu** 27
automatico (totalmente ~)	ぜんじどう （全自動）	**zenjidō** 65
automobile	じどうしゃ（自動車） くるま（車）	**jidōsha** 23; **kuruma** 34
autostrada	こうそくどうろ （高速道路）	**kōsokudōro** 32
autunno	あき（秋）	**aki** 48
avanzare	のこる（残る）	**nokoru** 45
avanzare, progredire	すすむ（進む）	**susumu** 32
avventura	ぼうけん（冒険）	**bōken** 43
avvicinarsi	ちかづく（近づく）	**chikazuku** 58
azienda agricola	のうじょう（農場）	**nōjō** 97
azione	かつやく（活躍）	**katsuyaku** 88

B

bacchette	はし（箸）	**hashi** 9
bagagli, valigia	にもつ（荷物）	**nimotsu** 27
bagni pubblici	せんとう（銭湯）	**sentō** 62
bagno	ふろ（風呂）	**furo** 62
baita	やまごや （山小屋）	**yamagoya** 72
ballare	おどる（躍る）	**odoru** 76
bambina	おんな の こ （女 の 子）	**onna no ko** 15
bambino	こども（子供） おとこ の こ （男 の 子）	**kodomo** 15; **otoko no ko** 15
bambino (il Suo ~)	おぼっちゃん （お坊ちゃん）	**obocchan** 15
bambino che si è perso	まいご（迷子）	**maigo** 97
banca	ぎんこう（銀行）	**ginkō** 31

happyaku ni • 802

banconota	さつ（札）	**satsu** 88
bandiera	はた（旗）	**hata** 58
bar	バー	**bā** 11
basarsi su	よる	**yoru** 55
baseball	やきゅう（野球）	**yakyū** 52
bastare (essere sufficiente)	たりる（足りる1）	**tariru** 32
batteria	じゅうでん（充電）	**jūden** 51
beh, dunque	ええと	**eeto** 58
bel tempo (fare ~)	はれる（晴れる1）	**hareru** 93
bellezza	び（美）	**bi** 85;
	うつくしさ（美しさ）	**utsukushisa** 85
bellissimo (essere ~)	うつくしい（美しい）	**utsukushii** 19
bello	きれい	**kirei** 30
bell'uomo	びだんし（美男子）	**bidanshi** 94
benché	のに	**noni** 41;
	けれども	**keredomo** 44
bene	よく	**yoku** 8
bene (il ~)	ぜん（善）	**zen** 90
bere	のむ（飲む）	**nomu** 3
bianco (essere ~)	しろい（白い）	**shiroi** 31
biblioteca	としょかん（図書館）	**toshokan** 83
bicchiere (un ~ pieno)	いっぱい（一杯）	**ippai** 73
bicchieri (classificatore per contare i ~ pieni)	はい（杯）	**hai** 37
bicicletta	じてんしゃ（自転車）	**jitensha** 57
biglietteria	かいさつぐち（改札口）	**kaisatsuguchi** 79
biglietto	きっぷ（切符）	**kippu** 29
binario (stazione, metro)	ホーム	**hōmu** 79
birra	ビール	**bīru** 3
biscotto	クッキー	**kukkī** 93
blu, verde (essere ~)	あおい（青い）	**aoi** 31
bollire (fare ~)	わかす（沸かす）	**wakasu** 73
bonsai (albero nano)	ぼんさい（盆栽）	**bonsai** 66
bordo	ふち（縁）	**fuchi** 31
borsa	バッグ	**baggu** 27;
	かばん（鞄）	**kaban** 65
borsa per la spesa	てさげ　かばん（手提げ　鞄）	**tesage kaban** 31
borsetta	ハンド　バッグ	**hando baggu** 76
Brasile	ブラジル	**burajiru** 69
brillare	かがやく（輝く）	**kagayaku** 48
bruciare	もえる（燃える1）	**moeru** 85
buca delle lettere	ポスト	**posuto** 61
bucato	せんたく（洗濯）	**sentaku** 62
budget	よさん（予算）	**yosan** 32
bugia	うそ（嘘）	**uso** 85
buona salute	げんき（元気）	**genki** 23

803 • *happyaku san*

buono (essere ~)	いい	**ii** 2
buono (essere ~) (grado superiore/Lei)	よろしい	**yoroshii** 23
buono (essere ~) (gusto)	おいしい	**oishii** 9
busta	ふうとう（封筒）	**fūtō** 61

C

cachi	かき（柿）	**kaki** 48
cadere	おちる（落ちる1） ころぶ（転ぶ）	**ochiru** 48; **korobu** 72
cadere (fare ~)	おとす（落とす）	**otosu** 73
cadere (pioggia, neve)	ふる（降る）	**furu** 31
cadere, spargersi	ちる（散る）	**chiru** 90
caffè (bevanda)	コーヒー	**kōhi** 3
caffè (luogo)	きっさてん（喫茶店）	**kissaten** 12
calcio (sport)	サッカー	**sakkā** 52
calcolatrice	でんたく（電卓）	**dentaku** 95
calcolo (matematico)	けいさん（計算）	**keisan** 95
caldo (essere ~)	あつい（暑い）	**atsui** 1
caldo temperato (essere ~)	あたたかい（暖かい）	**atatakai** 81
caldo umido (essere ~)	むしあつい（蒸暑い）	**mushiatsui** 60
calma, indifferenza	へいき（平気）	**heiki** 62
calmarsi, rilassarsi	しずまる（静まる）	**shizumaru** 85
calura (fuga dalla ~)	ひしょ（避暑）	**hisho** 76
calzare (fare ~ a qualcuno)	はかす	**hakasu** 82
calze	くつした（靴下）	**kutsushita** 5
cambiamento	へんか（変化）	**henka** 88
cambiare	かわる（変わる）	**kawaru** 41
cambiare mezzo di trasporto	のりかえる（乗り換える1）	**norikaeru** 55
cambiarsi gli abiti	きがえる（着替える1）	**kigaeru** 54
camera	へや（部屋）	**heya** 44
camera da letto	しんしつ（寝室）	**shinshitsu** 66
camicia da uomo	ワイシャツ	**waishatsu** 80
camion	トラック	**torakku** 32
cammello	らくだ	**rakuda** 39
camminare	あるく（歩く）	**aruku** 6
campagna	いなか（田舎）	**inaka** 36
campanello	ベル	**beru** 74
campeggio	キャンプ	**kyanpu** 75
campione (modello)	みほん（見本）	**mihon** 92
campo	はたけ（畑）	**hatake** 57
campo di allenamento	れんしゅうじょう（練習場）	**renshūjō** 52
Canada	カナダ	**kanada** 45
candidato elettorale	りっこうほしゃ（立候補者）	**rikkōhosha** 58

cane	いぬ（犬）	**inu** 33
cantante	かしゅ（歌手）	**kashu** 19
cantare	うたう（歌う）	**utau** 19
canzone	うた（歌）	**uta** 19
capire, comprendere	わかる（分かる）	**wakaru** 1
capire (grado superiore/io)	うかがう	**ukagau** 47
capitale di una nazione	しゅと（首都）	**shuto** 76
Capodanno	しょうがつ（正月）	**shōgatsu** 68
cappello	ぼうし（帽子）	**bōshi** 54
cappotto	コート	**kōto** 76
carino (essere ~)	かわいい	**kawaii** 33
carne	にく（肉）	**niku** 9
caro (essere ~)	たかい（高い）	**takai** 5
carta	かみ（紙）	**kami** 88
carta di credito	クレジット　カード	**kurejitto kādo** 89
cartolina illustrata	えはがき（絵葉書）	**ehagaki** 39
cartolina postale	はがき（葉書）	**hagaki** 22
casa	いえ（家）	**ie** 34;
	うち（家）	**uchi** 53
casa (grado superiore/Lei)	おたく（お宅）	**otaku** 82
casa dei suoceri (per la sposa)	とつぎさき（嫁ぎ先）	**totsugisaki** 86
casa monofamiliare	いっけんや（一軒家）	**ikken'ya** 34
caso (in tal ~)	それなら	**sorenara** 11
castello, fortezza	しろ（城）	**shiro** 68
catalogo	カタログ	**katarogu** 96
cattivo (essere ~)	わるい（悪い）	**warui** 19
causa (a ~ di)	ため	**tame** 60
cauzione	しききん（敷金）	**shikikin** 34
CD	シーディー（CD）	**shīdī** 47
cellulare (telefono)	けいたい（でんわ）（携帯（電話））	**keitai (denwa)** 51
cemento	コンクリート	**konkurīto** 66
cena	ゆうしょく（夕食）	**yūshoku** 73;
	ばんごはん（晩御飯）	**bangohan** 83
cena (grado inferiore)	ばんめし（晩飯）	**banmeshi** 75
centro (nel ~, in mezzo)	まんなか（真中）	**mannaka** 68
centro commerciale	ショッピング　センター	**shoppingu sentā** 97
cercare	しらべる（調べる1）	**shiraberu** 22;
	さがす（捜す）	**sagasu** 34
certamente	かならず（必ず）	**kanarazu** 27;
	きっと	**kitto** 39
certo (un ~) (+ nome)	ある	**aru** 37
champagne	シャンペン	**shanpen** 47
check in	チェック　イン	**chekku in** 44
chi?	だれ	**dare** 19
chi? (grado superiore)	どなた	**donata** 86
chiacchierone	しゃべり	**shaberi** 73

chiamarsi	いう（言う）	**iu** 33
chiamarsi (grado superiore/io)	もうす（申す）	**mōsu** 15
chiaramente	はっきり	**hakkiri** 55
chiedere, domandare	たのむ（頼む）	**tanomu** 29
chilometro	キロ	**kiro** 32
chimica	かがく（化学）	**kagaku** 81
ciascuno	それぞれ	**sorezore** 89
cibo	たべもの（食べ物）	**tabemono** 46
cielo	そら（空）	**sora** 48
cielo coperto, nuvoloso	くもり（曇り）	**kumori** 93
ciliegio	さくら（桜）	**sakura** 90
cimitero	ぼち（墓地）	**bochi** 67;
	れいえん（霊園）	**reien** 67
Cina	ちゅうごく（中国）	**chūgoku** 26
cinema	えいが（映画）	**eiga** 8
cinese (lingua)	ちゅうごくご（中国語）	**chūgokugo** 26
cioccolato	チョコレート	**chokorēto** 93
cioè	つまり	**tsumari** 75
circa, all'incirca (dopo una parola di tempo)	ごろ	**goro** 55
circa	ほど	**hodo** 69
circolazione (dei veicoli)	つうこう（通行）	**tsūkō** 82
circolazione (trasporti)	こうつう（交通）	**kōtsū** 23
circostanza	つごう（都合）	**tsugō** 19;
	ばあい（場合）	**baai** 68
cirrocumulo	いわしぐも（いわし雲）	**iwashigumo** 48
cittadinanza	こくせき（国籍）	**kokuseki** 38
classico	クラシック	**kurashikku** 47
climatizzatore	れいぼう（冷房）	**reibō** 60
club, circolo	クラブ	**kurabu** 38
coccodrillo	わに（鰐）	**wani** 76
cocktail party	カクテル　パーティー	**kakuteru pātī** 47
cognome	みょうじ（苗字）	**myōji** 36
colazione	ちょうしょく（朝食）	**chōshoku** 3
collare	くびわ（首輪）	**kubiwa** 82
collega	どうりょう（同僚）	**dōryō** 32
collezionare, riunire	あつめる（集める1）	**atsumeru** 88
collo	くび（首）	**kubi** 39
colore	いろ（色）	**iro** 30
coltello	ナイフ	**naifu** 80
combinato (ben ~)	にあい（似合い）	**niai** 71
come, in qualità di	と　して	**to shite** 78
come?	どう	**dō** 6;
	いかが	**ikaga** 16;
	どう　やって	**dō yatte** 54
cominciare (qualcosa)	はじめる（始める1）	**hajimeru** 47
commemorazione	きねん（記念）	**kinen** 89

commercio (attività)	しょうばい（商売）	**shōbai** 48
comodo	べんり（便利）	**benri** 24
compagnia	とも（供）	**tomo** 26
companatico (che accompagna il riso)	おかず	**okazu** 93
compenso	れいきん（礼金）	**reikin** 34
compleanno	たんじょうび（誕生日）	**tanjōbi** 29
completamente	すっかり	**sukkari** 78
completato (essere ~)	ととのう（整う）	**totonou** 74
comporre una poesia	よむ（詠む）	**yomu** 90
compositore	さっきょくか（作曲家）	**sakkyokuka** 41
composizione musicale	さっきょく（作曲）	**sakkyoku** 41
comprare	かう（買う）	**kau** 5
computer	コンピューター	**konpyūtā** 40
comunque sia	いずれ に せよ	**izure ni seyo** 89
concerto	コンサート	**konsāto** 19;
	おんがくかい（音楽会）	**ongakukai** 29
condizione	じょうけん（条件）	**jōken** 69
confrontare	くらべる（比べる1）	**kuraberu** 60
congelamento	れいとう（冷凍）	**reitō** 48
congratulazioni	いわい（祝い）	**iwai** 46
conoscente (persona)	ちじん（知人）	**chijin** 67
conoscere	しる（知る）	**shiru** 6
conoscere (grado superiore/Lei)	ご ぞんじ（存知）です	**go zonji desu** 96
consegnare	わたす（渡す）	**watasu** 79
considerevolmente	ずっと	**zutto** 82
consiglio	すすめ（勧め）	**susume** 18
contadino	ひゃくしょう（百姓）	**hyakushō** 97
contatto, comunicazione	れんらく（連絡）	**renraku** 69
contemplazione dei fiori di ciliegio	はなみ（花見）	**hanami** 90
contemporaneo	げんだい（現代）	**gendai** 50
contenuto	ないよう（内容）	**naiyō** 43
continuare (intransitivo)	つづく（続く）	**tsuzuku** 20
continuare a essere letto	よみつがれる（読み継がれる1）	**yomitsugareru** 89
conto bancario	こうざ（口座）	**kōza** 45
conversazione	かいわ（会話）	**kaiwa** 94
copertina (di un libro, di una rivista)	ひょうし（表紙）	**hyōshi** 85
copiosamente	どんどん	**dondon** 64
coppia (marito e moglie)	ふさい（夫妻）	**fusai** 66
coricarsi, andare a letto	ねる（寝る1）	**neru** 11
corpo (umano)	からだ（体）	**karada** 73
corpo	み（身）	**mi** 92

corpo (di macchinario)	ボディー	**bodī** 65
correre	はしる（走る）	**hashiru** 32
correttamente	ちゃんと	**chanto** 61
corso (strada)	おおどおり（大通り）	**oodoori** 58
corte imperiale	ちょうてい（朝廷）	**chōtei** 83
corto (essere ~)	みじかい（短い）	**mijikai** 97
cosa?	なん／なに（何）	**nan/nani** 2
così	そう	**sō** 1
così come si trova	そのまま	**sonomama** 32
costeggiare	そう	**sou** 57
Costituzione	けんぽう（憲法）	**kenpō** 88
costruire	つくる（作る）	**tsukuru** 18;
	たてる（建てる1）	**tateru** 37
costruito in (legno ecc.)	だて（建て）	**date** 76
costume da bagno	みずぎ（水着）	**mizugi** 14
crepuscolo	ゆうやけ（夕焼け）	**yūyake** 48
Croce Rossa Giapponese	にっせき（日赤）	**nisseki** 53
cucina (preparazione dei piatti)	りょうり（料理）	**ryōri** 18
cucina (stanza)	だいどころ（台所）	**daidokoro** 34
cucina cinese	ちゅうかりょうり（中華料理）	**chūkaryori** 9
cultura	ぶんか（文化）	**bunka** 82
cuore (spirito)	こころ（心）	**kokoro** 85
cura, attenzione	せわ（世話）	**sewa** 78
curare	なおす（直す）	**naosu** 81
cure mediche	ちりょう（治療）	**chiryō** 46
curiosità, interesse	きょうみ（興味）	**kyōmi** 43
curva	カーブ	**kābu** 72
cuscino	まくら（枕）	**makura** 75

D

da (a partire ~)	いらい（以来）	**irai** 59
d'ora in avanti	これから	**korekara** 40
daltonismo	しきもう（色盲）	**shikimō** 79
dango (palline di farina di riso)	だんご（団子）	**dango** 90
davanti	まえ（前）	**mae** 13;
	さき（先）	**saki** 92
davvero	ほんとう（本当）	**hontō** 12
debito	しゃっきん（借金）	**shakkin** 76
decidere	きめる（決める1）	**kimeru** 55
deciso (essere ~)	きまる（決まる）	**kimaru** 27
deluso (essere ~)	がっかり する	**gakkari suru** 85
denaro (banconote, monete)	かへい（貨幣）	**kahei** 88
denaro elettronico	でんし マネー（電子 マネー）	**denshi manē** 89

happyaku hachi • 808

dentro	なか（中）	**naka** 4
deputato	ぎいん（議員）	**giin** 69
desiderato (essere ~)	ほしい（欲しい）	**hoshii** 34
dessert	デザート	**dezāto** 93
destra	みぎ（右）	**migi** 17
deteriorato (essere ~)	やぶれる（破れる1）	**yabureru** 88
detestare (aggettivo)	きらい（嫌い）	**kirai** 81
diamante	ダイヤモンド	**daiyamondo** 76
dicembre	じゅうにがつ（十二月）	**jūnigatsu** 74
diceria, voce	うわさ（噂）	**uwasa** 73
dieta (alimentare)	ダイエット	**daietto** 12
Dieta (edificio)	こっかいぎじどう（国会議事堂）	**kokkaigijidō** 94
dietro	うしろ（後ろ）	**ushiro** 22
difficile	むり（無理）	**muri** 19
difficile (essere ~)	むずかしい	**muzukashii** 32
difficoltà (essere in ~)	こまる（困る）	**komaru** 13
dimenticare	わすれる（忘れる1）	**wasureru** 8
dimesso dall'ospedale (essere ~)	たいいん（退院）	**taiin** 23
dintorni (luoghi)	へん（辺）	**hen** 20
dintorni	きんぺん（近辺）	**kinpen** 82
dintorni, vicinanze	あたり（辺り）	**atari** 32
diploma, laurea	そつぎょう（卒業）	**sotsugyō** 23
dire	いう（言う）	**iu** 37
dire (grado superiore/Lei)	おっしゃる	**ossharu** 93
direzione	ほうこう（方向）ほう（方）	**hōkō** 67; **hō** 75
dirigersi verso	むかう（向かう）	**mukau** 94
dirimpetto	むかい（向かい）	**mukai** 24
diritto (sempre ~)	まっすぐ	**massugu** 20
discussione	はなしあい（話し合い）	**hanashiai** 89
discutere	はなしあう（話しあう）	**hanashiau** 66
disoccupato	しつぎょうしゃ（失業者）	**shitsugyōsha** 40
disponibilità	よゆう（余裕）	**yoyū** 80
disposizione (d'animo)	ごこち（心地）	**gokochi** 60
distribuzione	はいたつ（配達）	**haitatsu** 61
distrutto (essere ~)	くたびれる1	**kutabireru** 72
diventare	なる	**naru** 22
diverso (essere ~)	ちがう（違う）	**chigau** 89
divertirsi	あそぶ（遊ぶ）たのしむ（楽しむ）	**asobu** 45; **tanoshimu** 66
divieto	きんし（禁止）	**kinshi** 82
doccia	シャワー	**shawā** 62
dogana	ぜいかん（税関）	**zeikan** 4
dolce (essere ~)	あまい（甘い）	**amai** 93
dolce (cibo)	おかし（お菓子）	**okashi** 12

dolore (provare ~)	いたい（痛い）	**itai** 46
domanda	しつもん（赤問）	**shitsumon** 40
domandare (grado superiore/io)	うかがう	**ukagau** 87
domandare, chiedere	きく（聞く）	**kiku** 39
domani	あした（明日）	**ashita** 2
domenica	にちようび（日曜日）	**nichiyōbi** 16
dondolo	シーソー	**shīsō** 82
donna	おんな（女）	**onna** 41
donna (+ professione)	じょりゅう（女流）	**joryū** 83
dopo	その　ご　（後）	**sono go** 23;
	ご（後）	**go** 31;
	あと（後）	**ato** 45
dopo, in seguito	のちほど（後ほど）	**nochihodo** 69
dopodiché	その　あと	**sono ato** 57
dopodomani	あさって	**asatte** 43;
	みょうごにち（明後日）	**myōgonichi** 53
dopo mangiato	しょくご（食後）	**shokugo** 41
dorato	きんいろ（金色）	**kin'iro** 85
dormire	ねむる（眠る）	**nemuru** 60
dottore	いしゃ（医者）	**isha** 46
dove?	どこ	**doko** 1
download	ダウンロード	**daunrōdo** 47
duro, faticoso (essere ~)	つらい	**tsurai** 20

E

eccedere	すぎる（過ぎる1）	**sugiru** 92
eccetera	など	**nado** 33
economia (disciplina)	けいざい（経済）	**keizai** 69
economico (essere ~)	やすい（安い）	**yasui** 31
edificio	ビル	**biru** 24
effimero, vano (essere ~)	はかない	**hakanai** 48
egregiamente, bene	うまく	**umaku** 75
elefante	ぞう（象）	**zō** 39
elenco telefonico	でんわちょう（電話帳）	**denwachō** 36
elettricista (negozio)	でんきや（電気屋）	**denkiya** 59
elettricità	でんき（電気）	**denki** 40
elezioni	せんきょ（選挙）	**senkyo** 58
emozione	いんしょう（印象）	**inshō** 85
enorme	きょだい（巨大）	**kyodai** 52
entrambi	りょう（両）	**ryō** 68
entrare	はいる（入る）	**hairu** 5
entrata (di un negozio)	いりぐち（入口）	**iriguchi** 79
enunciare, dire	のべる（述べる1）	**noberu** 89
epoca	じだい（時代）	**jidai** 17
eroe (film, romanzo)	ヒーロー	**hīrō** 43

happyaku jū • 810

esattamente	まったく（全く）	**mattaku** 48
esatto, corretto	せいかく（正確）	**seikaku** 61
esclusivamente	もっぱら	**moppara** 47
esempio (ad ~)	たとえば（例えば）	**tatoeba** 36
esercizio	れんしゅう（練習）	**renshū** 47
esistere (esseri animati)	いる1	**iru** 15
esistere (oggetti inanimati)	ある	**aru** 19
esitazione (fare cerimonie)	えんりょ（遠慮）	**enryo** 86
espansivo (essere ~)	あたたかい（温かい）	**atatakai** 41
esperto	たっしゃ（達者）	**tassha** 92
esperto (essere ~)	くわしい（詳しい）	**kuwashii** 51
espresso (posta)	そくたつ（速達）	**sokutatsu** 61
esprimere	あらわす（表す）	**arawasu** 36
esserci (grado superiore/io)	ござる	**gozaru** 86
esserci (grado superiore/Lei)	いらっしゃる	**irassharu** 73
esserci (esseri animati)	いる1	**iru** 40
esserci (oggetti inanimati)	ある	**aru** 4
essere umano	にんげん（人間）	**ningen** 88
est	ひがし（東）	**higashi** 79
estate	なつ（夏）	**natsu** 30
estremamente	ひじょう に（非常 に）	**hijō ni** 50
estremità	はて（果て）	**hate** 43
età del pensionamento	ていねん（定年）	**teinen** 66
Europa	ヨーロッパ	**yōroppa** 73
Europa e Stati Uniti	おうべい（欧米）	**ōbei** 88
evento	ぎょうじ（行事）	**gyōji** 89

F

fabbrica	こうじょう（工場） こうば（工場）	**kōjō** 40; **kōba** 97
fabbricazione	せいぞう（製造）	**seizō** 40
facile	かんたん（簡単）	**kantan** 18
facile, gradevole	らく（楽）	**raku** 92
famiglia	かぞく（家族）	**kazoku** 67
famiglia imperiale	こうしつ（皇室）	**kōshitsu** 68
familiare (parente)	しんせき（親戚）	**shinseki** 36
famoso	ゆうめい（有名）	**yūmei** 37
fan	ファン	**fan** 94
fantascienza	エス エフ（S.F）	**esu efu** 43
fantastico (essere ~)	すごい	**sugoi** 32
fare	する	**suru** 8
fare (familiare)	やる	**yaru** 29
fare (grado superiore/Lei)	なさる	**nasaru** 46

fare (grado superiore/io)	いたす	**itasu** 69
fare completamente	しまう	**shimau** 31
fare funzionare	かける1	**kakeru** 16
fare la fila	ならぶ（並ぶ）	**narabu** 39
fare per me (grado superiore)	くださる	**kudasaru** 86
fare per me	くれる1	**kureru** 29
fare per qualcuno	あげる1	**ageru** 93
farmaco	やくひん（薬品）	**yakuhin** 81
farmacopea cinese	かんぽうやく（漢方薬）	**kanpōyaku** 81
fascino, simpatia	あいきょう（愛嬌）	**aikyō** 39
fastidio (provare ~)	き に なる（気 に なる）	**ki ni naru** 62
fastidioso (essere ~)	うるさい	**urusai** 24
fatto (avvenimento)	こと	**koto** 33
febbre	ねつ（熱）	**netsu** 81
felice (essere ~)	うれしい	**ureshii** 74
felicità	おおよろこび（大喜び）	**ooyorokobi** 39
femminile	じょせい（女性）	**josei** 89
fermarsi a dormire	とまる（泊まる）	**tomaru** 57
fessura	すきま（隙間）	**sukima** 76
fiammifero	マッチ	**macchi** 75
fianco	よこ（横）	**yoko** 46
figlia (la Sua giovane ~)	おじょうさん（お嬢さん）	**ojōsan** 15
film d'animazione	アニメ	**anime** 95
finalmente	やっと	**yatto** 24
fine	おわり（終わり）	**owari** 48
fine (al ~ di)	ため	**tame** 38
fine del giorno	ひぐれ（日暮れ）	**higure** 48
fine settimana	しゅうまつ（週末）	**shūmatsu** 32
finestra	まど（窓）	**mado** 60
fiore	はな（花）	**hana** 53
fiorente	さかん（盛ん）	**sakan** 52
fioritura (piena ~)	まんかい（満開）	**mankai** 90
fiume	かわ（川）	**kawa** 36
fluttuare	うかぶ（浮かぶ）	**ukabu** 48
foglia di albero	は（葉）	**ha** 48
foglie morte	かれは（枯葉）	**kareha** 48
folla	ひとごみ（人込み）	**hitogomi** 94
fondazione (fondare)	せつりつ（設立）	**setsuritsu** 89
forchetta	フォーク	**fōku** 9
foresta	もり（森）	**mori** 50
forma	すがた（姿） かたち（形）	**sugata** 68; **katachi** 97
formato (di piccolo ~)	こがた（小型）	**kogata** 65

happyaku jū ni • 812

forse	かしら	**kashira** 59
forte (essere ~)	つよい（強い）	**tsuyoi** 30
fortuna (per ~)	おかげで	**o kage de** 60
fotocamera digitale	デジカメ	**deji kame** 65
fotografia	しゃしん（写真）	**shashin** 19
francese (persona)	フランス人	**furansujin** 13
Francia	フランス	**furansu** 18
fraternità	ゆうこう（友好）	**yūkō** 88
fra tre giorni	しあさって	**shiasatte** 27
frattempo (nel ~)	そのうちに	**sono uchi ni** 37
freddo (essere ~) (tempo)	さむい（寒い）	**samui** 60
frequentare (una scuola)	かよう（通う）	**kayou** 83
fresco (essere ~) (tempo)	すずしい（涼しい）	**suzushii** 60
fresco (recente)	しんせん（新鮮）	**shinsen** 30
frigorifero	れいぞうこ（冷蔵庫）	**reizōko** 59
frutta	くだもの（果物）	**kudamono** 53
frutti di mare	かいるい（貝類）	**kairui** 30
fumetto, manga	まんが（漫画）	**manga** 83
funerale	そうしき（葬式）	**sōshiki** 67
funzionare	かかる	**kakaru** 41
fuoco	ひ（火）	**hi** 85
fuori (l'esterno)	そと（外）	**soto** 60
futon	ふとん（布団）	**futon** 80
futuro	しょうらい（将来）	**shōrai** 89

G

gabbia	おり（檻）	**ori** 39
gamba	あし（足）	**ashi** 57
gara	きょうそう（競争）	**kyōsō** 54
garage	ガレージ	**garē ji** 34
gatto	ねこ（猫）	**neko** 50
gelato (da mangiare)	アイスクリーム	**aisu kurīmu** 54
gelato (essere ~) (al tatto)	つめたい（冷たい）	**tsumetai** 54
genere umano	じんるい（人類）	**jinrui** 95
genitori	りょうしん（両親）	**ryōshin** 39
gennaio	いちがつ（一月）	**ichigatsu** 74
gente	ひとびと（人々）	**hitobito** 37
gentile	しんせつ（親切）	**shinsetsu** 97
gentile (essere ~)	やさしい	**yasashii** 94
Germania	ドイツ	**doitsu** 78
già	もう	**mō** 25
giallo (essere ~)	きいろい（黄色い）	**kiiroi** 53
Giappone	にほん（日本）	**nihon** 18
giapponese (persona)	にほんじん（日本人）	**nihonjin** 36
giardino	にわ（庭）	**niwa** 34
gioia, divertimento	たのしみ（楽しみ）	**tanoshimi** 41

giornale (quotidiano)	しんぶん（新聞）	**shinbun** 69
giornalista	きしゃ（記者）	**kisha** 69
giorno	ひ（日）	**hi** 30
giorno (primo ~ del mese)	ついたち（一日）	**tsuitachi** 65
giorno (in pieno ~)	にっちゅう（日中）	**nicchū** 30
giorno (ogni ~)	まいにち（毎日）	**mainichi** 37
giorno (tutto il ~)	いちにち（一日）	**ichinichi** 39
giorno (quale ~ della settimana)?	なんようび（何曜日）	**nan'yōbi** 53
giorno, dì	ひる（昼）	**hiru** 95
giorno dopo (il ~)	よくじつ（翌日）	**yokujitsu** 45
giovane (essere ~)	わかい（若い）	**wakai** 83
giovedì	もくようび（木曜日）	**mokuyōbi** 39
giraffa	きりん	**kirin** 39
girare verso	むける（向ける1）	**mukeru** 75
giro (un ~) (percorso)	いっしゅう（一周）	**isshū** 76
gita	えんそく（遠足）	**ensoku** 93
gita scolastica	しゅうがくりょこう（修学旅行）	**shūgakuryokō** 97
globo terrestre	ちきゅう（地球）	**chikyū** 43
golf	ゴルフ	**gorufu** 52
governo	せいふ（政府）	**seifu** 78
grado (°C)	ど（度）	**do** 81
grande (essere ~)	おおきい（大きい）	**ookii** 20
grandi magazzini	デパート	**depāto** 5
grano	こむぎ（小麦）	**komugi** 30
grave, pesante	たいへん（大変）	**taihen** 11
grave, serio	しんこく（深刻）	**shinkoku** 95
Grecia	ギリシャ	**girisha** 22
grigliare	やける（焼ける1）	**yakeru** 30
guardare	みる（見る1）	**miru** 2
guardare (grado superiore/Lei)	ごらん　くださる（御覧　くださる）	**goran kudasaru** 65
guarire (da una malattia)	なおる（直る）	**naoru** 46
guarire, essere riparato	なおる（直る）	**naoru** 59
guasto	こしょう（故障）	**koshō** 59
guerra	せんそう（戦争）	**sensō** 18
guerra (una grande ~)	たいせん（大戦）	**taisen** 88
guerriero	ぶけ（武者）	**buke** 36
guida	あんない（案内）	**annai** 40
guida (di un veicolo)	うんてん（運転）	**unten** 97

H
hotel	ホテル	**hoteru** 44

I
idea	かんがえ（考え）	**kangae** 16
ideale	りそう（理想）	**risō** 69

identico	おなじ（同じ）	**onaji** 36
idolo (star)	アイドル	**aidoru** 95
ieri	きのう（昨日）	**kinō** 8
ieri sera	ゆうべ（夕べ）	**yūbe** 61
ikebana (arte della disposizione dei fiori)	いけばな（生け花）	**ikebana** 34
imitazione (falso)	にせ（偽）	**nise** 82
immediatamente	さっそく（早速）	**sassoku** 50
immergersi	つかる（浸かる）	**tsukaru** 62
imparare, studiare	ならう（習う）	**narau** 64
impaziente	せっかち	**sekkachi** 81
impegnato (essere ~)	いそがしい	**isogashii** 41
impegno	ようじ（用事）	**yōji** 86
impegno (con tutto l'~)	いっしょうけんめい（一生懸命）	**isshōkenmei** 83
Imperatore (del Giappone)	てんのう（天皇）	**tennō** 68
imperatrice	こうごう（皇后）	**kōgō** 68
impiegare (del tempo)	かかる	**kakaru** 32
impiegato (nome)	サラリーマン	**sararīman** 52
impiego (avere un ~)	つとめる（勤める1）	**tsutomeru** 23
impiego (lavoro)	つとめ（勤め）	**tsutome** 23
importante	たいせつ（大切）	**taisetsu** 89
impossibile	だめ	**dame** 67
impressione (avere l'~ di)	き が する（気 が する）	**ki ga suru** 43
impressione (sentimento)	かんじ（感じ）	**kanji** 71
imprevisto (aggettivo)	よていがい（予定外）	**yoteigai** 45
improvvisamente	とつぜん（突然）	**totsuzen** 86
incendio	かじ（火事）	**kaji** 85
inchino	じぎ（辞儀）	**jigi** 78
inchiostro di china	すみ（墨）	**sumi** 90
incidente	じこ（事故）	**jiko** 23
incontrare	あう（会う）	**au** 23
incontrare (grado superiore/io)	お め に かかる（お 目 に かかる）	**o me ni kakaru** 68
incredibile	まさか	**masaka** 82
India	インド	**indo** 39
indirizzo	じゅうしょ（住所）	**jūsho** 38
individuale	こじん（個人）	**kojin** 64
indumenti intimi	したぎ（下着）	**shitagi** 80
industria	こうぎょう（工業）	**kōgyō** 64
infine	ついに（遂に）	**tsui ni** 97
informatica	じょうほうかがく（情報科学）	**jōhōkagaku** 95
informazione	じょうほう（情報）	**jōhō** 95
infrazione	いはん（違反）	**ihan** 32
Inghilterra	イギリス	**igirisu** 22
inglese (lingua)	えいご（英語）	**eigo** 64

ingresso (di una casa)	げんかん（玄関）	**genkan** 62
ingresso in un ciclo scolastico	にゅうがく（入学）	**nyūgaku** 38
inizio	さいしょ（最初）	**saisho** 32;
	はじめ（初め）	**hajime** 55
innanzitutto	まず（先ず）	**mazu** 6
inoltre	その うえ	**sono ue** 72
insegnare	おしえる（教える1）	**oshieru** 29
insieme	いっしょ に（一緒 に）	**issho ni** 5
insomma, infine	いったい	**ittai** 59
insopportabile (essere ~)	たまらない	**tamaranai** 54
intenzione	つもり	**tsumori** 25
intenzione (con l' ~ di)	ため	**tame** 16
interamente	ぜんぶ（全部）	**zenbu** 31
interessante (essere ~)	おもしろい（面白い）	**omoshiroi** 6
interesse bancario	りし（利子）	**rishi** 45
interesse, hobby	しゅみ（趣味）	**shumi** 47
internazionale	こくさいてき（国際的）	**kokusaiteki** 92
Internet	インターネット	**intānetto** 47
interno	うち（内）	**uchi** 88
interno di un'automobile	しゃない（車内）	**shanai** 60
interprete	つうやく（通訳）	**tsūyaku** 97
intervallo	あいだ（間）	**aida** 31
intestino	ちょう（腸）	**chō** 53
intorno	まわり（回り）	**mawari** 57
invasione	しんりゃく（侵略）	**shinryaku** 43
invece, tuttavia	ところが	**tokoroga** 61
inverno	ふゆ（冬）	**fuyu** 45
invidioso (essere ~)	うらやましい	**urayamashii** 30
invitare	さそう（誘う）	**sasou** 16
invitato (nome)	きゃく（客）	**kyaku** 34
io	わたくし（私）	**watakushi** 9;
	わたし（私）	**watashi** 12
io (femminile)	あたし	**atashi** 29
io (grado inferiore/maschile)	おれ	**ore** 66
io (maschile)	ぼく（僕）	**boku** 20
isola	しま（島）	**shima** 30
istituto di bellezza	びよういん（美容院）	**biyōin** 82
Italia	イタリア	**itaria** 28
italiano (abitante)	イタリア人	**itarijin** 28
italiano (lingua)	イタリア語	**itariago** 28

J

Japan Air Lines (JAL)	ジャル（JAL）	**jaru** 27
jazz	ジャズ	**jazu** 19

happyaku jū roku • 816

jogging	ジョギング	**jogingu** 68

K
kimono	きもの（着物）	**kimono** 78
kabuki (teatro tradizionale)	かぶき（歌舞伎）	**kabuki** 29
kimono da cerimonia	ふりそで（振り袖）	**furisode** 71

L
là	そこ	**soko** 6
labirinto	めいろ（迷路）	**meiro** 79
laggiù	あそこ	**asoko** 1
lato	ほう（方）	**hō** 32
lato (di ~)	よこ（横）	**yoko** 31
lato (l'altro ~)	むこう（向こう）	**mukō** 69
lato destro	みぎがわ（右側）	**migigawa** 20
lavatrice	せんたくき（洗濯機）	**sentakuki** 59
lavorare	はたらく（働く）	**hataraku** 11
lavoro	しごと（仕事）	**shigoto** 23
lavoro occasionale	アルバイト	**arubaito** 80
leccornia	ごちそう	**gochisō** 41
leggere	よむ（読む）	**yomu** 64
leggero (essere ~)	かるい（軽い）	**karui** 65
legna (da costruzione)	もくぞう（木造）	**mokuzō** 85
lei, ella	かのじょ（彼女）	**kanojo** 71
lentamente	ゆっくり/ゆっくり と	**yukkuri/yukkuri to** 39
leone	ライオン	**raion** 39
lettera (posta)	てがみ（手紙）	**tegami** 39
letterato	ぶんがくしゃ（文学者）	**bungakusha** 67
letteratura	ぶんがく（文学）	**bungaku** 83
letto	ベッド	**beddo** 46
lezione (di un corso privato)	レッスン	**ressun** 64
libreria	ほんや（本屋）	**hon'ya** 18
libro	ほん（本）	**hon** 4
libro di testo	きょうかしょ（教科書）	**kyōkasho** 89
liceo	こうこう（高校）	**kōkō** 47
lieto fine	ハッピー　エンド	**happī endo** 43
limite	せいげん（制限）	**seigen** 32
limpido (essere ~)	すむ（澄む）	**sumu** 75
linea	せん（線）	**sen** 68
lingua (organo)	した（舌）	**shita** 46
lingua nazionale	こくご（国語）	**kokugo** 89
lontano (essere ~)	とおい（遠い） はなれる（離れる1）	**tooi** 20; **hanareru** 44
lontano (laggiù)	かなた（彼方）	**kanata** 43
luce	ひかり（光）	**hikari** 30

luglio	しちがつ（七月）	**shichigatsu** 55
luminoso (essere ~)	あかるい（明るい）	**akarui** 94
luna	つき（月）	**tsuki** 43
lunedì	げつようび（月曜日）	**getsuyōbi** 26
lungo (essere ~)	ながい（長い）	**nagai** 25
luogo	ところ（所）	**tokoro** 27;
	ばしょ（場所）	**basho** 51
luogo (grado inferiore)	とこ	**toko** 87

M

ma	しかし	**shikashi** 26;
	しかも	**shikamo** 61
ma (familiare)	けど	**kedo** 44;
	けれど	**keredo** 45
ma (in inizio di frase)	でも	**demo** 5
ma (tra due proposizioni)	が	**ga** 19
macchina della polizia	パトカー	**pato kā** 32
macchina fotografica	カメラ	**kamera** 4
Maestà (Sua ~)	へいか（陛下）	**heika** 68
maestro, insegnante	せんせい（先生）	**sensei** 33
magazzino	そうこ（倉庫）	**sōko** 40
maggio	ごがつ（五月）	**gogatsu** 23
mah jong (domino cinese)	マージャン	**mājan** 41
malattia	びょうき（病気）	**byōki** 41
mancare	ぬける（抜ける1）	**nukeru** 59
mandarino	みかん	**mikan** 16
mangiare	たべる（食べる）	**taberu** 3
mangiare troppo	たべすぎ（食べすぎ）	**tabesugi** 46
maniera	ふう（風）	**fū** 48
maniera (alla ~), in stile	しき（式）	**shiki** 66
mano	て（手）	**te** 64
manoscritto	げんこう（原稿）	**genkō** 76
marchio di fabbrica	メーカー	**mēkā** 65
mare	うみ（海）	**umi** 30
mare Interno	せとないかい（瀬戸内海）	**setonaikai** 30
marito (mio ~)	しゅじん（主人）	**shujin** 31
marrone (colore)	ちゃいろ（茶色）	**chairo** 96
martedì	かようび（火曜日）	**kayōbi** 29
maschile	だんせい（男性）	**dansei** 89
matematica	さんすう（算数）	**sansū** 92
matrimonio	けっこん（結婚）	**kekkon** 15
matrimonio combinato	おみあい（お見合）	**omiai** 69
mattino	あさ（朝）	**asa** 11
mattina (ogni ~)	まいあさ（毎朝）	**maiasa** 30
mattina (questa ~)	けさ（今朝）	**kesa** 13
mattinata	ごぜん（午前）	**gozen** 27
matto per (appassionato)	きちがい（気違い）	**kichigai** 82

medicina	くすり（薬）	**kusuri** 81
mela	りんご	**ringo** 3
memoria (a ~)	あんき（暗記）	**anki** 83
mentre	がてら	**gatera** 31;
	あいだ に（間 に）	**aida ni** 62
mercato	いち（市）	**ichi** 17
mercoledì	すいようび（水曜日）	**suiyōbi** 46
merenda, spuntino	おやつ（お八つ）	**oyatsu** 93
mese (questo ~)	こんげつ（今月）	**kongetsu** 94
mese prossimo	らいげつ（来月）	**raigetsu** 44
mese scorso	せんげつ（先月）	**sengetsu** 73
metà	はんぶん（半分）	**hanbun** 61
metropolitana	ちかてつ（地下鉄）	**chikatetsu** 31
mettere (sulla testa)	かぶる（被る）	**kaburu** 54
mettere dentro	いれる（入れる1）	**ireru** 47
mettersi (un vestito)	きる（着る1）	**kiru** 54
mezza giornata	はんにち（半日）	**hannichi** 72
mezzo	はん（半）	**han** 30
mezzogiorno (ora)	しょうご（正午）	**shōgo** 44
minuto	ふん／ぷん（分）	**fun/pun** 24
modello	モデル	**moderu** 65
modello/a (persona)	ファッション モデル	**fasshon moderu** 25
moderare, diminuire	ひかえる（控える1）	**hikaeru** 46
moderno	モダン	**modan** 66;
	きんだい（近代）	**kindai** 88
modo (in codesto ~)	そんな に	**sonna ni** 20
modo (in questo ~)	こんな に	**konna ni** 39
modo di fare	しかた（仕方）	**shikata** 44;
	やりかた	**yarikata** 58
modo di scegliere	えらびかた（選び方）	**erabikata** 65
modo, maniera	ちょうし（調子）	**chōshi** 41;
	よう	**yō** 48
modulo	しょるい（書類）	**shorui** 38
moglie (mia ~)	かない（家内）	**kanai** 18;
	つま（妻）	**tsuma** 34
molto	たくさん	**takusan** 6
	とても	**totemo** 9;
	よほど	**yohodo** 92
molto più	もっと	**motto** 19
momento	とき（時）	**toki** 32;
	ところ（所）	**tokoro** 94
momento (in qualsiasi ~)	いつでも	**itsudemo** 73
monaco buddista	おぼうさん（お坊さん）	**obōsan** 85
monastero buddista	てら（寺）	**tera** 57
mondo	よ（世）	**yo** 48;
	せかい（世界）	**sekai** 76
mondo intero	ぜんせかい（全世界）	**zensekai** 76
montagna	やま（山）	**yama** 36

montare (rete, tenda ecc.)	はる（張る）	**haru** 52
morire	しぬ（死ぬ）	**shinu**
morto (persona)	しにん（死人）	**shinin** 75
Mosca	モスクワ	**mosukuwa** 55
mostra (+ nome dell'artista)	てん（展）	**ten** 2
mostrare	みせる（見せる1）	**miseru** 17
motivo	わけ（訳）	**wake** 36;
	りゆう（理由）	**riyū** 89
movimento	うんどう（運動）	**undō** 58
mucca	うし（牛）	**ushi** 97
multa	ばっきん（罰金）	**bakkin** 32
muovere (fare ~)	うごかす（動かす）	**ugokasu** 40
museo di belle arti	びじゅつかん（美術館）	**bijutsukan** 50
musica	おんがく（音楽）	**ongaku** 47

N

nascere	うまれる（生まれる1）	**umareru** 38
naso	はな（鼻）	**hana** 50
natura	しぜん（自然）	**shizen** 36
naturalmente (certezza)	もちろん（勿論）	**mochiron** 67
nave	ふね（船）	**fune** 55
necessariamente (non ~)	かならずしも（必ずしも）	**kanarazushimo** 36
necessario	ひつよう（必要）	**hitsuyō** 34
negozio	みせ（店）	**mise** 6
negozio di macchine fotografiche	カメラや（カメラ屋）	**kameraya** 65
nero (essere ~)	くろい（黒い）	**kuroi** 96
nessuno (+ verbo negativo)	だれも	**daremo** 30
neve	ゆき（雪）	**yuki** 72
niente	なにも（何も）	**nanimo** 24
nippoamericano	にちべい（日米）	**nichibei** 88
no	いいえ	**iie** 9
nobile di corte	くげ（公家）	**kuge** 36
noi	わたしたち（私達）	**watashitachi** 39
noi (in occasioni ufficiali)	わたくしども（私共）	**watakushidomo** 40
noia, ozio	たいくつ（退屈）	**taikutsu** 55
noioso (essere ~)	つまらない	**tsumaranai** 55
noleggio	しようりょう（仕用料）	**shiyōryō** 45
nome	なまえ（名前）	**namae** 36
nord	きた（北）	**kita** 75
nostalgico (essere ~)	なつかしい	**natsukashii** 78
notizie (radio, televisione)	ニュース	**nyūsu** 10
notte	よる（夜）	**yoru** 11
notte (classificatore)	はく／ぱく（泊）	**haku/paku** 86
notte (piena ~)	よなか（夜中）	**yonaka** 11

happyaku ni jū • 820

notte (questa ~)	こんや（今夜）	kon'ya 75
novembre	じゅういちがつ（十一月）	jūichigatsu 67
nudo	はだか（裸）	hadaka 62
numero	すう（数）	sū 66
numero civico	ばんち（番地）	banchi 61
numerosi (di persone)	おおぜい（大勢）	oozei 79
numerosi (essere ~)	おおい（多い）	ooi 34
nuotare	およぐ（泳ぐ1）	oyogu 30
nuovo (di ~)	また	mata 9
nuovo (essere ~)	あたらしい（新しい）	atarashii 50
nuvola	くも（雲）	kumo 67

O

oboe	オーボエ	ōboe 47
occasione	きかい（機会）	kikai 19
occasione (con l' ~ di)	ついで に	tsuide ni 59
occasione (inizio, causa)	きっかけ	kikkake 47
occasione preziosa	せっかく	sekkaku 72
occhiali	めがね（眼鏡）	megane 8
occhialini da piscina	すいちゅう めがね（水中 眼鏡）	suichū megane 54
occhio	め（目）	me 39
Occidente	せいよう（西洋）	seiyō 88
odiare	きらう（嫌う）	kirau 75
odioso	いや（嫌）	iya 93
oggetto	もの（物）	mono 17
oggetto reale	じつぶつ（実物）	jitsubutsu 67
oggi	きょう（今日）	kyō 11
ogni, ciascuno	ずつ	zutsu 39
Olanda, Paesi Bassi	オランダ	oranda 94
Olimpiadi	オリンピック	orinpikku 97
ombrello	かさ（傘）	kasa 31
onda	なみ（波）	nami 90
opera	オペラ	opera 41
opera letteraria	さくひん（作品）	sakuhin 83
operaio	こういん（工員）	kōin 40
operazione chirurgica	しゅじゅつ（手術）	shujutsu 53
opinione (secondo l' ~ di)	に とって	ni totte 89
oppure	それとも	soretomo 29;
	とか	toka 36;
	または	mata wa 50
ora (durata)	じかん（時間）	jikan 13
ora (sull'orologio)	じ（時）	ji 11
orecchio	みみ（耳）	mimi 39
organizzazione di un evento	かいさい（開催）	kaisai 89

Organizzazione delle Nazioni Unite (ONU)	こくさいれんごう（国際連合）	**kokusairengō** 89
orizzonte marino	すいへいせん（水平線）	**suiheisen** 30
orologio	とけい（時計）	**tokei** 80
orribile (essere ~)	ひどい	**hidoi** 80
orso	くま（熊）	**kuma** 39
ospedale	びょういん（病院）	**byōin** 46
ovest	にし（西）	**nishi** 30

P

pace	へいわ（平和）	**heiwa** 18
padrone di un animale	かいぬし（飼い主）	**kainushi** 37
paesaggio	けしき（景色）	**keshiki** 75
paesaggio innevato	ゆきげしき（雪景色）	**yukigeshiki** 72
paese	くに（国）	**kuni** 38
paese nemico	てきこく（敵国）	**tekikoku** 43
paese straniero, estero	がいこく（外国）	**gaikoku** 71
pagamento (a ~)	ゆうりょう（有料）	**yūryō** 32
pagare	はらう（払う）	**harau** 32
pagina	ページ	**pēji** 25
paio	ペア	**pea** 31
Palazzo Imperiale	こうきょ（皇居）	**kōkyo** 68
palazzo, edificio	たてもの（建物）	**tatemono** 40
pancia	おなか（お腹）	**onaka** 93
panda	パンダ	**panda** 39
pane	パン	**pan** 3
panino, sandwich	サンドイッチ	**sandoitchi** 16
pannello indicatore	ひょうじばん（表示板）	**hyōjiban** 79
pannello solare	ソーラー　パネル	**sōrā paneru** 76
panorama (vista)	ふうけい（風景）	**fūkei** 85
paradiso	てんごく（天国）	**tengoku** 82
parco pubblico	こうえん（公園）	**kōen** 68
parecchio	ずいぶん（随分）だいぶ（大分）	**zuibun** 13; **daibu** 53
Parigi	パリ	**pari** 55
Parlamento, Dieta	こっかい（国会）	**kokkai** 69
parlare	はなす（話す）	**hanasu** 33
parola	ことば（言葉）	**kotoba** 91
parte	ぶん（分）	**bun** 34
parte (da questa ~)	こちら	**kochira** 40
parte, sezione (una ~)	いちぶ（一部）	**ichibu** 89
partecipazione	さんか（参加）	**sanka** 89
partenza	しゅっぱつ（出発）	**shuppatsu** 32
particolare	べつ（別）	**betsu** 83
particolarmente	とくに（特に）	**toku ni** 47
partita, incontro	しあい（試合）	**shiai** 95
passaggio, via	つうろ（通路）	**tsūro** 79

passare	こす（越す）	kosu 86
passare (per un luogo)	よる（寄る）	yoru 31
passare (tempo)	たつ（経つ）	tatsu 46;
	すぎる（過ぎる1）	sugiru 48
passate (+ ora)	すぎ	sugi 62
passato	かこ（過去）	kako 89
passeggiata	さんぽ（散歩）	sanpo 31
pasto	しょくじ（食事）	shokuji 26
paura (avere ~)	こわい	kowai 39
pazienza	がまん（我慢）	gaman 71
peccato (che ~)	ざんねん（残念）	zannen 19
pedagogista	きょういくか（教育家）	kyōikuka 88
pedone	ほこうしゃ（歩行者）	hokōsha 82
pendio	しゃめん（斜面）	shamen 75
penisola	はんとう（半島）	hantō 67
pensare	おもう（思う）	omou 25;
	かんがえる（考える1）	kangaeru 66
pensatore	しそうか（思想家）	shisōka 88
pensione	げしゅく（下宿）	geshuku 62;
(presso un privato)	みんしゅく（民宿）	minshuku 75
per niente	ぜんぜん（全然）	zenzen 24
perché?	なぜ	naze 33;
	どうして	dōshite 36
perciò	ですから	desukara 30;
	だから	dakara 34
percorrere (passare per)	とおる（通る）	tooru 57
percorso (lungo il ~)	とちゅう（途中）	tochū 75
perfetto	けっこう	kekkō 4;
	かんぺき（完璧）	kanpeki 85
pericoloso (essere ~)	あぶない（危ない）	abunai 54
periodo	ねんだい（年代）	nendai 40
permesso	きょかしょう（許可証）	kyokashō 38
persona	ひと（人）	hito 19
persona (grado superiore)	かた（方）	kata 48
persona cattiva	わるもの（悪者）	warumono 43
personaggio	じんぶつ（人物）	jinbutsu 88
persone (classificatore per contare le ~)	にん（人）	nin 47
persone (classificatore per contare le ~) (formale)	めい（名）	mei 44
pertanto	それでも	soredemo 11
pesante (essere ~)	おもい（重い）	omoi 93
pescare	つる（釣る）	tsuru 30
pesce	さかな（魚）	sakana 9
pessimista	ひかんてき（悲観的）	hikanteki 95

piacere (verbo)	きに いる (気に入る)	**ki ni iru** 24
piacere (aggettivo)	すき（好き）	**suki** 10
piacevole (essere ~)	たのしい（楽しい）	**tanoshii** 39
piagnucolare	べそ を かく	**beso o kaku** 72
pianeta	わくせい（惑星）	**wakusei** 43
piangere	なく（泣く）	**naku** 39
piano di un appartamento	フロア	**furoa** 44
piano (preceduto da un ordinale)	かい（階）	**kai** 24
piano piano, senza fretta	そろそろ	**sorosoro** 48
pianoforte a coda	グランド ピアノ	**gurando piano** 96
pianoforte verticale	アップライト ピアノ	**appuraito piano** 96
pianoforte	ピアノ	**piano** 29
piatto	さら（皿）	**sara** 74
piatto di Capodanno	せちりょうり（節料理）	**sechiryōri** 74
piccolo (essere ~)	ちいさい（小さい）	**chiisai** 27
picnic	ピクニック	**pikunikku** 16
piede	あし（足）	**ashi** 75
piedi (vicino ai propri ~)	あしもと（足元）	**ashimoto** 40
piedi della montagna	ふもと	**fumoto** 72
piegare	たたむ（畳む）	**tatamu** 80
pieno	いっぱい（一杯）	**ippai** 80
pieno di	だらけ	**darake** 39
pietra preziosa	ほうせき（宝石）	**hōseki** 82
pioggia	あめ（雨）	**ame** 31
pisolino	ひるね（昼寝）	**hirune** 30
più (+ aggettivo) che	より	**yori** 19
più (il ~)	いちばん（一番）	**ichiban** 52
più (in ~)	それに	**soreni** 26
più di	いじょう（以上）	**ijō** 39
più o meno	くらい／ぐらい	**gurai/kurai** 25
poco, un po'	ちょっと	**chotto** 17;
	しょうしょう	**shōshō** 18;
	すこし（少し）	**sukoshi** 26
poesia	し（詩）	**shi** 48
poi	それから	**sorekara** 6
politico (persona)	せいじか（政治家）	**seijika** 88
polizia (agente di ~)	けいさつかん（警察官）	**keisatsukan** 94
polizia (posto di ~)	こうばん（交番）	**kōban** 97
poliziotto	おまわりさん (お巡りさん)	**omawarisan** 97
pollo	とり（鶏）	**tori** 93
polpetta di riso	むすび（結び）	**musubi** 93
pomeriggio	ごご（午後）	**gogo** 11
popolo	へいみん（平民）	**heimin** 36;
	こくみん（国民）	**kokumin** 68
porta	ドア	**doa** 74

portafoglio	さいふ（財布）	**saifu** 45
portoghese (lingua)	ポルトガル語	**porutogarugo** 71
posare, mettere	おく（置く）	**oku** 40
possedere	もつ（持つ）	**motsu** 4
possibile (per quanto ~)	なるべく	**narubeku** 78
posta	ゆうびん（郵便）	**yūbin** 22
posto di lavoro	しゅうしょく（就職）	**shūshoku** 92
potenze (paesi grandi ~)	こくしゅのう（国首脳）	**kokushunō** 89
potere (verbo)	できる **1**	**dekiru** 13
pranzo al sacco	べんとう（弁当）	**bentō** 93
prendere	とる（取る）	**toru** 9
prendere in affitto (una casa)	かりる（借りる1）	**kariru** 54
prenotazione	よやく（予約）	**yoyaku** 44
preoccupazione	しんぱい（心配）	**shinpai** 27
preparativi	じゅんび（準備）	**junbi** 66;
	したく（支度）	**shitaku** 73
presentazione	しょうかい（紹介）	**shōkai** 15
presenza a una riunione	しゅっせき（出席）	**shusseki** 94
prestare	かす（貸す）	**kasu** 32
presto	はやく（早く）	**hayaku** 1;
	もうじき（もう直き）	**mōjiki** 64
presto (essere ~)	はやい（早い）	**hayai** 27
previsione	よほう（予報）	**yohō** 93
previsto (come ~)	やはり/やっぱり	**yahari/yappari** 67
prezzo	ねだん（値段）	**nedan** 65
prima	まえ（前）	**mae** 15;
	いぜん（以前）	**izen** 57;
	さき/さっき（先）	**saki/sakki** 89
prima volta (per la ~)	はじめて（初めて）	**hajimete** 39
primavera	はる（春）	**haru** 26
primo ministro	そうりだいじん（総理大臣）	**sōridaijin** 94
principale (aggettivo)	おも（主）	**omo** 40
principale	しゅよう（主要）	**shuyō** 89
priorità	せんけつ（先決）	**senketsu** 76
privato	しりつ（私立）	**shiritsu** 92
probabilità	はず（筈）	**hazu** 79
problema	もんだい（問題）	**mondai** 46
problema (non c'è ~)	だいじょうぶ（大丈夫）	**daijōbu** 27
prodotto finito	せいひん（製品）	**seihin** 40
prodotto straniero	がいこくせい（外国製）	**gaikokusei** 96
produzione nazionale	こくさん（国産）	**kokusan** 96
professione, mestiere	しょくぎょう（職業）	**shokugyō** 38

Italiano	Giapponese	Romaji
professore	きょうじゅ（教授）	**kyōju** 92
profondità	ふかみ（深み）	**fukami** 96
profondo (essere ~)	ふかい（深い）	**fukai** 62
profumo	こうすい（香水）	**kōsui** 31
progressivamente	だんだん（段々）	**dandan** 36
proibito	だめ	**dame** 75
promozione	しょうしん（昇進）	**shōshin** 46
pronto (al telefono)	もしもし	**moshimoshi** 27
pronto (essere ~)	できる1	**dekiru** 40
proposito (a ~)	ところで	**tokorode** 50
proprio	ちょうど	**chōdo** 24;
	こそ	**koso** 67
protagonista (film ecc.)	しゅじんこう（主人公）	**shujinkō** 25
proteggere	まもる（守る）	**mamoru** 43
proverbio	ことわざ（諺）	**kotowaza** 90
provincia	ちほう（地方）	**chihō** 89
pubblicazione	しゅっぱん（出版）	**shuppan** 25
pulce	のみ	**nomi** 17
pulizie (grandi ~)	おおそうじ（大掃除）	**oosōji** 74
punto	てん（点）	**ten** 43
punto (al ~ di)	ほど	**hodo** 67
punto (a tal ~)	それほど	**sorehodo** 24
può essere	かもしれない	**kamoshirenai** 75;
	もしかしたら	**moshikashitara** 95
puro	じゅん（純）	**jun** 66
puzzare	くさる	**kusaru** 67

Q

Italiano	Giapponese	Romaji
quadro	え（絵）	**e** 50
qualche parte (da ~)	どこか	**dokoka** 29
qualcosa	なにか（何か）	**nanika** 34
qualcuno	だれか	**dareka** 69
qualcuno (grado superiore)	どなたか	**donataka** 96
quale?	どの	**dono** 51;
	どれ	**dore** 65
quale dei due?	どちら	**dochira** 10;
	どっち	**docchi** 29
quando?	いつ	**itsu** 12
quando (il tempo in cui)	ころ（頃）	**koro** 74
quando, qualora	と	**to** 46
quanto (circa ~)?	どのぐらい	**donogurai** 25
quanto? (quantità)	いくつ	**ikutsu** 15
quanto? (prezzo)	いくら	**ikura** 17
quartiere	く（区）	**ku** 51
quasi	ほぼ	**hobo** 83
quasi tutto / totalmente	ほとんど	**hotondo** 36
quello lì (dispregiativo)	あいつ	**aitsu** 72

qui	ここ	**koko** 5
quotidiano	にちじょう（日常）	**nichijō** 94

R

racconto, storia	はなし（話）	**hanashi** 25
racconto	ものがたり（物語）	**monogatari** 43
raffreddare (fare ~)	ひやす（冷やす）	**hiyasu** 74
raffreddore	かぜ（風邪）	**kaze** 81
ragazza giovane	むすめ（娘）	**musume** 76, 86
ramo (di albero)	えだ（枝）	**eda** 39
rapidità	きゅう（急）	**kyū** 94
rappresentativo	だいひょうてき（代表的）	**daihyōteki** 83
rappresentazione (di uno spettacolo)	えんそう（演奏）	**ensō** 29
raro (essere ~)	めずらしい	**mezurashii** 41
razzo	ロケット	**roketto** 43
reale	じっさい（実際）	**jissai** 85
realista	げんじつてき（現実的）	**genjitsuteki** 48
realtà	じつ（実）	**jitsu** 15
recarsi nella capitale	じょうきょう（上京）	**jōkyō** 80
recentemente	さいきん（最近）	**saikin** 47
reciproco	たがい（互い）	**tagai** 89
regalo di Capodanno	としだま（年玉）	**toshidama** 74
regina	じょおう（女王）	**joō** 94
regione (zona)	ほうめん（方面）	**hōmen** 64
relazione	かんけい（関係）	**kankei** 23
relazione (in ~ con)	けい（係）	**kei** 94
residenza (grado superiore)	お すまい（お住い）	**o sumai** 68
restaurazione	いしん（維新）	**ishin** 88
restauro (di un edificio)	ふくげん（復元）	**fukugen** 85
restituire	かえす（返す）	**kaesu** 76
rete	あみ（網）	**ami** 52
retro	うら（裏）	**ura** 17
ricco	かねもち（金持）	**kanemochi** 87
ricerca (accademica)	けんきゅう（研究）	**kenkyū** 78
ricercare	もとめる（求める1）	**motomeru** 85
ricevere	もらう うけとる（受け取る）	**morau** 31; **uketoru** 61
ricevere (grado superiore/io)	いただく	**itadaku** 73
ricevere in consegna	あずかる（預かる）	**azukaru** 92
richiesta	ねがい（願い）	**negai** 45
ricordare	おもいだす（思い出す）	**omoidasu** 74

ricordarsi	おぼえる（覚える1）	**oboeru** 36
ricordo	おもいで（思い出）	**omoide** 74
ricovero ospedaliero	にゅういん（入院）	**nyūin** 23
ridere	わらう（笑う）	**warau** 90
rifiutare	ことわる（断る）	**kotowaru** 41
riguardo a	に ついて	**ni tsuite** 66
rinunciare, rassegnarsi	あきらめる1	**akirameru** 34
riordinare (una stanza)	かたづける（片付ける1）	**katazukeru** 80
riparare	なおす（直す）	**naosu** 59
ripetere	くりかえす（繰り返す）	**kurikaesu** 58
riportato (essere ~ sul giornale)	のる（載る）	**noru** 89
riposarsi	やすむ（休む）	**yasumu** 46
risaia	た（田）	**ta** 36
rispondere	こたえる（答える1）	**kotaeru** 39
risposta	へんじ（返事）	**henji** 61
ristorante	レストラン	**resutoran** 46
ristorante, mensa	しょくどう（食堂）	**shokudō** 66
risultato	けっか（結果）	**kekka** 89
ritardo (essere in ~)	おくれる（遅れる1）	**okureru** 74
ritirarsi dal lavoro	たいしょく（退職）	**taishoku** 59
ritornare sui propri passi	もどる（戻る）	**modoru** 32
ritornare a casa propria	かえる（帰る）	**kaeru** 31
ritorno a casa	かえり（帰り）	**kaeri** 31
ritorno in patria	きこく（帰国）	**kikoku** 45
ritrarre	えがく（描く）	**egaku** 88
riunione dei genitori	ふけいかい（父兄会）	**fukeikai** 94
riunirsi, radunarsi	あつまる（集まる）	**atsumaru** 47
riuscire	できる1	**dekiru** 13
riva	かいがん（海岸）	**kaigan** 30
rivista (nome)	ざっし（雑誌）	**zasshi** 64
robot	ロボット	**robotto** 40
robusto, solido	じょうぶ（丈夫）	**jōbu** 88
roccia	いわ（岩）	**iwa** 54
rock (musica)	ロック	**rokku** 64
romantico	ロマンチック	**romanchikku** 48
romanzo	しょうせつ（小説）	**shōsetsu** 25
romanzo poliziesco	すいり しょうせつ（推理 小説）	**suiri shōsetsu** 25
rosso (essere ~)	あかい（赤い）	**akai** 31
rovinato	だいなし	**dainashi** 72
ruga	しわ	**shiwa** 39
ruggire	ほえる（吠える1）	**hoeru** 39
rumore, suono	おと（音）	**oto** 24
rumore di passi	あしおと（足音）	**ashioto** 48

ruolo	やくわり（役割）	**yakuwari** 95

S

sabato	どようび（土曜日）	**doyōbi** 19
sabbia	すな（砂）	**suna** 54
sake caldo	かん	**kan** 73
sala da pranzo	ダイニング	**dainingu** 34
saldi	バーゲン	**bāgen** 31
salire	あがる（上がる）	**agaru** 86
salire (sopra un veicolo)	のる（乗る）	**noru** 31
salone	おうせつま（応接間）	**ōsetsuma** 66
salsa di soia	しょうゆ	**shōyu** 75
saltare di qua e di là	とびうつる（飛び移る）	**tobiutsuru** 39
saluto	あいさつ（挨拶）	**aisatsu** 68
salvo (essere ~)	たすかる	**tasukaru** 20
sapere	しる（知る）	**shiru** 25
sapone	せっけん	**sekken** 80
sapore	あじ（味）	**aji** 75
sbrigarsi, fare in fretta	いそぐ（急ぐ）	**isogu** 32
scale mobili	エスカレーター	**esukarētā** 79
scarpe	くつ（靴）	**kutsu** 82
scatola	はこ（箱）	**hako** 17
scegliere	えらぶ（選ぶ）	**erabu** 65
scena (teatro)	ぶたい（舞台）	**butai** 89
scendere	おりる（降りる1）	**oriru** 51
schiacciare, spingere	おす（押す）	**osu** 46
schiena	せなか（背中）	**senaka** 54
sci	スキー	**sukī** 72
scienza	かがく（科学）	**kagaku** 78
scienze (materia scolastica)	りか（理科）	**rika** 94
scimmia	さる（猿）	**saru** 39
sciovia, seggiovia	リフト	**rifuto** 72
scomodo	ふべん（不便）	**fuben** 62
scomparire	なくなる（無くなる）	**nakunaru** 45
scomparire, morire	なくなる（亡くなる）	**nakunaru** 37
scomposizione	ぶんかい（分解）	**bunkai** 59
scortesia	しつれい（失礼）	**shitsurei** 83
scottatura da sole	ひやけ（日焼け）	**hiyake** 54
scrittore	さっか（作家）	**sakka** 83
scrivere	かく（書く）	**kaku** 17
scuola	がっこう（学校）	**gakkō** 82
scuola elementare (primaria)	しょうがっこう（小学校）	**shōgakkō** 92
scuola materna	ようちえん（幼稚園）	**yōchien** 24
scuola media (secondaria)	ちゅうがっこう（中学校）	**chūgakkō** 92
se	もし	**moshi** 76

se si tratta di	なら	**nara** 29
sé stesso	じぶん（自分）	**jibun** 18
secco (essere ~)	ひからびる1	**hikarabiru** 80
secolo	せいき（世紀）	**seiki** 88
seconde nozze	さいこん（再婚）	**saikon** 15
sedersi	かける1	**kakeru** 46;
	すわる（座る）	**suwaru** 54
sedia	いす（椅子）	**isu** 60
seguente	つぎ（次）	**tsugi** 19
seguito, continuazione	つづき（続き）	**tsuzuki** 37
seguito (in ~)	そして	**soshite** 30
semplice, naturale	そぼく（素朴）	**soboku** 89
sempre	いつも	**itsumo** 32
sempre più	ますます（益々）	**masumasu** 73
senbei (gallette salate di riso)	せんべい（煎餅）	**senbei** 93
sensazionale, eccellente	りっぱ（立派）	**rippa** 62
sensazione	かんかく（感覚）	**kankaku** 55
sensibilità	かんじゅせい（感受性）	**kanjusei** 89
sentimento	きもち（気持）	**kimochi** 48
sentire (sensazione)	かんじる（感じる1）	**kanjiru** 89
sentirsi (suono)	きこえる（聞こえる1）	**kikoeru** 24
separatamente	べつべつ（別｜々）	**betsubetsu** 62
separato (essere ~)	わかれる（別れる）	**wakareru** 34
sera	ばん（晩）	**ban** 26;
	ゆうがた（夕方）	**yūgata** 33
sera (ogni ~)	まいばん（毎晩）	**maiban** 62
sera (questa ~)	こんばん（今晩）	**konban** 9
serie televisiva	ドラマ	**dorama** 10
serio	まじめ	**majime** 64
servire (essere utile)	つかえる（仕える1）	**tsukaeru** 37
servizi (attrezzature)	せつび（設備）	**setsubi** 62
servizio (per il cliente)	サービス	**sābisu** 61
settimana	しゅうかん（週間）	**shūkan** 46
settimana (ogni ~)	まいしゅう（毎週）	**maishū** 60
settimana (questa ~)	こんしゅう（今週）	**konshū** 80
settimana prossima	らいしゅう（来週）	**raishū** 23
settimana scorsa	せんしゅう（先週）	**senshū** 29
settimane (ogni due ~)	かくしゅう（隔週）	**kakushū** 47
settimane (tra due ~)	さらいしゅう（再来週）	**saraishū** 46
severo (essere ~)	きびしい（厳しい）	**kibishii** 94
sfinito	くたくた	**kutakuta** 80
shiatsu (digitopressione)	しあつ（指圧）	**shiatsu** 81
Shinkansen (Linea ad Alta Velocità)	しんかんせん（新幹線）	**shinkansen** 60
shogun (generale)	しょうぐん（将軍）	**shōgun** 68

happyaku san jū • 830

sì	はい	**hai** 4;
	ええ	**ee** 12
Siberia	シベリア	**shiberia** 55
sicurezza	あんぜん（安全）	**anzen** 43
sicuro (certo)	たしか（確か）	**tashika** 60
sigaretta	タバコ	**tabako** 20
significato	いみ（意味）	**imi** 36
signora	おくさん（奥さん）	**okusan** 59
signore (giocare alle ~)	ままごと	**mamagoto** 90
sinistra	ひだり（左）	**hidari** 17
situazione	じょうたい（状態）	**jōtai** 87
situazione orribile	ひどい め（ひどい 目）	**hidoi me** 72
smettere	やめる1	**yameru** 5
società (commerciale)	かいしゃ（会社）	**kaisha** 23
società	しゃかい（社会）	**shakai** 88
Società delle Nazioni (SDN)	こくさいれんめい（国際連盟）	**kokusairenmei** 88
socievole	しゃこうてき（社交的）	**shakōteki** 71
socievolezza	しゃこうせい（社交性）	**shakōsei** 69
soffiare	ふく（吹く）	**fuku** 47
soggiorno	リビング	**ribingu** 34
soggiorno (permanenza)	たいざい（滞在）	**taizai** 38
sogno	ゆめ（夢）	**yume** 50
soldi (monete)	かね（金）	**kane** 31
sole	たいよう（太陽）	**taiyō** 30
sole del mattino	あさひ（朝日）	**asahi** 30
solidamente	しっかり と	**shikkari to** 92
sollevare	おこす（起こす）	**okosu** 72
solo (da ~)	ひとり で（一人 で）	**hitori de** 47
solo, ordinario	ただ	**tada** 46
soltanto	だけ	**dake** 4;
	ばっかり/ばかり	**bakkari/bakari** 74
sonno (avere ~)	ねむい（眠い）	**nemui** 39
sonno	すいみん（睡眠）	**suimin** 73
sopportare, resistere	たえる（耐える1）	**taeru** 85
sopra	うえ（上）	**ue** 23
sorpreso (essere ~)	おどろく（驚く）	**odoroku** 39;
	びっくり する	**bikkuri suru** 80
sospiro	ためいき（溜息）	**tameiki** 48
sostituzione	かわり（代り）	**kawari** 39
sotterraneo	ちか（地下）	**chika** 79
sotto	した（下）	**shita** 80
souvenir	おみやげ（お土産）	**omiyage** 6
Spagna	スペイン	**supein** 38
spazioso	ひろびろ と	**hirobiro to** 62
speciale	とくべつ（特別）	**tokubetsu** 68
specialità locale	めいぶつ（名物）	**meibutsu** 30
spedire (posta)	おくる（送る）	**okuru** 61

spesa (acquisti)	かいもの（買物）	**kaimono** 5
spesso	よく	**yoku** 10;
	たびたび（度々）	**tabitabi** 45
spesso (essere ~)	ふとい（太い）	**futoi** 71
spia	スパイ	**supai** 25
spiegazione	せつめい（説明）	**setsumei** 38
splendido, meraviglioso (essere ~)	すばらしい	**subarashii** 30
sporco (essere ~)	きたない	**kitanai** 80
sport	スポーツ	**supōtsu** 52
sposa	よめ（嫁）	**yome** 86
spostamento	いどう（移動）	**idō** 95
strumento musicale	がっき（楽器）	**gakki** 47
stadio	スタジアム	**sutajiamu** 97
stagione	シーズン	**shīzun** 10;
	きせつ（季節）	**kisetsu** 39
stagioni (le quattro ~)	しき（四季）	**shiki** 66
stagno	いけ（池）	**ike** 85
stampa (tipografia)	いんさつ（印刷）	**insatsu** 88
stanchezza	つかれ（疲れ）	**tsukare** 73
stanco (essere ~)	つかれる（疲れる1）	**tsukareru** 75
stanza da bagno	ふろば（風呂場）	**furoba** 66
stanza in stile giapponese	わしつ（和室）	**washitsu** 34
statale	こくりつ（国立）	**kokuritsu** 92
statua di bronzo	どうぞう（銅像）	**dōzō** 33
status, ceto	みぶん（身分）	**mibun** 89
stazione	えき（駅）	**eki** 6
stella	ほし（星）	**hoshi** 43
stendere, ricoprire	しく（敷く）	**shiku** 90
stesso (+ nome)	でも	**demo** 58
stile letterario	ぶんたい（文体）	**buntai** 89
stomaco	い（胃）	**i** 46
storia	れきし（歴史）	**rekishi** 57
storico (aggettivo)	れきしてき（歴史的）	**rekishiteki** 89
storie di fantasmi	かいだん（怪談）	**kaidan** 29
strada nazionale	こくどう（国道）	**kokudō** 32
straniero (persona)	がいこくじん（外国人）	**gaikokujin** 45
strano	ふしぎ（不思議）	**fushigi** 50;
	へん（変）	**hen** 58
strano, buffo (essere ~)	おかしい	**okashii** 59
stretto (essere ~)	せまい（狭い）	**semai** 24
studente	がくせい（学生）	**gakusei** 78
studente all'estero	りゅうがくせい（留学）	**ryūgakusei** 78
studente di scuola media	ちゅうがくせい（中学生）	**chūgakusei** 97
studente universitario	だいがくせい（大学生）	**daigakusei** 92
studio (azione)	べんきょう（勉強）	**benkyō** 64

happyaku san jū ni • 832

studio delle lingue	ごがく（語学）	**gogaku** 71
stufato di verdure	おにしめ（お煮染）	**onishime** 93
stufo (essere ~)	こりごり です	**korigori desu** 79
stuoia	ござ（茣蓙）	**goza** 90
subito	すぐ	**sugu** 16
succo di frutta	ジュース	**jūsu** 16
sud	みなみ（南）	**minami** 75
sufficiente	じゅうぶん（十分）	**jūbun** 73
summit	サミット	**samitto** 89
sumo (sport)	すもう（相撲）	**sumō** 10
suonare (fare ~)	ならす（鳴らす）	**narasu** 74
suonare (uno strumento)	ひく（弾く）	**hiku** 96
suono	おと（音）	**oto** 96
superare (sorpassare un veicolo)	おいこす（追い越す）	**oikosu** 32
sushi	すし（寿司）	**sushi** 16
sviluppo, progresso	はったつ（発達）	**hattatsu** 95
svolgere (un ruolo)	はたす（果たす）	**hatasu** 95
svolgersi, tenersi (evento)	おこなう（行う）	**okonau** 89
svoltare	まがる（曲がる）	**magaru** 20

T

tabaccheria	タバコや（タバコ屋）	**tabakoya** 20
Tahiti	タヒチ	**tahichi** 76
talvolta, qualche volta	ときどき（時々）	**tokidoki** 10
tanka (poesia classica giapponese)	たんか（短歌）	**tanka** 90
tanto (di ~ in ~)	たま に	**tama ni** 73
tanto (non ~)	なかなか	**nakanaka** 47
tardi (essere ~)	おそい（遅い）	**osoi** 11
tariffa	りょうきん（料金） だい（代）	**ryōkin** 22; **dai** 45
tassa scolastica	がくひ（学費）	**gakuhi** 92
tatami	たたみ（畳）	**tatami** 80
tatami (classificatore per contare i ~)	じょう（畳）	**jō** 34
tavolo	つくえ（机） テーブル	**tsukue** 80; **tēburu** 82
taxi	タクシー	**takushī** 51
tazza	ちゃわん（茶碗）	**chawan** 17
tè	ちゃ（茶）	**cha** 34
teatro (spettacolo)	しばい（芝居）	**shibai** 29
telefono	でんわ（電話）	**denwa** 13
televisione	テレビ	**terebi** 10
tempi (di questi ~)	このごろ	**konogoro** 46
tempo (da tanto ~)	ひさしぶり に （久し振り に）	**hisashiburi ni** 73
tempo (durata)	じかん（時間）	**jikan** 55

tempo (meteorologico)	てんき（天気）	**tenki** 16
tempo libero	ひま（暇）	**hima** 26
tempura	てんぷら	**tenpura** 29
tenda	テント	**tento** 75
tenere	もつ（持つ）	**motsu** 16
tennis	テニス	**tenisu** 38
terminal di aeroporto	エア　ターミナル	**ea tāminaru** 27
terminare	おわる（終わる）	**owaru** 48
terminato (essere ~)	できあがる	**dekiagaru** 40
terremoto	じしん（地震）	**jishin** 66
testa	あたま（頭）	**atama** 50
testo classico (letteratura)	こてん（古典）	**koten** 83
tetto	おくじょう（屋上）	**okujō** 52
tipi (di tutti i ~)	いろいろ（色々）	**iroiro** 47
tipo (di codesto ~)	そんな	**sonna** 68
tipo, genere	しゅるい（種額）	**shurui** 96
tipo (questo ~ di cose)	なんか	**nanka** 80
tipo (di quale ~?)	どんな	**donna** 19
tirare	ひく（引く）	**hiku** 81
tirare fuori, fare uscire	だす（出す）	**dasu** 46
titolo (di un'opera)	だい（題）	**dai** 50
tomba	はか（墓）	**haka** 67
tranquillamente	おとなしく（大人しく）	**otonashiku** 54
tranquillità, serenità	あんしん（安心）	**anshin** 23
tranquillo	しずか（静か）	**shizuka** 57
trascorrere il tempo	すごす（過ごす）	**sugosu** 97
trasferimento di lavoro	てんきん（転勤）	**tenkin** 69
trasloco	にゅうきょ（入居）	**nyūkyo** 34
trattamento	しょり（処理）	**shori** 95
trattore	トラクター	**torakutā** 97
treno	でんしゃ（電車）	**densha** 6;
	きしゃ（汽車）	**kisha** 32;
	れっしゃ（列車）	**ressha** 68
triste (essere ~)	かなしい（悲しい）	**kanashii** 48
triste (sentirsi ~ e solo)	さびしい（寂しい）	**sabishii** 48
troppo	あまりにも	**amarinimo** 48;
	あんまり／あまり	**anmari/amari** 65
trovare	みつける（見つける1）	**mitsukeru** 51
trovato (essere ~)	みつかる（見つかる）	**mitsukaru** 24
tu	あなた	**anata** 29
tu (grado inferiore, maschile)	おまえ（お前）	**omae** 73
tu (grado inferiore, maschile)	きみ（君）	**kimi** 75
tulipano	チューリップ	**chūrippu** 53
turismo	かんこう（観光）	**kankō** 26

happyaku san jū yon • 834

turista	かんこうきゃく（観光客）	**kankōkyaku** 85
tuttavia	けれども	**keredomo** 24
tutti	みんな	**minna** 36
tutto	すべて	**subete** 76

U

ubriacarsi	よっぱらう（酔っ払う）	**yopparau** 48
uccello	とり（鳥）	**tori** 50
ufficio (stanza)	じむしょ（事務所）	**jimusho** 40
ufficio postale	ゆうびんきょく（郵便局）	**yūbinkyoku** 22
ulcera allo stomaco	いかいよう（胃潰瘍）	**ikaiyō** 46
ultimo	さいご（最後）	**saigo** 43
umore (stato d'animo)	きげん（機嫌）	**kigen** 87
università	だいがく（大学）	**daigaku** 23
Università di Tokyo	とうだい（東大）	**tōdai** 23
universo	うちゅう（宇宙）	**uchū** 43
uomini e donne	だんじょ（男女）	**danjo** 62
uomo d'affari	しょうしゃマン（商社マン）	**shōshaman** 97
uovo	たまご（卵）	**tamago** 3
uovo sodo	ゆでたまご（茹で卵）	**yudetamago** 93
usare	つかう（使う）	**tsukau** 68
uscire	でる（出る）1	**deru** 27
uscire (da casa propria)	でかける（出掛ける）1	**dekakeru** 67
uscita	でぐち（出口）	**deguchi** 79
uso (che si usa per, da)	よう（用）	**yō** 82

V

vacanze	やすみ（休み） バカンス	**yasumi** 30; **bakansu** 55
valigia	トランク	**toranku** 4
vano (essere ~)	むなしい（空しい）	**munashii** 48
vanto, orgoglio	じまん（自慢）	**jiman** 72
vasca di acqua calda (dei bagni pubblici)	ゆぶね（湯槽）	**yubune** 62
vasto (essere ~)	ひろい（広い）	**hiroi** 52
vecchio (essere ~)	ふるい（古い）	**furui** 17
vedersi, apparire	みあたる（見当たる）	**miataru** 75
veduta (panorama)	ながめ（眺め）	**nagame** 24
veglione	レヴェイヨン	**rebeiyon** 74
veicoli (classificatore per contare i ~)	だい（台）	**dai** 34
veloce (essere ~)	はやい（速い）	**hayai** 32
velocità	スピード	**supīdo** 32
vendere	うる（売る）	**uru** 48
venerdì	きんようび（金曜日）	**kin'yōbi** 53

venire	くる（来る）	**kuru** 8
venire (grado superiore/io)	うかがう	**ukagau** 59;
	まいる（参る）	**mairu** 86
venire (grado superiore /Lei)	いらっしゃる	**irassharu** 47
verde	みどりいろ（緑色）	**midori'iro** 50
verdura	やさい（野菜）	**yasai** 80
vergognarsi (aggettivo)	はずかしい（恥ずかしい）	**hazukashii** 62
vestaglia	ガウン	**gaun** 31
vestito	ふく（服）	**fuku** 4
via	みち（道）	**michi** 20
via (+ nome di luogo)	けいゆ（経由）	**keiyu** 55
viaggio	りょこう（旅行）	**ryokō** 31
viaggio (da ~)	りょこうよう（旅行用）	**ryokōyō** 65
viaggio d'affari	しゅっちょう（出張）	**shucchō** 90
viaggio di nozze	しんこんりょこう（新婚旅行）	**shinkonryokō** 65
vicinanze	きんじょ（近所）	**kinjo** 82
vicino di casa	となり（隣）	**tonari** 20
vicino (essere ~)	ちかい（近い）	**chikai** 6
video	ビデオ	**bideo** 82
videogioco	ビデオ　ゲーム	**bideo gēmu** 95
Vienna	ウィーン	**uīn** 78
vietato fumare	きんえん（禁煙）	**kin'en** 20
villa	べっそう（別荘）	**bessō** 76
villaggio	むら（村）	**mura** 30
vincere (essere vincitore)	かつ（勝つ）	**katsu** 54
visibile (essere ~)	みえる（見える1）	**mieru** 8
visita a un malato	みまい（見舞）	**mimai** 53
visita di studio	けんがく（見学）	**kengaku** 40
visita turistica	けんぶつ（見物）	**kenbutsu** 76
visitare (fare visita)	たずねる（訪ねる1）	**tazuneru** 86
viso	かお（顔）	**kao** 50
visone	ミンク	**minku** 76
vita	いのち（命）	**inochi** 48
vita (modo di vivere)	せいかつ（生活）	**seikatsu** 71
vita (tutta la ~)	いっしょう（一生）	**isshō** 67
vite (organo meccanico)	ねじ	**neji** 59
vivace	はきはき	**hakihaki** 71
vivere	いきる（生きる1）	**ikiru** 89;
	くらす（暮らす）	**kurasu** 97
Vladivostok	ウラジオストク	**urajiosutoku** 55
volo (numero di ~)	びん（便）	**bin** 27
volta (la prossima ~)	こんど（今度）	**kondo** 19
volta (ogni ~)	その　たんび　に	**sono tanbi ni** 72

volta (preceduto da un ordinale)	かい（回）	**kai** 89
volta (questa ~)	こんかい（今回）	**konkai** 58
volta (una sola ~)	いっぺん（一遍）	**ippen** 67
volte (molte ~)	なんども（何度も）	**nandomo** 58
vuoto (completamente ~) (familiare)	からっぽ	**karappo** 45
vuoto (essere ~)	すく	**suku** 62

W
weekend	ウイーク　エンド	**uīkuendo** 72

Y
yen	えん（円）	**en** 17

Z
zaino (da montagna)	リュックサック	**ryukkusakku** 93
zampa	あし（足）	**ashi** 50
zoo	どうぶつえん (動物園)	**dōbutsuen** 39
zucchero	さとう（砂糖）	**satō** 80
zuppa	スープ	**sūpu** 9

▶▶▶ Il giapponese
con Assimil è anche:

La scrittura giapponese - Collana Senza Sforzo

Quaderno di esercizi. Giapponese, primi passi

Quaderno di esercizi. Giapponese, principianti/intermedi

Quaderno di scrittura. Giapponese, vol. 1

Quaderno di scrittura. Giapponese, vol. 2

Giapponese - Guida di conversazione

Questo libro rispetta le foreste!

Il giapponese - Collana Senza Sforzo
Stampato in Italia - maggio 2024
Stampa: Vincenzo Bona s.p.a. - Torino